Ana Lena Werner

Landesjustiz und NS-Vergangenheit

Demokratische Kultur und NS-Vergangenheit in Bayern

Herausgegeben von
Magnus Brechtken und Bernhard Gotto

im Auftrag des Instituts für Zeitgeschichte
München–Berlin

Leibniz Institute for Contemporary History | Institut für Zeitgeschichte München–Berlin

Ana Lena Werner

Landesjustiz und NS-Vergangenheit

Justizbilder und Verwaltungspraxis im bayerischen Justizministerium in der Nachkriegszeit

DE GRUYTER
OLDENBOURG

Diss., Ludwig-Maximilians-Universität München, 2022

ISBN 978-3-11-139042-0
e-ISBN (PDF) 978-3-11-139047-5
e-ISBN (EPUB) 978-3-11-139051-2

Library of Congress Control Number: 2024943602

Bibliografische Information der Deutschen Nationalbibliothek
Die Deutsche Nationalbibliothek verzeichnet diese Publikation in der Deutschen Nationalbibliografie; detaillierte bibliografische Daten sind im Internet über http://dnb.dnb.de abrufbar.

Einbandabbildung: Statuengruppe „Gerechtigkeit" von Balthasar Schmitt, bestehend aus Justitia mit Waage und Schwert, sowie Unschuld (links) und Laster (rechts), auf dem Südgiebel des Justizpalastes in München. Architekt: Friedrich von Thiersch. Fertiggestellt: 1897.
Urheber: User:Waugsberg

Das Bild des Urhebers wurde grafisch bearbeitet.
Satz: bsix information exchange GmbH, Braunschweig

www.degruyter.com

Inhalt

Editorial — IX

Vorwort — XI

1 Einleitung — 1
1.1 Forschungsstand zur Nachkriegsjustiz — **4**
1.2 Kulturhistorische Justizforschung — **11**
1.3 Forschungsstand zu Justizbildern und zur Verwaltungspraxis — **14**
1.4 Justizbilder und Verwaltungspraxis im bayerischen Justizministerium — **18**
1.5 Aufbau der Arbeit und Forschungsfragen — **24**

2 Das Ansehen der Justiz: Die Schauseite der Justizverwaltung — 26
2.1 Der „Wiederaufbau" der bayerischen Justiz — **27**
Bayerische Karrieren — **28**
Die Justiz in „Raumnot" — **37**
Institutioneller „Wiederaufbau" — **46**
Fazit — **58**
2.2 Demokratische Öffentlichkeit und Justizkritik — **59**
Justitia — **59**
Justizpressestelle — **63**
„Blutrichter" in der Kritik — **69**
„Gute Informationspolitik" — **81**
Fazit — **83**
2.3 Reformideen — **85**
Sparsamkeit und technische Modernisierung — **86**
Neubauten — **90**
Neue Juristen? Gerichtsorganisation, Richtergesetz und Ausbildungsreform — **95**
Fazit — **106**
2.4 Fazit: Das Ansehen der Justiz — **107**

3 Die bürokratische Biografie: Personalakten als Orte der Selbstbildproduktion — 109
3.1 Herrschaftswissen: Souveränität durch Personalaktenkontrolle — **110**
Rekonstruktion der bayerischen Justiz — **111**
Kampf um Herrschaftswissen — **115**
Selbstgemachte Verwaltungskontinuität — **119**

Höchstpersönliche Aktensouveränität — **125**
Ahistorische Vollständigkeit — **128**
Fazit — **129**
3.2 Palimpseste: Personalaktenführung als Kulturtechnik — **130**
Übergangspraktiken — **133**
Personalbogen — **136**
Politische Schichten — **163**
Bayerische Aktenführung — **170**
Fazit — **176**
3.3 Subjektivierungen: Deutungsmuster in Justizpersonalakten — **177**
Von den Geheimakten zur Eröffnung der Beurteilung — **179**
Beurteilungen im Wandel der Zeit — **189**
Dienstliche Leistungen und Kenntnisse — **203**
Persönlichkeit als Schema — **215**
Politische und persönliche Umstände — **223**
Fazit — **233**
3.4 Fazit: Die bürokratische Biografie — **236**

4 Entnazifizierungspraktiken: Bilder der „sauberen" Justiz — 238
4.1 Hoegners Männer der ersten Stunde: Persönlich bekannte „Nazigegner" — **239**
Personalaktenpraxis — **239**
Beförderungen — **249**
Schlüsselstellenpraxis — **253**
Fazit — **259**
4.2 Der Spruchkammerdiskurs als Personalaktendiskurs — **260**
Verfahren — **260**
Spruchkammerdiskurs — **266**
Schlüsselstellenpraxis und Prüfroutine — **279**
Informationspraxis — **289**
Fazit — **292**
4.3 Die „Blutrichter"-Kampagne: Exzessive Todesurteile als NS-Belastung — **293**
„Verhalten gegenüber dem Material" — **294**
Das Versagen der Justiz — **304**
Einzelfälle exzessiver Urteile — **307**
Prüfroutine und Fristende — **322**
Fazit — **333**

4.4 Fazit: Entnazifizierungspraktiken — **334**

5 Fazit: Justizbilder und Verwaltungspraxis — 338

Biogramme — 344

Abkürzungen — 352

Abbildungen — 356

Quellen und Literatur — 357

Personenregister — 379

Die Autorin — 383

Editorial

Von Oktober 2016 bis September 2023 erforschte das IfZ die NS-Belastungen und Kontinuitäten in zentralen Behörden der Bayerischen Staatsregierung während der ersten Nachkriegsjahrzehnte. Angeregt wurde das Verbundprojekt „Demokratische Kultur und NS-Vergangenheit. Politik, Personal, Prägungen in Bayern 1945 bis 1975“ durch eine Initiative des Bayerischen Landtags. Eine Kommission aus Landes- und Zeithistorikerinnen und -historikern begleitete das Forschungsvorhaben. Für ihre Unterstützung, ihren Rat und die konstruktive Kritik danken wir herzlich Sabine Freitag (Bamberg), Helmut Flachenecker (Würzburg), Ferdinand Kramer (München), Bernhard Löffler (Regensburg), Joachim Scholtyseck (Bonn), Georg Seiderer (Erlangen) und Margit Szöllösi-Janze (München).

Während sich die meisten Projekte der jüngeren Behördenforschung auf eine Institution beschränken, umfasst der hier gewählte Ansatz erstmals den personellen und funktionalen Gesamtzusammenhang einer Landesregierung. Methodisch orientiert sich das Projekt an einer kulturhistorisch erweiterten Verwaltungsgeschichte. Es verschränkt die Analyse von institutionalisierten Routinen mit der Perzeption politischer Debatten über den Umgang mit der NS-Vergangenheit. Dadurch ist es möglich, den Terminus der „NS-Belastung“ als Teil der sich wandelnden demokratischen Kultur zu begreifen. Untersucht werden personelle Kontinuitäten und Prägungen seit der Weimarer Republik, die Persistenz bzw. Transformation von administrativ-politischen Handlungslogiken, sowie Rollenverständnisse und Wahrnehmungsmuster, die sich in der Interaktion zwischen Verwaltungseliten und ihrer Umwelt spiegeln.

Der Schwerpunkt der aus diesem Projekt hervorgegangenen Studien liegt auf der westdeutschen Demokratiegeschichte nach 1945. Für die Ausprägung einer demokratischen Kultur und ihrer Wirkungen erschließt der Blick auf ein Bundesland Weichenstellungen, die die ausdifferenzierte Forschung zu den Bundesministerien so kaum erfassen. Zum einen rückt die formative Phase zwischen Sommer 1945 und Gründung der Bundesrepublik in den Fokus. Wesentliche Entwicklungen im Umgang mit der NS-Vergangenheit ehemaliger Staatsbediensteter, aber auch bei der Implementierung demokratischer Normen in das Verwaltungshandeln und für die Interaktion zwischen Staatsregierung und Parlament fallen in diese vier Jahre. Zum anderen können Handlungsfelder untersucht werden, die im föderalen Verbund der Bundesrepublik in die Hoheit der Länder fallen. Darüber hinaus bilden die Spannungen und Aushandlungsprozesse um Kompetenzen und finanzielle Ressourcen zwischen Bund und Ländern als Teil einer sich entwickelnden demokratischen Kultur einen eigenständigen Untersuchungsgegenstand. Und nicht zuletzt sind die Landesministerien enger als Oberste Bundesbehörden mit den unte-

https://doi.org/10.1515/9783111390475-201

ren Verwaltungsstufen verbunden, sodass es möglich wird, die Auswirkungen und Wahrnehmung von administrativen Prozessen bis auf die lokale Ebene zu verfolgen.

Bayern eignet sich für diese Fragen als Untersuchungsgegenstand in besonderer Weise. Als einziges großes Flächenland behielt Bayern sein Territorium nahezu unverändert und konnte zudem an eine gewachsene historische Identität anknüpfen. Hand in Hand damit ging ein hohes Maß administrativer Kontinuität: Obwohl die Staatsregierung während der NS-Diktatur Kompetenzen eingebüßt hatte, standen 1945 ein ausdifferenzierter behördlicher Apparat und ein gut ausgebildetes Personalreservoir für den Neuaufbau zur Verfügung. Schließlich setzte die amerikanische Militärregierung hier besonders früh, nämlich bereits im Juni 1945, eine provisorische Landesregierung ein.

Die Ergebnisse der Einzelstudien ermöglichen neue Einsichten in die Frage, wie der Umbau Westdeutschlands zu einem demokratischen Rechtsstaat letztlich gelingen konnte, obwohl ein erheblicher Teil der Verwaltungseliten in Bund und Ländern nach 1945 aus einer autoritären und etatistischen Tradition stammte und Mitverantwortung an den Staatsverbrechen der NS-Diktatur trug. Sie zeigen, dass Erfahrung und Prägung nicht der einzige Einflussfaktor auf das Verwaltungshandeln waren, denn auch Lernprozesse in der Demokratie veränderten die Dispositionen des administrativen Personals fortwährend. Solche Prozesse führten allerdings nicht zwangsläufig zu einem „Mehr“ an Partizipation, Gleichberechtigung und Respekt vor demokratischen Regeln. Auch Überhänge obrigkeitlicher Traditionen blieben regelmäßig sichtbar. Diese Einsichten knüpfen an die differenzierten Ergebnisse der neueren Behördenforschung an. Daran beteiligt waren und sind auch Kolleginnen und Kollegen am IfZ selbst, deren Erfahrungen und Ratschläge enorm wertvoll waren.

Mitten in die Projektlaufzeit platzte die Covid-Pandemie. Sie berührte nicht nur fundamentale Gewissheiten über das Funktionieren und die Stabilität demokratisch verfasster Gesellschaften, sondern schränkte auch die praktischen Arbeitsmöglichkeiten der Teammitglieder ein. An dieser Stelle möchten wir uns bei allen bedanken, die mit Improvisation, Einsatz und Großzügigkeit geholfen haben, manche Durststrecke zu überwinden. Besondere Anerkennung gebührt den Bearbeiterinnen und Bearbeitern der einzelnen Projekte und den studentischen Hilfskräften, die sie unterstützt haben: Anna Corsten, Sophie Friedl, Janina Gilg, Valentin Grundler, Mareike Haass, Jürgen Kilian, Sabrina Laue, Felix Lieb, Verena Matejka, Elisabeth Perzl, Rick Tazelaar, Franziska Walter und Ana Lena Werner.

Magnus Brechtken
Bernhard Gotto

Vorwort

Die vorliegende Studie stellt die überarbeitete Fassung meiner im Januar 2022 an der Ludwig-Maximilians-Universität München eingereichten Dissertation dar. Das Vorhaben wurde vom Bayerischen Staatsministerium der Justiz finanziert und als assoziiertes Projekt im Forschungsverbund „Demokratische Kultur und NS-Vergangenheit. Politik, Personal, Prägungen in Bayern 1945–1975" umgesetzt.

Betreut wurde die Arbeit von Andreas Wirsching und Bernhard Gotto, die beide für meinen etwas anderen Zugang zum Material offen waren und mich darin bestärkten, diesen Weg zu verfolgen. Bernhard Gotto hat sich dabei ausgesprochen viel Zeit für die verschiedenen Versionen meiner Texte und Ideen genommen. Anregungen und Unterstützung erhielt ich auch von meinen Teamkolleg*innen und anderen am Institut für Zeitgeschichte tätigen Wissenschaftler*innen sowie den studentischen Hilfskräften Janina Gilg, Valentin Grundler und Sabrina Laue. Ich konnte mich auch deshalb ganz auf die Forschung konzentrieren, weil die Mitarbeiter*innen der Bibliothek, des Archivs sowie der Verwaltung des Instituts für Zeitgeschichte exzellente Arbeit leisteten. Dasselbe gilt für das Korrektorat.

Die (ehemaligen) Mitarbeiter*innen des Bayerischen Staatsministeriums der Justiz haben mich äußerst freundlich und hilfsbereit bei meiner Suche nach Akten unterstützt, genauso wie die Mitarbeiter*innen der von mir aufgesuchten Archive, insbesondere des Bayerischen Hauptstaatsarchivs. Mein Nachdenken über den aus der Aktenlektüre produzierten Text und der Versuch, mir selbst klarer darüber zu werden, was ich eigentlich sagen möchte, haben von der Teilnahme an der *13. Aldersbacher Schreibpraxis* sowie der *Summer Academy for Legal History 2019* des Max-Planck-Instituts für europäische Rechtsgeschichte in Frankfurt am Main profitiert. Vor allem aber haben mich meine aufmerksamen Korrekturleser*innen Moritz Fischer, Philipp Heilmaier, Susanne Kather, Stephanie Lämmert, Achim Manche, Amelie Ochs, Elisabeth Perzl, Friderike Raiser, Jan Ruhkopf, Antonia Schmid, Sebastian Voigt und Franziska Walter dabei unterstützt.

Meine Freund*innen haben mir unzählige Male beim Abendessen, Radeln oder Spazierengehen zugehört und die richtigen Fragen gestellt. Einige Menschen haben darüber hinaus eine ganz besondere Rolle gespielt: Lisa Hinders Freundschaft, die mich schon so lange begleitet, hat die wenigen Pausen in München umso schöner gemacht. In der Welt der Wissenschaft hätte ich es sicher viel schwerer gehabt, wenn ich nicht direkt zu Beginn des Studiums in Dresden Amelie Ochs kennengelernt hätte, mit der ich mich seitdem über die Wissenschaft und das Leben austauschen darf. Auch Antonia Schmid hat nicht nur ihre Forschungserfahrung mit mir geteilt, sie stand mir ebenso als Freundin in dieser aufregenden

https://doi.org/10.1515/9783111390475-202

Zeit zur Seite. Ohne digitales Co-Working mit Franziska Walter während der Pandemie hätten sich die Seiten dieser Arbeit nicht halb so gut füllen lassen. Die vielen Gespräche mit Jan Ruhkopf über unsere Arbeiten und die Bedeutung von Verwaltungspraxis und Behördenforschung haben mich nicht nur darin bestärkt, den Fokus nicht zu verlieren, vielmehr habe ich dadurch auch einen Freund hinzugewonnen. Schließlich haben Carlo Helds sagenhafte Geduld, sein Interesse und großartiger Humor die Fertigstellung des Buches in Berlin sehr viel leichter werden lassen.

Für den unverrückbaren Glauben an mich und den großen Luxus eines langen Studiums, in dem ich mich neben der Sozialwissenschaft auch intensiv mit der Geschichtswissenschaft auseinandersetzen durfte, was mich außerordentlich gut auf diese Dissertation vorbereitet hat, danke ich meiner Mutter, meinem Vater, Gitti und Wolfi.

Berlin, im Mai 2024

1 Einleitung

Als der Staatssekretär des Bayerischen Staatsministeriums der Justiz (StMJ), Josef Hartinger, im Dezember 1965 ein Amtsgerichtsgebäude in Straubing einweihte, beklagte er, dass das Ansehen der Justiz in den zurückliegenden Jahren gesunken sei. Drei Gründe nannte er dafür: *Erstens* überfordere der Gesetzgeber die Justiz permanent. Die fortwährenden Angriffe gegen Juristen[1] wegen deren nationalsozialistischer Vergangenheit belasteten die Justiz *zweitens* schwer, gerade weil das Problem mittlerweile behoben sei. Und *drittens* spiele die Presse eine unrühmliche Rolle: Bisweilen entstehe der Eindruck, als ob die westdeutschen Medien der ostdeutschen Propaganda helfen würden, die Justiz zu unterhöhlen und dadurch die Demokratie zu gefährden. Das Ansehen der Justiz könne aber wiederhergestellt werden. Dazu mahnte der Staatssekretär die Selbstkontrolle der Medien an. Richter und Anwälte müssten sich außerdem mehr anstrengen und die Gerichte sollten „in würdigen Gebäuden" untergebracht werden.[2]

Hartingers Rede enthielt ein zeitgenössisches Justizbild: Nach heftiger Kritik an der westdeutschen Justiz in den späten 1950er und frühen 1960er Jahren wegen der NS-Vergangenheit ihres Personals durch die Deutsche Demokratische Republik (DDR) sowie Teile der westdeutschen Presse und Zivilgesellschaft sahen sich führende Köpfe der bayerischen Justiz noch immer unter großem Druck. Die Justiz(verwaltung) bekam nicht, was ihr zustand, würdige Gebäude etwa oder ausreichendes Personal für ihre zahlreichen Aufgaben. „Justizkritik" konnte da nicht ausbleiben.[3] Diese war aber in den Augen Hartingers zu einem Großteil nicht einfach nur ungerechtfertigt, sondern seiner Ansicht nach geradezu demokratiegefährdend. Damit aber die Justiz ihre, die westdeutsche Demokratie tragende Funktion überhaupt ausführen könne, sei ihr Ansehen zu stärken – und dies sei mit einer unterstützenden Berichterstattung und einer besseren Unterbringung zu erreichen.

Ausgerechnet der nationalsozialistischen Vergangenheit Staatssekretär Hartingers widmete der *Politische Informations- und Archiv-Dienst* (PINAR) nach diesem Auftritt einen langen Artikel.[4] Der Autor, wahrscheinlich der Herausgeber

1 In dieser Arbeit wird weitgehend das generische Maskulinum verwendet, weil es in Bezug auf die bayerische Landesjustiz die erforschte Realität sprachlich angemessen abbildet – das Sample besteht ausnahmslos aus Männern. Ebenfalls werde ich in der Paraphrasierung und Analyse von Quellen der dort verwendeten Form folgen. Bezogen auf die Gegenwart behalte ich mir vor, vom generischen Maskulinum abzuweichen, um den Beitrag von Frauen und diversen Personen nicht unsichtbar zu machen.

2 Staatssekretär Hartinger: Die Justiz wird überfordert, in: Passauer Neue Presse, 23.12.1965.

3 Zur Praxis der Justizkritik siehe Raim, Justiz, S. 475.

4 Für den Hinweis auf diesen Artikel danke ich Christian Mentel.

https://doi.org/10.1515/9783111390475-001

Hans Frederik,[5] thematisierte darin Hartingers Tätigkeit als Sonder- und Wehrmachtsrichter sowie seine Willfährigkeit im NS-Regime. Außerdem kritisierte er Hartingers Missachtung der freien Presse und seine Nähe zur Christlich Sozialen Union (CSU). Als Beleg dienten Dokumente, die wohl aus seiner Personalakte im Reichsjustizministerium (RJM) stammten. Der Verfasser des Beitrages gab die Quelle der Dokumente nicht an.[6]

Der Artikel zeigte ein anderes – ebenfalls zeitgenössisches – Justizbild: Die Justiz stilisierte sich zwar als tragende Säule der Demokratie, sie delegitimierte dabei eine andere, nämlich die freie Presse. Dies geschah gerade in Fällen, in denen kompromittierende Informationen aus Personalakten über die NS-Belastung westdeutscher Juristen längst in den Fokus gesellschaftlichen Interesses gelangt waren. Die Justiz war aus dieser Perspektive Teil der moralisch fragwürdigen personellen Kontinuität zwischen dem Nationalsozialismus und dem Freistaat Bayern beziehungsweise der Bundesrepublik. Sie war Hort der Ewiggestrigen, der undemokratischen Geheimniskrämer – und das noch unterstrichen durch die Person des Staatssekretärs, eines CSU-Politikers.

Der Beitrag in PINAR ließ wiederum einen anderen Teil der NS-Vergangenheit Hartingers aus, der für das bayerische Justizministerium erst im Jahr 1990 eine Rolle spielte. Denn Hartinger hatte 1933 als junger Staatsanwalt versucht, Morde im Konzentrationslager (KZ) Dachau aufzuklären. Zwar war ihm das nicht gelungen, aber die frühere Anklageschrift half nach 1945 dabei, Schuldige zu verurteilen.[7] In der vom Justizministerium herausgegebenen Publikation *Ein mutiger Staatsanwalt im Kampf gegen den KZ-Terror* lobte die 1990 amtierende Justizministerin Mathilde Berghofer-Weichner das Berufsethos und die Rechtstreue des vormaligen Staatssekretärs.[8] Sie zeichnete ein erinnerungspolitisch zweckmäßiges

---

5 Der Herausgeber von PINAR, Hans Frederik, war nachgewiesen für das Ministerium für Staatssicherheit der DDR (MfS) tätig, wahrscheinlich auch für den sowjetischen Geheimdienst KGB. PINAR wurde regelmäßig an westdeutsche Abgeordnete, Zeitungen und diplomatische Vertretungen zugestellt. Finanziert wurde das Unternehmen durch das MfS. Frederik wurde einerseits mit Material versorgt, bemühte sich aber andererseits auch selbst darum. Wie Hubertus Knabe schreibt, hatte er Anfang der 1960er selbstständig in der DDR unter anderem um seriöses Material über die sogenannten Blutrichter angefragt. Augenscheinlich hatte er es auch bekommen. Siehe dazu Münkel, Kampagnen, S. 19 u. Knabe, Charme, S. 295 f.

6 IfZA, Druckschriften, PINAR, Ausgerechnet Staatssekretär Hartinger, S. 24–26, 01.02.1966. Es handelt sich bei den Dokumenten um eine Fotografie, einen handschriftlichen Lebenslauf von 1941, einen Personalbogen aus der Zeit des Nationalsozialismus und Dokumente, die zeigen, dass Hartinger der NSDAP zum 1. Mai 1937 beigetreten war.

7 Raim, Justiz, S. 1009. Teile der Ermittlungsakten befinden sich in der bayerischen Personalakte Hartingers im Bundesarchiv, siehe BArch, PERS 101/39900, PA Josef Hartinger.

8 Schütz, Josef Hartinger, S. 1.

Justizbild, das den herausragenden Mut des Juristen unterstrich, der dem Staatsministerium der Justiz lange gedient hatte.

Später, im Zuge der Aufarbeitungsforschung und im Lichte der Ergebnisse der „Unabhängigen Wissenschaftlichen Kommission beim Bundesministerium der Justiz zur Aufarbeitung der NS-Vergangenheit", war dem Bundesjustizminister Heiko Maas ebenfalls daran gelegen, auch tadellose Juristen im Nationalsozialismus zu zeigen.[9] Der Autor der berühmten Studie von 1987 über *Furchtbare Juristen*,[10] Ingo Müller, verfasste in den *Furchtlosen Juristen* 2017 ein Kapitel über den bayerischen Staatssekretär Hartinger, der ihn wieder in ein anderes Licht rückte. Zwar habe der damalige Staatsanwalt sich zu Beginn des Nationalsozialismus tatsächlich mutig verhalten, zugleich aber habe er sich später an das Regime angepasst und eine „ganz normale" Juristentätigkeit in der Diktatur ausgeübt.[11] Zu dieser Bewertung passt auch Hartingers Tätigkeit in Znaim beim Aufbau der dortigen Justizverwaltung, die er nach der deutschen Okkupation von Teilen der Tschechoslowakei den Strukturen des Deutschen Reiches anpasste.[12]

Die beiden Publikationen des StMJ und des Bundesjustizministeriums (BMJ) wollen zeigen, wie Juristen sich im Nationalsozialismus verhielten und welchen Spielraum sie besaßen. Als Justizbilder sind sie an die Gesellschaft, die Politik und den eigenen Berufsstand gerichtete Interpretationsangebote. Als geschichtspolitische Botschaften richten sie sich an ihre jeweilige Gegenwart.[13] Die unterschiedlichen Interpretationen des Lebens Hartingers – willfähriger Sonderrichter, kritischer Staatsanwalt, „normaler" NS-Jurist – verweisen auf deren prinzipielle Kontextabhängigkeit.

Diese Interpretationen sind als Justizbilder „sinnstiftende Konstruktionen", die handlungsleitend wirken.[14] Sie lassen sich auf zwei Weisen verstehen. Es handelt sich einerseits um innere Bilder, also als Vorstellungen, Konzepte oder Deutungen, zum Beispiel als Deutungen der nationalsozialistischen Justiz oder der Idee eines „guten Juristen". Andererseits können sie als äußerlich wahrnehmbare Bilder als Erscheinungen, die in irgendeiner Form manifestiert sind, vorkommen, etwa als Gebäude oder verschriftlichte Ordnungen.[15] Als Selbst- und Fremdbilder zeigen sich Justizbilder sowohl in der öffentlichen Repräsentation, etwa der Schau-

9 Maas (Hrsg.), Juristen.

10 Müller, Furchtbare Juristen.

11 Müller, Karl Wintersberger, S. 263.

12 BayHStA, MJu 26797, PA Josef Hartinger, PräsLG Znaim an PräsOLG Nürnberg, 05.05.1939.

13 Wolfrum, Geschichtspolitik, S. 58. Spezifisch zum Recht siehe Foljanty/Wilke, Einführung.

14 Der Begriff des Justizbildes verhält sich analog zum Begriff des Menschenbildes, siehe dazu Oerter (Hrsg.), Einleitung, S. 1. Siehe dazu auch den spezifischer auf einzelne Erscheinungen des 20. Jahrhunderts bezogenen Band von Frevert/Haupt (Hrsg.), Mensch.

15 Schmid, Ikonologie, S. 122–124, 131 u. 144 f.

seite oder Selbstbeschreibung,[16] und in der Justizkritik als Teil der öffentlichen Wahrnehmung als auch in den streng geheimen Personalakten. Sie betreffen die Institution ebenso wie einzelne Juristen als Exponenten der Profession.[17] Fremdbilder, auch die einzelner Juristen von Kollegen und Vorgesetzten, bestehen aus Erwartungen, Zuschreibungen und Reaktionen. Sowohl Selbst- als auch Fremdbilder beruhen auf Vorstellungen oder Konzepten, die sich unterschiedlich manifestieren können. Sie werden in dieser Arbeit anhand verschiedener Artefakte untersucht, die Bilder auf unterschiedlich abstrakten Ebenen beinhalten. Der Quellenbegriff des „Ansehens", den beispielsweise Hartinger als Beschreibung für die Gebäude wählte, verbindet beide Richtungen der Justizbilder: Mit „Ansehen" kann sowohl die Reputation im Sinne des englischsprachigen „Images" gemeint sein als auch der Anblick oder im Sinne der äußerlich – hier visuell – wahrnehmbaren Erscheinung.

An der Figur des Juristen und Politikers Hartinger wurden jeweils auch Einzelaspekte einer Geschichte des Bayerischen Staatsministeriums der Justiz erzählt. Das soll in der vorliegenden Studie ausgeweitet und systematisiert werden: Anhand der Justizbilder wird die Nachkriegsgeschichte der bayerischen Justizverwaltung rekonstruiert. Dazu werden Selbst- und Fremdbilder der bayerischen Justizelite in öffentlichen und internen Zusammenhängen nachvollzogen. An ihnen kann gezeigt werden, welche Vorstellungen und Deutungen der Justiz im Übergang zur Demokratie und deren Stabilisierung professionsintern wie -extern vorherrschend waren und wie sie den zeitweise von starker gesellschaftlicher Kritik begleiteten Umgang mit der NS-Vergangenheit beeinflussten.

1.1 Forschungsstand zur Nachkriegsjustiz

Die Justiz(verwaltung) hat in den Darstellungen der deutschen Nachkriegsgeschichte bis heute insgesamt wenig Aufmerksamkeit erfahren.[18] Ihr Wirken wird im Kontext der Konstituierung der Bundesrepublik durch die Verfassungsorgane

---

16 Kühl, Organisationen, S. 136–157 u. Luhmann, Organisation, S. 417–443.

17 Entgegen dem zu engen und problematischen Begriff der (kollektiven) Identität, der ohnehin nur auf das Eigenbild abzielt, soll es in dieser Arbeit um Bilder der Justiz oder des Juristen aus jeglicher Richtung gehen. Bilder sind distanzierter als die Identität, sie können als Selbstbild jedoch Teil der persönlichen Identität sein. Was das Kollektiv der Profession angeht, sind ihrer aber zu viele vorhanden, um sie auf eine kollektive Identität vereinen zu können. Zur Problematik des Begriffs siehe beispielsweise Niethammer, Kollektive Identität u. Assmann, Einführung, S. 221.

18 Die Justizverwaltung als solche, der Begriff wird hier im weiten Verständnis gebraucht und umfasst die Justiz- sowie die Gerichtsverwaltung. Zu den Begriffen siehe Wittreck, Verwaltung, S. 13–17.

beschrieben – etwa im Staats(organisations)recht, damit als Grundlage des neuen Staates, die nicht weiter benannt werden muss – oder später in Prozessen gegen nationalsozialistische Täter als Meilensteine der gesellschaftlichen Auseinandersetzung mit dem Nationalsozialismus.[19] Ebenso sieht es im Freistaat Bayern aus: Auch hier hat sich die Historiografie in ihren Überblicken in Bezug auf die Justiz- und Rechtspolitik bisher weitestgehend zurückgehalten.[20] Etwas weiter gehen einige Handbücher, so findet sich beispielsweise im von Max Spindler herausgegebenen *Handbuch der bayerischen Geschichte* ein eigenes zweiseitiges Kapitel über die Justizverwaltung. Daneben existieren periodisch wiederkehrende Beschreibungen der Justiz zu verschiedenen Zeiten. Auch das *Historische Lexikon Bayerns* liefert einen eigenständigen Artikel, setzt aber einen Schwerpunkt auf das 19. Jahrhundert.[21] Das bayerische Justizministerium selbst ist bisher nur selten zum alleinigen Forschungsobjekt geworden – und wenn, dann in der Regel mit einem Schwerpunkt auf der Zeit vor 1935.[22] Zu erwähnen sind in diesem Kontext auch zwei Ausstellungen zur bayerischen Rechtsgeschichte und eine kurze rechtshistorische Darstellung.[23] Des Weiteren existieren autobiografische Darstellungen von einigen Ministern, die sich auch auf deren Zeit im Amt beziehen, sowie einige weitere biografische Darstellungen von Politikern.[24] Ebenso nennenswert ist eine in den 1980er Jahren erschienene Festschrift für den scheidenden Ministerialdirektor im Justizministerium, Karl Bengl, der größtenteils subjektive Eindrücke bayerischer Rechtspolitik in der Nachkriegszeit durch Ego-Dokumente von Ministerialbeamten vermittelt.[25] Das bayerische Justizministerium ist darüber hinaus in Studien zum Aufbau der Justiz nach dem Nationalsozialismus,[26] dem Umgang mit nationalsozia-

---

19 Exemplarisch Görtemaker, Geschichte; Herbert, Geschichte; Winkler, Wie wir wurden; Wirsching, Deutsche u. Wolfrum, Demokratie. Auch in den Bänden der Geschichte der Bundesrepublik Deutschland taucht das Recht als eigenständiges Thema erst im fünften Band auf, siehe Bracher/Jäger/Link, Republik, S. 147–153.

20 Kock, Bayerns Weg; Treml, Geschichte u. Zorn, Bayerns Geschichte.

21 Bachmann/Sepp, Justiz; Spindler (Hrsg.), Handbuch, Band IV, 1; Volkert, Staats- und Kommunalverwaltung u. siehe auch die entsprechenden kurzen Abschnitte in Volkert (Hrsg.), Handbuch, S. 109–111.

22 Bayerisches Staatsministerium der Justiz, Staatsminister, Band 1; Bayerisches Staatsministerium der Justiz, Staatsminister, Band 2 u. Rumschöttel, Staatsministerium.

23 Heydenreuter Recht; Heydenreuter, Dingplatz u. Stahleder, Gerechtigkeit.

24 Eisenmann (Hrsg.), Otto Weinkamm; Friemberger, Alfons Goppel; Gelberg, Alfons Goppel; Gelberg, Hans Ehard; Gelberg, Josef Müller; Hettler, Josef Müller; Hoegner, Außenseiter; Kritzer, Wilhelm Hoegner; März, Alfons Goppel; Morsey, Hans Ehard; Ritter, Wilhelm Hoegner; Schlemmer, Karriere u. Schütz, Josef Hartinger; zu Hartinger jüngst auch Kiessling/Safferling, Staatsschutz, S. 206–208.

25 Lang (Hrsg.), Festschrift.

26 Gaab, Justice; Koch/Veh (Hrsg.), Vor 70 Jahren u. Schütz, Justitia.

listischen Gewaltverbrechen (NSG) in Bayern,[27] dem Umgang mit den sogenannten Blutrichtern[28] sowie in der Zentralen Stelle der Landesjustizverwaltungen zur Aufklärung nationalsozialistischer Verbrechen[29] als Akteur benannt, nicht aber näher charakterisiert worden. Hilfreich ist die vorgenannte Literatur im Kontext dieser Studie vor allem deshalb, weil sie den Rahmen der bayerischen Justizverwaltungspraxis beschreibt und auf Quellen verweist.

In Bezug auf die *Verwaltung der Dritten Gewalt* allgemein ist Fabian Wittrecks instruktive Studie zum Verhältnis von Justiz, Verwaltung und Demokratie zu nennen,[30] außerdem Überblicksdarstellungen zur deutschen Rechtsgeschichte, die bisweilen auch deren Verwaltung besprechen.[31] Die Justizverwaltung im Nationalsozialismus ist mit dem Reichsjustizministerium bereits ausführlich Gegenstand der Forschung gewesen.[32] Was die Nachkriegsgeschichte und insbesondere die neuere Behördenforschung angeht, gibt es, abgesehen vom Bundesjustizministerium,[33] bisher nur eine Studie zum schleswig-holsteinischen Justizministerium.[34] Mit Bezug zur Zeit bis 1935 existieren Studien über die badischen und württembergischen Justizministerien.[35] Die westdeutschen Oberlandesgerichte sind hingegen als systemübergreifende Institutionen relativ gut erforscht, allerdings meist mit einem Schwerpunkt auf der NS-Zeit.[36] Die Darstellung zum Oberlandesgericht (OLG) in Frankfurt am Main bewertet am Rande auch die Politik des hessischen Justizministeriums.[37]

In den vorgenannten und weiteren Studien wurden in der Regel entweder eine Belastungs- oder eine Erfolgsgeschichte der Justiz vor dem Hintergrund des

27 Eichmüller, Generalamnestie u. Raim, Justiz.

28 Boss, Ruhestand; Materna, Richter; Miquel, Ahnden u. Weinke, Verfolgung.

29 Weinke, Gesellschaft.

30 Wittreck, Verwaltung. Zur Verwaltung als Institution und ihrer Erforschung siehe beispielsweise Seibel, Verwaltung.

31 Kuhn, Justizminister; Stolleis, Geschichte u. Wesel, Rechtsgeschichte.

32 Exemplarisch Gruchmann, Justiz u. Schädler, „Justizkrise".

33 Apostolow, Der „immerwährende Staatssekretär"; Görtemaker/Safferling, Akte u. dies., Rosenburg.

34 Godau-Schüttke, Justizpersonalpolitik. Weitere Forschungen zu den Ländern laufen derzeit zur Justizverwaltung in Berlin (West), durchgeführt von Jan Thiessen und Ignacio Czeguhn, sowie in vergleichender Absicht zu verschiedenen deutschen Justizverwaltungen in der Nachkriegszeit von Verena von Wiczlinski in Mainz.

35 Engehausen, Justizministerium u. Sowade/Speit, Justizministerium.

36 Exemplarisch Bozyakali, Sondergericht; Dreyer, Rechtsprechung; Gruenewaldt, Richterschaft; Köckritz, Oberlandesgerichtspräsidenten; Lyduga, Oberlandesgericht; Manthe, Richter; Schiller, Oberlandesgericht u. Spiller, Personalpolitik.

37 Falk, Entnazifizierung.

Nationalsozialismus geschrieben.[38] Im Wesentlichen stimmen beide Perspektiven darin überein, die Belastung der Justizelite herauszustellen und ihre weitreichende Unfähigkeit zu kritisieren, sich mit der nationalsozialistischen Vergangenheit auseinanderzusetzen und NS-Justizverbrechen zu sühnen.

Die „Erfolgsgeschichte trotz Belastung" beschäftigt sich damit, wie mit einer solchen Justizelite ein stabiler demokratischer Rechtsstaat überhaupt entstehen konnte. Besagte Juristen haben sich demzufolge mehr oder weniger opportunistisch oder weiterhin formalistisch an die Regeln des formellen Rechtsstaats gehalten. Durch stetige Wiederholungen und im Fluss gesamtgesellschaftlicher Wandlungsprozesse seien diese schließlich irgendwann eingeübt gewesen. Damit hätten die Juristen sich gewissermaßen selbst gezähmt.[39]

Die „Belastungsgeschichte ohne Erfolg" kommt hingegen zum Ergebnis, dass die belasteten Juristen den Rechtsstaat beeinträchtigt hätten. Signifikante Beispiele dafür sind die Kommunistenverfolgung, insbesondere im Kontrast zur Verfolgung nationalsozialistischer Gewaltverbrechen, ganz besonders in Bezug auf die Justizverbrechen und die fehlende Anerkennung des Widerstands oder die fortdauernde Diskriminierung von Sinti*zze und Rom*nja. Der „halbierte Rechtsstaat" habe in Bezug auf den Nationalsozialismus und die Verurteilung von NS-Tätern eben gerade keine Grundrechtsverwirklichung, Gleichheit und Gerechtigkeit – also den materiellen Rechtsstaat – hervorgebracht.[40] Auch die Ausführungen zu herausstechenden Individuen während der Diktatur oder in der Demokratie – für Bayern etwa Hans Ehard, Josef Hartinger oder Lorenz Krapp[41] bestätigen als Ausnahmen gewissermaßen die Regel der Belastungsgeschichte.[42] – Ob letztlich paradoxerweise erfolgreich oder nachvollziehbarerweise schädlich ist unerheblich, denn beide Perspektiven stimmen darin überein, dass der allergrößte Teil der Justizelite mindestens in der ernsthaften Auseinandersetzung mit der NS-Vergangen-

38 Bajohr/Hürter, Auftragsforschung, S. 221 u. Schildt, Möglichkeiten, S. 1240–1242.

39 Zu den Vertreter*innen einer solchen „Erfolgsgeschichte trotz Belastung" zähle ich beispielsweise Herbert, Justiz u. Pendas, Law. Für eine letztlich erfolgreiche bayerische Justiz der frühen Nachkriegszeit siehe Gaab, Justice u. Raim, Justiz, beschönigend in diesem Kontext siehe Schütz, Justitia. Für die 1950er Jahre siehe Eichmüller, Generalamnestie.

40 Zu den Vertreter*innen einer solchen „Belastungsgeschichte ohne Erfolg" zähle ich beispielsweise Begalke/Fröhlich/Glienke (Hrsg.), Rechtsstaat u. Perels, Erbe. Mit einigen Verweisen auf Bayern siehe auch Miquel, Ahnden. Ein eindrückliches Zeugnis der NS-Justiz am Münchner Oberlandesgericht zeigt aus ähnlicher Perspektive Ludyga, Oberlandesgericht; zur Geschichte der sogenannten Blutrichter siehe Materna, Richter.

41 Böttcher, Geheimrat; Gelberg, Hans Ehard; Gritschneder, Juni, u. Schütz, Josef Hartinger.

42 Maas, Geleit, S. 7.

heit versagt hat. Dies ist auch im Wesentlichen das Ergebnis der prominentesten Justizbehördenforschung in der Bundesrepublik, dem Rosenburg-Projekt.[43]

Wie Annette Weinke richtig schreibt, haftet dieser vielfach wiederholten und immer wieder zur öffentlichen Skandalisierung taugenden „Klage über das kollektive ‚Versagen'" etwas Ungenaues an. Sie bezieht sich auf die Justiz im Nationalsozialismus genauso wie in der Demokratie und lässt methodisch sinnvolle Zugänge zum Handeln von Juristen in sich wandelnden historischen Kontexten vermissen.[44] Eine ähnliche Kritik, die vor allem die strukturelle Gleichartigkeit der Forschungsdesigns sowie der Ergebnisse benennt, ist in den letzten Jahren gegenüber der Behördenforschung[45] – auch mit Bezug zur Justiz – geäußert worden. Benjamin Lahusen fasst es pointiert: „Es ist zwar das meiste gesagt, aber noch nicht über jeden Akteur und jede Institution".[46] Während in den letzten Jahren weiterhin staatlich forcierte und über Drittmittel finanzierte Forschungsprojekte einerseits genau dies erwirkten, nämlich Informationen über die NS-Vergangenheit weiterer Institutionen zu Tage zu fördern, hat sich der Fokus der so finanzierten Projekte in einigen Fällen bereits von den herkömmlichen Perspektiven der Behördenforschung gelöst und sich stärker der Verwaltungspraxis in den jeweiligen Behörden zugewandt.[47] In eben diese neue Welle der Behördenforschung reiht sich auch die vorliegende Studie ein. Ihr Anliegen ist es gerade nicht, strukturell Gleichartiges und inhaltlich kaum Verschiedenes nun auch über die bayerische Landesjustiz zu präsentieren.

Fakt ist, dass „das meiste", wie Lahusen schreibt, auch über das Versagen der bayerischen Justiz und ihre vermeintlichen Lichtgestalten während und nach dem Nationalsozialismus bereits geschrieben wurde. Außerdem braucht es keinen besonderen wissenschaftlichen Eifer oder eine neue, originelle Methode, um die naheliegende Hypothese zu überprüfen, dass es auch unter den Juristen im demokratischen Nachkriegsbayern Parteigenossen der Nationalsozialistischen Deutschen Arbeiterpartei (NSDAP) gab – bestätigt wird sie durch einen einfachen Blick in die im Hauptstaatsarchiv München zahlreich vorhandenen Personalakten.

In dieser Tatsache der personellen Kontinuität von NS-Juristen, zum Teil Parteigenossen, sehen nun einige Forscher*innen einen *ersten* Grund für das Versa-

43 Görtemaker/Safferling, Akte, S. 457. Siehe dazu auch die jüngste Zusammenfassung in Görtemaker, Debatte.

44 Weinke, Selbstaufklärung, S. 98.

45 Zum jüngsten Überblick siehe Weise, „Mehr als Nazizählerei".

46 Lahusen, Juristen, S. 42. Siehe hierzu auch Bajohr/Hürter, Auftragsforschung u. Mentel, Blick; Eden/Marx/Schulz, Verwaltungen, S. 490 f.

47 Stellvertretend für die neuen Einzelprojekte zu bayerischen Landesbehörden siehe Gotto, Kultur. Außerdem Pyta u. a., Vorstudie u. Ruhkopf, Unschärfe.

gen. Die Idee, dass es Personen ohne Verfolgungserfahrung „schon aus biographischen Gründen kaum möglich" sei, dieselben Lehren aus dem Nationalsozialismus zu ziehen wie ehemals Verfolgte, findet sich etwa bei Dominik Rigoll.[48] Das weitgehende Fehlen ehemaliger Verfolgter in der Nachkriegsjustiz bringt schließlich Helia-Verena Daubach zur These, dass damit ein „Verlust an Ideen [...], von Themen [...], von Innovationspotential und Kreativität, von Vielfalt" einherging.[49] Dass die personelle Kontinuität in der Justiz zur zurückhaltenden strafrechtlichen Verfolgung von NS-Verbrechen geführt hat, konstatieren beispielsweise Sonja Begalke, Claudia Fröhlich und Stephan-Alexander Glienke.[50] Die These der „Krähenjustiz" von Hubert Rottleuthner konkretisiert dies bezogen auf die fehlende Strafverfolgung von NS-Justizunrecht, dass die Nachkriegsrichter selbst in der NS-Justiz tätig waren und deshalb Verständnis für ihre Kollegen gehabt hätten.[51] Allerdings waren nicht alle in der Nachkriegszeit in der Justiz Tätigen auf dieselbe Art und Weise vom Nationalsozialismus betroffen, sie besaßen nicht alle dieselbe NS-Vergangenheit.[52] In diesem Szenario wird das Handeln und die biografische Kontinuität derjenigen, die im Nationalsozialismus diskriminiert oder verfolgt wurden, nicht erklärt.

Einen *zweiten* Grund für das Versagen sehen Forscher*innen im Konservatismus der Juristen.[53] Wie Jörg Requate erläutert, stammen die Überlegungen zu einer Erklärung durch den Konservatismus vor allem aus den frühen rechtssoziologischen Studien über Richter in den 1960er/1970er Jahren. Er erläutert, dass diese Studien offenließen, „ob sich aus der Herkunft auch eine bestimmte politische

48 Rigoll, Staatsschutz, S. 14 f.

49 Daubach, Zeit, S. 291. Sowohl die Position Daubachs als auch die Rigolls lässt sich mit der Biografie der Verfassungsrichterin Wiltraut Rupp-von Brünneck infrage stellen, siehe Michl, Wiltraut.

50 Begalke/Fröhlich/Glienke, Editorial, S. 12 f.

51 Rottleuthner, Karrieren, S. 97 f.

52 Mit dem Begriff der NS-Vergangenheit ist dabei nicht unbedingt die negativ konnotierte Version einer „dunklen Vergangenheit" gemeint. Schon daran, dass beispielsweise immer wieder von „Kriegskindern" oder „Überlebenden" gesprochen wird, zeigt sich, dass auch diese Personen im Verhältnis zur „NS-Vergangenheit" gedacht werden. Alle, die während der NS-Diktatur gelebt haben, haben eine solche Vergangenheit, für viele war und ist sie wohl quälend und „dunkel". Dunkel im Sinne eingeschränkter Zugänglichkeit ist diese Vergangenheit vor allem für uns Nachgeborene, und sie ist es auch im psychologischen Sinne für jene, die keinen Umgang damit gefunden haben. Dieses belastende Dunkel schließt die Opfer und Überlebenden von nationalsozialistischen Gewaltverbrechen durchaus mit ein – die Belastung dürfte bei ihnen schlechterdings am höchsten sein. Auch wenn für den Begriff der „NS-Belastung" Ähnliches behauptet werden könnte, ist er als Quellenbegriff – meist als „politische Belastung" – viel eher negativ auf die Mitgliedschaft in NS-Organisationen oder die Teilnahme an Verbrechen eingegrenzt.

53 Materna, Richter u. Laak, Widerstand.

[sic] also konservative Einstellung ableiten ließ und ob sich [...] diese konservative Einstellung [...] auch in der Urteilstätigkeit niederschlug".[54] Während also zwar bekannt ist, was Juristen jeweils studierten, aus welchen Elternhäusern sie kamen und wie sie sich während der NS-Diktatur verhielten –, ergibt sich daraus aber nicht zwingend, ob sie selbst besonders konservativ eingestellt waren.

Insbesondere in Bezug auf Staatsrechtler und Verwaltungsjuristen wurde *drittens* festgestellt, dass das Versagen in der etatistischen Einstellung der Juristen zu suchen sei.[55] Wie Friedrich Kiessling und Christoph Safferling in Bezug auf Justizjuristen erläutern, findet sich allerdings in deren Kommunikation in der Regel kaum ein Verweis auf den Staat oder die Verwaltung.[56] Im Zentrum von repräsentativen Ausführungen stand meist das Recht, manchmal der Rechtsstaat.[57] Dazu kommen zahlreiche Juristen, die nicht im Bereich des Öffentlichen Rechts tätig waren und umso weniger Anknüpfungspunkte an staatsrechtliche Themen hatten oder gar nicht in repräsentativen Positionen waren und sich so abstrakt zum Recht äußerten. Es bleibt unklar, wie die etatistische Prägung diese Juristen erreicht haben soll.

Es muss also andere Kategorien der (positiven) Selbst- und Fremdbeschreibung gegeben haben, die in der Transformation zwischen den Systemen wirksam wurden und die eine theoretisch und methodisch nachvollziehbare Erklärung des Zusammenhangs zwischen der nationalsozialistischen Vergangenheit und der Nachkriegsgegenwart bieten.[58] Was bisher fehlt, ist ein tieferes Verständnis von Justizbildern in Systemwechseln sowie deren (re)produktiver Kraft und praktischer Umsetzung.

Damit können auch Fragen der Bezugspunkte des positiven Selbstbildes der Justiz in der Nachkriegszeit angesprochen werden. Denn Juristen wurden zwar nach 1945 gebraucht, was auch die Einstellung ehemaliger NS-Juristen erklärt, dies konnte jedoch nicht ohne Erklärung geschehen. Es ist mindestens zweifelhaft, dass in der Nachkriegsdemokratie NS-Täter tatsächlich per se als gute Richter galten, auch waren sicher nicht alle ehemaligen Nationalsozialisten besonders fähige Juristen. In Anbetracht des juristischen Standesbewusstseins in der Demokratie und

54 Requate, Gestaltung, S. 169. Zu den frühen rechtssoziologischen Studien siehe beispielsweise Dahrendorf, Soziologie. Zum Konservatismus in der deutschen Nachkriegsdemokratie etwa Steber, Hüter.

55 Günther, Denken; Günther, Verfassung, S. 235 u. 246 u. Günther/Maeke, Beamter.

56 Zur Identifikation des Staats mit der Verwaltung im Nationalsozialismus aus staatsrechtlicher Perspektive siehe Günther, Denken, S. 53.

57 Kiessling/Safferling, Staatsschutz, S. 281 f.

58 Zur bisher noch zu gering ausgeprägten Theorie- und Methodendiskussion auch in der Behördenforschung siehe auch Beer/Güttler/Ruhkopf, Behördenforschung u. Eden/Marx/Schulz, Verwaltungen.

naturrechtlicher Debatten der Nachkriegszeit ist es ebenfalls nicht plausibel, dass sie sich selbst lediglich als „moderne Technokraten“[59] oder „Techniker der Macht“[60] sahen.[61]

In seinen Anmerkungen zur Gesellschaftsgeschichte Hans-Ulrich Wehlers weist Dieter Grimm auf den dort zu wenig beachteten Topos des Rechts und dessen weitreichende Autonomie hin.[62] Frieder Günther hat zu Recht betont, dass eine zeithistorische Befassung mit dem Recht diese Autonomie „wie andere zentrale Ordnungsideen“ zu verstehen habe.[63] Ihre Verteidigung liege im Selbstverständnis der Zunft, ihre Erforschung ohne Unterwerfung unter die Idee aber sei Aufgabe der Geschichtsschreibung. Ihr „kritische[r], verfremdete[r] Blick von außen“ sei nötig, um anhand der historischen Kontexte Wandel und Kontinuität im Recht sowie deren Auswirkungen auf Juristen zu erklären.[64] Einen solchen Blick von außen hat Heinz Bude (freilich in polemischer Absicht) einst als „touristische“ Haltung zum Gegenstand beschrieben, mit der man mithilfe des Kulturbegriffs nach dem „verborgenen Regelbuch“ für die „fremde Gewöhnlichkeit“ suche.[65] Versucht man als Nicht-Juristin nun die Justiz zu verstehen, wird vielerorts ein solcher touristischer Zugang kritisiert.[66] Andererseits kann sich aus einem wissenschaftlichen „Befremden“ durchaus ein genuines Forschungsinteresse am „Gewöhnlichen“ und „Alltäglichen“ der Justizverwaltung speisen – gerade deshalb, weil es der Forscherin noch nicht alltäglich ist, von ihr noch nicht verstanden wird.

1.2 Kulturhistorische Justizforschung

Eine Erforschung der bayerischen Justizverwaltung mit einem kulturhistorischen Schwerpunkt auf deren Justizbildern und Verwaltungspraktiken kann nun gerade die in jüngster Zeit eingeforderte Fokussierung auf Praktiken[67] und Diskurse in der Verwaltungs- und Behördenforschung sowie der juristischen Zeitgeschichte

---

59 Hürter/Bajohr, Auftragsforschung, S. 230.

60 Görtemaker/Safferling, Akte, S. 453.

61 Zu den Naturrechtsdebatten siehe Foljanty, Recht.

62 Grimm, Bedeutung.

63 Günther, Zeitgeschichte, S. 86.

64 Ebenda, S. 89 u. 93.

65 Bude, Kultur, S. 775.

66 Collings, Sisyphos. Siehe hier insbesondere die Aussagen Martin Löhnigs zum Verhältnis der Disziplinen und des Selbstbewusstseins der Forscher*innen.

67 Die Begriffe „Praktik“ und „Praxis“ werden in dieser Studie synonym verwendet, die Pluralform beider lautet „Praktiken“.

bieten.[68] Kern der Frage nach Justizbildern und Verwaltungspraxis ist die kulturhistorische Grundannahme, dass Menschen sozial handelnde Wesen sind, die über das Erzeugen und Deuten von Symbolen miteinander kommunizieren.[69] Diese scheinbar selbstverständliche, alltägliche, mitunter oberflächlich anmutende Art der Kommunikation und die jeweils gegebenen Wahrnehmungen gilt es aufzudecken und auch in ihrer Konflikthaftigkeit wahrzunehmen.[70] Denn gerade darin liegt der Gewinn der touristischen Haltung: im Verstehen des Selbstverständnisses und des Selbstverständlichen. In historischer Absicht will eine solche Haltung durch wissenschaftliche Distanz zum Forschungsgegenstand Alltags- bzw. Professionskultur rekonstruieren und herausarbeiten, wie Menschen sich selbst und ihre soziale Umwelt verstanden und wie sie in ihr agierten.

Justizbilder als sinnstiftende, handlungsleitende Konstruktionen ergeben sich aus ihrem wiederkehrenden Auftauchen in Praktiken und Diskursen.[71] Praktiken sind Verhaltensmuster, kontingente Mechanismen des Alltäglichen – Sprechen und Tun –, die von Menschen erschaffen und verändert werden. Sie sind konstitutiv für das soziale Leben und lassen sich rekonstruieren.[72] Als Muster und Mechanismen laufen sie regelmäßig ab und wiederholen sich.[73] Ebenso verhält es sich mit den stärker auf Sprache und Text bezogenen Diskursen, in welchen die „Sinnzuschreibungen und Rechtfertigungen" der Akteure ermöglicht und geordnet werden.[74] Die Wiederholungen sind jedoch nicht als so streng zu verstehen, dass die jeweils handelnden Akteure keinen Einfluss darauf hätten. Schließlich sind es die

---

68 Exemplarisch Becker, Überlegungen; Beer/Güttler/Ruhkopf, Behördenforschung, S. 651; Collings, Sisyphos, siehe dort insbesondere die Aussagen Lena Foljantys zu Themen, methodischen Trends und Theorie der Juristischen Zeitgeschichte; Creuzberger/Geppert, Erbe, S. 13; Deter, Rechtsgeschichte, S. 93–98; Duve, German Legal History, S. 28; Eichenberg, Maschine, siehe dort insbesondere Abschnitt 3; Fisch, Verwaltungskulturen; Gotto, Kultur S. 278; Haas/Hengerer, Einführung; Hull/Nellen/Rohringer, History; Löffler, Institutionengeschichte, S. 178–180; Sälter, NS-Kontinuitäten, S. 25 u. Stollberg-Rilinger, Verfassungsgeschichte, S. 9–15.

69 Mergel, Kulturgeschichte, S. 192.

70 Landwehr, Diskursanalyse, S. 94 u. 167. Zur Deutung von und aus Oberflächenphänomenen siehe Kracauer, Ornament, S. 50.

71 Zur historischen Diskursanalyse siehe Eder, Diskursanalysen; zu einer Diskursanalyse vergangenheitspolitischer Diskussionen siehe Kiani, Wiedererfindung, S. 37–40; zum Nutzen der Diskursanalyse in der Transformationsforschung Kollmorgen, Diskursanalyse, S. 268 f.; zum Zusammenhang von Praxeologie und Diskursanalyse Haasis/Rieske, Historische Praxeologie, S. 38–49; Berger, Einleitung, S. 16.

72 Haasis/Rieske, Praxeologie, S. 15 f.

73 Boer, Praktiken, S. 27.

74 Haasis/Rieske, Praxeologie, S. 44. Siehe dazu auch Daniel, Kompendium, S. 356; Foucault, Archäologie, S. 301 u. Landwehr, Naturalisierung, S. 69.

Akteure, die die Geltungsbedingungen der Praktiken in den Diskursen aushandeln.[75]

In der Analyse rücken damit einerseits die Kommunikationsmittel in den Vordergrund: (Verwaltungs-)Sprache, Narration und Artefakte.[76] Andererseits geht es in dieser Arbeit um die bayerische Justizelite, was den analytischen Blick auf die Juristen als Akteure notwendig macht. Deren Selbstverständnisse und Routinen hat Bourdieu bereits als Analyseobjekte ausgemacht: Er sieht sie mit einem spezifischen „juridischen Habitus" ausgestattet, der ihr Wahrnehmen und Beurteilen strukturiert.[77] Auf dieser Grundlage handeln die Juristen und

> „Handlung, oder in Bourdieus Begrifflichkeit, Praxis, gründet für ihn in der Strukturiertheit des Habitus, der überhaupt nur in actu existiert: Schemata bzw. Dispositionen sorgen für die Habitualisierung von Handlungsmustern und sie halten Handlungsrepertoires bereit."[78]

Sie bewegen sich dabei in einem „juridischen Feld", das die Bedingungen dafür bereit hält, dass der Habitus der Juristen sich entwickeln konnte und nach eigener Logik und Funktionsweise verfährt.[79]

Mithilfe dieser theoretischen Vorannahmen können nun die alltäglichen, auch impliziten, unausgesprochene Regeln und Regelmäßigkeiten – Praktiken und Diskurse, die sich zu Justizbildern verdichten – sowie deren mögliche Veränderung in den Blick genommen werden.[80] Das „juridische Feld" ist – das ist für diese Arbeit besonders wichtig – keinesfalls abgeschottet von der Gesellschaft, in der sich die Juristen bewegen.[81] Durch die habituellen „Denk- und Wahrnehmungsschemata" sind allerdings Denk- und Wahrnehmungsalternativen, die von außerhalb des juristischen Feldes stammen, zunächst und oft auch längerfristig „undenkbar".[82]

Der Vorteil einer solchen Analyse ist, dass sie – wie von Günther gefordert – hilft, die „symbolische Dimension im Sinne einer Kulturgeschichte des Rechts und

75 Boer, Praktiken, S. 29 f.

76 Exemplarisch Becker/Clark, Introduction; Gitelman, Knowledge, S. 5; Hull/Nellen/Rohringer, History; Ingold, Perception, S. 345; Lüthi, Kommunikationsraum, S. 193–196; Latour, Rechtsfabrik u. Schatzki, Site, S. 20–25. Für einen Überblick geschichtswissenschaftlicher Zugänge siehe Knoll, Nil sub sole novum.

77 Bourdieu, Kraft, S. 54.

78 Kretschmann, Pierre Bourdieus Beitrag, S. 16.

79 Bourdieu, Kraft, S. 41.

80 Kretschmann, Pierre Bourdieus „Praxistheorie des Rechts", S. 115.

81 Ebenda, S. 113. Zum Begriff des juridischen Feldes siehe Bourdieu, Kraft S. 37 f.

82 Kretschmann, Pierre Bourdieus Beitrag, S. 16.

seiner Institutionen" herauszustellen.[83] Das Programm einer praxeologischen Erforschung der Justiz ist es,

> „herauszuarbeiten, wie [die Juristen] die Kategorien produzieren, mit denen [sie] die soziale Welt konstruieren, und zu untersuchen, wie diese Kategorien wiederum die Welt produzieren. [...] Als geschichtlich konstruierte strukturierte Strukturen tragen [ihre] Denkkategorien zur Produktion der Welt bei, aber in den Grenzen ihrer Übereinstimmung mit den gegebenen Strukturen."[84]

Dabei kommen keinesfalls nur die Ideen von Bourdieu und Foucault zum Tragen. Vielmehr sind Historiker, wie Frank Bajohr bilanziert: „in Sachen Theorie hemmungslose Eklektiker, die sich auf dem Markt der Möglichkeiten jener Ansätze bedienen, die ihnen für die Analyse des jeweiligen Themas als besonders fruchtbar erscheinen".[85] Wie Foucault es in einem Interview in Bezug auf seine eigene Forschung vorschlug, wurden verschiedene Ansätze als „kleine Werkzeugkisten" verstanden, aus denen „eine[...] Idee oder eine[...] Analyse wie ein[...] Schraubenzieher[...] oder eine[...] Bolzenzange" genutzt wurde.[86]

1.3 Forschungsstand zu Justizbildern und zur Verwaltungspraxis

Bilder des Rechts oder des Staats – und deren Konstruktionen – haben ihre eigene Tradition, vor allem in der Rechtsgeschichte und Rechtssoziologie.[87] Auseinandersetzungen darüber, wie die Justiz zu sein hatte, gab es häufig. Deren öffentliche Austragung oder politische Diskussion wurde auch in Bezug auf ihre ideellen Bezugnahmen bereits untersucht.[88] In diesen Kontext fallen auch Analysen des Rollen- und Selbstverständnisses von Juristen[89] – oder, in kritischer Absicht, wie sie

83 Günther, Zeitgeschichte, S. 96.

84 Bourdieu, Kraft, S. 60.

85 Bajohr, Turn, S. 223.

86 Foucault, Martern, S. 887 f. Näher erläutert werden die einzelnen „Werkzeuge" in den jeweiligen Kapiteln.

87 Exemplarisch Denzler, Schriftalltag; Markovits, Gerechtigkeit; Möllers, Staat; Stolleis, Staatsbild u. ders., Juristen – in Letzterem skizziert Stolleis die von Müller und letztlich auch Maas evozierten „furchtbaren Juristen" als ein Deutungsmuster der NS-Justiz, mithin, ein Justizbild. Für die Zeitgeschichte siehe beispielsweise Mergel, Staatlichkeit.

88 Siehe beispielsweise Foljanty, Recht; Requate, Kampf; Seliger, Anwälte u. Weinke, Gewalt.

89 Exemplarisch Angermund, Richterschaft; Berndt, Richterbilder; Dahrendorf, Soziologie; Hackler, Soziologie; Hattenhauer, Wandlungen; Kauffmann, Konstruktion; Kißener, Diktatur; Rottleuthner, Bilder; Rüthers, Umgestaltung; Simon, Unabhängigkeit u. Treiber, Lebensläufe.

den „Blick in den Spiegel", auf das eigene Bild also, scheuten.[90] Diese Personenbezüge finden sich prominent in den seltenen Texten zur Justizbiografik, die sich auf das Biografieschreiben selbst beziehen.[91] Eine solche Reflexion über die Schriftlichkeit als Konstruktionsmedium, insbesondere im Verwaltungsakt, ist außerdem in Bezug auf die Verwaltung von Bürger*innen, Untertanen, Migrant*innen oder Patient*innen vorhanden.[92] Zentrale Fragen richten sich dabei auf die Dokumentation des persönlichen Lebens und die Prägekraft von Formularen und Akten.[93] Hierein fallen auch Studien, die sich der Interpretamente der Entnazifizierung angenommen haben.[94] Seltener noch haben Forscher*innen die interne Struktur oder Verfassung der Verwaltung anhand der Akten untersucht. Neue Studien entstehen hier zur Personalaktenführung in Unternehmen,[95] ältere betrachten (Selbst-)Bilder von Beamten.[96] Hierzu liegen auch theoretische Erörterungen vor, insbesondere im Bereich der Biografieforschung.[97]

Zentraler Referenzpunkt der Juristenbiografien sind Personalakten und personalaktenrelevante Materialien an anderen Stellen – etwa die Spruchkammerakten.[98] Sie bieten eine bestimmte Schilderung der Biografie anhand ihrer Sammlung und produzieren daraus in der Zusammenschau dann „ein Wissen, das mit spezifischen Deutungen und Sinngebungen verbunden ist".[99] Abgesehen von der Suche nach einer „Wahrheit jenseits der Aktenlage"[100] lohnt es sich zu rekonstruieren, wie die Akte „zur zweiten Wirklichkeit" werden kann.[101] Denn „Akten haben performative Macht. Sie bieten für die Verwaltung [...] einen Zugriff auf die soziale Realität, die sie anhand der konstruierten Kategorien selbst formuliert und defi-

90 Beispielsweise Stolleis, Reluctance.

91 Rakebrand, Rechtsmensch; Rüthers, Geschichten u. Treiber, Lebensläufe.

92 Zu Quellen als Ergebnis staatlicher Tätigkeit und deren Vor-Deutung siehe beispielsweise Landwehr, Diskursanalyse, S. 25 u. Raphael, Geschichtswissenschaft, S. 139.

93 Exemplarisch Galanova, Leben; Göderle, Subjekte; Lüthi, Kommunikationsraum; Naumann, Selbst u. Schochow/Steger, Patientenakten.

94 Exemplarisch Leßau, Entnazifizierungsgeschichte u. Rüping, Staatsanwälte.

95 Feindt, Leben.

96 Collin/Garot/Groot, Bureaucracy; Heindl, Rebellen; Heyen, Bilder; Löffler, Strukturen, S. 123 f. u. 186–192 u. Ruck, Korpsgeist.

97 Beispielsweise Muckel, Alltag u. Studer, Erfassungslogiken.

98 Personalaktenrelevant sind Unterlagen für den Zweck dieser Studie dann, wenn sie auch Bestandteil von Personalakten sind oder waren, dies aber nicht standardmäßig. In Bayern betrifft dies vor allem Unterlagen zur Entnazifizierung und aus dem Berlin Document Center.

99 Schilling/Biele Mefebue, Leben, S. 7. Zur Sammlung und dem Entstehungskontext siehe Alber, Sinn, S. 23 u. Radenbach, Vergangene, S. 10.

100 Falk, Entnazifizierung, S. 62.

101 Muckel, Alltag, S. 106.

niert haben, und schaffen damit wieder ‚Wirklichkeit.'"[102] Diese „Legitimation durch Verfahren" ist somit höchst wirkmächtig.[103] In gewissem Sinne sind auch die Personalakten „biografische Illusion" im Sinne Pierre Bourdieus, weil sie – in diesem Spezialfall – vermeintlich objektive Erzählungen der Berufsbiografie präsentieren, die nicht nur chronologisches, sondern vielmehr auch soziales, praktisches Resultat ihres Konstruktionsprozesses ist.[104] Im Anschluss daran fragt Steffani Engler: „Was geschieht, wenn das Leben als Geschichte erzählt wird? Welche praktischen Dinge und Voraussetzungen ermöglichen es, das Leben als Geschichte zu erzählen?"[105]

Personalakten werden in der justizhistorischen Forschung wie in der Behördenforschung rege genutzt, denn sie enthalten wichtige biografische Daten. Im Falle von Juristen sind sie oft die einzigen Quellen, die Auskunft über deren Leben bieten. Sie werden ausgewertet, ihre Informationen ermöglichten Statistiken und verschafften Forscher*innen Überblicke. In den meisten Studien wird diese Quellengattung daher erwähnt, wenn dort Justizbiografien behandelt werden.[106] Als „Faktenspeicher" wichtiger biografischer Details werden Personalakten bisher hauptsächlich für prosopografische Forschungszwecke genutzt.[107]

Darüber hinaus wurde die Quellengattung bislang jedoch nicht selbst „zum Sprechen" gebracht, vielmehr oft kritisiert. Drei Kritikpunkte dominieren: *Erstens* ergeben sich Probleme mit der Quellengattung aufgrund von Aktenbereinigungen, Verlusten und Zugangsproblemen. Gerade die ältere Forschung stieß an dieser Stelle oft an die Grenzen der Schutzfristen und konnte die Akten nicht einbeziehen.[108] *Zweitens* halten Forscher*innen das in den Akten aufbewahrte Wissen für wenig zuverlässig. Georg D. Falk argumentiert in seiner Studie über das Oberlandesgericht Frankfurt am Main in der Nachkriegszeit, dass das Material mit Vor-

---

102 Studer, Erfassungslogiken, S. 141.

103 Luhmann, Legitimation; siehe dazu auch Bachem/Hackler, Überlegungen; Heck/Itschert/Tratschin, Legitimation; Lüthi, Kommunikationsraum, S. 186 f.; Tanner, Akteure, S. 156 u. Al-Baghdadi u. a., Legitimieren.

104 Bourdieu, Illusion, S. 41 f. Zur Kritik siehe Schweiger, Leben. Näheres zur Akte als Konstruiertes und Konstruktionsmittel siehe exemplarisch die beeindruckende Schrift von Vismann, Akten u. Hull/Nellen/Rohringer, History.

105 Engler, „In Einsamkeit und Freiheit", S. 69.

106 Gruenwaldt, Richterschaft, S. 8 f.; Lyduga, Oberlandesgericht, S. 23; Rüping, Staatsanwälte, S. 20; Spiller, Personalpolitik, S. 20 f.

107 Exemplarisch Bösch/Wirsching (Hrsg.), Hüter; Danker-Lehmann-Himmel (Hrsg.), Landespolitik; Kißener, Diktatur; Möhring, Richter u. Penzholz, Beliebt. Zu einer entsprechenden Diskussion um den Wert von Personalakten aus Archivsicht siehe Tiemann, Umgang.

108 Exemplarisch Angermund, Richterschaft, S. 16; Godau-Schüttke, Ich, S. 10 f. u. Manthe, Richter, S. 24 f.

sicht zu genießen sei – um es dann aber doch wieder zu verwenden.[109] Auch Maximilian Becker beurteilt den Wert der dienstlichen Beurteilungen von Juristen, die routinemäßig von den Vorgesetzten angefertigt wurden und sich positiv oder negativ auf Karriere auswirkten, „kritisch",[110] zieht andererseits aber eine Personalakte heran, um Memoiren als falsch zu entlarven.[111] Die Quellengattung eignet sich allerdings vielfach, um im Verbund mit weiterem Material Analysen der Personalpolitik zu ermöglichen, die Auskunft über konfessionelle, landsmannschaftliche und bisweilen auch geschlechtsspezifische Auswahl- und Beförderungsprozesse gibt.[112]

Das führt zur *drittens* häufig als gering beklagten Aussagekraft der Quellen: Der Schematismus oder die Standardisierung von Personalakten erscheint als zu problematisch, um Substanzielles über die Person, für die die Akte geführt wurde, zu erfahren. Weder erzähle sie vom „eigentliche[n], fallbezogene[n], richterliche [n] Berufshandeln",[113] noch liefere sie Auskunft über das konkrete Verwaltungshandeln der Ministerialbeamten außerhalb der Personalverwaltung. Auch wenn in den Akten Persönliches zum Vorschein komme, helfen sie doch wenig, die Persönlichkeiten der einzelnen Juristen ausreichend zu rekonstruieren. Johanna Rakebrand erläutert in ihrer Biografie des ersten Präsidenten des Bundesverwaltungsgerichts, Ludwig Frege, das generelle Problem, biografische Daten über Juristen zu akquirieren. Sie sieht es gerade als eine Eigenheit des Juristendaseins an, dass die Persönlichkeit nicht im Vordergrund steht, sondern das Amt, die Leistung oder die Tat. Für Rakebrand sind Personalakten bürokratische Zeugnisse des beruflichen Lebens einer Biografie, nicht aber Zeugnis des Persönlichen, des Charakters der Person. In den Akten sei das Leben notwendigerweise verkürzt und der Blick bewusst eingeschränkt.[114] Mit Alois Hahn weist sie darauf hin, dass die Verwaltung, die Personalakte und ihre Bestandteile als „Biografiegeneratoren" betrachtet werden können.[115] Sie bestimmen den Modus der „Biographierung", also das erzählte Leben, immer schon mit.[116]

Doch welche spezifischen Gemeinsamkeiten, welche Charakteristika werden sichtbar, wenn der „Biografiegenerator" Bürokratie als solcher genauer betrachtet

---

109 Falk, Entnazifizierung, S. 17 f. u. 66.
110 Becker, Mitstreiter, S. 5.
111 Ebenda, S. 4.
112 Exemplarisch Apostolow, Der „immerwährende Staatssekretär"; Mecking, „Chefin oder Mauerblümchen?" u. Spiller, Personalpolitik.
113 Falk, Entnazifizierung, S. 19.
114 Rakebrand, Rechtsmensch, S. 16–20.
115 Ebenda, S. 20 u. Etzemüller, Biographien, S. 48–79. In der Schreibweise „Biographiegeneratoren" ursprünglich in Hahn, Alois, Selbstthematisierung, S. 16 f.
116 Hahn, Selbstthematisierung, S. 17.

würde – und damit das Leben der bayerischen Justizelite der Nachkriegszeit auch anhand der Personalaktenpraxis? Hubert Rottleuthner, der in seinem Werk über „Karrieren und Kontinuitäten deutscher Justizjuristen vor und nach 1945“ ohne Personalakten auskommen musste, merkt hierzu im Vorwort an, dass es einen Versuch wert wäre, eine Personalakte zum Erzählen zu bringen – „aber doch nicht hunderte von Akten!“[117] Genau diesen Versuch wird die vorliegende Studie unternehmen.

1.4 Justizbilder und Verwaltungspraxis im bayerischen Justizministerium

Der Freistaat Bayern und das bayerische Justizministerium eignen sich gleich in mehrfacher Weise für eine Untersuchung von Justizbildern und Verwaltungspraktiken:

Erstens ist die Quellenlage in Bezug auf das Bayerische Staatsministerium der Justiz sehr gut. Die Studie behandelt einen Zeitraum von etwa 25 Jahren. Damit werden schwerpunktmäßig Justizbilder und Verwaltungspraxis in Bayern ab 1945 bis zum Abflauen der „Blutrichter“-Kampagne analysiert. In deren Zuge wurden westdeutsche Richter beschuldigt, massenhaft Todesurteile an NS-Gerichten gefällt zu haben. Diese Zeit deckt eine Reihe wichtiger justizpolitischer Nachkriegsereignisse ab: die Eröffnung des bayerischen Justizministeriums, die parteipolitisch abwechslungsreichsten Jahre der Behörde, wichtige NS-Prozesse, die Auseinandersetzung um die sogenannten Blutrichter, das Deutsche und das Bayerische Richtergesetz sowie zahlreiche Verwaltungs- und Rechtsreformen. Mit dem Beginn der 1970er Jahre nahmen die Auseinandersetzungen um Justiz und Nationalsozialismus deutlich ab. Ab Dezember 1966 läutete Justizminister Philipp Held eine Phase der professionellen Selbstdarstellung im Justizministerium ein, die im Gegensatz zu vorherigen Kommunikationsstrategien stand. Diese zeitliche Eingrenzung schließt Rückgriffe auf die erste Hälfte des 20. Jahrhunderts nicht aus, weil diese Zeit ein wichtiger Referenzpunkt der Nachkriegszeit war und die Personalakten diesen Zeitraum ebenfalls abdecken.

In Ergänzung der bereits genannten Personalaktenanalyse – die Akten sind im Bayerischen Hauptstaatsarchiv (BayHStA) und in noch nicht ans Archiv abgegebenen Beständen des Ministeriums zahlreich vorhanden – wurden weitere Bestände systematisch untersucht: Ebenfalls im BayHStA liegen die noch unverzeichneten Generalakten Personal der Justizverwaltung und die ebenfalls unverzeichne-

117 Rottleuthner, Karrieren, S. 8 u. 197.

ten Akten der Justizpressestelle. Dazu kommt der umfangreiche Aktenbestand über die „Blutrichter“-Affäre des Justizministeriums. Maßgeblich waren außerdem die gedruckten Quellenbestände – Plenarprotokolle und Ausschussprotokolle – aus dem Archiv des Bayerischen Landtags (ABayLT). Ergänzt wurde diese Auswahl durch Nachlässe im Archiv für Christlich Soziale Politik (ACSP), im BayHStA und im Archiv des Instituts für Zeitgeschichte (IfZA). Insbesondere in Bezug auf die Justizpolitik in der Gründungsphase des Freistaats sind die Akten des amerikanischen Office of Military Government for Germany (OMGUS) beziehungsweise Office of Military Government for Bavaria (OBGB) im BayHStA und IfZA wichtig. Die Spruchkammerakten und die Akten des Oberlandesgerichts München liegen im Staatsarchiv München (StAM). Akten aus der Zeit des Nationalsozialismus und der Weimarer Republik – insbesondere personalaktenrelevantes Material aus dem ehemaligen NS-Archiv des MfS und dem Berlin Document Center (BDC) – liegen im Bundesarchiv in Berlin-Lichterfelde (BArch Berlin-Lichterfelde). Wenige Unterlagen über die militärischen Laufbahnen der Juristen befinden sich im Bundesarchiv in Freiburg (BArch Freiburg).[118]

Zweitens ergibt sich aus der sehr guten Quellenlage auch ein besonderer Vorteil für die Erforschung der Justizbilder, nämlich ihre Prägung durch Eliten. Eine Auswertung der Geschäftsverteilungspläne ergab, dass 109 Personen als Referatsleiter und deren Stellvertreter, als Abteilungsleiter und Amtschefs, als Minister und Staatssekretäre sowie als Verantwortliche für die Presse und als persönliche Referenten von 1945 bis 1970 im Justizministerium tätig waren.[119] Von 40 der 109 Personen konnte keine Personalakte gefunden, eingesehen und beziehungsweise oder in dieser Studie verwendet werden.[120] Zuverlässige Informationen waren also über 69 Personen in prall gefüllten Personalakten zu erhalten, die damit das Sample derjenigen bilden, deren Daten in dieser Arbeit uneingeschränkt für Bio-

118 Pandemiebedingt konnten in den Jahren 2020 und 2021 leider keine Archivalien im Archiv des Bayerischen Rundfunks eingesehen werden.

119 Persönliche Referenten arbeiteten für Minister, Staatssekretäre und Amtschefs, nicht alle von ihnen waren auch zu anderen Zeitpunkten bis 1970 Referats- oder Abteilungsleiter. Nicht dazugezählt wurden zwei Personen, die nicht juristisch ausgebildet waren: ein Psychologe, der das Referat für Resozialisierung und die Kriminologische Sammelstelle bzw. kriminalsoziologische Untersuchungen leitete sowie ein Journalist, der in der Pressestelle tätig war.

120 18 Personen konnten auch in einer bestandsübergreifenden Suche im Hauptstaatsarchiv und in anderen Archiven nicht eindeutig identifiziert werden. Die Personalakten von vier Personen wurden vernichtet. Dazu kommen zwei Juristen, von denen lediglich Restakten vorhanden sind, die zu wenige Informationen enthalten. 16 Akten sind mit Schutzfristen belegt, die nicht verkürzt werden konnten. Aus rechtlicher Sicht müssen Schutzfristen beachtet werden, die in den Archivgesetzen des Bundes und der Länder festgelegt sind. Das Bayerische Archivgesetz sieht in Art. 10 vor, dass Schutzfristen in Bezug auf Personen zehn Jahre nach dem Tod oder 90 Jahre nach der Geburt enden, siehe GVBl. Nr. 30, 1989, Bayerisches Archivgesetz v. 22.12.1989, S. 711 f.

gramme[121] und detaillierte Beschreibungen genutzt wurden. Das entspricht 63 Prozent – und damit fast zwei Dritteln – der von 1945 bis 1970 im Justizministerium in Leitungspositionen Tätigen.[122]

Diese Zahlen sind für eine quantitative Analyse zu unsicher,[123] was allerdings kein Problem für eine Analyse von Justizbildern und Verwaltungspraxis ist: Die 69 Personen stellen ein für eine qualitative Untersuchung aussagekräftiges Sample dar. Die Ministerialbeamten der Leitungsebene gehörten in Bayern zur Justizelite des Landes, dazu kamen versierte Rechtspolitiker. Diese Gruppe war nicht nur bestens vernetzt, sondern sie waren auch durch den in Bayern praktizierten steten Wechsel zwischen der Beschäftigung in der Verwaltung und an den Gerichten beziehungsweise den Staatsanwaltschaften gleichzeitig Verwaltungsfachmänner und Männer der Praxis.[124] In der Praxis an den Gerichten waren sie andererseits stets in hohen Positionen meist mit Personalverwaltungsaufgaben beschäftigt und prägten so die Juristen an ihren Gerichten oder Gerichtsbezirken beziehungsweise in ihren Staatsanwaltschaften. Als solche waren sie es, die dienstliche Beurteilungen erstellten und die Personalverwaltung letztlich verantworteten. Berufsbiografien von Personen, die keine Karriere machten, mögen anders ausgesehen haben. Das Bild, an dem sie gemessen wurden, ist allerdings mit großer Wahrscheinlichkeit dasjenige derer, die in dieser Arbeit vorgestellt werden.

Drittens sind die Länder – also auch der Freistaat Bayern – bisher nicht ausreichend in ihrer die Justiz formenden Rolle beachtet worden. Gerade die Landesjustizverwaltungen bündelten signifikante Repräsentations-, Verwaltungs- und justizpolitische Aufgaben. Das bayerische Justizministerium hatte Verfügungsgewalt über das gesamte Personal der ordentlichen Gerichte in Bayern. Es bestimmte

---

121 Zu den Biogrammen dieser Personen siehe den Anhang in dieser Studie.

122 Das Wort „Sample" wird hier synonym für „Auswahl", nicht aber für „repräsentative Stichprobe" genutzt.

123 Für valide Ergebnisse müsste entweder die spezifische Grundgesamtheit dahingehend ausgewertet werden, was in Anbetracht der Quellenlage nicht möglich ist, oder es müsste eine Zufallsstichprobe gezogen werden. Eine solche kann grundsätzlich auch gezogen werden, ohne alle möglichen Elemente der Grundgesamtheit zur Hand zu haben. Es muss davon ausgegangen werden können, dass es keine besonderen Gründe gibt, warum die fehlenden Quellen nicht vorliegen – mit anderen Worten, auch das Fehlen dieser Quellen müsste zufällig sein. Für die vorliegenden Daten kann dies nicht nachvollzogen und daher auch nicht garantiert werden. Es ist deshalb fraglich, ob die 69 Personen, zu welchen ausreichende Informationen vorliegen, als repräsentative Stichprobe gelten können. Zur Stichprobenziehung siehe beispielsweise Diekmann, Sozialforschung, S. 373–432.

124 In der Literatur wird darauf hingewiesen, dass es sich bei diesen Personen um einen bestimmten Typ, den „Ministerial-Typus" (Berndt, Richterbilder, S. 262 u. 282), handele, weil alle Verwaltungsaufgaben übernähmen, karriereorientiert seien und untereinander oft die Position wechselten (ebenda u. zeitgenössisch Wagner, Richter, S. 83 u. 148).

die Justizausbildung mit, repräsentierte die Justiz selbst und entschied über ihre Repräsentation durch Ämterbesetzung und Gebäude. Auch die territoriale Gebundenheit hatte durch die daraus folgende gezielte Inszenierung des Bayerischen nach dem Ende des Zweiten Weltkrieges einen Einfluss auf die Justiz. Im Rahmen der Erforschung des größten Teils der Bayerischen Staatsregierung lassen sich ressortspezifische Unterschiede und Gemeinsamkeiten außerdem besonders gut herausarbeiten.[125]

Diese Zusammenschau von Justiz und Verwaltung ermöglicht einen Blick auf die verwaltungsseitige Formung der Justiz und ihres professionellen Selbstverständnisses, die zwar manches Mal moniert,[126] aber selten analysiert wurde. Dem wird spezifisch durch die Personalaktenperspektive Rechnung getragen. Die Einflüsse der Bürokratie auf die Justiz und andersherum, Wechselwirkungen, werden dadurch sichtbar und es entfaltet sich eine Verwaltungsgeschichte der Justiz. Gerade diese Aspekte befinden sich dann auch im Rahmen bürokratischen Zugriffs auf die Justiz, im Gegensatz zum größten Teil der Rechtsprechung, die gerade der bürokratischen Weisung entgeht und oft nur auf die Richterschaft fokussiert. Das im Sample begründete Zusammendenken der drei Zweige – Staatsanwaltschaft, Richterschaft und Ministerialbürokratie – mag den Eindruck erwecken, je Zweig an Detailschärfe einzubüßen. Letztlich eröffnet es aber den Blick erst auf das, was allen drei gleich ist: ihre Personalverwaltung durch das Bayerische Staatsministerium der Justiz.

Der Beitrag, den die Erforschung von Justizbildern zur Demokratiegeschichte leisten kann, liegt in der Historisierung von Demokratieverständnissen. Justizbilder und Verwaltungspraxis liefern Antworten auf die Fragen, wie sich die Justiz als demokratisch darstellte und inwiefern dies angenommen wurde.[127] Im Kontext von Justizkritik musste die bayerische Justiz um den Glauben an ihre Legitimität[128] als Dritte Gewalt durchaus kämpfen und damit auch ihren spezifischen Ort in der Nachkriegsdemokratie finden und beschreiben. Der Blick auf das Selbstverständnis der Justiz in der Demokratie legt damit auch frei, welche Suchbewegungen es jenseits von Verfassungsgerichten und anderen per se demokratischen Justizinstitutionen dabei gab. Sie zeigt damit Anpassungsstrategien, aber auch „demokratische Ängste“[129] und die „widersprüchliche Wirklichkeit der Demokratie“[130] – vor dem Hintergrund der NS-Vergangenheit und jenseits des normativen Demokratie-

125 Zum Gesamtprojekt siehe Gotto, Kultur.
126 Berndt, Richterbilder, S. 259 u. 262 u. Simon, Unabhängigkeit, S. 21–32.
127 Siehe dazu beispielsweise Conze/Weinke, Lernen, S. 96 u. Pyta, Kulturgeschichte, S. 24.
128 Weber, Wirtschaft, S. 122.
129 Biess, Republik, S. 199.
130 Rahden, Demokratie, S. 15.

ideals. Die Justizbilder und Verwaltungspraktiken helfen dabei, herauszuarbeiten, über welche diskursiven und praktischen Wege die ehemaligen NS-Juristen in ein demokratisches Staatsgefüge integriert werden konnten. Wenn nachvollzogen wird, wie die Juristen selbst über die nationalsozialistische Vergangenheit sprachen und welche Muster sich darin finden, dann wird deutlich, wieso die Bewertung der NS-Justizvergangenheit innerhalb der Profession von den zeitgenössischen gesellschaftlichen Bewertungen abwich. Mit Blick auf diese Justizbilder kann für die bayerische Justizverwaltung das komplexe Verhältnis zwischen der Nachgeschichte des Nationalsozialismus und der westdeutschen Demokratiegeschichte ausgelotet werden.[131]

Viertens war die Landesjustizverwaltung nicht schon immer da: Sie stand und fiel mit der Existenz der Länder als Staaten. Es ist gerade der neue Aufbau der Verwaltung ab 1945, der es ermöglicht, einen genaueren Blick auf die betreffenden Praktiken zu werfen und zu rekonstruieren, wie Sinn dabei hergestellt wurde – denn er war zumindest institutionell nicht automatisch vorhanden.[132] In Transformationsperioden lassen sich Formierungsprozesse von Selbstverständnissen besonders gut nachvollziehen.[133] In den dortigen Aushandlungsprozessen sind Veränderungen und Wiederholungen gut identifizierbar. Sie offenbaren die Multinormativität und auch die außerrechtlichen Vorbedingungen des Rechts, des demokratischen Rechtsstaats und seiner Behörden.[134] Gerade weil das Ministerium selbst während der NS-Diktatur zwischen 1935 und 1945 nicht existierte, stellen sich transformationsspezifische Fragen danach, wie diese Institution etwa Legitimität hergestellt hat, in welcher Tradition sie sich sah und welche Deutungen den Verwaltungspraktiken beigegeben wurden.

Diese Spezifik der Justizverwaltung lädt dazu ein, die These der Verwaltungskontinuität zwischen dem Nationalsozialismus und der Nachkriegsdemokratie in dieser Studie zu untersuchen.[135] Otto Mayer hatte sie in Bezug auf den politischen Systemwechsel 1918/19 im Vorwort zur dritten Auflage des *Deutschen Verwaltungsrechts* als „Groß Neues ist ja seit 1914 und 1917 nicht nachzutragen. ‚Verfassungsrecht vergeht, Verwaltungsrecht besteht'" bereits erwähnt.[136] Georg-Christoph von Unruh sah im Jahr 1945 keine Stunde Null, dafür die „Stunde der deutschen Ver-

131 Conze/Weinke, Lernen, S. 97

132 Ähnlich Sälter, NS-Kontinuitäten, S. 27.

133 Teitel, Justice, S. 9 u. Foljanty, Recht, S. 9 f.

134 Kollmorgen, Diskursanalyse, S. 265; Duve, Multinormativität, S. 91 u. 96 u. Teitel, Justice, S. 9.

135 Zur Diskussion der These siehe Ruck, Kontinuität, S. 117–121. Für die Justiz siehe Lahusen, Dienstbetrieb; etwa in „Das Jahr 1945 war ein zeitliches Kontinuum, wie alle Jahre zuvor auch.", ebenda, S. 26.

136 Mayer, Verwaltungsrecht, Vorwort zur dritten Auflage.

waltung“.[137] Auch Theodor Eschenburg unterstrich 1974 das „Beharrungsvermögen“ des Berufsbeamtentums über die Umbrüche 1918/19, 1933, 1945 und konstatierte eine „Verwaltungskontinuität“, die er vor allem bis in die Mitte der 1960er Jahre hinein, bis zu einem Generationenwechsel in der Beamtenschaft, sieht.[138] Auch Frieder Günther stimmte dem grundsätzlich in Bezug auf deutsche Innenministerien 1919–1970 kürzlich zu, wenn er auch Systemunterschiede zwischen den Ministerien der Weimarer Republik, des Nationalsozialismus, der DDR, der Bundesrepublik und „Wandlungsprozesse“, vor allem in den 1960er Jahren, erblickt. Günther resümiert, dass die „Beharrungskraft moderner Bürokratien“ durch politische Gestaltung gebrochen werden müsse.[139] Diese Beharrungskraft von Bürokratien hatten bereits Max Weber und Thomas Ellwein festgehalten.[140] Eine Zäsur wird etwa von Michael Ruck in Bezug auf die „(südwest)deutsche[...] Verwaltung“ am deutlichsten Mitte der 1960er Jahre gesehen.[141] Grundlegende Veränderungen in der Gesellschaft etwa ab Ende der 1950er, Beginn beziehungsweise Mitte der 1960er bis hin zum Jahr 1968 diagnostizierten auch andere Erzählungen zur Geschichte Westdeutschlands.[142] So legten etwa Beamte ab Mitte der 1960er ihre etatistischen Grundüberzeugungen ab.[143] Für die Justiz sieht Jörg Requate zumindest die „Entstehung eines Reformklimas“ in den 1960er Jahren, das aber nicht anhielt.[144] Gegen die These, dass sich in den späten 1960ern Entscheidendes veränderte, argumentieren etwas Friedrich Kiessling und Christoph Safferling.[145] Diese Zeit wird vom Zeitraum dieser Studie abgedeckt.

Damit wird in mehrfacher Weise den Forderungen einer neuen Behördenforschung entsprochen: Anstatt über Attribute außerhalb der Verwaltung wie Studentenverbindungen, Studienorte, bürgerliche Herkunft oder Bildungsgrad zu verstehen, warum Juristen sich im 20. Jahrhundert offenbar kaum veränderten und sich mit den NS-Justizverbrechen nicht auseinandersetzen wollten, wird der Blick nach innen gerichtet. Anhand von verwaltungsinternen Attributen, Disziplinierungsmaßnahmen, Formungen und Vorgaben, die ungeachtet ihrer Herkunft alle Personen betrafen, die in der bayerischen Justizverwaltung im höheren Dienst arbeiteten, lässt sich eine von Gotto für die Behördenforschung erhoffte „kulturge-

137 Unruh, Lage, S. 71.
138 Eschenburg, Rückhalt, S. 79 u. 89 f.
139 Günther, Verfassung, S. 245 f.
140 Weber, Wirtschaft, S. 569 u. 834 u. Ellwein, Staat, Band 1, S. 56 f.
141 Ruck, Kontinuität, S. 121.
142 Bösch, Medienumbrüche, S. 192 f.; Depkat, Lebenswenden, S. 515; Herbert, Liberalisierung, S. 14 u. 46; Nolte, Ordnung, S. 235; Schildt/Siegfried/Lammers, Einleitung, S. 16 f.
143 Günther/Maeke, Beamter, S. 272.
144 Requate, Kampf, S. 161 f. u. 395 f. u. ders., Standespolitik, S. 441–443.
145 Kiessling/Safferling, Staatsschutz, S. 492; ähnlich Rigoll, Staatsschutz, S. 16 f.

schichtlich inspirierte[...] Neue[...] Verwaltungsgeschichte“ erzählen.[146] Dieser Blick auf das Justizministerium und seine administrative Geschichte anhand kulturhistorischer Theorie und Methode legt das frei, was alle Akteure formte, – NS-„Blutrichter“, Mitläufer wie Diskriminierte – und dies über einen längeren Zeitraum als die zwölf Jahre dauernde NS-Diktatur: die Art, über Juristen und Justiz im 20. Jahrhundert zu sprechen, die sich nicht auf ein bestimmtes System, Geschäftsverteilungspläne oder Gesetze festlegen lässt. Vielmehr rücken in dieser Studie die angenommenen Verwaltungstraditionen und -kontinuitäten in ihrem Entstehungszusammenhang im Zuge des Systemwechsels in den Blick und werden selbst historisiert. Dazu gehören auch die Narrative der Professionalität, die, wie Gerhard Sälter für den Sicherheitsbereich zeigt, bisher zwar rezipiert, aber nicht ausreichend kritisch hinterfragt und erforscht wurden. Erst durch einen „Blick auf die Wahrnehmungen und Praktiken der Akteure“ kann verstanden werden, wie die Einzelnen sich in die Justiz der Nachkriegsdemokratie integrierten.[147] Eine differenzierte Historisierung des Belastungsbegriffs kann, wie von Niels Weise gefordert,[148] gerade durch die Analyse von Justizbildern und Verwaltungspraxis erreicht werden, weil diese den je spezifischen Belastungsbegriff kontextualisieren.

1.5 Aufbau der Arbeit und Forschungsfragen

Den drei Kapiteln übergeordnet wird nach Folgendem gefragt: Welche Selbst- und Fremdbilder von Juristen und der Justiz waren vorhanden und was bewirkten sie? Aus welchen Praktiken und Diskursen speisten sich die Justizbilder? Welche Bezüge zur NS-Vergangenheit und zu Nachkriegsdemokratie wiesen sie auf? Welche dezidiert bayerischen Justizbilder sind feststellbar? Wie und warum veränderten sich diese Bilder, welche Konsequenzen hatten Veränderungen?

Die Kapitelabfolge sucht in einem Dreischritt relevante Justizbilder zu erfassen. Im *ersten* Hauptkapitel – *das Ansehen der Justiz* – geht es um die Justizbilder im gesellschaftspolitischen Bayern in der Nachkriegszeit. Die Schauseite, die Repräsentationsstrategie des Ministeriums und Diskussionen im Plenum des Bayerischen Landtags zeigen den diskursiven Wandel der Vorstellungen davon, was gute Juristen waren und welcher Zweck einem Justizministerium beigemessen wurde.

146 Gotto, Kultur, S. 278.

147 Gerthard Sälter hat den Zusammenhang von Fachkompetenz und Etatismus für den Sicherheitsbereich zuletzt dekonstruiert und deutlich gemacht, dass mit der Fachkompetenz meist genau diejenige gemeint war, die von den Personen während des Nationalsozialismus erworben wurde, siehe Sälter, Professionalität, S. 430 f.

148 Weise, „Mehr als Nazizählerei“, S. 399.

Das Kapitel geht dabei auf die öffentlich dargestellten Justizbilder ein und fragt: Wie stellte sich die bayerische Justizverwaltung selbst dar? Wie (re-)organisierte sie sich räumlich und strukturell? Wann und in Bezug worauf veränderten sich die Repräsentationsstrategien? Welche Rolle spielten der Systemwechsel und dessen Folgen?

Das *zweite* Hauptkapitel – *die bürokratische Biografie* – behandelt die behördeninterne Personalführung, also einen Arbeitsbereich des Justizministeriums. Die Personalakten und ihr Inhalt transportieren Fremd- und Selbstbilder darüber, was es jeweils bedeutete, ein Jurist zu sein. Dieser spezifischen Verwaltungspraxis wird mit den folgenden Fragen nachgegangen: Wie funktionierte Personalverwaltung am Beispiel der Personalaktenführung? Welche Funktionen erfüllten die Akten? Welche Ideen waren mit den Akten verknüpft? Welches Material wurde genutzt? Welche rechtlichen Vorgaben und welche Formen der Standardisierung gab es und wie wurden sie praktisch ausgefüllt? Wie wurden Biografien in den Personalakten erzählt? Welche Deutungsmuster und Bezüge offenbaren sie? Welche Rolle spielten Systemwechsel und politische Systeme? Wie beeinflussen die Verwaltungspraktiken den Erkenntniswert der bürokratischen Biografie?

Im *dritten* Hauptkapitel – *Entnazifizierungspraktiken* – werden die zuvor erfassten Justizbilder näher auf ihre Wirkung und Veränderung in der Auseinandersetzung mit der nationalsozialistischen Vergangenheit hin untersucht. In Bezug auf den verwaltungspraktischen Umgang mit NS-Belastungen und professionsspezifische Deutungsmuster geht das Kapitel den folgenden Fragen nach: Wie liefen die einzelnen Überprüfungen ab und welche Institutionen waren daran jeweils beteiligt? Auf welches Material bezogen sie sich? Wie wurden Biografien in den Entnazifizierungsunterlagen erzählt? Welche Deutungsmuster und Bezüge offenbaren die Be- und Entlastungsnarrative? Wie veränderten sich gruppenbezogene Zugehörigkeitsregeln in den unterschiedlichen Entnazifizierungspraktiken? Hatten unterschiedliche NS-Vergangenheiten Auswirkungen auf die Bewertung von NS-Justizverbrechen?

2 Das Ansehen der Justiz: Die Schauseite der Justizverwaltung

Das öffentliche Bild der Justiz und die damit verbundenen Repräsentations- sowie Legitimationsstrategien und Organisationspraktiken bilden den Anfang dieser Studie. Es geht damit um die „Schauseite", also die Außendarstellung,[1] der bayerischen Justiz und die Diskussion derselben. Eine Schauseite wird auch deshalb aufgebaut, weil entsprechende, mithin widersprüchliche Erwartungen an die Organisation gerichtet werden, denen sie gerecht zu werden versucht, weil sie von der Akzeptanz ihrer Umwelt abhängt.[2] Die darin öffentlich dargestellten und diskutierten Selbstbeschreibungen und Justizbilder dienen also der Identifizierung und Identifikation des Justizministeriums.[3]

Solche öffentlich dargestellten Justizbilder beeinflussten die Deutung der Justiz und der Justizverwaltung im Bayern der Nachkriegszeit maßgeblich. Die Stellung der Justiz in der Nachkriegsdemokratie war nicht immer unumstritten. Dies gerade, weil sie im demokratischen Verfassungsstaat eine herausgehobene Stellung als Dritte Gewalt einnimmt,[4] womit eine bestimmte Erwartungshaltung einhergeht. Es sind drei ausgewählte Bereiche, die im Folgenden die Schauseite der Justizverwaltung illustrieren sollen: der „Wiederaufbau", das Verhältnis zur Öffentlichkeit und der Umgang mit Reformideen. Sie offenbaren das Sagbare und das Darstellbare, mithin die Justizbilder der Nachkriegszeit in ihren jeweiligen Deutungstraditionen, und zeigen Selbstbilder, Krisenphänomene ebenso wie Reformbemühungen, die sich um das bereits von Staatssekretär Josef Hartinger bemühte „Ansehen der Justiz" gruppieren.[5] Mit Blick auf die Bautätigkeit der Justizverwaltung werden Fragen des Justizbildes als architektonisch vergegenständlichter Anblick von Nicht-Sichtbarem ebenfalls thematisiert. Visualisierung und Repräsentation funktionieren als visuelle Eindrücke wie Worte als Kategorien der Erkenntnis und des Wiedererkennens.[6] Politische Umbrüche und neue politische Systeme stellen die Herrschenden immer auch vor die Frage ihrer visuellen Reprä-

1 Kühl, Organisationen, S. 138.

2 Ebenda, S. 142 u. 146.

3 Luhmann, Organisation, S. 417 u. Treiber, Lebensläufe, S. 22. Luhmann unterscheidet weiter zwischen den niedriger angesiedelten Selbstreferenzen und den Selbstbeschreibungen, dem wird in dieser Studie nicht gefolgt, siehe Luhmann, Organisation, S. 421 u. 440.

4 Enzmann, Verfassungsstaat, S. 4.

5 Zeitgenössisch dazu Wagner, Richter, S. 177–183.

6 Rehberg, Weltrepräsentanz, S. 6. Siehe Rottleuthner zur Möglichkeit der Analyse einer „weitere[n] Variante anschaulicher Darstellung der Justiz" in der Architektur, ders., Bilder, S. 42 u. 76.

https://doi.org/10.1515/9783111390475-002

sentation sowie der strukturellen Organisation[7] – und damit beziehen sie sich oft auch auf Geschichtsdeutungen und Ursprungsmythen.[8]

Als zentrale Arena dieser Auseinandersetzungen bieten sich die Plenardiskussionen des Bayerischen Landtags zum Justizetat für die Untersuchung an. Die bayerischen Justizminister hielten hier regelmäßig Haushaltsreden. Flankiert wurden diese vom Bericht aus dem Haushaltsauschuss, einer Beratung im Plenum und einer Abstimmung. Während die Haushaltsdebatten im Landtag einerseits ein bereits im Ministerrat und im Haushaltsausschuss vorbereitetes Budget voraussetzten, waren sie andererseits ein Ort um grundsätzliche, parteipolitisch unterschiedliche Sichtweisen publik zu machen. Die Sprecher der Fraktionen in der Debatte wiesen hier regelmäßig auf diejenigen Themen hin, die sie auch in die Besprechungen im Haushaltsausschuss eingebracht hatten.[9] Haushaltsdebatten sind nicht nur demokratietheoretisch und -historisch von eminenter Bedeutung.[10] Im Bayerischen Landtag waren die Debatten öffentlich, was ihre repräsentative Funktion noch verstärkte. In den Debatten wurden Argumente in kondensierter und öffentlichkeitswirksamer Form ausgetauscht. In den folgenden Unterkapiteln werden die Justizbilder in Diskursen und Praktiken der direkten Nachkriegszeit, in der Ausdifferenzierung des Verhältnisses zur demokratischen Öffentlichkeit und zu Reformfragen expliziert. Fallbezogen werden die dort vorgebrachten Themen durch weitere Quellenanalyse unterstützt.

2.1 Der „Wiederaufbau“ der bayerischen Justiz

Die bisherige Justizhistoriografie Bayerns hat ihren Forschungsschwerpunkt im 18. und 19. Jahrhundert. Am Beginn der Geschichte des Justizministeriums stehen dabei die Verwaltungsreformen Maximilian von Montgelas und die Schaffung des „kurbayerischen Justizdepartments“ 1799.[11] Hiervon ausgehend liest sich die Geschichte zunächst als die der Justiz in Bayern, im 19. Jahrhundert aber auch als Geschichte des Umgangs mit Deutschland und der Frage, wie bayerische Interessen gewahrt werden konnten, was bis zum Beginn der nationalsozialistischen Dik-

---

7 Mergel, Staatlichkeit, S. 282 f.

8 Kollmorgen, Diskursanalyse, S. 265–269 u. Rittenauer, Staatswappen, S. 831 f.

9 ABayLT, Plenarprotokoll 95. Sitzung, 27.03.1957, Berichterstatter Volkmar Gabert, S. 3303.

10 Nolte, Demokratie, S. 108 f. u. Patzelt, Einführung, S. 354–356.

11 Bachmann/Sepp, Justiz; Volkert, Staats- und Kommunalverwaltung u. Volkert, Gerichtsbarkeit, Bayerisches Staatsministerium der Justiz, Staatsminister, Band 1; Bayerisches Staatsministerium der Justiz, Staatsminister, Band 2 u. Rumschöttel, Staatsministerium.

tatur gelang.[12] Mit dem Wissen darum, dass es nach 1945 wieder ein bayerisches Justizministerium gab, erscheinen die zehn Jahre zwischen 1935 und 1945 wie eine kurze – wenn auch folgenschwere – Unterbrechung einer ansonsten kontinuierlichen Institutionalität bayerischer Justizverwaltung. Im Jahr 1945 war jedoch weder ausgemacht, ob es wieder eine bayerische Justizverwaltung geben sollte, noch, welche Form sie haben sollte. Wilhelm Hoegner und andere bedeutende bayerische Juristen der frühen Nachkriegszeit verhielten sich dennoch stets so, als ob es keinen Zweifel daran gäbe, dass die Nachkriegsjustizverwaltung ihrem Weimarer Vorbild gleichen müsse. Der „Wiederaufbau" oder die „Wiedererrichtung" des bayerischen Justizministeriums wurde von den zeitgenössischen Protagonisten ebenso wie von den nachfolgenden Historikern als zentraler Topos für die Beschreibung Nachkriegszeit gewählt.[13] Im Folgenden werden die diskursiven und praktischen Elemente dieses „Wiederaufbaus" anhand der Karrieren der frühen Ministerialbeamten, der Rekonstruktion der Gebäude und der Institution erläutert. Der Schwerpunkt liegt hier auf der direkten Nachkriegszeit bis in die 1950er Jahre.

Bayerische Karrieren

Im Juni 1932 wurde der bayerische Justizminister Franz Gürtner zum Reichsjustizminister ernannt.[14] Heinrich Spangenberger und ab März 1933 Hans Frank folgten ihm zunächst in die bayerische Spitzenposition als „beauftragter Leiter des bayerischen Staatsministeriums der Justiz". Frank wurde zum 12. April 1933 schließlich Justizminister Bayerns.[15] Mit den drei Gesetzen zur Überleitung der Rechtspflege auf das Reich 1934 und 1935 endete die Institution des Bayerischen Staatsministeriums der Justiz. Von Januar bis April 1935 hatte die „Abteilung Bayern" des Reichsjustizministeriums Bestand. Dort sollte der „Beauftragte[...] des Reichsministers der Justiz" das Ministerium abwickeln.[16] Heinrich Spangenberger, der kurz vor seiner Pensionierung stand und lange im Justizministerium unter Gürtner tätig gewesen war, fungierte als jener Beauftragter.[17] Im April 1935 wurde auch das Bayeri-

12 Rumschöttel, Staatsministerium, S. 343.

13 Dazu gehören etwa Gelberg, Hans Ehard, S. 35; Raim, Justiz, S. 150; Rumschöttel, Staatsministerium, S. 362 u. Schütz, Justitia, S. 13.

14 Zu Gürtner etwa Gruchmann, Justiz u. Reitter, Franz Gürtner.

15 Rumschöttel, Staatsministerium, S. 359.

16 Volkert, Gerichtsbarkeit, S. 110.

17 Mages, Justizverwaltung, S. 137.

sche Oberste Landesgericht geschlossen. Seine Kompetenzen gingen auf das Oberlandesgericht München und das Reichsgericht über.[18]

Die Justizbeamten wurden unmittelbare Reichsbeamte. In diesem Kontext entstand eine *Rückschau* des bayerischen Justizministeriums, die von der Abteilung Bayern des RJM herausgegeben wurde. Die Schrift muss von ihrem Entstehungszeitpunkt her als Rückschau aus der NS-Zeit heraus verstanden werden, die dementsprechende Schwerpunkte legte. Sie präsentiert die bayerische Justiz als Vorreiterin der Verrechtlichung wichtiger Lebensbereiche, ja sogar in Vorwegnahme der Reichsjustizgesetze durch Regelungen zur Gerichtsverfassung.[19] Die Jahre 1933 bis 1935 nehmen einen überdimensional großen Raum ein, was auch daran liegt, dass die Reden von Frank, Gürtner, Spangenberger und von Ministerpräsident Ludwig Siebert während den Feierlichkeiten zur „Übergabe der Justizverwaltung an den Reichsminister der Justiz am 4. Januar 1935" ausführlich wiedergegeben werden. Frank unterstrich in seiner Rede, dass der „nationalsozialistische[...] Einheitsstaat" sich aus den „gleich dienenden und gleich verantwortlichen Stammesglieder[n] unserer deutschen Volksfamilie" zusammensetze.[20] In dieser Ausrichtung auf das große Ganze hob er weiter die Errungenschaften der bayerischen Justiz – „dieses Corps von Ehrenmännern" – hervor, die nun gerade mit diesen Eigenschaften zu Reichsjustizbeamten werden sollten.[21] Franks Rede betonte auch, dass die bayerische Justiz stolz auf ihre Geschichte und ihre Juristen sei:

> „In diesen 135 Jahren gab es in der bayerischen Justizverwaltung stolze und starke Künder des Rechtsgedankens, die unter Hintanstellung ihrer eigenen persönlichen Interessen, ja selbst unter Aufopferung ihrer Ämter immer nur dem Grundsatz, daß das Recht allem voranzugehen habe, huldigten."[22]

Auch Gürtner knüpfte hieran an, er sprach sich sogar gegen eine „Zentralisation der Justizverwaltungsgeschäfte aus". Die Aufgaben des bayerischen Justizministeriums übernahmen, neben dem Reichsjustizministerium in Berlin, dann auch die bayerischen Oberlandesgerichte.[23] Gürtner erklärte weiter, es gehe darum, dass „das künftige Reichsjustizministerium ein Querschnitt durch die gesamte Juristenschaft des Reiches wird. Das soll sich in erster Linie in der landsmannschaftlichen Zusammensetzung offenbaren."[24] Ihm schwebte ebenfalls vor, dass auch der Juris-

18 Heydenreuter, Gerichtsbarkeit, S. 127.
19 Reichsjustizministerium, Staatsministerium, S. 10.
20 Hans Frank, zit. in: Reichsjustizministerium, Staatsministerium, S. 28.
21 Ebenda, S. 29.
22 Ebenda.
23 Volkert, Staats- und Kommunalverwaltung, S. 98.
24 Franz Gürtner, zit. in: Reichsjustizministerium, Staatsministerium, S. 31.

tennachwuchs „wie es früher im Handwerk der Zünfte geschehen ist […] eine Anzahl von Wanderjahren" durchlaufen könnte.[25]

Mit diesen Aspekten versuchten die beiden ehemaligen bayerischen Justizminister die landsmannschaftlichen Gefühle ihrer Zuhörer anzusprechen und Bedenken gegenüber dem Reich abzubauen. Hermann Rumschöttels Darstellung der Feierlichkeiten aus derselben Quelle legte ihren zeitgemäßen Schwerpunkt auf andere Aspekte der Rede Franks. Er hob in den 1980ern die Zitate hervor, die viel mehr Raum zur Abgrenzung der Nachkriegsjustiz und des Nachkriegsbayerns zur sogenannten Verreichlichung und den Nationalsozialisten allgemein ließen. Er zitierte einzig aus der Rede des Rechtsanwalts Frank.[26] Weiter gab Rumschöttel insbesondere die Teile wieder, in denen Frank dem „bayerischen Rechtswesen und de[n] bayerischen Rechtsdienern" den „sehnlichsten Wunsch" nach der „Verreichlichung" bescheinigte,[27] was zur leichten Abgrenzung gegen den Nationalsozialismus taugte. Diejenigen Momente aus der Rede Franks oder der übrigen Redner, die versuchten, ihrem Zielpublikum – den bayerischen Justizbeamten – unter der Ansprache ihrer Spezifik näherzukommen und eine Brücke ins Reich zu bauen, erwähnt Rumschöttel nicht.

Während über die Untergerichte wenig bekannt ist, hat Hannes Ludyga mit seiner Monografie über das Oberlandesgericht München dessen Wirken zwischen 1933 und 1945 ausführlich dargestellt. Darin macht er deutlich, dass das Oberlandesgericht München an der Sicherung der NS-Herrschaft und der Eliminierung ihrer Gegner tatkräftig mitwirkte. Auch die Zivilprozesse waren von NS-spezifischer Rechtsprechung und damit potenziellen NS-Verbrechen berührt – überhaupt habe es kaum Richter gegeben, die in ihrem Handeln nicht von der NS-Ideologie berührt worden wären.[28] In Bezug auf die Diskriminierung und Verfolgung von Richterkollegen am OLG München erläutert Ludyga, dass Übereinstimmung mit den Maßnahmen, ja sogar Sympathie, vorgeherrscht habe: „So gab es wenige Richter am Oberlandesgericht, die dem Nationalsozialismus nicht zugeneigt waren."[29]

Sondergerichte wurden ab 1933 in den Oberlandesgerichtsbezirken bei den Landgerichten (LG) gebildet. An den Sondergerichten wurden bestimmte politische Strafsachen beschleunigt abgeurteilt. Gegen ihre Urteile konnten die Beteiligten keine Rechtsmittel einlegen. In Bayern entstanden die Sondergerichte beim Landesgericht München I, beim Landgericht Nürnberg-Fürth, beim Landesgericht

25 Ebenda, S. 32.

26 Rumschöttel, Staatsministerium, S. 360.

27 Ebenda.

28 Ludyga, Oberlandesgericht, S. 11–14.

29 Ebenda, S. 52. Dasselbe führt Tuchel in Bezug auf die niedrigen Zahlen von Widerständlern aus den Reihen der Justizjuristen aus, siehe Tuchel, Einführung, S. 31.

Bamberg, später auch in Bayreuth und Frankenthal. Ab 1940 konnten die Staatsanwaltschaften mehr Rechtssachen vor die Sondergerichte bringen als noch zuvor. Ihre Tätigkeit brach mit dem Ende der NS-Herrschaft ab.[30] Weitere NS-spezifische Gerichte waren unter anderem die Erbgesundheitsgerichte sowie die Anerben- beziehungsweise Erbhofgerichte.[31]

Aus dem Bayerischen Staatsministerium der Justiz der Weimarer Republik heraus hatten sich einige gewichtige NS-Karrieren entwickelt. Zu nennen sind hier neben den Ministern Gürtner und Frank auch der Generalstaatsanwalt am Oberlandesgericht München Adolf Sotier (1931–1938)[32] sowie der Vizepräsident des Oberlandesgerichts München Karl Castner (1937–1943).[33] Weiterhin zu nennen sind insbesondere die drei Oberlandesgerichtspräsidenten Friedrich Döbig (1937–1943, Nürnberg),[34] Ernst Dürig (Bamberg, 1939–1944)[35] und Alfred Dürr (München, 1937–1943).[36] Alle drei nahmen an der Konferenz zur Scheinlegalisierung des NS-Krankenmordes 1941 teil. Diese Konferenz kam zustande, weil sich 1940 in der Bevölkerung und dadurch auch teilweise an Gerichten Nachfragen, Nachforschungen und gar Protest in Bezug auf die systematische Ermordung von Menschen mit Behinderungen ergeben hatte. Um dies zukünftig zu vermeiden, lud der Staatssekretär im RJM, Franz Schlegelberger, die deutsche Justizelite und Vertreter der NS-„Euthanasie“ im Februar 1941 nach Berlin ein. Ohne merklichen Protest hörten sich die Juristen die Erklärung zur Mordpraxis an und verabredeten zukünftig alle Anklagen und Eingaben direkt ans RJM weiterzuleiten, anstatt sie zu bearbeiten.[37]

Für das vorliegende Sample ergeben sich auch eine Reihe von Karrieren, die sowohl vor 1935 als auch ab 1945 im bayerischen Justizministerium stattfanden. Es handelt sich um die Juristen Clemens Cammerer, Hans Ehard, Franz Gipser, Oskar Grießinger, Karl Hartmann, Andreas Holzbauer und Walter Roemer.[38] Bis auf Hartmann und Holzbauer verfolgte keiner der Juristen eine weitere Justizverwaltungskarriere während der NS-Diktatur. Alle übrigen bereits zu dieser Zeit Tätigen arbeiteten an Gerichten oder Staatsanwaltschaften. Einzig Ehard gab selbst an,

30 Heydenreuter, Gerichtsbarkeit, S. 130 u. Materna, Richter, S. 101–173.

31 Heydenreuter, Gerichtsbarkeit, S. 134.

32 Lilla, Sotier.

33 Ludyga, Oberlandesgericht, S. 117.

34 Klee, Personenlexikon, S. 114.

35 Ebenda, S. 121.

36 Ludyga, Oberlandesgericht, S. 100–112.

37 Schneider, Diener, S. 7 f.

38 BayHStA, MJu 16846, Geschäftsverteilung, Geschäftsverteilungsplan gültig ab 16.09.1926, 06.09.1926, Geschäftsverteilungsplan gültig ab 16.09.1929, 06.09.1929 u. Geschäftsverteilungsplan nach dem Stande v. 01.12.1933, 24.11.1933.

dass er sich aus politischer Abneigung gegen die Nationalsozialisten ans Oberlandesgericht München habe versetzen lassen,[39] bei den übrigen ist nicht klar, wieso sie aus der Ministerialbürokratie ausschieden.

Während ab 1935 keine dezidierte bayerische Justizverwaltung mehr vorhanden war, wurden trotzdem weiterhin Justizverwaltungsaufgaben an den Oberlandesgerichten bearbeitet, wenngleich es sich hier nicht mehr um die Umsetzung von in Bayern getroffener Vorschriften, etwa zur Justizausbildung und Personalverwaltung, handelte.[40] Schließlich blieb auch der allergrößte Teil des vormals bayerischen Personals vor Ort.

Die bayerische Nachkriegsjustizelite hatte schon während der NS-Diktatur Gelegenheit, sich untereinander zu vernetzen. Ehard hatte beispielsweise mit Cammerer und Dürig im Justizministerium zusammengearbeitet.[41] Viele andere hatten während der NS-Diktatur an denselben Gerichten, vorwiegend in München, gearbeitet. Zwar lässt sich daraus nicht zwangsläufig eine engere persönliche Beziehung ableiten, in vielen Fällen wurden diese Bekanntschaften allerdings für Leumundszeugnisse in den Spruchkammerverfahren genutzt.[42] Insofern lassen sich die Bekanntschaften über die NS-Zeit hinaus verfolgen und wurden möglicherweise durch die gemeinsame Arbeit im Justizministerium weiterhin gepflegt.

Hoegner machte der amerikanischen Besatzungsmacht am 24. September 1945 Personalvorschläge für das zu errichtende Ministerium, die angenommen wurden.[43] Am 28. September 1945 wurde er zum Ministerpräsidenten ernannt und übte gleichzeitig das Amt des Justizministers aus. Hoegner hielt seine kontinuierliche Arbeit am Aufbau der Justizverwaltung für notwendig, damit gewahrt werde, dass nur fachlich geeignete Beamte mit antinationalsozialistischer Einstellung Eingang in die Justizverwaltung fanden.[44] Die von Hoegner für die Abteilungsleitungen im Justizministerium vorgeschlagenen Männer stammten zum überwiegen-

---

39 Gelberg, Hans Ehard, S. 27. Zu Faktum siehe BayHStA, NL Hans Ehard 12, PA Hans Ehard (1919–1944), StMJ Personalverhältnisse, 05.07.1933.

40 Wittreck, Verwaltung, S. 58–68.

41 BayHStA, NL Hans Ehard 12, PA Hans Ehard (1919–1944), StMJ an StMI, 21.12.1932.

42 Siehe etwa die zahlreichen Leumundszeugnisse für Karl Gelbert in StAM München, SpkA K500, Karl Gelbert, Bestätigung Rudolf Trabert, 18.08.1946, Erklärung Ernst Steffen, 24.06.1946, Erklärung Walter Roemer, 22.06.1946, Bescheinigung Claus Leusser, 24.06.1946, Erklärung Rudolf Herrgen, 04.07.1946, Erklärung Oskar Grießinger, 01.07.1946 u. Bestätigung August Gernet, 23.10.1946. Zu dieser Praxis, die meist eine Form von persönlicher Bekanntschaft voraussetzte, siehe Leßau, Entnazifizierungsgeschichten, S. 121–198.

43 Siehe dazu auch Kap. 4.1.

44 Rumschöttel, Staatsministerium, S. 365.

den Teil aus der Frontgeneration.[45] Selbst der einzige Vertreter der Kriegsjugendgeneration war mit seinem Geburtsdatum 1902 verhältnismäßig alt und hatte noch in der Weimarer Republik studiert und dort seine Karriere begonnen.[46]

Für der Personalabteilung schlug Hoegner Juristen oder Justizbeamte vor, die selbst der jeweiligen Berufsgruppe ihres zukünftigen Aufgabengebiets angehörten: Wilhelm Dieß war Rechtsanwalt und sollte sich um die Angelegenheiten der Rechtsanwälte und Notare kümmern. Friedrich Schmitt war mittlerer Beamter und in der neuen Justizverwaltung für die Angelegenheiten der mittleren und einfachen Beamten zuständig. Anton Konrad war als Volljurist, mit Erfahrungen als Richter und Staatsanwalt, für den höheren Dienst verantwortlich.[47] Ihm traute Hoegner offenbar auch die schwierige Vorauswahl geeigneter unbelasteter Richter und Staatsanwälte sowie Ministerialbeamten zu, auch weil er ihn für unbelastet hielt.[48] Analog schien dies für Schmitt zu gelten, der während der Weimarer Republik bis 1932 Mitglied der Sozialdemokratischen Partei Deutschlands (SPD) war.[49]

Ehard wurde von Hoegner für die allgemeine Verwaltungsabteilung vorgeschlagen, die sich vor allem mit dem Haushalt und den Gebäuden zu beschäftigen hatte. Diese Arbeit sollte Ehard aber nur – „[v]orläufig, nämlich bis zur Aufnahme der vollen Tätigkeit des Oberlandesgerichts München", ausführen, als dessen Präsidenten Hoegner Ehard vorgeschlagen hatte.[50] Er galt Hoegner wohl auch deshalb als prädestiniert für die allgemeine Verwaltungsabteilung, denn die Arbeit eines Oberlandesgerichtspräsidenten beinhaltete einen signifikanten Anteil an Verwaltungstätigkeit. Ehard wurde allerdings Staatsrat und später Staatssekretär im Justizministerium.[51]

---

45 Das Generationenkonzept wird in dieser Arbeit lediglich dazu genutzt, um die Altersstruktur der Juristen zu bestimmten Zeitpunkten zu erhellen. Siehe zum Konzept allgemein Jureit, Generationenforschung. Das früheste bekannte Geburtsjahr ist 1883 und das späteste 1927. Die Geburtenjahrgänge werden folgendermaßen eingeteilt: 1880–1899, 20 Personen, Frontgeneration, siehe Peukert, Republik, S. 25–30. 1900–1914, 30 Personen, Kriegsjugendgeneration, siehe Wildt, Generation, S. 23–26. 1915–1927, 19 Personen, 45er-Generation, siehe Bebnowski, Generation, S. 35; Moses, 45er u. Seliger, Anwälte, S. 44.

46 Zu allen für das StMJ vorgeschlagenen Juristen siehe auch Kap. 4.1. Da Albert Roll nie im Justizministerium tätig war, wird er aus dieser Übersicht herausgelassen, ebenso die von Hoegner vorgesehenen „Hilfsarbeiter", zu Letzteren siehe auch Kap. 4.1.

47 IfZA, NL Wilhelm Hoegner, ED 120/119, Bl. 42–44, Hoegner an Militärregierung für das Land Bayern, 24.09.1945.

48 Hoegner, Außenseiter, S. 192; siehe dazu auch Kap. 4.1.

49 IfZA, NL Wilhelm Hoegner, ED 120/119, Bl. 42–44, Hoegner an Militärregierung für das Land Bayern, 24.09.1945; BayHStA, MJu 26831, PA Friedrich Schmitt, Personalbogen RJM, undatiert.

50 IfZA, NL Wilhelm Hoegner, ED 120/119, Bl. 42–44, Hoegner an Militärregierung für das Land Bayern, 24.09.1945.

51 Rumschöttel, Staatsministerium, S. 366.

Der erste Leiter der Abteilung für Straf- und Gefängniswesen, Walter Roemer, hatte während des Nationalsozialismus als Staatsanwalt gearbeitet.[52] Roemers Expertise im Vollstreckungswesen – das aus der NS-Zeit als Vollstreckungsanwalt stammte – hatte Hoegner dazu gebracht, ihn als geeigneten Juristen für den Strafvollzug anzusehen.[53] Wilhelm Rößner, der die Ausbildung übernehmen sollte, hatte einschlägige Vorerfahrungen während des Nationalsozialismus gesammelt. Am Oberlandesgericht München leitete er ab 1936 eine Übungsgemeinschaft für Referendare, während des Zweiten Weltkrieges kam dazu noch die Leitung der Bezirksgemeinschaft und die Führung der „Rückwanderer" mit juristischer Ausbildung. Zudem leitete er eine studentische Arbeitsgemeinschaft an der Universität München.[54] Michael Guggumos hatte während des Nationalsozialismus zu zivilrechtlichen Fragen publiziert, etwa aus Sicht des Nachlassrichters zur Umsetzung der Verordnung über den Einsatz des jüdischen Vermögens aus dem Jahr 1938, die Juden dazu zwang, ihren Besitz auf staatlichen vorgegebenen Wegen zu veräußern.[55] Die von Guggumos kommentierte Verordnung war Teil der nationalsozialistischen Judenverfolgung durch deren Verdrängung aus der Wirtschaft, die sogenannte Arisierung, die auch teilweise mit zivilrechtlichen Vorgaben vollzogen wurde. Ab 1945 leitete Guggumos dann das Referat für die freiwillige Gerichtsbarkeit und später die Abteilung für Bürgerliches Recht.

Die vorgeschlagenen Juristen waren also in mehrfacher Hinsicht „erfahrene Männer": Sie hatten einerseits Berufserfahrungen, die sie zu „Experten" werden ließen, während der NS-Diktatur gesammelt.[56] Andererseits waren sie der Altersstruktur nach alle vor 1902 geboren und hatten Erfahrungen während des Ersten Weltkrieges, zum Teil an der Front, sowie im Berufsleben, das sie zum Teil wegen des Militärdienstes erst verspätet hatten beginnen können, vor allem in der Weimarer Republik gesammelt.[57] Aus ihren frühen Weimarer Prägungen hatten die frühen Ministerialbeamten wirkmächtige Eindrücke mitgenommen. Dies auch vor dem Hintergrund, dass ein bewusstes Miterleben des Endes der Monarchie und des Beginns der Republik vielerorts als eine Zeit des gleichbleibenden Verwaltungsrechts wahrgenommen wurde. Die Ministerien und die Ministerialbürokratie wurden zu den „wichtigsten Trägern der administrativen Kontinuität", wie Her-

52 Görtemaker/Safferling, Akte, S. 345 f.

53 Materna, Richter, S. 197.

54 BayHStA, MJu 25955, PA Wilhelm Rößner, dienstliche Beurteilung, 08.12.1943.

55 Deutsche freiwillige Gerichtsbarkeit. Ergänzungsblatt zur Deutschen Justiz für das Gebiet der nichtfreiwilligen Rechtspflege, Nr. 4, 1939, Die Verordnung über den Einsatz des jüdischen Vermögens vom 3. Dezember 1938 und ihre Bedeutung für den Nachlassrichter von Amtsgerichtsrat M. Guggumos, München, S. 217–219.

56 Bösch/Wirsching, Männer u. Sälter, Professionalität, S. 430 f.

57 Peukert, Republik, S. 30.

mann Rumschöttel in seinem Beitrag über das bayerische Justizministerium 1799–1966 bemerkte. Er attestierte der bayerischen Bürokratie einen maßgeblichen positiven Einfluss auf das „staatsbayerische[…] Gemeinschaftsbewusstsein“.[58] Dies zeigt sich auch, sogar personifiziert, in den Zeugnissen von hohen Juristen der Weimarer Republik: Karl Meyer hob etwa in seinen für das Justizministerium an Ostern 1931 verfassten Erinnerungen über seine Zeit als Staatsrat (1919–1923) hervor, dass der Konservatismus der bayerischen Beamten letztlich die Grundlage für eine geordnete bayerische Staatlichkeit vom Übergang von der Monarchie in die Republik gewesen sei.[59] In der *Rückschau* zur Schließung des Ministeriums 1935 erklärte der unbekannte Verfasser, der vom Reichsjustizministerium beauftragt worden war, dass insbesondere die Justizverwaltung während des revolutionären Umbruchs „zu retten [versuchte], was zu retten war“. Als bleibenden Verdienst für die Frühzeit der Weimarer Republik sah er die Bereinigung der „Kriegsverhältnisse“, die Erhaltung der „Unabhängigkeit der Rechtspflege“ und der „Sauberkeit des Richterstandes“ während der turbulenten Zeiten.[60] Rumschöttel weiß für den Bereich der Justizverwaltung aus den Weimarer Quellen zu berichten, dass sich mit den revolutionären Ereignissen und der neuen Verfassung von 1919 innerhalb des Justizpersonals wenig änderte, „die personelle Kontinuität blieb gewahrt“.[61] Der Eindruck also, dass ein politischer Systemwechsel vieles veränderte, dass die Architektur der Verwaltung aber gleich bleiben konnte, war den von Hoegner ausgesuchten Juristen nicht fremd.[62]

Ebenfalls nicht fremd dürfte ihnen das bayerische System der Ämterrotation gewesen sein: Reine Ministerialkarrieren kamen im bayerischen Justizdienst nicht vor, das gilt auch für die Politiker, die zwar nicht zwangsläufig Ministerial-, dafür aber Justizkarrieren hinter sich hatten. Besonders im Nationalsozialismus war das Gros als Richter, Staatsanwalt, Soldat, Wehrmachtsrichter oder Rechtsanwalt tätig. Der Wechsel zwischen den Laufbahnen des Staatsanwalts und des Richters sei „[e]ine besonders bewährte Einrichtung im bayerischen Justizdienst“. Dahinter stehe die Idee der „Einheit der ordentlichen Gerichtsbarkeit“ und, dass Richter und Staatsanwälte in der Rechtspflege eine gemeinsame Aufgabe zu bewältigen hätten. Man könne damit ebenfalls prüfen, für welchen Einsatzzweck ein Jurist sich besonders eigne, außerdem werde die Gleichwertigkeit der Positionen unterstrichen, so Wolfgang Schaffer. Verständnis für die jeweils andere Seite, deren Ar-

---

58 Rumschöttel, Staatsministerium, S. 329.

59 BayHStA, MJu 16934, Erinnerungen StMdJ u. StS, Dr. Karl Meyer.

60 Reichsjustizministerium, Staatsministerium, S. 21 f.

61 Rumschöttel, Staatsministerium, S. 354.

62 Er geht in der Form „Verfassungsrecht vergeht, Verwaltungsrecht besteht“ zurück auf Mayer, Verwaltungsrecht, Vorwort zur dritten Auflage.

beitsweise und Belange, das „gute Einvernehmen zwischen Richtern und Staatsanwälten im bayerischen Justizdienst" sollten durch diese Einrichtung gefördert werden. „Eine der gemeinsamen Aufgabe abträgliche Rivalität zwischen Richterschaft und Staatsanwaltschaft gibt es in Bayern nicht."[63] Diese Beschreibung einer harmonischen, verständnisvollen Justiz in Bayern wird nur noch dadurch gesteigert, dass, neben Ausgewogenheit im Justizinneren, man die Meinung vertrat, so auch eine lebensnahe Juristenpersönlichkeit fördern zu können. Denn wer so ausgebildet worden war, werde bewahrt vor „einseitiger und lebensfremder Betrachtung", er bleibe „beweglich und aufgeschlossen". Dieser Text von Schaffer aus den 1980er Jahren nimmt hier zwar bereits mit der Elastizität und Mobilität des Juristen deutlichen Bezug auf die Managerdiskussionen seiner Zeit. Die Figur des mit den Dingen des Lebens vertrauten Juristen ist aber schon viel älter und ein die bayerische Justizverwaltung prägendes Justizbild. Gleiches gilt für die Idee einer harmonischen Zusammenarbeit aller Zweige der Justiz.[64] Schaffer sieht den gleichen Gedanken auch im Wechsel, der alle in dieser Studie vorkommenden Juristen betraf: derjenigen zwischen der Tätigkeit als Justizjurist und Verwaltungsjurist. Besonders der letzte in dieser Studie berücksichtigte Ministerialdirektor, Karl Bengl, habe „die Einheit des richterlichen und staatsanwaltschaftlichen Dienstes sowie des Ministerialdienstes in der bayerischen Justiz immer wieder unterstrichen".[65]

Die 1919 eingeführten Besprechungen mit den Leitern der Staatsanwaltschaften und den Oberlandesgerichtspräsidenten sind auch für den Beobachtungszeitraum zu verzeichnen.[66] Zu allen wichtigen Themen tauschte sich die bayerische Justizelite untereinander aus, wenn nicht in Besprechungen, dann wurden doch mindestens die Meinungen der Chefs der Außenbehörden schriftlich eingeholt. Als Außenbehörden galten das Oberste Landesgericht, die Oberlandesgerichtsbezirke, die Generalstaatsanwaltschaften und die Vollzugsanstalten. Dass der Austausch vertrauensvoll funktionierte, lag sicher auch daran, dass man sich untereinander bereits aus der gemeinsamen Zeit im Justizministerium kannte. Aus dem Sample gingen allein drei Oberlandesgerichtspräsidenten, drei Generalstaatsanwälte und sechs Präsidenten des Bayerischen Obersten Landesgerichts hervor.

Im Untersuchungszeitraum fanden acht Ministerwechsel statt, wobei die Minister aus drei verschiedenen Parteien stammen, darunter CSU, Freie Demokrati-

63 Schaffer, Jahrzehnte, S. 387.
64 Siehe dazu auch Kap. 2.
65 Schaffer, Jahrzehnte, S. 388.
66 Rumschöttel, Staatsministerium, S. 362.

sche Partei (FDP) und SPD.[67] Mit Hans Ehard begann 1962 eine bis heute andauernde Dominanz der CSU für den Posten des Justizministers.[68] Im Untersuchungszeitraum waren vielmehr die Amtschefs Stabilitätsfaktoren, denn bis 1963 leiteten nur drei Ministerialdirektoren das Ministerium: Anton Konrad, Hans Walther und Andreas Holzbauer, der 1963 in den Ruhestand trat. Darauf folgten kurzzeitig Claus Leusser und 1966 bis 1983 Karl Bengl.

Von den 69 Juristen, zu welchen ausführliche Karrieredaten vorliegen, haben lediglich fünf die bayerische Landesjustiz in der Nachkriegszeit in Richtung des Bundes verlassen. Diese Übergänge waren von signifikanten Karriereschritten begleitet: Roemer verließ das StMJ in Richtung Bundesjustizministerium, um dort Abteilungsleiter zu werden.[69] Josef Hartinger verbrachte die Jahre 1954 bis 1958 bei der Bundesanwaltschaft, bevor er als Staatsekretär schließlich im bayerischen Justizministerium zu arbeiten begann.[70] Friedrich Börtzler und Albert Mösl wurden 1959 beziehungsweise 1963 Richter am Bundesgerichtshof.[71] Engelbert Niebler war ab 1975 als Richter am Bundesverfassungsgericht tätig. Abgesehen von diesen wenigen Ausnahmen gilt für das Sample dieser Studie: Die Karrieren waren zum allergrößten Teil solche der bayerischen Landesjustiz. Staatssekretär Konrad erklärte 1950 gegenüber Holzbauer, der sich gegen eine Karriere in der Bundesanwaltschaft oder bei einem Bundesgericht entschloss, dass „[d]ie Neigung nach Bonn zu gehen, [...] äußerst gering [ist]". Es bereite der bayerischen Justizverwaltung Schwierigkeiten, ihre Quote im Bund zu erfüllen.[72]

Die Justiz in „Raumnot"

Gebäude spielten für die Justiz vor allem ab dem 19. Jahrhundert im Zuge zunehmender Rechtseinheit eine bedeutende Rolle. Die Rechtseinheit als bürgerliches Gut und wichtiger Bestandteil auch der Reichsgründung wurde insbesondere in Justizpalästen ausgedrückt – man nennt sie daher auch „Kathedralen des Rechts".

---

67 Die Justizminister lauten: Wilhelm Hoegner (1945–1947, SPD), Josef Müller (1947–1952, CSU), Otto Weinkamm (1952–1954, CSU), Fritz Koch (1954–1957, SPD), Willi Ankermüller (1957–1958 CSU), Albrecht Haas (1958–1962, FDP), Hans Ehard (1962–1966, CSU) und Philipp Held (1966–1974, CSU).

68 Zum bayerischen Parteienspektrum vor der CSU-Dominanz siehe Gelberg, Selbstbewusstsein, S. 73–75.

69 Görrtemaker/Safferling, Akte, S. 347.

70 Kiessling/Safferling, Staatsschutz, S. 206–208.

71 BayHStA, MJu 24767, Restakt Friedrich Börtzler, Laufbahnübersicht, undatiert u. MJu 25705, PA Albert Mösl, StMJ an PräsBayObLG, 09.05.1963.

72 BayHStA, MJu 26805, PA Andreas Holzbauer, StS an Holzbauer, 28.09.1950. Siehe dazu auch aus Sicht der Bundesjustiz Kiessling/Safferling, Staatsschutz, S. 164.

Diese Monumentalbauten griffen auf die französische Revolutionsarchitektur ebenso zurück wie auf mittelalterliche Rechtssymbole, aristokratische Schlösser und antike Tempel. Dabei ging es keineswegs nur darum, die Justizverwaltung darzustellen, denn vielerorts wurden auch Gerichte in Palästen beherbergt.[73] Justizpaläste sollten als Funktionsbauten dennoch das Recht darstellen – und dessen Würde durch ihre imposanten Hallen, Treppenhäuser und Fassaden verkörpern.[74] Als „geltungserhöhende Raumsymbole"[75] entstanden sie aus den Bedürfnissen der Justiz heraus und sollten Macht und Größe des Rechtsstaats nach außen hin zeigen.[76] Auch der neobarocke Münchner Justizpalast sollte seine Einbindung in die Geschichte zeigen und „über sich hinausweisen auf etwas Unsichtbares, die Idee des Rechts. Deshalb wollten die Architekten für diese Gebäude eine symbolisierende, sprechende Form" finden.[77]

Als Hartinger 1965 das Amtsgerichtsgebäude in Straubing eröffnete, erklärte er, dass durch Architektur die Würde der Justiz unterstrichen werde.[78] Gebäude gehören der Struktur nach zum Raum, „eine[r] zentrale[n] Kategorie sozialen Handelns, denn er begrenzt und ermöglicht es erst. Das gilt für alle Typen von Räumen." Was Thomas Mergel für den Reichstag schreibt, gilt auch für Justizgebäude:

> „Ein Raum [...], in dem sich eine mehr oder minder geschlossene Gruppe längere Zeit aufhält und bestimmte Handlungen vornimmt, während andere ausgeschlossen sind oder nur reglementierten Zugang erhalten, entwickelt eine soziale Realität sui generis."[79]

Ein Raum strukturiert nicht nur bestimmte Handlungen, er wird auch als etwas Bestimmtes wahrgenommen, das die Institution, die er beherbergt, repräsentieren soll.

Wichtigster Standort der bayerischen Justiz war der Münchner Justizpalast am Karlsplatz.[80] Bis zum Jahr 1897 hatten sich die Räumlichkeiten des Justizministeriums im „Augustinerblock" befunden, wie das ehemalige Augustinerkloster „zwischen Neuhauser Straße, Weite Gasse (Ettstraße), Löwengrube und Augustinergasse" genannt wurde. Dazu kam die zeitweise Nutzung von Räumlichkeiten im „Theatinerblock".[81] 1897 zog das Ministerium schließlich in den Justizpalast

---

73 Klemmer/Wassermann/Wessel, Gerichtsgebäude, S. 34 f. u. 45.
74 Ebenda, S. 7.
75 Rehberg, Weltrepräsentanz, S. 42.
76 Klemmer/Wassermann/Wessel, Gerichtsgebäude, S. 34 f.
77 Ebenda, S. 37.
78 Siehe dazu Kap. 1.
79 Mergel, Kultur, S. 83; siehe dazu auch Reinicke, Landtag, S. 563 f.
80 Siehe zum Bau auch Bayerisches Staatsministerium der Justiz, 100 Jahre.
81 Rumschöttel, Staatsministerium, S. 329.

um, weil die Räumlichkeiten im Augustinerblock nicht mehr ausreichten. Der Justizpalast, entworfen von Friedrich Thiersch, sollte neben dem Ministerium auch das Oberlandesgericht München, die Landgerichte München I und II, die jeweiligen Staatsanwaltschaften, das Schwurgericht und eine Abteilung des Amtsgerichts München beherbergen. Das Justizministerium zog in den dritten Stock des „würdige[n] Monumentalbau[s]". Doch schon fünf Jahre später begannen die Arbeiten am benachbarten Neuen Justizgebäude, um den fortbestehenden Platzmangel bewältigen zu können.[82]

Als wichtigstes Münchner Justizgebäude war der Justizpalast Schauplatz für die Wandlungen der Justiz in Bayern im 20. Jahrhundert: Juden wurde der Zutritt während des Nationalsozialismus verweigert, die Veranstaltung zur Übernahme der bayerischen Landesjustiz durch die Reichsjustizverwaltung fand hier statt, die Hakenkreuzfahne wurde über dem Gebäude gehisst und schließlich tagte hier das Oberlandesgericht München, das Verwaltungsaufgaben für das RJM im OLG-Bezirk wahrnahm. Auch der Prozess gegen die Mitglieder der Weißen Rose fand hier statt. Nicht nur dies machte den Justizpalast zu einem Ort von NS-Justizverbrechen.[83]

Weil es zwischen 1935 und 1945 kein bayerisches Justizministerium gab, wurden die frei gewordenen Räumlichkeiten von den Münchner Gerichten genutzt. Damit war der Justizpalast auch ein normaler Arbeitsplatz, den die Justizangestellten alltäglich aufsuchten. Für das Jahr 1938 listet das *Bayerische Jahrbuch* für die Münchner Gerichte die Standorte Justizpalast, Neues Justizgebäude, Justizgebäude an der Prinz-Ludwig-Straße 9, Mariahilfplatz 17 und 17a, Elisenstraße 2 und 2a.[84] Die Gebäude in der Elisenstraße lagen alle in unmittelbarer Nähe zum Justizpalast und dem Neuen Justizgebäude. In der Prinz-Ludwig-Straße und am Mariahilfplatz waren nur Teile des Amtsgerichts München untergebracht, weitere Teile logierten in den Justizgebäuden zwischen Elisen- und Prielmayrstraße.

Für die untersuchten bayerischen Juristen lässt sich in den Jahren 1935 bis 1945, abgesehen vom Wehrdienst, keine besondere Wanderschaft, wie sie Gürtner noch avisiert hatte, feststellen. Von den Personen im Sample war allerdings die übergroße Mehrheit derer, die vor oder während der NS-Diktatur eine Anstellung nach ihrer zweiten Staatsprüfung im Staatsdienst erhielten, an Münchner Gerichten tätig. Bei wenigen Personen, die dauerhaft am Amtsgericht München beschäftigt waren, bleibt unklar, in welchen Gebäuden sie schwerpunktmäßig tätig waren. Abgesehen von diesen Personen gilt aber, dass der Arbeitsweg für viele Juristen im Sample vor und nach 1945, trotz organisatorischer Veränderungen, un-

82 Ebenda, S. 348 f.

83 Ludyga, Oberlandesgericht, S. 42–44 u. Nerdinger (Hrsg.), Ort, S. 87.

84 Bayerisches Jahrbuch 1938, S. 328–332.

verändert blieb. Bei einigen war es sogar vor 1933 beziehungsweise 1935 derselbe. Dies gilt umso mehr für diejenigen Juristen, die nach 1945 zunächst an Münchner Gerichten tätig waren. Diese Konstante im alltäglichen Erleben für einen Teil der Juristen passt sich in das Muster der bayerischen Karrieren ein, die sich, wie zuvor beschrieben, auch in anderen Aspekten des Samples zeigt.

Mindestens die Hälfte der im Justizministerium später tätigen Juristen, die während des Nationalsozialismus ihren Vorbereitungsdienst absolvierten, hatte allerdings Teile der Kriegs- und die direkte Nachkriegszeit nicht an einem Gericht, in einer Staatsanwaltschaft – und schon gar nicht in einem Ministerium – verbracht. Viele standen wohl in irgendeinem Zeitraum nach dem Einmarsch der US-amerikanischen Armee nicht im Dienst, auch weil die meisten Gerichte für eine sehr kurze Zeit – wohl vor allem im Mai 1945 – geschlossen waren.[85] Zum Teil geschah dies auch schon kurz vor dem Einmarsch der Amerikaner, weil große Teile des Personals geflohen waren, wie am 16. April am Oberlandesgericht Nürnberg.[86] Am 30. April marschierten in München Einheiten der 7. US-Armee ein.[87] Verlässliche Daten zur direkten Nachkriegszeit und etwaigen Entlassungen sind auch deshalb so wenig vorhanden, weil damit die normale Aktenpraxis für einen kurzen Moment unterbrochen wurde.[88] Das Personal sollte jedenfalls während der Schließungen an den Gerichten verharren, die Militärregierung verteilte dort Fragebogen und erklärte, dass die Juristen „keineswegs offiziell ernannt" oder die Gerichte damit wiedereröffnet waren.[89] Ab dem Frühsommer des Jahres 1945 wurden die Gerichte sukzessive wieder eröffnet.[90]

Allein für den Justizminister Hoegner dauerte diese Unterbrechung, begründet durch seine Entlassung nach Paragraf 4 des Gesetzes zur Wiederherstellung des Berufsbeamtentums, und sein darauffolgendes Exil zwölf Jahre. Auch kehrte er nicht in den Beruf des Justiz- oder Verwaltungsjuristen zurück, sondern kam als Politiker nach Bayern – und in den Justizpalast – zurück.[91]

Der Krieg und die Bombardements deutscher Innenstädte trafen – wie viele andere Justizgebäude – auch den Münchner Justizpalast. Das Bautagebuch des Gebäudes verzeichnet, dass im Oktober 1944 Gefangene zu Reparaturarbeiten am Ge-

---

85 Raim, Justiz, S. 71–76.

86 BayHStA, StMJ 38/2018, Statusakten OLG Nürnberg 6, Komitee an MPräs Schäffer, 09.06.1945.

87 Heydenreuter, Office, S. 146.

88 Siehe Kap. 3.1 zur Aktenlage 1945. Zu den Unterbrechungen von Berufskarrieren nach 1945 siehe beispielsweise Löffler, Strukturen, S. 122.

89 Raim, Justiz, S. 72.

90 Ebenda, S. 73.

91 Hoegner, Außenseiter.

bäude eingesetzt wurden.[92] Nach einem weiteren schweren Luftangriff, bei dem der Justizpalast getroffen wurde, lobte der unbekannte Verfasser die Arbeitsleistung der Gefangenen ausdrücklich. Sie hätten „freiwillig am Sonntag 7.1.45 ohne Aufsichtsbeamten gearbeitet, nur im Arbeitsinteresse, damit die Beamten am 8.1.45 alles vorbereitet haben“.[93] Einige Seiten später wurde dann erklärt, dass ein Teil des Löschkommandos und Gefangene aus Bernau, Landsberg und Stadelheim „[i]m Palast schlafen“ würden, weitere Männer und Frauen würden täglich von Stadelheim aus zum Justizpalast fahren.[94] Der Einsatz von Gefangenen zur Zwangsarbeit in zerstörten Gebäuden war während des Nationalsozialismus keine Besonderheit. So wie die Münchner Justiz auf Häftlinge der Gefängnisse in Bernau, Landsberg und Stadelheim zurückgriff, verfuhren auch andere Gerichte und das Reichsjustizministerium in Bezug auf die ihnen naheliegenden Gefängnisse.[95] Diese Einsätze von Gefangenen zur Sicherung des Justizpalasts sind offenbar in Vergessenheit geraten.

Das Löschkommando beziehungsweise der Brandwachdienst bestand offenbar auch aus Justizbeamten, wie aus der Personalakte Franz Gipsers ersichtlich wird: Anlässlich eines Einsatzes im Justizpalast und im Neuen Justizgebäude während eines Fliegerangriffs wurde er ausdrücklich für „Mut, Umsicht und Energie“ gelobt und erhielt deshalb sogar im August 1944 das Kriegsverdienstkreuz.[96]

Leo Parsch erklärte in den 1980er Jahren, dass es „seit dem Ende des 2. Weltkriegs ein Grundanliegen der Justiz [war], Ansehen und Würde der Dritten Gewalt im Staate in Unterbringung und Ausstattung angemessen Ausdruck zu verleihen.“ Gern wurde zum Ende des 20. Jahrhunderts erwähnt, dass „[m]onumentale Justizpaläste […] der Vergangenheit an[gehören]“ würden.[97] In dieser Aussage und Sichtweise auf Justizarchitektur drückt sich ein Mentalitätswandel gegenüber dem späten 19. Jahrhundert, als der Justizpalast gebaut wurde, aus. In der direkten Nachkriegszeit hatte sich diese Perspektive allerdings noch nicht durchgesetzt. Nach dem Ende des Zweiten Weltkrieges waren sehr viele bayerische Justizbauten durch Bombenschäden in schlechtem Zustand und mussten renoviert, saniert

---

92 BayHStA, MJu 5688, Bautagebuch, PräsOLG München an Brandwache Justizpalast, 09.11.1944. Diese Akten wurden vom Münchner Oberlandesgericht weiterverwaltet. Zu solchen Übergangspraktiken siehe auch Kap. 3.

93 BayHStA, MJu 5688, Bautagebuch, handschriftliche Notiz, ohne Zeichnung und undatiert.

94 BayHStA, MJu 5688, Bautagebuch, Bautagebuchseite 41, undatiert.

95 Zur systematischen Nutzung von Gefangenenarbeit, auch zu ähnlichen Außeneinsätzen, während der NS-Diktatur am Beispiel des OLGBez. Kölns siehe Herbers, Organisationen, S. 129–175.

96 BayHStA, MJu 25076, PA Franz Gipser, Antrag auf Verleihung des Kriegsverdienstkreuzes, undatiert [1944].

97 Parsch, Justiz, S. 304 f.

oder abgerissen werden.[98] Bereits 1947 hatten bedeutende Architekten gefordert, dass die zerstörten Gebäude nicht in ihrer historischen Form, sondern für ihre neue Funktion aufgebaut werden sollten. Damit forderten sie einen Bruch mit der Geschichte. Demgegenüber standen Vertreter weitreichender Rekonstruktion.[99] In München sollten sich die Rekonstruktionsbefürworter durchsetzen – auch der Justizpalast wurde weitgehend nach historischem Vorbild wieder aufgebaut.[100]

Das Fehlen geeigneter Gerichtsgebäude und der Mangel an Baumaterial und Arbeitskräften wurde noch dadurch verstärkt, dass Justizgebäude zum Teil von anderen Behörden, zum Teil von der Militärregierung in Beschlag genommen worden waren. Edith Raim erwähnt in diesem Kontext, dass etwa Flaggen der Besatzungsmächte vor der Verhandlung abgenommen werden mussten, damit nicht der Eindruck entstünde, die deutschen Juristen wären nicht unabhängig.[101] Auch in diesem Fall verkörperte die äußerliche Symbolik, wie die Beflaggung, also das Recht, das im Gebäude gesprochen wurde. Raim berichtet weiter, dass die deutsche Justiz ihr Ansehen durch die Militärregierung gefährdet gesehen habe. Ein Umstand, der der Besatzungsmacht durchaus bewusst war.[102]

In den sehr kalten Nachkriegswintern zeigten sich Probleme mit Heizungen und Heizmaterial. Dessen Mangel führte mancherorts zur Schließung von Gerichten.[103] Für den amtierenden Justizminister Hoegner bedeutete dies, wie er in seiner Autobiografie berichtete, dass er im Winter 1946/47 wegen der „Kohleknappheit [...] in Mantel und Hut in unseren Geschäftszimmern zu arbeiten [hatte]. Ich holte mir eine schwere Erkältung und lag tagelang mit hohem Fieber zu Hause.“[104] Im Protokoll einer Konferenz zwischen bayerischen Juristen und der Besatzungsmacht, hielt der amerikanische Protokollführer, Charles Weston, fest:

> „There are more and more cases in Bavaria of judges fainting from hunger during their work and others simply unable to work because of malnutrition. Oberlandesgerichts-President [sic] Welsch suggested that something might be done in Munich by increasing the rationis available to the Justizpalast-mess where most of Munich's judges have their lunch.“[105]

Weiteres ist dazu nicht bekannt, wobei anzunehmen ist, dass sich die Zustände entspannten.

---

98 Raim, Justiz, S. 150–203.
99 Nerdinger, Wiederaufbau, S. 168.
100 Parsch, Justiz, S. 280; Nerdinger, Wiederaufbau, S. 180.
101 Raim, Justiz, S. 150–180.
102 Ebenda.
103 Raim, Justiz, S. 168, 174 u. 176.
104 Hoegner, Außenseiter, S. 293.
105 BayHStA, OMGB 17/187-3/001, Conferences with Bavarian Ministry of Justice, Minutes of the Friday Conference at the Bavarian Ministry of Justice on 25.07.1947, 28.07.1947.

Neben der allgemeinen Raumknappheit fehlte es überdies an Einrichtungsgegenständen und ausreichenden Sanitärbereichen. „Es ist so weit, dass ich Angst bekomme, wenn mir ein Richter zugewiesen wird, weil ich nicht weiss, woher ich einen Platz, einen Tisch und einen Stuhl bekomme“, erklärte der Nürnberger Oberlandesgerichtspräsident Hans Heinrich dazu 1948.[106] Erschwert wurde die Raumsituation noch dadurch, dass die Spruchkammern und die alliierten Militärtribunale in Nürnberg zusätzlich Räume benötigten.[107] Die Ausstattung einiger Gerichtsgebäude, insbesondere der Amtsgerichte, änderte sich schließlich mit Auflösung der Spruchkammern. Für die „Aktengutverwaltung“ wurden neben Spruchkammerpersonal auch Einrichtungsgegenstände des Staatsministeriums für Sonderaufgaben an die Gerichte abgegeben, darunter Aktenschränke, Schreibtische und Stühle. Zusätzlich wurden finanzielle Mittel beispielweise für Reparaturen an „Geschäftszimmergeräten“, Post und Heizung zur Verfügung gestellt.[108] Wurden in den Jahren 1949 und 1950 noch von allen Seiten der bayerischen Landesverwaltung eigene dringende Bedarfe an Mobiliar und Schreibmaschinen angemeldet,[109] so entspannte sich die Situation, späteren Schreiben nach zu urteilen, ab 1952. Nun überließ etwa das Wirtschaftsministerium dem Justizministerium ohne Protest 132 Stühle.[110]

Während das Oberlandesgericht München offenbar schon früher in den Justizpalast wieder einzog,[111] arbeitete das Justizministerium schwerpunktmäßig in der Holbeinstraße, hielt aber offenbar bereits Sitzungen im Justizpalast ab.[112] Bis zum Oktober 1951 teilte sich die Justizverwaltung Räumlichkeiten in der Holbeinstraße 11 mit dem Innenministerium sowie dem Staatskommissariat für rassisch, religiös und politisch Verfolgte in Bayern.[113] Auch dort war es, wie die Statusakten des Justizministeriums zeigen, zu Auseinandersetzungen um Räume gekommen. Ministerialdirektor Konrad schrieb im November 1948, nachdem die Räume des Staatskommissariats frei geworden waren, angriffslustig an den Ministerialdiri-

---

106 BayHStA, OMGB 17/187-3/001, Conferences with Bavarian Ministry of Justice, Besprechung am 29.11.1948 in Fürth, undatiert.

107 Raim, Justiz, S. 162 u. 166.

108 BayHStA, StMJ 56/2015, 730, Fahrnisvermögen, StMJ an PräsOLG München, Nürnberg, Bamberg, 22.03.1949.

109 Siehe dazu beispielsweise in Bezug auf einen Konferenztisch BayHStA, StMJ 56/2015, 730, Fahrnisvermögen, StMF an STMJ, 20.11.1950.

110 BayHStA, StMJ 56/2015, 730, Fahrnisvermögen, Wirtschaftsministerium an StMJ, 06.06.1952.

111 Die Protokolle des Bayerischen Ministerrats 1945–1962, Schäffer, Besprechung mit der Militärregierung, Nr. 30, 30.06.1945.

112 Die Protokolle des Bayerischen Ministerrats 1945–1962, Hoegner I, Einleitung u. Ministerratssitzung Nr. 7, Mittwoch, 22.08.1945.

113 Reinicke, Landtag, S. 564.

genten im Innenministerium, Hans Ritter von Lex, dass er die Räume für das Justizministerium beanspruche, weil die Situation unerträglich sei: „Ich lade Sie zu einer Besichtigung unserer Raumverhältnisse ein. In einem Privatbetrieb würde die Gewerbepolizei einschreiten. Dem Herrn Ministerpräsidenten Ehard habe ich diese Lage vorgetragen; er hat uns seine Unterstützung zugesagt."[114] Die Statusakten des Ministeriums lassen offen, wie die Raumaufteilung ausging, allein die Vehemenz von Konrads Worten zeigt aber, wie unerträglich sich die Raumsituation für den Amtschef darstellte. Im Herbst 1951 bezog das Ministerium schließlich wieder das dritte Stockwerk des Justizpalasts.[115]

Dass die Würde der Justiz unter den andauernden Renovierungen an Gebäuden und fehlender Ausstattung leide, wurde auch im Landtag in den 1950er Jahren oftmals diskutiert.[116] Die Abgeordneten monierten immer wieder die schlechte Ausstattung der justizeigenen Räumlichkeiten, seien es die Gerichtssäle, die Arbeitszimmer der Richter und Staatsanwälte oder die Bibliotheken.[117]

Abgesehen von den schleppend vorangehenden Reparaturen der Kriegsschäden, warteten die Verantwortlichen im Justizministerium auch 1953 noch auf die Freigabe des Nürnberger Justizpalasts durch die amerikanische Besatzungsmacht.[118] Die Justiz musste deshalb auf die Gebäude der ehemaligen Kunstakademie ausweichen.[119] Weil auch 1958 noch nicht alle Justizbehörden würdig untergebracht schienen, wies Staatsminister Ankermüller darauf hin, dass von 90 Millionen D-Mark im Haushalt, die von der Obersten Baubehörde für Hochbau vorgesehen seien, lediglich 3,8 Millionen auf die Justiz entfielen. Unter diesen Bedingungen sei es dem Ministerium unmöglich, im Rechnungsjahr 1958 Neues zu bauen, vielmehr beschränke man sich darauf, Begonnenes weiterzuführen, dazu gehörten Justizgebäude in Aschaffenburg und Hof sowie die Fertigstellung des Münchner Justizpalasts. Dazu kämen noch die Suche nach Baugrundstücken und die Planungen für eine Rechtspflegerschule.[120] Im März 1959 war noch kein Weichen der Amerikaner aus dem Nürnberger Justizpalast vorstellbar, weshalb Staatsminister Haas vorschlug, einen Ersatzbau zu avisieren.[121] In einem gewissen Sinne zeigt sich im Entschluss, das Warten aufzugeben, auch die Einsicht, dass die

114 BayHStA, StMJ 38/2018, Statusakten, 2, Höherer Dienst im StMJ, StMJ MinDir Konrad an MinDgt. Ritter von Lex im StMI, 15.11.1948.

115 Rumschöttel, Staatsministerium, S. 374.

116 ABayLT, Plenarprotokoll 97. Sitzung, 15.07.1952, MdL Franz Josef Huber, S. 2442–2443 u. 147. Sitzung, 02.06.1953, Volkmar Gabert, S. 1476.

117 ABayLT, Plenarprotokoll 46. Sitzung, 18.10.1951, MdL Karl Fischer, S. 491 f.

118 ABayLT, Plenarprotokoll 147. Sitzung, 02.06.1953, StMdJ Otto Weinkamm, S. 1483.

119 ABayLT, Plenarprotokoll 22. Sitzung, 15.06.1955, StMdJ Fritz Koch, S. 592 f.

120 ABayLT, Plenarprotokoll 135. Sitzung, 11.06.1958, StMdJ Willi Ankermüller, S. 4619.

121 ABayLT, Plenarprotokoll 9. Sitzung, 04.03.1959, StMdJ Albrecht Haas, S. 208.

Amerikaner – und mit ihnen die Nachkriegszeit – nicht so einfach wieder verschwinden würden. Dennoch wurden Verhandlungen geführt und nach etwas mehr als einem Jahr konnte Haas verkünden, dass die Amerikaner ein Drittel des Justizgebäudes freigeben würden. Dieses müsste jedoch zunächst renoviert werden.[122]

Noch im Jahr 1963 musste beispielsweise das Amtsgericht in Aichach geräumt werden, weil die Baupolizei das Gebäude wegen Baufälligkeit geschlossen hatte. In den 1960er Jahren war dann auch der Einbau von Zentralheizungsanlagen ein wichtiges Thema in den Bauvorhaben der Justiz.[123] Der SPD-Abgeordnete Reiland monierte gleichzeitig, dass das Mobiliar mancher Amtsgerichte „aus dem 19. Jahrhundert zu stammen scheint". Die dort Tätigen und die Bürger hätten aber einen Anspruch auf saubere und freundliche Räume.[124]

In Bezug auf die Raumprobleme der Münchner Justiz schlug der SPD-Abgeordnete Horst Haase in der Haushaltsdebatte für das Jahr 1965 vor, das Justizministerium aus dem Justizpalast zu entfernen und damit zusätzliche Gerichtsräume zu schaffen. Das Ministerium könne beispielsweise nach Nürnberg umziehen. Jedenfalls würden dann die Münchner Justizbehörden nicht „[a]useinanderfallen".[125] Ehard erwiderte angriffslustig: „Aber wo tun Sie es hin? Wenn Sie das Justizministerium nicht ganz abschaffen wollen, müssen Sie es irgendwo unterbringen." Nürnberg scheide wegen der räumlichen Ferne zu dem übrigen Staatsbehörden aus. Neue Räume brauche die Justiz in beiden Fällen.[126] Auch Ende der 1960er Jahre, also wenige Jahre nach Hartingers Rede, war die „Raumnot" der Justiz noch nicht beseitigt. Wie der neue Justizminister Philipp Held in seiner Haushaltsrede für den Etat 1967 erklärte, sei er bei seinen Bemühungen, „die Nöte und Sorgen der Justiz möglichst rasch aus eigener Anschauung kennenzulernen [...] [m]ehrmals erschüttert" worden über die schlechte Unterbringung der Justizbehörden. Ein Münchner Staatsanwalt arbeite in einer „Besenkammer" und sei darüber noch froh, weil „er endlich einen Raum für sich allein erhalten konnte".[127] Staatssekretär Josef Bauer, der den Staatsminister in der Haushaltsrede für 1968 vertrat, erklärte, dass in den zirka 100 besichtigten Justizbehörden mit das größte Raumproblem in München herrsche.[128] Bauer erläuterte dazu einen Vorschlag, der bei ihm nicht gut angekommen war:

122 ABayLT, Plenarprotokoll 103. Sitzung, 28.11.1961, StMdJ Albrecht Haas, S. 3106.
123 ABayLT, Plenarprotokoll 29. Sitzung, 26.11.1963, StMdJ Hans Ehard, S. 996 f.
124 ABayLT, Plenarprotokoll 8. Sitzung, 13.02.1963, MdL Willi Reiland, S. 224.
125 ABayLT, Plenarprotokoll 60. Sitzung, 02.12.1964, MdL Horst Haase, S. 2174
126 ABayLT, Plenarprotokoll 60. Sitzung, 02.12.1964, StMdJ Hans Ehard, S. 2195.
127 ABayLT, Plenarprotokoll 11. Sitzung, 12.04.1967, StMdJ Philipp Held, S. 284.
128 ABayLT, Plenarprotokoll 28. Sitzung, 23.01.1968, StS Josef Bauer, S. 1205.

> „Einmal wurde gefordert, die Kantine im Justizpalast wieder vom Erdgeschoß in den Keller zu verlagern. Einen solchen Vorschlag müssen wir als ausgesprochen unsozial ablehnen. Auch der Hauptpersonalrat hat mit Nachdruck bereits dagegen protestiert. Jeder Betrieb bemüht sich, die Kantine freundlich unterzubringen. Es ist ausgeschlossen, daß ausgerechnet der Staat hier ein schlechtes Beispiel geben soll. Eine Unterbringung im Keller ist für das Personal der Münchener Justiz unzumutbar. Im übrigen wurden die Kellerräume, die auch derzeit für verschiedene Zwecke benutzt werden, schon größenmäßig nicht mehr ausreichen. Außerdem steht die Kantine auch den Rechtsanwälten und den Personen zur Verfügung, die bei Gericht zu tun haben, wie z. B. Zeugen, die von auswärts kommen."[129]

Ein anderer Vorschlag zum Auszug des Justizministeriums aus dem Justizpalast wurde von Bauer 1968 ebenfalls abgelehnt. Der Staatssekretär erklärte, dass dies auch der Verwaltungsvereinfachung abträglich wäre, denn das StMJ müsste aufgeteilt werden, da es nicht komplett im Montgelas-Palais Platz finden würde. Mehr Haushaltsmittel würden dann für das Justizministerium ausgegeben werden und stünden für die Gerichte und Staatsanwaltschaften nicht mehr zur Verfügung.[130] Das Justizministerium war 1951 in den Justizpalast eingezogen, um dort zu bleiben.

Institutioneller „Wiederaufbau"

Während also kriegs- und nachkriegsbedingte Lücken bestehen, zeigt sich bei den Juristen im Sample auch immer wieder, sowohl in ihren eigenen Biografien als auch in ihrem Handeln in der bayerischen Justiz, dass sie selbst Kontinuitätslinien zogen oder dass sich in der Zusammenschau aus analytischer Perspektive solche erkennen lassen.

Für den Bereich der amerikanischen Besatzungsmacht erklärte Dwigth D. Eisenhower am 19. September 1945 in der Proklamation Nr. 2, dass Staaten errichtet und Staatsregierungen eingesetzt werden sollten. Staatsrechtlich wurde Bayern damit ein besatzungsrechtliches „Verwaltungsgebiet" und konstituierte sich als Staat erst am 8. Dezember 1946 mit dem In-Kraft-Treten der Landesverfassung.[131] Seit Anfang Oktober, wenige Wochen nach der Proklamation Eisenhowers, Verwaltungsgebiete beziehungsweise Staaten zu bilden, wurden in den Ländern Offices of Military Government tätig. Sie sollten die Länderregierungen kontrol-

129 Ebenda, S. 1206.

130 Ebenda.

131 Bayerische Landeszentrale für politische Bildungsarbeit, Quellen zur politischen Geschichte Bayerns in der Nachkriegszeit, Band 1 (1944–1957), München 2002, S. 40 f.; siehe dazu auch Mergel Staatlichkeit, S. 285.

lieren. Für Bayern war damit das Office of Military Government for Bavaria (OMGBY) zuständig.[132]

Unsicher waren sich die US-Amerikaner zuvor darüber, ob es in ihrer Zone überhaupt Justizministerien geben sollte.[133] Im Dezember 1944 bestand innerhalb der amerikanischen Behörden Unklarheit darüber, wie mit der deutschen Justiz nach der Niederlage umzugehen sei. Vor dem Hintergrund des Plans zur Dezentralisierung der politischen Strukturen in Deutschland bleibe unklar, ob nun die Landesjustizverwaltungen wiedererrichtet werden sollten, die im RJM zentralisiert worden waren, oder ob noch niedrigere lokale Justizverwaltungen angestrebt würden.[134] Die Frage wurde zurückgestellt, weil das generelle Vorgehen nicht geklärt sei und Landesjustizverwaltungen eben auch nicht ohne andere Länderverwaltungen existieren könnten.[135] Im November 1944 waren sich die Verantwortlichen im Hauptquartier der amerikanischen Streitkräfte (SHAEF) sicher, dass zunächst nur bis zur Ebene der Landgerichte überhaupt judiziert werden sollte. Die Oberlandesgerichtsbezirke wollte man als eine Art Verwaltungsbezirke nutzen um dort vor allem die politische Säuberung der Juristen, die Inspektion der Haftanstalten und die Kontrolle der Anwaltschaft zu koordinieren.[136] Diese Ansicht wurde auch Ende Mai noch 1945 aufrechterhalten.[137] Ausführliche Verwaltungsstellen an den Oberlandesgerichten zu halten, entsprach in gewissem Sinne dem während des Nationalsozialismus praktizierten System, in dem die Oberlandesgerichte vor Ort in ihren Bezirken Verwaltungsaufgaben für das Reichsjustizministerium wahrnahmen.

Noch im September 1945 hatte das Frankfurter Hauptquartier der US Forces, European Theater (USFET) die Notwendigkeit eines bayerischen Justizministeriums verneint. Die bayerische Justizelite arbeitete während dieses Sommers an ihrer Vision einer bayerischen Justizverwaltung.[138] Hoegner erklärte etwa in einem Schreiben an den Ministerpräsidenten Fritz Schäffer Anfang September 1945, dass „[v]on Seite der Justiz“ in einer Fachfrage zur Verwaltung des Nürnberger Oberlandesgericht „vorerst nichts geschehen“ könne, „weil eine bayerische Justizverwaltung noch nicht bestätigt worden“ sei. Das Dokument signierte Hoegner dann

132 Heydenreuter, Office, S. 161.
133 Rumschöttel, Staatsministerium, S. 364.
134 IfZA, OMGUS, AG 45/10/2, Entwurf Wickersham an European Advisory Commission Meyer, 26.12.1944.
135 IfZA, OMGUS, AG 45/10/2, Carrier Sheet Headquarters US Group CC, Attached Draft Letter on Ministry of Justice, 29.12.1944.
136 IfZA, OMGUS, AG 45/10/2, SHAEF/G-5/1822 Subject: German Courts, 25.11.1944.
137 IfZA, OMGUS, AG 45/10/2, Notizen zur Justiz v. Colonel Robineau, 31.05.1945.
138 Raim, Justiz, S. 73.

mit den Worten „Für die bayer. Justizverwaltung".[139] Noch deutlicher adressierte Ludwig Hagenauer, der spätere Minister für Sonderaufgaben, am 7. Juli sein Anliegen: an den „Herrn Staatsminister der Justiz".[140] Auch der Bamberger Oberlandesgerichtspräsident versandte bereits am 20. August 1945 ein Schreiben an „das bayerische Justizministerium", das dann auch zehn Tage später, am 30. August 1945, den Eingang bestätigte – und zwar mit dem Stempel:

> „Staatsministerium d. Justiz
> Eingel. 30.AUG.1945 Nr.409."[141]

Dies war kein Einzelfall und obwohl unklar ist, wer die Schreiben wo als „Staatsministerium d. Justiz" in Empfang genommen hatte, so zeigt sich daran, dass der Stempel aus den frühen 1930ern noch vorhanden war.[142] Als noch gar nicht offiziell klar war, in welcher Form die Justiz in welcher Staats- oder Verwaltungseinheit organisiert werden sollte, wurde dieser Eingangsstempel bereits im Sommer 1945 von den mit der Justizverwaltung von der amerikanischen Besatzungsmacht beauftragten bayerischen Juristen genutzt. Damit betrieben sie einen diskursiven „Wiederaufbau" des bayerischen Justizministeriums, auch wenn – oder gerade weil – die sichere amerikanische Zusage noch ausstand.[143]

Zu dieser Zeit hatte Schäffer, so Rumschöttel, Hoegner bereits als Justizminister und Ehard als dessen Stellvertreter im Auge, denn er ließ sie an den Kabinettssitzungen teilnehmen und wies ihnen die Zuständigkeit „Bayerische Justizverwaltung" zu, obwohl in der Regierungszeit Schäffers kein Justizministerium errichtet wurde. Ehard selbst war immer noch Senatspräsident am Münchner Oberlandesgericht, während Hoegner ohne Amt und Besoldung arbeitete. Mitte September hatten sich die Amerikaner schließlich für die Errichtung eines Justizministeriums entschieden.[144]

Es ist möglich, dass die Verhandlungen Hoegners mit den US-Amerikanern vielleicht schon früher Mut zur Hoffnung auf ein bayerisches Justizministerium gegeben hatten. Es gibt Hinweise darauf, dass die Militärregierung für Bayern bereits im Sommer 1945 Hoegner für die Position eines Justizministers angedacht

139 BayHStA, StMJ 38/2018 Statusakten OLG Nürnberg 6, Hoegner an MPräs Schäffer, 03.09.1945.
140 BayHStA, MJu 26795, PA Ludwig Hagenauer, Hagenauer an StMdJ, 17.07.1945.
141 BayHStA, StMJ 38/2018 Statusakten OLG Bamberg 7, PräsOLG Bamberg an u. a. StMJ, 20.08.1945.
142 Siehe dazu beispielsweise BayHStA, MJu 18769, Justizgebäude Nr. 2, Elisenstraße, Band I 1929–1949, Vorsitzende Anwaltskammer München an StMJ, 13.01.1934.
143 Kollmorgen, Diskursanalyse, S. 265
144 Rumschöttel, Staatsministerium, S. 365.

hatte.[145] Dass er darauf hinarbeitete und dass er das Justizministerium aus der Weimarer Republik dazu im Kopf hatte, darüber ließ er auch in der Rückschau im Landtag im Dezember 1946 keinen Zweifel:

> „Die bayerische Justizverwaltung war im Jahre 1934 auf das Reich übergegangen. Um sie für Bayern zurückzugewinnen, habe ich bereits im August und September des vorigen Jahres lange und schwierige Verhandlungen mit amerikanischen Stellen geführt."[146]

Im Wunsch, die Justizverwaltung zurückzugewinnen steckt auch die Idee der bayerischen Kontrolle über die Justizverwaltung. Diese befand sich aber noch einige Jahre unter amerikanischer Kontrolle.[147]

Im ebenfalls von den Amerikanern besetzten Hessen wurde etwa im Falle des Oberlandesgerichts Frankfurt am Main bewusst von einer „Neuerrichtung" gesprochen.[148]

Der Terminus des „Wiederaufbaus" hatte sich in Bayern bald eingebürgert, so vermerkte Ehard auch nach dem Beschluss zur Errichtung eines bayerischen Justizministeriums aus einer Besprechung mit Vertretern der Besatzungsmacht den „Wiederaufbau der Gerichte und der Justizverwaltung in Bayern".[149] Neben der historiografischen Verwendung zeigen auch spätere Quellen, dass der „Wiederaufbau" längst zur dominanten Deutung der Geschehnisse nach 1945 geworden war.[150] Die Erinnerung an die frühe Nachkriegszeit hatte auch ein besonderes Zusammengehörigkeitsgefühl hervorgebracht. Der spätere Justizminister Albrecht Haas (FDP) erinnerte sich 1951 daran, nach dem Krieg mit seinen „schwachen Kräften Aufbauarbeiten in der bayerischen Justizverwaltung geleistet zu haben". Haas lobte die „ganze Justizbeamtenschaft" für diese gemeinsame Leistung, die er mit der Rückkehr des Dreiinstanzenzugs vollendet sah.[151] Die Umsetzung des amerikanischen Plans zur Justizverwaltung in der amerikanischen Zone war eine Melange aus amerikanischen und bayerischen Vorgaben.

Am 5. Dezember 1945 wurde das bayerische Justizministerium offiziell wiedereröffnet. Hoegner war aber bereits seit dem 22. Oktober 1945 als Justizminister tätig.[152] In einem Vermerk vom 1. November 1945 hielt Ehard die kommenden Ernen-

145 Heydenreuter, Office, S. 232.

146 ABayLT, Plenarprotokoll 1. Sitzung, 16.12.1946, MPräs Wilhelm Hoegner, S. 8.

147 Siehe dazu Kap. 3.1.

148 Falk, Entnazifizierung, S. 3 f. Zur Diskussion der Topoi siehe Steffen, Institutionen, S. 11–22.

149 BayHStA, NL Hans Ehard 124, Staatsrat Aktenvormerkung, 01.11.1945.

150 Siehe dazu beispielsweise auch Beileidsbekundungen wie BayHStA, MJu 25901, PA Ludwig Rechenmacher, Beileidsbekundung StMJ Rechenmacher, 07.04.1977.

151 ABayLT, Plenarprotokoll 46. Sitzung, 18.10.1951, MdL Albrecht Haas, S. 504.

152 JMBl. Nr. 1, 1947, Bekanntmachung über die Errichtung des Bayerischen Staatsministeriums der Justiz v. 05.12.1945, S. 2.

nungsregeln fest: In allen Fällen liege ein Vorbehalt zur Zustimmung und Ablehnung bei der Militärregierung, die Bestätigungen sollten aber nicht mehr für bestimmte Stellen, sondern allgemein für die Verwendung beispielsweise als Richter erfolgen. Die bisher von den Militärbehörden vorgenommenen Besetzungen könnten verändert werden. Ausgenommen davon seien besonders hohe Stellen, nämlich „die Besetzung des Justizministeriums, der Oberlandesgerichtspräsidenten und der Generalstaatsanwälte; hier behält sich die Militärregierung die Bestätigung der Person für die Stelle vor".[153] Die Einstellung von Dieß, Konrad, Roemer, Rößner und Schmitt wurden am 15. Dezember 1945 von der Militärregierung genehmigt.[154] Während Dieß und Roemer das Ministerium bald wieder verließen, blieben die übrigen von Hoegner Vorgeschlagenen der bayerischen Justizverwaltung erhalten. Um die Arbeit des noch jungen Ministeriums bewältigen zu können, wurden im Februar 1946 zahlreiche Beamte des einfachen, mittleren und gehobenen Dienstes vom Oberlandesgericht ans Justizministerium abgeordnet.[155] Sie alle bekamen Ministerialzulagen, was die Arbeit im Ministerium wohl im Gegensatz zu den Gerichten, Staatsanwaltschaften und Vollzugsanstalten interessanter machte.[156]

Die für die Rechtspflege zuständige Abteilung in OMGBY – die Legal Branch oder später Legal Division – kümmerte sich im Kern um die Militärgerichte, die deutschen Gerichte und deren Verwaltung, die Haftanstalten sowie Gesetzgebungsangelegenheiten. Einige auf Januar 1946 datierte Anweisungen zur Ausführung des „Plans für den Aufbau des Rechtspflegewesens in der amerikanischen Zone" vom Oktober 1945 hielt fest, dass das Personal weiterhin von der Militärregierung bestätigt werden müsse, ebenso die Organigramme und Haushaltspläne. Das Ministerium musste außerdem umfangreiche Listen der von ihm betreuten Behörden ausarbeiten und einen statistischen Überblick über das Justizpersonal anfertigen.[157] Ab 1946 wurden aber auch sukzessive Zuständigkeiten auf die deutschen Behörden übertragen.[158]

Dass die Militärregierung trotzdem keine Konfrontationen scheute, zeigt der Fall des Politikers Alfred Loritz (Wirtschaftliche Aufbau-Vereinigung, WAV). Justizminister Josef Müller war einer der Protagonisten in diesem öffentlich diskutier-

---

153 BayHStA, NL Hans Ehard 124, Staatsrat Aktenvormerkung, 01.11.1945.

154 BayHStA, StMJ 38/2018, Statusakten, 2, Höherer Dienst im StMJ, Approval, 15.12.1945.

155 BayHStA, StMJ 38/2018, Statusakten, 2, Höherer Dienst im StMJ, Abordnungen, 14.02.1946.

156 BayHStA, StMJ 38/2018, Statusakten, 2, Höherer Dienst im StMJ, Anordnung Hoegner, 13.03.1946 u. Verzeichnis der ans StMJ abgeordneten Beamten, undatiert.

157 IfZA, OMGUS, AG 45/10/2, OMGB Instructions for the Application in Bavaria of the Plan for the Administration of Justice, 03.01.1946.

158 Heydenreuter, Office, S. 186.

ten Disput zwischen der Militärregierung, Loritz und der bayerischen Justiz, der sich 1949 zutrug. Müller, der Loritz offenbar persönlich schaden wollte, hatte eine von der Militärregierung angeordnete Verschiebung eines Prozessbeginns rückgängig gemacht. Loritz Anwalt erklärte daraufhin, dass der Prozessbeginn in den Bundestagswahlkampf falle und seiner Kampagne schade, was die Amerikaner auch so sahen. Sie forderten nach Müllers Eingreifen die Prozessakten an, woraufhin der Justizminister der Militärregierung vorwarf, die demokratische Justiz zu behindern. Wolfgang Reinicke sieht darin ein „Kräftemessen zwischen Staats- und Militärregierung“.[159] Müller reichte seinen Rücktritt bei Ehard ein und wusste dies öffentlichkeitswirksam zu unterstreichen: Presseberichte darüber waren flankiert von einem Bild, das den Justizminister zusammen mit seinen höchsten Beamten Konrad und Walther – die dem Minister beide vorher ihre volle Unterstützung schriftlich zugesagt hatten – die Treppen des Justizpalasts hinuntersteigend zeigten.[160] Ehard nahm den Rücktritt nicht an, die Militärregierung blieb bei ihrer Kritik am Verfahren gegen Loritz. Sie nutzte damit ihre Machtposition aus und gab der bayerischen Justiz eine Mängelliste mit auf den Weg, die diese abzuarbeiten hatte, ehe die von der Militärregierung verfügte Suspendierung des Verfahrens – nach Ende des Bundestagswahlkampfs – wieder aufgehoben wurde.[161]

Die Bayerische Verfassung vom 2. Dezember 1946 gab die Arbeit der Staatsregierung und damit auch des Justizministeriums vor. Die Staatsregierung bestand aus dem Ministerpräsidenten, den Staatsministern und den Staatssekretären. Der Kompetenzbereich des Justizministeriums war äußerst stabil. Rumschöttel bemerkt, dass Hoegner die Staatskanzlei gebeten habe, „die Aufgabenbeschreibung des Justizministeriums aus der Verordnung aus dem Jahr 1932 zu übernehmen und lediglich kleinere Modifikationen vorzunehmen“.[162] Mit der Verfassung von 1946 fiel allerdings der Posten des Staatsrats, den Ehard im Justizministerium ausgefüllt hatte, weg. Zum Spitzenbeamten war der Ministerialdirektor geworden. Der Staatssekretär war in der Regel Politiker und Mitglied des Ministerrats. Er vertrat den Minister in dessen Abwesenheit und war ihm untergeordnet in dessen Anwesenheit.[163] Ein Kritiker der Stellung des Staatssekretärs als Vertreter des Justizministers war Carljörg Lacherbauer. Er war der Meinung, dass er als Staatsekre-

159 Reinicke, Landtag, S. 344.

160 ACSP, NL Josef Müller, J 10, Abendzeitung, 27.07.1949, S. 1 u. R 22, Konrad u. Walther an Müller, 26.07.1949.

161 Reinicke, Landtag, S. 346. Zur Kritik der Militärregierung siehe den Vorgang in BayHStA, OMGB 17/176-1/004, Suspension of the Trial against Alfred Loritz.

162 Rumschöttel, Staatsministerium, S. 370.

163 BayHStA, NL Hans Ehard 129, Erlass Hoegner zur Stellung der StS, in Anlehnung an die Grundsätze der Verfassung v. 14.08.1919, 18.02.1946.

tär selbst im Landtag bei seiner Stimmabgabe nicht wirklich frei war, wenn er gleichzeitig im Ministerium dem Minister zu gehorchen hatte. Dies waren zumindest die Gründe, die Lacherbauer nannte, als er im November 1948 von seinem Posten als Staatssekretär im Justizministerium zurücktrat.[164] Justizminister Müller suchte nun nach einem neuen Kandidaten und wurde in seinem eigenen Ministerialdirektor Konrad fündig. Von dieser Wahl konnten er und Ehard schließlich auch die restliche CSU-Fraktion überzeugen, indem sie sich dafür verbürgten, dass der parteilose Konrad fest auf dem Boden der CSU stünde.[165] Der Landtag bestätigte Konrad Ende 1949 als neuen Staatssekretär.[166] Ministerialdirektor wurde nun Hans Walther.

Der Staatsminister entschied über Ernennungen, Beförderungen und Versetzungen der gehobenen und höheren Beamten. Der Staatssekretär sollte den Geschäftsbetrieb überwachen und wichtige Personalangelegenheiten des einfachen und mittleren Dienstes unterzeichnen. Schließlich wurde mit der Übertragung von Kompetenzen an die nachgeordneten Bereiche und der Ausweitung des Tätigkeitsfeldes des Ministerialdirektors dieser Bereich etwas kleiner und verlagerte sich auf „die wirklich wichtigen Angelegenheiten". Bis 1963 leitete der Ministerialdirektor die Personalabteilung. Mit der Einteilung eines eigenständigen Personalabteilungsleiters konnte sich der Amtschef ab 1963 „verstärkt der Lenkung, Koordinierung und Überwachung" der ministeriellen Tätigkeiten widmen. Ihm oblag ebenfalls die allgemeine Dienstaufsicht über die Außenbehörden, die Ausbildung, Ordensangelegenheiten sowie Beihilfe und Unterstützung – kurz: seine Aufgabe war die Kontrolle der gesamten Arbeit des Ministeriums. „Neben dem Minister und dem Staatssekretär mußte er [der Ministerialdirektor] für ein einheitliches Bild des Justizministeriums in der Öffentlichkeit und für die administrative Verwirklichung der politischen Zielsetzungen sorgen."[167]

Die Abteilungsleiter hatten die Verantwortung für die Erledigung der jeweiligen Geschäftsaufgaben zu tragen. In Angelegenheiten „ohne grundsätzliche Tragweite und ohne politische Bedeutung" durften die Abteilungsleiter in Eigenverantwortung zeichnen. Bei untergeordneter Bedeutung kam die Zeichnung in Auftrag auch den Referenten zu.[168]

Dabei konnten bereits im Jahr 1946 alle bayerischen Gerichte ihre Arbeit wieder aufnehmen, auch wenn es allenthalben an Personal fehlte. Neben der Rechtspflege gehörte die Arbeit an der Bayerischen Verfassung und die Mitarbeit an der

---

164 Reinicke, Landtag, S. 202 f.

165 Zur Diskussion und Abstimmung siehe den Vorgang ACSP, LTF 19491214: 1, 14.12.1949.

166 Reinicke, Landtag, S. 203.

167 Rumschöttel, Staatsministerium, S. 373 f.

168 Ebenda, S. 374.

Ausführung der Gesetze und Beschlüsse des Länderrats und des Alliierten Kontrollrats zu den wichtigsten Aufgaben der Justizverwaltung in der Anfangszeit.[169]

Die regulären Arbeitszeiten im Justizministerium waren im Jahr 1947 montags bis freitags von 8 bis 17 Uhr und samstags im eingeschränkten Dienstbetrieb von 9 bis 12 Uhr. In dieser Zeit sollten jeweils vor Ort sein: zwei Referenten und Hilfsreferenten in jeder Abteilung, eine Person aus dem gehobenen Dienst je Abteilung, zwei Personen in der Registratur, eine Person im Expeditionsamt, drei Damen in der Kanzlei und der Abteilung E (Strafvollzug- und Gefängniswesen), zwei Herren in der Druckerei, zwei Herren im Offiziantendienst.[170]

Erst ab 1929 zeigen die Geschäftsverteilungspläne des bayerischen Justizministeriums thematisch geordnete Abteilungen, zuvor gab es Listen mit bis zu 30 Referaten.[171] Ein Blick in die erste Hälfte des 20. Jahrhunderts verdeutlicht dies. Ab 1929 und so bis 1934 unterhielt das Justizministerium vier Abteilungen:

(A) „Allgemeine Verwaltung",
(B) „Bürgerliches Recht",
(C) „Strafrecht und Öffentliches Recht" sowie
(D) die „Geschäfte des Generalsekretärs".

Der Posten des Generalsekretärs wurde bereits in der Weimarer Republik in Personalunion vom Staatsrat oder Ministerialdirektor ausgeübt und beinhaltete im Wesentlichen die Mitwirkung in Personalsachen, Hausverwaltung des Justizpalasts, „Sorge für die Vertretung der Justizangelegenheiten im Landtag", Presse, Zeichnung und Schriftverkehr.[172] Auch in der Nachkriegszeit wurden diese Aufgaben so gehandhabt, in der Regel in Personalunion vom Ministerialdirektor, allerdings ohne die Aufgaben der Abzeichnung und Hausverwaltung. Zeichnungsrecht hatte der Ministerialdirektor aber ohnehin in bestimmten Angelegenheiten, die Hausverwaltung oblag den Gerichten.[173] Die sonstige Geschäftsverteilung der Nachkriegszeit war eine Mischung aus den alten Vorlagen der Weimarer Republik und den Vorgaben der Amerikaner im „Plan for the Administration of Justice US Zone" vom 4. Oktober 1945. Darin gab das Hauptquartier der US-Besatzer in Frank-

169 Ebenda, S. 367 f.

170 BayHStA, StMJ 38/2018, Statusakten, 2, Höherer Dienst im StMJ, StMJ Erlass zur Arbeitszeit, 03.11.1947. Mit „Kanzlei" war wohl das oder die Vorzimmer des Ministers, Staatssekretärs und/oder Ministerialdirektors gemeint.

171 Letzteres trifft etwa auf den ersten überlieferten Weimarer Geschäftsverteilungsplan in den Unterlagen des StMJ zu, der während der Amtszeit von Staatsrat Meyer, also 1919 bis 1923, entstand: BayHStA, MJu 16846, Geschäftsverteilungsplan, undatiert [01.04.1919–30.09.1923].

172 BayHStA, NL Hans Ehard 12, Geschäftsverteilungsplan v. 12.05.1930, 09.05.1930.

173 StMJ, 1200-I Heft 23b Teil I, Geschäftsverteilungsplan 01.11.1945–01.04.1965, Geschäftsverteilungsplan v. 01.03.1947, undatiert [01.03.1947].

furt auch die „Amtsorganisation“ der Landesjustizministerien vor. Sie sollte folgende zum „Dienstbereich gehörende Angelegenheiten“ betreffen:

(A) „Präsidialangelegenheiten“ („Executive Affairs“),
(B) „Allgemeine Verwaltung“ („General Administration“),
(C) „Personalangelegenheiten“ („Personnel Matters“),
(D) „Ausbildung“ („Training“) und
(E) „Straf- und Gefängnisangelegenheiten“ („Criminal and Prison Matters“).[174]

Im Nachlass Wilhelm Hoegners lässt sich nachvollziehen, wie die bayerische Justizverwaltung diese Vorgaben füllte und an bayerische Bedürfnisse vor dem Hintergrund alter Geschäftsverteilungspläne anpasste. Der Plan war Hoegner dabei bereits im September bekannt, denn er nutzte fast ausschließlich die dort verwendeten Begriffe und die Aufteilung für seinen Besetzungsvorschlag vom 24. September 1945. Nur für die „executive affairs“ hatte er die Übersetzung „Kanzlei des Ministers“ gewählt, was darauf hindeutet, dass Hoegner eine englischsprachige Vorversion des Plans zur Hand gehabt hatte und die offizielle Übersetzung „Präsidialangelegenheiten“ noch nicht gekannt hatte.[175] Letztlich zeugen beide Begriffe davon, dass der Zuschnitt dieses Bereichs noch nicht ganz klar gewesen sein dürfte, denn der Justizminister war kein Präsident und für sein Büro ist auch in der Zeit der Weimarer Republik keine besondere Bezeichnung ersichtlich. Der in diesem Sinne etwas antiquierte Begriff der Kanzlei mag deshalb genutzt worden sein.[176] Die Militärregierung hatte ihn umschrieben mit:

> „Verbindung mit der Militärregierung; Beschwerden gegen Personal der Justizverwaltung; Gesetzesvorschläge; Angelegenheiten des öffentlichen Rechts; sowie alle anderen Rechtssachen innerhalb der Zuständigkeit des Justizministers, die nicht einer anderen Abteilung oder Dienststelle zugewiesen sind.“[177]

Bereits im Geschäftsverteilungsplan des Jahres 1946 wurde diese Abteilung umbenannt in „Gesetzgebung und Sachaufsicht“. Im Jahr 1947 folgte die Geschäftsverteilung wieder der alphabetischen Abfolge und Aufteilung der oben angegebenen Pläne aus der späten Weimarer Republik:

(A)„Allgemeine Verwaltungsteilung“: hierin waren die Personalangelegenheiten sowie Bau, Haushalt und sonstige Verwaltung inkludiert worden,
(B) „bürgerliches Recht“,

---

174 BayHStA, NL Hans Ehard 124, Plan for the Administration of Justice US Zone, 04.10.1945.
175 IfZA, NL Wilhelm Hoegner, ED 120/119, Hoegner an amerikanische Militärregierung, 24.09.1945.
176 Vismann, Akten, S. 217–225.
177 BayHStA, NL Hans Ehard 124, Plan for the Administration of Justice US Zone, 04.10.1945.

(C) „öffentliches Recht und Strafrecht",
(D) „Ausbildungs- und Prüfungswesen" sowie
(E) „Strafvollzug und Gefängniswesen"

Aus der Abteilung „Gesetzgebung und Sachaufsicht" wurden die beiden Abteilungen zu bürgerlichem sowie öffentlichem und Strafrecht.[178] Diese sichtbare Angleichung an die letzten Pläne aus der Weimarer Republik zeigt, dass hier auf die bayerische Zwischenkriegsverwaltung zurückgegriffen wurde, ja, dass deren Aufteilung immer noch, auch als Bild sinnvoll erschien. Denn auch im Layout glichen sich die Pläne aus den frühen 1930er Jahren und diejenigen von 1947. Die Geschäfte des Generalsekretärs wurden ebenfalls aufgezählt, aber nicht mehr zu den Abteilungen gezählt. Die beiden Zusätze aus den Vorgaben der Militärregierung, Ausbildung und Strafvollzug, waren dennoch geblieben.[179] Mit sehr großer Wahrscheinlichkeit gehen diese Änderungen auf Ehard, Konrad und Hoegner zurück, die alle das vornationalsozialistische Ministerium vor Augen hatten.

Bereits der nächste vorliegende Geschäftsverteilungsplan aus dem Jahr 1952 – in der Zwischenzeit hatten die Minister den Plan von 1947 lediglich per Erlass geändert – präsentierte eine Einteilung in Abteilungen, die sich im Untersuchungszeitraum im Wesentlichen nicht mehr änderte:

(A) „Allgemeine Verwaltung", ab 1965 umbenannt in „Personalabteilung"
(B) „Organisations-, Haushalts-, Besoldungs-, Bauwesen"
(C) „Öffentliches Recht"
(D) „Bürgerliches Recht"
(E) „Strafrecht"
(F) „Ausbildungs- und Prüfungswesen", ab 1965 wurde das Landesjustizprüfungsamt als gesonderte Einheit aus der Abteilung ausgelagert – und
(G) „Strafvollzug und Gefängniswesen".[180]

Die Änderungen ab 1963 gehen wohl auf den neuen Justizminister Ehard im ersten Kabinett Alfons Goppels ab Ende 1962 zurück. Bis in die frühen 1970er Jahre hatte diese Ordnung als Mischung aus Weimarer und amerikanischen Vorbildern, auch mit der Einrichtung des Generalsekretärs, Bestand. In den unterschiedlichen Zuschnitten der Referate zeigen sich aber auch zeitgenössische Prägungen, wie im

178 StMJ, 1200-I Heft 23b Teil I, Geschäftsverteilungsplan 01.11.1945–01.04.1965, Geschäftsverteilungsplan v. 01.03.1947, undatiert [01.03.1947].
179 Ebenda.
180 StMJ, 1200-I Heft 23b Teil I, Geschäftsverteilungsplan 01.11.1945–01.04.1965, Geschäftsverteilungsplan v. 01.01.1952, 31.12.1951 u. 1200-I Heft 23b Teil Ia, Geschäftsverteilungsplan 11.04.1963–19.11.1965, Vorschlag Neufassung Abteilung A, undatiert u. Vorschlag Neufassung Abteilung F, 10.03.1965.

Strafvollzug: 1956 die „Kriminalsoziologische Untersuchungs- und Sammelstelle" letztmalig aufgeführt und nur einige Monate später hingegen die „Resozialisierung" aufgeführt. Ab 1958 erscheint die Sammelstelle erneut, die Resozialisierung blieb aber. Ebenfalls wurde hier der Minister für politische Befreiung abgewickelt, und es kamen Zuständigkeiten für Landtagsangelegenheiten und die 131er-Verfahren für „Heimatvertriebene" hinzu.[181] Die Abteilung G ging also mit der Zeit, denn ab Mitte der 1950er Jahre interessierte sich die Gesellschaft mehr für Resozialisierung von Straftätern.[182] Andere Abteilungen, wie die Personalabteilung, blieben hingegen inhaltlich weitgehend stabil. Zu den dortigen Regelungsgebieten gehörten zu jeder Zeit im Untersuchungszeitraum – wenn auch in zeitweise unterschiedlicher Aufteilung – Angelegenheiten des höheren, gehobenen, mittleren und einfachen Dienstes, Beamten- und später auch Richterrecht sowie Angelegenheiten der Notare und Rechtsanwälte.[183] Der nachgeordnete Bereich beziehungsweise die Regelungsbefugnisse des Justizministeriums erstreckten sich auf die ordentlichen Gerichte, Staatsanwaltschaften, Vollzugsanstalten, das Notariat und die Rechtsanwaltschaft.[184] Ab 1947 wurde das Justizministerialblatt wieder veröffentlicht und ab 1957 die bereinigte Sammlung der Vorschriften.

Zu den Regelungsbereichen des Justizministeriums gehörten auch solche, die als bayerisch-eigenstaatlich verstanden wurden: Ein Zeichen eines bayerischen, demokratischen Rechtsstaats war die Wiedereröffnung des Bayerischen Obersten Landesgerichts, insbesondere als es durch die Gründung der Bundesrepublik und Thomas Dehlers Plänen für ein Oberstes Bundesgericht bedroht schien. Aufgrund der desolaten finanziellen Lage hatte Justizminister Albrecht Haas 1951 auch „die Frage der weiteren Aufrechterhaltung des Bayerischen Obersten Landesgerichts angeschnitten".[185] Diese Frage war aber im Bayerischen Landtag in den frühen 1950er Jahren keine des Etats, sondern eine der föderalen Identität: Die Gründung der Bundesrepublik und die Pläne zur Errichtung oberster Bundesgerichte dienten den Abgeordneten als Vorlage zur Verteidigung des Bayerischen Obersten Landesgerichts, als „eine der sehr wenigen föderativen Einrichtungen", die Bayern noch geblieben seien, wie Karl Fischer von der CSU bemerkte. Wenn auch nur der „angedeutete Versuch" vorgenommen würde, das Oberste „etwa in der oder jener

181 StMJ, 1200-I Heft 23b Teil I, Geschäftsverteilungsplan 01.11.1945–01.04.1965, Geschäftsverteilungsplan v. 01.05.1956, 01.10.1956 u. 16.02.1958.

182 Zu einem Überblick über die Idee Resozialisierung im Strafvollzug siehe Ramsbrock, Gesellschaft.

183 StMJ, 1200-I Heft 23b Teil I, Geschäftsverteilungsplan 01.11.1945–01.04.1965, 1200-I Heft 23b Teil Ia, Geschäftsverteilungsplan 11.04.1963–19.11.1965 u. 1200-I Heft 23b Teil 2, Geschäftsverteilungsplan 18.02.1966–01.1976.

184 Rumschöttel, Staatsministerium, S. 371.

185 ABayLT, Plenarprotokoll 46. Sitzung, 18.10.1951, MdL Albrecht Haas, S. 509.

Weise lahmzulegen oder gar zu beseitigen", würde der Landtag Widerstand leisten.[186] Die drastische Wortwahl erklärt sich wohl vor dem Hintergrund der nationalsozialistischen Schließung des Obersten Landesgerichts 1935. Auch August Geislhöringer von der Bayernpartei (BP) wollte das Gericht „mit allen Mitteln verteidigen".[187] Die Debatte zur Schließung des Gerichts aus finanziellen Gründen wurde zwar weiterhin in den Plenardebatten geführt, sie ging letztlich aber immer zugunsten des Signals der Eigenstaatlichkeit aus.[188]

Rumschöttel beschreibt das Justizministerium als vergleichsweise klein. 1804 verfügte es über einen Personalstand von 13 Personen.[189] Etwa ein Jahrhundert später, 1914, hatte sich die Zahl auf 74 ausgedehnt.[190] 1946 waren 153 Beamte, Angestellte und Arbeiter beschäftigt. In den Leitungspositionen belief sich dies auf den Minister, den Staatsrat, den Ministerialdirektor, einen Ministerialdirigenten, „acht Ministerialräte, sechs Oberregierungsräte und zehn weitere höhere Beamte". 1957 kam eine zweite Ministerialdirigentenstelle dazu und insgesamt zählte das Ministerium nun 191 Stellen. 1959 reduzierte sich die Stellenanzahl auf 176, weil Stellen auf nachgeordnete Behörden übertragen worden waren. 1963 kam eine dritte Ministerialdirigentenstelle hinzu, und 1966 wurden im Haushaltsplan schließlich 181 Stellen aufgezählt, darunter vier Ministerialdirigenten und fünf Ministerialräte besoldet nach B3 und zehn besoldet nach A16 sowie 20 weitere Beamte im höheren Dienst.[191] Allgemein gelten die 1960er Jahre allerdings als personalmäßig schlechte Zeit für den öffentlichen Dienst, wie sich Schaffer, der Personalabteilungsleiter in den 1980er Jahren war, erinnerte:

> „Unter der ohnehin geringen Anzahl der Bewerber für den öffentlichen Dienst war die Justiz nicht sehr begehrt; die Tätigkeit dort versprach viel Arbeit bei verhältnismäßig ungünstigen Arbeitsverhältnissen und geringen Fortkommensmöglichkeiten. Auch die wesentlich geringere Besoldung gegenüber der Wirtschaft fiel ins Gewicht."[192]

Erst Ende der 1960er Jahre beziehungsweise Anfang der 1970er Jahre änderte sich dies mit neuen Beförderungsstellen an den Gerichten und Staatsanwaltschaften. Im Rahmen von Renovierung und Neubau verbesserte sich auch die Arbeitssituation an den Gerichten.[193]

186 ABayLT, Plenarprotokoll 46. Sitzung, 18.10.1951, MdL Karl Fischer, S. 491.
187 ABayLT, Plenarprotokoll 46. Sitzung, 18.10.1951, MdL August Geislhöringer, S. 500.
188 Siehe etwa ABayLT, Plenarprotokoll 28. Sitzung, 23.01.1968, StS Bauer, S. 1247.
189 Rumschöttel, Staatsministerium, S. 336.
190 Ebenda, S. 345 f.
191 Ebenda, S. 371 f.
192 Schaffer, Jahrzehnte, S. 385.
193 Ebenda, S. 385 f.

Fazit

Das Bild der bayerischen Justiz der Nachkriegszeit war beeinflusst von den Erfahrungen des Umbruchs 1918/19, der auch personell getragen wurde. Die Protagonisten der frühen Nachkriegszeit bauten selbst wieder Altes auf, indem sie sich darauf bezogen und es als Vorbild für den praktischen „Wiederaufbau“ nahmen. Dieser umschloss Gebäude, Personal und Geschäftsverteilungspläne sowie andere institutionelle Beschreibungen.

Trotz Unterbrechungen – zum allergrößten Teil kriegsbedingt (und nicht etwa wegen Verfolgung oder Diskriminierung) – lässt sich der Freistaat Bayern, und für viele auch München, als kontinuierliche Wirkungsstätte und damit Kontinuität im erfahrungspraktischen Sinne bezeichnen. Die biografischen Brüche durch Krieg und Nachkriegszeit haben die Juristen, dort wo sie vorlagen, höchstwahrscheinlich verunsichert. Eingebettet waren sie aber in Erzählungen einer besonders starken bayerischen (Justiz-)Verwaltung und Staatlichkeit, die zielstrebig „wiederaufgebaut“ wurde, und fast ausschließlich rein bayerische Justizkarrieren ermöglichte. Die Gebäude strukturierten in ihrer Dauerhaftigkeit die Praxis und das Selbstverständnis der Akteure.

Trotz des klaren Wunschs und Versuchs der Rekonstruktion mussten Besatzungsvorbehalte berücksichtigt werden, die das Bild veränderten. Bereits früh zeigte sich auch für das bayerische Justizbild, was Mergel allgemein für die 1950er und 1960er analysierte: „Doch auch die bayerische Staatsrepräsentation kam […] nicht ohne die Erfindung, Übertragung und Modifikation von Traditionen aus, wobei sich althergebrachte und modernere Elemente überlagerten.“[194] Weder Gebäude noch Personen oder die institutionelle Organisation in den Geschäftsverteilungsplänen waren vom Nationalsozialismus, den NS-Verbrechen oder der Besatzung unangetastet geblieben. Diese Komponente wurde in der „Wiederaufbau“-Rhetorik bayerischer Juristen unbemerkt gelassen. Der „Wiederaufbau“ war eben genau das: nicht das Original, sondern eine Re-Konstruktion nach altem Vorbild. Die Besatzungsmacht tat das Ihrige, um die Rekonstruktionsbemühungen zu irritieren. Dennoch blieb das Deutungsmuster des „Wiederaufbaus“ eines der wirkmächtigsten Justizbilder in der Nachkriegsgeschichte des bayerischen Justizministeriums.

194 Mergel, Staatlichkeit, S. 281; siehe dazu auch Günther, Denken, S. 48; Steffen, Institutionen, S. 11–55 u. Stolleis, Geschichte, Vierter Band, S. 25 u. 29 f. Als Beispiel für einen als demokratische Tradition gedeuteten Regionalbezug, siehe Kißener in Baden, ders., Diktatur, S. 313 f.

2.2 Demokratische Öffentlichkeit und Justizkritik

Zur Demokratie gehört die freie Presse, über deren Aufgaben in Bezug auf die Justizverwaltung im Nachkriegsbayern viel diskutiert wurde. Diese Diskussionen offenbaren unterschiedliche Sichtweisen darauf, ob und wie die bayerische Justiz, ihre Praxis und ihre Vergangenheit in der Presse besprochen werden sollten. Die kritisierte Justiz und die „Justizkritik“[195] wurden dabei häufig in ein Verhältnis zur stabilen Demokratie gesetzt. Die NS-Vergangenheit der bayerischen Justiz und ihr Aufbau nach dem Nationalsozialismus spielte in diesen Debatten ebenfalls eine Rolle. Gezeigt wird dies an frühen Diskussionen im bayerischen Landtag, der Arbeit der Justizpressestelle, dem öffentlichen Aspekt der Auseinandersetzung um NS-„Blutrichter“ und der Öffentlichkeitsstrategie des Justizministeriums. Diese diskursiven und praktischen Formationen ziehen sich über den gesamten Untersuchungszeitraum der Studie.

Justitia

In der ersten Wahlperiode wurde der Haushalt des Jahres 1947 erst im März 1948 beschlossen. In dieser formativen Phase des neuen bayerischen Nachkriegsregierungssystems wurde auch in den Debatten zum Justizetat Grundlegendes diskutiert.[196] Dazu gehörte, dass man die Justiz anhand ihrer Symbolfigur, der Justitia, charakterisierte. Einem zeitgenössischen sexistischen Stereotyp folgend, sinnierte der Justizminister Müller von der Justiz als „einer Frau, die umso besser ist, je weniger man von ihr spricht“.[197] Auch 1955 gehörte dieses Verständnis der Justiz im Rahmen des Staates noch dazu: Justizminister Fritz Koch (SPD) wies darauf hin, dass vergleichsweise wenig Diskussionen um die Justiz im Bayerischen Landtag „ein gutes Zeichen“ seien.[198] Während Pressefreiheit zwar ein geschätztes Gut war, waren sich fast alle Diskutanten einig, dass die Presse damit eigentlich nicht richtig umgehen könne. Die Justiz auf der anderen Seite wurde gedeutet als eine funktionstüchtige und unpolitische Institution, die in der Demokratie geräuschlos funk-

---

195 Zur Praxis der Justizkritik siehe Raim, Justiz, S. 475.

196 Zum bayerischen Staatshaushalt siehe Reinicke, Landtag, S. 381–433.

197 ABayLT, Plenarprotokoll 62. Sitzung, 16.03.1948, StMdJ Josef Müller, S. 1115. Siehe dazu auch Rottleuthner, Bilder, S. 40: „Und an *Justitia* ist eben irritierend, dass sie eine Frau ist. Richter sind – nicht nur in Deutschland – bis ins 20. Jahrhundert stets Männer: die erste Richterin kam in Deutschland 1928 ins Amt.“

198 ABayLT, Plenarprotokoll 22. Sitzung, 15.06.1955, StMdJ Fritz Koch, S. 589.

tioniere und gerade dadurch ihre Unabhängigkeit stabilisiere. Unliebsame Berichterstattung wurde dabei als Gefahr für die Unabhängigkeit der Justiz verstanden.

An die Pressefreiheit konnten sich die Landtagsabgeordneten und die Justiz nur sehr schwer gewöhnen, insbesondere dann, wenn über noch nicht abgeschlossene Verfahren berichtet wurde – und besonders, wenn sie diese Kritik als nicht sachlich wahrnahmen.[199] August Geishöringer (BP) versuchte, die Person des Richters und von seinem Urteil zu trennen: Ein rechtskräftiges Urteil sei „kein Evangelium", wenn man es kritisiere, bedeute es nicht, „daß wir dann den Richter als solchen anpacken". Er ging andererseits so weit, vom Richter politische Abstinenz zu fordern – eine Meinung dürfe er selbstverständlich haben, aber er solle sich nicht öffentlich in der Parteipolitik betätigen, um das Vertrauen der Bevölkerung nicht zu verlieren. Geislhöringer regte sogar an, zu überlegen, ob nicht der Justizminister selbst – zu diesem Zeitpunkt Josef Müller von der CSU – politisch zurückhaltender agieren sollte.[200] Müller entgegnete daraufhin, dass zwar einerseits einiges für die politische Abstinenz spreche, andererseits aber sei es wünschenswert, dass Richter sich auch auf dem Gebiet des politischen Lebens auskennen würden, um beispielsweise in Prozessen nicht auf Sachverständige angewiesen zu sein.[201] Müller erklärte, dass er selbst auch nicht „omnipotent oder autoritär regier[e]". Vielmehr arbeite er mit dem Staatssekretär und dem Ministerialdirektor sowie den fachlich Zuständigen zusammen. Seine Meinung äußere er dabei selbstverständlich. Auch mit den Staatsanwälten tausche er sich aus – „Meinung gegen Meinung"–, aber er habe „noch kein einziges Mal einem Staatsanwalt eine Weisung erteilt", obwohl dies erlaubt sei. Am Ende übernehme er aber die Verantwortung.[202]

Vor dem Hintergrund der „Auerbach-Affäre", die zwar in den Aussprachen selten genannt wurde, aber implizit mitschwang, war auch die Ministerpersönlichkeit Müllers in den Fokus der Kritik geraten. Philipp Auerbach, Jude und Shoa-Überlebender, hatte als Staatskommissar für rassisch, religiös und politisch Verfolgte eine besonders unkonventionelle Amtsführung an den Tag gelegt. Insbesondere die schnelle Auszahlung von Entschädigungsgeldern, die er durch ein System an schwarzen Kassen erreicht hatte und seine als schwierig geltende Persönlichkeit waren Kritikpunkte. Dies hatten die Mitglieder der Staatsregierung lange geduldet. Während Justizminister Müller bereits 1949 einen Staatsanwalt Material über Auerbach hatte sammeln lassen, interessierte sich auch die Militärregierung 1951 für die Entschädigungsvorgänge in München. Daraufhin wurde Auerbach

199 ABayLT, Plenarprotokoll 46. Sitzung, 18.10.1951, MdL Karl Fischer, S. 493.
200 ABayLT, Plenarprotokoll 46. Sitzung, 18.10.1951, MdL August Geislhöringer, S. 498.
201 ABayLT, Plenarprotokoll 46. Sitzung, 18.10.1951, StMdJ Josef Müller, S. 517.
202 Ebenda, S. 519.

von den bayerischen Behörden verhaftet, von seinem Amt beurlaubt, seine Amtsräume wurden durchsucht und er wurde wegen Unterschlagung, Erpressung und dem unberechtigten Führen eines Doktortitels angeklagt. Der Prozess wurde von antisemitischen Ausfällen sowie dem Vorwurf gegenüber Justizminister Müller, aus persönlichen Motiven den Prozess gegen Auerbach angestrengt zu haben, flankiert. Müller wurde vorgeworfen, Spenden zur Parteifinanzierung aus den schwarzen Kassen erhalten zu haben. Müller äußerte sich während des laufenden Prozesses öffentlich dazu, ohne vorher den Landtag informiert und Rückendeckung der CSU eingeholt zu haben. Er konnte sich auch nicht dazu durchringen, vollständige Angaben zu den angenommenen Geldern zu machen. Sowohl im Landtag allgemein als auch in der CSU-Fraktion wurde die Kritik lauter und eskalierte schließlich in der Rücktrittsforderung gegen den Justizminister. Müller trat am 26. Mai 1952 von seinem Amt zurück. Auerbach wurde am 15. August 1952 zu zweieinhalb Jahren Haft verurteilt. Noch ehe seine Anwälte in Revision gehen konnten, nahm sich der ehemalige Staatskommissar Auerbach das Leben.[203]

Zwei Jahre später wurde Müller für seine Tätigkeit als Justizminister noch einmal von Franz Lippert (BP) hart kritisiert: Müllers Handeln habe die Grenzen zwischen Politik und Recht verwischt und damit die Justizkrise überhaupt ausgelöst. Der Ministerwechsel nach dem Rücktritt Müllers zu Otto Weinkamm habe sie allerdings auch wieder überwunden.[204] Durch die mit der „Auerbach-Affäre" zusammenhängende Presseöffentlichkeit der Justiz, vor allem in Bezug auf die Person des Justizministers, der genau das tat, was die Abgeordneten der Presse seit Jahren vorwarfen, nämlich laufende Prozesse durch Kommentierung zu beeinflussen, war eine fundamentale Qualität der Justitia verletzt worden: Sie war zu einer „schlechten Frau" geworden, weil nun viel über sie gesprochen wurde.

Eine Justizkrise wollte aber auch Müllers Nachfolger Weinkamm nicht sehen.[205] Allgemein wuchs in den frühen 1950er Jahren, zumindest von Seiten der beteiligten Landtagsmitglieder, das Verständnis für die Presseberichterstattung. Dies womöglich vor dem Hintergrund von Müllers Verhalten und der Erfahrung, dass auch Minister Fehler machen und die Presse für ihre Zwecke nutzen konnten. Gegenüber Müllers „Keulenschlägen seines politischen Temperaments" hatte Geislhöringer beobachtet, dass dessen Nachfolger Weinkamm „die Dinge gleichsam mit Samthandschuhen" anfasse, was er als zu zaghaft deutete.[206]

Im Landtag wurde auch lebhaft diskutiert, ob Beleidigungen demokratischer Politiker von der Justiz ausreichend geahndet wurden. Die Ehre demokratischer

203 Reinicke, Landtag, S. 217–227.
204 ABayLT, Plenarprotokoll 147. Sitzung, 02.06.1953, MdL Franz Lippert, S. 1510.
205 ABayLT, Plenarprotokoll 147. Sitzung, 02.06.1953, StMdJ Otto Weinkamm, S. 1498.
206 ABayLT, Plenarprotokoll 200. Sitzung, 09.06.1954, MdL August Geislhöringer, S. 1446.

Politiker stellte einen weiteren Fixpunkt der Verbindung von Justiz und Demokratie dar. Offenbar hatte Justizminister Müller im Haushaltsausschuss erzählt, dass er anstelle einer Anzeige, eine Beleidigung durch das „offenbar aus dem Naturrecht geschöpften Faustrecht“ abgewehrt hätte, wie der SPD-Abgebordnete Franz Zdralek erläuterte. Wenn der Justizminister offenbar Gewalt gegenüber einer Person, die ihn beleidigt hatte, angewendet hatte, anstatt Anzeige zu erstatten, vermutete Zdralek, dass selbst dem Justizminister das Vertrauen in die demokratische Justiz fehle, was „den Anfang des Bankrotts der deutschen Justiz“ bedeute.[207] Justizminister Otto Weinkamm verteidigte 1953 schließlich solche Richter, die in Beleidigungsfällen auf niedrige Strafen gesetzt hatten: Er könne bei den Entscheidungen weder sachfremde noch „nazistische[...] oder neonazistische[...] Ideen“ feststellen.[208] Der Abgeordnete Zdralek, ebenfalls der Regierungsfraktion angehörend, war sich hinsichtlich der demokratischen Qualität der bayerischen Juristen dennoch unsicher. Er vermutete „[e]in lediglich pflichtgemäßes und mitunter widerwilliges Lippenbekenntnis zum demokratischen Staat“. Diese Skepsis gegenüber der demokratischen Haltung einiger Richter sah er „bei einem großen Teil des bayerischen Volkes“ ebenfalls vorhanden. Die antidemokratische Einstellung der Richter und Staatsanwälte zeige sich „in richterlichen Urteilen und staatsanwaltschaftlichen Urteilen“. Demokratische Juristen brauche man nach Meinung Zdraleks, damit sich alle gegen neonazistische Erscheinungen zur Wehr setzen könnten – er bezog sich explizit auf die Wahlerfolge der Sozialistischen Reichspartei in Bremen und Niedersachsen 1951.[209] Die eher abstrakte Verbindung unliebsamer Urteile mit dem Verdacht, dass diese von Richtern mit NS-Belastung gefällt worden waren, zielt ebenfalls auf die Justiz als Symbol einer funktionierenden Demokratie und Trägerin sowie Verteidigerin ihrer Autorität. Ganz im Sinne einer wehrhaften Demokratie hatte die Justiz in dieser Perspektive für den Schutz der Demokratie – hier der Ehre demokratischer Politiker – zu sorgen.[210]

Landtagsmitglied und Rechtspolitiker Albrecht Haas (FDP) war der Meinung, dass gerade die Erfahrung fehlender richterlicher Unabhängigkeit im Nationalsozialismus für Juristen so schlimm gewesen sein musste, dass sie allein deshalb für die Demokratie einstünden, um ihre Unabhängigkeit gewahrt zu sehen. Das Leid am verratenen Professionsidealbild war also nach Haas demokratischer Movens genug, weil die Unabhängigkeit für Richter so zentral war, dass ihr Fehlen „phy-

---

207 ABayLT, Plenarprotokoll 46. Sitzung, 18.10.1951, MdL Franz Zdralek, S. 495.
208 ABayLT, Plenarprotokoll 147. Sitzung, 02.06.1953, StMdJ Otto Weinkamm, S. 1487.
209 ABayLT, Plenarprotokoll 46. Sitzung, 18.10.1951, MdL Franz Zdralek, S. 494.
210 Zur wehrhaften Demokratie und der damit verbundenen freiheitlichen demokratischen Grundordnung siehe Schulz, Grundordnung.

sisch und psychisch“ Leid verursache.[211] Weinkamm war außerdem der Meinung, dass eben auch die allergrößte Zahl der Juristen während des Nationalsozialismus „im Rahmen des irgend Möglichen und oft sogar unter Einsatz ihrer Persönlichkeit, ihres Berufes und ihrer Freiheit versucht haben, dem Recht zum Sieg zu verhelfen“.[212] Die konkrete Tätigkeit erschien in der bayerischen Nachkriegsdemokratie kaum problematisch, während Mitgliedschaften nach dem Befreiungsgesetz kategorisiert und bewertet wurden. Als Autoritäten der bayerischen Politik wurden die Rechtspolitiker und Justizminister Hoegner und Müller auch in der Frühphase der Justiz von August Haußleiter (Deutsche Gemeinschaft, DG) als Garanten für eine sorgfältige Auswahl der Nachkriegsjustiz gesehen.[213] Diese Verantwortungslogik fügte sich nicht nur nahtlos ein in die amerikanische Personalpolitik, die Spitzenämter besonders zu überprüfen und mit als unbelastet geltenden Juristen zu besetzen, sondern stellte auch eine durchgängige argumentative Ressource für die Qualität des Justizpersonals in Bayern dar.[214]

Justizpressestelle

Im Jahr 1927 wurde die erste Justizpressestelle überhaupt in Preußen eröffnet. Wenn auch der preußische Justizminister hoffte, mit dem Instrument zwischen der Justiz und der Presse zu vermitteln und eine Justizkrise lösen zu können, wurde das Unterfangen doch skeptisch beäugt.[215] Im selben Jahr wurde auch die Einrichtung einer Justizpressestelle in Bayern gefordert, um sich mit diesem Instrument gegen die „Attacken“ aus der Presse zu wehren. Bereits 1928 wurde sie dann in München eröffnet, weitere Stellen an den übrigen Oberlandesgerichten folgten. Die Aufgaben wurden darin gesehen, überhaupt eine Verbindung zwischen Justiz und Presse herzustellen, bei öffentlichem Interesse und Anfragen zu berichten, richtigzustellen und Attacken abzuwehren. Dietmar Gruchmann sieht darin vor allem das Kontrollbedürfnis der Justiz und den Wunsch nach Einflussnahme auf die Presse.[216] Den Grund der Kritik sah er in der Judikatur, die systematisch Milde gegenüber Straftaten von rechts walten ließ, linke Straftäter aber mit äußerster Härte verfolgte.[217] Auch während der NS-Diktatur gab es Justizpressestellen, die

---

211 ABayLT, Plenarprotokoll 46. Sitzung, 18.10.1951, MdL Albrecht Haas, S. 510.
212 ABayLT, Plenarprotokoll 147. Sitzung, 02.06.1953, StMdJ Otto Weinkamm, S. 1497.
213 ABayLT, Plenarprotokoll 46. Sitzung, 18.10.1951, MdL August Haußleiter, S. 513.
214 Zur amerikanischen Personalpolitik siehe Kap. 4.1.
215 Gruchmann, Öffentlichkeitsarbeit, S. 27 f.
216 Ebenda, S. 30–33.
217 Ebenda, S. 37 f.

aber spätestens seit Oktober 1933 vom Reichsministerium für Volksaufklärung und Propaganda kontrolliert wurden.[218] In der direkten Nachkriegszeit herrschte noch einige Verwirrung und Uneinigkeit über den Umgang mit Presseanfragen und die Informationspraxis von Seiten der bayerischen Justiz. Am 27. April 1950 wurden schließlich Justizpressestellen in Bayern eingerichtet.[219] Die Bekanntmachung darüber im Justizministerialblatt bringt schon den angedachten korrektiven Charakter der Pressestellen zum Ausdruck:

> „Die Berichterstattung der Presse über Gerichtsverfahren und Angelegenheiten der Justizverwaltung war bisher nicht immer geeignet, die Öffentlichkeit wahrheitsgemäß zu unterrichten, ihr eine sachliche Stellungnahme und Kritik zu ermöglichen und zugleich ihr Verständnis für die besonderen Aufgaben und Schwierigkeiten einer demokratischen Rechtspflege zu widmen und das durch den Nationalsozialismus erschütterte Vertrauen in die Rechtsprechung wieder herzustellen. Der Grund hierfür liegt vielleicht auch darin, daß die notwendige rechtzeitige Unterrichtung der Presse über bedeutsame Gerichtsverfahren und aktuelle Fragen der Rechtspflege nicht selten unterblieben ist. Um diesen Mängeln abzuhelfen, soll eine intensivere Zusammenarbeit der Justizbehörden mit der Presse herbeigeführt werden."

Besonders interessant an dieser Präambel sind die angezeigte Richtung und die Agency: Die Presse erscheint nicht als eigenständige Institution in der Demokratie, vielmehr ist es die Justiz, welche die Presse mit den notwendigen Informationen versorgt, damit diese „wahrheitsgemäß" berichten kann. Gleichwohl erinnerte das Justizministerium an die geltenden Standards, wonach gemäß Paragraf 4 des Pressegesetzes ein Recht auf Auskunft von staatlichen Behörden an die Presse bestehe. Die Justizpressestellen sollten die Beziehungen zwischen Presse und Justiz pflegen. Sie sollten an den Gerichten eingerichtet werden, aber bei wichtigen Veröffentlichungen an das Justizministerium berichten.[220]

Die Leiter der Pressestelle und die dort tätigen Beamten sollten besonderes Geschick für den Umgang mit der Presse an den Tag legen, um das angestrebte Vertrauensverhältnis zwischen beiden Institutionen herzustellen.[221] Wie Gruchmann schreibt, fehlte

> „jedoch ein Hinweis darauf, woher diese Beamten kommen sollten. Offensichtlich wurde davon ausgegangen, daß nach allen zufälligen Regeln der Wahrscheinlichkeit ab und zu ein Absolvent des zweiten juristischen Staatsexamens mit den erforderlichen Talenten ausgestattet sein würde."[222]

218 Ebenda, S. 180 f.
219 Ebenda, S. 131–140.
220 JMBl. Nr. 5, 1950, Bekanntmachung über das Justizpressewesen v. 27.04.1950, S. 72–74.
221 Ebenda, S. 73.
222 Gruchmann, Öffentlichkeitsarbeit, S. 145.

Darüber hinaus sollten die Beamten soweit erforderlich freigestellt werden und somit den Gerichtsberichterstattern „laufend" zur Verfügung stehen. Trotz weiterer Neuerungen, wie der Bereitschaft, Anklageschriften bereits vor Beginn der Hauptverhandlung auszugeben, hält Gruchmann fest, dass ein Großteil der Arbeit der Pressestellen, wie auch in den vorherigen politischen Systemen, auf den Umgang mit Justizkritik und als falsch wahrgenommener Berichterstattung festgelegt sei. Einerseits forderte die Justiz also „bedingungsloses Vertrauen der Öffentlichkeit" ein, sei aber andererseits nicht bereit gewesen, der Presse vertrauensvoll entgegenzutreten.[223]

Im Justizministerium war 1950 noch der ins Amt des Staatsekretärs gewechselte Konrad selbst zuständig.[224] Die Akten der Justizpressestelle beim Oberlandesgericht München und beim Staatsministerium der Justiz geben einen Überblick über die Öffentlichkeitsarbeit der bayerischen Justizverwaltung.[225] Während die Einzelbände Auseinandersetzungen zwischen einzelnen Tageszeitungen und der Justiz belegen,[226] soll es im Folgenden vor allem um eine Veränderung in Ton und Duktus zwischen dem ersten Leiter der Pressestelle beim Oberlandesgericht München, Andreas Rittel, und seinem Nachfolger ab 1956, Landgerichtsdirektor Josef Mattmer gehen. Während Rittel noch durch sehr energische verteidigende Worte auffiel und über die Pietätlosigkeit der Presse zu Beginn der 1950er Jahre klagte,[227] lesen sich Mattmers „Presseinformationen" deutlich zurückhaltender.[228]

Rittel zeigte durchaus Verständnis für das komplizierte Verhältnis zwischen Presse und Justiz und kritisierte auch das mangelnde Interesse auf Seiten der Justiz, die Arbeit der Pressestelle wirklich auszufüllen und zu unterstützen.[229] In Krisen zeigte er aber kein großes Geschick im Umgang mit der Presse. Vielmehr befeuerten seine Verlautbarungen die Einschätzung einer Justizkrise in der Öffentlichkeit. Seine besonders nachdrücklichen Richtigstellungen und Hinweise auf die Beschädigungen des Rechtsstaats durch Angriffe auf die Justiz richteten sich im

223 Ebenda, S. 145–148. Zur Pressearbeit in den Oberlandesgerichtsbezirken Bamberg und Nürnberg siehe ebenda, S. 148 f.

224 Ebenda, S. 148.

225 Zu beidem siehe die Akten der Pressestelle des Justizministeriums (BayHStA, StMJ 23/2008, Pressestelle).

226 Beispielsweise BayHStA, StMJ 23/2008, Pressestelle, Spielbankenprozess, S 2, Prozess Auerbach/Ohrenstein, S 10 u. Schriftverkehr i. S. Rupert Mayer 1953, S 11.

227 Siehe dazu beispielsweise die Veröffentlichung kurz nach dem Selbstmord von Philipp Auerbach in: BayHStA, StMJ 23/2008, Pressestelle, Prozess Auerbach/Ohrenstein, S 10, Justizpressestelle beim OLG München, 18.09.1952.

228 Siehe dazu beispielsweise BayHStA, StMJ 23/2008, Pressestelle, Spielbankenprozess, S 2, Presseinformation, 12.10.1959.

229 Gruchmann, Öffentlichkeitsarbeit, S. 150 f.

Rahmen des „Auerbach-Prozesses" vor allem gegen Kritik an den zuständigen Richtern am Landgericht München I. So bezeichnete Rittel die permanente Berichterstattung über den „Auerbach-Prozess" und die Vergleiche des Richters Josef Mulzer mit dem NS-Juristen Roland Freisler als Versuche „das Verfahren in das politische Fahrwasser zu zerren". Über die Ablehnung der zuständigen Richter durch den Verteidiger Auerbachs sah er sich wegen des laufenden Verfahrens nicht in der Lage „sachlich hierzu Stellung zu nehmen", um „jeden Anschein einer Beeinflussung der Rechtsprechung zu vermeiden". Gleichzeitig empfand er sich aber dazu berufen, zu erklären, dass die „politischen Intrigen", die versuchten „die Tätigkeit des Gerichts zu hemmen", untauglich wären und nur dem Rechtsstaat schadeten.[230] Dem Landtagsabgeordneten Everhard Bungartz (FDP), dem er vorwarf, Mulzer mit Freisler verglichen zu haben, erklärte er am 7. Mai 1952, er habe damit „der Demokratie einen schlechten Dienst erwiesen".[231] Bungartz hatte geäußert, dass er es für wenig glücklich halte, auch in Bezug auf das Ausland, dass ein ehemaliger Parteigenosse den Vorsitz in einen Prozess gegen einen Juden führe und dabei bemerkt: „Dieser ehemalige Nationalsozialist hat offenbar von seinem früheren Parteigenossen Freisler einiges gelernt, wie man solche Prozesse führt."[232]

Auch im weiteren Verlauf der Arbeit der Justizpressestellen schien sich zu bestätigen, dass der wohlwollende Umgang mit der Presse – insbesondere auch in der internen Abstimmung mit der Pressestelle – erst noch beworben und erlernt werden musste. Mehrfach wurde das Argument des Datenschutzes genutzt, um den Bereich der öffentlichen Preisgabe insbesondere schriftlicher Informationen zu begrenzen, um die Veröffentlichung schriftlicher Urteile von Strafprozessen zu verhindern.[233]

Auch Mattmers Problembeschreibung in Bezug auf das Verhältnis von Justiz, Presse und Justizkritik ähnelte der seines Vorgängers Rittel. In der Praxis wählte er aber zurückhaltendere Worte und griff niemanden in seinen Presseinformationen direkt an. 1955 hatte Mattmer einen Aufsatz verfasst, den der Oberlandesgerichtspräsident Alfred Resch dem Justizministerium zur Kenntnisnahme übersandte. Den Artikel „Justiz und Pressekritik" hatte Mattmer auch zur Veröffentli-

230 BayHStA, StMJ 23/2008, Pressestelle, Prozess Auerbach/Ohrenstein, S 10, Mitteilung, 03.04.1952.

231 BayHStA, StMJ 23/2008, Pressestelle, Prozess Auerbach/Ohrenstein, S 10, Justizpressestelle beim OLG München, 07.05.1952

232 ABayLT, Plenarprotokoll 84. Sitzung, 07.05.1952, MdL Everhard Bungartz, S. 2009.

233 Gruchmann, Öffentlichkeitsarbeit, S. 154–175. Siehe dort auch zur weiteren Entwicklung der justizinternen Organisation des Justizpressewesens.

chung in der Zeitschrift *Praktischer Journalismus* vorgesehen.[234] Er erklärte in seinem Aufsatz, dass „[d]ie besonders sorgfältige Beobachtung aller Einrichtungen, die Grundlagen unserer staatlichen Ordnung sind“, durch die Presse zweifelsohne nötig und sinnvoll sei. Es ging Mattmer um das richtige Maß der Kritik: „Bestimmend [...] ist vielmehr das Maß, mit dem die Presse sich der Verantwortung bewußt ist, die sich daraus ergibt, daß die Autorität unserer Rechtsprechung eine der fundamentalen Grundlagen unserer Demokratie und damit unserer Freiheit ist.“ Die „tragbaren Grenzen“ der Kritik sah Mattmer etwa in der Weimarer Demokratie überschritten, die sich „durch übertriebene Kritik an ihren Institutionen selbst ihr Grab geschaufelt habe“. Die harsche und fortwährende Kritik habe, so der Leiter der Pressestelle, den Institutionen ihre Widerstandsfähigkeit gegen den Nationalsozialismus genommen. Die Weimarer Republik „hatte mit dem Übermaß an Kritik ihre Autorität und damit eines ihrer stärksten Fundamente bereits selbst zerstört.“ Mattmer machte also die öffentliche Kritik an den Institutionen der Weimarer Republik – mithin der Justiz – für das Ende der Demokratie und den Beginn der NS-Diktatur mitverantwortlich. Vor diesem Hintergrund forderte er „objektive und sachkundige Kritik“ ein. Die „Frage der politischen Verantwortung“ charakterisierte Mattmer so: Während die Verantwortung der Justiz im Bereich der Herstellung von Gerechtigkeit lag, sollte die Presse Wesen, Aufgabe und Bedeutung der Justiz und die „Notwendigkeit ihrer berechtigten Autorität“ berücksichtigen.[235] Mattmers zentrales Argument findet sich auch in anderen zeitgenössischen Einwendungen gegen Justizkritik: Übermäßige Kritik – das zu beurteilen war Sache der Justiz – gefährde die Demokratie, weil sie das Ansehen der Dritten Gewalt unterminiere.

Unter dem neuen Justizminister Willi Ankermüller (CSU), der nur von 1957 bis 1958 in dieser Position tätig war, änderte sich das Verhältnis zur medialen Öffentlichkeit in den Haushaltsdebatten. Zwar sah er, ähnlich wie Mattmer, in der Justiz die wichtigste Säule der Demokratie: „Ohne Unabhängigkeit der Justiz gibt es keinen Rechtsstaat und damit auch keine freiheitliche Demokratie.“ Er beendete seine Erwiderung auf die Debattenbeiträge der Abgeordneten mit den Worten: „Diese freiheitliche, rechtsstaatliche Demokratie zu stützen und zu erhalten, ist wohl unser aller vornehmste und bedeutsamste Aufgabe, weil ohne sie unser Leben nicht mehr lebenswert wäre.“[236] Damit hob er die Bedeutung des Justizministeriums hervor und zog ganz deutlich Grenzen der Einmischung – auch durch das Parlament. Er selbst wollte seine Meinung über Urteile gar nicht erst öffentlich äußern,

234 BayHStA, StMJ 23/2008, Pressestelle, Justizpressewesen, S 15, PräsOLG an StMJ, 27.08.1955.

235 BayHStA, StMJ 23/2008, Pressestelle, Justizpressewesen, S 15, Justiz und Pressekritik, undatiert.

236 ABayLT, Plenarprotokoll 135. Sitzung, 11.06.1958, StMdJ Willi Ankermüller, S. 4647.

um nicht in den Verdacht zu geraten, die Gerichte zu beeinflussen. Gerade auch in Bezug auf Freisprüche von NS-Größen mahnte er an, dass umgekehrt ja auch keine Rechtsprechung gefordert werden könne, die auf politische Motive Rücksicht nehme: „Wir müssen an der Unabhängigkeit der Rechtspflege als Grundlage des Rechtstaates auch da festhalten, wo die strikte Anwendung des Gesetzes eine politische Belastung bildet und unsere Gefühle verletzt."[237] Auch Mitte der 1960er Jahre erklärte Justizminister Hans Ehard (CSU), mit gutem Beispiel der Zurückhaltung voranzugehen: „[M]ir gefällt manches Urteil von oberen Gerichten auch nicht; aber ich habe kein Recht, es zu tadeln und keine Pflicht, es zu loben."[238] Es gab also vermeintlich nur zwei Seiten: eine kritisierte, politisierte Justiz und eine unabhängige Justiz.

Ankermüller hob aber auch hervor, dass er die Urteilskritik „unter Umständen sogar" schätze. Diese Umstände waren einerseits eine genaue Kenntnis des Sachverhalts und die glaubhafte Absicht der Kritik, Missstände zu beseitigen. Andererseits müsse einbezogen werden, dass Laienrichter an Strafprozessen mitwirkten und die kritikwürdigen Urteile also nicht allein von Justizjuristen zu verantworten seien. Schließlich schloss er damit, dass von jährlich „mehr als 500 000 Verfahren […] nur ein halbes Dutzend oder ein Dutzend Anlaß zu berechtigter Kritik gibt". Der Staatsminister appellierte außerdem, „nicht hinter jeder Entscheidung, die einem nicht gefällt, sofort eine böse Absicht des Richters zu suchen." Eine „[z]ersetzende Kritik" trage dazu bei, „das Ansehen der Rechtspflege und damit unseres demokratischen Staates zu untergraben." Ankermüller schloss seine Haushaltsrede mit einigen grundsätzlichen Äußerungen zur medialen Öffentlichkeit: Er betonte, dass es besonders wichtig sei, dass zwischen dem Justizministerium und den Medien gute Beziehungen herrschten. Schließlich beeinflusse die Berichterstattung „das Vertrauen der Öffentlichkeit in die Unabhängigkeit der Gerichte und in die Gerechtigkeit der Rechtsprechung". Dafür sei die „großzügige Informationsbereitschaft" der Pressestelle des Ministeriums das beste Mittel, auch, um „eine objektive Berichterstattung zu fördern". Dabei erkannte der Minister besonders das Verantwortungsbewusstsein der Berichterstatter und Redaktionen an. Die guten Beziehungen zwischen Justiz und Medien wolle er „ohne jeden Versuch obrigkeitsstaatlicher Bevormundung" weiterhin fördern.[239]

---

237 Ebenda, S. 4617.

238 ABayLT, Plenarprotokoll 60. Sitzung, 02.12.1964, StMdJ Hans Ehard, S. 2198.

239 ABayLT, Plenarprotokoll 135. Sitzung, 11.06.1958, StMdJ Willi Ankermüller, S. 4623. Als zeitgenössischer Kommentar dazu siehe Wagner, Richter, S. 189 f.

„Blutrichter" in der Kritik

Sein Nachfolger Justizminister Albrecht Haas war 1959 noch darum bemüht, „die nazistische Zeit zu überwinden".[240] Damit meinte er nicht nur das Dritte Entnazifizierungsschlussgesetz, die Entschädigungs- und Wiedergutmachungs- sowie die NSG-Verfahren – „das böse Erbe, das uns das sogenannte Dritte Reich hinterlassen hat", so Haas[241] –, sondern auch die Anschuldigungen gegen bayerische Richter und Staatsanwälte in Bezug auf ihre Tätigkeit im Nationalsozialismus. Diese stammten ursprünglich aus DDR-Kampagnen gegen „NS-Blutrichter", denen vorgeworfen wurde, am Volksgerichtshof, an Sonder- und Militärgerichten Todesurteile gefällt zu haben und nun im westdeutschen Teilstaat zum großen Teil wieder in der Rechtspflege tätig zu sein. Zahlreiche Broschüren und Pressekonferenzen gaben hierüber Auskunft. Sie stammten zunächst aus der DDR und wurden vom 1954 gegründeten Ausschuss für Deutsche Einheit (ADE) beim Nationalrat der Nationalen Front, geleitet von Albert Norden, erstellt. Die Informationen für die Propagandaaktionen wurden vom Ministerium für Staatssicherheit (MfS) beschafft, fabriziert und gegebenenfalls auch verdeckt verbreitet.[242] Später folgten westdeutsche und tschechoslowakische Aktionen, die ebenfalls weitgehend mit ostdeutschen Quellen arbeiteten.[243] Für Bayern wurden in der Folge mindestens 128 Personen überprüft, die während der NS-Diktatur an Sonder-, Kriegsgerichten oder dem Volksgerichtshof an Todesurteilen beteiligt gewesen waren.[244] Um sich schließlich einiger weniger Juristen entledigen zu können, deren während der NS-Diktatur gefällte Todesurteile als „exzessiv" und schädlich für das Ansehen der westdeutschen Justiz erachtet wurden, hatten sich Länder und Bund auf eine rechtliche Regelung geeinigt: Im Deutschen Richtergesetz (DRiG), wurde Paragraf 116 eingeführt. Dieser sah vor, dass Richter und Staatsanwälte, die zwischen dem 1. September 1939 und dem 9. Mai 1945 in der Strafrechtspflege gewirkt hatten, auf ihren Antrag hin in den Ruhestand versetzt werden könnten.[245]

Nachdem sich britische Abgeordnete besorgt über die Enthüllungen aus der DDR gezeigt hatten und um Informationen über das Thema baten, war für das Auswärtige Amt im August 1958 die Sache relativ klar: Prinzipiell müssten die Vorwürfe widerlegt werden, wenn sich aber „in dem einen oder anderen Falle die Wahrheit dieser Behauptungen ergeben" würde, so sei das Eingeständnis von grö-

---

240 ABayLT, Plenarprotokoll 10. Sitzung, 05.03.1959, StMdJ Albrecht Haas, S. 269.
241 ABayLT, Plenarprotokoll 49. Sitzung, 15.03.1960, StMdJ Albrecht Haas, S. 1353.
242 Leide, NS-Verbrecher, S. 73–88.
243 Glienke, Ausstellung u. Weinke, Verfolgung.
244 Zu den ministeriumsinternen Prüfungen dieser Vorwürfe siehe Kap. 4.3.
245 BGBl. Nr. 73, 1961, Deutsches Richtergesetz v. 08.09.1961, S. 1682. Siehe dazu auch Kap. 4.3.

ßerem politischem Nutzen als das Beschweigen dieser Tatsachen. Vor allem eine Stärkung des alliierten Vertrauens in den demokratischen Aufbau und die Wachsamkeit der Behörden gegenüber neonazistischen Bestrebungen waren für das Auswärtige Amt wichtig.[246] Dies waren ganz andere Kategorien als diejenigen des westdeutschen Rechtssystems: Hier sah man eher in den fortgesetzten Angriffen auf Juristen eine Schwächung der für die Demokratie notwendigen unabhängigen Dritten Gewalt. Die Haltung der Bayerischen Staatsregierung war daher eindeutig:

> „Die Bayerische Staatsregierung [...] bekannte sich dabei zu der Auffassung, dass es bei der Überprüfung der Richter und Staatsanwälte, die vor der Wiedereinstellung nach Kriegsende durchgeführt wurde, grundsätzlich sein Bewenden hat. Zu einer erneuten Überprüfung wird ein Anlass nur bestehen, wenn bisher nicht bekanntgewordene Beschuldigungen gegen einen einzelnen Richter oder Staatsanwalt vorgebracht werden."[247]

Als die israelische Zeitung *Jedioth Chadashot* Anfang 1959 einen Artikel mit konkreten Vorwürfen gegenüber bayerischen Richtern veröffentlichte, war die Situation in Bezug auf die mediale Repräsentanz des Problems längst außer Kontrolle geraten – es ging nicht mehr nur um ein justizinternes Rekrutierungsproblem, vielmehr stand in der Tat die Reputation der westdeutschen Justiz auf dem Spiel.[248] Nachdem auch die westdeutschen Medien begonnen hatten, sich für die Tätigkeit der Richter und Staatsanwälte im NS zu interessieren, veränderte sich die Einstellung gegenüber der Presse wieder in Richtung der frühen Nachkriegszeit.[249] Eine Justiz, „die den Impulsen der Publizität zu große Zugeständnisse macht, ist gefährdet", sagte Haas im März 1960.[250]

Auch der Bayerische Landtag spielte für das Justizministerium als öffentliche, das heißt extraministerielle und parlamentarische Plattform eine Rolle. Haas war

---

246 BayHStA, MJu 26903, Wiederverwendung von Ri und StA der NS-Zeit in der BRD, Auswärtiges Amt an BMdJ, 01.08.1958.

247 BayHStA, MJu 26903, Wiederverwendung von Ri und StA der NS-Zeit in der BRD, BayMPräs an DRB, 28.11.1958.

248 Siehe dazu auch Weinke, Verfolgung, S. 109–140

249 Zur Berichterstattung über die Vorwürfe siehe beispielsweise die Presseausschnittsammlung in BayHStA, MJu 26909, Angriffe auf Ri und StA wegen ihrer Tätigkeit beim VGH, Sondergerichten oder Kriegsgerichten. Das StMJ sammelte Presseausschnitte hier und in den Akten der Pressestelle, die Sammlung in MJu 26909 ist umfangreicher. Sie stammt aus den Jahren 1958–1966. Das StMJ sammelte allgemein gegenstandsbezogen betitelt „Pressemitteilungen über Einzelfälle von Verfahren gegen Richter und STAe", diese Sammlung ist unterteilt in „Bund" (1958–1965) und nach Bundesländern getrennte Extra-Sammlungen (Bayern: 1958–1963) sowie eine Sammlung mit dem Namen „sonstige Presseberichte" (1958–1966), es gibt außerdem noch die spezielle Pressesammlung zum Fall Herterich (MJu 26907). Die Presseerzeugnisse wurden in der Regel nicht kommentiert, lediglich mit den bibliografischen Daten versehen.

250 ABayLT, Plenarprotokoll 50. Sitzung, 16.03.1960, StMdJ Albrecht Haas, S. 1424.

in Bezug auf die NS-Vergangenheit bayerischer Richter und Staatsanwälte klar, dass vom Umgang damit das Vertrauen der Öffentlichkeit in die Justiz selbst abhing. Er wandte sich aber vehement gegen eine Verallgemeinerung – denn diese träfe das von den Absendern der Broschüren anvisierte Ziel: das Vertrauen in die westdeutsche Justiz zu unterminieren. Für Haas hing diese Sorge auch mit den Angriffen auf die Justiz wegen des Spielbankenprozesses zusammen,[251] der auf eine Auseinandersetzung um Spielbankenkonzessionen und Bestechungsgelder in den 1950ern zurückging. In diesem Kontext wurde zwei Politikern der Bayernpartei der Prozess gemacht. Nach dessen Ende wurde Kritik an den Richtern für ihre besonders harten Urteile laut.[252] Der Vorwurf, auch von Parlamentariern, lautete, dass die Justiz, anstatt unabhängig gewesen zu sein, sich „zum Vorspann des politischen Kampfes" hätte missbrauchen lassen.[253] In diesem Fall war damit der politische Kampf der CSU gegen ihre Rivalin, die Bayernpartei, gemeint, die nach der Verurteilung ihrer prominenten Mitglieder August Geislhöringer und Joseph Baumgartner an Popularität verloren hatte. Der Bundesgerichtshof hob die Urteile später auf.[254]

Der Justizminister argumentierte jedenfalls in Richtung von bedauerlichen Einzelfällen belasteter Richter oder problematischer Urteile – und auf dieser Linie blieb er auch: Ein Jahr später erklärte Haas, die Justiz sei „eine neutrale Macht im Kraftfeld der politischen Strömungen und Richtungen". Er stellte Überlegungen zu den „Grenzen einer Berichterstattung über Gerichtsverfahren" auf. Er warnte davor, „Einzelfälle zu verallgemeinern oder aus dem gelegentlichen Fehlverhalten einzelner Schlüsse auf die Justiz im gesamten abzuleiten". Selbst der Deutsche Presserat habe schon auf die einseitige und tendenziöse Berichterstattung über Gerichtsurteile hingewiesen[255] – damit also sogar die Presse selbst.

Im Dezember 1959 und im Februar 1960 fanden im Ausschuss für Verfassungsfragen und Rechtsfragen zwei Sitzungen statt, die sich mit der Kritik an den bayerischen Richtern beschäftigte. Obwohl bei beiden Sitzungen großes öffentliches Interesse bestand, zogen die Ausschussmitglieder es jedes Mal vor, unter sich zu bleiben. Im Dezember 1959 sollte das Fernsehen die Sitzung aufzeichnen, was von mehr als der Hälfte der Ausschussmitglieder abgelehnt wurde.[256] Drei Monate später wurde sogar die Presse ausgeladen und die Sitzung „nichtöffentlich" abgehalten. Pressevertreter hatten noch versucht, der Sitzung beiwohnen zu können,

251 ABayLT, Plenarprotokoll 49. Sitzung, 15.03.1960, StMdJ Albrecht Haas, S. 1351.
252 Reinicke, Landtag, S. 449–454.
253 ABayLT, Plenarprotokoll 49. Sitzung, 15.03.1960, StMdJ Albrecht Haas, S. 1351.
254 Reinicke, Landtag, S. 454.
255 ABayLT, Plenarprotokoll 103. Sitzung, 28.11.1961, StMdJ Albrecht Haas, S. 3100.
256 ABayLT, Ausschuss für Verfassungsfragen und Rechtsfragen, 40. Sitzung, 01.12.1959.

„wenn sie sich verpflichtete[n], nichts darüber zu berichten". Doch selbst das ließ der Vorsitzende nicht zu, weil es „für den einzelnen außerordentlich schwierig [sei], Stillschweigen zu bewahren". Das Justizministerium wollte nach der Sitzung eine Pressemitteilung herausgeben.[257]

Die Sitzungen selbst waren auf Antrag der SPD-Oppositionspolitiker Erwin Essl, Hans Demeter und Martin Hirsch zustande gekommen, die eine „Säuberung der Justiz" gefordert hatten. Diese Formulierung wurde im Verlauf der Sitzungen scharf kritisiert – sie erwecke den Eindruck, „als sei die bayerische Justiz noch nicht gesäubert worden. Das gehe ihm [Berichterstatter Zdralek] wegen des Eindrucks in der Öffentlichkeit zu weit". Auch Justizminister Haas kritisierte die Begrifflichkeit, weil sie impliziere, dass die Juristen in besonderem Maße Schuld am Nationalsozialismus trügen und nicht entnazifiziert worden seien.[258] Der Abgeordnete Schier verbildlichte seine Opposition gegen den Begriff der Säuberung: er „setze voraus, daß irgendwo Schmutz liege" – das sah er im Bereich der Justiz nicht. Vielmehr meinte er, dass juristische Vorgänge eben sichtbarer seien als andere.[259] Das Ansehen der Justiz war auch in dem Plädoyer des Abgeordneten Max Jüngling (CSU) das Hauptthema: In der Nachkriegszeit habe man alles versucht, „um die Justiz nicht mit Menschen zu belasten, die es nicht verdienten, weiterhin in der Justiz tätig zu sein". Jüngling machte hier das Verhältnis von Institution und Personal sehr deutlich. Er argumentierte, dass die Justiz als Institution per se schon ein Ansehen, eine Würde, einen Wert habe, der dann durch die Auswahl geeigneten Personals getragen werde. Zwar machte er ein Wechselverhältnis deutlich, setzte aber die Institution und nicht den Menschen voraus. Der Begriff der Säuberung sollte, so der Abgebordnete Rudolf Hanauer (CSU), eben auch streng getrennt werden von jenem der „Rechtsmöglichkeit" gegen Einzelne.[260]

Die Position von Justizminister Haas im Landtagsausschuss war denkbar günstig: Als Justizminister konnte er in diesem Ausschuss – im Gegensatz zur allgemeinen Öffentlichkeit – noch definieren, wie sich der „Sachverhalt" gestalte. Seine Autorität ging mit der Glaubwürdigkeit einher, die notwendig war, um zu beurteilen, wie glaubwürdig das Material aus dem Osten war. Haas wies darauf hin, dass die bayerische Untersuchung „zumeist ein völlig anderes Bild" ergeben habe.[261] Der Minister erwartete daher vom Ausschuss, wie er sagte, dass

257 ABayLT, Ausschuss für Verfassungsfragen und Rechtsfragen, 54. Sitzung, 23.02.1960.
258 ABayLT, Ausschuss für Verfassungsfragen und Rechtsfragen, 40. Sitzung, 01.12.1959.
259 Ebenda.
260 Ebenda.
261 ABayLT, Ausschuss für Verfassungsfragen und Rechtsfragen, 54. Sitzung, 23.02.1960.

> „die Dinge nicht unvorbereitet in die Öffentlichkeit getragen werden, denn dann würden wir uns zum Vollstrecker der staatsfeindlichen Ziele des sowjetzonalen Ausschusses für Deutsche Einheit machen und das Ansehen und die Überzeugungskraft unserer Organe der Rechtsprechung im gesamten [sic] gefährden".[262]

Zentrale Autorität war der ebenfalls anwesende frühere Justizminister und Oppositionspolitiker Hoegner, der über die Frühphase der Justizverwaltung berichtete. Zu seiner Amtszeit als Ministerpräsident und Justizminister, 1945 bis 1947, habe er „äußerste[...] Sorgfalt" walten lassen und die Amerikaner hätten zudem „das letzte Wort" gehabt. Er bezweifle aber, dass das in den Jahren danach auch noch so streng gehandhabt wurde. Hoegner verteidigte dennoch seinen Nachfolger, er „habe mehr getan, als man billigerweise von ihm verlangen konnte". Er spielte damit auf die Auswertung der Sondergerichtsurteile an.[263] Justizminister Haas verwies dann auch auf seine Vorgänger, „deren demokratische Gesinnung nicht angezweifelt werden kann". Ihre politische Integrität war dem Minister Zeichen genug, dass sie auch selbst nur unbedenkliche, demokratische Kräfte einstellen würden.[264] Diese Einschätzung erwartete er auch von seinem Auditorium. Damit ist eine fundamentale juristische und bürokratische Praxis angesprochen: das Bezeugen.[265] In diesem Fall zeigte sie sich in der Aufforderung und eigenen Bekräftigung, den vorgegangenen Justizministern und Haas selbst Vertrauen zu schenken, sie also als Zeugen für eine bestimmte, als demokratisch wahrgenommenen Personalpolitik aufzufassen. Durch den Verweis auf Justizminister unterschiedlicher politischer Couleur, die stets derselben Arbeit nachgegangen seien, nämlich äußerste Sorgfalt bei der Einstellung von Juristen walten zu lassen, unterstrich Haas noch einmal die Idee einer unpolitischen Justizverwaltung. Dieser Hinweis nutzte außerdem der Legitimation des Justizministeriums insbesondere über die Anwesenden in der Ausschusssitzung, Abgeordnete aus unterschiedlichen Parteien.[266]

Der Minister bestand auch darauf, dass die Sondergerichte in der Regel schwerwiegende kriminelle Straftaten aburteilten, während der Volksgerichtshof die einschlägig politischen Fälle abgeurteilt habe.[267] Das stimmte zwar nicht, war aber zur Relativierung und Normalisierung der NS-Justiz nützlich. Die Sondergerichtsurteile ließen in den Augen des Ministers und seiner Ministerialbeamten eher „ausgedehnte Überlegungen" zum Strafmaß erkennen, wenn auch in Kriegs-

---

262 ABayLT, Ausschuss für Verfassungsfragen und Rechtsfragen, 40. Sitzung, 01.12.1959.
263 Ebenda.
264 Ebenda.
265 Siehe dazu Kap. 3.1 u. 4.1.
266 Analog dazu in Bezug auf andere Formen der Zeugenschaft siehe Krämer, Vertrauen, S. 125 u. 138 f.
267 ABayLT, Ausschuss für Verfassungsfragen und Rechtsfragen, 40. Sitzung, 01.12.1959.

zeiten härtere Maßstäbe angelegt worden waren. Haas machte auch deutlich, welche Rechtsvorschriften in seinem Ministerium als „gesetzliches Unrecht" angesehen wurden: diejenigen, die der Vernichtung des politischen Gegners oder den Zielen des Nationalsozialismus dienten, solche, die Rechtsungleichheit qua „Volkszugehörigkeit" provozierten, und schließlich jene, die während des Krieges zur „terroristischen Abschreckung" genutzt wurden. Allerdings seien die Richter eben an diese Gesetze gebunden gewesen – Rechtsbeugung sei etwas anderes als deren Anwendung, vielmehr bedeute das „die Entscheidung des Verfahrens [...] nach der Willkür des Richters". Und hier habe der Bundesgerichtshof eben die sehr enge Auslegung vorgegeben.[268] Außerdem – und das war dem Minister wichtig – gab es auch die Mehrzahl der bayerischen Juristen, die „in schweren inneren Kämpfen und unter tapferem Einsatz ihrer Person versucht haben, die Linie der Objektivität und Menschlichkeit einzuhalten". Die anderen, denen man nicht (dienst-)strafrechtlich beikommen könne, müsse man nun – und hier zitierte er den Generalstaatsanwalt Max Güde, dessen Schrift zum Thema er an die bayerischen Juristen habe verteilen lassen – „‚in Gottes Namen' ertragen".[269] Damit erklärte er, dass auch solche Juristen, die während des Nationalsozialismus an Justizverbrechen beteiligt gewesen waren, noch Teil der bayerischen Justiz waren.

Auch im Rechtsausschuss war es gängige Praxis, die Tätigkeit am Volksgerichtshof von jener an einem Sondergericht zu unterscheiden. Letzteren, an denen wesentlich mehr bayerische Juristen tätig gewesen waren als am Volksgerichtshof (VGH), bescheinigte selbst der Antragssteller Hirsch eigentlich eine fast widerständige Praxis, „da dort manches scharfe Urteil gefällt wurde, um den Verurteilten vor dem KZ zu bewahren".[270]

Zum Material erläuterte Haas, dass er die allermeisten der bayerischen Sondergerichtsurteile bereits habe überprüfen lassen – bis auf die verbrannten Urteile des Sondergerichts Würzburg.[271] Die Mitglieder des Verfassungs- und Rechtsausschusses ermunterten den Minister, Material aus dem Osten anzufordern, was dieser wiederum direkt bestätigen konnte, weil er bereits beim Generalstaatsanwalt der DDR Akten angefordert habe – bisher ohne Antwort.[272]

Auch in der Diskussion im Ausschuss wurde die Idee vorgetragen, die betroffenen Richter nicht mehr im Strafrecht zu beschäftigen. „Ein Richter mit einer solchen inneren Belastung sei doch nicht mehr frei, er müsse immer gewärtigen, daß

268 Siehe dazu Vormbaum, Die „strafrechtliche Aufarbeitung", S. 160–163.

269 ABayLT, Ausschuss für Verfassungsfragen und Rechtsfragen, 40. Sitzung, 01.12.1959. Zur entsprechenden Rede Güdes siehe Kap. 4.3.

270 ABayLT, Ausschuss für Verfassungsfragen und Rechtsfragen, 54. Sitzung, 23.02.1960.

271 ABayLT, Ausschuss für Verfassungsfragen und Rechtsfragen, 40. Sitzung, 01.12.1959.

272 ABayLT, Ausschuss für Verfassungsfragen und Rechtsfragen, 54. Sitzung, 23.02.1960.

sein Verhalten in der Öffentlichkeit bekannt werde und daß ein Angeklagter ihm das einmal ins Gesicht sage." Das Problem dabei sei, wie der Mitberichterstatter Bruno Merk (CSU) erklärte, dass die Präsidien die Geschäftsverteilung der Gerichte regelten.[273] Auch der Minister ging zwei Monate später, in der nächsten Ausschusssitzung, noch einmal darauf ein und sagte, dass die Justizverwaltung, soweit rechtlich zulässig, darauf einwirke, die betroffenen Richter aus dem Staatsrecht herauszuhalten, etwa bei den Untersuchungsrichtern und den Vorsitzenden der Schwurgerichte. Die Präsidien bemühten sich auch darum.[274] Haas verwehrte sich aber gegen Zwangsmaßnahmen, zumindest gegen öffentlich sichtbare. Die Juristen seien mit Rechten ausgestattet und deshalb könnten sie nicht einfach pensioniert werden. Der Minister formulierte aber die Hoffnung, dass betroffene Juristen „unter dem moralischen Druck der gesitteten Kräfte" aus dem Dienst ausscheiden. Gleichzeitig gab er zu, dass einzelne Individuen kein „Fingerspitzengefühl" hätten, dass sie „[i]nstinktlos" und „innerlich auch schon längst wieder darüber hinweg" seien.[275] Damit war aber auch klar, dass nicht äußerer Zwang und politische Handlung, sondern innere Haltung sowie individuelle Buße und Sühne als einzig gangbarer Weg gesehen wurden: Die Verantwortung wurde vom Staat und der Justizverwaltung auf den Einzelnen delegiert – im Namen der Unabhängigkeit.

Die ausführliche Prüfung und Kontrolle der bayerischen Justizbewerber in der Nachkriegszeit wurde auch im März 1960 von Haas noch einmal hervorgehoben.[276] Dieses Argument erschien im Landtag und partiell auch in der Öffentlichkeit deshalb so günstig, weil Justizminister aller politischer Couleur daran beteiligt gewesen waren – nicht zuletzt mit Hoegner und Ehard zwei prominente Vertreter der Nachkriegselite, die das Vertrauen der amerikanischen Besatzungsmacht genossen hatten. Das größte Problem dieses Arguments war allerdings, dass gerade die Prüfung der nun zur Debatte stehenden Todesurteile an Sondergerichten, dem Volksgerichtshof und Kriegsgerichten nicht unternommen und eine Tätigkeit am Sondergericht, wenn überhaupt bekannt, einfach hingenommen worden war. Für den Justizminister Haas war die eigene Informationspflicht gegenüber dem Landtag und das Diskussionspotenzial der Blutrichterkampagne damit beendet, da beides an zwei Tagen im Rechtsausschuss besprochen worden war „und im allgemeinen Einverständnis zu Ende gebracht" worden sei. Die Sache sei außerordentlich schwierig und werde sorgfältig geprüft – und darin stehe Bayern übrigens an erster Stelle unter den Landesjustizverwaltungen.[277]

273 ABayLT, Ausschuss für Verfassungsfragen und Rechtsfragen, 40. Sitzung, 01.12.1959.
274 ABayLT, Ausschuss für Verfassungsfragen und Rechtsfragen, 54. Sitzung, 23.02.1960.
275 Ebenda.
276 ABayLT, Plenarprotokoll 50. Sitzung, 16.03.1960, StMdJ Albrecht Haas, S. 1420.
277 Ebenda, S. 1420 f.

Der Begriff der Säuberung wurde letztlich auch von den Antragstellern zurückgenommen, jedoch nicht ohne auf ein Informationsdefizit hinzuweisen. Der Abgeordnete Hirsch wünschte sich, dass „die Justizverwaltung etwas von ihrer publizistischen Zurückhaltung aufgeben wollte". Dies vor allem im Interesse der „zu Unrecht" beschuldigten Juristen. Denen sprach er nämlich eine Mittlerfunktion für das Vertrauen in die Demokratie zu.[278] Abgesehen davon verlief die Sitzung wenig kontrovers und der Justizminister, der jedes Mal ausführlich Auskunft gab, konnte das Informationsbedürfnis der Ausschussmitglieder befriedigen. Die Antragsgegner brachten vor allem das Argument der Reputation ins Spiel: Der Antrag und auch die Idee eines Unterausschusses, der sich der Untersuchung der Vorwürfe annehmen sollte, würden nur implizieren, dass die Staatsregierung und der Justizminister nicht in der Lage seien, dies zu tun. Der geänderte Antrag, auf den man sich im Februar 1960 einigte, hatte alle Schärfe verloren und war vielmehr voll des Lobes für den Minister:

> „Der Ausschuss nimmt mit Befriedigung von den intensiven Bemühungen der Staatsregierung Kenntnis, die gegen Beamte der bayerischen Justiz erhobenen Vorwürfe im Zusammenhang mit ihrer beruflichen Tätigkeit während des Dritten Reiches zu klären und die notwendigen Konsequenzen daraus zu ziehen. Er beauftragt die Staatsregierung, die Ermittlungen unter Auswertung aller verfügbaren Quellen beschleunigt fortzusetzen und nach Abschluß derselben erneut zu berichten."[279]

Eine Pressekonferenz zum Thema wenige Wochen später, am 17. März 1960, nutzte der Justizminister für sich: Haas rechnete zunächst vor, dass 55 der zu diesem Zeitpunkt 92 beschuldigten bayerischen Juristen niemals an einem Sondergericht tätig gewesen, dass mindestens acht davon nie Partei- oder Gliederungsmitglied gewesen und drei auch noch im Nationalsozialismus verfolgt worden seien. Zudem seien auch Referendare aufgelistet worden, die nicht selbstständig tätig gewesen seien. Von den restlichen 37 Juristen seien 34 in den vorherigen „ostzonalen Broschüren" aufgeführt gewesen. Mit dieser Bilanz wies der Minister freilich auch auf seine eigene Aufarbeitungsleistung hin und fügte hinzu, dass er ohne Ansehen der politischen Richtung, aus der die Anschuldigungen gekommen waren, konkrete Vorwürfe immer sorgfältig überprüft habe. Zudem habe er als erster westdeutscher Justizminister alle Todesurteile an „unseren" Sondergerichten – Haas meint damit wohl die bayerischen – überprüfen lassen. Deshalb fühle er sich „auch legitimiert und als Justizminister verpflichtet, vor der bedenkenlosen Diskussion und Herausstellung aller Anschuldigungen aus dem Osten nachdrücklichst zu war-

278 ABayLT, Ausschuss für Verfassungsfragen und Rechtsfragen, 54. Sitzung, 23.02.1960.
279 Ebenda.

nen".[280] – Das Interessante daran ist, dass Haas also vor dem Hintergrund seiner Säuberungsmaßnahmen und seinem eigenen Saubermannimage, das er damit von sich selbst zeichnete, die Legitimität für sich beanspruchte, nun auch die Justiz wieder verteidigen zu können. Haas forderte Vertrauen ob seines beherzten Durchgreifens für sich und damit für die gesamte Dritte Gewalt. Der Staatsminister weigerte sich jedoch Namen zu nennen und verwies hierzu auf den Datenschutz der Betroffenen.[281]

Wahrscheinlich um Einigkeit zu demonstrieren, einigten sich die Vertreter der westdeutschen Justizverwaltungen im April 1960 auch darauf, dass die jeweils für die Justizministerkonferenz federführende Landesjustizverwaltung alle an Justizverwaltungen gerichteten Schreiben gleichlautend beantworten sollte. Das erste solche Antwortschreiben sollte an das Kuratorium der Ausstellung *Ungesühnte Nazijustiz* gehen.[282] Das Kuratorium hatte nach den bisher eingeleiteten Schritten bezüglich der Erkenntnisse aus der Ausstellung gefragt. Hierzu gehörten auch die von den Ministern befürworteten Schritte zum Umgang mit den „Blutrichtern". Das zweite Schreiben des Kuratoriums versuchte einen Schritt auf die Justizverwaltungen zuzugehen und erklärte seine Bereitschaft, die Ausstellungen an anderen Orten zu stoppen, bis eine Antwort der Justizverwaltungen eintreffe.[283] Der hessische Justizminister antwortete daraufhin stellvertretend für alle Landesjustizverwaltungen, dass sie „mit Rücksicht auf die Beachtung rechtstaatlicher Grundsätze" nicht über Schritte und Maßnahmen sprechen könnten, ehe nicht die Staatsanwaltschaften ihre Ermittlungen abgeschlossen hätten.[284] Die unabhängige Justiz konnte hier also als verständliches Argument genutzt werden, keine Auskunft geben zu müssen.

Das Justizministerium erreichten auch immer wieder Eingaben zum Thema der Juristen mit NS-Vergangenheit. Diese wurden, soweit ersichtlich, durchaus geprüft. Das Antwortrepertoire des Justizministeriums war dabei nicht besonders

---

280 BayHStA, MJu 26910 Teil II, Angriffe gegen Ri und StA wegen ihrer Tätigkeit am VGH, SG oder Kriegsgerichten, Broschüren und Listen, StMdJ Auszug aus den Ausführungen auf der Pressekonferenz, 17.03.1960.

281 Ebenda.

282 BayHStA, MJu 26904, Angriffe auf Ri und StA wegen ihrer Tätigkeit bei VGH, SG und Kriegsgerichten, Erfahrungsaustausch mit den Ländern, Kurzprotokoll JuMiKo Wiesbaden 08.04.1960, undatiert. Zur Ausstellung siehe auch Glienke, Ausstellung.

283 BayHStA, MJu 26904, Angriffe auf Ri und StA wegen ihrer Tätigkeit bei VGH, SG und Kriegsgerichten, Erfahrungsaustausch mit den Ländern, Kuratorium „Ungesühnte Nazijustiz" an LJV, 19. u. 28.03.1960.

284 BayHStA, MJu 26904, Angriffe auf Ri und StA wegen ihrer Tätigkeit bei VGH, SG und Kriegsgerichten, Erfahrungsaustausch mit den Ländern, Justizminister Hessen an Kuratorium „Ungesühnte Nazijustiz", 10.08.1960.

vielfältig, meist handelte es sich um Standardantworten. Bei Anfragen aus dem Ausland oder von Politikern waren die Beamten im Ministerium aber um besondere Freundlichkeit bemüht.[285] Hielt man die Absender jedoch für „Querulanten" oder Ost-Kollaborateure, wurde ihnen in der Regel nicht geantwortet.[286]

Auch in den Antworten zeigt sich das Bedürfnis der westdeutschen Justizministerien, den Informationsfluss möglichst zu kontrollieren und keine Informationen, die über das ohnehin Bekannte hinausgingen, zu nennen.[287] Namen wurden grundsätzlich keine genannt, wie die folgende Antwort illustriert:

> „Ihre Anfrage, ob [Namen von Juristen] unter den Kreis der durch § 116 des Deutschen Richtergesetzes angesprochenen Richter und Staatsanwälte fallen, betrifft Personalangelegenheiten. Diese sind grundsätzlich vertraulich zu behandeln. Ich bedaure daher, keine Auskunft geben zu können."[288]

Paradoxerweise geschah dies, während die Informationen über die Justizvergangenheit auf eine andere Art und Weise ohnehin schon in die Öffentlichkeit gelangt waren. Stefan Kühl weist darauf hin, dass diese Art der Informationspolitik auch dem Selbstdarstellungsbedürfnis der Organisation, also des Justizministeriums, entspricht:

> „Aber viele der für die Organisation relevanten Informationen über ihr Personal eignen sich nicht für die Außendarstellung. Die erlaubten Einblicke in die ‚öffentliche Personalakte' werden stark kontrolliert. Problematische Abschnitte im Lebenslauf eines Mitglieds werden – wenn möglich – vor der Öffentlichkeit verborgen [...]. In der Außendarstellung werden deswegen statt präziser Angaben zu den Mitgliedern häufig eher blumige Formulierungen verwendet."[289]

Diese vielfach beklagte restriktive Informationspolitik konnte auf eine lange Tradition verwaltungsseitiger Arkanpolitik zurückblicken, die auch mit der verfassungsrechtlichen Garantie von publizistischer und parlamentarischer Öffentlichkeit im Grundgesetz nicht unterbrochen wurde.[290] Cornelia Vismann beschreibt abstrakt, was sich während der „Blutrichter"-Kampagne deutlich zeigte: „Seit die Veröffentlichung von Akten *Öffentlichkeit* herstellen kann [...], sind Akten das Me-

285 Siehe beispielsweise BayHStA, MJu 26905, Eingaben aus der Bevölkerung, StMJ an Association Internationale des Juristes Democrates, 31.05.1960.

286 Siehe beispielsweise BayHStA, MJu 26905, Eingaben aus der Bevölkerung, StMJ an GenStA München, dort Vormerkung MinDir an StMdJ, 07.03.1960 u. StMJ Vermerk, 09.02.1960.

287 Siehe beispielsweise BayHStA, MJu 26905, Eingaben aus der Bevölkerung, Senator für Justiz und Verfassung Bremen an Justizministerium Rheinland-Pfalz, 01.08.1961.

288 BayHStA, MJu 26905, Eingabe aus der Bevölkerung, 17.07.1962.

289 Kühl, Organisationen, S. 148.

290 Wegener, Staat, S. 373 f.

dium, an dem sich Staat und Gesellschaft, Verwaltung und Bürger ausdifferenzieren. Der Staat legt Akten an, die Gesellschaft verlangt sie heraus."[291] Vismann ordnet dies in eine das 20. Jahrhundert dominierende „Leitdifferenz von Öffentlichkeit und Geheimnis" ein, nach der die geheim gehaltenen Akten „als das Gegenteil von Demokratie" galten.[292] Das damit angesprochene Herrschaftswissen von Verwaltungen beruht auf einer langen praktischen Tradition des Sammelns und Dokumentierens von Informationen.[293] Neben der öffentlichen Dimension demokratischer Akteneinsicht gegen Arkanpolitik besteht aber auch noch die individuelle Dimension des Aktenzugangs: der individuelle Datenschutz. Es war nun gerade diese Seite der erst in den 1970ern an Fahrt gewinnenden Diskussion um Aktenzugang als demokratisches Recht, der den westdeutschen Justizministern half:[294] der Schutz der individuellen Personendaten der betroffenen Juristen.

1963 konnte Ehard mit dem Ergebnis aufwarten, dass von den 14 bayerischen Juristen mit problematischer Vergangenheit, „die für die heutige Justiz untragbar sind", alle aus dem Dienst ausgeschieden waren. Allerdings könne er selbst auch nicht dafür garantieren, dass nicht noch mehr bisher unbekanntes Material auftauche. Er war der Meinung, dass auch der Landtag dazu beitragen müsse, dass „aus Anlaß solcher Einzelfälle nicht aufs neue [sic] der ganze Stand der Richter und Staatsanwälte ins Zwielicht gezogen wird [...], in ein Zwielicht, das insbesondere unser Todfeind im Osten [...] zu erzeugen trachtet".[295] Die Abgeordneten hatten aber mehr Diskussionsbedarf zur NS-Vergangenheit bayerischer Juristen. Willi Reiland (SPD) etwa fragte konkret nach der „Würzburger Affäre" um Elmar Herterich. Herterich, der aufgrund einer Niederlage in einem Rechtsstreit vor dem Verwaltungsgericht über Würzburger Juristen recherchierte, förderte deren erhebliche NS-Belastungen zutage, die er in kleinen Publikationen verbreitete. Unterstützt wurde er bei seiner Recherche aus der DDR. Weil die Juristen zahlreiche Verleumdungsklagen gegen ihn anstrengten, die ihn in äußerste Bedrängnis brachten, verließ Herterich Westdeutschland und zog nach Schweden.[296]

Reiland stellte allerdings fest, dass die „Unrechtsurteile" nicht öfter auf fehlenden Mut als auf „verbrecherische[...] Gesinnung" zurückzuführen seien. Ob sich ein Jurist noch als Repräsentant des Rechtsstaats eignete, müsse bei Sondergerichtsbeschäftigten im Einzelfall entschieden werden, nicht aber bei Angehörigen des Volksgerichtshofes. Dort sei die NS-Elite tätig gewesen, solche Juristen „gehö-

291 Vismann, Akten, S. 300; siehe dazu Weber, Wirtschaft, S. 572 f.
292 Vismann, Akten, S. 28.
293 Siehe dazu Kap. 3.
294 Vismann, Akten, S. 300–304.
295 ABayLT, Plenarprotokoll 7. Sitzung, 12.02.1963, StMdJ Hans Ehard, S. 174.
296 Miquel, Ahnden, S. 128–131.

ren in kein öffentliches Amt". Diese Meinung hatte Ehard ebenfalls bereits vertreten.[297] Auch Ehards Vorgänger Haas hatte nachdenkliche Worte zur NS-Vergangenheit der Justiz beizusteuern – dies fiel ihm sicherlich als Landtagsmitglied leichter als zuvor noch als Minister. Zwar sei das Problem mit den Eintritten in den Ruhestand „rein formell in Bayern dadurch gelöst". Allerdings, so gab er zu, sei es nicht immer leicht gewesen, die Einzelnen zum Übertritt in den Ruhestand zu bewegen.[298]

Ehard formulierte in seiner Haushaltsrede im Jahr 1963 einige grundlegende Überlegungen zur Justizkritik: Diese habe die Justiz wegen der Unzulänglichkeit von einzelnen Staatsanwälten und Richtern getroffen, aber auch wegen angeblich mangelhafter Gesetze und wegen der NS-Vergangenheit von Juristen. Eine Ursache für diese Kritik sah er im Wandel vom Obrigkeitsstaat hin zu einem Staat mündiger Bürger. Diese erwarteten eine bestimmte Leistung von ihren Staatsorganen und hätten eine prinzipielle Bindung an den Staat oder die Achtung vor Obrigkeiten verloren. Eine zweite Ursache der Kritik sei damit verbunden: Die Strafrechtspflege greife in besonders einschneidender Weise in das Leben dieser mündigen Bürger ein. Er erklärte, dass sich die Justiz nicht mehr „auf eine längst dahingegangene obrigkeitliche Autorität" berufen könne. Die Kritik aber müsse sich auf dem Boden der Verfassung bewegen und, um die Leistung der Justiz zu verbessern, müsse sie „möglichst sachkundig und unterrichtet und ohne sachfremde Erwägungen von dem Willen getragen sein, das gemeinsame Ziel zu fördern". Sachfremde Kritik aber, die sich aus „persönlichen Ressentiments" und „vorgefaßter Meinung" speise, könne, „wenn sie sich der modernen Publikationsmittel bedient", eine verheerende Wirkung entfalten. Die Folge, etwa „[b]ei den zu Unrecht angegriffenen Richtern und Staatsanwälten" könne Verbitterung sein, die wiederum die „Berufsauffassung und Berufserfüllung" beeinflussen könne. Ebenso vermutete er, dass Juristen bestimmten Ämtern aus dem Wege gehen würden, wenn damit zu viel öffentliche Aufmerksamkeit verbunden sei. Über schwebende Verfahren wollte er so wenig wie möglich berichtet wissen.[299]

In den frühen 1960er Jahren, vergaßen es die Justizminister auch nicht, immer wieder lobend anzuführen, dass ein großer Teil der Presse nur an sachlicher Berichterstattung interessiert sei. Auf dem Deutschen Richtertag in Kassel 1963 war das Verhältnis von Justiz und Öffentlichkeit besprochen worden. Beide Seiten hätten sich bereit erklärt, mehr Verständnis für die andere Seite aufzubringen. Auch die Justizverwaltung, das unterstrich der Staatsminister, erkenne die Informati-

---

297 ABayLT, Plenarprotokoll 8. Sitzung, 13.02.1963, MdL Willi Reiland, S. 221 f.

298 ABayLT, Plenarprotokoll 8. Sitzung, 13.02.1963, MdL Albrecht Haas, S. 230 f.; siehe dazu auch Kap. 4.

299 ABayLT, Plenarprotokoll 7. Sitzung, 12.02.1963, StMdJ Hans Ehard, S. 175.

onsaufgabe der Medien an und wolle „an diesem Ausgleich nach besten Kräften“ mitwirken. Weil gelegentlich die Justiz als undemokratisch verunglimpft wurde, stellte Ehard allerdings noch einmal klar, welche Macht der Justiz im Staat zukam und welches Bild damit verbunden war: 1945 habe man „die rechtsprechende Gewalt geradezu als den Hort der Rechtstaatlichkeit angesehen und sie eben deshalb mit größeren Vollmachten als je zuvor ausgestattet“.[300] Diese Schilderung ist allerdings etwas ungenau, denn diese Einschätzung der Alliierten bezog sich auf die Struktur in einer Demokratie, nicht auf das vorhandene Personal, sonst wären der Nürnberger Juristenprozess 1947 und die Entnazifizierung sowie die Kontrolle der Justizverwaltungen überflüssig gewesen. Ehard jedenfalls wollte dies klarstellen, weil sonst „die breitere Öffentlichkeit beeinflußt werden könnte“.[301] Diese Beeinflussung sah er von seiner Seite hingegen nicht gegeben, weil er als Justizminister freilich objektiv agierte und nur Fakten wiedergab.

Ehard berichtete auch von einer Reihe privater Eingaben ans Ministerium, in welchen die frühere NSDAP-Mitgliedschaft oder Tätigkeit am Sondergericht als Beschwerdegrund gegen Juristen angeführt würden. Die Absender wollte er gern über das informieren,

> „worüber sich alle maßgeblichen Stellen längst einig sind: daß die bloße formelle Mitgliedschaft bei der Nazi-Partei oder allein der Umstand, daß ein Richter oder Staatsanwalt an einem Sondergericht oder Kriegsgericht – meist ohne sein Zutun und oft gegen seinen Willen – tätig war, weder rechtlich noch personalpolitisch ein zureichender Grund ist, den betroffenen Richter oder Staatsanwalt für die Rechtsprechung als untragbar zu bezeichnen“.

Die Justizbehörden würden andererseits selbstverständlich allen „konkreten Beschuldigungen“ in Bezug auf exzessive Todesurteile sowie Vergehen gegen die Rechtsstaatlichkeit oder Menschlichkeit nachgehen.[302] An die Abgeordneten wandte sich Ehard in seiner Etatrede für 1966 mit der Bitte, bei Irritationen einfach im Justizministerium anzurufen, nachzufragen und den Referenten die Möglichkeit zu geben, Fragen zu klären, damit kein „furchtbarer Wirbel“ entstehe.[303]

„Gute Informationspolitik“

Anstatt lediglich auf Nachfragen zu reagieren, entwickelte sich ab Beginn der 1960er Jahre die Idee, dass die Justizminister sich selbst noch ausführlicher um die

300 ABayLT, Plenarprotokoll 29. Sitzung, 26.11.1963, StMdJ Hans Ehard, S. 1004 f.
301 Ebenda, S. 1005.
302 Ebenda.
303 ABayLT, Plenarprotokoll 87. Sitzung, 14.12.1965, StMdJ Hans Ehard, S. 3247.

Erklärung der Grundlagen des Rechtsstaats bemühen sollten.[304] Justizminister Haas betrachtete es „als eine wichtige Erziehungsaufgabe im modernen Verfassungsstaat, die heranwachsende Generation für den Gedanken des Rechtsstaats zu gewinnen". Dazu schlug er Rechtsunterricht an Schulen vor.[305] Außerdem fand Haas, dass die Weisungsgebundenheit der Staatsanwaltschaft überbewertet wurde und nutzte deshalb die Haushaltsrede im Jahr 1960, um den Abgeordneten diese Institution zu erklären. Das breite Unverständnis sei „nicht zuletzt eine Folge der Erinnerungen an die Vergangenheit, in der eine totale Staatsführung bestrebt war, auf diesem Wege die Strafjustiz zu lenken und für ihre Zwecke zu mißbrauchen". Haas erläuterte das Legalitätsprinzip, dem die Staatsanwaltschaft unterworfen sei und das sie zur Ermittlung bei einem Anfangsverdacht, dass eine Straftat geschehen sei, verpflichte. Diese Vorgaben zu Strafverfolgung könne auch nicht von der Justizverwaltung beeinflusst werden. Dazu gebe es entsprechende beamtenrechtliche Vorgaben. Das dadurch bereits eng begrenzte Weisungsrecht werde regelmäßig behördenintern von den (Ober- beziehungsweise General-)Staatsanwälten selbst genutzt, kaum aber von der Justizverwaltung. Letztere trete in der Regel nur an den Generalstaatsanwalt mit dem Vorschlag heran, von seinem Weisungsrecht Gebrauch zu machen.[306] Auch 1963 wies Ehard noch einmal darauf hin, dass es nicht im Ermessen des einzelnen Staatsanwalts liege, ob er ein Verfahren eröffnen möchte oder nicht.[307]

Auch Ehards Nachfolger Philipp Held wollte das Vertrauen von Landtag und Bevölkerung in die Justizbehörden vergrößern und daher die Öffentlichkeitsarbeit der Justiz verstärken: Es ging ihm darum, dass „Verständnis für Nutzen und Notwendigkeit einer geordneten Rechtspflege" zu wecken. „Damit ist aber, was ich ausdrücklich betonen möchte, eine Kritik an der Justiz nicht ausgeschlossen."[308] Held wollte in seiner Etatrede für 1969 und 1970 Grundsätzliches „zum Standort der oft recht heftig kritisierten Justiz" in den Zeiten des Umbruchs sagen. Gerade in Zeiten, in denen Menschen nicht mehr zwangsläufig dieselben religiösen oder weltanschaulichen Werte teilten, würden diejenigen Werte, die sie sich selbst gegeben haben, umso wichtiger: das Recht. Er führte aus: „In der Stärke des Rechtsbewußtseins [...] wird nicht zum wenigsten Sein oder Nichtsein unserer Gemeinschaft liegen." Die Rechtsordnung und die Justiz dürften deshalb „nicht unter Druck gesetzt, manipuliert und auszuschalten versucht werden."

304 Als zeitgenössischer Kommentar dazu siehe Wagner, Richter, S. 195–197.
305 ABayLT, Plenarprotokoll 9. Sitzung, 04.03.1959, StMdJ Albrecht Haas, S. 204.
306 ABayLT, Plenarprotokoll 49. Sitzung, 15.03.1960, StMdJ Albrecht Haas, S. 1354.
307 ABayLT, Plenarprotokoll 29. Sitzung, 26.11.1963, StMdJ Hans Ehard, S. 1004.
308 ABayLT, Plenarprotokoll 11. Sitzung, 12.04.1967, StMdJ Philipp Held, S. 289.

Justizminister Held verwendete für seine neue Art mit der Öffentlichkeit umzugehen den Begriff der „gute[n] Informationspolitik“, die er auch dann umsetzten wolle, wenn die Justiz kritisiert werde.[309] Zur guten Informationspolitik gehörten Pressekonferenzen und Informationsveranstaltungen, die Staatssekretär Bauer mit dem Hinweis „[d]ie bayerische Justiz hat nichts zu verbergen“ hervorhob.[310] Zum Ende von Helds Amtszeit, 1974, gab das bayerische Justizministerium, ganz im Sinne des Ministers, die Broschüre *Bayerische Rechts- und Justizpolitik 1966–1974* heraus. Darin wurden auf 76 Seiten zentrale Errungenschaften der achtjährigen Tätigkeit von Held und Bauer vorgestellt. Zahlreiche Bilder gaben Einblicke in Sitzungssäle, Vollzugsanstalten und zeigten Juristen bei der Arbeit. Das letzte Kapitel listete mit dem Rechtskundeunterricht an Schulen und einer Erläuterung zu den Justizpressestellen noch einmal die Erfolge in Bezug auf die gute Informationspolitik. Das Schlusswort fasste treffend zusammen, wozu die Broschüre da war: „Wenn diese Informationsschrift ein wenig mithelfen kann, das Interesse und das Verständnis für die Arbeit und die Probleme der Justiz in Bayern zu fördern, dann hat sie ihren Zweck erfüllt.“[311]

Fazit

Das Verhältnis der Justiz zu Presse und Öffentlichkeit hat sich im Untersuchungszeitraum gewandelt.[312] Während zu Beginn der Nachkriegszeit noch dieselben antagonistischen und arkanpolitischen Vorstellungen wie auch größtenteils in der Weimarer Republik vorherrschten, änderte sich dies in der 1950er Jahren. Zunächst noch mit dem gleichen Bild, dass die Justiz gegenüber der Presse erhöhte und Fehlverhalten stets auf der Seite Letzterer suchte, änderte sich der Ton justizieller Äußerungen hin zu mehr Nüchternheit. Begleitet war dies von der Entwicklung der Medienöffentlichkeit in der jungen Nachkriegsdemokratie, wie sie Christina von Hodenberg schildert:

> „Auf die Lizenzphase und die kurzen Fünfziger folgte mithin eine Demokratisierung der Öffentlichkeit, die mit der Orientierungskrise der intellektuellen und medialen Eliten begann und in der Durchsetzungsphase, unterstützt von der außerparlamentarischen Opposition, an Schnelligkeit gewann. Der Bruch Ende der fünfziger Jahre erweist sich als wichtigere Zäsur als die Jahre 1967/68.“[313]

309 ABayLT, Plenarprotokoll 12. Sitzung, 13.04.1967, StMdJ Philipp Held, S. 443.
310 ABayLT, Plenarprotokoll 28. Sitzung, 23.01.1968, StS Josef Bauer, S. 1211.
311 Bayerisches Staatsministerium der Justiz, Rechts- und Justizpolitik, S. 73.
312 Zu diesem Ergebnis kommt auch Requate für die westdeutsche Justiz allgemein, siehe ders., Kampf, S. 401.
313 Hodenberg, Konsens, S. 446.

Die Orientierungskrise sieht Hodenberg in den Jahren 1958–1964, die sich an einer „veränderte[n] Öffentlichkeitspraxis" ablesen ließe. Journalisten seien kritischer aufgetreten und hätten Skandalisierungspotenzial genutzt.[314] In diese Zeit fiel die „Blutrichter"-Affäre der deutschen Justiz. Die Intensität dieser auch durch die westdeutsche Medienöffentlichkeit getragenen Kritik und Skandalisierung der NS-Vergangenheit bayerischer Richter war neu.

Die Selbstdarstellung der bayerischen Justizverwaltung bekam Risse und es zeigt sich eine Legitimationskrise. Die Justiz reagierte mit einem Bekenntnis zu Werten und veränderter Kommunikation.[315] Es ging darum, das Ansehen der Justiz als legitime Dritte Gewalt zu bewahren, das brüchig geworden war, weil gängige Erklärungen nicht den gewünschten Beruhigungseffekt erzielten.[316] Die bayerische Justiz übte, im Verbund mit den übrigen Justizverwaltungen Westdeutschlands, vergleichsweise schnell eine entsprechende Öffentlichkeitsstrategie ein: Man nehme die Anschuldigungen ernst, man prüfe – und könne aus Datenschutzgründen keine Namen oder Zahlen nennen. Damit war die Empörung der frühen 1950er Jahre einer Strategie des Verständnisses gewichen, die weiterhin auf Herrschaftswissen und Arkantradition baute. Um noch mehr Verständnis für die spezifische Rolle der Dritten Gewalt zu schaffen und damit die Legitimität der Justiz zu stärken, nahmen sich die bayerischen Juristen vor, der Öffentlichkeit fortan die Justiz besser zu erklären.

Die Justizminister stellten sich in der Krise schützend vor ihre Juristengruppe, baten um Vertrauen und Zurückhaltung – auch um der Demokratie und der Unabhängigkeit der Justiz willen. Die Justizbilder der Unabhängigkeit – oder Autonomie – und der unpolitischen Haltung haben eine lange Tradition und überschneiden sich.[317] Sie beziehen sich sowohl auf die Richter als auch auf die Profession als Dritte Gewalt und sind im Grundgesetz in der richterlichen Unabhängigkeit und der Gewaltenteilung normiert. Historisch als Abgrenzung zur monarchischen Exekutive verstanden und eng mit dem Rechtsstaat verbunden, hat die Unabhängigkeit als Topos, „alle Wandlungen der Justizgeschichte in erstaunlicher Flexibilität mitgemacht". Explizit bezieht sich Dieter Simon dabei darauf, dass sich der Begriff mit dem Ende der Monarchie und der Einführung der Gewaltenteilung verselbstständigt habe: Obwohl das Ziel der Unabhängigkeit von der Exekutive erreicht

314 Ebenda, S. 444 f.; siehe dazu auch Metzler, Konzeptionen, S. 270 u. Siegfried, Aufarbeitung, S. 109.

315 Allgemein aus organisationssoziologischer Perspektive dazu siehe Kühl, Organisationen, S. 154 f.

316 Al-Baghdadi u. a., Legitimieren, S. 181.

317 Rottleuthner, Bilder, S. 52 u. Berndt, Richterbilder, S. 243

und verfassungsrechtlich verbrieft gewesen sei, würde die Unabhängigkeit weiter als Distinktionsmöglichkeit genutzt.[318] Die damit verwobene Idee der unpolitischen, neutralen Justiz ist auch im etatistischen Denken zu verorten, in dem der Idee nach ein neutraler Staat oder eine neutrale Verwaltung einer parteipolitisch organisierten Gesellschaft gegenübersteht.[319] In der bayerischen Landesjustiz war die Unabhängigkeit der Justiz mit einer Vorstellung von der justizverwaltungsseitigen Informationshoheit gegenüber der Öffentlichkeit verbunden. Die politische Unabhängigkeit der Justiz in der Nachkriegszeit wurde auch im Freispruch ehemaliger Nationalsozialisten erblickt, weil bei solchen Entscheidungen nur juristische Gesichtspunkte zum Tragen kämen. Im Gegensatz dazu hätten Politisierung und Abhängigkeit der Justiz im Nationalsozialismus letztlich auch das Funktionieren der Justiz beeinträchtigt, womit die Unabhängigkeit wiederum als der eigentliche Zustand der Justiz stilisiert wurde, der seinerseits die Demokratie stabilisiere. Die Unabhängigkeit der Justiz war ein weiteres wirkmächtiges Justizbild in der Nachkriegsgeschichte des bayerischen Justizministeriums.

2.3 Reformideen

Gerade in der Debatte um NS-Belastungen von Richtern und Staatsanwälten im bayerischen Landesdienst fiel immer wieder das Wort der „Justizkrise“. Jörg Requate weist mit Adolf Arndt darauf hin, dass der Krisenbegriff in den justizpolitischen Debatten der Nachkriegszeit zeitweise durch dessen positivere Variante der Justizreform ersetzt wurde.[320] Reformideen waren auch im Nachkriegsbayern, vor allem ab Mitte der 1950er Jahre, keine besondere parteipolitische Haltung, sondern ubiquitär. Die Reformbestrebungen bezogen sich auf sehr unterschiedliche Bereiche der Justiz. Schlaglichtartig werden sie am Justizbild der Sparsamkeit, den Neubauten sowie an Ideen für eine Reform der Gerichtsverwaltung, des Richterbildes und der juristischen Ausbildung erläutert. Der zeitliche Schwerpunkt liegt auf den 1950er bis 1970er Jahren.

---

318 Simon, Unabhängigkeit, S. 6–9.

319 Günther, Denken, S. 29, 33 u. 52 f.; Rottleuthner, Bilder, S. 52 f. u. Simon, Unabhängigkeit, S. 104.

320 Requate, Kampf, S. 56–62.

Sparsamkeit und technische Modernisierung

Die besonders sparsame Justizverwaltung war ein Selbst- und Fremdbild, das bis in die 1960er Jahre stabil blieb. Ab Mitte der 1950er wurde die Sparsamkeit der Justizverwaltung mit der Möglichkeit von Reform und Rationalisierung verknüpft. Bereits der Berichterstatter des Haushaltsausschusses Otto Schefbeck (CSU) wies 1948 darauf hin, dass der Justizetat in der Tradition der Sparsamkeit stehend auch nun wieder „von sich aus, ohne Nachhilfe durch den Finanzminister" einen besonders sparsamen Plan erstellt habe.[321] Neben dem Lob dafür wurden im Landtag besonders die Schattenseiten jener Sparsamkeit kritisiert. Franz Zdralek (SPD) sprach 1951 etwa von Zahlungsproblemen bei Materiallieferungen oder Anwaltsgebühren in Armensachen. Diese Zustände würden die Justiz „in den Augen der Bevölkerung zwangsläufig herabsetzen".[322] Auch August Haußleiter (DG), der dank dessen, „daß gelegentlich meine Immunität aufgehoben wird" einige Gerichte von innen gesehen hatte, nannte „[d]ie Ärmlichkeit, in der dort verfahren wird" rührend und erschütternd zugleich.[323]

Erich Simmel vom Block der Heimatvertriebenen und Entrechteten (BHE) war der Meinung, dass die Sparsamkeit der Justizverwaltung eine Verlangsamung der Prozesse verursache.[324] Für den späteren Justizminister und Landtagsabgeordneten Haas (FDP) ergab sich 1952 daraus „eine[...] starke[...] Vertrauenskrise der Justiz". Anstatt vor den ordentlichen Gerichten zu prozessieren, arbeite die Wirtschaft mehr und mehr mit Vergleichen, weil sie eine sehr lange Zivilprozessdauer erwarte.[325] Als Oppositionspolitiker fände er sich im Haushaltsausschuss zur Beratung des Justizetats „manchmal in einer sehr komischen und merkwürdigen Lage", so Haas 1951. Er müsse ab und an die Frage stellen: „Ja, liebe Leute, kommt ihr denn mit diesen Ansätzen aus?"[326] Er hatte jedenfalls Vorschläge zur Hand, wie man diese Sätze erhöhen könnte: Wenn die Justiz die Geldstrafen, die noch auf dem Niveau von vor einigen Jahrzehnten rangierten, an die gestiegenen Nominallöhne anpasse, könne die Justizverwaltung ihre Einnahmeseite erhöhen, so Haas. Geldstrafen anstatt Gefängnisstrafen bei „leichteren Fällen" seien andererseits für den Einzelnen von Vorteil. Haas warb für eine Weisung an die Staatsanwaltschaften.[327] Justizminister Müller wies darauf hin, dass er die Gefängnisstrafe manch-

---

321 ABayLT, Plenarprotokoll 61. Sitzung, 15.03.1948, MdL Otto Schefbeck, S. 1088.
322 ABayLT, Plenarprotokoll 46. Sitzung, 18.10.1951, MdL Franz Zdralek, S. 497.
323 ABayLT, Plenarprotokoll 46. Sitzung, 18.10.1951, MdL August Haußleiter, S. 511.
324 ABayLT, Plenarprotokoll 46. Sitzung, 18.10.1951, MdL Erich Simmel, S. 501.
325 ABayLT, Plenarprotokoll 46. Sitzung, 18.10.1951, MdL Albrecht Haas, S. 506.
326 Ebenda, S. 509.
327 Ebenda, S. 508 f.

mal für sinnvoller halte, weil beispielsweise Verkehrsdelikte „eine[...] gewisse[...] Schärfe" forderten. Bei den Zahlungsproblemen handele es sich um „Einzelfälle". Er verwies auch darauf, dass der Finanzminister zu besonderer Sparsamkeit anhalte und deshalb der Justizetat derart desolat aussehe.[328]

Otto Weinkamm, Staatsminister ab 1952, bezeichnete die Justiz deshalb als „das Stiefkind in der Familie der Staatsverwaltungen". Auch im Vergleich mit anderen westdeutschen Justizverwaltungen stehe Bayern an letzter Stelle, was die Ausgaben angehen – „es wird sogar von den steuerschwachen Ländern wie Niedersachsen und Schleswig-Holstein eindeutig in den Schatten gestellt." Dies könne „doch gerade der bayerischen Öffentlichkeit nicht gleichgültig sein", so der Minister.[329] In Bezug auf „die Überbeanspruchung" des Justizpersonals sah Weinkamm „die äußerste Grenze erreicht". Ohne den übrigen Verwaltungszweigen angepasste Beförderungsmöglichkeiten und als Letzter im bundesdeutschen Vergleich befand Weinkamm seine Verwaltung als eindeutig schlechter gestellt als alle anderen.[330] Dabei war die Rechnung, die er aufstellte, denkbar einfach: Mit einer besseren finanziellen Unterstützung der Justiz könne diese auch die zu Recht hohen Erwartungen an sie erfüllen.[331] Der Selbstviktimisierung der Justizverwaltung durch den Minister traten die Abgeordneten selbstbewusst entgegen und gaben dem Justizminister den Auftrag, sich künftig gegen den Finanzminister durchzusetzen.[332] Weinkamm gab dazu zurück, dass das Problem längst systemisch geworden sei: An der Justizverwaltung sei so lange gespart worden, dass in wenigen Jahren nicht alles aufzuholen sei. Dazu komme, dass einige Justizbeamte so routiniert im Umgang mit der mangelnden Ausstattung geworden seien, dass sie Verbesserungen nicht für nötig hielten – und dies, so der Minister, bei Dingen, die „jeder von ihnen bestimmt als Selbstverständlichkeit verlangen würde".[333] Der Journalist Ernst Müller-Meinigen jr. hatte in der *Süddeutschen Zeitung* im Januar 1953 zu diesen Zuständen einen Kommentar verfasst, den er mit „Justitia am Bettelstab" überschrieb. Als natürlicher Feind des Justizministeriums wurde darin das Finanzministerium (StMF) porträtiert und der Autor appellierte an eine Erhöhung des Justizetats „um des Gemeinwohls willen".[334] 1954 war dann aber schließlich trotz anhaltender Sparsamkeit eine leichte Verbesserung des Justizhaushalts für Haas

328 ABayLT, Plenarprotokoll 46. Sitzung, 18.10.1951, StMdJ Josef Müller, S. 514.
329 ABayLT, Plenarprotokoll 147. Sitzung, 02.06.1953, StMdJ Otto Weinkamm, S. 1477 f.
330 Ebenda, S. 1480.
331 Ebenda, S. 1496.
332 ABayLT, Plenarprotokoll 147. Sitzung, 02.06.1953, MdL Karl Fischer, S. 1500 u. 1504 u. MdL Erich Simmel, S. 1515.
333 ABayLT, Plenarprotokoll 147. Sitzung, 02.06.1953, StMdJ Otto Weinkamm, S. 1530.
334 Müller-Meinigen jr., Ernst, Justitia am Bettelstab, in: Süddeutsche Zeitung Nr. 23, 29.01.1953, S. 3. Zeitgenössisch dazu „Die Justiz als Aschenbrödel" bei Wagner, Richter, S. 163.

festzustellen. Dennoch fehle es weiterhin an Personal und Planstellen.[335] Koch berichtete 1955 davon, dass er sich als Justizminister „in einem natürlichen Kampf mit dem Finanzminister“ befinde und das Resultat dieses Kampfes die Nachtragshaushalte seien – er unterstrich damit das eigene Bemühen. Gleichzeitig warb er aber, wie jeder Minister zuvor, um mehr Unterstützung seitens des Landtags.[336]

Auch in späteren Jahren kam keine Debatte des Justizhaushalts ohne Ausführungen zur besonders vorbildlichen Sparsamkeit der Justiz aus. Justizminister Ehard wies noch 1963 darauf hin, dass selbst wenn der Haushalt für das Jahr den Anschein erwecke, dass das Ministerium weniger sparsam sei, so sei dies nicht der Fall.[337] Dennoch porträtierte er die Arbeit der Nachkriegsjustiz als gehaltvoll. Er erklärte, dass trotz aller Sparsamkeit „seit der Währungsreform in der Justiz mehr geschehen [sei] als etwa in den 60 Jahren vorher“.[338] Dazu zählte auch moderne Technik: Ab Mitte der 1950er wurde der Einsatz von Technik mit dem Ziel, Arbeitsabläufe zu rationalisieren, zu einem wichtigen Thema der öffentlichen Darstellung der Justiz. Nachdem der Vorschlag nach mehr technischer Unterstützung in der Justizverwaltung aus dem Parlament gekommen war, entgegnete Staatsminister Weinkamm dem: „Mit Herzen und Freude gern, wenn Sie das Geld zur Verfügung stellen.“ Er verwies darauf, dass Tonband- und Kopiergeräte dort genutzt wurden, wo es finanziell bereits möglich sei.[339] In der darauffolgenden dritten Wahlperiode (1954–1958) wurde der Einsatz neuer technischer Geräte unter dem Stichwort der „Staats- und Verwaltungsvereinfachung“ rege diskutiert. Für die Justiz hatte die Presse bereits erklärt, dass die Arbeitsmethoden „geradezu vorsintflutlich seien und daß dort die Berichte noch fein säuberlich in gotischer Schrift mit der Hand gemalt würden, weil die Schreibmaschine offenbar noch nicht bis dorthin gedrungen sei“. Staatsminister Koch bemerkte zwar, dass dies nicht stimmte, aber er fühlte sich offenbar dennoch angespornt, mehr Technik in die Justizbüros zu bringen. Dazu zählten nicht nur Schreibmaschinen, sondern auch Tonband- und Kopiergeräte.[340]

Der Umgang mit den Tonband- oder Diktiergeräten war allerdings nicht so einfach wie erwartet. Drei Jahre später konstatierte Koch, dass die Tonbandgeräte teilweise nicht angenommen würden, weil ältere Juristen, die immer selbst per Hand geschrieben hätten, solche Methoden für „oberflächlich“ hielten. Auch der

---

335 ABayLT, Plenarprotokoll 200. Sitzung, 09.06.1954, MdL Albrecht Haas, S. 1426.
336 ABayLT, Plenarprotokoll 23. Sitzung, 16.06.1955, StMdJ Fritz Koch, S. 627.
337 ABayLT, Plenarprotokoll 29. Sitzung, 26.11.1963, StMdJ Hans Ehard, S. 996 f.
338 ABayLT, Plenarprotokoll 30. Sitzung, 27.11.1963, StMdJ Hans Ehard, S. 1058.
339 ABayLT, Plenarprotokoll 200. Sitzung, 09.06.1954, StMdJ Otto Weinkamm, S. 1460. Zur Verfügbarkeit und Nutzung von Tonbandgeräten an den Gerichten siehe Wagner, Richter, S. 166 f.
340 ABayLT, Plenarprotokoll 22. Sitzung, 15.06.1955, StMdJ Fritz Koch, S. 591 f.

Umgang mit der neuen Technik müsse erst wachsen.[341] Im Justizministerium warb dann Joseph Vogl, Mitarbeiter im Büro des Ministerialdirektors, wenige Jahre später für ein neu angeschafftes Diktiergerät. Er bat darum, „eine zunächst vielleicht vorhandene Abneigung zurückzustellen, sich von den Vorzügen des Diktiergeräts zu überzeugen und in den geeigneten Fällen davon reichlich Gebrauch zu machen". Dies verhindere „unwirtschaftliche Wartezeiten auf freiwerdende Schreibkräfte". Als geeignete Fälle sah Vogl sehr viele an – letztlich ging es ihm um eine Rationalisierung der Arbeit der Schreibkräfte. Das Diktieren eigne sich seine Meinung nach für „solche Schreiben, Berichte, Stellungnahmen, Vormerkungen, etc., die in mittlerem oder größerem Umfang insgesamt oder auch in Teilstücken vom Handmanuskript abgelesen werden oder aus dem Stegreif bereits ihre endgültige Form bekommen".[342] Knapp zwei Monate später konnte Vogl vermelden, dass bereits vier Diktiergerate im Justizministerium vorhanden waren. Bei Bedarf sollten die Diktiergeräte zweckmäßigerweise bitte im nächstgelegenen Raum abgeholt werden – „durch Selbstabholung oder durch Anruf beim Kanzleivorstand oder durch Offizianten". Vogl bat dringend um Rückgabe der Geräte und wies darauf hin, dass diese zwar robust seien, aber dennoch bitte nicht in die Sonne oder auf einen Heizkörper gelegt werden sollten,[343] was die Neuheit der Technik im Justizministerium illustriert.

Die Justizverwaltung habe sogar die Konstruktion neuer Schreibmaschinen, die für Grundbucheinträge geeignet seien, angeordnet – sie „treibe[...] voran", anstatt hinterherzuhinken, wie Justizminister Koch erklärte. Ebenfalls vom Justizministerium angeregt sei eine „Reisefotokopieranlage" entwickelt worden, die bisher einmalig in Deutschland sei. Was fehle, sei noch der notwendige Wagen, um das Gerät auf die Reise zu schicken. Man bitte das Finanzministerium um einen solchen, denn das Justizministerium habe insgesamt nur fünf Wagen zur Verfügung.[344] Wieder einmal präsentierte sich das Justizministerium, 1955 durch den Minister Koch, als sparsam, aber exzellent.

Ein Jahr später stilisierte Staatssekretär Eilles die Justiz geradezu zur Avantgarde: Bei gestiegener Aufgabenlast und Zuständigkeit habe man das Personal verringert – und zwar „durch planmäßigen Einsatz technischer Hilfsmittel und durch Rationalisierung von Arbeitsmethoden". Die Justiz versuche damit „einem Hauptübel des öffentlichen Lebens entgegenzuwirken", nämlich einem „Übergreifen der öffentlichen Hand". „Neue komplizierte Regelungen erschweren das Verhältnis des Bürgers zum Staat". Dieser fordere andererseits staatliche Hilfe auch ein. Dar-

---

341 ABayLT, Plenarprotokoll 96. Sitzung, 28.03.1957, StMdJ Fritz Koch, S. 3376.
342 BayHStA, StMJ 38/2018, Statusakten, 2, Höherer Dienst im StMJ, Abschrift StMJ, 03.08.1960.
343 Ebenda, 26.09.1960.
344 ABayLT, Plenarprotokoll 23. Sitzung, 16.06.1955, StMdJ Fritz Koch, S. 630.

aus resultiere dann jenes „Übergreifen der öffentlichen Hand", das verhindert werden müsse. Dies gehe nur dann, wenn die Behörden bei sich selbst begännen – so, wie es das Justizministerium bereits getan habe. Dazu gehöre neben der Übertragung von Aufgaben an die Außenbehörden auch der Abbau von kleinen Behörden, die wirtschaftlich nicht rentabel seien.[345] Entlastungen für die Arbeit des Justizministeriums sah Ankermüller 1958 dort, wo Personal- und Gnadenangelegenheiten an die nachgeordneten Behörden übertragen werden konnten. Dadurch seien Stelleneinsparungen möglich.[346] Haas nannte dies 1960 „Dekonzentration": Den Oberlandesgerichtspräsidenten und den Generalstaatsanwälten waren alle Personalangelegenheiten des einfachen und mittleren Dienstes sowie der Angestellten und Arbeiter übergeben worden. Dazu kamen Schadenersatzansprüche gegen den Justizfiskus und der Bauunterhalt der Dienstgebäude.[347] Verwaltungsvereinfachung in der Justiz sei außerdem durch die Bereinigung der Verwaltungsvorschriften und Gesetze zu leisten: „[O]hne Personalvermehrung" habe man im Justizministerium das Justizministerialblatt bereinigt und stehe kurz vor dem Abschluss.[348] Als erstes Ministerium hatte das Justizministerium diese Aufgabe 1957 vollendet.[349]

Neubauten

Ab den 1950er Jahren entstanden Neubauten für die Justiz, die als eine neue Art der zweckmäßigen Repräsentation der Justiz kommuniziert wurden. Bereits die schiere Dauer des „Wiederaufbaus" und die währenddessen stattfindenden gesellschaftlichen Veränderungen transformierten den „Wiederaufbau" in eine technische und architektonische Modernisierung. Auch der Justizpalast, dessen Renovierung von 1945 bis zum Beginn der 1960er Jahre dauerte und „1,05 Millionen RM und 7,55 Millionen DM"[350] kostete, wurde dabei modernisiert. Er erhielt beispielsweise 1956 eine hochmoderne Fernsprechanlage.[351] Die Justiz verzichtete auf Teile der aufwendigen Ausstattung der Bibliothek sowie des Repräsentationssaals des

345 ABayLT, Plenarprotokoll 57. Sitzung, 22.03.1956, StS Kurt Eugen Eilles, S. 1858.

346 ABayLT, Plenarprotokoll 135. Sitzung, 11.06.1958, StMdJ Willi Ankermüller, S. 4620.

347 ABayLT, Plenarprotokoll 49. Sitzung, 15.03.1960, StMdJ Albrecht Haas, S. 1349.

348 ABayLT, Plenarprotokoll 57. Sitzung, 22.03.1956, StS Kurt Eugen Eilles, S. 1858. Wagner sieht darin 1959 eine wertvolle Möglichkeit, die Überlastung der Justiz zu beseitigen, siehe ders., Richter, S. 173.

349 ABayLT, Plenarprotokoll 135. Sitzung, 11.06.1958, StMdJ Willi Ankermüller, S. 4620.

350 Reinicke, Landtag, S. 563.

351 Ebenda, S. 563.

Ministers.[352] Daran zeigt sich einerseits die vielbesprochene Sparsamkeit der Justizverwaltung, andererseits eine Bauart der Nachkriegszeit. Es gab auch Orte, an denen ein „Wiederaufbau" der zerstörten Gebäude aus verschiedenen Gründen nicht angezeigt war. Zum Teil reichten die Kapazitäten der wiedererrichteten Gebäude auch nicht aus, um die Justiz zu beherbergen. In solchen Fällen wurde neu gebaut oder man mietete sich ein.

Während die Neue Maxburg heute zu den Vorzeigeobjekten der Münchner Nachkriegsarchitektur gehört, war sie zu ihrer Bauzeit höchst umstritten. Eine Ausstellung des Amtsgerichts München in Kooperation mit dem Bayerischen Landesamt für Denkmalpflege und der Sep Ruf Gesellschaft e. V. bemerkte im begleitenden Prospekt zum Fünfzigerjahrebau: „Mit ihrer leichten Architektur bildet die Anlage ein Gegenstück zur NS-Architektur der 1930er-Jahre und vermittelt exemplarisch das neue demokratische Lebensgefühl der Nachkriegszeit."[353] Dieses Bild scheint eine Rückprojektion zu sein, wenn dies auch in manchen Kreisen von Architekten und Politikern so gesehen worden sein mag. In der Münchner Bürgerschaft war die Neue Maxburg umstritten und selbst die demokratischen Justizminister waren anderer Meinung.

Die Oberste Baubehörde hatte im April 1952 einen Wettbewerb ausgeschrieben, der vorsah, dass darin Räume für die Justiz, das Erzbischöfliche Ordinariat sowie für Geschäfte entstehen sollten. Während Justizminister Weinkamm dazu noch im Juni 1953 erklärte, in München sei ein weiteres zentrales Justizgebäude notwendig, und dass er dafür die ehemalige „Herzog-Max-Burg" ins Auge gefasst habe,[354] zeigte er sich wenige Tage später im Ministerrat irritiert über den Zuschnitt des Projekts. Während sein Vorgänger Müller in die Ausschreibung involviert gewesen war, habe er bisher keine ausreichenden Informationen dazu erhalten. Er wusste aber, dass er mit dem für die Justiz vorgesehen Raum – „5–6 000 qm" – „keinesfalls einverstanden sein" könne. Der Ministerrat beschloss, dass sich die Ministerien der Finanzen und der Justiz zur Raumfrage abstimmen sollten. Ehard hatte zu Beginn der Besprechung über die Maxburg eindringlich darauf hingewiesen, dass es „unbedingt notwendig" sei,

> „bald zu einer Entscheidung über den Wiederaufbau des Herzog-Max-Burg-Geländes zu kommen. Nachdem es unmöglich sei, einen neuen Justizpalast zu bauen, müsse sich das Staatsministerium der Justiz wohl auch mit dem jetzt vorliegenden Plan zufriedengeben."[355]

352 Ebenda.

353 Sep Ruf Gesellschaft e. V., Ausstellungsprospekt. Siehe dazu auch Nerdinger/Florschütz, Architektur, S. 222–227.

354 ABayLT, Plenarprotokoll 147. Sitzung, 02.06.1953, StMdJ Otto Weinkamm, S. 1483.

355 Die Protokolle des Bayerischen Ministerrats 1945–1962, Ehard III, Ministerratssitzung Nr. 159, 09.06.1953.

Ende Juni hatten sich die beiden Ministerien geeinigt, wie Staatssekretär Koch im Ministerrat erläuterte. Dazu gehörte, dass der Justiz sofort nach Fertigstellung eine 6 000 Quadratmeter große Fläche überlassen werde, die der bayerischen Staatsverwaltung zur Verfügung stehen sollte. Freiwerdende Büroräume sollten ebenfalls direkt an die Justiz gehen.[356] Außerdem sollte die Konzentration der Münchner Justizbehörden in der Innenstadt durch den Einzug in die Neue Maxburg die nötige Ersparnis an Gängen, Transporten und Telefongesprächen mit sich führen – mithin also die Verwaltung vereinfachen.[357]

Sprachlich wurde im Ministerrat aus dem „Wiederaufbau der Herzog-Max-Burg“[358] innerhalb kurzer Zeit die „Bebauung des Maxburg-Geländes“.[359] Die Pläne der ausgewählten Architekten Theo Pabst und Sep Ruf erinnerten auch nur noch schwach an die vorherige Burg. Mittlerweile als gelungene Melange aus Alt und Neu gefeiert, erschienen sie den Zeitgenossen doch wenig ausgewogen. So wurden sie in Teilen als „zu modern“ empfunden.[360] Letztlich genügten auch die der Justiz zur Verfügung gestellten Räume nicht, um die beengten Raumverhältnisse umfassend zu lösen. Justizminister Weinkamm hatte dennoch Sympathie für Neubauten und erklärte, er könne „es verstehen, wenn mancher aus dem rechtsuchenden Publikum befürchtet, es könnte seinen Richter jener rückständige Geist erfüllen, den viele Justizgebäude und insbesondere ihre Einrichtungen widerspiegeln.“ Der Minister betonte die „Notwendigkeit einer sichtbaren Repräsentation der Justiz“, weil diese den Rechtsstaat repräsentiere. Ihre Vernachlässigung sei gefährlich.[361] Für den auf Weinkamm folgenden Justizminister und vormaligen Staatssekretär Koch (SPD) hieß der Einzug in die Neue Maxburg: „Ein alter Traum ist Wirklichkeit geworden.“ Diese Idee habe seit den 1920er Jahren in der bayerischen Justiz bestanden. Das Gebäude sei jedoch nicht ganz zweckmäßig, weil es nicht als Justizbau geplant worden sei.[362] Koch wies darauf hin, es sei „von nicht zu unterschätzender Bedeutung, in welchem Gewand sich die Justiz repräsentiert“. Ihre würdige Ausstattung sei ungemein wichtig.[363] Das Gewand in Form der Neuen Maxburg

356 Die Protokolle des Bayerischen Ministerrats 1945–1962, Ehard III, Ministerratssitzung Nr. 161, 23.06.1953.

357 ABayLT, Plenarprotokoll 22. Sitzung, 15.06.1955, StMdJ Fritz Koch, S. 591 f.

358 Die Protokolle des Bayerischen Ministerrats 1945–1962, Ehard III, Ministerratssitzung Nr. 159, 09.06.1953.

359 Die Protokolle des Bayerischen Ministerrats 1945–1962, Ehard III, Ministerratssitzung Nr. 161, 23.06.1953 u. Die Protokolle des Bayerischen Ministerrats 1945–1962, Ehard III, Ministerratssitzung, Nr. 160, 16.06.1953.

360 Sep Ruf Gesellschaft e. V., Ausstellungsprospekt.

361 ABayLT, Plenarprotokoll 200. Sitzung, 09.06.1954, StMdJ Otto Weinkamm, S. 1428.

362 ABayLT, Plenarprotokoll 22. Sitzung, 15.06.1955, StMdJ Fritz Koch, S. 592 f.

363 Ebenda, S. 593.

war im Landtag wie in der Öffentlichkeit allerdings umstritten. Der Abgeordnete Lippert (nun CSU) erklärte, dass es nicht unbedingt der Würde des Gerichts entspräche, von Geschäften gesäumt zu sein. Die niedrigen Räume erfüllten mit einem „gewisse[n] Unbehagen". Auch die Ausstattung der neuen Räume ließ zu wünschen übrig, sie sei „zwar modern, aber nicht solide, nicht seriös". Am schlimmsten war aber wohl der Vergleich zur Unterhaltungsindustrie: „Schauen Sie sich heute einen Film an, in dem ein Gericht dargestellt wird! Das Ebenbild finden Sie in der Maxburg."[364] Staatssekretär Eilles erklärte darauf hin, dass die Justiz nur Mieter sei: „Wir sind, auf gut deutsch, an nichts schuld, was hier passiert ist" – und Ruf sei nicht der Architekt der Justiz gewesen.[365] Architektonisch eigneten sich die Säle in der Neuen Maxburg dann auch nicht besonders gut für Sitzungen, so konstatierte Justizminister Ehard knapp zehn Jahre später 1964: „[I]n einem Sitzungssaal ist eine dicke Säule, weil die Statiker sagen, die Säule sei notwendig, weil das Zeug sonst nicht halten würde." Alles in allem handele es sich um „eine nicht sehr erfreuliche Sache".[366]

So wurde die Neue Maxburg, neben ihrer eher von SPD-Politikern begrüßten neuen Form zur Justizrepräsentation, doch auch deshalb mit Kritik bedacht, weil ihre Funktionalität für die Bedürfnisse der Justiz zu wünschen übrig ließ. Außerdem stellte sich die Frage, ob der Würde der Justiz durch ihre Verortung im Wirtschaftsleben geholfen sei. Ebenso wie der Justizpalast während der Rekonstruktion modernisiert werden musste, so war ein Neubau, der sich rein ästhetisch an der später als „Demokratie als Bauherr"[367] formulierten Idee von Rasterfassaden, Glas und Stahlbeton orientierte, nicht gleich deshalb ein passender Ort für die Nachkriegsjustiz, wie selbst Koch bemerkte.

Dennoch symbolisierten die Neubauten der Nachkriegsjahrzehnte aus der Perspektive der Zeitgenossen eine neue Formen der Selbstvergewisserung und Welterschließung: Angelehnt an den modernen Baustil der 1920er Jahre zeigten Verwaltungsgebäude reduzierte Fassaden und sollten damit ein gewisse Zurückhaltung, Sparsamkeit und Rationalisierung durch Funktionalität oder Sachlichkeit ausdrücken.[368] Abgesehen vom problematischen Bau der Neuen Maxburg war die bayerische Justizverwaltung selbst für einige in diesem Sinne als vorbildliche angesehene moderne Justizbauten verantwortlich. Dem Gedanken der kurzen Wege verhaftet, wurden in Aschaffenburg, Hof, Traunstein und Weiden „Zentraljustizge-

364 ABayLT, Plenarprotokoll 58. Sitzung, 23.03.1956, MdL Franz Lippert, S. 1884.
365 ABayLT, Plenarprotokoll 58. Sitzung, 23.03.1956, StS Kurt Eugen Eilles, S. 1891.
366 ABayLT, Plenarprotokoll 60. Sitzung, 02.12.1964, StMdJ Hans Ehard, S. 2196.
367 Arndt, Demokratie.
368 Zu solchen Verwaltungsneubauten siehe Steffen, Institutionen; zum Gedanken der Symbolisierung siehe Rehberg, Weltrepräsentanz; zur Sachlichkeit Mergel, Kultur, S. 19.

bäude“ errichtet. In Coburg baute die Justiz ebenfalls ein Justizgebäude und in Starnberg die Rechtspflegerschule.[369] Diese Gebäude waren nicht nur im Inneren moderner Technik und zeitgenössischen Ansprüchen verpflichtet. Als moderne Verwaltungsbauten mit Rasterfassade feierte man sie gerade für ihre Modernität. So hob etwa Ehard in seiner Haushaltsrede im Jahr 1963 hervor, dass das Traunsteiner Justizgebäude medial als „Deutschlands modernstes Justizgebäude“ gefeiert werde.[370]

Zwei Jahre später, im Justizhaushaushalt des Jahres 1965, war kaum Geld für Baumaßnahmen da und noch immer gab es viel zu tun. Justizminister Ehard wies unter anderem darauf hin, dass in München wieder einmal „große Raumnot“ herrsche. Die Presse habe von unhaltbaren Zuständen berichtet. Um die Errichtung eines weiteren Gebäudes für die Münchner Justizbehörden komme man in naher Zukunft nicht herum.[371] Der Verweis des Ministers auf die Presse war als Hinweis auf das bedrohte Ansehen der Justiz in der Demokratie zu verstehen und unterstrich den Handlungsbedarf. In seiner Haushaltsrede für 1966 erklärte Ehard, dass ein „Zentralstrafjustizgebäude“ angestrebt werde – notfalls nicht im Zentrum, aber mit den öffentlichen Verkehrsmitteln gut erreichbar.[372] Sein Nachfolger Justizminister Held erklärte schließlich 1967, dass das Gelände des „Arzberger Kellers“ auf der Nymphenburger Straße dafür in Aussicht genommen sei.[373] In der Informationsschrift über die Rechts- und Justizpolitik der Jahre 1966–1974 stellen Held und Bauer schließlich „[m]oderne und zweckmäßige Justizbauten“ vor. Zitiert wurde auch aus der Rede Helds zur Grundsteinlegung, die den neuen Fokus im Bau der Nachkriegszeit zusammenfasste:

> „An der Nymphenburger Straße in München soll kein Justizpalast entstehen. Es geht uns nicht in erster Linie um eine Selbstdarstellung der Dritten Gewalt. Was wir brauchen, ist vielmehr ein moderner, zweckmäßiger Bau, der den Bedürfnissen der Rechtspflege, der dort arbeitenden Justizangehörigen und aller Bürger entspricht, die Schutz und Hilfe der Justiz in Anspruch nehmen müssen. Daß ein solcher Bau auch repräsentativ sein und einen städtebaulichen Akzent setzen kann, wird, hoffe ich, unser Vorhaben zeigen.“[374]

Das moderne Justizgebäude sollte, neben dem städtebaulichen Akzent, vor allem zeigen, wo die Schwerpunkte einer modernen Justiz lagen, nämlich im Bereich der Dienstleistung für die Bürger. Der Grundgedanke war also derjenige, dass die Lan-

369 Parsch, Justiz.
370 ABayLT, Plenarprotokoll 7. Sitzung, 12.02.1963, StMdJ Hans Ehard, S. 168.
371 ABayLT, Plenarprotokoll 59. Sitzung, 01.12.1964, StMdJ Hans Ehard, S. 2090.
372 ABayLT, Plenarprotokoll 86. Sitzung, 07.12.1965, StMdJ Hans Ehard, S. 3173.
373 ABayLT, Plenarprotokoll 11. Sitzung, 12.04.1967, StMdJ Philipp Held, S. 284.
374 Bayerisches Staatsministerium der Justiz, Rechts- und Justizpolitik, S. 20 f.

desjustiz selbst möglichst so organisiert war, dass sie gut funktionieren konnte, um die entsprechende Leistung für die Bürger zu erbringen. Es ging also um eine Anpassung an die moderne Welt,[375] jedoch zu den Konditionen der Justiz selbst, anders noch als im Falle des Maxburg-Baus. Daneben residierte die bayerische Justiz weiterhin in zahlreichen älteren Bauten, etwa dem Münchner Justizpalast.

Neue Juristen? Gerichtsorganisation, Richtergesetz und Ausbildungsreform

Eine Anpassung sollte auch in Bezug auf die Gerichtsorganisation in Bayern vollzogen werden. Die noch Mitte der 1950er Jahre geltende Regelung stammte aus dem Jahr 1879 und war seitdem „mindestens 48mal geändert worden".[376] Eine neue einwandfreie Rechtsgrundlage für die einzelnen Gerichte musste her und wurde fortan diskutiert. In diesem Kontext wurden auch Fragen der Staatsvereinfachung angesprochen, insbesondere bei der Frage, was mit den 37 Amtsgerichts-Zweigstellen und den „Zwerggerichten" in Bayern passieren sollte. Während Justizminister Koch sich zu Ersteren noch nicht äußerte, erklärte er, dass er es für sinnvoll halte, „unwirtschaftlich arbeitende Zwerggerichte" aufzulösen. Er lobte die Richter an den Zwerggerichten zwar ausdrücklich und erkannte ihre Leistung an, aber ihre Arbeitsweise sei, ihren Umständen geschuldet, „unzweckmäßig und nicht rationell". Er versuchte, die Landtagsmitglieder auf die Fortführung der Staatsvereinfachung einzuschwören und brachte ihnen Verständnis entgegen, weil sie in ihren Wahlkreisen wegen etwaiger Auflösung von Gerichten zur Rede gestellt würden. Nur durch die Auflösung der Zwerggerichte werde „eine nennenswerte Verminderung des Justizhaushalts" erreicht, denn nicht nur Personalkosten, sondern auch der Unterhalt für Justizgebäude würde damit eingespart.[377]

Die Zahl der staatsanwaltschaftlichen Zweigstellen war Ende der 1950er von 23 auf 12 reduziert worden.[378] Auch in diesem Fall erschien den Verantwortlichen in der Justizverwaltung eine Konzentration von mehr Personal in weniger Zweigstellen sinnvoller als viele Zweigstellen mit jeweils weniger Personal.

Mitte der 1960er Jahre war das Thema der Reduzierung der Anzahl von Gerichten noch präsent. Ehard machte Schwierigkeiten bei der Besetzung von Richterstellen an den „kleinen, zum Teil landschaftlich sehr schön gelegenen Gerichten" geltend. Die kleinen Amtsgerichte und Zweigstellen arbeiteten „unrationell". Außerdem plädierte der Minister dafür, die Zahl der Gerichte der untersten In-

375 Metzler, Konzeptionen, S. 336.
376 ABayLT, Plenarprotokoll 95. Sitzung, 27.03.1957, StMdJ Fritz Koch, S. 3306.
377 Ebenda, S. 3307–3310.
378 ABayLT, Plenarprotokoll 49. Sitzung, 15.03.1960, StMdJ Albrecht Haas, S. 1349.

stanz so zu reduzieren, dass in jedem der 143 Landkreise ein Amtsgericht zur Verfügung stünde – im Dezember 1964 gab es mit 184 Gerichtsstellen noch deutlich mehr Gerichte als Landkreise.[379] Justizminister Held erklärte 1967 in seiner Etatrede, dass er eine Reform auf dem Gebiet der Gerichtsbezirke nicht ohne Rücksicht auf die allgemeine „kommende Landesplanung“ von statten gehen könne. Bereits jetzt müsse die Justiz bei der Instandsetzung von Gerichtsgebäuden mitbedenken, ob diese zukünftig noch gebraucht würden. Er sah die Reform der Gerichtsbezirke folglich als Teil einer viel größeren Strukturreform.[380] Unter Alfons Goppel sollte diese in der Neugliederung der Landkreise und der kreisfreien Städte in Bayern ab 1972 geschehen, 1973 wurde die entsprechende Gerichtsorganisation schließlich normiert.[381] Das zentrale Argument für diese Neuregelung war, dass die „Amtsgerichtsbezirke den Erfordernissen der Zeit gemäß“ neu festgelegt wurden und kleinere Amtsgerichte aufgehoben wurden, weil sie „den heutigen Anforderungen nicht mehr entsprechen“. Die Zahl der Amtsgerichte habe sich mehr als halbiert, erklärten Held und Bauer schließlich in ihrer Informationsschrift.[382]

Die Möglichkeit eines Richtergesetzes wurde erstmals 1953 im Landtag erwähnt.[383] In diesen Kontext fällt auch eine veränderte Sprachregelung, die sogenannte „Entbeamtung“ der Richter:[384] Staatssekretär Eilles wies 1956 darauf hin, dass anstatt vom „richterlichen Beamten“, nun vom „Richter“ zu sprechen sei. Dieses Wort sei *erstens* der Begriff des Grundgesetzes und sei deshalb zu verwenden.[385] *Zweitens* zeige bereits die bloße Tätigkeit des Richters, dass er kein Beamter sei, weil er nicht weisungsgebunden sei. Er verkörpere „in seiner Person die dritte Gewalt“ und sei bei seinen Entscheidungen auf sich gestellt[386] – also unabhängig.

Das Richtergesetz war ein zentraler Arbeitsschwerpunkt der westdeutschen Justiz Ende der 1950er und zu Beginn der 1960er Jahre. Hauptanliegen der Länderjustizverwaltungen sei hier die Einbeziehung der Staatsanwälte in die Ordnung gewesen. Gerade für Bayern sei dies wichtig, hier für den „herkömmliche[n] und

379 ABayLT, Plenarprotokoll 59. Sitzung, 01.12.1964, StMdJ Hans Ehard, S. 2093.

380 ABayLT, Plenarprotokoll 11. Sitzung, 12.04.1967, StMdJ Philipp Held, S. 286.

381 GVBl. Nr. 9, 1973, Gesetz über die Organisation der ordentlichen Gerichte im Freistaat Bayern (GerOrgG) v. 25.04.1973, S. 189–191.

382 Bayerisches Staatsministerium der Justiz, Rechts- und Justizpolitik, S. 12 f. Siehe dazu auch Reinicke, Landtag, S. 365–371.

383 ABayLT, Plenarprotokoll 147. Sitzung, 02.06.1953, MdL Franz Lippert, S. 1509.

384 Zur „Entbeamtung“ der Richter, also ihrer Unterscheidung von Beamten und den damit einhergehenden Forderungen nach eigener Verwaltung, Vorschriften und Besoldung siehe Requate, Kampf, S. 33–36 u. 59–62 u. Rottleuthner, Bilder, S. 62.

385 Siehe Art. 98 GG in BGBl. Nr. 1, 1949, Grundgesetz für die Bundesrepublik Deutschland v. 23.05.1949, S. 13. Siehe dazu Kap. 3.3.

386 ABayLT, Plenarprotokoll 58. Sitzung, 23.03.1956, StS Kurt Eugen Eilles, S. 1859 f.

bewährte[n] Wechsel zwischen richterlichem und staatsanwaltschaftlichem Dienst“. Würden Staatsanwälte hier nicht einbezogen, wäre dieser Wechsel gefährdet. Das Gesetz trage einerseits zur Unabhängigkeit der Richter bei, andererseits aber auch zur „Entfaltung der Richterpersönlichkeit“.[387] Auch wenn das Gesetz keine grundsätzliche Neuordnung des Richterrechts beinhalte, so hob Haas, nun Justizminister, 1960 hervor, dass die Dienstgerichtsbarkeit, die Richtervertretung und die Nachprüfbarkeit der Dienstaufsichtsmaßnahmen Erfolge darstellten.[388] 1961 trat schließlich das Deutsche Richtergesetz als Rahmengesetz des Bundes in Kraft und 1965 mit dem Bayerischen Richtergesetz[389] die zugehörige bayerische Landesregelung.[390] Darin waren vor allem die Besetzung der Gerichte durch die Präsidien, Mitwirkung an Beförderungen durch die Präsidialräte und an allgemeinen und sozialen Angelegenheiten der Richter durch die Richterräte samt eines Hauptrichterrats beim Bayerischen Obersten Landesgericht geregelt. Außerdem sollten die Spitzenorganisationen der Berufsverbände an den in Angelegenheiten der Richter und Staatsanwälte tagenden spezifischen Zusammensetzungen des Landespersonalausschusses teilnehmen. Das Richtergesetz regelte also unter anderem das Verhältnis zwischen Verwaltung und Gerichten und gab Letzteren durch die Vertretungsregelungen größeres Gewicht.[391]

Dieses Gesetz, das also die grundgesetzlich verbriefte Unabhängigkeit der Richter ausgestalten sollte, wurde zu der Zeit fertiggestellt, als die Auseinandersetzungen um die NS-Vergangenheit von westdeutschen Richtern und Staatsanwälten ihren Höhepunkt erreicht hatten. Das Gesetz wurde genutzt, um diesen Juristen mit dem Paragrafen 116 die Möglichkeit für den vorgezogenen Eintritt in den Ruhestand zu ermöglichen.[392] Für die Verantwortlichen in der bayerischen Justizverwaltung, und sicher nicht nur für sie allein, hatte das Richtergesetz aber in erster Linie nichts mit den sogenannten Blutrichtern zu tun. Auch die Tatsache, dass Haas beides nicht einmal in einem Zusammenhang erwähnte, obwohl die Justizverwaltungen längst darüber diskutierten,[393] verdeutlicht dies. Justizminister Haas hielt das Richtergesetz für einen Schritt in Richtung der „Zusammenfassung der Gerichtsbarkeiten“, weil es für alle Gerichtszweige gelten sollte. Nach dessen Beschluss im November 1961 erwähnte er zum ersten Mal die angegriffenen Juristen und das Richtergesetz in einem Zusammenhang. Er hoffe auf eine „nun einmal

387 ABayLT, Plenarprotokoll 9. Sitzung, 04.03.1959, StMdJ Albrecht Haas, S. 203 f.
388 ABayLT, Plenarprotokoll 49. Sitzung, 15.03.1960, StMdJ Albrecht Haas, S. 1355.
389 GVBl. Nr. 2, 1965, Bayerisches Richtergesetz v. 26.02.1965, S. 13–27.
390 Zur Vorgeschichte siehe Wagner, Richter, S. 222 f.
391 Zur Erläuterung siehe Wittreck, Verwaltung, S. 334–412; siehe dazu auch Kap. 3.3 u. 4.3.
392 Siehe dazu Kap. 2.2 u. 4.3.
393 Boss, Ruhestand, S. 125–196.

notwendige klare Trennung zwischen Vergangenheit und Gegenwart".[394] Die Gegenwart war das neue Ordnungswerk, das die Sonderstellung und Unabhängigkeit des Richters festschreiben sollte, während die Vergangenheit, zumindest in der zeitgenössischen Deutung, ein ungeregeltes Verhältnis zwischen Recht und politischer Führung mit katastrophalen Folgen dargestellt hatte. Das Deutsche Richtergesetz war damit zu einem „Schlussstrichgesetz" geworden.

Auch die Reform der Gerichtsorganisation hatte das Richterbild verändert: An den Zwerggerichten seien die Richter auf sich gestellt und müssten meist ohne Besprechungen schwieriger Materien mit Kollegen agieren, so Justizminister Koch 1957. Gerade an diesen Gerichten fehle es auch an Literatur, da dafür kein Geld bei der Justizverwaltung vorhanden sei. Bei größeren Gerichten ab drei Richtern, sei der Rechtsschutz der Bevölkerung besser, weil diese unter weniger schweren Arbeitsbedingungen ihrer Tätigkeit nachgehen müssten. Mit dieser Haltung stellte sich der Justizminister gegen ein tradiertes Justizbild: der Richter als volksnahe Autorität vor Ort. Koch entgegnete seinen Kritikern: „Ich lasse mich da auch nicht mit dem Amtsrichter von Anno dazumal abspeisen". Dagegen wandte er *erstens* die gewachsene Komplexität und Regelungsdichte ein. *Zweitens* mangele es 1957 im Bewusstsein der Achtung von Autoritäten, weshalb dieses Richterbild keiner Realität mehr entspreche. Und *drittens* fördere eine zu intime Verflechtung des Richters mit der Bevölkerung, dass er beschuldigt werde, diese in seine Rechtsprechung einfließen zu lassen. Er halte die „enge lokale Bindung eher für eine Erschwerung des Richteramts".[395] Auch hier warb der Justizminister also für eine größere Unabhängigkeit der Richter.

Dem Minister wurde entgegengehalten, dass er anstelle von allgemein gebildeten und umfassend juristisch arbeitenden Richtern ein Spezialrichtertum forciere. Dem widersprach Koch vehement: Eine Beschäftigung mit einem Themengebiet für eine gewisse Zeit, an deren Ende gewechselt würde, bedeute keine Spezialisierung. Außerdem verwies er darauf, Juristen mit umfassenden Kenntnissen auszustatten, indem zwischen Positionen als Richter und Staatsanwalt ebenso gewechselt würde wie zwischen Straf- und Zivilrecht. Um den Landtag von der Idee der Gerichtsschließungen zu überzeugen, griff Koch sogar auf die Worte seines Vorgängers von der CSU zurück und zitierte dessen Haushaltsrede von 1953. Hier hatte Weinkamm erklärt, dass die Gegenwart komplizierter sei als die „Zeiten unserer Väter". Eine vernünftige Arbeitsteilung an den Gerichten und die damit verbundene Übung im Umgang mit gleichgelagerten Fällen des Richters befähige ihn „über den Einzelfall hinaus das allgemein Gültige zu sehen".[396] Kochs Nachfolger Willi

394 ABayLT, Plenarprotokoll 103. Sitzung, 28.11.1961, StMdJ Albrecht Haas, S. 3103.
395 ABayLT, Plenarprotokoll 95. Sitzung, 27.03.1957, StMdJ Fritz Koch, S. 3307–3310.
396 ABayLT, Plenarprotokoll 96. Sitzung, 28.03.1957, StMdJ Fritz Koch, S. 3377 f.

Ankermüller (CSU) machte ebenfalls deutlich, dass er die Justiz nicht für „besonders volkstümlich" hielt.[397] Mit der Neuorganisation der Gerichtsbezirke, sei den Interessen der Bürger Rechnung getragen, so Held und Bauer schließlich in ihrer Informationsschrift in den 1970er Jahren. Nun sei jedes Amtsgericht mit mindestens vier Richtern besetzt, deren Arbeit durch die Reduzierung der Anzahl kleinerer Amtsgerichte insgesamt nun rationaler gestaltet werden könne.[398]

Dass die Richter in der neuen Zeit mit neuen Rechtsproblemen konfrontiert wurden und diese einordnen lernen mussten, zeigt sich auch darin, dass die Justizminister in den 1950er Jahren auf die Einrichtung spezieller Weiterbildungskurse, etwa zu den Themen Verkehr oder Wirtschaft, hinwiesen.[399] Der Rechtspolitiker Haas hatte bereits 1951 erklärt, dass als Verkehrsrichter nur diejenigen in Frage kämen, die selbst die nötige Fahrpraxis besäßen, und nicht solche Richter, „die mit Mühe und Not ihren Führerschein erworben haben".[400] Zwei Jahre später wies Justizminister Weinkamm auf eine Kooperation zwischen der Bayerischen Landespolizei und dem Justizministerium hin, nach der Juristen eine Verkehrsausbildung und Verkehrspraxis erhielten.[401] Damit die Richter die komplizierte neue Welt verstünden, sollten sie „in allen Zweigen unseres komplizierten Lebens bewandert" sein, so Justizminister Koch.[402] Ab 1955 wurden dann auch Kurse mit kriminologischen und psychologischen Inhalten angeboten, insbesondere zur Zeugenvernehmung.[403] Auf den dazu organisierten Tagungen und Fortbildungen für die bayerischen Juristen seien „parteipolitische Einflüsse völlig ausgeschaltet". Vielmehr würden hier Persönlichkeiten „aus der Wirtschaft, aus geistigen Gebieten, von beiden Konfessionen" sprechen, um den Juristen diese Felder nahezubringen. Um die Richter nicht von Seiten des Ministeriums zu beeinflussen, würde der Bayerische Richterverein (BRV) hierzu „Einladungen ergehen" lassen. Diese Tagungen führten, so die Hoffnung Müllers, vielleicht auch zu einer Rechtsangleichung innerhalb Bayerns, weil die Juristen sich hier über geteilte Probleme verständigen könnten.[404]

Bayerische Juristen hatten im Laufe der 1960er tatsächlich eine größere Nähe zur Gesellschaft bekommen, in der sie lebten. Ab 1965 wurden in den Geschäfts-

397 ABayLT, Plenarprotokoll 135. Sitzung, 11.06.1958, StMdJ Willi Ankermüller, S. 4647.

398 Bayerisches Staatsministerium der Justiz, Rechts- und Justizpolitik, S. 12 f. Siehe dazu auch Reinicke, Landtag, S. 365–371.

399 ABayLT, Plenarprotokoll 147. Sitzung, 02.06.1953, StMdJ Otto Weinkamm, S. 1491 u. Plenarprotokoll 200. Sitzung, 09.06.1954, StMdJ Otto Weinkamm, S. 1438.

400 ABayLT, Plenarprotokoll 46. Sitzung, 18.10.1951, MdL Albrecht Haas, S. 505.

401 ABayLT, Plenarprotokoll 147. Sitzung, 02.06.1953, StMdJ Otto Weinkamm, S. 1490.

402 ABayLT, Plenarprotokoll 22. Sitzung, 15.06.1955, StMdJ Fritz Koch, S. 593.

403 ABayLT, Plenarprotokoll 23. Sitzung, 16.06.1955, StMdJ Fritz Koch, S. 628.

404 ABayLT, Plenarprotokoll 46. Sitzung, 18.10.1951, StMdJ Josef Müller, S. 519.

verteilungsplänen auch das Engagement der Ministerialbeamten in Ausschüssen, Kommissionen und Arbeitskreisen genannt.[405] 1967 gründeten CSU-Politiker den „Arbeitskreis Juristen" innerhalb der CSU.[406] Ein entsprechender Arbeitskreis der SPD bestand bereits. Damit waren Juristen Ende der 1960er Jahre als (partei)politisch oder gesellschaftlich engagierte Menschen darstellbar, was ihr Bild nach Jahren der apolitischen Selbstbeschreibung neu konturierte.

Nicht nur die Repräsentation der Justiz sollte sich ändern, auch die Ausbildung junger Juristen wurde Ende der 1960er als dringend reformbedürftig wahrgenommen und es bestand sehr große Einigkeit über die Reformnotwendigkeit auf diesem Gebiet.[407] Bereits zu Beginn der 1950er Jahre hatte der SPD-Abgeordnete Zdralek darauf hingewiesen, dass der juristische Nachwuchs in der NS-Diktatur aufgewachsen war und dadurch in dieser frühen prägenden Zeit vor allem die Werte des NS-Regimes gelernt hatte. Dazu seien die Universitäten auch in der direkten Nachkriegszeit – vielfach die Ausbildungszeit der nun als Referendare und Gerichtsassessoren Angestellten – häufig noch den Plänen aus der Zeit des Nationalsozialismus gefolgt und hätten demokratischen Ansprüchen nicht genügt.[408] Es ist genau diese Auffassung, die, mal mit explizitem, mal mit implizitem NS-Bezug, Reformideen in Bezug auf die Juristenausbildung zeitigte.[409] Es ging darum, die jungen Juristen mit zusätzlichem Handwerkszeug auszustatten, das über den reinen rechtswissenschaftlichen Stoff hinausging.

In Bayern begann die inhaltliche Auseinandersetzung mit den Reformgedanken in Bezug auf die Ausbildung bei den Tagungen für Referendare. Staatsekretär Eilles informierte 1956 zum ersten Mal über die auf eine Initiative von Staatsminister Koch zurückgehenden Tagungen, die Assessoren mit erfahrenen Richtern zusammenbringen sollten. Es gehe darum, zu vermeiden, „daß der junge Mann – plötzlich aus der Examensangst und aus der Examenspsychose gerissen – auf den Staatsbürger losgelassen, unnötige Fehler macht und unnötige Schwierigkeiten verursacht". Schließlich gehe es bei staatsanwaltschaftlichen Anklagen und richterlichen Entscheidungen um Menschenleben. Es war Eilles indes wichtig zu betonen, dass es sich dabei nicht um „Schulungslager" handele. Er wies darauf hin, dass es keinesfalls um Lenkung oder Beeinflussung der Rechtsprechung gehe. Au-

---

405 Siehe die Geschäftsverteilungspläne in StMJ, 1200-I Heft 23b Teil 2, Geschäftsverteilungsplan 18.02.1966–01.1976.

406 Siehe die Gründungsunterlagen in ACSP, NL Richard Jaeger, B 237.

407 Siehe als zeitgenössischen Kommentar etwa Simon, Unabhängigkeit, S. 124–126.

408 ABayLT, Plenarprotokoll 46. Sitzung, 18.10.1951, MdL Franz Zdralek, S. 495.

409 Görtemaker/Safferling, Akte, S. 206 f. Zur Geschichte der Ausbildungsreform siehe Lührig, Diskussion. Ein weiteres Beispiel sind die Überlegungen in Baden, siehe Kißener, Diktatur, S. 312–315.

ßerdem würden „keinerlei Qualifikationen" stattfinden.[410] Zu sehr erinnerte dies an den Nationalsozialismus. Der Bayerische Richterverein lud ein, damit die Justizverwaltung hier nicht missverstanden werden konnte.[411] Die Nicht-Beeinflussung zu unterstreichen, verweist wieder auf den Charakter der unabhängigen und unpolitischen Justiz. Außerdem sollten damit auch Juristen ausgebildet werden, die anders als die NS-Juristen judizierten.

Eine konkrete Reform der juristischen Ausbildung und des Vorbereitungsdienstes wurde erstmals 1958 von Justizminister Ankermüller erwähnt.[412] Ankermüllers Nachfolger Haas erläuterte hierzu einiges in der Anlage zu seiner Haushaltsrede im März 1959. Der spätere Justizminister Haas war ebenfalls von den Tagungen überzeugt, schließlich erhalte die richterliche Persönlichkeit „ihre Vollendung gerade durch die Erfahrung der täglichen Arbeit". Erfahrene Juristen sollten „durch die lebendige Kraft ihrer Persönlichkeit beispielgebend wirken". Die Fachtagungen, so Haas 1959, zeigten den jungen Juristen, „wie schicksalshaft er mit anderen Kräften des öffentlichen Lebens verbunden ist", weshalb auch Vertreter anderer Gesellschaftsbereiche zugegen seien. Auch andere Landesverwaltungen seien an diesem Konzept interessiert. Neben einer historischen Herleitung und Reformideen zur Verlängerung des Studiums auf acht Semester machte er deutlich, dass die bayerische Justiz an der Einheit von Verwaltungs- und Justizausbildung festhalten wolle. Darüber hinaus schien ihm eine Öffnung nach Europa sinnvoll: Es gelte, die Referendare auch in europäischen Institutionen unterzubringen.[413] Dem Staatsminister ging es hier wohl darum, den bayerischen Einfluss in Europa auszubauen. Mitte der 1960er Jahre konnte Haas' Nachfolger Ehard an dieser Stelle Erfolg vermelden: Eine erfreuliche Anzahl an Referendaren nehme die Möglichkeit wahr, einen Teil ihrer Ausbildung im europäischen Ausland zu absolvieren und man habe auch schon ausländische Referendare in Bayern empfangen können.[414]

Die bundesweit vorgebrachten Reformvorschläge waren dabei so weiterreichende, wie das „Loccumer Modell" von 1968/69, das eine einstufige integrierte theoretische und praktische Ausbildung mit deutlichen Anteilen in den Nebenfächern Sozialwissenschaften und Philosophie vorsah. Damit sollten die jungen Juristen gerüstet werden, die Welt, in der sie judizierten zu verstehen und zu gestal-

---

410 ABayLT, Plenarprotokoll 58. Sitzung, 23.03.1956, StS Kurt Eugen Eilles, S. 1860 f.

411 ABayLT, Plenarprotokoll 95. Sitzung, 27.03.1957, StMdJ Fritz Koch, S. 3306. Siehe zum NS-Schulungslager auch Schmerbach, „Gemeinschaftslager Hanns Kerrl". Zum ausgesprochen harmonischen Umgang des Ministeriums mit den Standesverbänden siehe auch Kap. 3.3.

412 ABayLT, Plenarprotokoll 135. Sitzung, 11.06.1958, StMdJ Willi Ankermüller, S. 4618.

413 ABayLT, Plenarprotokoll 9. Sitzung, 04.03.1959, StMdJ Albrecht Haas, S. 204 u. 212.

414 ABayLT, Plenarprotokoll 59. Sitzung, 01.12.1964, StMdJ Hans Ehard, S. 2093.

ten.[415] Justizminister Held stellte demgegenüber im Dezember 1968 ein Programm vor, das eigentlich kaum etwas geändert hätte. Er plädierte dafür, an der Zweistufigkeit mit Studium und Vorbereitungsdienst festzuhalten und lediglich den Stoff etwas zu begrenzen und in der Auswahl besser auf die praktische Tätigkeit auch in den neuen Rechtsgebieten wie dem Europarecht vorzubereiten.[416]

Mit der Novellierung des Deutschen Richtergesetzes 1970 wurde den Bundesländern die Möglichkeit eröffnet, die Juristenausbildung vom bisher gängigen zweistufigen Modell hin zu einer einstufigen Ausbildung zu ändern. Insbesondere der Paragraf 5b „Einstufige Ausbildung“ sollte die Gestaltungs- bzw. Experimentiermöglichkeiten der Länder herausfordern. Er bestimmte, dass die Länder bis 1979 das Recht hatten, die theoretische und praktische Ausbildung von mindestens fünf Jahren Dauer zusammenzufassen, wenngleich die praktische Ausbildung auch hier auf Gerichte, Verwaltung und Rechtsanwaltskanzleien festgelegt wurde. Eine Ausbildung nach dem zweistufigen Modell mit Staatsexamina und einem an die juristische Ausbildung anschließendem praktischen Referendariat sollte weiterhin ermöglicht werden.[417]

Im bayerischen Justizministerium wurde die Angelegenheit maßgeblich von der Abteilung G für Ausbildung und Prüfung und dem dortigen Leiter, Engelbert Niebler, bearbeitet.[418] Von einem ersten Vorschlag des Bundesjustizministers zur Novellierung des Deutschen Richtergesetzes war Niebler wenig begeistert. An die bayerische Landesverwaltung, den Richterverein und die richterlichen Gremien schrieb er, dass durch einen Ersatz der ersten Staatsprüfung durch eine anderweitige Leistungskontrolle die „Auslesefunktion“ der ersten Staatsprüfung wegfalle. Bleibe es dabei, wisse man dann nun am Ende der fünfjährigen Ausbildung erst, ob ein Kandidat geeignet sei.[419]

Für Niebler war außerdem noch der Paragraf 5a zum gewohnten Ausbildungsgang interessant, denn hier habe der Bundesminister die dreimonatige Wahlpflichtstation in der Dauer des 24- und nicht 21-monatigen Vorbereitungsdienstes vergessen. Gerade diese sollte doch „besonderen regionalen Interessen“

415 Requate, Kampf, S. 296–300 u. Lührig, Diskussion, S. 116–124.

416 ABayLT, Plenarprotokoll 57. Sitzung, 10.12.1968, StMdJ Held, S. 2607.

417 BayHStA, LJPA 443, Generalakten Reform der Juristenausbildung, Novelle des DRiG, BMJ an LJV, Anlage 1 Vorlage zur Änderung des DriG, 28.07.1970.

418 BayHStA, LJPA 443, Generalakten Reform der Juristenausbildung, Novelle des DRiG, StMJ Notiz Ref. 3, 13.02.1970.

419 BayHStA, LJPA 443, Generalakten Reform der Juristenausbildung, Novelle des DRiG, StMJ an StMI, StMF, Arbeitsministerium, Bayerischer Richterverein (BRV), Präsidialrat der ordentlichen Gerichtsbarkeit, Hauptrichterrat beim BayObLG, 18.02.1970.

Rechnung – in Bayern vor allem dem Verwaltungsrecht – tragen.[420] Die Forderung nach einer Mindestausbildungszeit von 24 Monaten wurde, wie man im StMJ wusste, auch von anderen Ländern geteilt.[421] Als Kompromiss war man schließlich im April bereit, der Formulierung „mindestens 21 Monate" zuzustimmen.[422] Im bayerischen Justizministerium befürchtete man allgemein einmal mehr – nachdem schon das DRiG allgemein vieles erschöpfend regelte – weitere Festlegungen des Bundes zuungunsten der Länder durch die Novelle, die neben der Juristenausbildung beispielsweise auch die Ausschreibung freier Stellen und die Bildung von Richterräten betraf.[423]

Niebler arbeitete zu diesem Thema mit den Richtervertretungen zusammen, die durch das Richtergesetz geschaffen worden waren. Der Bayerische Richterverein stimmte dem Justizministerium zu, während der Hauptrichterrat beim Obersten Landesgericht noch weniger reformbegeistert der Meinung war, „[d]ie Justizausbildung eigne[...] sich nicht als Experimentierfeld". Allerhöchstens könne noch eine Einstellungsprüfung für den richterlichen Dienst gefordert werden, wenn die Änderung umgesetzt würde.[424] Der Präsidialrat der ordentlichen Gerichtsbarkeit in Bayern legte eine Stellungnahme vor, die ebenfalls von Experimenten in Bezug auf die Ausbildung absehen wollte. Das Ergebnis des Experiments sei vorhersehbar, außerdem sei juristische Praxis ohne theoretische Ausbildung nicht möglich, der Name der Prüfung nach dem theoretischen Abschnitt egal – aber ohne Abschlussprüfung sei eine juristische Ausbildung schlechterdings nicht abschließbar. Sorge machte den Juristen der „Massenbetrieb" an den Jurafakultäten, der Gleichheit und Gerechtigkeit von anderweitigen Leistungskontrollen nicht garantieren könne – „[d]er verhängnisvolle Weg zum Verzicht auf das Leistungsprinzip wäre damit beschritten".[425] Damit bezogen sie sich auf einen Grundpfeiler der Beamten- und damit auch eines Großteils der Juristenauslese.

Von Seiten des bayerischen Justizministeriums wurden Reformanstrengungen unternommen. Ergebnis war das „Münchner Modell". Dessen Spiritus Rector, Nie-

420 BayHStA, LJPA 443, Generalakten Reform der Juristenausbildung, Novelle des DRiG, StMJ an StMI, StMF, Arbeitsministerium, BRV, Präsidialrat der ordentlichen Gerichtsbarkeit, Hauptrichterrat beim BayObLG, 18.02.1970 u. StMJ an BMdJ, 18.03.1970.

421 BayHStA, LJPA 443, Generalakten Reform der Juristenausbildung, Novelle des DRiG, Vorlage StMJ an BMdJ, Bemerkung darauf, 18.03.1970.

422 BayHStA, LJPA 443, Generalakten Reform der Juristenausbildung, Novelle des DRiG, StMJ an BMdJ, 24.04.1970.

423 Ebenda.

424 BayHStA, LJPA 443, Generalakten Reform der Juristenausbildung, Novelle des DRiG, BRV an StMJ, 24.02.1970 u. Hauptrichterrat beim BayObLG an StMJ, 27.02.1970.

425 BayHStA, LJPA 443, Generalakten Reform der Juristenausbildung, Novelle des DRiG, PräsBayObLG an StMJ, 03.03.1970.

bler, bekam in der Publikation *Zur Sache. Themen Parlamentarischer Beratung* Gelegenheit, seine Ideen in Grundzügen vorzustellen. Nieblers Ausführungen umfassten auch deshalb die traditionelle Ausbildung, also Paragraf 5a, weil er dort, trotz einstufiger Modellverfahren, das Gros der Jurastudenten ausgebildet sah. Daneben stellte er aber das einstufige Münchner Modell vor: Theoretische und praktische Ausbildungsabschnitte sollten sich blockweise abwechseln. Die Nachbardisziplinen der Soziologie, Politologie, Wirtschaftswissenschaften und der Philosophie wollte er integriert wissen, damit die jungen Juristen „das Recht nicht isoliert sehen". Wichtig war ihm auch beim Modellverfahren der Hinweis auf die weiterhin notwendige und in Bayern traditionell bestehende integrierte Ausbildung zum Justiz- und Verwaltungsdienst. Er machte deutlich, dass man in Bayern nicht auf die Abschlussprüfungen verzichten wolle, dies auch deshalb, weil damit potenziell der Wert der universitären Ausbildung gemindert werden könnte, weil einzelne Wirtschaftszweige oder auch staatliche Stellen eigene Leistungstests wieder einführen könnten. Deshalb schlug Niebler vor, die erste Prüfung durch eine Zwischenprüfung zu ersetzen. Was die Abschlussprüfung anging, so stellte Niebler den in Bayern gängigen Ablauf dar, den er für überzeugend hielt und nicht zu ändern gedachte. Er sah allerdings Optimierungsbedarf, was die Transparenz des Prüfungsablaufs anging und optierte hier beispielsweise für die Nutzung früherer Prüfungsklausuren zu Übungszwecken, Einsicht in die Prüfungsklausuren, Zulassung von Prüflingen als Zuhörer zu mündlichen Prüfungen anderer sowie Nennung von Namen und Prüfungsnote der vorgesehenen Prüfer.[426]

Die Länge des regulären Vorbereitungsdienstes wurde zur Machtprobe zwischen Bund und Ländern. Während der sozialdemokratische Bundesjustizminister Gerhard Jahn bei seinem Vorschlag von 21 Monaten blieb und diesen vom Bundeskabinett im Juli 1970 billigen ließ,[427] hielt unter anderem Bayern weiter an einem prinzipiell länger als 21-monatigen praktischen Ausbildungsabschnitt fest. Der bayerische Justizminister Held kritisierte die sozialliberale Bundesregierung heftig für ihr wenig umsichtiges Agieren in der Sache, ihre Ignoranz den Länderinteressen, der Rechtseinheit und der gelungenen Juristenausbildung gegenüber.[428] Ein mit dem bayerischen Vorschlag an den Bundesjustizminister weitgehend übereinstimmender Vorschlag zur Änderung des DRiG wurde von der CDU/CSU-Fraktion ebenfalls in den Bundestag eingebracht und sollte zusammen mit dem Kabinetts-

426 BayHStA, LJPA 443, Generalakten Reform der Juristenausbildung, Novelle des DRiG, Dr. Engelbert Niebler Vorschlag für die Neufassung von § 5 Abs. 3, undatiert [1970].
427 BayHStA, LJPA 443, Generalakten Reform der Juristenausbildung, Novelle des DRiG, BMJ an LJV, Anlage 1 Vorlage zur Änderung des DriG, 28.07.1970.
428 BayHStA, LJPA 443, Generalakten Reform der Juristenausbildung, Novelle des DRiG, StMJ Stellungnahme StMdJ, 13.08.1970.

entwurf beraten werden.[429] Im Rechtsausschuss wurde dann allerdings festgestellt, dass zunächst weitere Informationen eingeholt werden müssten, unter anderem wurde ein „Hearing" vorbereitet.[430]

In den Akten des bayerischen Landesjustizprüfungsamts liegen einige Reden für ein „Hearing" zum Thema Ausbildungsreform im Rechtsausschuss des Bundestags am 25. März 1971 vor, unter anderem des Deutschen Richterbundes und Nieblers, der als Experte sprach. Der Referent des Richterbundes wies darauf hin, dass der Einfluss von Juristen auf „alle Lebensbereiche" des Staates gewachsen sei. In Bezug auf die Richter bemerkte er, dort sei „die Aufgabe explosionsartig schwieriger geworden. Wir müssen nicht nur die Vergangenheit bewältigen, sondern auch den ‚Zukunftsschock'." Er nannte nicht nur den Übergang von der Agrargesellschaft zum Industrieland, sondern auch die vermehrten Generalklauseln in der Gesetzgebung, die gefüllt werden müssten. Besondere Aufmerksamkeit wollte der Referent der „Kritikfähigkeit des Juristen" widmen – es ginge hier um Gesellschaftsbezug des Rechts ebenso wie um die Verfassungsgerechtigkeit.[431] Nieblers Vortrag beschäftigte sich vor allem mit den bayerischen Eigenheiten und dem Festhalten an der juristischen Ausbildung für Justiz- und Verwaltungsjuristen. Eine Vormerkung im bayerischen Justizministerium hielt Ende März 1971 fest, dass Gespräche im Anschluss an das „Hearing" gezeigt hätten, dass „sowohl das bayerische Konkurssystem als auch das Münchner Modell in immer weiteren Kreisen Anklang" gefunden habe.[432] In der Novelle vom September 1971 wurde den Länderbedenken, die unter anderem Bayern geäußert hatte, schließlich Rechnung getragen: Der Vorbereitungsdienst sollte zwei Jahre dauern und höchstens fünf Stationen umfassen, wovon eine frei zu wählen war.[433]

Das Münchner Modell wurde ab 1971 an der neu gegründeten Universität in Augsburg umgesetzt. In ihrer Informationsschrift über die Rechts- und Justizpolitik der Jahre 1966 bis 1974 im Justizministerium erklärten Held und Bauer, dass es Ziel des Modells sei, „den echten dem Recht *verpflichteten* Volljuristen" auszubilden. Dieser Verweis auf die Verpflichtung auf das Recht erklärt die Hierarchie im

---

429 BayHStA, LJPA 443, Generalakten Reform der Juristenausbildung, Novelle des DRiG, Drucksache VI/665 Sachgebiet 301 Gesetz zur Änderung des Deutschen Richtergesetzes (Gesetzesentwurf des Abgeordneten Vogel und der Fraktion der CDU/CSU), undatiert.

430 BayHStA, LJPA 443, Generalakten Reform der Juristenausbildung, Novelle des DRiG, StMBund an StMJ, 18.12.1970.

431 BayHStA, LJPA 443, Generalakten Reform der Juristenausbildung, Novelle des DRiG, DRB-Referat, Hearing im Bundestag am 25.03.1971, handschriftlich datiert von Niebler auf 25.03.1971.

432 BayHStA, LJPA 443, Generalakten Reform der Juristenausbildung, Novelle des DRiG, StMJ Vormerkung, 31.03.1971.

433 BGBl. Nr. 93, 1971, Gesetz zur Änderung des Deutschen Richtergesetzes v. 10.09.1971, S. 1557–1560.

konservativen Münchner Modell: Der Einblick in die „Nachbargebiete" sollte „Orientierungswissen" für die „richtige Rechtsanwendung" bieten. Auf einen theoretischen Abschnitt folgte ein praktischer Abschnitt. Die Ausbildung war also nicht mehr in die beiden Blöcke Studium und Referendariat unterteilt. Daneben sei auch die „herkömmliche" Ausbildung an den übrigen Universitäten durch das auf zwei Jahre verkürzte Referendariat intensiviert worden.[434] Es ging aber letztlich in Bayern vor allem darum, die reformerischen Aspekte – kürzere Ausbildungszeiten, Einblicke in andere Fächer – zu nutzen, ohne von den eigenen festen Standards, wie den beiden Prüfungen oder dem Verwaltungsschwerpunkt auch für Justizjuristen, abzuweichen.

Fazit

Ab etwa Mitte der 1950er Jahre waren sich die bayerischen Justizminister parteiübergreifend über die Reformbedürftigkeit verschiedener Rechts- und Justizbereiche – zum Erhalt der juristischen Unabhängigkeit – einig. Der Reformdiskurs lässt sich auch in Bayern als eine Reaktion auf Krisenphänomene lesen, die mit dem Erbe der nationalsozialistischen Diktatur ebenso viel zu tun hatten wie mit einer allgemein als sehr komplex wahrgenommenen Gegenwart.[435] In den Diskussionen wurden einerseits moderne Justizbilder evoziert, genauso wurde aber auf die Güte des Bestehenden verwiesen. Beide konnten sich an verschiedenen Stellen durchsetzen. In der zeitgemäßen Gestaltung der Schauseite anhand von Verwaltungsrationalisierung durch neue Gerichtsorganisation, den Einsatz moderner Technik, Neubauten und die Idee des weltoffenen, gebildeten Juristen mit nützlichem Spezialwissen manifestierte sich dieser Veränderungs- und Anpassungswillen. Die Richtergesetze konnten dabei als Ausdruck und Bestätigung der Unabhängigkeit der Justiz gedeutet werden. Auch die zaghafte Ausbildungsreform speiste sich aus der Idee, dass die Demokratie breiter ausgebildete Juristen forderte – und blieb andererseits bei der als spezifisch bayerisch verstandenen Institutionen einer gemeinsamen Ausbildung von Verwaltungs- und Justizjuristen, auch mit Blick auf die in Bayern übliche Ämterrotation. Insgesamt wurden die Ideen aus dem Dis-

434 Bayerisches Staatsministerium der Justiz, Rechts- und Justizpolitik, S. 28 f.

435 Allgemein zur „Komplexität der Gegenwart" und Reformideen in der Politik der Nachkriegszeit siehe Metzler, Konzeptionen, S. 130–140 u. 336; zum seit dem Ende des 19. Jahrhunderts wiederkehrend auftauchenden Deutungsmuster der als komplex und regelungsbedürftig wahrgenommenen Gegenwart siehe van der Meer/Dijkstra, Prometheus, S. 208.

kurs der Ausbildungsreform in Bayern nur in einem kleinem Umfang umgesetzt.[436]

2.4 Fazit: Das Ansehen der Justiz

Die öffentlichen Diskurse über das Ansehen der Justiz in der Demokratie beschäftigten sich mit unterschiedlichen Facetten: der sichtbaren Manifestation der Justiz in Gebäuden und Ordnungen, der Diskussion ihrer Reputation sowie den Fragen ihrer ebenfalls äußerlich wahrnehmbaren institutionellen und organisatorischen Reform. Die Schauseite der bayerischen Justizverwaltung zeigte zwei dominante Bilder: den „Wiederaufbau" als Selbstbeschreibung sowie die unabhängige Justiz als Legitimationsstrategie. Beide Justizbilder blieben auch durch Reformen und politische Führungswechsel hinweg relativ stabil.

Die Idee eines „Wiederaufbaus" der bayerischen Justiz nach dem Vorbild der Justiz der Zwischenkriegszeit wurde bereits während des Zweiten Weltkrieges im Exil und danach als zentrales Deutungsmuster genutzt. In der frühen Nachkriegszeit wurde auf Gebäude, Personal und die institutionellen Organisationsvorgaben der Weimarer Republik zurückgegriffen. Alle diese Aspekte waren vom Nationalsozialismus, den NS-Verbrechen oder der Besatzung nicht unangetastet geblieben. Diese Komponente wurde in der „Wiederaufbau"-Rhetorik bayerischer Juristen ignoriert, stattdessen zeichnete man das Bild einer kurz unterbrochenen, aber unbeeinflussten Kontinuität der bayerischen Justizverwaltung der Weimarer Republik. Selbstverständliche Referenzen auf das Justizministerium der Zwischenkriegszeit und dessen institutionelle Struktur beherrschten die Frühphase der Nachkriegszeit. In der Tat arbeiteten im Nachkriegsministerium überwiegend Münchner Juristen, die auch vor und während der NS-Diktatur an Münchner Gerichten beschäftigt gewesen waren, von denen sich ein Großteil am zentralen Ort der Justizverwaltung befunden hatte: dem Justizpalast. Als bayerisch verstandene Organisationsmuster wie die Ämterrotation wurden auch die Reformideen der späten 1960er und frühen 1970er Jahre als solche verteidigt.

Die Unabhängigkeit der Justiz zeigte sich demgegenüber als besonders wandel- und anpassbar an spezifische Argumentationsnotwendigkeiten. Als Selbstbeschreibung bezeichnete sie zwar stets dasselbe – die bayerische Nachkriegsjustiz – war aber zugleich flexibel in Bezug auf das sich von ihr Unterschiedene.[437] Gegen-

436 Zu einem ähnlichen Ergebnis kommt Requate in Bezug auf die Auswirkungen der allgemeinen Reformeuphorie unter Juristen bis Ende der 1960er Jahre siehe Requate, Standespolitik, S. 441–443 u. ders., Kampf, S. 395 f.

437 Luhmann, Organisation, S. 417 u. 442.

bilder zur Unabhängigkeit waren etwa eine unangemessene Berichterstattung über die Justiz, Teile der NS-Justiz, als veraltetet angesehene Vorstellungen vom Funktionieren der Justiz oder aber als politisch verstandene Rufe zur Bestrafung von NS-Tätern. Die Unabhängigkeit der Justiz wurde als maßgebliche Stabilisierung der Demokratie verstanden.

Dieses Bild erlitt im Rahmen der DDR-Kampagne gegen westdeutsche „Blutrichter" zwar einige Kratzer, letztlich zwang die Krise die bayerische Justizverwaltung aber vor allem dazu, ihre Kommunikationsstrategie zu verändern und ihr Verhältnis zur Öffentlichkeit zu justieren. Flankiert wurde die neue „gute Informationspolitik" von weiteren Anpassungsstrategien, die ebenfalls das Ansehen der Justiz betrafen und als Reformideen kommuniziert wurden: Durch eine reformierte Gerichtsorganisation, Neubauten und die Reformgesetze für Richter und die Ausbildung emergierte ein neues Bild des modernen, weltoffenen, gesellschaftlich interessierten Juristen, der sich der Gegenwart anpasste und gerade deshalb als unabhängig wahrgenommen wurde. Verteidigt wurden damit gleichzeitig zentrale Elemente der „wiederaufgebauten" bayerischen Justiz.

3 Die bürokratische Biografie: Personalakten als Orte der Selbstbildproduktion

„Die Personalakten eines Beamten sollen fortlaufend von vorne nach hinten – wie ein Buch – gelesen werden können. [Dies] gibt ein zuverlässiges fortlaufendes Bild des Beamten, für den sie angelegt worden sind und geführt werden."[1] Der Münchner Oberstaatsanwalt Hans Schmucker erläuterte mit diesen Worten die Grundsätze der Personalakte: Sie besitzt eine festgelegte Reihenfolge, einen Anfang und ein Ende,[2] sie wird fortlaufend ergänzt und ist auf dem aktuellen Stand; sie wird für den Beamten in einer distinkten Form geführt, die Zuverlässigkeit garantieren und ein Bild produzieren soll. Es handelte sich um eine bestimmte Art, das Juristenleben zu beschreiben, zu ordnen und so ein bestimmtes Justizbild hervorzubringen.

Dieses „Buch" über den einzelnen Beamten verweist auf den Begriff der Biografie. Darunter wird einerseits eine Lebensgeschichte verstanden, der Lebenslauf eines Menschen, und anderseits dessen Beschreibung, Verschriftlichung oder – wie hier im vorliegenden Fall – dessen aktenmäßige, bürokratische Vergegenständlichung.[3] Als solche erzählt sie neben der Person, für die sie angelegt wurde, auch einiges über diejenigen, die die Akten führten.[4] Diese Personen gehörten zur Justizelite des Landes – Vorgesetzte und Vorgesetzte von Vorgesetzten – die einander gegenseitig beurteilten und übereinander Akten führten.[5] Dasselbe taten sie für die ungleich größere Gruppe der ihnen Untergebenen. Die Autorenschaft der bürokratischen Biografie ist uneindeutig: einerseits zeigt sich „die Verwaltung" als unpersönliche Autorin, andererseits viele verschiedene Autoren: die Personaler, der Einzelne, die Präsidenten, der Ministerialdirektor, die politische Spitze des Ministeriums. Das liegt auch an dem, was sie darstellen soll, an ihrer Kommunikationsabsicht: eine von persönlichen Präferenzen absehende, sachliche leistungs- und versorgungsbezogene Grundlage der Bewertung von Juristen und Beamten. In jedem Fall handelt es sich um homodiegetisches Erzählen:[6] Die Erzähler sind am Geschehen beteiligt – ohne Bürokratie keine bürokratische Biografie, das ist

1 BayHStA, StMJ 38/2018, Generalakten Personal, 6/88, Vernichtung und Säuberung der Personalakten, Personalaktenführung, GenStA München [gez. Schmucker] an StMJ, 19.08.1954.

2 Das unterscheidet sie von Sachakten, siehe Hull/Nellen/Rohringer, History, S. 5.

3 Erll, Biographie, S. 81.

4 Kaufmann/Leimgruber, Einleitung, S. 10.

5 Siehe beispielsweise BayHStA, MJu 24684, PA Georg Bäurle, Beiakte AG München Personalakt Bäurle, 16.04.1931.

6 Klein/Martínez, „Discours", S. 217.

https://doi.org/10.1515/9783111390475-003

klar. Der Begriff der bürokratischen Biografie[7] meint diese Praxis, Leben verwaltungsgemäß zu beschreiben.[8]

Zur Rekonstruktion dieser Praxis gehört die Analyse von Funktion, Materialität und Form, Sprache, Narration und Deutungsmustern sowie der Transformation der Personalakten im 20. Jahrhundert – anhand der Akte als solche, ihrer Ordnung und ihres Inhalts. Sie dienen in dieser Arbeit nicht nur dazu, die Personalstruktur des Justizministeriums zu rekonstruieren; vielmehr sind es die Akten selbst, die es zu untersuchen gilt.[9] Sie stiften eine Ordnung aus Vorgaben, Bedingungen und Wertungen – und prägen so die bürokratische Biografie.

3.1 Herrschaftswissen: Souveränität durch Personalaktenkontrolle

Personalakten speichern Herrschaftswissen. Betrachtet man sie in dieser Hinsicht, lässt sich gut nachvollziehen, wie die viel beschworene Verwaltungskontinuität zwischen Nationalsozialismus und Bundesrepublik erst hergestellt wurde.[10] Anstatt sie vom Ergebnis her zu denken und als gegeben anzunehmen, wird der Versuch Kontinuität herzustellen und dessen zwiespältiges Ergebnis im Folgenden beleuchtet.

Die Sicherung von Personendaten in Personalakten blickte Mitte des 20. Jahrhunderts schon auf eine lange Verwaltungstradition zurück. Der „enorme[…] Wissensbedarf“[11] des frühneuzeitlichen Staats erstreckte sich nämlich auch auf das eigene Personal.[12] In dieser „Verwaltung der Verwaltung“[13] wurden ab etwa der zweiten Hälfte des 19. Jahrhunderts Personalakten geführt.[14] Sie vereinfachten die

---

7 Der Begriff einer „bureaucratic biography“ geht auf Shlomi Balaban (Sapir College, Visiting Researcher University of Ottawa) zurück, der ihn während einer Diskussion der vorliegenden Studie während der Max Planck Summer Academy in Legal History 2019 in Frankfurt am Main einwarf. Ich danke ihm für den Hinweis.

8 Die bürokratische Biografie ist am Beispiel eines ganz bestimmten Samples bayerischer Spitzenjuristen gewonnen worden (siehe dazu Kap. 1) und gilt daher zunächst auch nur für die Gruppe. Die Erforschung dieser Praxis kann – und sollte – auf andere Bereiche angewandt werden. Dass in manchen Fällen Ähnliches zutage gefördert werden mag, hängt freilich an der Nähe der Justiz zu den Beamten ebenso wie gesamtstaatlichen Vorgaben für die Verwaltungen.

9 Ähnlich angelegt ist Siegert, Passage, S. 25.

10 Siehe dazu auch Kap. 1.4.

11 Schuppert, Wissen, S. 195.

12 Glaser, Verwaltungstechnik, S. 181.

13 Ellwein, Staat, Band 2, S. 139.

14 Ebenda u. ders., Staat, Band 1, S. 167 f. u. 188.

Kontrolle des Personals,[15] sie beinhalteten Herrschaftswissen.[16] Als verwaltungsinterne „Herrschaftselemente"[17] stabilisierten sie die Herrschaft, indem sie das Personal kontrollierbar und rechenschaftspflichtig machten. Max Weber nannte das Herrschaftswissen noch etwas umständlicher „Herrschaft kraft Wissen". So tendiere die Bürokratie dazu, ihre Macht durch „die durch Dienstverkehr erworbenen oder ‚aktenkundigen' Tatsachenkenntnisse" zu steigern.[18] Dieses Wissen erlaube in der Konsequenz die Kontrolle der Verwaltung.[19] Machtausübung und Kontrolle funktionieren insbesondere dann, wenn es sich um Wissen handelt, das als Arkanwissen nur wenigen zugänglich ist.[20] Die damit zusammenhängenden Verwaltungspraktiken werden im folgenden Kapitel bezogen auf den Umgang mit Personalakten im Bayern der direkten Nachkriegszeit verfolgt.

Rekonstruktion der bayerischen Justiz

Justizpersonalakten des höheren Dienstes wurden nicht nur beim Justizministerium als oberster Dienstherr geführt, sondern auch beim unmittelbaren Dienstvorgesetzten und den übrigen Dienstaufsichtsbehörden.[21] Die Personalakten desselben Juristen sollten jeweils vollständig sein, aber nicht identisch, sodass zum Beispiel Urlaubsanträge nur dort vermerkt werden mussten, wo der Urlaub auch genehmigt wurde.[22] Damit entstanden zwei mindestens ähnliche Versionen der Personalakte eines Juristen. Während des Nationalsozialismus, höchstwahrscheinlich ab April 1935, wurden die Personalakten, die vorher im bayerischen Justizministerium geführt wurden, nach Berlin abgegeben.[23] Nach Kriegsende wurden diese Akten von den Alliierten konfisziert und verwahrt. Viele der an den bayeri-

15 Ebenda, S. 203.

16 Scheler, Wissensformen, S. 250; Landwehr, Wissensgeschichte, S. 806 f. u. Studer, Erfassungslogiken, S. 141.

17 Kellerhals, Akte/n, S. 30.

18 Weber, Wirtschaft, S. 129; siehe dazu auch Wegener, Staat, S. 349.

19 Weber, Wirtschaft, S. 855.

20 Wegener, Staat, S. 349.

21 Siehe hierzu JMBl. Nr. 18, 1919, Bekanntmachung über die dienstliche Würdigung der Beamten und Notare, die Bewerbungsgesuche und die Führung der Personalakten betreffend v. 18.09.1919, S. 317; JMBl. Nr. 5, 1930, Bekanntmachung über die Behandlung der Personalangelegenheiten v. 17.05.1930, S. 62 u. BayBSVJu, Band 1, Nr. 12, Bekanntmachung über die Führung der Personalakten bei den Justizbehörden v. 12.11.1956, S. 9.

22 BayHStA, StMJ 38/2018, Generalakten Personal, 6/88, Vernichtung und Säuberung der Personalakten, Personalaktenführung, Vormerkung StMJ, 15.05.1968.

23 Siehe dazu RGBl. Nr 7, 1935, Drittes Gesetz zur Überleitung der Rechtspflege auf das Reich vom 24.01.1935, S. 68.

schen Gerichten geführten Personalakten waren gleichzeitig nicht aufzufinden. So schrieben etwa Nürnberger Juristen des „Komitee[s] zur Vorbereitung der Eröffnung der Nürnberger Gerichte“[24] im Juni 1945 an den Ministerpräsidenten Fritz Schäffer, dass zahlreiche Personalakten fehlten. Sie berichteten von einer geheimen Anweisung des Reichsjustizministeriums, Akten zu zerstören.[25] Auch das bayerische Arbeitsministerium sprach ein Jahr später von der Zerstörung einer „Anzahl von Personalakten“ vor dem Einmarsch der Amerikaner auf Betreiben der damaligen Behördenleiter oder anderer Beamter. Die dortigen Akten seien verbrannt worden.[26] Weitere Nachforschung nach Personalakten war auch dem Nürnberger Komitee in Auftrag gegeben worden.[27] Dies erwies sich allerdings als vergeblich, denn die noch vorhandenen „etwa 5 000 Personalakten“ seien zwar seinerzeit von einem Nürnberger Justizoberinspektor in einem abgeschlossenen Raum des Nürnberger Justizgebäudes verwahrt worden. Ein „amerikanische[s] Sonderkommando“ habe die Akten jedoch entfernt und ins „Reutersbrunnenschulhaus“ gebracht. Dort konnten sie aber nicht mehr aufgefunden werden und der Schulhausverwalter hatte die Angabe gemacht, dass die Besatzer „Akten teilweise verbrannt, teilweise auf die Schutthaufen geworfen“ hätten. Unklar blieb, ob dieses Schicksal auch die Personalakten ereilt hatte – verschwunden bleiben sie in jedem Fall.[28]

Für die Öffnung der Gerichte und den sukzessiven Aufbau der bayerischen Justizverwaltung waren Personalakten allerdings von enormer Bedeutung. Denn ohne Akten und damit Beweise etwa für bestandene Prüfungen und auch die bisherige juristische Laufbahn konnte ein großer Teil des juristischen Personals nicht eingestellt werden. Diese Informationen befanden sich vor allem in Personalakten.

In Bayern im Jahr 1945 suchten die von den Amerikanern mit dem Aufbau der Justiz beauftragten Männer Lösungen für das Personalaktenproblem. In den Statusakten des Oberlandesgerichts Bamberg finden sich „Richtlinien für den Wieder-

24 BayHStA, StMJ 38/2018, Statusakten, 6, OLG Nürnberg, Komitee an Militärregierung Nürnberg, 13.10.1945. Das Komitee ging auf einen Auftrag eines Major Hamilton in Nürnberg am 10. Mai 1945 zurück, der Hans Heinrich beauftragte, mit weiteren Personen ein solches zu gründen, um an der „Wiedereröffnung der Rechtspflege“ mitzuwirken.

25 BayHStA, StMJ 38/2018, Statusakten, 6, OLG Nürnberg, Komitee an Schäffer, 19.06.1945. Ähnliches ist auch für das Oberlandesgericht Frankfurt überliefert, siehe Gruenewaldt, Richterschaft, S. 8 u. allgemeiner siehe Lahusen, Dienstbetrieb, S. 213–215.

26 BayHStA, StMJ 38/2018, Generalakten Personal, 6/88, Vernichtung und Säuberung der Personalakten, Personalaktenführung, Arbeitsministerium an StMJ, 23.01.1946.

27 BayHStA, StMJ 38/2018, Statusakten, 6, OLG Nürnberg, Komitee an Schäffer, 19.06.1945.

28 BayHStA, StMJ 38/2018, Statusakten, 6, OLG Nürnberg, Komitee an Militärregierung Nürnberg, 13.10.1945.

aufbau der Rechtspflege im Staate Bayern“ vom 29. September 1945. Lorenz Krapp, der in Bamberg mit der Eröffnung des OLG beauftragt war, hatte das Dokument nach einem Besuch des „Staatsminister[s] der Justiz“ Hoegner „und seinem Personalreferenten“, der wenige Tage zurück lag, verfasst. Um wen es sich beim Personalreferenten handelte, ließ das Schreiben offen, dass es der designierte Personalabteilungsleiter Anton Konrad war, ist allerdings sehr wahrscheinlich.[29]

Auch für Krapp, Hoegner und (vermutlich) Konrad war es selbstverständlich, dass „die Rechtspflege“ Akten über ihr Personal benötigte. Denn zentral ist den Richtlinien die (Re-)Konstruktion der Justizpersonalakten. Krapp verwies darauf, dass die vom bayerischen Justizministerium der Weimarer Republik geführten Personalakten über Richter, Staatsanwälte, Notare und Rechtsanwälte „seinerzeit“ an das RJM hatten abgegeben werden müssen. Noch wisse man nicht, ob die Akten überhaupt noch existieren, weshalb ihre „Neuanlage“ beim StMJ avisiert werden müsse. Als besonders dringend sah Krapp die Neuanalage der Akten über die von der Militärregierung „durch schriftliche Verfügung bestellten oder zugelassenen“ Beamten an[30] – sie umschloss die Abschriften der Personalbogen und die letzten dienstlichen Beurteilungen vor dem 1. Januar 1933 und dem 1. Mai 1945, soweit diese überhaupt bestünden.[31] Auch wenn Krapp es nicht spezifizierte, können diese nur aus den Personalakten stammen, die an den Gerichten geführt wurden. Dazu wurden der sechsseitige Fragebogen der Militärregierung gefordert ebenso wie die zwei Sonderfragebogen für Juristen.[32] Diese Dokumente sollten von den Männern, die mit der Eröffnung der Landgerichte betraut waren, gesammelt und Krapp vorgelegt werden.[33] Verwaltungspraktisch zeigen sich an dieser Stelle – der (Re-)Akkumulation von Herrschaftswissen – gleichermaßen banale wie basale Verwaltungspraktiken: Sammeln und Dokumentieren. Die avisierte bayerische Justizverwaltung war ohne das Herrschaftswissen der Personalakten nicht zu machen. Das dort gespeicherte und entsprechend kategorisierte und klassifizierte Wissen entsprach Gütekriterien, die die Juristen für ausreichend hielten, um Entscheidungen über die Besetzung von Stellen im Staat zu treffen.[34]

---

29 IfZA, NL Wilhelm Hoegner, ED 120/119, Bl. 42–44, Hoegner an Militärregierung für das Land Bayern, 24.09.1945.

30 Krapp meint vermutlich diejenigen, die im Amt belassen worden waren oder deren Anstellung auf Vorschlag Hoegners von der Militärregierung genehmigt worden war.

31 BayHStA, StMJ 38/2018, Statusakten, 7, OLG Bamberg, Richtlinien für den Wiederaufbau der Rechtspflege im Staate Bayern, 29.09.1945.

32 Siehe dazu auch Kap. 4.2.

33 BayHStA, StMJ 38/2018, Statusakten, 7, OLG Bamberg, Richtlinien für den Wiederaufbau der Rechtspflege im Staate Bayern, 29.09.1945.

34 Siehe dazu auch Lahusen, Dienstbetrieb, S. 280 f.: „Besoldungs- und Personalunterlagen hatten im Prinzip nichts von ihrem juristischen Gebrauchswert verloren“.

Die „Rekonstruktion“ der Personalakten für das Personalreferat des bayerischen Justizministeriums verzögerte sich allerdings, wie Krapp Ende Oktober 1945 berichtete. Vor allem die Überlastung der „Vertrauensmänner“ der Militärregierung, die mit der sensiblen Aufgabe betraut waren, behinderte eine schnelle Rekonstruktion. Die Männer arbeiteten zwölf bis 14 Stunden am Tag, auch sonntags. Dazu kämen Verkehrsschwierigkeiten, fehlende Schreibkräfte und die „Überflutung mit Bewerbern und Entlassungsbedrohten, die man schon aus allgemeiner Menschenpflicht sich aussprechen lassen muss“. Krapp beklagte sich zudem über „die hartnäckige Weigerung der Norddeutschen, den Schleier über ihre Vergangenheit zu lüften“ – ohne dies näher zu erläutern. Die Aussage legt nahe, dass man in Bayern „den Schleier“ durchaus gelüftet hatte, zumindest in den Augen Krapps.[35] Er spielte wohl darauf an, dass man sensible Daten über die NS-Vergangenheit der Juristen in der Tat durchaus ernst- und in die rekonstruierten Personalakten aufgenommen hatte.

Immerhin konnte Krapp nur einen Monat nach der Anweisung die Unterlagen für solche Beamte vorlegen, die für leitende Stellen in Frage kämen, bis hin zu den Landgerichtspräsidenten und den Oberstaatsanwälten.[36] Krapp ließ keinen Zweifel daran, dass er in der Rekonstruktion der Akten einen wesentlichen Teil der Rekonstruktion der bayerischen Justiz nach ihrem alten Bild sah: Als Vorbilder für die neu anzulegenden Personalakten sah er explizit diejenigen, die das bayerische Justizministerium ans Reich abgegeben hatte. Auch ließ er neben der neuesten dienstlichen Beurteilung, wie üblich, auch die letzte dienstliche Beurteilung vor der NS-Machtübernahme bei dieser Rekonstruktion als letzte vordiktatorische „Wahrheit“ zugrunde legen – die darin getätigten Aussagen über einen Beamten galten offenbar nicht als überholt. Vielmehr wurde ihnen Geltung zugesprochen. Krapp erläuterte das Vorgehen, das die „Justizhoheit und Justizverwaltung Bayerns [...] wieder“ herstellen sollte, als den Bau eines Hauses „herauf von den gesunden Fundamenten“, die er in der „alterprobten, bayerischen Organisation vor 1933“ sah.[37] Damit unterstrich die Rekonstruktion der Personalunterlagen für die Zwecke der Justizverwaltung auch ein bestimmtes Selbstbild: Es handelte sich um die Rekonstruktion des Zustandes vor der nationalsozialistischen Herrschaft, mindestens vor 1935 und der Zentralisierung der Justiz. Es ist auch kein Zufall, dass Konrad, so wie seine Nachfolger Hans Walther und Andreas Holzbauer, in Personalunion die Leitung der Personalabteilung und die Behördenleitung als Ministerialdirektor übernahm. Binnenorganisatorisch hob diese Verquickung das Personal-

35 BayHStA, StMJ 38/2018, Statusakten, 7, OLG Bamberg, PräsOLG an StMJ, 22.10.1945.

36 Ebenda.

37 BayHStA, StMJ 38/2018, Statusakten, 7, OLG Bamberg, Richtlinien für den Wiederaufbau der Rechtspflege im Staate Bayern, 29.09.1945.

wesen von anderen Aufgabenbereichen ab, mehr als andere Felder waren Personalangelegenheiten Chefsache. Hierin drückt sich die enge Verbindung aus Personalkontrolle und Organisationsgeschichte aus.

Kampf um Herrschaftswissen

Dieser „Wiederaufbau" durch Personalkontrolle – manifestiert in den Akten – blieb nicht unangefochten. Bereits kurze Zeit später musste das bayerische Justizministerium die eigene Aktenhoheit verteidigen: Staatssekretär Ehard machte die Außenbehörden darauf aufmerksam, dass den Spruchkammern die Personalakten von Betroffenen auszuhändigen seien, wenn dies verlangt werde. Davor sollten die Angeklagten noch einmal die Akten einsehen dürfen, allerdings unbedingt unter Aufsicht, damit sie keine belastenden Aktenstücke beseitigen könnten.[38] Zwei Wochen später machte der Nürnberger Oberlandesgerichtspräsident Hans Heinrich seine „schwere[n] Bedenken" hiergegen deutlich. Er hielt den größten Teil der Akte für nicht relevant für die Spruchkammern, beklagte eine „häufig festzustellende Verstümmelung der Akten" und befürchtete ihren Verlust. Er plädierte daher dafür, lediglich Auszüge zu versenden.[39] Dass Heinrich zumindest in einem Fall Recht behalten sollte, zeigt der weitere Verlauf des Generalakts: Im April 1947 entnahm der öffentliche Kläger der Spruchkammer Bamberg III-Stadt den Personalakten eines ehemaligen Bamberger Justizoberinspektors ganze elf Aktenstücke aus der Zeit des Nationalsozialismus und beließ diese bei den Spruchkammerakten. Durch eine solche Tätigkeit entstünde „ein falsches Gesamturteil" über den Beamten. „[W]ie bisher, so auch künftig" sollte die Personalakte „als untrennbares Ganzes erhalten bleiben".[40] Auch Konrad versuchte beim Ministerium für Sonderaufgaben darauf hinzuwirken, dass den Justizbehörden „ihre Personalakten als Ganzes erhalten" blieben.[41] Nachdem sich der öffentliche Kläger zunächst uneinsichtig gezeigt hatte, konnte die Rückgabe der elf Aktenstücke schließlich durch Intervention der Besatzungsmacht einige Monate später geregelt werden.[42]

---

38 BayHStA, StMJ 56/2015, 734, Befreiungsgesetz: Bildung von Spruch- u. Berufungskammern u. Personalvorschläge, StS an Außenbehörden, 09.11.1946.

39 BayHStA, StMJ 56/2015, 734, Befreiungsgesetz: Bildung von Spruch- u. Berufungskammern u. Personalvorschläge, PräsOLG Nürnberg an StMJ, 23.11.1946.

40 BayHStA, StMJ 56/2015, 734, Befreiungsgesetz: Bildung von Spruch- u. Berufungskammern u. Personalvorschläge, PräsOLG Bamberg an StMJ, 25.04.1947.

41 BayHStA, StMJ 56/2015, 734, Befreiungsgesetz: Bildung von Spruch- u. Berufungskammern u. Personalvorschläge, StMJ an StMSo, 16.05.1947.

42 BayHStA, StMJ 56/2015, 734, Befreiungsgesetz: Bildung von Spruch- u. Berufungskammern u. Personalvorschläge, Generalkläger Kassationshof an StMJ, 23.07.1947.

Dieser Einzelfall (weitere sind zumindest nicht überliefert) geschah in einem Klima institutioneller Spannung zwischen den Justizbehörden und einer politisch besetzten, professionell nicht durchgängig qualifizierten Sonderinstanz, den Spruchkammern, die sich auch in den Diskussionen um die Vorprüfungsausschüsse und Sonderkammern für Justizangehörige zur selben Zeit zeigte.[43] Justizbehörde und Spruchkammer stritten damit auch über die Zuständigkeit für Deutungshoheit über die NS-Vergangenheit von Juristen. Der öffentliche Kläger der Bamberger Spruchkammer war anscheinend der Meinung, dass den Spruchkammern als Entscheidungsinstanzen über die NS-Vergangenheit des Einzelnen auch die dazugehörigen Dokumente zustanden. Die Justizbehörden, die die Personalakten gerade erst wieder angelegt hatten, sahen nun abermals ihre Informations- und Entscheidungsgrundlage – ja ihre Herrschaftsgrundlage – schwinden. Der öffentliche Kläger nahm an, dass die Akte in das Eigentum der Spruchkammern übergegangen sei, während die Vertreter der Justizbehörden gegenüber dem Ministerium für Sonderaufgaben deutlich machten, dass die Akte – unabhängig von ihrem Nutzen für die Spruchkammer – im Besitz der Justizbehörden verbleiben sollte. Mit der Frage danach, ob der Inhalt der Personalakte verändert werden durfte oder nicht, zeigt sich die Frage nach der Autorität über die Personalakte. Insofern Einverständnis darüber herrschte, wessen Herrschaft die Personalakte und damit auch die Person mit ihrer Vergangenheit unterstand, bestätigte der Ablauf der Aus- und Rückgabe diese Formation.[44] Indem die Spruchkammern aber selbst als Autorität in Fragen der Vergangenheit auftraten, war an dieser Stelle die Ordnung und der sie symbolisierende Umgang mit den Akten noch unsicher.

Das bayerische Justizministerium musste nicht nur an dieser innerbayerischen Stelle um die Aktenhoheit kämpfen. Denn die beim Reichsjustizministerium geführten Personalakten, deren Überleben Krapp in Zweifel gezogen hatte, existierten noch. Sie hatten in der Besatzungszeit einige Male die Position gewechselt: Von den Orten, an denen sie konfisziert worden waren, waren sie in Berlin gesammelt und von dort aus nach Hamburg ins Zentral-Justizamt für die Britische Zone (ZJA) verbracht worden. Benötigte man Zugriff auf die Inhalte der Akten, etwa als Beweismaterial für Entnazifizierungs- oder Einstellungsverfahren, versandte das ZJA anstatt ganzer Personalakten standardmäßig nur Auszüge aus denselben. Genau dieses Verfahren hatte Heinrich einige Monate zuvor gegenüber den Spruchkammern vorgeschlagen, denn damit verblieben die physischen Akten im Besitz derer, die darin ihren Herrschaftsanspruch verwirklicht sahen.

43 Siehe dazu Kap. 4.2.

44 Hull/Nellen/Rohringer, History, S. 5f.

Die Anfragen zu Informationen aus dem Aktendepot beim ZJA erfolgten über die Militärregierung, die sie offenbar nicht prioritär weiterleitete.[45] Vor diesem Hintergrund suchte Konrad aktiv nach den Personalakten an Gerichten der ehemals besetzten oder angeschlossenen Gebiete. Denn die Zusammenstellung neuer Akten aus untergerichtlichen Personalakten konnte bis dahin nur für das Personal vorgenommen werden, das während des Nationalsozialismus an bayerischen Gerichten tätig gewesen war und deren Akten noch vorhanden waren. Bei den Juristen, die nicht aus dem bayerischen Justizdienst stammten oder deren Akten verschwunden waren, sollte ein aussagekräftiger Lebenslauf, „der eine Beurteilung ihrer Gesamtpersönlichkeit ermöglicht", die Dokumente ersetzen.[46] Diese Lebensläufe konnten allerdings wiederum keine Zeugnisse ersetzen, weshalb insbesondere die sogenannten Flüchtlingsbeamten nur „kommissarisch" angestellt wurden, weil die notwendigen Informationen zur Verbeamtung fehlten, wie Konrad berichtete.[47]

Als er sich deshalb beim Chef der Deutschen Justizverwaltung der Sowjetischen Besatzungszone in Deutschland im September 1947 nach den Aufbewahrungsorten der Personalunterlagen der ehemaligen Reichjustizbeamten der früheren Oberlandesgerichtsbezirke Breslau, Danzig, Kattowitz, Königsberg, Marienwerder, Posen und Stettin erkundigte, erhielt er eine ernüchternde Antwort:[48] Solche Unterlagen seien nur in einem äußerst beschränkten Umfang in der Sowjetischen Besatzungszone (SBZ) sichergestellt worden. Bekannt sei hingegen, dass die Mehrzahl der Personalunterlagen der ehemaligen RJM-Beamten von den Alliierten sichergestellt und in Berlin eingelagert worden seien.[49] Damit verwies er auf das Depot beim Zentral-Justizamt, nicht aber auf die an den Gerichten geführten Personalakten, die Konrad suchte.

Dass in der SBZ dasselbe Chaos hinsichtlich der bürokratischen Hinterlassenschaften des Deutschen Reichs herrschte wie in den anderen Besatzungszonen, ist gut vorstellbar, ebenfalls das Fehlen ausgetretener Informationspfade. Dass sich dort tatsächlich keine Akten befanden, ist es hingegen nicht, schließlich waren die Einrichtung der östlichen Gerichtsbezirke aufwendig vom Reichsjustizministeri-

45 BayHStA, StMJ 38/2018, Generalakten Personal, 6/95, PA von aus Österreich zurückgekehrten Ri, StMJ an Amt für Militärregierung Bayern, 25.11.1947.

46 BayHStA, StMJ 38/2018, Statusakten, 7, OLG Bamberg, Richtlinien für den Wiederaufbau der Rechtspflege im Staate Bayern, 29.09.1945.

47 BayHStA, StMJ 38/2018, Generalakten Personal, 6/95, PA von aus Österreich zurückgekehrten Ri, StMJ an Militärregierung Bayern, StMJ an Amt für Mil.-Reg. Bayern, 25.11.1947.

48 BayHStA, StMJ 38/2018, Generalakten Personal, 6/95, PA von aus Österreich zurückgekehrten Ri, StMJ an Chef der Deutschen Justizverwaltung der SBZ in Deutschland, 05.09.1947.

49 BayHStA, StMJ 38/2018, Generalakten Personal, 6/95, PA von aus Österreich zurückgekehrten Ri, Chef der Deutschen Justizverwaltung der SBZ in Deutschland an StMJ, 04.10.1947.

um aus gesteuert worden.[50] Nur etwa drei Wochen später zeigte sich bereits, dass die Angabe des Chefs der Justizverwaltung der SBZ nicht ganz stimmte. Der Oberlandesgerichtspräsident von Gera teilte mit, dass sich zumindest ein großer Teil der Personalakten aus Kattowitz im dortigen Oberlandesgericht (OLG) befand.[51]

Es ist anzunehmen, dass dem Chef der Deutschen Justizverwaltung die Existenz der untergerichtlichen Personalakten bekannt war, denn auch die SBZ und später die DDR, hatte ein Auge auf die Akten geworfen. Die Rote Armee hatte Aktenmaterial während des Krieges und nach der Kapitulation des Deutschen Reiches beschlagnahmt.[52] KPD-Mitglieder hatten außerdem in der direkten Nachkriegszeit in Berlin NS-Akten gezielt gesucht und gesammelt.[53] In der Folge wurde systematisch weiter Material aus Archiven und Privatbesitz in den sozialistischen Nachbarländern zusammengetragen.[54] Auf Anordnung des sowjetischen Innenministeriums wurde 1946 ein Geheimarchiv mit den beschlagnahmten Dokumenten des Deutschen Reichs errichtet. Als formelles Sonderarchiv der Sowjetunion wurde es von der DDR-Geheimpolizei kontrolliert. Hierin befanden sich unter anderem Akten des Reichsjustizministeriums, der des Reichsgerichts sowie der Reichsanwaltschaft.[55] Bereits im Januar 1946 wurden in der SBZ unter anderem Justizbeamte und Staatsanwälte karteimäßig erfasst.[56] 1947 begann eine Arbeitsgruppe zur Umsetzung des Kontrollratsgesetzes Nr. 10 mit der Durchsicht von Justizakten aus dem Reichsjustizministerium, dem Volksgerichtshof und den Sonderministerien.[57] Weitere explizite Rückgaben von Akten der Reichsbehörden von der Sowjetunion an die DDR fanden in den ersten beiden Nachkriegsjahrzehnten statt, darunter auch immer wieder zahlreiche Akten aus dem Bereich der NS-Justiz.[58] Anderes Material wurde auch aus Polen und der Tschechoslowakei beschafft. Materialien des Reichskriegsgerichts wurden ab 1957 im Original aus der ČSSR direkt an das sogenannte NS-Archiv des Ministeriums für Staatssicherheit geliefert.[59] Insbesondere in Polen befanden sich noch zahlreiche Hinterlassenschaften der deutschen

50 Siehe dazu beispielsweise Becker, Mitstreiter, S. 52.

51 BayHStA, StMJ 38/2018, Generalakten Personal, 6/95, PA von aus Österreich zurückgekehrten Ri, StMJ interne Mitteilung an die Ref. 2, 3, 6, 10, 15 u. 16, 31.10.1947. Was damit geschah, lässt die Generalakte offen. Allgemeiner bestätigt auch Lahusen die grundsätzliche Sichtung der „Akten von jenseits der Oder-Neiße-Linie", siehe ders., Dienstbetrieb, S. 278 f.

52 Leide, NS-Verbrecher, S. 152.

53 Ebenda, S. 143–144.

54 Dumschat, Archiv, S. 124 f.

55 Leide, NS-Verbrecher, S. 152.

56 Ebenda, S. 146.

57 Ebenda, S. 151.

58 Ebenda, S. 154–156.

59 Ebenda, S. 186.

Besatzungsherrschaft, wie eine DDR-Delegation 1960 festhielt – so auch Personalakten von höheren Justizbeamten. Diese Akten wurden zu einem Teil von Mitarbeitern des Ministeriums für Staatssicherheit abgefilmt.[60] Hierzu gehören beispielsweise Teile der Personalakte des späteren bayerischen Staatssekretärs im Justizministerium, Josef Hartinger, die seiner Akte im Bayerischen Hauptstaatsarchiv nicht beilagen. Es gab also durchaus Akten und Personalwissen in der SBZ. Mehr noch, es gab auch ein Wissen um den Wert der Akten: Als gezielt gesammeltes Herrschaftswissen konnte es sowohl eingesetzt werden, um die eigenen Reihen zu reinigen, Prozesse anzustrengen und später vor allem, um das antifaschistische Selbstbild der DDR und damit die SED-Herrschaft durch die Enthüllungen über westdeutsches Justizpersonal und Politiker zu stärken.[61]

Selbstgemachte Verwaltungskontinuität

Trotz rekonstruierter, neu angelegter und ans bayerische Justizministerium abgegebener Akten war Konrad nicht zufrieden. Ebenso wie gegenüber den Spruchkammern stellte der Leiter der Personalabteilung gegenüber der neu gegründeten Bundesebene klar, dass die Akten des ehemaligen Reichsjustizministeriums nur einen Besitzer kannten: die Länder, in denen die Juristen vor und nach dem Nationalsozialismus tätig gewesen waren. Denn ohne die größtmögliche Kontrolle und Informationssicherheit über das eigene Personal fehlte ein großes Puzzlestück, das die Institution überhaupt zu dem machte, was sie in den Augen des Ministerialdirektors war: die souveräne bayerische Justizverwaltung.

Nach der Gründung der Bundesrepublik und der Errichtung des Bundesjustizministeriums war das Ende des Zentral-Justizamts nur noch eine Frage der Zeit. Damit rückte die Möglichkeit, die bayerischen Akten und damit die tatsächliche Kontrolle über das Justizpersonal zurückzuerlangen, in greifbare Nähe. Bereits am 18. Mai 1949 stellte Konrad die erste Anfrage bezüglich aller bayerischen Akten an das ZJA, die er als den Besitz des Staatsministeriums betrachtete: „das Bayer. Staatsministerium der Justiz [legt] Wert darauf, daß die Akten des Bayer. Justizministeriums, die seinerzeit an das Reichsjustizministerium abgegeben worden sind, insbesondere die Personalakten, an das Bayer. Justizministerium zurückgegeben werden.“ Dies war aber zunächst noch unmöglich, denn die Akten, so das Zentral-Justizamt in seiner Antwort, seien von der britischen Militärregierung

60 Ebenda, S. 182–184.
61 Ebenda, S. 143 u. Weinke, Verfolgung, S. 343 f. Siehe dazu Kap. 2.2 u. 4.3.

> „als Dokumentensammlung zur geschlossenen Verwahrung und Verwaltung übergeben worden, mit dem Bemerken, dass Akten aus der Dokumentensammlung nur herausgegeben werden dürfen, wenn sie als Beweisstücke im gerichtlichen Verfahren notwendig gebraucht werden".

Sollte sich eine Lockerung ergeben, würde man auf das Anliegen des StMJ zurückkommen.[62]

Ein Memorandum vom 7. September des Jahres verkündete Neuigkeiten hinsichtlich der in Hamburg gelagerten Akten. Neben Bestimmungen über die Abgabe von Akten zu Beweiszwecken und die Erteilung von Auskünften aus den Akten an die Justizbehörden – alles so, wie es vorher praktiziert worden war – befand sich darin noch Punkt 4: Die Akten würden „zu gegebener Zeit" an das Bundesministerium der Justiz gehen oder von diesem verwaltet werden.[63]

Eine tatsächliche Übergabe der Akten war also nach wie vor nicht vorgesehen. Obwohl das Zentral-Justizamt personell weniger stark als Vorgänger des BMJ gesehen werden kann, als das Rechtsamt des Vereinigten Wirtschaftsgebiets,[64] zeigt sich hier bereits ein föderaler Konflikt: Die Einrichtung des Bundesjustizministeriums war zu diesem Zeitpunkt bereits absehbar war und das ZJA hatte, zwar betont als Zwischenlösung, eine den Ländern übergeordnete Ebene eingenommen.[65] Das BMJ ersetzte nun das Rechtsamt und das Zentral-Justizamt in dieser Rolle – in der Konstituierungsphase des westdeutschen Justizministeriums war der Besitz von Personalakten auch hier Herrschaftswissen, durch dessen Herausgabe neue Verfahrenswege geprobt wurden. Die Übergabe der Akten ans BMJ war dann ebenfalls ein Schritt in der „politischen Emanzipation der Bundesrepublik" gegenüber den Alliierten.[66]

Wie Konrad im Rahmen seiner Rückforderung bayerischer Personalakten ans Bundesjustizministerium Ende 1949 beklagte, waren alle von RJM-Akten abgesehenen Rekonstruktionsbemühungen nicht ausreichend gewesen: Das bayerische Justizministerium habe nach der Wiedererrichtung der Behörde die Akten der Oberlandesgerichte benutzen müssen, da man selbst keine gehabt hätte. Die seien aber oft unvollständig, sie vermittelten „kein vollständiges Bild über die einzelnen Beamten", überdies würden sie von den Oberlandesgerichten selbst gebraucht. Die

62 BayHStA, StMJ 38/2018, Generalakten Personal, 6/89, Ehemalige RJM-Personalakten, ZJA an StMJ, 02.07.1949.

63 BayHStA, StMJ 38/2018, Generalakten Personal, 6/89, Ehemalige RJM-Personalakten, Memorandum v. 07.09.1949.

64 Görtemaker/Safferling, Akte, S. 78 u. 99–101.

65 Raim, Justiz, S. 129–137.

66 Eckert, Kampf, S. 10. Eckert erläutert den Kampf um die Rückgabe von Archivgut durch die Westalliierten an den westdeutschen Staat unter einer ähnlichen machtanalytischen Perspektive.

Belegung des Nürnberger Gerichtsgebäudes durch die Amerikaner hatte den Zugang zu den dortigen Oberlandesgerichtsakten ohnehin versperrt. Dort habe man zwar auf die „untergerichtlichen Akten“ der Landgerichte zurückgegriffen, diesen fehlten aber zahlreiche Nachweise aus der Zeit des Nationalsozialismus, weil diese unmittelbar „vor dem Zusammenbruch“ aus den Akten entfernt worden seien, „sodaß in vielen Fällen nicht einmal mehr eine dienstliche Beurteilung aus der Zeit vor dem Zusammenbruch vorliegt“.[67]

Am 24. Oktober wandte sich Konrad an das frisch gegründete Bundesministerium der Justiz und schrieb: „Da es notwendig erscheint, dass die Justizverwaltungen endlich wieder in den Besitz *ihrer* Personalakten gelangen, bitte ich mit den nunmehr zuständigen Stellen wegen der Rückführung der Akten ins Benehmen zu treten.“[68] Es ging den Verantwortlichen nicht um irgendwelche personalaktenrelevanten Informationen, sondern diejenigen Akten, die das bayerische Justizministerium im Zuge der Zentralisierung der Justiz ans Reichsjustizministerium hatten abgeben müssen. Für Konrad handelte es sich um die Wiederherstellung des alten, des vormaligen Zustandes; die nationalsozialistische Zentralisierung der Justiz sollte auch auf dem Gebiet der Aktenführung und damit -kontrolle rückgängig gemacht werden. Konrad forderte die eigenen Akten zurück, weil sie die eigene Identität mit stützten. Es ging ihm nicht nur um die Informationen in den Akten, er fragte nicht nur nach den Akten derjenigen, die im bayerischen Justizdienst standen. Konrad fragte nach denjenigen Akten, die im frühen Nationalsozialismus abgegeben worden waren – er fragte nach den Stützen des eigenen Selbstbildes und der eigenen Souveränität.

1950 war es endlich so weit, die Akten fanden ihren Weg „zurück“ ans bayerische Justizministerium. Bereits am 19. Oktober des Jahres 1949 hatte das Zentraljustizamt den bayerischen Behörden geschrieben – was Konrad offenbar nicht

---

67 BayHStA, StMJ 38/2018, Generalakten Personal, 6/89, Ehemalige RJM-Personalakten, StMJ an Bundesminister der Justiz (BMdJ), 14.10.1949. Ein Bericht aus dem Münchner Oberlandesgerichtsbezirk wurde zur Aktenrekonstruktion nicht gefunden. Die in München gelagerten Personalakten waren 1943 „aus Luftsicherungsgründen auswärts untergebracht“ gewesen (BArch Berlin-Lichterfelde, R 3001/24512, Arbeitsgemeinschaften an den Universitäten, PräsOLG München an RMdJ, 01.12.1943). Ob, wann und wie sie zurückkamen, bleibt offen. Falls sie unbeschadet zurückkamen, muss beachtet werden, dass München eine räumliche Nähe zwischen Ministerium und OLG gegeben war, die wahrscheinlich dazu führte, dass die Verantwortlichen aus dem noch im Aufbau begriffenen Justizministerium die OLG-Akten einfach verwendeten, anstatt sich postalisch an das OLG zu wenden. Konrads Verweis auf die landgerichtlichen Akten legt nahe, dass in einigen Fällen Personalnachweise sogar mehr als zweifach geführt wurden, was auch die zusammengebundenen Personalakten im Bayerischen Hauptstaatsarchiv zeigen.

68 BayHStA, StMJ 38/2018, Generalakten Personal, 6/89, Ehemalige RJM-Personalakten, StMJ an BMJ, 24.10.1949 (Herv. A. L. W.).

wusste. Es ging um die Personalakten, die im Rahmen der Abwicklung des ZJA an diejenigen Bundes- oder Landesbehörden abgegeben werden würden, bei denen sie zum Zeitpunkt des Schreibens beschäftigt waren. Hierzu müssten alphabetische Listen erstellt werden.[69] Das StMJ sandte schließlich eine sehr lange Liste aller 1949 im Dienst des StMJ stehenden Juristen sowie von Rechtsanwälten und Notaren an die Staatskanzlei, die wiederum in der Sammlung mit den Listen anderer Ministerien ans ZJA ging.[70] Das zurückgeführte Material umfasste damit gerade nicht alle Akten, die mit Beginn der nationalsozialistischen Herrschaft abgegeben worden waren, wie Konrad noch gefordert hatte, sondern nur die derjenigen Beamten, die auch jetzt noch im bayerischen Staatsdienst standen. Im Frühjahr wurde die Abgabe der Akten an die Behörden, in denen die betreffenden Personen arbeiteten, geregelt und durchgeführt. Für Bayern ergaben sich satte „1000 kg" an Personalakten, deren Abholung eilte, denn die Räume des ehemaligen RJM mussten „in den nächsten Tagen" freigemacht werden. Das Land Bayern hatte insgesamt 4101 Personalakten angefordert, aufgetaucht waren davon 2342 Akten von Richtern, Staatsanwälten, Rechtsanwälten und Notaren, die ehemals für das Reichsjustizministerium gearbeitet hatten und nun in der bayerischen Verwaltung tätig waren.[71] Wenige Tage später vermeldete das ZJA, dass die Akten nun ins BMJ nach Bonn verbracht worden seien, wo man sich zwecks Abholung zu melden hätte.[72] Für Bayern zeigen die Generalakten Personal, dass bereits einen Tag nach der Mitteilung des Zentralamts, dass die Akten dem Bundesjustizministerium übergeben worden waren, ein Ministerialregistrator beauftragt wurde, die wichtige Fracht endlich sicher nach München zu bringen, was ihm glückte.[73] Danach wurden die Akten innerhalb der bayerischen Verwaltung an die entsprechenden Stellen verteilt.[74]

Es dauerte also fünf Jahre lang, bis das Justizministerium die wichtigen ministeriellen Personalakten ausgehändigt bekam. Das bedeutet, dass in der Zeit, in der personalpolitisch die Weichen gestellt wurden, die Entscheidungen über (Wieder-) Einstellungen auf einer mindestens unsicheren Grundlage getroffen wurden. Die

69 BayHStA, StMJ 38/2018, Generalakten Personal, 6/90, Verzeichnisse der Ri/Staatsanwälte, ZJA an StK u. StMJ, 19.10.1949.

70 BayHStA, StMJ 38/2018, Generalakten Personal, 6/90, Verzeichnisse der Ri/Staatsanwälte, Liste StMJ, undatiert.

71 BayHStA, StMJ 38/2018, Generalakten Personal, 6/89, Ehemalige RJM-Personalakten, ZJA an StMJ, 16.02.1950.

72 Ebenda, 23.02.1950.

73 BayHStA, StMJ 38/2018, Generalakten Personal, 6/89, Ehemalige RJM-Personalakten, StMJ Erklärung, 24.02.1950.

74 BayHStA, StMJ 38/2018, Generalakten Personal, 6/89, Ehemalige RJM-Personalakten, Vordruck Schreiben StMJ an bayerische Verwaltung und StK, 03.04.1950.

Informationen über das Justizpersonal waren inner- und außerhalb Bayerns umkämpft. Das Ministerium konnte also das eigene Personal nicht so kontrollieren, wie der Amtsleiter es bevorzugt hätte – die Souveränität der bayerischen Justiz stand während dieser Zeit auf tönernen Füßen.

Die vorangegangene Schilderung zeigt, dass Verwaltungskontinuität selbst ein Produkt von Handlungen von Bürokraten und Politikern ist. Die Überbrückung der Systemgrenzen erforderte eine ganze Reihe von teils sehr energisch verfolgten Handlungen, mit denen die bayerischen Juristen dafür sorgten, dass der Umgang mit den Personalakten selbst zu einer systemüberbrückenden Kontinuität wurde. Dazu gehörte der unbedingte Glaube an die Beweiskraft der Akte. Immer wieder wurde auf ihre Inhalte von allen Stellen, sei es die bayerische Justizverwaltung, die Bundesjustizverwaltung, die SBZ beziehungsweise die DDR, die Alliierten oder die Spruchkammern, zugegriffen, wenn es etwas zu belegen gab. Dem ging die Vorstellung voraus, dass genau das der Ort für möglichst objektive, wahrheitsgemäße Informationen über die Juristen waren – „Wirklichkeit [ist] also das, was in Akten zu finden ist."[75]

Die auf verschiedene Art und Weise gesammelten Dokumente dienten also einer weiteren, insbesondere der personenbezogenen Verwaltung inhärenten Praxis: dem Bezeugen bzw. Beweisen. Dies wurde durch Dokumente selbst oder als glaub- und vertrauenswürdig erachtete Personen geleistet. Die Personalakte, nach den Regeln der bürokratischen Biografie entstanden, wurde so selbst zum Beweisstück. Das lateinische Wort „documentum" meinte ursprünglich das Erhellende, den Beweis[76] – und in der Tat galten die Dokumente in der Akte als Beweise für das Leben der Personen, für die sie angelegt worden waren. Dort, wo die Personalakte bei Bewerbungen oder in Spruchkammer- oder gar gerichtlichen Verfahren vorgelegt wurde, stellte sie die Personen dar, ging sie als materielle und beweiskräftige, als ebenso wahre Version der Person selbst voraus.[77]

Wenn nun partout keine Akten zu finden waren, half nur noch der Zeugenbericht. Wenn bei Flüchtlingsbeamten keine Nachweise über das Beamtenverhältnis beizubringen waren, genügten „Bestätigungen" von Personen, die zuverlässige Kenntnis von der Beamtenlaufbahn des Betreffenden erlangt hatten.[78] Diese Praxis wurde in den Spruchkammern ausgeweitet und findet sich auch in der sonsti-

75 Vismann, Akten, S. 90. Die Autorin diskutiert an dieser Stelle das Sprichwort „Quod non est in actis non est in mundo". Siehe dazu auch Lüthi, Kommunikationsraum, S. 187.

76 Boer u. a., Dokumentieren, S. 133.

77 Lüthi, Kommunikationsraum, S. 196; zum Beweischarakter der Akte siehe Muckel, Alltag, S. 163–182.

78 BayHStA, StMJ 38/2018, Generalakten Personal, 6/88, Vernichtung und Säuberung der Personalakten, StMJ an Außenbehörden, 19.12.1950. Siehe dazu auch Leßau, S. 133 f.

gen Rekonstruktion der Akte wieder:[79] Die letzten dienstlichen Beurteilungen aus der Weimarer Republik und dem Nationalsozialismus sowie die drei Militärfragebogen für Juristen sollten beigebracht werden, wie Krapp es angeordnet hatte. Allen diesen Dokumenten ist gemein, dass sie von Vorgesetzten oder Herrschenden gefordert, geschrieben oder abgezeichnet werden mussten – von Personen, die als „epistemische und soziale Autorität" galten.[80]

Die Personalakten dienten als Beweise für die Vergangenheit der Juristen.[81] Im Lesen und dahingehenden Be- und Auswerten der Akten stimmten alle Akteure überein, egal ob bayerische Justiz, Spruchkammern oder das MfS – damit handelte es sich um eine anerkannte Praxis, die denjenigen, der die Akten kontrollierte, legitimierte. Die NS-Verwaltungsakten, die Konrad verzweifelt suchte, galten ihm als ganz normale Akten. Auch in ihnen hatten schließlich damalige soziale Autoritäten wichtige Karriereschritte der Juristen dokumentiert und damit bezeugt. Die letzten Beurteilungen aus dem Nationalsozialismus und aus der Weimarer Republik wurden genutzt, um die ministeriellen Personalakten neu anzulegen – beiden Dokumenten wurde also derselbe Rang zugeteilt. Der Umgang mit den Unterlagen zeigt, dass der Spitzenbeamte des Justizministeriums die nationalsozialistische Personalaktenführung nicht als wesentlich verschieden zu derjenigen davor und danach ansahen.

Die Verwaltungskontinuität zwischen dem nationalsozialistischen Staat und der bayerischen Nachkriegsverwaltung war also nicht vermeintlich „organisch" gewachsen, sondern musste behauptet, bekräftigt und durch Überzeugung getragen, also geglaubt, werden. Bei den Wiederanknüpfungen und Konstruktionsleistungen handelte es sich um eine bestimmte Art, Personalakten zu betrachten, die wiederum der Selbstlegitimierung zuträglich war. Die Praxis des Legitimierens war eng verbunden mit den Verwaltungspraktiken des Sammelns, Dokumentierens und Bezeugens des Herrschaftswissens, denn sie fußte auf diesen Praktiken und behauptete, dass das bayerische Justizministerium bzw. dessen Vorgänger bis Dezember 1945 die angemessene und gültige staatliche Verwaltungseinheit und damit Macht- und Kontrollinstanz für die in Bayern tätigen Richter, Staatsanwälte und im Justizministerium beschäftigten Juristen sei.[82] Dies gelang auch dadurch, dass die Institution, bereits bevor es sich offiziell um das bayerische Justizministerium handelte, Personalakten, Dokumente und Beweise – also Herrschaftswissen – suchte und sammelte.

---

79 Siehe dazu auch Kap. 4.

80 Schmidt/Voges, Einleitung, S. 11.

81 Siehe dazu auch Kap. 4.

82 Zur Praxis des Legitimierens siehe Boer/Tillmanns, Legitimieren, S. 180–185.

Einerseits wurden die NS-Akten als Beweise für die Vergangenheit in der Einstellungspraxis, der Entnazifizierung oder für geschichtspolitische Zwecke genutzt. Andererseits normalisierten sie die NS-Verwaltung als ganz normale Verwaltung, indem die Nachkriegsakteure die NS-Personalakten als Beweisobjekte genutzt hatten. Die Suche nach den Personalakten war von dem Wunsche des „vollständigen Bildes" des einzelnen Juristen geprägt, wie bayerische Spitzenjuristen es sahen. Vollständig war aber die Registratur der Personalabteilung auch Anfang der 1950er nicht wieder gefüllt. Denn die Verantwortlichen im Bundesjustizministerium hatten – ihre Machtposition ausnutzend – nicht alle Akten, die Bayern zu Beginn der nationalsozialistischen Herrschaft hatte abgeben müssen, retourniert, sondern nur diejenigen der Personen, die 1949 im bayerischen Staatsdienst standen. Das Bild der wiederhergestellten bayerischen Landesjustiz hatte also mindestens weiße Flecken.

Nicht viel anders sah es im Bund aus. Walter Strauß, Staatssekretär im Bundesjustizministerium, bezog sich höchstwahrscheinlich auf die im Zentral-Justizamt gelagerten RJM-Akten, als er in seinen Erinnerungen davon berichtete, wie der Stab des britischen Hohen Kommissars dem Bundesjustizministerium unmittelbar nach dessen Eröffnung mitgeteilt hatte, dass Justizpersonalakten in einem Waggon am Bonner Güterbahnhof dem Ministerium zur Verfügung stünden. Strauß schrieb, dass es sich hier um „sämtliche" Personalakten der deutschen Justiz handelte, die luftschutzsicher gelagert und rechtzeitig aus Berlin entfernt worden waren.[83] Um eine „überraschende Mitteilung"[84] dürfte es sich aber nicht gehandelt haben. Denn der in die Justizangelegenheiten der Besatzungszeit sehr involvierte Strauß war wohl über das Personalaktendepot beim Zentraljustizamt informiert. Dies spätestens dann, als er selbst das Personal für das Rechtsamt des Vereinigten Wirtschaftsgebietes zusammenzustellen hatte.[85] Die Weitergabe des relevanten Materials an die Länder durch den Bund war ein machtpolitisches Zugeständnis, das die unmittelbaren Kontrollmöglichkeiten des Bundes freilich einschränkte.

Höchstpersönliche Aktensouveränität

Aber auch mit dem Empfang der RJM-Akten war das Personalaktenchaos in der bayerischen Justiz noch nicht gänzlich beseitigt: Sogar im „amtlichen Nachlass" des Staatsministers für Sonderaufgaben, Ludwig Hagenauer, befand sich eine Per-

83 Strauß, Personalpolitik, S. 279; zum Waggon siehe auch Lahusen, Dienstbetrieb, S. 219 f.
84 Görtemaker/Safferling, Akte, S. 133.
85 Ebenda, S. 100.

sonalakte aus dem Bereich des Justizministeriums, wie ein Schreiben des Staatsministeriums für Sonderaufgaben 1949 verkündete.[86] Der Präsident des Oberlandesgerichts Nürnberg teilte 1951 überdies mit, dass beim Umzug des Amtsgerichts Nürnberg in „in einem Schrank" Akten des Oberlandesgerichts Nürnberg gefunden worden waren – darunter 37 Personalakten von Beamten, die während der NS-Diktatur im höheren Dienst gestanden hatten.[87] Von 21 Akten hatte das StMJ nur Versionen ab 1945, konnte durch den Fund also die eigenen Akten beträchtlich vervollständigen, von zweien war nur ein Restakt vorhanden und 14 der wiedergefundenen Personalakten hatte man in der eigenen Registratur vollständig vorhanden.[88]

Offenbar gelangten außerdem auch RJM-Akten aus Bonn zurück nach Bayern, die nicht offiziell angefordert worden waren und daher auf den Listen der bayerischen Behörden nicht auftauchten, wie die Personalakte Hans Ehards. Für Minister und Staatssekretäre wurden Akten generell beim Finanzministerium geführt. Noch vorhanden sind Ehards Akten im Justiz- und im Finanzministerium, die für ihn als Ministerpräsident, Justizminister und Staatsrat im Justizministerium geführt wurden und die sich auf Kostenregelungen und Glückwünsche beschränken.[89] Diese Akten wurden nach 1945 angelegt, Ehards Leben und juristisches Wirken vor 1945 wird darin kaum erwähnt. Eine weitere Personalakte oder Akte mit solchermaßen relevantem Material findet sich zu Ehard nicht, obwohl er vor 1933 Ministerialrat im bayerischen Justizministerium, danach Senatspräsident am Oberlandesgericht, Vorsitzender des Erbhofgerichts und des Ärztegerichtshofs war.[90] Es müsste für Ehard eigentlich mindestens zwei weitere Personalakten mit teilweise identischem Inhalt gegeben haben: diejenige des Bayerischen Staatsministeriums der Justiz bis 1935 mit den Unterlagen zu Ehards Zeit am Landgericht München I während der Weimarer Republik, die danach ins Reichsjustizministerium abgegeben wurde, sowie die Dublette aus der Zeit am Oberlandesgericht München während des Nationalsozialismus.

Als Fundstelle für vermisste Personalakten dient im Bundesarchiv in Berlin-Lichterfelde insbesondere die Personalaktenkartei des RJM, in der auf Karteikarten für einzelne ehemalige RJM-Angehörige einige berufsbiografische Daten sowie

---

86 BayHStA, MJu 26795, PA Ludwig Hagenauer, Bayerisches Staatsministerium für Sonderaufgaben (StMSo) an StMJ, 14.11.1949.

87 Darunter befanden sich auch Akten später durch die DDR-„Blutrichter"-Kampagne in Misskredit gebrachter Richter, siehe dazu Kap. 1.2 u. 4.3.

88 BayHStA, StMJ 38/2018, Generalakten Personal, 6/88, Vernichtung und Säuberung der Personalakten, Personalaktenführung, PräsOLG Nürnberg an StMJ, darauf Vermerk des StMJ, 21.03.1951 u. StMJ an PräsOLG Nürnberg, 06.04.1951.

89 BayHStA, MJu 26782, Restakt Hans Ehard u. MF 86320, PA Hans Ehard.

90 Gelberg, Hans Ehard, S. 29 f.

eine eventuelle Abgabe nach 1945 vermerkt sind.[91] Die Karteikarte für Ehard verzeichnet hier eine Abgabe an das Land Bayern, und zwar mit dem Aktenzeichen „145/7" für die Rückgabe der im ZJA aufbewahrten Akten 1951.[92] Für den Ministerialdirigenten Claus Leusser beispielsweise vermerkt die Karteikarte dasselbe und in seiner Personalakte des bayerischen Justizministeriums finden sich dann auch die entsprechenden Dokumente: dienstliche Beurteilungen, Bewerbungen, Angaben zur Abstammung und weitere NS-spezifische Dokumente.[93] Ehards Name tauchte aber auf keiner der einsehbaren Rückforderungslisten des Justizministeriums an das Zentraljustizamt auf. Darauf waren regelmäßig nur höhere Beamte, Rechtsanwälte und Notare verzeichnet, aber keine Staatsräte oder Politiker.[94] Wie Ehard an die Akte gekommen ist, ist unklar, die Listen der übrigen bayerischen Ministerien liegen nicht vor. Es ist sehr wahrscheinlich, dass Ehard die Akte(n) selbst an sich nahm und in seinem Nachlass einsortierte. Dort ist einerseits die noch vernähte RJM-Akte sowie weitere, teils identische Unterlagen, die höchstwahrscheinlich aus der am Gericht geführten Dublette stammen.[95] Die Vollständigkeit der Unterlagen ist auch in diesem Fall nicht festzustellen, Ehard hat seine Personalakten im Nachlass zudem thematisch neu geordnet.[96] Die Nachkriegswirren konnten also auch dazu führen, dass Details über ganze biografische Abschnitte verloren gingen – womit die Deutungshoheit über eine solche zeitliche Episode im Wesentlichen beim Protagonisten selbst blieb – denn der schriftliche Beweis für das Juristenleben blieb verschwunden. Ehard gilt indessen auch nach dem Studium seines Nachlasses als ein Jurist, der trotz Schwierigkeiten im Wesentlichen „sauber" geblieben ist.[97]

All das Chaos und die Schwierigkeiten, die der bayerischen Justiz begegneten, als sie die Akten an sich bringen wollten, eröffnete also auch Möglichkeiten für eine höchstpersönliche Aktensouveränität: die Macht, Unliebsames verschwinden zu lassen. Ehard agierte indes freilich nicht mehr als Jurist, für den eine derart löchrige bürokratische Biografie undenkbar gewesen wäre, sondern als Politiker. Als Justizbeamter wäre ihm seine eigene Akte auch niemals übereignet worden. Beides wären für einen Beamten rechtlich unzulässige Eingriffe in die Praxis derjenigen Behörde, für die die bürokratische Biografie existierte: die Verwaltung.

91 Auf diese Kartei beziehen sich wohl auch Bichat, Staatsanwaltschaft, S. 42 u. Gruenewaldt, Richterschaft, S. 9 mit „Personalkartei".

92 BArch Berlin-Lichterfelde, R 3001, Personalaktenkartei, Hans Ehard.

93 Ebenda, Claus Leusser u. BayHStA, MJu 26811, PA Claus Leusser.

94 BayHStA, StMJ 38/2018, Generalakten Personal, 6/90, Verzeichnisse der Ri/StA, undatiert.

95 BayHStA, NL Hans Ehard 12, PA Hans Ehard (1919–1944).

96 BayHStA, NL Hans Ehard 11, PA Hans Ehard.

97 Gelberg, Hans Ehard, S. 32.

Ehards persönliche Aktensouveränität wurde aber auch von anderen Rechtspolitikern geteilt.[98] Fritz Koch etwa hatte ebenfalls seine Militärfragebogen in seinem Nachlass, Wilhelm Hoegner, Josef Müller und Otto Weinkamm hatten mitunter komplette Sachakten an sich genommen.[99] Diese Männer verfügten aber qua Amt auch nicht mehr über das, was ihrer Kontrolle unterlag: eine bürokratische Biografie. Das Herrschaftswissen stand schließlich zur Disposition der Herrschenden.

Ahistorische Vollständigkeit

Bayerische Personalakten des 20. Jahrhunderts sind oft erstaunlich prall gefüllt und tragen die Zeichen mehrerer politischer Systeme. Ihre „Vollständigkeit" und die Fähigkeit, „umfassende Auskunft über die Person des Beamten" zu geben, gehörten in der bayerischen Landesjustiz Anfang der 1950er Jahre zu den Grundprinzipien der Personalaktenführung.[100] Der Umfang der Akten verweist indes nicht zwangsläufig auf Ihre Vollständigkeit. Letztere kann nur im Nachhinein durch die Paginierung der in der Akte gesammelten Dokumente ab 1956 vor der Abgabe ans Archiv nachvollzogen werden.[101] Eine gewissermaßen ahistorische Vollständigkeit von Personalakten wird auch von Historiker*innen bisweilen unkritisch vorausgesetzt.[102] Insbesondere ist die Annahme, dass die Personalakten, die heute in Archiven vorgelegt werden, auch damals, abgesehen von der zeitbedingten Befüllung, so aussahen, nicht stimmig. Denn mit dem Eintritt des Juristen in den Ruhestand wurden die Akten noch einmal in der Ministerialregistratur aus

---

98 Es konnte nicht festgestellt werden, wann Ehard die Akten an sich genommen hat. Laut Auskunft des Bayerischen Hauptstaatsarchivs war aber bereits 1967, also ein Jahr nach Ehards Ausscheiden als Justizminister definitiv nur noch der Restpersonalakt (BayHStA, MJu 26782, Restakt Hans Ehard) vorhanden. Zur Praxis zumindest Ehards in der Bayerischen Staatskanzlei, die sicher von anderen Politikern geteilt wurde, siehe das Vorwort des Nachlasses von Ehard im BayHStA: „Die meisten Briefe weisen zwar den Eingangsstempel der Staatskanzlei auf; durch Ehards eigenhändigen Vermerk ‚P' oder ‚Pe' (für persönlich) gelangten diese Schreiben nicht in die amtliche Registratur, sondern verblieben im Büro des Ministerpräsidenten. Nach Ende seiner Amtszeit verwahrte er diese Handakten, die auf diesem Wege zu Nachlassgut wurden, zu Hause." Zum Problem öffentlicher Akten in privaten Nachlässen siehe auch Thomas, Regierungsakten.

99 Exemplarisch ACSP, NL Otto Weinkamm, 5 Erg 9 u. NL Josef Müller, R 24; BayHStA, NL Fritz Koch 2, Berufliche Tätigkeit u. IfZA, NL Wilhelm Hoegner 114/120.

100 JMBl. Nr. 8, 1953, Bekanntmachung über die dienstliche Beurteilung der Beamten des Justiz- und Strafvollzugsdienstes v. 30.05.1953, S. 165. Allgemeiner siehe dazu auch Muckel, Alltag, S. 89.

101 Zur Paginierung siehe BayBSVJu, Band 1, Nr. 12, Bekanntmachung über die Führung der Personalakten bei den Justizbehörden v. 12.11.1956, S. 9.

102 Siehe dazu beispielsweise jüngst Materna, Richter, S. 271 f. u. Kissling/Safferling, Staatsschutz, S. 201.

unterschiedlichen Teilen zusammengefasst, darunter Personalakten von Gerichten, aus dem Vorbereitungsdienst und Prüfungsakten.[103] Für die Frage ihrer Vollständigkeit gibt es schlicht keine allgemeingültige Beurteilungsgrundlage, ihren Zustand zu bestimmten Zeitpunkten können wir am ehesten über eine Analyse der Aktenführung rekonstruieren.[104]

Auch die Nachkriegsrealität wurde diesem Verständnis von Personalverwaltung vielfach nicht gerecht, weil die Akten unvollständig oder nicht vorhanden waren und Zuständigkeiten erst geklärt werden mussten. Edith Raim sprich in Bezug auf die generelle Nachkriegslage vom „administrative[n] Alptraum schlechthin".[105] Um diesen so schnell wie möglich wieder zu vergessen, gaben sich die bayerischen Juristen die allergrößte Mühe, den Anschein von Ordnung aufrechtzuerhalten. Sie arbeiteten aktiv daran, ein kongruentes Bild zwischen behaupteter und erfahrener Realität zu schaffen – und betrieben damit Kontingenzbewältigung. Die Zufälligkeit des Inhalts der Personalakten der frühen Nachkriegszeit stand in einem Spannungsverhältnis zum unbedingten Glauben an ihre Geltungs- und Beweiskraft. Gerade aus diesem Glauben ergab sich, dass die NS-Akten genauso behandelt wurden wie alle anderen.

Fazit

Die bürokratische Biografie war als Grundkategorie stabil und stellte eine Kontinuität im 20. Jahrhundert dar. Sie wurde in der bayerischen Verwaltungspraxis auch über Systemtransformationen, wie etwa 1933/35 oder 1945/49, hinweg als legitime Form der Erzählung des Juristenlebens betrachtet und genutzt. Dieser aktive Vorgang nutzte basale Verwaltungspraktiken wie das Sammeln und Dokumentieren von biografischen Daten sowie den Glauben an das so dokumentierte Herrschaftswissen. Dies zeigte sich besonders in Fällen, in welchen keine Personalakten mehr vorhanden waren und neue nach diesen Verwaltungspraktiken wieder angelegt wurden. Dies geschah vor dem Hintergrund mannigfaltiger Problemlagen der Nachkriegszeit, sodass einerseits zwar an die beweiskräftige Akte geglaubt

103 Akten aus dem Vorbereitungsdienst und Prüfungsakten gehörten nicht zu den Personalakten (BayHStA, StMJ 38/2018, Generalakten Personal, 6/87, Personalakten der Richter und Beamten, Einsichtnahme, StMF an StMUK, 22.07.1952 u. BayHStA, StMJ 38/2018, Generalakten Personal, 6/88, Vernichtung und Säuberung der Personalakten, Personalaktenführung, StMJ Stellungnahme Ref. 3, 13.01.1953). Exemplarisch zur Übernahme von Personalakten ins Bayerische Hauptstaatsarchiv siehe Ksoll-Marcon, Erfahrungen.

104 Siehe dazu etwa Kap. 3.2.

105 Raim, Justiz, S. 130.

wurde, ihre Vollständigkeit – in manchen Fällen gar ihr Vorhandensein – aber schlicht nicht zu detektieren oder zu verneinen war.

Biografien sind allgemein als soziale Konstrukte eng verbunden mit gesellschaftlicher und politischer Ordnung.[106] Als solches war auch die bürokratische Biografie an der Herstellung und Aufrechterhaltung einer bestimmten Ordnungsvorstellung beteiligt. Sie stellt das geglaubte und damit auch so behandelte und realisierte Kontinuum dar, das auf die bayerische Landesjustiz selbst verwies, die sich in der (partiellen) Zurückgewinnung der Personalakten selbst legitimierte und souveränisierte. Die Verwaltung war damit selbstreferenziell, sie griff auf sich selbst zurück und entwickelte aus dieser „Eigengeschichte"[107] Anspruch und Legitimation der eigenen Kontinuität. Welche Alternativen es zu dieser Praxis gegeben hätte, ist nicht überliefert. Auch wenn die Akteure keine Alternativen gesehen haben mögen, war der Schritt nicht alternativlos – institutionelle Kontinuität geschah nicht einfach, sie wurde gemacht. Die bayerische Justizverwaltung wollte sich selbst in der Tradition des Bayerischen Staatsministeriums der Justiz der Weimarer Republik sehen.[108] Dieses Justizbild einer föderalen und damit eigenstaatlichen Kontinuität wurde unter Inkaufnahme, den Nationalsozialismus zu normalisieren, gezeichnet. Indem das Ministerium sich in diese Tradition einschrieb und institutionelle Kontinuität herstellte, fand eine Normalisierung[109] des Nationalsozialismus statt.

3.2 Palimpseste: Personalaktenführung als Kulturtechnik

Die in der bayerischen Justizverwaltung präsente Vorstellung, dass die Personalakte in ihrem Aufbau einem Buch folgen solle, entspricht auch einer Erwartung an die Geschlossenheit des dort Niedergelegten. Zu Recht weist Aleida Assmann darauf hin, dass „der Vollständigkeit und Geschlossenheit des Textes [...] die Unvollständigkeit und Unendlichkeit der Interpretation gegenüber[steht]".[110] Selbst ein Buch ist nicht ganz vollständig und geschlossen – und wenn man genauer hinsieht, dann handelt es sich bei der Personalakte, wie zuvor gezeigt, auch eher um ein „Buch ohne feste Gestalt, das dynamisierte Buch".[111] Assmann beschreibt damit

106 Kretschmann, Biographie, S. 76.
107 Rehberg, Ausstieg, S. 344.
108 Eine solche Kontinuität stellt auch Kißener für Baden fest, siehe ders., Diktatur, S. 324.
109 Zur „Normalisierung der NS-Berufsbiografien" einiger Bundesanwälte siehe Kiessling/Safferling, Staatschutz, S. 256–265.
110 Assmann, Metaphorik, S. 19.
111 Ebenda.

das Palimpsest, das im Folgenden helfen wird, die Kulturtechnik der Personalaktenführung in der bayerischen Justiz im gesamten Untersuchungszeitraum besser zu verstehen.

Ein Palimpsest ist eine „Kulturtechnik frühen Recyclings“, das Wort bedeutet „wieder abgekratzt“:[112] Die Schrift auf bereits beschriebenen Pergamenten oder Papyri wurde entfernt, um sie erneut zu beschriften. Der ursprüngliche Text blieb aber, wenn auch nicht offensichtlich, immer noch lesbar.[113] Mittels Chemikalien konnte man ihn ab dem 18. Jahrhundert wieder sichtbar machen.[114] Paradoxerweise konservierte der Vorgang des Abkratzens oder sonstigen Löschens von Text denselben; die neue Schicht bewahrte die alte, vorherige.[115]

Aktenführung als Kulturtechnik, als „Aktentechnik“,[116] zu verstehen, verspricht einen stärkeren Blick auf die durch Medialität und Symbole kommunizierte Ordnung von Personalakten.[117] Ausgehend vom Medium werden in der modernen Kulturtechnikforschung seine Situierung in Praktiken und Habitualisierungen untersucht, „die sie konfigurieren oder die sie konstitutiv hervorbringen“.[118] Einzelne Praktiken verstetigen in dieser Perspektive also die Kulturtechnik der Aktenführung und die Kulturtechnik der Aktenführung strukturiert die Praktiken, die sich auf verschiedene Gegenstände (in) der Akte beziehen. Kulturtechnikforschung eröffnet einen genaueren Blick auf die Verfahren und Methoden, mit welchen der wissensbasierte Staat Wissen organisiert, speichert und ordnet.[119]

Die Kulturtechnik zeigt uns auch – und das ist bei der Aktenführung wichtig –, dass es um mehr geht als die Konkretisierung von Recht oder das Einlösen rechtlicher Vorgaben. Diese waren in Bezug auf Personalakten genauso spärlich wie wissenschaftliche oder höchstrichterliche Ausführungen.[120] Beamtengesetze oder gar Verfassungen hatten zu den Personalakten wenig zu sagen.[121] Geregelt war auf Gesetzesebene meist nur, dass es Personalakten gab und ob die Beamten sie einsehen konnten. Einzelheiten wurden von den Dienstherren durch Erlasse und Verord-

112 Krüger, Eigensinnlichkeit, S. 215.
113 Weinrich, Teufel, S. 25.
114 De Quincey, Suspiria, S. 141; siehe dazu auch Assmann, Metaphorik, S. 28 u. Dillon, Palimpsest, S. 16.
115 Dillon, Palimpsest, S. 12.
116 Vismann, Akten, S. 9.
117 Allgemein zum Thema Kulturtechniken im gegenwärtigen medientheoretischen Sinne siehe Siegert, Kulturtechnik u. Krämer/Bredekamp, Bild.
118 Siegert, Kulturtechnik, S. 97 f.
119 Horstmann/Peltzer, Wissensbasierung, S. 35.
120 Lampert, Beamte, S. 410
121 Zur Entwicklung der Personalakte siehe auch die knappe Ausführung in: BVerwG v. 11.07.1958 – VII C 98.57.

nungen festgelegt.[122] In einem Urteil vom 11. Juli 1958 zur Unterscheidung von Prüfungs- und Personalakten definierte das Bundesverwaltungsgericht die Personalakte als „Sammlung von Urkunden und Aktenvorgängen, die die persönlichen und dienstlichen Verhältnisse eines Beamten betreffen".[123] Ab Mitte der 1960er gingen die Verwaltungsgerichte in Deutschland von einem „materiellen Personalaktenbegriff" aus, der auch solches Material umfasste, das zwar nicht in der physischen Akte lag, dafür aber ebenfalls die Person als solche betraf. Demgegenüber stand der formelle Begriff: die physische Akte, die so genannt wurde.[124] Die höchstrichterliche Unbestimmtheit oder Relativität[125] der Personalakte ließ Raum für Interpretationen, für eigene Ansichten und deren Verwirklichung in der Aktenführung.

Kulturtechniken richten nun in diesem Kontext den Blick auf andere „operative Verfahren zum Umgang mit Dingen",[126] die uns regelhaft und selbstverständlich erscheinen und deshalb zu selten in den Blick geraten. Zu diesen „unscheinbaren Wissenstechniken"[127] zählen auch die scheinbar profanen, vermeintlich oberflächlichen und schematisierten Personalakten.[128] Sie sind als Herrschaftswissen auch immer gestaltete Gegenstände, visueller Ausdruck eines politischen Systems.[129] Dieser Umstand wiederum lässt sich für das 20. Jahrhundert durch das Palimpsest als „Denkmodell"[130] erfassen, weil es die Aktenbestandteile in ihrer „mehrfachen Schichtung und Verdrängung, Überlagerung" sichtbar werden lässt. Sie können so „weniger als Abfolge denn als materielle Koexistenz beziehungsweise strukturelle Kohärenz" verschiedener Zeiten und Ordnungsmodelle gesehen werden:[131] Das „Spannungsverhältnis von Vergangenheit und Gegenwart [ist] in Überlagerungen materialisiert".[132] Sichtbar wird diese Verfassung in den verschiedenen Ordnungsformationen der Personalakte, also ihres Inhalts, dessen Anordnung sowie den „Schriftbildern"[133] der Formulare. Sybille Krämer meint damit die Darstellung geistiger Sachverhalte mit topologischen und typologischen Hilfsmit-

122 Siehe dazu Kap. 3.3.
123 BverwG v. 11.07.1958 – VII C 98.57.
124 BverwG v. 29.04.1971 – II C 32.69.
125 Wolff, Relativität.
126 Krämer/Bredekamp, Kultur, S. 18.
127 Siegert, Kulturtechnik, S. 116.
128 Becker/Clark, Introduction, S. 1. Dass Oberflächenphänomene keine unwichtigen Erscheinungen sind, hat bereits Sigfried Kracauer klargestellt, siehe Kracauer, Ornament, S. 50.
129 Zu Letzterem Muckel, Alltag, S. 82–84. Zur Verschiedenheit der Akten in unterschiedlichen Systemen siehe beispielsweise Moss/Thomas, File.
130 Krüger, Eigensinnlichkeit, S. 215.
131 Ebenda, S. 216.
132 Binder, Stadt, S. 57. Zur analogen attischen Praxis der Tilgung vergangener Rechtstexte Vismann, Akten, S. 88 f.
133 Krämer, „Schriftbildlichkeit".

teln im zweidimensionalen Raum der Schrift:[134] „Schrift ist ein Mittel, eine formatierte Fläche nicht nur für Belange von Kommunikation, sondern auch der Kognition nutzbar zu machen."[135] Damit geht Krämer über die Idee hinaus, dass Schrift nur geschriebene Sprache sei. Diese Einsicht hat auch Cornelia Vismann für Akten an sich formuliert. Es komme „darauf [an], wie diese administrativen Schriftformen funktionieren, gerade insofern sie nicht der Logik der gesprochenen Sprache unterliegen".[136] Für die Analyse von Akteninhalten, also Vordrucken, Formularen und Fragebogen eignet sich der Blick auf das Schriftbild, weil es den Blick auf „konzeptuelle Sachverhalte" lenkt. Unterschiedliche Zuweisungen in der gedanklichen Organisation werden anhand der räumlichen Anordnung im Text beziehungsweise des Textes, etwa in Überschriften Spalten oder Abfolge, sichtbar.[137]

In dieser Analyse der Aktenführung geht es darum, zu fragen, wofür Akten stehen, welche Ordnungsprinzipien sie offenbaren, an welche Diskurse sie rückgebunden waren, welche Bilder sie zeichnen und zeigen und was sie über die Praktiken der bayerischen Justizverwaltung im 20. Jahrhundert verraten. Das Palimpsest wird zur Beantwortung dieser Fragen als dreifache Analysekategorie verwendet: *Erstens* sind Momente des Abkratzens und Ersetzens an den Akteninhalten zu beobachten. *Zweitens* weisen die Personalakten zahlreiche einander überlagernde Schichten auf. *Drittens* verweist der Umgang mit den Personalakten in der Nachkriegszeit im übertragenen Sinne auf das Palimpsest, nämlich als Suche nach einer spezifischen Vergangenheit in der materiellen Koexistenz verschiedener systembezogener Aktenschichten.

Übergangspraktiken

Winfried Nerdinger schreibt über den Bereich der Architektur, dass es „[b]ei der Entnazifizierung [...] den Alliierten nicht um Formen, sondern um Personen" gegangen sei.[138] Eben dies lässt sich auch auf Formulare und andere Aktentechnik beziehen. Mithilfe welcher Medien und Ordnungsstrukturen die Landesverwaltung in der Nachkriegszeit aufgebaut wurde, lag nicht im Fokus der Amerikaner

134 Krämer, Operationsraum, S. 42.
135 Ebenda, S. 32.
136 Vismann, Akten, S. 19.
137 Krämer, Operationsraum, S. 36; Tanner, Akteure, S. 154 u. spezifisch zu Formularen siehe Krajewski, Schaubilder, S. 281. Die Ordnung von Formularen und Akten steht im größeren Kontext moderner Ordnungsdiskurse. Siehe dazu beispielsweise Anter, Macht u. Etzemüller (Hrsg.), Ordnung.
138 Nerdinger, Dauer, S. 160.

in Bayern – zu groß war der sonstige Regelungsbedarf. Diese Regelungslücke füllten die Beamten im bayerischen Justizministerium in den ersten Nachkriegsjahren durch eine besondere Handhabe von Formularen, nämlich durch Übergangspraktiken: noch vorrätige Formulare wurden für andere Zwecke umgenutzt. Zudem führte das Verwaltungspersonal eigenmächtige, pragmatische „Entnazifizierungen" durch: Nach 1945 wurden Hoheitszeichen durchgestrichen oder zu entfernen versucht, Formulare handschriftlich angepasst und Insignien aus der Zwischenkriegszeit wieder benutzt.[139]

In den Akten des bayerischen Justizministeriums beziehungsweise des Oberlandesgerichts München wurde in den Jahren nach dem Ersten Weltkrieg vielfach das „K" in der Kurzform „KStMJ" für „Königliches Bayerisches Staatsministerium der Justiz" weggestrichen. Vordrucke mit dem Kürzel gab es bereits ab 1904, vermutlich auch schon früher.[140] Auch wurde beispielsweise das formellere, im Königreich und zum Teil in der Weimarer Republik noch gebräuchliche „Euer Hochwohlgeboren" auf Formblättern im Jahr 1934 durch „Sie" ersetzt.[141] Die übrigen Formblätter des Bayerischen Staatsministeriums der Justiz verwendete der RJM-Beauftragte für Bayern, Staatsrat Heinrich Spangenberger, auch 1935 weiter – schließlich war er nun für dessen Nachfolgerin, das „Reichsjustizministerium, Abteilung Bayern", zuständig. Das Formular zeigt, dass die wichtigsten Angaben gleichgeblieben waren: der Fernruf, der Fernverkehr und das Postscheckkonto – aus dem Ministerium war „lediglich" eine Abteilung in der Behördenhierarchie geworden. Auf dem Formblatt wurde die Angabe des Ministeriums fein säuberlich durchgestrichen und darüber nur der neue Behördenname gedruckt.[142] Der Unterzeichner war ebenfalls seit 1932 Staatsrat in der bayerischen Justiz – und dies auch nach 1933 geblieben.[143] Trotz der fundamentalen organisatorischen und machtpolitischen Veränderung durch die sogenannte Verreichlichung blieb die Infrastruktur mit den Kontaktdaten dieselbe. Innerhalb der Alltagspraxis zeigten sich derart geringe Auswirkungen, dass die Formblätter weiterhin nutzbar waren.

Es ist bekannt, dass in den ersten Nachkriegsjahren eine Knappheit an Papier, Schreibutensilien und Tinte herrschte.[144] Behoben wurde dieser Missstand in der bayerischen Justizverwaltung und an den Gerichten durch Wiederverwendung von bereits beschriebenem Papier. Auch dadurch wurden hoheitliche NS-Vordru-

139 Ebenso 1918, siehe dazu Rittenauer, Staatswappen u. zu 1945 Lahusen, Dienstbetrieb, S. 254.

140 BayHStA, MJu 26831, PA Friedrich Schmitt, PräsKLG Bamberg an KStMJ, 02.05.1904.

141 BayHStA, MJu 24684, PA Georg Bäurle, Bl. 10, 1. StA an Albert Oeckl, 22.08.1934.

142 StAM, OLG München, 639 Erbhofgerichte, Beauftragter RJM Abt. Bayern StR Spangenberger an PräsOLG München, 03.01.1935.

143 Rumschöttel, Staatsministerium, S. 379; siehe dazu auch Kap. 2.1.

144 Raim, Justiz, S. 180–194, siehe dazu auch Kap. 2.1.

cke entwertet. Ministerialdirektor Konrad verwendete Mitteilungen des Reichsführers SS über Personen, denen die deutsche Staatsangehörigkeit aberkannt wurde, rückseitig als Notizzettel für Anweisungen innerhalb des Justizministeriums.[145] Dasselbe geschah mit Entwurfs-Formblättern für Mitteilungen des Oberstaatsanwalts am Landgericht München I als Leiter der Anklagebehörde bei dem Sondergericht München an den Reichsjustizminister.[146] Diese Praxis betraf allerdings auch NSG-Verfahrensübersichten, die bereits 1949 im bayerischen Justizministerium als Notizzettel dienten.[147] Im Übrigen hatte man auch während des Nationalsozialismus Aktenteile aus der Weimarer Republik umseitig wiederverwendet, beispielsweise alte Pappordner des Amtsgerichts München aus dem Jahr 1932.[148] Übergangspraktiken wurden also systemunabhängig von Justizbeamten genutzt.

Das Hakenkreuz wurde wiederum auf Urkunden, wie der Stenourkunde von Oskar Ultsch, 1945 übermalt.[149] Am Landgericht München I stempelte der Präsident in der Personalakte von Rudolf Trabert mit einem Stempel, aus dem das Hakenkreuz offensichtlich entfernt worden war. Im runden Stempelabdruck stand am oberen Rand das Wort „Landesgericht", darunter war der Reichsadler mit abgeschnittenen Klauen platziert. Anstelle des Hakenkreuzes prangte nun eine überproportional große Leerstelle bis zum Wort „München I" am unteren Rand.[150] Auch in der Bundesrepublik, etwa mit dem Ende der Entnazifizierung musste das Verwaltungspersonal Formblätter bisweilen ändern: aus „Der Minister für politische Befreiung in Bayern" wurde 1955, per Durchstreichen und darüber Stempeln, das „Bayer. Staatsministerium der Justiz Abteilung: H".[151]

Durchstreichen, Übermalen, Überschreiben, darüber Stempeln – Formulare wurden offenbar nicht zwingend als Herrschaftsmittel eines bestimmten Systems wahrgenommen, sie waren nicht per se nationalsozialistisch, demokratisch oder bayerisch. Ihre Information, ihr Nachweischarakter und ihr Nutzen als Papier oder Formblatt ging der Herrschaftsinsignie voraus. Zunächst handelte es sich um eine kommunizierende und ordnende Kulturtechnik. Und selbst in den Fällen, in denen Formulare nicht mehr ihrem ursprünglichen Zweck entsprechend genutzt

145 BayHStA, MJu 23443, Berichtsakten, Notiz MinDir Konrad, 01.05.1947 – in II 4249/47; siehe dazu auch mit Bezug zum OLG Düsseldorf Lahusen, Dienstbetrieb, S. 253 f.

146 BayHStA, MJu 23443, Berichtsakten, Fall J. S., Nötigung, 05.07.1947.

147 BayHStA, MJu 23456, Rückseite der handschriftlichen Notiz im Fall Kißner und andere, 17.11.1949.

148 BayHStA, MJu 23446, Berichtsakten, StMJ II 5151.

149 BayHStA, MJu 26313, PA Oskar Ultsch, Deutsche Stenografenschaft Urkunde, 03.1937. Vorgelegt wurde die Urkunde während des Vorbereitungsdienstes 1945.

150 BayHStA, MJu 26746, PA Rudolf Trabert, Bl. 93, PräsLG I München Bestätigung, 16.11.1945.

151 BayHStA, StMJ 56/2015, 721, Gesetz über Kriegsgefangenenbezüge, StMJ Abt. H an StMdJ Koch, 10.01.1955.

wurden, waren sie noch nützlich. Zumindest 1954 hatte die Bayerische Staatsregierung in der ADOSt bestimmt, dass es sich bei Formularen um „[a]rbeitsfördernde, Zeit und Kosten sparende Hilfsmittel“ handelte.[152] Diese Attribute blieben bis auf einige Ausbesserungen in der Weiternutzung bestehen. Wie beim Palimpsest wurden auch bei Formularen Text und Trägermaterial als getrennte Elemente wahrgenommen. Während der spezifische Text ungültig geworden war, hielten die damit arbeitenden Personen das Material nach wie vor für wertvoll und nutzten es erneut für zeitgemäße Texte. Hier zählten also pragmatische, utilitaristische Gründe für ein Weiternutzen.[153] Während dies prinzipiell auch auf die Formulare in den Akten zutraf, war mit dem Übermalen der vorherigen Herrschaftsinsignien allerdings eine machtpolitische Botschaft verbunden. Denn auch das Wegstreichen eines „Königlich“ oder das Ausmalen des Kranzes des Reichsadlers, in dem vormals das Hakenkreuz zu sehen gewesen war, konnten nicht darüber hinwegtäuschen, worum es sich vormals gehandelt hatte. Gerade das Durchstreichen der Herrschaftsinsignie stellte vielmehr einen mehrfachen Verweisungszusammenhang her: nicht nur zu einem politischen System, sondern zu zweien. Die beschriebenen Übergangspraktiken leisteten also beides, sie dienten der deutlichen Abgrenzung durch Ermächtigung des Schriftbildes und gleichzeitig stellten sie eine mehr oder weniger stark ausgeprägte Kontinuität dar. Denn sie nutzten das Papier, das Formular oder gar den Stempel als Ausdruck von Ordnung und Herrschaft weiter. Einerseits handelte es sich hier um die Herrschaft des neuen politischen Systems, andererseits um die bürokratische Ordnung, die aktiv über- und damit weitergeführt wurde. Weil damit tiefgreifende organisatorische Einschnitte in der Alltagspraxis nur geringe Auswirkungen haben konnten, war auch die im ersten Unterkapitel beschriebene Wiederanknüpfung an die Zeit vor der sogenannten Verreichlichung so umstandslos möglich. Dies zeigt auch der Umgang mit einem der wichtigsten Dokumente der Personalakte: der Personalbogen.

Personalbogen

Der Personalbogen erscheint ebenfalls palimpsestartig, denn auch dieses Formular wurde nach Systemumbrüchen durch Übergangspraktiken modifiziert. Als eines der wichtigsten Dokumente in der Akte eröffnete er dieselbe und offenbarte

152 GVBl. Nr. 1, 1954, Allgemeine Dienstordnung für die Staatsbehörden – ADOST v. 22.12.1953, S. 7 f.

153 Dillon, Palimpsest, S. 13–15.

einen ersten Blick auf den Juristen, über den die Akte geführt wurde.[154] Wie die Personalakte als Ganze mit ihren zahlreichen Vorgaben, filterte auch der Personalbogen die Wahrnehmung des Juristen.[155] Als Informationsträger in halbvorgefertigter Textform, als Fragebogen oder Kategoriensystem, meist als Tabelle, organisierte er die Berufsbiografie des Juristen – in „uniforme[r] Darstellungsweise".[156]

Es ist anzunehmen, dass die Personalbogen vielfach von den Juristen selbst ausgefüllt werden mussten. Für einige Juristen lässt sich dies sicher anhand eines Schriftabgleichs feststellen.[157] Andere liegen nur in Abschrift vor, denn der Personalbogen befand sich in allen für Juristen geführten Personalakten und wurde entsprechend oft händisch kopiert.[158] In der Bundesrepublik mussten die Bogen zeitweise von den Juristen unterschrieben werden. Datierte und unterschriebene Bogen finden sich aber selten, weil die Verantwortlichen in der Personalabteilung der Meinung waren, dass es keiner unterschrifthalberen Bezeugung der Richtigkeit der Angaben durch den jeweiligen Juristen mehr benötigte, weil dieser bereits die Daten geliefert hätte.[159] Im Februar 1954 fühlte sich das bayerische Justizministerium sogar dazu genötigt, im Justizministerialblatt bekannt zu geben, dass Beamte ihre Personalbogen nicht eigenmächtig ergänzen oder verändern dürften.[160] Die Juristen kannten den sonstigen Inhalt der über sie geführten Akten auch deshalb, weil sie das notwendige Material abzugeben und Veränderungen ihres Familienstatus anzuzeigen hatten. Darüber hinaus mussten sie Formulare ausfüllen und abgeben.

Geführt wurden die Personalakten in der Personalabteilung beziehungsweise der zugehörigen Registratur. Die Zuständigkeit für Beamte verschiedener Laufbahngruppen war auf unterschiedliche Referate aufgeteilt. Bei einem Wechsel, beispielsweise als Friedrich Schmitt aus dem gehobenen in den höheren Dienst

---

154 Wie bei der Personalakte als solcher, zeigt sich auch hier in der bisherigen Literatur eine deutliche Tendenz hin zu Analysen von Vordrucken, die das Verhältnis von Verwaltung und Bürgern betreffen, nicht aber innerbehördliche Beziehungen zwischen Menschen und Verwaltung, zum Beispiel Grosse/Mentrup (Hrsg.), Bürger. Zu den wenigen Ausnahmen gehören Garstenauer, Formulariensammlung u. Strunz, Analytik.

155 Paris, Macht, S. 191.

156 Vismann, Akten, S. 160.

157 Beispielsweise BayHStA, NL Hans Ehard 11: Hierin befinden sich zwei Exemplare des von ihm selbst ausgefüllten Vordrucks Nr. 1032 v. 28.03.1936, überschrieben mit „Abgegeben beim Präs d. OLG M[ün]ch[en] am 14.11.1938" bzw. „5.11.1942".

158 Zu den Aktendubletten siehe Kap. 3.1.

159 BayHStA, MF 74229, Dienstliche Beurteilung und Personalnachweise der Beamten, Generalia, 1949–1953, StMJ an StMF, 06.12.1951.

160 JMBl. Nr. 3, 1954, Bekanntmachung über die Personalakten der Beamten, Führung der Personalbogen v. 17.02.1954, S. 51.

wechselte, wurde sein Personalbogen fortan in anderer Schrift weitergeführt.[161] Gleiches zeigt die Fortführung von NS-Bogen in anderer Schrift und die komplette Überführung der Informationen aus einem alten in einen neuen Bogen. Bereits an der Schrift konnte man also erkennen, wo der Personalbogen geführt wurde. Die Schrift in einer Personalakte zeigte eine spezifische Statusgruppe an und verwies damit auf die Personalhierarchie in der Justiz. Die in dieser Studie vorkommenden Juristen hatten alle zu unterschiedlichen Zeiten Führungsverantwortung beziehungsweise waren in der Personalabteilung beschäftigt, sodass ihnen das in den Akten vermittelte Justizbild nicht verborgen geblieben sein kann.

Abgesehen vom Jahrzehnt der sogenannten Verreichlichung blieb die Produktion der Personalbogen in Bayern. Während in der Zwischenkriegszeit im Wesentlichen zwei Münchner Verlage – Carl Gerber und J. S. Weiss – druckten, wurde dies in der Nachkriegszeit justizintern geregelt. Wie bereits während der NS-Zeit wurden die Bogen in Haftanstalten produziert.[162] Den Personalbogen von 1952 und andere Formblätter druckte die Arbeitsverwaltung Straubing, die zur dortigen Haftanstalt gehörte.[163]

Zwischen 1919 und 1952 wurden für bayerische Juristen im höheren Dienst fünf verschiedene Personalbogen genutzt. Neu eingeführt wurden Personalbogen jeweils in den Jahren 1919 (Abb. 1), 1930 (Abb. 2), 1936 (Abb. 3), 1945 (Abb. 4) und 1952 (Abb. 5). In der Weimarer Republik veröffentlichte die Justizverwaltung im Justizministerialblatt in den Jahren 1919 und 1930 einander stark ähnelnde Formblätter. Im Januar 1935 wurden die Justizbeamten der Länder zu Reichsbeamten und im Juli 1936 bekamen Richter und Staatsanwälte schließlich einen neuen Personalbogen.[164] Auch hier hatte das RJM angewiesen, in bewährter Übergangspraxis NS-spezifische Angaben zu ergänzen „[s]oweit das bisherige Muster übergangsweise weiter benutzt wird".[165] Die bayerische Nachkriegsjustizverwaltung arbeitete nach 1945 ebenfalls mit den Personalbogen weiter, die aus der NS-Zeit stammten (Abb. 4). Diese Vordrucke wurden auch bei neu angelegten Bogen genutzt, allzu

161 BayHStA, MJu 26831, PA Friedrich Schmitt, Personalbogen RJM, undatiert.

162 Vor 1945 belegt dies die Angabe „Arbeitsverwaltung StrGef. Tegel (1943)" auf den Personal- und Befähigungsnachweisungen. Zu Gefangenenarbeit während der NS-Diktatur siehe auch Herbers, Organisationen, S. 129–175.

163 Zwischen den Arbeitsbedingungen in Haftanstalten während der Zeit des Nationalsozialismus und in der Bundesrepublik muss deutlich unterschieden werden. Letztere ist grundgesetzlich in Art. 12 Abs. 3 GG ausdrücklich erlaubt. Zur Arbeit von Häftlingen in bayerischen Strafanstalten siehe Dietl, Strafvollzug, S. 180. Zur Arbeit in Straubing für die Justizverwaltung siehe ABayLT, Plenarprotokoll 46. Sitzung, 18.10.1952, MdL August Geislhöringer, S. 500 u. MdL Josef Müller, S. 515.

164 Gruchmann, Justiz, S. 253.

165 DJ Nr. 39, 1936, Personal- und Befähigungsnachweisung AV d. RJM v. 22.09.1936, S. 1451.

offensichtliche NS-Kategorien wurden ebenso weggestrichen wie andere auf den Nationalsozialismus verweisende Zeichen. Freilich gaben die Formblätter ihre Herkunft weiterhin preis: Es handelte sich bei ihnen um Übergangbogen. Die NS-Bogen wurden auch deshalb weiterhin benutzt, weil grundsätzlich die alten Vorgaben der Reichsministerien zunächst weitergalten.[166] Ihre Anpassung hatte hingegen zunächst keine direkte Vorlage, sondern war eine pragmatische Praxis im Kontext veränderter politischer Rahmenbedingungen.

Am 31. Mai 1951 beschloss der Bayerische Landtag, die Staatsregierung zur Neufassung der Personalbogen für die bayerische Verwaltung aufzufordern.[167] Dem Landtagsbeschluss zur Erneuerung der Personalbogen ging ein Antrag von Abgeordneten der Oppositionsfraktion, Paul Wüllner, Walter Becher und Ernst Ullrich von der Deutschen Gemeinschaft, vom 3. April 1951 voraus. Der Landtag sollte die Staatsregierung ersuchen, „dafür zu sorgen, daß die Fragebogen der ihr unterstellten Behörden zeitgemäß erneuert, grundsätzlich vereinfacht und von allem unzeitgemäßen Beiwerk [...] befreit werden“. Mit „unzeitgemäße[m] Beiwerk“ meinten die Abgeordneten vor allem Fragen nach der politischen Vergangenheit. Sollten alte Vordrucke aus Gründen der Sparsamkeit weiterhin verwendet werden, dann müssten unzeitgemäße und nicht unbedingt erforderlichen Fragen gestrichen werden.[168]

Einen Monat später wurde der Antrag im Ausschuss für Rechts- und Verfassungsfragen diskutiert. Dort erklärte Wüllner, dass „[d]as Vertrauen des Staatsbürgers [...] zum Staat nur gestärkt [werde]“, wenn man auf nicht mehr notwendige Fragen verzichte. Diese vertrauensschaffende Geste diene gleichzeitig der Staatsvereinfachung, es handele sich um eine „Entrümpelung bei den Behörden“. Denn in der freien Wirtschaft sei es „undenkbar, 4 Jahre nach dem Zusammenbruch noch mit den gleichen Fragebogen zu arbeiten“. Einig waren sich Wüllner und der Berichterstatter Karl Fischer von der CSU, dass der Fragebogen der Militärregierung ein abschreckendes Beispiel sei, eine „übertriebene Art der Inquisition“, so Fischer. Auch er plädierte dafür, dass in den Fragebogen der Staatsverwaltung „Fragen, die bereits durch die Spruchkammer geklärt seien, [...] weggelassen werden [könnten].“ Dies auch, um eine „Abwehrstellung gegen den Staat“ seitens der Bürger zu verhindern. Fischers Parteifreund Josef Donsberger sah in den Fragebogen, die 1951 in Gebrauch waren und NS-Mitgliedschaften neben den Spruchkammerbescheiben abfragten, gar eine „nachträgliche Entnazifizierung“.

---

166 BayHStA, StMJ 10/2015, Zivilabteilung, 5, Sammlung des bayer. Landesrechts, Frage der Weitergeltung, StMI an StMJ, 26.10.1956.

167 ABayLT, Plenarprotokoll 28. Sitzung, 31.05.1951, S. 809.

168 ABayLT, Beilage 468, Antrag Erneuerung und Vereinfachung der Fragebogen, 03.04.1951.

Von anderen Ausschussmitgliedern wurde der Vorstoß kritisiert. Der Mitberichterstatter Hans Kramer aus der zusammen mit der CSU regierenden SPD erklärte, dass der Staat wissen müsse, wie ein Bewerber um eine öffentliche Stelle „früher eingestellt" gewesen sei. Dies sei auch nach dem Gesetz zum Abschluss der politischen Befreiung ausdrücklich vorgesehen. Einig waren sich die Abgeordneten, dass mindestens die Spruchkammerentscheidung abgefragt werden müsse, den Rest müsse die Staatsregierung entscheiden – SPD-Abgeordneter Waldmar von Knoeringen erklärte, dass eine Abfrage der Mitgliedschaft in der Sozialistischen Reichspartei zweckmäßig sein könnte. Die Ausschussmitglieder einigten sich auf die Forderung nach einer zeitgemäßen Erneuerung, grundsätzlichen Vereinfachung und Vereinheitlichung der Bogen.[169] Im Landtag wies Fischer auch noch einmal darauf hin, „daß der Staat bei Neueinstellungen doch die Möglichkeit haben müsse, das politische Vorleben der Bewerber zu überprüfen, auch wenn diese bereits rechtskräftig entnazifiziert worden seien". Immerhin darüber waren sich also die beiden Regierungsparteien CSU und SPD einig. Der Antrag wurde in der Fassung des Rechtsausschusses am 31. Mai 1951 im Landtag beschlossen und forderte, dass der Bogen „zeitgemäß erneuert, grundsätzlich vereinfacht und vereinheitlicht" werde.[170]

Die Diskussion über die Verwendung von Personalbogen ist eine vergangenheitspolitische Debatte, die Folgen für die Gestaltung des Formulars hatte. Die Forderung, „unzeitgemäße[s] Beiwerk" zu entfernen war eine „Schlussstrich"-Forderung,[171] die zudem definierte, was Teil der Akte zu sein hatte. Die zweite damit verknüpfte Forderung nach einer zeitgemäßen Erneuerung bezog sich demgegenüber auf die Demokratie, in der der Staat seinen Bürgern und Beamten keine überflüssigen Fragen mehr zu stellen hatte, sondern im Rahmen der Rationalisierung auf alles Überflüssige verzichten sollte. Damit wurde der formularinterne „Schlussstrich" als rationale, demokratische Modernisierung gedeutet.

Die Anforderung an die Staatsregierung, zeitgemäß erneuerte, grundsätzlich vereinfachte und vereinheitlichte Fragebogen zu entwerfen,[172] fiel in den Zuständigkeitsbereich des Finanzministeriums. Das Finanzministerium bat die eigenen nachgeordneten Behörden, das Landespersonalamt und sämtliche Staatsministerien um ein Muster des gegenwärtig genutzten Bogens sowie die Aufzählung von

169 ABayLT, Ausschuss für Rechts- und Verfassungsfragen, 17. Sitzung, 09.05.1951, S. 1–4.
170 ABayLT, Plenarprotokoll 28. Sitzung, 31.05.1951, Berichterstatter Karl Fischer, S. 809.
171 Zum „Schlussstrich" unter die Auseinandersetzung mit der NS-Vergangenheit siehe Adorno, Aufarbeitung, S. 10; Frei, Vergangenheitspolitik, S. 53 u. 88 u. Siegfried, Aufarbeitung, S. 87 f.
172 ABayLT, Beilage 770, Beschluss Erneuerung und Vereinfachung der Fragebogen, 31.05.1951.

Wünschen und Vorschlägen für einen neuen Personalbogen.[173] Das Landespersonalamt hatte indes auch ein Muster vorbereitet und stellte es den Staatsministerien zur Diskussion.[174] Diese Diskussion zwischen den bayerischen Staatsministerien, den nachgeordneten Behörden des Finanzministeriums und dem Landespersonalamt über Inhalt und Format des Bogens sowie der praktische Umgang mit ihm dauerte ein Jahr lang.[175] Schließlich stellte das Finanzministerium aus den Vorschlägen und Wünschen bis Juni 1952 einen Bogen zusammen, der weitestgehend auf der Vorlage des Landespersonalamts beruhte. Diesen sollten nun alle Zweige der bayerischen Landesverwaltung einführen.[176] Das bayerische Justizministerium veröffentlichte schließlich am 22. Dezember 1952 die Anweisung, künftig den neuen Personalbogen zu nutzen. Wegen des mit der Umstellung verbundenen „nicht unerheblichen Arbeits- und Zeitaufwand[s]" sollten die Bogen zunächst in den Personalakten genutzt werden, die ab dem 1. Oktober 1952 neu angelegt worden waren. Bis zum Oktober 1953 seien dann alle übrigen Personalakten mit dem neuen Muster auszustatten. Einzig die Personalakten derjenigen, die das 60. Lebensjahr vollendet hatten, sollten, sofern sich ein Bogen aus der Nachkriegszeit darin befand, nicht mehr aktualisiert werden.[177]

173 BayHStA, MF 74229, Dienstliche Beurteilung und Personalnachweise der Beamten, Generalia, 1949–1953, StMF an Verteiler I, 06.07.1951 u. StMF an bayerische Staatsministerien, 04.07.1951.

174 BayHStA, MF 74229, Dienstliche Beurteilung und Personalnachweise der Beamten, Generalia, 1949–1953, Landespersonalamt an bayerische Staatsministerien, 10.07.1951.

175 BayHStA, MF 74229, Dienstliche Beurteilung und Personalnachweise der Beamten, Generalia, 1949–1953.

176 BayHStA, MF 74229, Dienstliche Beurteilung und Personalnachweise der Beamten, Generalia, 1949–1953, StMF an Verteiler I, 07.06.1952.

177 JMBl. Nr. 2, 1953, Bekanntmachung über die Anlegung von neuen Personalbogen in den Personalakten v. 22.12.1952, S. 26 f.

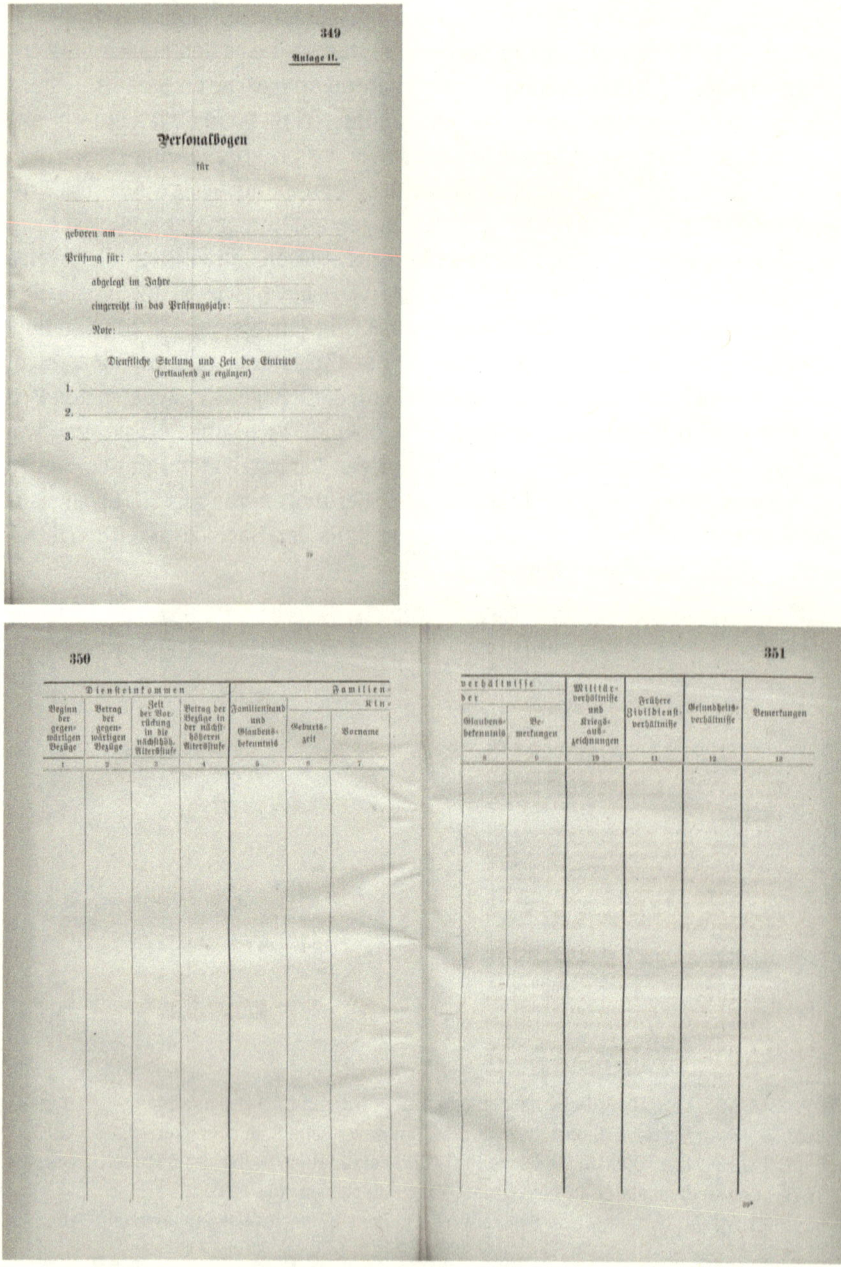

349

Anlage II.

Personalbogen

für

geboren am

Prüfung für:

abgelegt im Jahre

eingereiht in das Prüfungsjahr:

Note:

Dienstliche Stellung und Zeit des Eintritts
(fortlaufend zu ergänzen)

1.

2.

3.

350 | 351

Diensteinkommen				Familienverhältnisse					Militärverhältnisse und Kriegsauszeichnungen	Frühere Zivildienstverhältnisse	Gesundheitsverhältnisse	Bemerkungen
					Kinder							
Beginn der gegenwärtigen Bezüge	Betrag der gegenwärtigen Bezüge	Zeit der Vorrückung in die nächsthöh. Altersstufe	Betrag der Bezüge in der nächsthöheren Altersstufe	Familienstand und Glaubensbekenntnis	Geburtszeit	Vorname	Glaubensbekenntnis	Bemerkungen				
1	2	3	4	5	6	7	8	9	10	11	12	13

Abb. 1: Personalbogenvorlage aus dem Jahr 1919
Quelle: JMBl. Nr. 18, 1919, Bekanntmachung über die dienstliche Würdigung der Beamten und Notare, die Bewerbungsgesuche und die Führung der Personalakten betreffend v. 18.09.1919, S. 349–351

103

Anlage II.

Personalbogen

für

. . . .
(zuerst ist der Familienname, dann der Vorname [Rufname] einzutragen)

geboren am . . . . in . . . .
(Geburtsort und Kreis)

Prüfung für . . . .

abgelegt im Jahre . . . . . eingereiht in das Prüfungsjahr . . . . .

Note der mit Erfolg abgelegten Prüfung . . . .
(bei der Prüfung für den höheren Justiz- und Verwaltungsdienst sind die Noten aus den beiden Abteilungen und die Gesamtnote anzugeben).

Vorschriften für die Ausfüllung des Personalbogens:

1. In Spalte 5 ist auch der Zeitpunkt der Verehelichung, der voreheliche Name der Frau, der Grund und Zeitpunkt einer Auflösung der Ehe und der Zeitpunkt einer Wiederverheiratung einzutragen. In den Spalten 6–8 sind auch die Kinder zu verzeichnen, welche die Frau in die Ehe mitgebracht hat, die für ehelich erklärt oder an Kindes Statt angenommen sind; ihre rechtliche Stellung ist in der Spalte 9 anzugeben. Dort ist auch zu vermerken, ob die Kinder im elterlichen Unterhalte stehen („unversorgt sind"), aus welcher Ehe sie stammen, falls sich der Beamte wiederverheiratet hat, ob eines mit einem körperlichen Gebrechen behaftet ist und dergl.
2. In Spalte 10 ist auch anzugeben: Beginn und Ende der Militär- oder sonstigen Dienstverhältnisse, der erreichte Dienstgrad, sowie ob der Beamte Versorgungs- (Anstellungs-) Anwärter ist.

104 | 105

Dienstliche Laufbahn				Familienverhältnisse									
					Kinder								
Dienstesstellung, Dienstbehörde und Dienstort	Zeitpunkt der Erlangung der Stelle	Besoldungsgruppe	Besoldungsdienstalter	Familienstand und Glaubensbekenntnis	Geburtszeit	Vorname	Glaubensbekenntnis	Bemerkungen	Militärverhältnisse einschließlich von Dienstverhältnissen in der Reichswehr, in der Schutzpolizei oder Reichswasserpolizei	Militärdienstzeit während eines Krieges, Dauer und Art (Front-, Etappen-, Garnisonsdienst), Kriegsverwundungen, Kriegsauszeichnungen	Frühere Zivildienstverhältnisse (die Belege für die Angaben sind zu bezeichnen)	Versorgungsgebührnisse u. -bezüge, Unfallrenten	Bemerkungen
1	2	3	4	5	6	7	8	9	10	11	12	13	14

Abb. 2: Personalbogenvorlage aus dem Jahr 1930
Quelle: JMBl. Nr. 5, 1930, Bekanntmachung über die Behandlung der Personalangelegenheiten v. 17.05.1930, S. 103–105

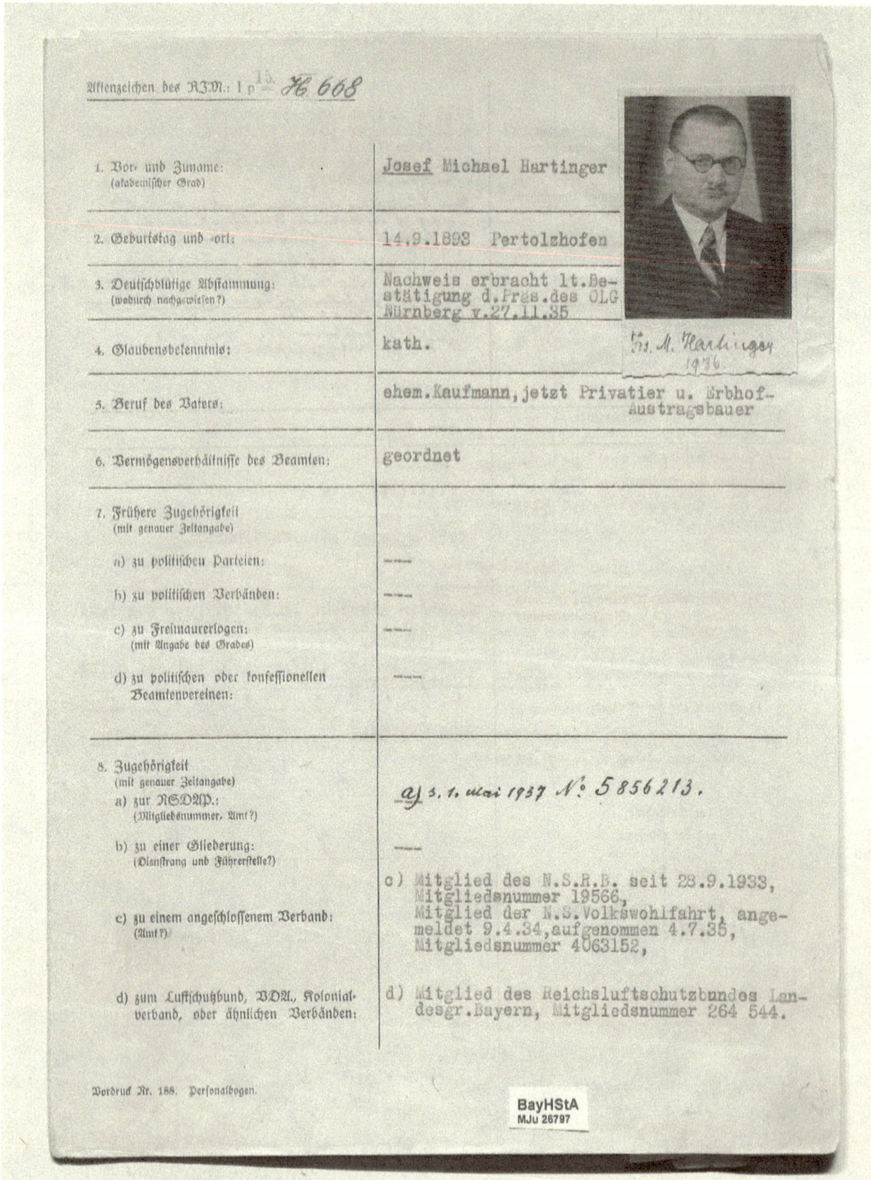

Aktenzeichen des RJM.: I p 15 H 668

1. Vor- und Zuname: (akademischer Grad)	Josef Michael Hartinger
2. Geburtstag und -ort:	14.9.1893 Pertolzhofen
3. Deutschblütige Abstammung: (wodurch nachgewiesen?)	Nachweis erbracht lt.Bestätigung d.Präs.des OLG Nürnberg v.27.11.35
4. Glaubensbekenntnis:	kath.
5. Beruf des Vaters:	ehem.Kaufmann,jetzt Privatier u. Erbhof-Austragsbauer
6. Vermögensverhältnisse des Beamten:	geordnet
7. Frühere Zugehörigkeit (mit genauer Zeitangabe)	
a) zu politischen Parteien:	---
b) zu politischen Verbänden:	---
c) zu Freimaurerlogen: (mit Angabe des Grades)	---
d) zu politischen oder konfessionellen Beamtenvereinen:	---
8. Zugehörigkeit (mit genauer Zeitangabe)	
a) zur NSDAP.: (Mitgliedsnummer, Amt?)	a) 1. Mai 1937 N° 5856213.
b) zu einer Gliederung: (Dienstrang und Führerstelle?)	---
c) zu einem angeschlossenem Verband: (Amt?)	c) Mitglied des N.S.R.B. seit 28.9.1933, Mitgliedsnummer 19566, Mitglied der N.S.Volkswohlfahrt, angemeldet 9.4.34,aufgenommen 4.7.35, Mitgliedsnummer 4063152,
d) zum Luftschutzbund, VDA., Kolonialverband, oder ähnlichen Verbänden:	d) Mitglied des Reichsluftschutzbundes Landesgr.Bayern, Mitgliedsnummer 264 544.

Jos. M. Hartinger 1936

Vordruck Nr. 188. Personalbogen.

BayHStA MJu 26797

Abb. 3a: Personalbogenvorlage aus dem Jahr 1936 (Josef Hartinger)
Quelle: BayHStA, MJu 26797, PA Josef Hartinger, Personalbogen RJM, undatiert

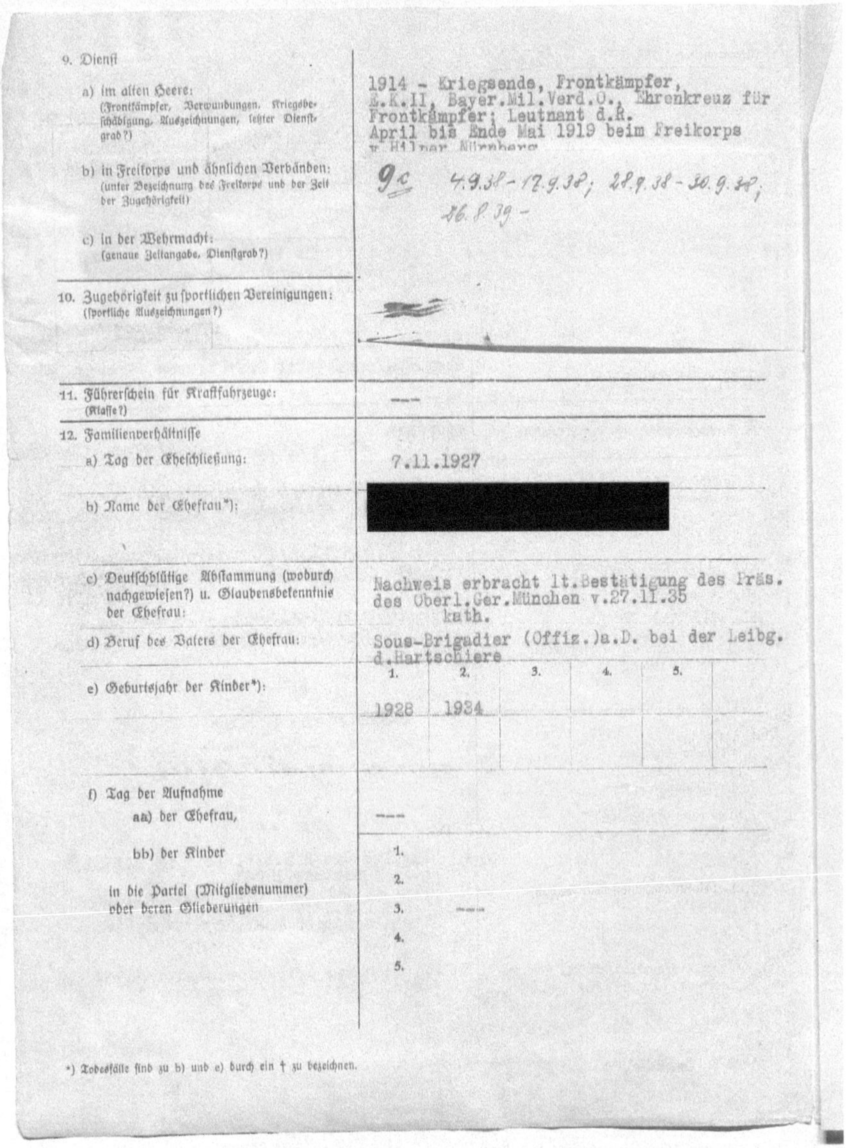

9. Dienst	
a) im alten Heere: (Frontkämpfer, Verwundungen, Kriegsbeschädigung, Auszeichnungen, letzter Dienstgrad?)	1914 - Kriegsende, Frontkämpfer, E.K.II, Bayer.Mil.Verd.O., Ehrenkreuz für Frontkämpfer; Leutnant d.R. April bis Ende Mai 1919 beim Freikorps v.Hilner Nürnberg
b) in Freikorps und ähnlichen Verbänden: (unter Bezeichnung des Freikorps und der Zeit der Zugehörigkeit)	9c 4.9.38 - 17.9.38; 28.9.38 - 30.9.38; 26.8.39 -
c) in der Wehrmacht: (genaue Zeitangabe, Dienstgrad?)	
10. Zugehörigkeit zu sportlichen Vereinigungen: (sportliche Auszeichnungen?)	
11. Führerschein für Kraftfahrzeuge: (Klasse?)	---
12. Familienverhältnisse	
a) Tag der Eheschließung:	7.11.1927
b) Name der Ehefrau*):	[geschwärzt]
c) Deutschblütige Abstammung (wodurch nachgewiesen?) u. Glaubensbekenntnis der Ehefrau:	Nachweis erbracht lt. Bestätigung des Präs. des Oberl.Ger.München v.27.11.35 kath.
d) Beruf des Vaters der Ehefrau:	Sous-Brigadier (Offiz.)a.D. bei der Leibg. d.Hartschiere
e) Geburtsjahr der Kinder*):	1. 1928 2. 1934 3. 4. 5.
f) Tag der Aufnahme	
aa) der Ehefrau,	---
bb) der Kinder	1. 2. 3. --- 4. 5.
in die Partei (Mitgliedsnummer) oder deren Gliederungen	

*) Todesfälle sind zu b) und e) durch ein † zu bezeichnen.

Abb. 3b: Fortsetzung, Personalbogenvorlage aus dem Jahr 1936 (Josef Hartinger)
Quelle: BayHStA, MJu 26797, PA Josef Hartinger, Personalbogen RJM, undatiert

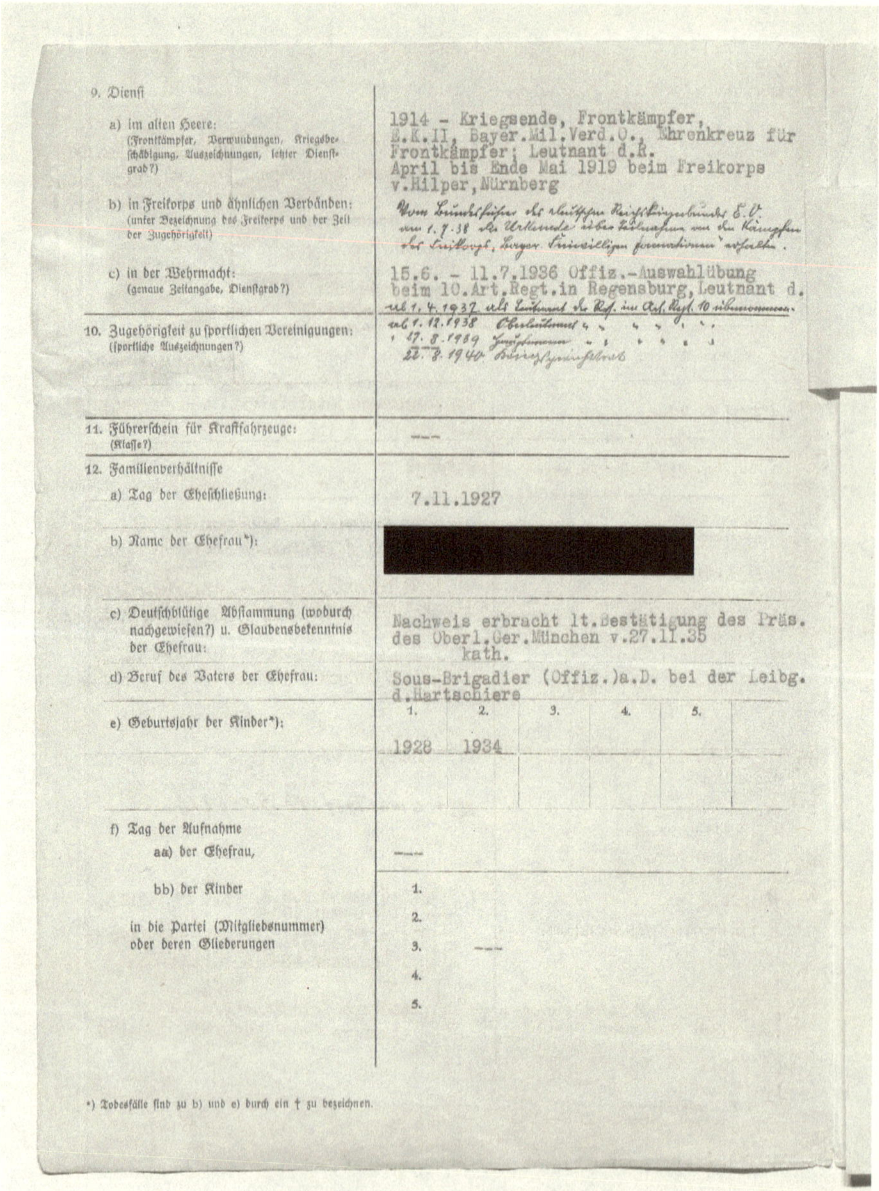

9. Dienst

a) im alten Heere: (Frontkämpfer, Verwundungen, Kriegsbeschädigung, Auszeichnungen, letzter Dienstgrad?)
1914 – Kriegsende, Frontkämpfer, E.K.II, Bayer.Mil.Verd.O., Ehrenkreuz für Frontkämpfer; Leutnant d.R.

b) in Freikorps und ähnlichen Verbänden: (unter Bezeichnung des Freikorps und der Zeit der Zugehörigkeit)
April bis Ende Mai 1919 beim Freikorps v.Hilper, Nürnberg
Vom Bundesführer des deutschen Reichskriegerbundes E.V. am 1.7.38 die Urkunde über Teilnahme an den Kämpfen des Freikorps „Bayer. Freiwilligen Formationen" erhalten.

c) in der Wehrmacht: (genaue Zeitangabe, Dienstgrad?)
15.6. – 11.7.1936 Offiz.-Auswahlübung beim 10.Art.Regt.in Regensburg, Leutnant d.
ab 1.4.1937 als Leutnant d. Res. im Art. Regt. 10 übernommen.
ab 1.12.1938 Oberleutnant " " " " " "
" 27.8.1939 Hauptmann " " " " " "
22.8.1940 Kriegsgerichtsrat

10. Zugehörigkeit zu sportlichen Vereinigungen: (sportliche Auszeichnungen?)

11. Führerschein für Kraftfahrzeuge: (Klasse?)
---

12. Familienverhältnisse

a) Tag der Eheschließung:
7.11.1927

b) Name der Ehefrau*):
[geschwärzt]

c) Deutschblütige Abstammung (wodurch nachgewiesen?) u. Glaubensbekenntnis der Ehefrau:
Nachweis erbracht lt.Bestätigung des Präs. des Oberl.Ger.München v.27.11.35
kath.

d) Beruf des Vaters der Ehefrau:
Sous-Brigadier (Offiz.)a.D. bei der Leibg. d.Hartschiere

e) Geburtsjahr der Kinder*):

1.	2.	3.	4.	5.
1928	1934			

f) Tag der Aufnahme

aa) der Ehefrau,
---

bb) der Kinder
1.
2.
3. ---
4.
5.

in die Partei (Mitgliedsnummer) oder deren Gliederungen

*) Todesfälle sind zu b) und e) durch ein † zu bezeichnen.

Abb. 3c: Fortsetzung (doppelte Wiedergabe der Seite wegen Ergänzung zu Frage 9c), Personalbogenvorlage aus dem Jahr 1936 (Josef Hartinger)
Quelle: BayHStA, MJu 26797, PA Josef Hartinger, Personalbogen RJM, undatiert

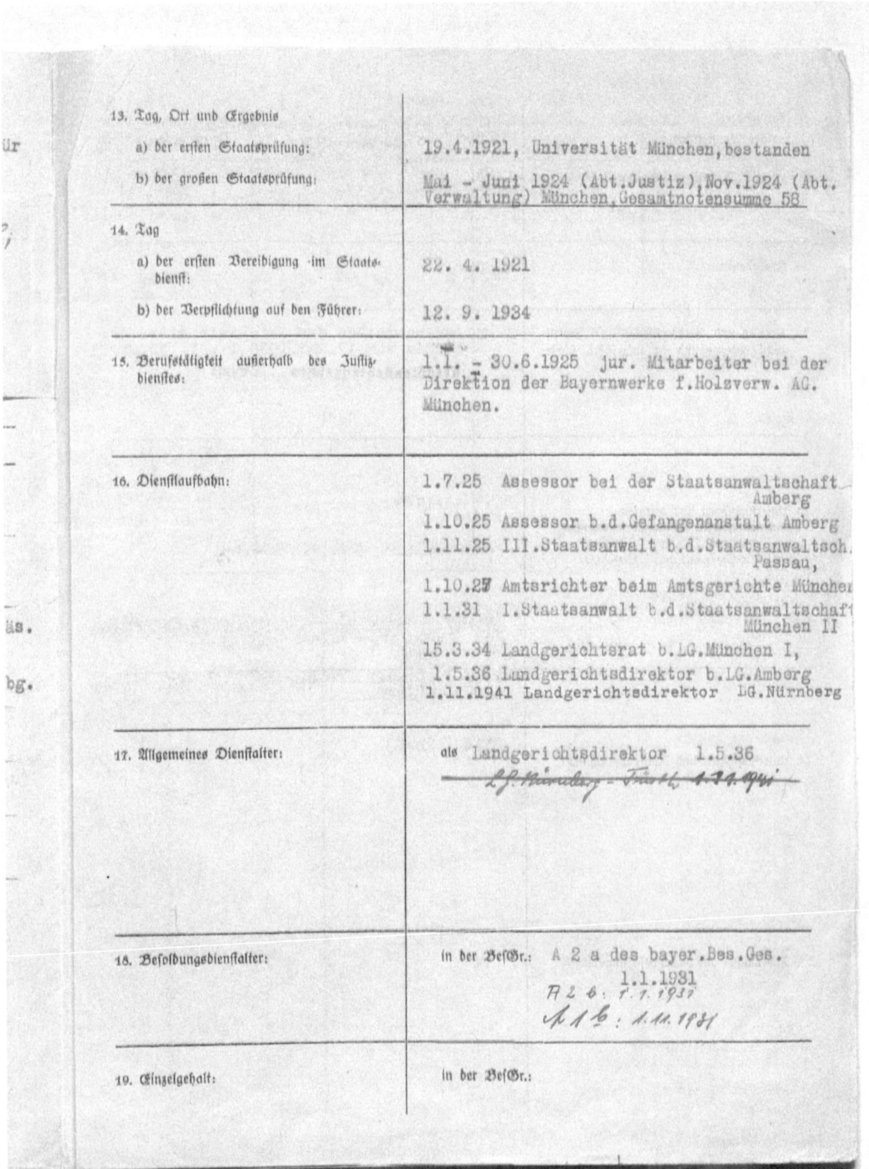

13. Tag, Ort und Ergebnis	
a) der ersten Staatsprüfung:	19.4.1921, Universität München, bestanden
b) der großen Staatsprüfung:	Mai - Juni 1924 (Abt.Justiz),Nov.1924 (Abt. Verwaltung) München, Gesamtnotensumme 58
14. Tag	
a) der ersten Vereidigung im Staatsdienst:	22. 4. 1921
b) der Verpflichtung auf den Führer:	12. 9. 1934
15. Berufstätigkeit außerhalb des Justizdienstes:	1.1. - 30.6.1925 jur. Mitarbeiter bei der Direktion der Bayernwerke f.Holzverw. AG. München.
16. Dienstlaufbahn:	1.7.25 Assessor bei der Staatsanwaltschaft Amberg 1.10.25 Assessor b.d.Gefangenanstalt Amberg 1.11.25 III.Staatsanwalt b.d.Staatsanwaltsch. Passau, 1.10.27 Amtsrichter beim Amtsgerichte München 1.1.31 I.Staatsanwalt b.d.Staatsanwaltschaft München II 15.3.34 Landgerichtsrat b.LG.München I, 1.5.36 Landgerichtsdirektor b.LG.Amberg 1.11.1941 Landgerichtsdirektor LG.Nürnberg
17. Allgemeines Dienstalter:	als Landgerichtsdirektor 1.5.36 ~~LG Nürnberg-Fürth 1.11.1941~~
18. Besoldungsdienstalter:	in der BesGr.: A 2 a des bayer.Bes.Ges. 1.1.1931 A 2 b: 1.1.1931 A 1 b: 1.11.1931
19. Einzelgehalt:	in der BesGr.:

Abb. 3d: Fortsetzung, Personalbogenvorlage aus dem Jahr 1936 (Josef Hartinger)
Quelle: BayHStA, MJu 26797, PA Josef Hartinger, Personalbogen RJM, undatiert

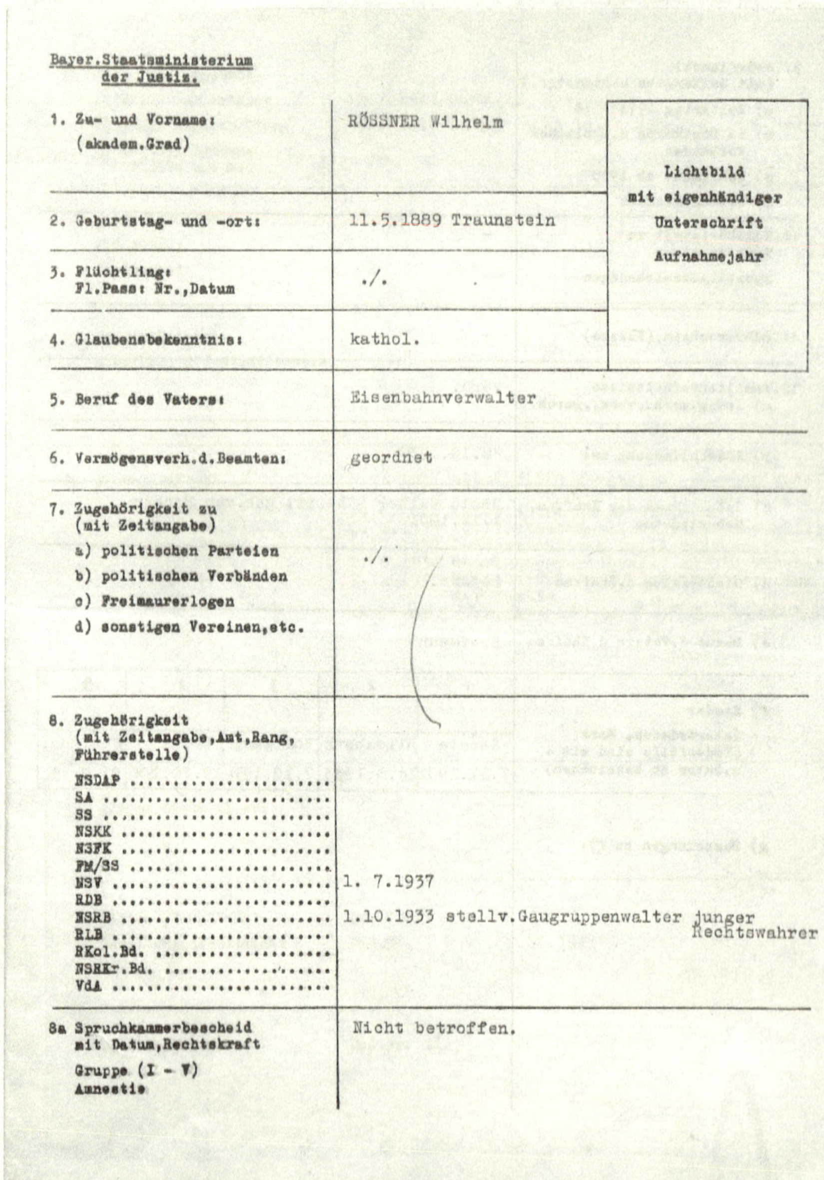

Bayer.Staatsministerium
der Justiz.

1. Zu- und Vorname: (akadem.Grad)	RÖSSNER Wilhelm	Lichtbild mit eigenhändiger Unterschrift Aufnahmejahr
2. Geburtstag- und -ort:	11.5.1889 Traunstein	
3. Flüchtling: Fl.Pass: Nr.,Datum	./.	
4. Glaubensbekenntnis:	kathol.	
5. Beruf des Vaters:	Eisenbahnverwalter	
6. Vermögensverh.d.Beamten:	geordnet	
7. Zugehörigkeit zu (mit Zeitangabe) a) politischen Parteien b) politischen Verbänden c) Freimaurerlogen d) sonstigen Vereinen,etc.	./.	
8. Zugehörigkeit (mit Zeitangabe,Amt,Rang, Führerstelle) NSDAP ... SA ... SS ... NSKK ... NSFK ... FM/SS ... NSV ... RDB ... NSRB ... RLB ... RKol.Bd. ... NSRKr.Bd. ... VdA ...	NSV: 1. 7.1937 NSRB: 1.10.1933 stellv.Gaugruppenwalter junger Rechtswahrer	
8a Spruchkammerbescheid mit Datum,Rechtskraft Gruppe (I – V) Amnestie	Nicht betroffen.	

Abb. 4a: Personalbogenvorlage aus dem Jahr 1945 (Wilhelm Rößner)
Quelle: BayHStA, MJu 25955, PA Wilhelm Rößner, Personalbogen StMJ, undatiert

9. Wehrdienst: (mit Zeitangabe u.Dienstgr.) a) Weltkrieg 1914 - 18 b) in Freikorps u.ähnlichen Verbänden c) Wehrmacht ab 1935 d) Gefangenschaft	./.
10. Zugehörigkeit zu Sportvereinen Sportl.Auszeichnungen	-
11. Führerschein,(Klasse)	-
12. Familienverhältnisse a) ledig,verh.,verw.,gesch.	verh.
b) Eheschliessung am:	28.10.1930
c) Geburtsname der Ehefrau, Geburtsdatum	[redacted]
d) Glaubensbek.d.Ehefrau	reform.
e) Beruf d.Vaters d.Ehefrau	Kaufmann
f) Kinder Geburtsdatum, Name (Todesfälle sind mit + u.Datum zu bezeichnen)	1 | 2 | 3 | 4 | 5 [redacted]
g) Bemerkungen zu f):	

Abb. 4b: Fortsetzung, Personalbogenvorlage aus dem Jahr 1945 (Wilhelm Rößner)
Quelle: BayHStA, MJu 25955, PA Wilhelm Rößner, Personalbogen StMJ, undatiert

13. Tag, Ort, Ergebnis a) erste jur.Prüfung b) große Staatsprüfung c) weitere Prüfung (Diplom u.s.w.)	 11.7.1912 München, bestanden Dez. 1916 (eingereiht 1915) München, -63- gut
14. Vereidigungen: Diensteid: Richtereid:	12.9.1912
15. Berufstätigkeit außerhalb d.Justizdienstes	
16. Dienstlaufbahn	1. 7.1917 ständ.Hilfsarbeiter im Staatsmin.d.J. 1.5. 1919 III.Staatsanwalt, LG München I, 1. 6.1920 Amtsrichter am AG München, 1. 1.1929 II./I.Staatsanwalt b.Staatsanw.Mü.I, 1.10.1932 Landgerichtsrat am LG München I, 1. 8.1936 Oberlandesgerichtsrat am OLG München, 1.12.1945 Ministerialrat im Staatsministerium der Justiz 16. 5. 1951 Ministerialdirigent i.B.Staatsm.d.Just.
17. Allgem.Dienstalter:	
18. Diäten „Vergütung" Besoldungsdienstalter	Bes.Gr. Bes.Gr. A 1 a : 1.12.1941
19. Einzelgehalt :	Bes.Gr. B 8

Abb. 4c: Fortsetzung, Personalbogenvorlage aus dem Jahr 1945 (Wilhelm Rößner)
Quelle: BayHStA, MJu 25955, PA Wilhelm Rößner, Personalbogen StMJ, undatiert

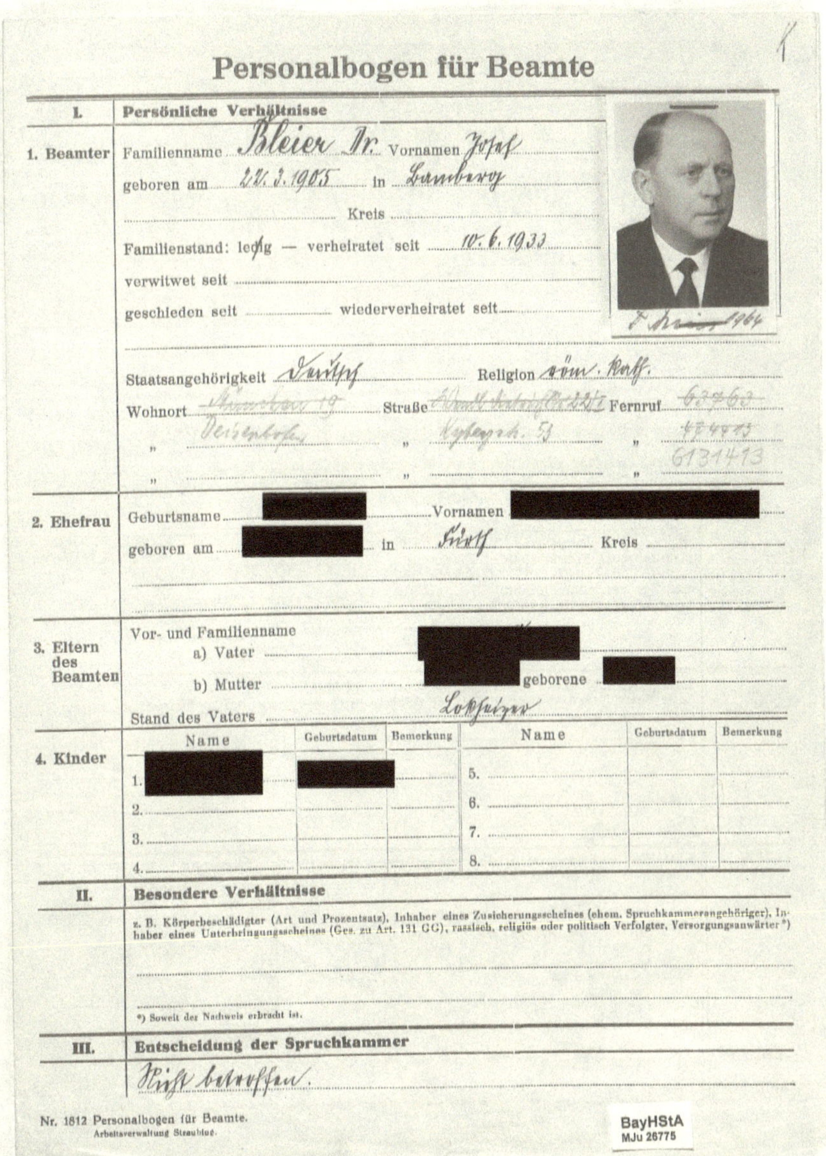

Personalbogen für Beamte

I. Persönliche Verhältnisse

1. Beamter Familienname Bleier Dr. Vornamen Josef

geboren am 22.3.1905 in Bamberg

Kreis

Familienstand: ledig — verheiratet seit 10.6.1933

verwitwet seit

geschieden seit wiederverheiratet seit

Staatsangehörigkeit Deutsch Religion röm.-kath.

Wohnort Straße Fernruf

6131413

2. Ehefrau Geburtsname Vornamen

geboren am in Kreis

3. Eltern des Beamten Vor- und Familienname

a) Vater

b) Mutter geborene

Stand des Vaters Lokführer

4. Kinder

Name	Geburtsdatum	Bemerkung	Name	Geburtsdatum	Bemerkung
1.			5.		
2.			6.		
3.			7.		
4.			8.		

II. Besondere Verhältnisse

z. B. Körperbeschädigter (Art und Prozentsatz), Inhaber eines Zusicherungsscheines (ehem. Spruchkammerangehöriger), Inhaber eines Unterbringungsscheines (Ges. zu Art. 131 GG), rassisch, religiös oder politisch Verfolgter, Versorgungsanwärter*)

*) Soweit der Nachweis erbracht ist.

III. Entscheidung der Spruchkammer

Nicht betroffen.

Nr. 1812 Personalbogen für Beamte.
Arbeitsverwaltung Straubing

BayHStA
MJu 26775

Abb. 5a: Personalbogenvorlage aus dem Jahr 1952 (Josef Bleier)
Quelle: BayHStA, MJu 26775, PA Josef Bleier, Personalbogen StMJ, undatiert

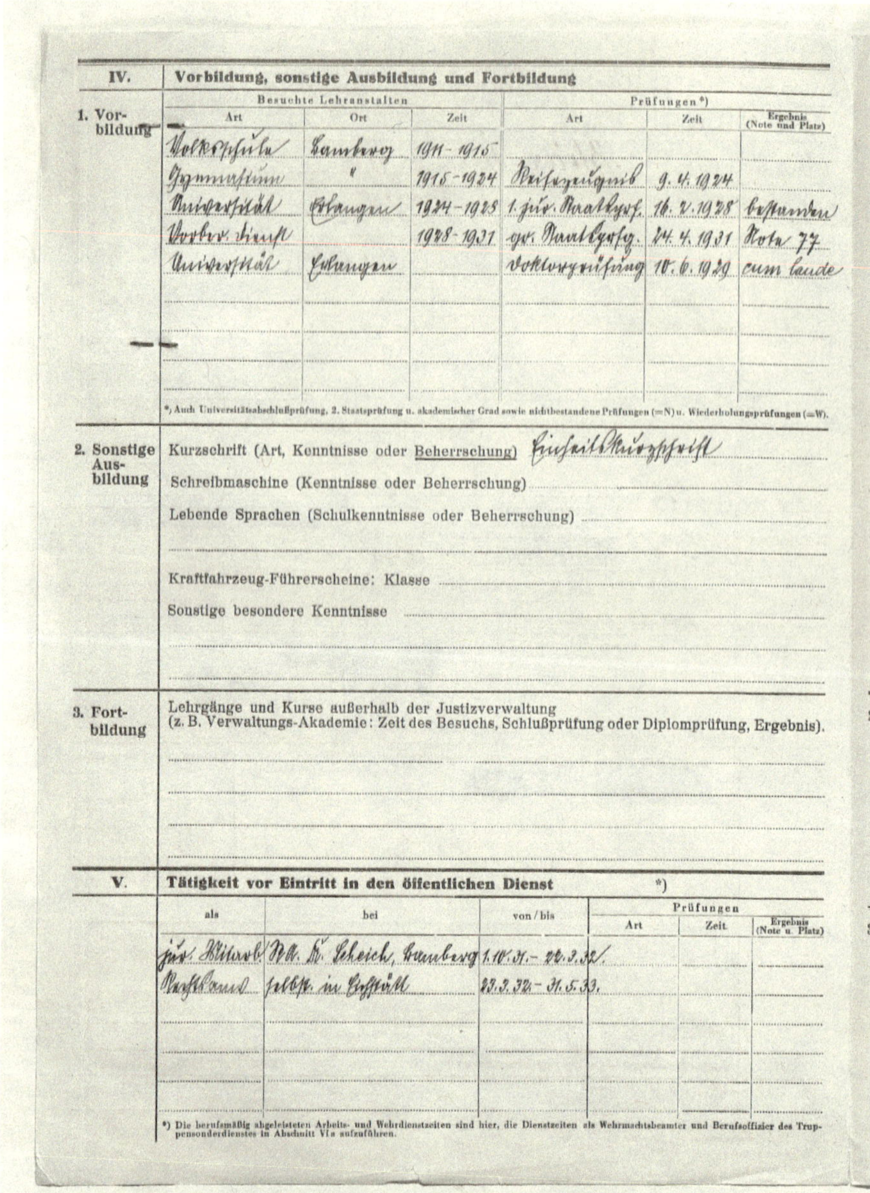

IV. Vorbildung, sonstige Ausbildung und Fortbildung

1. Vorbildung

Besuchte Lehranstalten: Art	Ort	Zeit	Prüfungen*): Art	Zeit	Ergebnis (Note und Platz)
Volksschule	Bamberg	1911–1915			
Gymnasium	"	1915–1924	Reifezeugnis	9.4.1924	
Universität	Erlangen	1924–1928	1. jur. Staatsprüf.	16.7.1928	bestanden
Vorber. Dienst		1928–1931	gr. Staatsprüfg.	24.4.1931	Note 77
Universität	Erlangen		Doktorprüfung	10.6.1929	cum laude

*) Auch Universitätsabschlußprüfung, 2. Staatsprüfung u. akademischer Grad sowie nichtbestandene Prüfungen (=N) u. Wiederholungsprüfungen (=W).

2. Sonstige Ausbildung

Kurzschrift (Art, Kenntnisse oder Beherrschung) Einheitskurzschrift

Schreibmaschine (Kenntnisse oder Beherrschung)

Lebende Sprachen (Schulkenntnisse oder Beherrschung)

Kraftfahrzeug-Führerscheine: Klasse

Sonstige besondere Kenntnisse

3. Fortbildung

Lehrgänge und Kurse außerhalb der Justizverwaltung (z. B. Verwaltungs-Akademie: Zeit des Besuchs, Schlußprüfung oder Diplomprüfung, Ergebnis).

V. Tätigkeit vor Eintritt in den öffentlichen Dienst *)

als	bei	von / bis	Prüfungen: Art	Zeit	Ergebnis (Note u. Platz)
jur. Hilfsarb.	RA. Dr. Scheich, Bamberg	1.10.31.–22.3.32.			
Rechtsanwalt	selbst. in Eichstätt	23.3.32.–31.5.33.			

*) Die berufsmäßig abgeleisteten Arbeits- und Wehrdienstzeiten sind hier, die Dienstzeiten als Wehrmachtsbeamter und Berufsoffizier des Truppensonderdienstes in Abschnitt VI a aufzuführen.

Abb. 5b: Fortsetzung, Personalbogenvorlage aus dem Jahr 1952 (Josef Bleier)
Quelle: BayHStA, MJu 26775, PA Josef Bleier, Personalbogen StMJ, undatiert

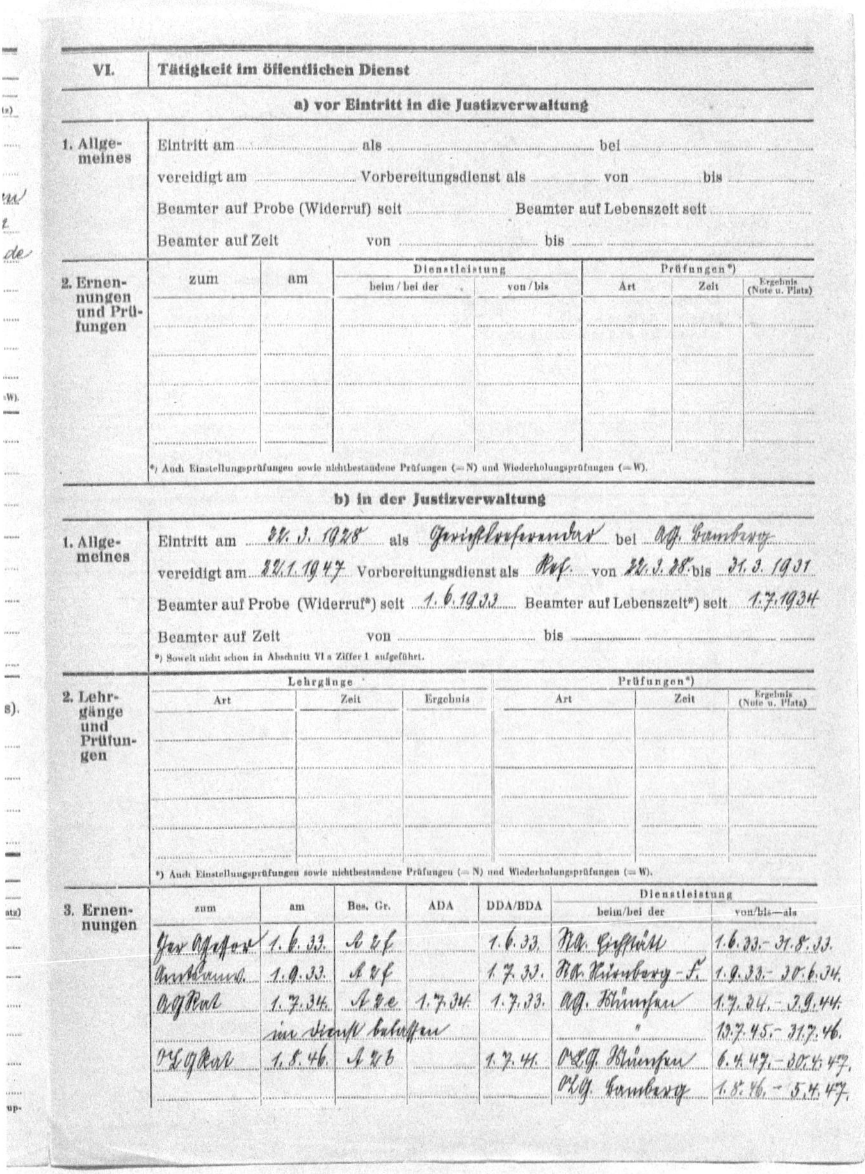

VI. Tätigkeit im öffentlichen Dienst

a) vor Eintritt in die Justizverwaltung

1. Allgemeines

Eintritt am .... als .... bei ....

vereidigt am .... Vorbereitungsdienst als .... von .... bis ....

Beamter auf Probe (Widerruf) seit .... Beamter auf Lebenszeit seit ....

Beamter auf Zeit von .... bis ....

2. Ernennungen und Prüfungen

zum	am	Dienstleistung beim / bei der	Dienstleistung von / bis	Prüfungen*) Art	Prüfungen*) Zeit	Prüfungen*) Ergebnis (Note u. Platz)

*) Auch Einstellungsprüfungen sowie nichtbestandene Prüfungen (= N) und Wiederholungsprüfungen (= W).

b) in der Justizverwaltung

1. Allgemeines

Eintritt am 22. 3. 1928 als Gerichtsreferendar bei AG. Bamberg

vereidigt am 22.1.1947 Vorbereitungsdienst als Ref. von 22.3.28 bis 31.3.1931

Beamter auf Probe (Widerruf*) seit 1.6.1933 Beamter auf Lebenszeit*) seit 1.7.1934

Beamter auf Zeit von .... bis ....

*) Soweit nicht schon in Abschnitt VI a Ziffer 1 aufgeführt.

2. Lehrgänge und Prüfungen

Lehrgänge Art	Lehrgänge Zeit	Lehrgänge Ergebnis	Prüfungen*) Art	Prüfungen*) Zeit	Prüfungen*) Ergebnis (Note u. Platz)

*) Auch Einstellungsprüfungen sowie nichtbestandene Prüfungen (= N) und Wiederholungsprüfungen (= W).

3. Ernennungen

zum	am	Bes. Gr.	ADA	DDA/BDA	Dienstleistung beim/bei der	Dienstleistung von/bis—als
Ger. Assessor	1.6.33.	A 2 f		1.6.33.	StA. Eichstätt	1.6.33.–31.8.33.
Amtsanw.	1.9.33.	A 2 f		1.7.33.	StA. Nürnberg-F.	1.9.33.–30.6.34.
AGRat	1.7.34.	A 2 e	1.7.34.	1.7.33.	AG. München	1.7.34.–3.9.44.
	im Dienst belassen				"	13.7.45.–31.7.46.
OLGRat	1.8.46.	A 2 b		1.7.41.	OLG. München	6.4.47.–30.4.47.
					OLG. Bamberg	1.8.46.–5.4.47.

Abb. 5c: Fortsetzung, Personalbogenvorlage aus dem Jahr 1952 (Josef Bleier)
Quelle: BayHStA, MJu 26775, PA Josef Bleier, Personalbogen StMJ, undatiert

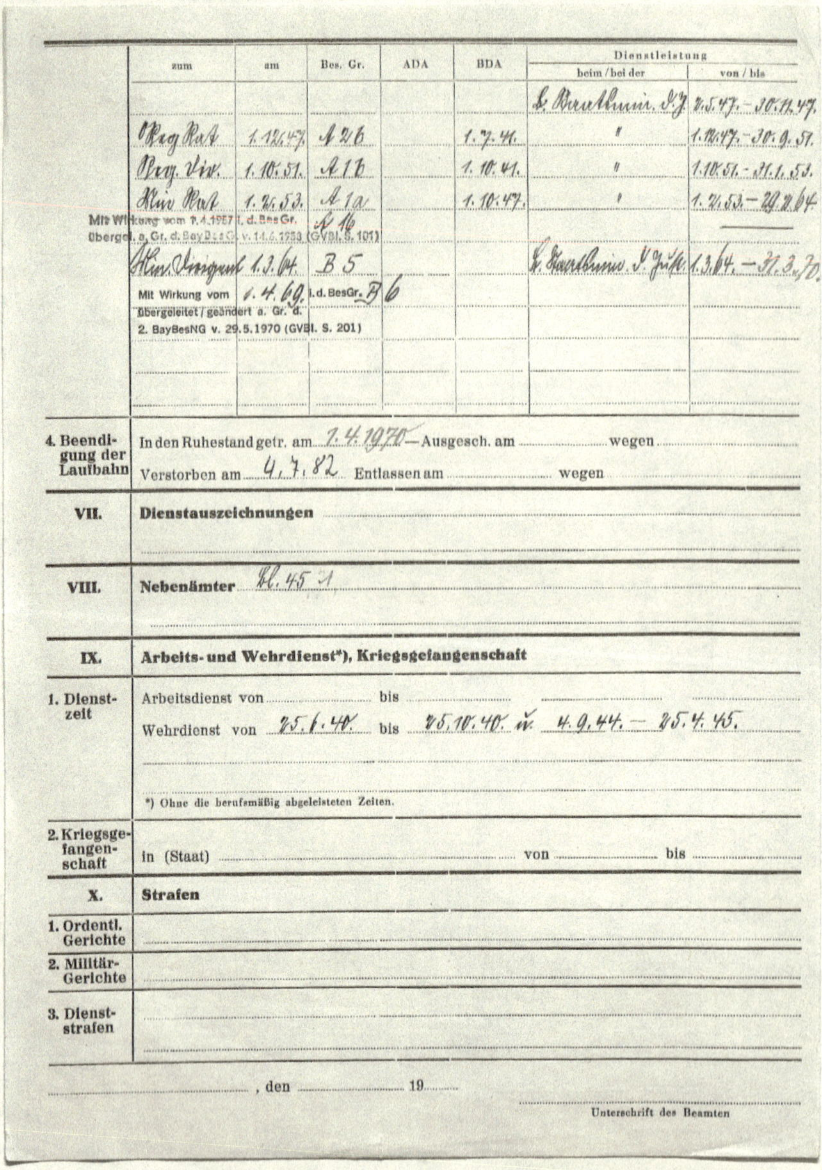

zum	am	Bes. Gr.	ADA	BDA	Dienstleistung beim / bei der	von / bis
					L. Barthmin. d. J.	2.5.47. – 30.11.47.
OReg.Rat	1.12.47.	A 2b		1.7.41.	"	1.12.47. – 30.9.51.
Reg.Dir.	1.10.51.	A 1b		1.10.41.	"	1.10.51. – 31.1.53.
Min.Rat	1.2.53.	A 1a		1.10.47.	"	1.2.53. – 29.2.64.
Mit Wirkung vom 1.4.1957 i. d. BesGr. übergel. a. Gr. d. BayBesG v. 14.6.1958 (GVBl. S. 101)		A 16				
Min.Dirigent	1.3.64	B 5			L. Barthmin. d. Justiz	1.3.64. – 31.3.70.
Mit Wirkung vom 1.4.69. i. d. BesGr. übergeleitet / geändert a. Gr. d. 2. BayBesNG v. 29.5.1970 (GVBl. S. 201)		B 6				

4. Beendigung der Laufbahn In den Ruhestand getr. am 1.4.1970 – Ausgesch. am .... wegen ....
Verstorben am 4.7.82 Entlassen am .... wegen ....

VII. **Dienstauszeichnungen** ....

VIII. **Nebenämter** [illegible]

IX. **Arbeits- und Wehrdienst*), Kriegsgefangenschaft**

1. Dienstzeit Arbeitsdienst von .... bis ....
Wehrdienst von 25.1.40. bis 25.10.40. u. 4.9.44. – 25.4.45.

*) Ohne die berufsmäßig abgeleisteten Zeiten.

2. Kriegsgefangenschaft in (Staat) .... von .... bis ....

X. **Strafen**

1. Ordentl. Gerichte

2. Militär-Gerichte

3. Dienststrafen

........, den .... 19....

....
Unterschrift des Beamten

Abb. 5d: Fortsetzung, Personalbogenvorlage aus dem Jahr 1952 (Josef Bleier)
Quelle: BayHStA, MJu 26775, PA Josef Bleier, Personalbogen StMJ, undatiert

Die verwaltungsinterne Diskussion zur Überholung der Personalbogen offenbarte allerdings, dass die Personalverwaltungspraxis in der Landesverwaltung einer anderen Logik folgte, als der Landtagsbeschluss es gefordert hatte. In der Tat war es so, dass einige Staatsministerien, darunter das Justizministerium, seit 1945 Personalbogen in Übergangspraxis – Übergangsbogen – nutzten: Auf alten NS-Vordrucken wurden die allzu offensichtlichen NS-Kategorien sowie andere auf den Nationalsozialismus verweisende Zeichen weggestrichen (Abb. 4). Ministerialdirektor Walther erklärte auf die Anfrage des Finanzministeriums zu den neuen Personalbogen, dass derzeit zwei Bogen in der bayerischen Justiz in Gebrauch seien. Für den einfachen, mittleren und gehobenen Dienst nutze man Restbestände, für den höheren Dienst habe man ein altes Muster geringfügig verändert und neu drucken lassen. Bei den Restbeständen handelte es sich um Bogen aus der Zeit des Nationalsozialismus, in welchen man NS-spezifische Informationen einfach durchgestrichen hatte und so indizierte, dass die rechte Spalte nicht mehr zu füllen sei. Hierbei handelte es sich vor allem um die Abstammung, Dienst im Ersten Weltkrieg und Parteizugehörigkeit in der Weimarer Republik, nicht aber um die Angaben zur NS-Mitgliedschaft des Beamten. Die überarbeitete Version dieses Musters für den höheren Dienst verzichtete ebenfalls auf Angaben zur Abstammung, nicht aber auf die detaillierte Aufstellung der Mitgliedschaften im Nationalsozialismus. Direkt darunter sollte der Spruchkammerbescheid eingetragen werden, sowie eine etwaige Amnestie.[178]

Diese zweifache Information über Mitgliedschaften und Spruchkammerbescheide als Ausweis für die NS-Vergangenheit fand sich auch in anderen Verwaltungszweigen: Das Innenministerium erklärte auf die Anfrage des Finanzministeriums, erst vor Kurzem zufriedenstellende neue Bogen entworfen zu haben. In diesen neuen Bogen waren in einer Kategorie „Politische Haltung“ auf der ersten Seite unten Angaben der NS-Mitgliedschaften ebenso gefordert wie die Entscheidung der Spruchkammer und die etwaige Anerkennung als politisch Verfolgter.[179] Ganz ähnlich handhabte es das Staatsministerium für Ernährung, Landwirtschaft und Forsten.[180]

Vergleicht man die drei Personalbogenmuster, die ab 1936 (Abb. 3), in der direkten Nachkriegszeit (Abb. 4) und ab 1952 (Abb. 5) in der bayerischen Justizverwaltung für den höheren Dienst genutzt wurden, sticht eine Parallele ins Auge. Je-

178 BayHStA, MF 74229, Dienstliche Beurteilung und Personalnachweise der Beamten, Generalia, 1949–1953, StMJ an StMF, 14.08.1951.

179 BayHStA, MF 74229, Dienstliche Beurteilung und Personalnachweise der Beamten, Generalia, 1949–1953, Staatsministerium des Inneren (StMI) an StMF, 23.07.1951.

180 BayHStA, MF 74229, Dienstliche Beurteilung und Personalnachweise der Beamten, Generalia, 1949–1953, StMELF an StMF, 15.11.1951.

weils unten auf der ersten Seite führten unterschiedliche Fragen zur selben Information: der politischen Belastung. Während sich das Kategoriensystem der Abfrage von der NSDAP-Mitgliedschaft hin zur Spruchkammerentscheidung wandelte, änderte sich die Information in ihrer Essenz nicht. Das Ministerium für Verkehrsangelegenheiten schlug im Juli 1951 in der Absprache der Ministerien zum neuen Bogen dann auch vor, einfach die „Fragen über die Zugehörigkeit zur früheren NSDAP und ihrer Gliederungen durch die Frage nach der Spruchkammerentscheidung [...] zu ersetzen".[181] Ebenso sahen es die Personalverantwortlichen in der Oberfinanzdirektion München.[182] Aus den NS-Bogen und seinen Nachfolgern entwickelte sich der neue Personalbogen, er orientierte sich im Aufbau an seinen Vorgängern.

Ministerialdirektor Walther hielt ein Abfragen der Mitgliedschaften zukünftig auch deshalb für „entbehrlich", weil der Spruchkammerbescheid, der in der Personalakte liege, darüber Auskunft gebe. Dies müsse im Personalbogen nicht wiederholt werden, denn die Eintragung „würde die Personalverwaltungen bei Neuauflage des Personalbogens nur unnötig belasten, da sie eine beträchtliche Mehrarbeit verursacht".[183] Walthers Argument richtete sich also nicht gegen die Abfrage oder gar das Wissen um die Mitgliedschaften, das war weiterhin vorhanden – es ging ihm um Verwaltungsvereinfachung. Es ging nicht darum, bestimmte Informationen bewusst zu manipulieren oder verschwinden zu lassen, es gab auch keine moralischen Gründe für die Absage. Vielmehr gab es kein Interesse mehr an der spezifischen Präsentation der Informationen, sie waren in der früher akkumulierten Form nicht mehr zeitgemäß.[184]

Abfragekategorien, die in der Weimarer Republik noch eine prominentere Rolle gespielt hatten, rückten durch die Entwicklung der Personalbogenmuster im 20. Jahrhundert in den Hintergrund. So rückte etwa das in der Weimarer Republik noch sehr prominent platzierte Prüfungsergebnis in den Hintergrund. Im Nationalsozialismus hielten die Personalverantwortlichen im Reichsjustizministerium den Überblick über Abstammung und Mitgliedschaften der Juristen für wichtiger – das Prüfungsergebnis wurde nun auf der dritten Seite des Bogens dargestellt (Abb. 3). Im neu entworfenen Bogen für alle Ministerien wanderte das Prüfungsergebnis

181 BayHStA, MF 74229, Dienstliche Beurteilung und Personalnachweise der Beamten, Generalia, 1949–1953, StM für Verkehrsangelegenheiten an StMF, 17.07.1951.

182 BayHStA, MF 74229, Dienstliche Beurteilung und Personalnachweise der Beamten, Generalia, 1949–1953, Oberfinanzdirektion München an StMF, 14.08.1951.

183 BayHStA, MF 74229, Dienstliche Beurteilung und Personalnachweise der Beamten, Generalia, 1949–1953, StMJ an StMF, 14.08.1951.

184 Zum weiteren Nutzen der so gesammelten Informationen in der Personalakte über die formale NS-Belastung siehe Kap. 4.2.

1952 immerhin auf die zweite Seite, allerdings unter „Vorbildung, sonstige Ausbildung und Fortbildung" subsummiert (Abb. 5). So wie früher die Prüfungsnote als sichtbares Zeichen für Exzellenz und damit bevorzugte Beförderungschancen gedeutet wurde, befand sich hier während der NS-Diktatur die großzügig bemessene Kategorie der „Zugehörigkeit" – gemeint waren die NSDAP, ihre Gliederungen, angeschlossene und weitere Verbände (Abb. 3). Etappenweise ersetzt wurde diese Kategorie in der Nachkriegszeit durch das Ergebnis des Spruchkammerverfahrens und etwaiger besonderer Verhältnisse wie eine Körperbeschädigung oder das Vorliegen einer Verfolgungserfahrung im NS (Abb. 4 u. 5) – letztlich größtenteils Folgen aus der vormaligen Kategorie am Ende der ersten Seite des Personalbogens. Es war wohl naheliegend, diesen Platz entsprechend zu füllen.

Auch der Krieg, eine einst auch beamtenrechtlich wichtige Kategorie der Personalbogen in der Weimarer Republik und während des Nationalsozialismus, wurde auf die hinteren Seiten des Bogens verdrängt. Die Kriegsteilnahme wurde im NS-Bogen noch direkt nach den Mitgliedschaften abgefragt (Abb. 3). Im Bogen von 1952 tauchten der „Arbeits- und Wehrdienst" und die „Kriegsgefangenschaft" erst auf der vierten und letzten Seite auf (Abb. 5). Die sich daraus ergebenden beamtenrechtlich wichtigen Konsequenzen standen allerdings auf Seite eins unter „Besondere Verhältnisse" als „z. B. Körperbeschädigter". Während das Militär und der Krieg als solche immer weiter in den Hintergrund traten, blieb die Wichtigkeit der Mitgliedschaft in der NSDAP oder ihren Gliederungen – übersetzt in die „Entscheidung der Spruchkammer" und weitere Begleiterscheinungen sowie Folgen der NS-Herrschaft.

Personalbogen für Justizbeamte wurden für Männer entworfen.[185] Die Bogen für Angestellte waren hingegen geschlechtsneutral, wie etwa die Personalbogen von „Reinemachfrauen" des Justizministeriums zeigt.[186] Jedes vorliegende Exemplar zwischen 1919 und 1952 enthält einen Verweis auf die Ehefrau, auch wenn der Protagonist des Personalbogens in den chronologisch ersten vier Bogen nicht männlich gefasst ist, stattdessen wurden Vor- und Nachname erfragt. Der letzte für diese Betrachtung relevante Bogen aus dem Jahr 1952 zeigt die „hegemoniale Männlichkeit" explizit: Punkt eins war mit „Beamter" und Punkt zwei mit „Ehefrau" überschrieben (Abb. 5). Unverändert blieben die Angaben von Kindern und dem Glaubensbekenntnis in allen Bogen. In dieser Praxis, Personalbogen nur in der männlichen Form zu produzieren, drückt sich eine zeitgemäße, völlig selbstverständliche Form aus, den Beamten zu sehen und auch den Mann als solchen: als denjenigen, der das Geld verdient, die Familie versorgt und damit in der Fami-

185 Zur Verbindung von Geschlecht und Wissensformen siehe Bittel/Leong/Oertzen, Introduction.

186 BayHStA, MJu 26848, PA Katharina Bräutigam, Personalbogen, undatiert.

lie eine patriarchale Position einnimmt. Darin zeigt sich die „hegemoniale Männlichkeit" mindestens der frühen Nachkriegszeit.[187] Vor dem Nationalsozialismus betrafen Familienverhältnisse nur die Ehefrau und die Kinder (Abb. 1 u. 2). Der NS-Bogen fragte im Bereich der Familie deutlich mehr ab als die Vorlagen aus der Weimarer Republik. Dazu gehörte einerseits die Abstammung des Beamten und seiner Frau, andererseits auch das Glaubensbekenntnis der Ehefrau (Abb. 3). Die Frage, ob die Religionszugehörigkeit des Beamten und dessen Ehefrau im Personalbogen überhaupt noch auftauchen dürfe, wurde in der Aussprache der Staatsministerien Anfang der 1950er Jahre angesprochen. Für das Justizministerium erklärte Ministerialdirektor Walther, dass die Abfrage der Religion des Beamten selbst verfassungsmäßig sei. Die Abfrage der Religionszugehörigkeit der Ehefrau sollte aber aufgrund der Bayerischen Verfassung, dort Artikel 107, Absatz 5 nicht mehr abgefragt werden.[188] Im neuen Bogen wurde dann auch lediglich die Religionszugehörigkeit des Beamten erfragt (Abb. 5).

Mit dem ersten NS-Bogen und den folgenden aus der Nachkriegszeit wurde die Genealogie des Juristen ins Justizbild inkorporiert. Im Nationalsozialismus machten die dritte und fünfte Nennung die „[d]eutschblütige Abstammung" und der Beruf des Vaters aus (Abb. 3). In der Nachkriegszeit machte nun letztere Nennung Probleme: Das Innenministerium wies mehrfach darauf hin, dass der „Stand des Vaters" nicht notwendigerweise zu erfragen sei, „da die Herkunft des Beamten für seine dienstliche Beurteilung ohne jeden Belang ist".[189] Einige Monate später mahnte der zuständige Ministerialdirigent dazu noch, dass „Fragen, die ohne zwingenden Grund in die private Sphäre des Befragten eindringen, [...] auf jeden Fall vermieden werden [sollten]".[190] Der Entwurf eines Personalbogens des Innenministeriums fragte analog dazu auch überhaupt keine Informationen zu den Eltern des Beamten ab.[191]

Neben der Zweckorientierung auf die dienstliche Beurteilung deckte sich diese Einstellung außerdem mit den Ideen des Landtages und der Beamtenverbände, die einen kritischen Blick auf die Informationsakkumulation des Staates warfen. Durchsetzen konnte sich das Innenministerium mit dieser Ansicht allerdings nicht. Die anderen Staatsministerien brachten zwar keine Gründe für das Belassen der Information vor, wohl aber Ideen, wie sie angeordnet werden könnte – das

187 Connell, Mann, S. 56 f. u. 216 f.

188 BayHStA, MF 74229, Dienstliche Beurteilung und Personalnachweise der Beamten, Generalia, 1949–1953, StMJ an StMF, 14.08.1951.

189 BayHStA, MF 74229, Dienstliche Beurteilung und Personalnachweise der Beamten, Generalia, 1949–1953, StMI an StMF, 27.08.1951.

190 Ebenda, 28.11.1951.

191 Ebenda, 23.07.1951.

Justizministerium votierte für eine platzsparende Alternative: „Name und Beruf des Vaters hat in einer Zeile Platz".[192] Die Oberfinanzdirektion erklärte, dass auch die „Angabe des Namens, Standes und Wohnsitzes" der Eltern der Ehefrau „wünschenswert" erscheine, sie könnten bei Versetzungen oder Beförderungen von Bedeutung sein.[193] Letztlich handelte sich bei den Angaben zu den Eltern, insbesondere deren „Stand" offenbar nicht um versorgungsrechtliche Gründe – zu denken wäre etwa an Sterbegeld oder Unterhalt –, sondern um eine Akkumulation potenziell nützlicher Informationen. Dass, abgesehen vom Innenministerium, niemand protestierte und die Ausführungen zum Stand des Vaters ohnehin in den meisten modifizierten NS-Personalbogen sowie in den Vorschlägen des Landespersonalamtes und des Finanzministeriums vorhanden waren (Abb. 4), führte wohl zur Übernahme dieser Information in die endgültige Version des Vordrucks (Abb. 5). Angaben zu den Eltern und zur Religion der Frau waren darin jedoch nicht vorhanden.[194]

Im Nachkriegsbayern wurde zwar die Abstammung nicht mehr genannt und auch nicht mehr bis zu den Großeltern zurückverfolgt, aber die Informationskategorie wurde auch nicht aufgegeben. An dieser Stelle wird deutlich, dass das Formular beides war, Umsetzung von Beamtenrecht und Kulturtechnik: Es veränderte sich mit veränderten rechtlichen Vorgaben. Gleichzeitig war es historisch gewachsene Kulturtechnik zur Informationserfassung von Personaldaten, mit dem die Verwaltung – sofern kein triftiger Grund dem entgegenstand – ihrer eingeübten Praxis nachging und einfach weiterhin Daten sammelte und dokumentierte.[195]

Der Aufbau des in der bayerischen Justizverwaltung zu unterschiedlichen Zeiten verwendeten Personalbogens hatte sich deutlich verändert. Die beiden bayerischen Personalbogen, die in der Weimarer Republik genutzt wurden, die Vorlagen stammen aus den Jahren 1919 und 1930, hatten im Vergleich zu den nachfolgenden noch Deckblätter. Hierauf waren der Name, das Geburtsdatum und der Geburtsort (nur 1930, Abb. 2) und Details zu den Staatsprüfungen kurz festgehalten. Der Bogen von 1919 sah noch die knappe Auflistung der Dienstlaufbahn vor (Abb. 1). Das Deckblatt eröffnete in der Weimarer Republik das Beamtenleben. Ganz anders sah es ab 1936 aus: Deutlich ausführlicher boten die Bogen aus dem Nationalsozialismus und der Besatzungszeit bis zu neun Zeilen Informationen über den Juristen

192 BayHStA, MF 74229, Dienstliche Beurteilung und Personalnachweise der Beamten, Generalia, 1949–1953, StMJ an StMF, 06.12.1951.

193 BayHStA, MF 74229, Dienstliche Beurteilung und Personalnachweise der Beamten, Generalia, 1949–1953, Oberfinanzdirektion München an StMF, 14.11.1951.

194 BayHStA, MF 74229, Dienstliche Beurteilung und Personalnachweise der Beamten, Generalia, 1949–1953, StMF an Verteiler I, 07.06.1952.

195 Siehe dazu Kap. 3.1.

(Abb. 3–5). Dazu war rechts oben ein Platzhalter für ein Lichtbild, das im Nationalsozialismus und im unmittelbar folgenden Nachkriegsformular unterschrieben und mit Aufnahmejahr versehen wurde. Seit dem Nationalsozialismus war der Jurist also auch auf den ersten Blick weit mehr als ein Mann mit Namen, Titel, Tätigkeit und Prüfungsergebnis. Er war nun bestimmter Abstammung und familiär eingebunden, also Sohn, Vater und Ehemann. Er war nun auch Parteimitglied – oder war es gewesen. Und dank der anzubringenden Fotografie hatte er auch ein Gesicht.[196]

Laut des Finanzministeriums zeichne sich der neue Personalbogen aus dem Jahr 1952 „durch einen klaren Aufbau und eine strenge organische Gliederung aus" und sei „raumsparend" und „übersichtlich" gehalten (Abb. 5). Der Rasteraufbau der Personalbogen zeigt vermutlich auch eine Anpassung an moderne Technik. Der Übergang von der handschriftlichen Eintragung zur maschinellen zeitigte Formblätter, die maschinell ausfüllbar waren. Die Vordrucke aus der Weimarer Republik waren etwa noch nicht auf die Bedürfnisse des Schreibens per Maschine angepasst.[197] Sowohl 1919 als auch 1930 gab die Justizverwaltung den Personalreferenten und Registratoren in Spalten aufgeteilte Bogen zur Hand (Abb. 1 u. 2). Diese Tradition der „Personaltabellen" reicht bis ins späte 18. Jahrhundert zurück.[198] Zwar konnte man so auf einer aufgeschlagenen Doppelseite – die Vorderseite war, wie ein Buchtitel, lediglich ein Deckblatt mit Namen und Prüfungsergebnissen – den ganzen Beamten in einem vergleichsweise kompakten Format darstellen. Allerdings erschwerten die bisweilen nicht mehr als zwei Zentimeter breiten Spalten den Eintrag beispielsweise der Information „Gerichtsassessor b.Gen.StA beim Obersten Landesgericht München" in Spalte Eins.[199] In derselben Zeile mussten dann noch die Spalten Zwei bis Vier mit den ergänzenden Informationen, also dem Eintrittstag, der Besoldungsgruppe und dem Besoldungsdienstalter eingetragen werden. Durch eine dickere Linie davon getrennt bot dieselbe Zeile dann Platz für die Familien-, Militär- und Zivildienstverhältnisse sowie Versorgungsbezüge und Bemerkungen (Abb. 2). Ein Grund für den knapperen bayerischen Zwischenkriegsbogen ergibt sich aus einem zusätzlichen Formular: Ein Vormerkungsbogen wurde geführt, um die „pensionsfähige Dienstzeit" zu erfassen.

Am ehesten „maschinengerecht", das meint ein Ausfüllen, dass mit wenigen Handgriffen durch Schreibmaschinen möglich war, waren die NS-Bogen, die die

196 Zur neuen Aufmerksamkeit für das Personalmanagement auch in der öffentlichen Verwaltung während des Nationalsozialismus siehe Chapoutot, Gehorsam, S. 14 f.

197 Siehe dazu auch Helbig, Aufbau, S. 51.

198 Strunz, Analytik, S. 78.

199 BayHStA, MJu 26788, PA Karl Gelbert, Personalbogen StMJ 1930, undatiert.

Fragen auf der linken Blattseite ausrichteten.[200] Das schnelle Ausfüllen zahlreicher neuer Personalbogen wurde dadurch unterstützt. Gleichwohl wurden die Vordrucke selten komplett ausgefüllt, weil etwa einzelne Kategorien nicht auf jeden bayerischen Juristen anwendbar waren. Für die NS-Zeit ist nur ein Jurist feststellbar, der 1936/37 keinen neuen Bogen erhielt, nämlich Clemens Cammerer. Dieser wurde aber auch erst 1941 aus dem Ruhestand zurückgeholt.[201] Anders verhielt man sich nach 1945, als bis 1953 noch NS-Bogen verwendet wurden. Der Ministerialdirektor und Leiter der Personalabteilung im Justizministerium, Walther, erklärte 1951, dass der Bogen maschinell von der Behörde auszufüllen sei. Würden die Beamten selbst zum Stift greifen, sei der Bogen „vielfach unrichtig, unvollständig oder mit schlechter oder unleserlicher Handschrift ausgefüllt". Um des „äusseren sauberen Bildes willen" votierte der Ministerialdirektor in der Diskussion der Staatsministerien über den neuen Bogen für die Schreibmaschinenschrift der Behörde.[202] Zwar war er im höheren Dienst kaum maschinell ausgefüllt, sondern handschriftlich in Kurrentschrift, dennoch zeigte er durch die Verwendung immerhin derselben Schrift auch ein „saubere[s] Bild".

Die Schriftart der Personalbogenvordrucke variierte. Grundsätzlich lässt sich feststellen, dass mit dem Ende der NS-Diktatur ein Übergang von Fraktur- in Serifenschrift stattfand. Der Übergangsbogen zirkulierte sowohl in Fraktur- als auch Serifenschrift in der bayerischen Justiz. Das Finanzministerium hatte den neuen Personalbogen von 1952 noch in Fraktur vorgegeben. Die übrigen Ministerien mussten auf Seite drei allerdings ohnehin ihre jeweilige „Fachverwaltung" („VI. Tätigkeit im öffentlichen Dienst", dort „vor Eintritt in die Finanzverwaltung" und „in der Finanzverwaltung", Abb. 5)[203] einsetzen und gaben den Druck dann offenbar selbst in Auftrag. Die Bogen für die Justiz wurden jedenfalls von der Arbeitsverwaltung Straubing in zwei verschiedenen Serifenschriften gedruckt. Trotz der neuen semantischen Schließung („Personalbogen für Beamte" anstatt wie früher lediglich „Personalbogen") zeigte er sich moderner und offener, was wohl ebenfalls durch die leichtere Lesbarkeit von Serifenschriften bedingt wurde. Einerseits waren Serifenschriften in der Justizverwaltung auch zuvor schon bekannt, wie das Muster des Übergangsbogens zeigte (Abb. 4), andererseits nutzten auch andere

200 Siehe dazu auch Helbig, Aufbau, S. 57.

201 BayHStA, MJu 26777, PA Clemens Cammerer, Personalbogen RJM, undatiert.

202 BayHStA, MF 74229, Dienstliche Beurteilung und Personalnachweise der Beamten, Generalia, 1949–1953, StMJ an StMF, 06.12.1951.

203 BayHStA, MF 74229, Dienstliche Beurteilung und Personalnachweise der Beamten, Generalia, 1949–1953, StMF an Verteiler I, 07.06.1952.

bayerische Verwaltungen in der frühen Nachkriegszeit bereits Serifenschriften.[204] Im Gegensatz zum noch im Rechtsausschuss des Landtags skizzierten Schreckensbild des für übertrieben inquisitorisch befundenen Militärfragebogens, zeichnete der neue Bogen, insbesondere in der Version des Justizministeriums tatsächlich ein anderes, modernes Bild.

Die Diskussionen Anfang der 1950er Jahre um neue Personalbogen waren dann auch Diskussionen darüber, welche Informationen der Staat sammeln sollte, durfte und musste. Außerdem ging es darum, wie er sich dadurch präsentierte. Diese Präsentation ging darüber hinaus, ob er sich noch für die NS-Vergangenheit seiner Bürger und potenziellen Beamten interessierte; sie betraf auch die Staatsvereinfachung. Und mit beidem sollte sie im Gegensatz zum „inquisitorischen" Fragebogen der Militärregierung stehen. Es ging also um Herrschaftswissen, Kontrolle und Datenschutz – und letztlich das hierüber kommunizierte Staatsbild.[205] Die Landtagsabgeordneten und die bayerischen Verwaltungen hatten unterschiedliche Vorstellungen darüber, ob das Wissen über die NS-Mitgliedschaften wirklich verzichtbar sei – ob also der Spruchkammerbescheid als solcher ausreichen sollte. Dass sich die Vereinfachung der Kategorie auf die Spruchkammerentscheidung durchsetzen ließ, lag daran, dass die Informationen über Mitgliedschaften an anderer Stelle in den Personalakten ohnehin vorhanden waren.

Die Verspätung der neuen Formblätter, die nicht direkt mit dem Systemumbruch eingeführt wurden, sondern im Fall der Nachkriegszeit erst sieben Jahre später, ergab sich aus den dafür notwendigen zeitintensiven verwaltungsinternen Diskussionen und Abstimmungen. Die alten Formulare wurden zunächst aufgebraucht. Neue wurden dort eingesetzt, wo die Pensionierung der entsprechenden Person nicht in absehbarer Zeit erfolgte. Ein systemkonformes Formblatt in einer Personalakte war also überhaupt erst das Resultat einer nachträglichen Verrechtlichung – und deren Integration in die Verwaltungspraxis – des neuen politischen Zustandes. Der akteninterne, formale Systemwechsel in der bürokratischen Lebensbeschreibung des Juristen geschah erst einige Jahre nach dem tatsächlichen Umbruch. Ein „Schlussstrich" war aber auch mit dem modernen Formular nicht zu machen, auch wenn die Finanzverwaltung im Verzicht auf die Abfrage der politischen Belastung die zukunftsweisende Eigenschaft des Formulars ausmachte. Weder die Umnutzung der Formulare noch ihr Neuentwerfen als „Schlussstrich"-Geste konnten darüber hinwegtäuschen, dass zuvor ein anderes politisches Sys-

204 Beispielsweise BayHStA, MF 74229, Dienstliche Beurteilung und Personalnachweise der Beamten, Generalia, 1949–1953, Arbeitsministerium an StMF, 05.09.1951. Auch die gedruckten Plenarprotokolle des Bayerischen Landtags wurden etwa zur selben Zeit von Fraktur auf eine Serifenschrift umgestellt.

205 Siehe dazu auch Stolleis, Staatsbild.

tem geherrscht hatte, das noch in der Anlage des Formulars sichtbar war. Als Formular wurde der Personalbogen zwar als einem System zuordenbar wahrgenommen, als Personalbogen an sich war er aber nicht systemspezifisch, sondern bürokratiespezifisch. Er konnte durch Anpassungen aktualisiert und es sich seiner – und der Person, die er beschreibt – bemächtigt werden. Auch hieran zeigt sich die aktive Übergangspraxis in der Personalverwaltung in Transformationsperioden. In die neuen Bogen war die bürokratische Kulturtechnik seiner Vorgänger eingeschrieben – auch wenn der Nationalsozialismus nun als Gegenbild darin weiter existierte, wie der Vergleich gezeigt hat. Der neue Personalbogen war keine reine Umsetzung beamtenrechtlicher Regelungen. Das neue Muster stand vielmehr im Kontext der alten Muster, auch das Entwerfen neuer Personalbogen stand also im Verhältnis zu dem, was bereits entworfen worden war. Dieser Verweisungscharakter ist hilfreich, um die Situierung von Personalaktenmaterial zu begreifen. Die Kulturtechnik des Formulars kann im 20. Jahrhundert auf eine derart lange Tradition zurückgreifen, dass kein Formular ohne seinen Vorgänger, ohne sein Vor-Bild auskommen musste.[206] Das Entwerfen von Formblättern in der Verwaltung geschah immer im Kontext dessen, was bereits geordnet, entworfen und gespeichert war, es war also eine palimpsesthafte Praxis.[207]

Politische Schichten

Auch in den übrigen Aktenbestandteilen zeugen die Schichten und Überlagerungen von einem ähnlichen Umgang mit der NS-Vergangenheit. Bayerische Justizpersonalakten tragen in der Masse keine Zeichen von Aktenbereinigung. Einzelne Schriftstücke wurden nicht in die Akten aufgenommen, wenn sie vom Beamten nicht eingesehen werden sollten, etwa ärztliche Gutachten oder Ähnliches, aber Nachweise über systematische Entfernung bestimmter Schriftstücke aus den Akten fehlen.[208] Der Bayerische Richterverein äußerte allerdings in Bezug auf das neue Personalbogenmuster Anfang der 1950er einen solchen Wunsch: Die bisher genutzten Personalbogen sollten aus den Personalakten entfernt werden, nach-

---

206 Stefan Strunz argumentiert ähnlich, wenn er in der noch heute gängigen Einteilung des Lebens zu administrativen Zwecken in Segmente, wie Ausbildung, Prüfungen und Berufserfahrung als „eine genealogische Verästelung" der frühen Personaltabellen aus dem späten 18. Jahrhundert erblickt, siehe Strunz, Analytik, S. 86.

207 Zum Palimpsest in einer solche Perspektive siehe Kozina, Nachahmen, S. 88.

208 BayHStA, StMJ 38/2018, Generalakten Personal, 6/99, Entfernung von Schriftstücken aus PA u. JMBl. Neue Folge, Band III, 1928–1931, 17.05.1930, Bekanntmachung über die Behandlung der Personalangelegenheiten, S. 383 f.

dem die neuen eingeführt worden waren.[209] Das erinnerte an die im Landtag geforderte „Entrümpelung bei den Behörden". Schon in der direkten Nachkriegszeit gab es erste Anstöße, die Personalakten – so sie denn vorhanden waren – zu säubern. Der bayerische Ministerpräsident Wilhelm Hoegner hatte bereits am 18. Januar 1946 verordnet, dass „Erklärungen über Rassezugehörigkeit und die sogenannten Nachweise der arischen Abstammung" aus den Personalakten zu entfernen und zu vernichten seien,[210] wie er wenige Tage später in der Ministerratssitzung am 23. Januar 1946 berichtete. Staatssekretär Ehard hielt dies für ein schwieriges Unterfangen, weil ihm das Personal hierzu fehle. Hoegner beschwichtigte, dass es keine Frist zur Umsetzung gebe, er aber die Urkunden an die Beamten zurückgeben wolle, woraufhin Ehard bestätigte, dass dies in den vielen Fällen bereits geschehen sei.[211] Zu denken ist hier in erster Linie an Geburts- und Heiratsurkunden, die als Beweise für die Angaben in den Abstammungs-Fragebogen denselben beigelegt wurden. Das einzige Papier, das sich hierzu im Generalakt Personal findet, ist mit „Erhalten am 28.11.1946 durch MinRat Leusser" handschriftlich annotiert. Es ist nicht ersichtlich, ob die Anweisung befolgt wurde, weil kein weiteres Material hierzu auffindbar ist. Die Akten beinhalten heute nur noch in wenigen Fällen Urkunden. Die Fragebogen zur Abstammung liegen aber nach wie vor in zahlreichen Personalakten bayerischer Juristen, die während der NS-Diktatur und in der Nachkriegszeit im höheren Justizdienst beschäftigt waren. Auch 1950 ging es in einer Anfrage des damaligen Oberlandesgerichtspräsidenten in Bamberg, Hermann Weinkauff, um die Beseitigung der „Ariernachweise" – hier ohne „sogenannt" oder sonstige distanzierende Rhetorik – aus den Akten. Die handschriftliche Notiz von Georg Bäurle für das Referat 2 (gehobener Dienst, Beamtenrecht, Angestelltenrecht) in der Personalabteilung auf dem Schreiben, dass sich die Angelegenheit erledigt hätte, datiert auf den 6. März 1950, ohne Angabe, mit welchem Ergebnis sie erledigt wurde.[212] 1952 war diese Erledigung im Oberlandesgerichtsbezirk Bamberg offenbar noch nicht überall angekommen, denn der Präsi-

---

209 BayHStA, MF 74229, Dienstliche Beurteilung und Personalnachweise der Beamten, Generalia, 1949–1953, BRV an StMF, 03.03.1952.

210 BayHStA, StMJ 38/2018, Generalakten Personal, 6/88, Vernichtung und Säuberung der Personalakten, VO MPräs Bayern über die Säuberung der Personalakten, 18.01.1946, darauf handschriftliche Notiz, undatiert.

211 Die Protokolle des Bayerischen Ministerrats 1945–1962, Hoegner I, Ministerratssitzung Nr. 15, 23.01.1946.

212 BayHStA, StMJ 38/2018, Generalakten Personal, 6/88, Vernichtung und Säuberung der Personalakten, Personalaktenführung, PräsOLG Bamberg an StMJ, 02.03.1950.

dent des Landgerichts Bamberg beklagte den uneinheitlichen Umgang mit den Abstammungsnachweisen.[213]

Selbst wenn die Nachweise im Ministerium, an einzelnen Gerichten oder Gerichtsbezirken vernichtet oder entfernt wurden, kamen sie vermutlich wieder zurück in die Personalakten – entweder, weil vergessene gerichtliche Personalakten aus der NS-Zeit zufällig gefunden wurden oder 1951 aus dem Bestand des ehemaligen Reichsjustizministeriums an das bayerische Justizministerium übergeben wurden.

1954 fragte der rheinland-pfälzischen Justizminister bei seinen Amtskollegen an, ob „politische Fragebogen nebst den dazugehörigen Anlagen" aus den Personalakten entfernt worden seien. Hintergrund war eine Anweisung des rheinland-pfälzischen Innenministers, der die Bogen samt Anlagen aus den Akten nehmen und sammeln wollte, woraufhin der Justizminister eher für eine Vernichtung der Aktenteile votierte, wenn man sie schon aus den Personalakten entfernen müsse – zuvor wollte er aber seine Ministerkollegen gefragt haben.[214] In Schleswig-Holstein, so die dortige Justizverwaltung, habe man die Entnazifizierungsunterlagen und Fragebogen vernichtet.[215] Hessen, Niedersachsen und Baden-Württemberg hatten die Akten unberührt gelassen, auch weil in Baden-Württemberg die Entnazifizierung noch nicht abgeschlossen war.[216] In Berlin (West) und Nordrhein-Westfalen (NRW) hatten die Justizminister zwar Aktenteile, in Berlin (West) die „alten Personalbogen" und in NRW die „politischen Fragebogen", aus den Personalakten entfernt, diese wurden aber aufgehoben. Beide begründeten dies mit dem Informationswert, etwa für Wiedergutmachungsverfahren oder solche nach dem Gesetz zu Artikel 131 Grundgesetz. Fest stand also, dass „nicht in allen Fällen auf die Kenntnis der politischen Vergangenheit verzichtet" werden konnte, wie Nordrhein-Westfalens Justizminister schrieb.[217] Bayern antwortete, dass die politischen Fragebogen mit Anlagen nicht aus den bayerischen Personalakten entfernt worden wären, man warte auf eine Regelung, die die gesamte bayerische Verwaltung

---

213 BayHStA, StMJ 38/2018, Generalakten Personal, 6/88, Vernichtung und Säuberung der Personalakten, Personalaktenführung, PräsLG Bamberg an PräsOLG Bamberg, 04.12.1952.

214 BayHStA, StMJ 38/2018, Generalakten Personal, 6/88, Vernichtung und Säuberung der Personalakten, Justizminister Rheinland-Pfalz an LJV, 23.02.1954.

215 BayHStA, StMJ 38/2018, Generalakten Personal, 6/88, Vernichtung und Säuberung der Personalakten, Justizminister Schleswig-Holstein an LJV, 05.03.1954.

216 BayHStA, StMJ 38/2018, Generalakten Personal, 6/88, Vernichtung und Säuberung der Personalakten, Justizminister Niedersachsen an LJV, 05.03.1954, Justizminister Hessen an LJV, 09.03.1954 u. Justizminister Baden-Württemberg an LJV, 18.03.1954.

217 BayHStA, StMJ 38/2018, Generalakten Personal, 6/88, Vernichtung und Säuberung der Personalakten, Berlin (West) an LJV, 20.03.1954 u. Justizminister NRW, 19.03.1954.

betreffe.[218] Wie es aussieht, gab es diese Regelung nicht, zumindest gibt es dazu weder einen Vorgang noch fehlen den Akten die „politischen Fragebogen".

Vielmehr wurden sie an einem den Zeitgenossen bekannten Ort gestapelt: Die Nachweise über die „politische[...] Vergangenheit", wie der NRW-Minister sie nannte, waren in Bayern in einem spezifischen Unterheft gesammelt worden. Wohl zum Vollzug des Gesetzes zur Wiederherstellung des Berufsbeamtentums (BBG) angelegt, lautete der Titel des Unterhefts „Erklärungen über die Zugehörigkeit zu einer politischen Partei, zu einer Loge, zu einer Beamtenvereinigung und dergleichen" – oder, je nach Behörde, auch schlicht „Zugehörigkeit zu Parteien, Logen u. s. w." Die Praxis, die Akten anhand von Unterheften zu systematisieren, wurde mindestens seit der Weimarer Republik genutzt und während der NS-Herrschaft für die in Bayern geführten Akten weitergeführt – nur eben als Übergangspraxis mit angepassten Titeln.[219] In der 1945 wiedereröffneten bayerischen Justizverwaltung geschah dasselbe: Die Titel der Unterhefte wurden entsprechend ergänzt, beispielsweise als „Erklärung über die Zugehörigkeit zu Parteien, u. s. w. Fragebogen" oder „Fragebogen, Erklärungen und sonstige Äußerungen politischen Inhalts".[220] Allerdings war eine Umbenennung offenbar nicht zwingend geboten, zahlreiche Personalakten führten das Unterheft mit der für den Nationalsozialismus typischen Überschrift zur Logenmitgliedschaft bis weit in die 1950er Jahre, auch für Beamte, die erst in den frühen 1950ern eintraten.[221] Weitergeführt wurden diese Unterhefte in der Personalakte nach 1945 für alle weiteren politischen Unterlagen. In der Besatzungszeit zählten hierzu insbesondere die Fragebogen der Militärregierung, bei Juristen gleich drei verschiedene.[222] Mitte der 1950er wurde diese Praxis amtlich bestätigt: In das Heft „Erklärungen über die Zugehörigkeit zu Parteien, Logen usw." seien auch, so eine Anordnung zur Personalaktenführung, die seit 1945 gefertigten politischen Fragebogen zu nehmen.[223]

---

218 BayHStA, StMJ 38/2018, Generalakten Personal, 6/88, Vernichtung und Säuberung der Personalakten, StMJ an LVJ, 08.03.1954.

219 JMBl. Nr. 5, 1930, Bekanntmachung über die Behandlung der Personalangelegenheiten v. 17.05.1930, S. 69.

220 Siehe dazu beispielsweise JMBl. Nr. 18, 1956, Führung der Personalakten bei den Justizbehörden v. 12.11.1956, S. 340.

221 In der an den Bundesgerichtshof abgegebenen bayerischen Personalakte Friedrich Börtzlers wurde „zu einer Loge" einfach handschriftlich durch Durchstreichen aus dem Titel des Unterhefts entfernt, siehe BArch Koblenz, PERS 101/48780, PA Friedrich Börtzler.

222 Siehe hierzu Kap. 4.2.

223 BayHStA, StMJ 38/2018, Generalakten Personal, 6/88, Vernichtung und Säuberung der Personalakten, Personalaktenführung, Anordnung über Führung und Bereinigung der Personalakten, undatiert [1954].

Auch wenn der rheinland-pfälzische Justizminister unspezifisch nach „politische[n] Fragebogen" gefragt hatte, hatten offenbar alle Verantwortlichen nur an politische Dokumente aus der Vergangenheit gedacht. Entnazifizierungs- und Personalbogen wurden genannt – also dasjenige Schrifttum, das Informationen über die NS-Vergangenheit beinhaltete.[224] In keinem Schreiben nahmen die Verantwortlichen in den Landesministerien Bezug auf andere politische Dokumente: Seit 1950 wurden in einigen Ländern,[225] darunter auch Bayern, der sogenannte Adenauererlass[226] und der 1958 in Bayern ausgegebene zweite Fragebogen zur politischen Loyalität zur Demokratie in den Akten gesammelt.[227] Wie der SPD-Abgeordnete Knoeringen bereits in den Besprechungen im Ausschuss für Rechts- und Verfassungsfragen des Bayerischen Landtags angedeutet hatte, führte auch ein Weg vom Notieren der NS-Mitgliedschaften hin zum Sicherstellen, dass Staatsdiener in der neuen Demokratie zumindest nicht den falschen Parteien angehörten. Knoeringen erwähnte nur die Sozialistische Reichspartei, im Klima des Kalten Krieges wurde daraus die in Bayern mehrfach zu leistende Unterschrift, vor allem auch nicht etwa in kommunistischen Vereinigungen Mitglied zu sein. Diese Art der Abfrage war subtiler, durch eine Unterschrift 1950 und wieder 1958 erledigt und ins Heft der politischen Zugehörigkeit leicht einsortiert.[228]

Freilich verwiesen auch diese Abfragen auf das Vorgängerregime: Sowohl im Anschluss an das Gesetz zur Wiederherstellung des Berufsbeamtentums als auch

---

224 Auch auf der Bundesebene war in der Nachkriegszeit keinesfalls geklärt, welche Informationen über die politische Vergangenheit und Gegenwart der Beamten zu erfassen sei. Viele Ministerien und oberste Bundesbehörden erfragten Mitgliedschaften ihres Personals in der NSDAP und ihren Gliederungen, wogegen sich die Beamtenverbände zur Wehr setzten, siehe Stange, Bundesministerium, S. 83–88.

225 Zur uneinheitlichen Umsetzung der Empfehlung durch die Bundesregierung siehe Jaeger, Suche, S. 47.

226 Der sogenannte Adenauererlass, war eigentlich kein Erlass, sondern ein „Treuedienstbeschluss" der gesamten Bundesregierung, der eine schwere Pflichtverletzung in einer Mitgliedschaft in zahlreichen kommunistischen und zwei rechtsradikalen Organisationen erkannte, siehe dazu Jaeger, Suche, S. 43; Rigoll, Staatsschutz, S. 75–94 u. ders., Sieg, S. 430–437. In Bayern wurde ein solcher Beschluss zur „Förderung radikaler politischer Bestrebungen durch Angehörige des öffentlichen Dienstes" vom Bayerischen Ministerrat am 29.9.1950 gefasst und war von jedem Staatsbediensteten zu unterschreiben, wie es das Formular anzeigte.

227 Am 22.07.1958 fasste die Bayerische Staatsregierung einen erneuten Beschluss zur „Förderung radikaler politischer Bestrebungen durch Angehörige des öffentlichen Dienstes", der neben Textgleichheit mit dem Beschluss von 1950 noch mit einigen spezifizierenden Richtlinien aufwartete, aber ohne eine abschließende Liste von Organisationen auskam. Auch dieses Formblatt musste von den Bediensteten unterzeichnet werden.

228 Über nicht verbotene Parteimitgliedschaften der Juristen, die nicht als Politiker agierten, erfuhr man hingegen in der Bundesrepublik nur zufällig, etwa in Todesanzeigen oder Zeitungsausschnitten.

zu zahlreichen späteren Gelegenheiten mussten Justizbeamte ihrem Dienstherrn, dem nationalsozialistischen Reichsjustizministerium, quittieren, dass sie politisch loyal (gewesen) waren. Nach derselben Logik wie beim späteren Adenauererlass hatten die Juristen die eigene Nicht-Mitgliedschaft, etwa in der KPD oder in Logen,[229] durch eine Unterschrift bezeugen müssen.[230] Verwaltungspraktisch handelte es sich bei beidem um eine Prüfung anhand einer assertorischen Loyalitätsbekundung, also einer Bekräftigung bzw. Wahrheitsbehauptung dessen, was man unterschrieb.[231] Die Verwaltung prüfte und der Einzelne bezeugte seine Loyalität.[232] Diese nicht in dieser Form zu bestätigen, konnte schwere Folgen für die Karriere der Unterzeichnenden haben. Auch aus dieser Perspektive betrachtet mag eine Schichtung der politischen Erklärungen in diesem Unterheft Sinn ergeben haben.

Das Unterheft für das Politische fasste also unterschiedliche politische Loyalitätsbekundungen, die in diesem Heft praktisch über- beziehungsweise untereinandergelegt wurden und leicht zu finden waren. Der Vergleich des Adenauererlasses mit den NS-spezifischen Abfragen macht deutlich, dass auch in diesem Heft Material gesammelt wurde, das einer „Kontinuität der Formen" bei einem „Austausch der Inhalte" genauso wie in der sonstigen bürokratischen Praxis unterlag.[233] Auch wenn dieser Austausch der Inhalte etwa in Bezug auf die Abfrage der KPD-Mitgliedschaft nicht erfolgte,[234] so war doch trotzdem durch einen neuen politischen Eid und durch neue Abfragen politischer Loyalität neue Macht gesetzt und – zwar nicht sichtbar durch Durchstreichen wie bei der frühen Übergangspraxis – aber durch Ersetzen und kontinuierliche Nutzung administrativ-staatlicher Ordnungs-

229 Siehe dazu etwa am Kammergericht in Berlin Spiller, Personalpolitik, S. 200.

230 Zum Gesetz zur Wiederherstellung des Berufsbeamtentums siehe RGBl. Nr. 34, 1933 I, Gesetz zur Wiederherstellung des Berufsbeamtentums v. 07.04.1933, S. 175–177. Zum zugehörigen Fragebogen siehe RGBl. Nr. 48, 1933 I, Dritte Verordnung zur Durchführung des Gesetzes zur Wiederherstellung des Berufsbeamtentums v. 06.05.1933, S. 246–256. Zur allgemeinen Umsetzung siehe Mommsen, Beamtentum, S. 39–61 u. allgemein zu den politischen Säuberungen der Justiz während des Nationalsozialismus Gruchmann, Justiz, S. 124–319. Zur Umsetzung in Bayern siehe Gotto, Finanzministerium u. Lyduga, Oberlandesgericht, S. 45–63.

231 Die durch den politischen Eid geleistete Loyalitätsbekundung ist hingegen promissorisch. Siehe dazu etwa Haensle, Amtseid, S. 671 u. Scholz, Zeugnis, S. 29.

232 Zum Bezeugen siehe Kap. 3.1.

233 Hans-Georg Hermann bemerkt dies in Bezug auf den politischen Eid im 20. Jahrhundert, siehe Hermann, Treue, S. 185.

234 Zu dem aus dem Nationalsozialismus in die Bundesrepublik tradierten Antikommunismus siehe beispielsweise Rigoll, Staatsschutz.

modelle, die alte Macht gebrochen.[235] Auch Loyalitätsabfragen müssen im Kontext ihrer Vorgänger gelesen werden.

Eine gewisse Kontinuität im Umgang mit dem Personal war nicht störend, vielmehr wurde die Personalaktenpraxis des Vorgängerregimes nur dort in Frage gestellt, wo neue gesetzliche Regelungen oder eine veränderte gesellschaftspolitische Lage dies nahelegten. Die Ordnung der Personalakten anhand von Unterheften hatte eine Kategorie hervorgebracht, die die Unterschiede zwischen Diktatur und Demokratie verwischte: Das Heft für das Politische. Im Kern wurde damit eine nützliche Verwaltungspraxis einfach weitergeführt und die NS-Aktenteile wurden de facto inkorporiert und normalisiert.[236]

Auch die alten Personalbogen waren nicht, wie vom Bayerischen Richterverein gefordert, aus den Akten entfernt worden. Die Mitarbeiter der Personalverwaltung des Justizministeriums hatten vielmehr Schicht um Schicht Personalbogen und Dokumente über die politische Vergangenheit des Beamten übereinandergelegt und gesammelt. Wurden solche Dokumente in anderen Landesjustizverwaltungen entweder abgeheftet oder gar vernichtet, beließ man die Blätter in Bayern in der Akte. Ein Argument für das Aufbewahren der Bogen war wohl neben der besonderen Sorgfalt, die im Umgang mit Personalaktenmaterial an den Tag gelegt werden musste, und, dass die Aussonderung einer Regelung bedurft hätte, auch: Sie enthielten wichtige Informationen über die NS-Vergangenheit, die in der Demokratie mitunter so genau nicht abgefragt wurden, aber dennoch wichtig waren.[237] Gerade weil das Unterheft nicht von außen sichtbar war, sondern selbst erst unter einigen Schichten tief in der Akte lag, widersprach es auch dem Selbstbild der unpolitischen Justiz nicht. Solche regional verschiedenen Aufbewahrungsregeln beeinflussen auch die gegenwärtigen Rekonstruktionsmöglichkeiten von Juristenbiografien.[238]

---

235 „Wer neue Macht setzen wollte, musste alte Macht brechen, die Bindung an alte Eide wurde gelöst, neue Eide wurden geschworen." Conze, Treue, S. 12. Zur politischen Loyalität insbesondere auf den politischen Eid bezogen siehe ebenda u. Buschmann/Murr, Treue. Zum Richtereid siehe Kauffmann, Konstruktion, S. 98. Auch die Eide, die bayerische Juristen leisten mussten, variierten in der für das 20. Jahrhundert üblichen Weise mit Bezügen auf den König, die Bamberger Verfassung und die Weimarer Reichsverfassung, den Führer, das Grundgesetz und die Bayerische Verfassung. Dazu kamen jeweils amtsbezogene Richtereide. Sie befanden sich meist in einem eigenen Unterheft, siehe beispielsweise BayHStA, StMJ 38/2018, Generalakten Personal, 6/88, Vernichtung und Säuberung der Personalakten, Vermerk Linhardt, 05.01.1953.

236 Siehe dazu auch Kap. 3.1. Aufgegeben wurde das Führen eines Unterhefts für Politisches erst Anfang der 1970er, siehe BayHStA, StMJ 38/2018, Generalakten Personal, 6/93, Bekanntmachung über Personalangelegenheiten v. 28.07.1971.

237 Siehe dazu auch Kap. 3.1.

238 Siehe dazu etwa Lojowsky, Richter, S. 1054 u. Godau-Schüttke, Ich, S. 10 f.

Bayerische Aktenführung

Als sich das Finanzministerium Anfang 1951 an die übrigen bayerischen Ministerien wandte und beklagte, dass die Führung der Akten „viel zu wünschen übrig“ lasse und zudem genaue Vorgaben über die korrekte Aktenführung mit auf den Weg gab, sah man sich im Justizpalast zu nichts veranlasst. Insbesondere das vom Finanzministerium gewünschte umfangreiche Inhaltsverzeichnis eines jeden Akts – mit laufender Nummer, Datum, Geschäftsnummer, Inhaltsangabe, Blattnummer und Bemerkungen – wurde von der Justizverwaltung nie umgesetzt, was dazu beitrug, dass sich die Akten bisweilen nur für Kenner der bayerischen Justizpersonalaktenführung mit einer erkennbaren Ordnung präsentierten.[239] Im Justizpalast waren die Verantwortlichen in der Personalabteilung hiervon unbeeindruckt: Man berücksichtige die Vorgaben bereits weitgehend, Abweichungen seien für den eigenen Bereich „zweckmäßig“, so ein Vertreter des Referats 2 in der Personalabteilung, höchstwahrscheinlich Georg Bäurle. Die Rüge beziehe sich auch deshalb schon nicht aufs Justizministerium, weil die eigenen Personalakten dem Finanzministerium gar nicht vorgelegt würden. Die Versorgungsbezüge würden nämlich mehrheitlich von den Rechnungsämtern der Oberlandesgerichte und nicht vom StMF festgesetzt.[240]

Ministerialrat Josef Bleier aus dem Referat 1 für die Personalangelegenheiten des höheren Dienstes hielt es noch drei Jahre später für „mindestens zweifelhaft“, ob das Finanzministerium überhaupt eine Anordnung zur Personalaktenführung für alle Verwaltungen erlassen könne. Jedenfalls, so der Referatsleiter, entsprächen die Vorgaben des Finanzministeriums einfach nicht den Bedürfnissen der Justizverwaltung. Aus diesem Grund regte Bleier an, die Meinung der Oberlandesgerichtspräsidenten und Generalstaatsanwälte zur Führung von Unterheften und der Aktenheftung einzuholen.[241] Dies wohl auch deshalb, weil in den frühen 1950ern immer wieder Justizjuristen ihren obersten Dienstherrn um eine einheitliche Regelung anfragten. 1952 wandte sich der Landgerichtspräsident in Bamberg, Hans Sommerrock, an seinen Oberlandesgerichtspräsidenten und beklagte die uneinheitliche Führung der Personalakten. Sommerrock monierte den folgenden Umstand: Er hielt es für „untragbar“, dass „bisher geheftet geführte Personalakten

239 Zu den Vorgaben des StMF siehe BayHStA, StMJ 38/2018, Generalakten Personal, 6/88, Vernichtung und Säuberung der Personalakten, Personalaktenführung, StMF an StMJ, 18.01.1951.

240 BayHStA, StMJ 38/2018, Generalakten Personal, 6/88, Vernichtung und Säuberung der Personalakten, Personalaktenführung, StMJ Notiz, 27.01.1951.

241 BayHStA, StMJ 38/2018, Generalakten Personal, 6/88, Vernichtung und Säuberung der Personalakten, Personalaktenführung, StMJ Stellungnahme Ref. 1, 11.06.1954 u. StMJ an PräsOLG und GenStA, 16.07.1954.

nunmehr ungeheftet weitergeführt werden".[242] Er sollte nicht der einzige bleiben, der in der Art der Heftung eine sehr bedeutende Frage der Ordnung sah. Wenn Menschen die Worte „Unsitte", „Unmöglichkeit", „unrichtig", „willkürlich", „Unordnung" oder „eine Schlamperei, die überall, wo sie angetroffen wird, schärfstens bekämpft werden muß" verwenden, könnte man meinen, es ginge um etwas anderes als die Heftung und Ordnung der Personalakten in der bayerischen Justizverwaltung. Gezeichnet i.V. von Oberstaatsanwalt Hans Schmucker, auf dem Vordruck des Münchner Generalstaatsanwalts, war am 19. August 1954 ausführlich auf acht Seiten über die „Unsitten" bei Heftung und Ordnung der Akten geschrieben worden.[243] Der Autor sprach ein Problem an, dass sich aus dem Nationalsozialismus ergeben hatte, mitunter als technischer Fortschritt gewertet wurde, und gleichzeitig der Mehrzahl der beteiligten Juristen als geradezu „unbayerisch" erscheinen musste. Von etwa 1936 bis 1945 waren die Personalakten im Reichsjustizministerium mit preußischer Aktenheftung zusammengehalten worden. Hierbei wurden die einzelnen Aktenelemente mit einem Faden aneinander- beziehungsweise an einen Heftrücken genäht, wodurch eine fest zusammengehaltene Personalakte entstand.[244] Diese Praxis hatte man mehrfach auf die Oberlandesgerichtsbezirke, die damals direkt dem RJM unterstanden hatten, zu übertragen versucht, zum Teil auch in Bayern mit Erfolg.[245] Die Fadenheftung der Akten sei nichts als „überflüssig und unpraktisch", wie der Oberstaatsanwalt weiter ausführte. Sie sei „während des sogenannten Dritten Reiches aus Norddeutschland zu uns nach Bayern gekommen". Während der Jurist alle Nachteile dieser wie im Übrigen jeder anderen Art der Heftung – auch „sogenannte ‚Heftklammern'" und „sogenannte ‚Büroklammern'" blieben nicht verschont – in seinem Schreiben plastisch hervorhob, legte er dar, wie er die bayerische Justiz (nicht) sah: Sie sei kein Kaufmannsbetrieb und keine Bank, auch kein Büro, moderner Technik nicht aufgeschlossen und vor allem aber auch nicht „norddeutsch" oder gar an das „sogenannte Dritte Reich" angelehnt. Er wollte, dass alles so passierte, wie „seit vielen Jahrzehnten bei den bayerischen Justizbehörden und auch im Justizministerium". Er plädierte

242 BayHStA, StMJ 38/2018, Generalakten Personal, 6/88, Vernichtung und Säuberung der Personalakten, Personalaktenführung, PräsLG Bamberg an PräsOLG Bamberg, 04.12.1952.

243 BayHStA, StMJ 38/2018, Generalakten Personal, 6/88, Vernichtung und Säuberung der Personalakten, Personalaktenführung, GenStA München [gez. Schmucker] an StMJ, 19.08.1954.

244 Lentfort, Aktenheftung.

245 BayHStA, StMJ 38/2018, Generalakten Personal, 6/88, Vernichtung und Säuberung der Personalakten, Personalaktenführung, StMJ Ref. 2, undatiert [01.1953] u. GenStA Bamberg an StMJ, 06.09.1954.

für eine Loseblattsammlung zwischen zwei blauen Aktendeckeln mit einigen Unterheften[246] – und sollte sich durchsetzen.

Aus solchen und anderen Besprechungen und Anweisungen der Personalabteilung des Justizministeriums lässt sich rekonstruieren, wie die Personalakte in der Nachkriegszeit aussah: Der Aktendeckel bestand aus blauer Pappe – so zumindest im Königreich Bayern, während der Weimarer Republik und in der Nachkriegszeit. Darin befand sich an oberster Stelle der Personalbogen, der zusammen mit der direkt dahinter liegenden Bewerbung für den Justizstaatsdienst, all jene Informationen enthielt, die chronologisch vor dem Eintritt in den Justiz- oder Ministerialdienst stattfanden – also die Ausbildung, Prüfungen und Herkunft. Darunter befand sich eine lose Blattsammlung. Je nach Alter des Beamten umfasste diese einen Großteil der Blätter. Bei älteren Juristen zeigte diese Blattsammlung meist nur die Ernennungen, Beförderungen und Versetzungen aus der Nachkriegsdienstzeit. Waren Personalakten allerdings 1945 aus den Gerichtspersonalakten rekonstruiert worden, ist der Teil der Blattsammlung größer, weil er auch den NS-Teil beinhaltet.[247] Hinter der Blattsammlung befanden sich einige themenspezifische Unterhefte, etwa zu Dienstbehinderungen, Beihilfen, Besoldungs- und Kassenangelegenheiten, Politischem und – etwa ab Mitte der 1950er Jahre – ausgehobenen Aktenstücken. Letztere beinhalteten in der Regel Personalaktenunterlagen aus der Zeit des Nationalsozialismus. Hierin befanden sich meist auch die Personalaktenteile aus dem Reichsjustizministerium. Diese waren, wie von Schmucker gewünscht, aufgelöst worden, das heißt, die preußische Aktenheftung wurde aufgelöst und ihr Inhalt zu den Ministerial-Personalakten genommen. Doppelte Schriftstücke sollten ausgehoben und zusammen mit anderem Material in an die Oberlandesgerichtspräsidenten und Generalstaatsanwälte für die dortigen Personalakten geschickt werden.[248] Diese Anordnung erklärt die zahlreiche Dubletten enthaltenden Unterhefte in den Personalakten bayerischer Juristen im Bayerischen Hauptstaatsarchiv, die mit „Ausgehobene Aktenstücke" bezeichnet sind. Die Auflösung – die gleichzeitig eine Um- und Neuordnung der Akte war – erfolgte wiederum nicht in allen Personalakten. Sie erfolgte vermutlich dann nicht mehr, wenn der betreffende Jurist Mitte der 1950er Jahre bereits in den Ruhestand getreten war.

Was Schmucker meinte, als er sich auf eine vermeintlich jahrzehntelange Tradition berief, waren die Regelungen aus der Weimarer Republik aus den Jahren

246 BayHStA, StMJ 38/2018, Generalakten Personal, 6/88, Vernichtung und Säuberung der Personalakten, Personalaktenführung, GenStA München [gez. Schmucker] an StMJ, 19.08.1954.

247 Siehe dazu auch Kap. 3.1.

248 BayHStA, StMJ 38/2018, Generalakten Personal, 6/88, Vernichtung und Säuberung der Personalakten, Personalaktenführung, Anordnung über Führung und Bereinigung der Personalakten, undatiert.

1919 und 1930. Auch in der Personalabteilung des Justizministeriums hatten die Beamten in einer internen Umfrage bereits 1953 für eine Rückkehr zu diesen Vorgaben plädiert.[249] In den Vorgaben aus der Weimarer Republik fand sich noch kein expliziter Hinweis auf die Heftung der Akten,[250] in der neuen Verordnung von 1956 war ein Verweis darauf, dass die Personalakten nicht geheftet würden, hingegen notwendig geworden.[251] Immer wieder war der Rückbezug auf die Regelung vom 17. Mai 1930 auch in Bezug auf andere Forderungen zur Ordnung des Personalwesens nach 1945 Thema: Dazu gehörten die Prädikate oder Gesamturteile, die am Ende der dienstlichen Beurteilungen vermerkt wurden. Von ihnen hing die Beförderung der Juristen maßgeblich ab. Bei Beförderungsvorschlägen wurde dieses Prädikat stets vermerkt, es funktionierte analog zu Prüfungsnote und Platzziffer etwa bei Neueinstellungen oder in Beurteilungen junger Juristen als Auswahlkriterium und Qualitätsnachweis. In der frühen Nachkriegszeit hatten sich die Bezeichnungen für Prädikate mehrfach geändert, was zu Verwirrung geführt hatte. Sich ständig ändernde Gesamturteile führten dazu, dass deren Wiedererkennungswert immer kleiner wurde. Damit verloren sie eine ihrer Hauptaufgaben, die Einordnung des Juristen war nicht mehr auf einen Blick möglich. Sowohl Anfang der 1950er als auch Ende der 1960er Jahre plädierten bayerische Juristen immer wieder für die Rückkehr zu den Termini von 1930.[252]

Dasselbe galt für die Vorgaben zur dienstlichen Beurteilung.[253] Hier hatte das Justizministerium die Vorgaben von 1930 einfach kopiert und dabei peinlich genau darauf geachtet, sich streng an die Vorgaben zu halten, wie ein Beispiel zeigt:

> „Bei der Bewertung der dienstlichen Tüchtigkeit haben Abstammung, Glaubensbekenntnis, politische Anschauungen, Zugehörigkeit zu religiösen, politischen, gesellschaftlichen oder wirtschaftlichen Vereinigungen und alle anderen, mit dem Dienste in keinem Zusammenhang stehenden Umstände außer Betracht zu bleiben."[254]

---

249 BayHStA, StMJ 38/2018, Generalakten Personal, 6/88, Vernichtung und Säuberung der Personalakten, Vermerk Linhardt, 05.01.1953, Vermerk Halbig, undatiert [01.1953], Vermerk Schmitt, 13.01.1953 u. Vermerk Gernet, 16.01.1953.

250 JMBl. Neue Folge, Band III, 1928–1931, Bekanntmachung über die Behandlung der Personalangelegenheiten v. 17.05.1930, S. 382.

251 JMBl. Nr. 18, 1956, Führung der Personalakten bei den Justizbehörden v. 12.11.1956, S. 340.

252 BayHStA, StMJ 38/2018, Generalakten Personal, 4/49, Dienstliche Beurteilungen der Ri und StA, GenStA BayObLG an StMJ, 10.04.1953 u. 4/72, Dienstliche Beurteilungen, 3. VO zur Änderung der LbV, Hauptrichterrat (Bender) an StMJ (StMdJ), 25.01.1971 u. ObLGR an StMJ, 17.04.1968 u. PräsOLG Nürnberg, 29.04.1968. Siehe dazu auch Kap. 3.3.

253 Siehe dazu auch Kap. 3.3.

254 BayHStA, StMJ 38/2018, Generalakten Personal, 4/49, Dienstliche Beurteilungen der Ri und StA, StMJ an Außenbehörden, 07.07.1951.

Mit diesem zitierte man direkt aus der Bekanntmachung über die Behandlung der Personalangelegenheiten vom 17. Mai 1930.[255] Ursprünglich hatte es im Entwurf „politische Anschauung“ im Singular gelautet. Handschriftlich wurde daraus der Plural der „politische[n] Anschauungen“, wie in der Vorlage von 1930. Obwohl grammatikalisch durchaus ein Singular neben den anderen aufgezählten Werten im Singular Sinn ergeben hätte, hielt man sich bewusst an die alte Vorlage.[256] Diese Anweisung findet sich in leicht veränderter Form – hier nannte man die politische Anschauung im Singular – noch in der Bekanntmachung über die dienstliche Beurteilung der Richter und der Beamten des Justiz- und Strafvollzugsdienstes aus dem Jahr 1963.[257]

Die Vorlage von 1930 wurde also wiederbelebt, nachdem während des Nationalsozialismus andere Regeln für die Führung der Personalakten sowie das Verfassen und der Umgang mit den darin aufbewahren Dokumente gegolten hatten.[258] Anstatt sich mit diesen Regeln und den neuen Gegebenheiten auseinanderzusetzen, optierte die bayerische Justiz bewusst dafür, sich eine „Eigengeschichte“ zu geben, die als positive Erinnerung mit hohem Wiedererkennungswert taugte. Eine „Eigengeschichte“ stabilisiert soziale Beziehungen in Institutionen „durch soziale Präsenzherstellung von Ordnungsideen und -mustern“.[259] Diese bewusste Forcierung ist eine Traditionalisierung, die eine vermeintliche Selbstverständlichkeit von Tradition erst herstellt, die bayerischen Juristen hatten „sie formuliert, behauptet, angeeignet und durchgesetzt“ mit ihrem Rückgriff auf die Ordnungsideen aus der Weimarer Republik.[260] Die Heftungsfrage war auch Frage des Ordnungsprinzips, die einem bayerischen Justizbild Vorschub leistete. Auch Aktentechnik nütze also zur Distinktion von all dem, was man nicht sein wollte und auch nicht mehr sein sollte: nationalsozialistisch.[261] Es gehört zu den Klassikern der deutschen Nachkriegserzählungen, sich nach 1945 auf die Region, in diesem Fall den Freistaat, zu beziehen.[262] Unter den Schichten „falsch“ gehefteter Akten hatte die bayerische Justiz sich selbst wiedergefunden.

---

255 JMBl. Neue Folge, Band III, 1928–1931, Bekanntmachung über die Behandlung der Personalangelegenheiten v. 17.05.1930, S. 389.

256 BayHStA, StMJ 38/2018, Generalakten Personal, 4/49, Dienstliche Beurteilungen der Ri und StA, StMJ an Außenbehörden, 07.07.1951.

257 JMBl. Nr. 5, 1963, Bekanntmachung über die dienstliche Beurteilung der Richter und der Beamten des Justiz- und Strafvollzugsdienstes v. 09.05.1963, S. 52.

258 Siehe zum Rückgriff auf Weimar auch Eschenburg, Rückhalt, S. 70.

259 Rehberg, Ausstieg, S. 344.

260 Rehberg, Konstruktion, S. 11.

261 Zum Unterscheiden durch Kultur(technik) siehe Siegert, Kulturtechnik, S. 100.

262 Rehberg, Ausstieg, S. 345; siehe dazu auch Kap. 2.1. u. für das Beispiel Baden positiv gedeutet siehe Kißener, Diktatur, S. 313 f.

Schmuckers Vorstoß, die Akten so zu führen wie seit „vielen Jahrzehnten", bezog sich freilich auf die Zeit der Weimarer Republik, schließlich wandte er sich ja gerade gegen den NS, auch wenn dieser in Bezug auf die Aktenführung gut ein Jahrzehnt ausmachte. „[I]nstitutionelle Selbst-Historisierungen [sind] immer auch verbunden [...] mit einer Enthistorisierung", wie Karl Siegbert Rehberg schreibt,[263] weil sie ganze historische Abschnitte einfach ignorieren, damit die Eigengeschichte stimmig ist. Der historische Bezugspunkt ist andererseits auch nicht völlig aus der Luft gegriffen: Neun von zehn Juristen, die in Sachen Personal entweder die Abteilung oder relevante Referate für den höheren Dienst oder Beamtenrecht leiteten, hatten ihren Vorbereitungsdienst oder erste juristische Arbeitserfahrung im Staatsdienst vor dem Nationalsozialismus absolviert und damit genau in der Phase bis 1935, in der die beiden sehr ähnlichen Regelwerke von 1919 und 1930 galten. Sie hatten eine gemeinsame „bürokratische Sozialisation"[264] durchlebt, die auch Angehörige mehrerer Generationen betreffen konnte, wie hier der Fall.[265] Sie hatten praktisch, anhand der Dokumente, die sie abgeben mussten, der Vorschriften und Vordrucke, die sie ausfüllen mussten, gelernt, dass diese Regeln galten, und damit ihr Selbstverständnis in Personalverwaltungssachen in jener Zeit geprägt.

Dennoch war dies weder ein automatischer noch ein alternativloser Umgang mit dem Aktenmaterial, das zeigt auch, dass er erst fast zehn Jahre nach dem Ende des Nationalsozialismus forciert wurde. Anstatt lang Vergessenes lediglich zu finden, war es auch ganz bewusst gesucht worden – Palimpseste eröffneten diese Möglichkeit der „nekromantischen Kraft der Wiederbelebung".[266] Wenn man die richtigen Methoden anwandte, dann konnte man sich zurückwenden, sich erinnern und die Vergangenheit wiederbeleben. Diese Rückwärtswendung ist, gleich einer archäologischen Grabung oder Abtragung der Schichten eines Palimpsests, auch der Versuch einer Heilung der „Wunden, die die Zeit geschlagen hat".[267]

---

263 Rehberg, Ausstieg, S. 346. Eine ähnliche Überhöhung einer bestimmten Erzählung findet statt, wenn der Nationalsozialismus oder die Shoa als Betriebsunfall betrachtet wird, siehe dazu kritisch beispielsweise Fischer, Hitler.

264 Bosetzky/Heinrich/Schulz zur Wiesch, Mensch, S. VI u. Ellwein, Staat, Band 1, S. 56; zur Formung durch das sozialkulturelle System der Justiz zeitgenössisch siehe Kaupen/Rasehorn, Justiz, S. 196.

265 Siehe dazu beispielsweise die „[g]enerationsübergreifende[n] Sozialisationskohorten" von Juristen bei Rüthers, Geschichte, S. 8 f.

266 Assmann, Metaphorik, S. 28.

267 Ebenda, S. 27 f.

Fazit

Die Auswirkungen von Systemumbrüchen innerhalb von Akten und auf Verwaltungstechnik sind subtil. In den Akten der bayerischen Justizverwaltung zeigte sich sowohl im Übergang von der Weimarer Republik zum Nationalsozialismus als auch von diesem zum Freistaat beziehungsweise der Bundesrepublik eine rege Nutzung von Übergangspraktiken. Allzu offensichtliche äußerliche NS-Bezüge wurden nach 1945 zurückgenommen, durchgestrichen oder kommentiert, noch bevor amtliche Regelungen hierzu ergingen. Übergangspraktiken leisteten beides, sie dienten der deutlichen Abgrenzung durch Ermächtigung des Schriftbildes und stellten eine Kontinuität her. Denn sie nutzten das Papier, das Formular oder gar den Stempel als Ausdruck von Ordnung und Herrschaft weiter – sie waren sparsam. Einerseits handelte es sich hier um die Herrschaft des neuen politischen Systems, andererseits um die bürokratische Ordnung, die aktiv über- und damit weitergeführt wurde und Wiederanknüpfungen vereinfachte.

Während der NS-Diktatur hatten neue Informationen und Abfragekategorien im Zeitverlauf in die Formblätter und in die Aktenführung – damit in die Verwaltungspraxis – Eingang gefunden, hinter die die bayerische Justiz nicht mehr zurückging: Dieses Herrschaftswissen in den Händen der Verwaltung zu behalten war hier die präferierte Option. Informationskategorien wurden nur dann aufgegeben, wenn ihre Abfrage verfassungsmäßige Probleme aufwarf oder weil der Aufwand des Ausfüllens zu groß geworden war. So wurden Informationen über politische Affiliationen einerseits explizit sichtbar im Justizministerialblatt aus der Akte in den dienstlichen Beurteilungen im Sinne einer unpolitischen und unabhängigen Justiz gestrichen – andererseits wurden als nützlich erachtete nationalsozialistische Abfragen über politische Parteizugehörigkeit im Inneren der Akte weitergeführt.

Die personalverantwortlichen Justizeliten forcierten die Rückkehr zu bayerischen Justizbildern der Weimarer Republik – auch innerhalb der Akte, nicht nur durch die Akte, wie im Kapitel zuvor beschrieben. Der Rekurs auf das Bayerische war mehr als ein schlichter Rückgewinn von Herrschaft in der unmittelbaren Nachkriegszeit. Vielmehr wurden zahlreiche Detailfragen in Bezug auf den Umgang mit dem Personal als Fragen des Bayerischen, der Eigengeschichte, des Selbstbildes gedeutet. Mit dem Rückgriff auf personalaktenrelevante Vorgaben von 1930 legitimierten die Personalverantwortlichen ihre „gegenwärtige Ordnung mit Hilfe der Vergangenheit“.[268] Eine bestimmte Art, die Akten zu ordnen, war nur ein kleines, formales aber für die beteiligten Juristen mit derselben bürokrati-

---

268 Burke, Geschichte, S. 300 f.

schen Sozialisation sehr schnell sichtbares Indiz für den bayerischen Standard der Akte und des Juristen.

Die Personalaktenführung war damit gekennzeichnet von einer Kontinuität der Praktiken, von Sinnstiftung durch Kontinuitätskonstruktion und letztlich einer Kontinuitätserfahrung als „deutende Aneignung erlebter Wirklichkeit",[269] die bayerische Eigenheiten hervorhob und von den inkorporierten NS-Traditionen schwieg. Während im Inneren der Akte weiterhin gesammelt, gespart, geschichtet und der Nationalsozialismus normalisiert wurde, waren die sichtbaren Elemente der palimpsestgleichen Akte Anzeiger einer demokratischen, bayerischen – und vor allem nicht nationalsozialistischen – bürokratischen Biografie.

3.3 Subjektivierungen: Deutungsmuster in Justizpersonalakten

Nicht nur die schlichte Existenz der Personalakte und ihre Aktentechnik prägten die Sicht auf die bayerischen Juristen. Vielmehr waren es die Worte, die die Formulare ausfüllten, der Inhalt der Personalakte also. Sie vermitteln Deutungsmuster und Justizbilder noch explizierter als Gegenstände an sich. Sie offenbaren Subjektivierungsprozesse im Kontext der bürokratischen Biografie. Solche Prozesse nutzen einen weiten Subjekt- beziehungsweise Subjektivierungsbegriff, dem späten Michel Foucault folgend: „subject to someone else by control and dependence; and tied to his own identity by a conscience or self knowledge".[270] Auf der einen Seite sind die Einzelnen mit normativen Ordnungsvorgaben und „bürokratisch organisierte[n] Regierungstechniken"[271] in Bezug auf das Justizpersonal konfrontiert.[272] Auf der anderen Seite stehen „Selbstbezüge"[273] oder „Momente alltäglicher Realisierung"[274] in dieser normativen Ordnung, die sich aus der spezifisch bürokratischen Art, Biografien zu erfassen und zu beschreiben, ergeben. Die Realisierungsmomente zeigen mitunter „widerständige[n] Selbstdeutungen"[275] und „Eigensinn"[276] der Juristen in Bezug auf die Praxis der bürokratischen Biografie. Das Schema des Aufbaus der Personalakte ist insofern nicht nur ein determinierender

269 Leonhard, Sprechen, S. 111.
270 Foucault, Subject, S. 781.
271 Wiede, Subjekt.
272 Bröckling/Krassmann, Ni méthode, S. 26.
273 Ebenda.
274 Geimer/Amling/Bosančić, Einleitung, S. 4.
275 Pfahl/Traue, Erfahrung, S. 444.
276 Lüdtke, Geschichte.

Rahmen der Subjektzurichtung für bürokratische Zwecke, sondern auch ein Möglichkeitsraum der Selbstdarstellung in der normativen Ordnung der Bürokratie. Die Anordnungen der Justizverwaltung gaben eine normative Ordnung vor, die – wenn auch umkämpft und diskutiert – auf irgendeine Weise umgesetzt wurde. Die Beurteilungen wurden den Beförderungsvorschlägen beigegeben und waren damit das offizielle Bild des Juristen.

Bei der Analyse der Personalakteninhalte interessieren *erstens* die Vorgaben in Gesetzen, Verordnungen, Erlassen und Bekanntmachungen, *zweitens* die Dokumente als Schriftbilder[277] und *drittens* die Inhalte und Deutungsmuster.[278] Zentral sind hier die biografischen Kleinformen, die in jeder Personalakte vorkommen, dazu gehören vor allem dienstliche Beurteilungen, ferner Vorschläge und Erläuterungen zu spezifischen biografischen Gegenebenheiten, außerdem Gratulationsschreiben und Nekrologe. Letztere haben neben der Memorialfunktion auch noch die Funktion der Stärkung der Gruppenidentität[279] – in diesem Fall die der bayerischen Justizelite. Während der Anlass des Nachrufs der Tod eines geschätzten Kollegen ist, so soll doch gleichsam dessen Glanz auch auf den Rest der Gruppe verweisen. Die bürokratische Biografie trägt damit zur institutionellen Selbstbeschreibung bei, weil hier Texte produziert werden, die der Identifizierung der Justizverwaltung selbst dienen – im vorliegenden Fall durch ihr Personal.[280] Teile dieser Texte, etwa Nachrufe, gelangen in die Öffentlichkeit und geben damit ein jeweils ideales Justizbild wieder. Durch die samplespezifische Konzentration auf die Elite sind auch die Personalakteninhalte selbst sehr nah am nach außen kommunizierten Bild.

Es geht darum, herauszuarbeiten, wie dieser Quellentyp – jenseits von Schematismusvorwurf und Zitation der NS-Loyalitäts- beziehungsweise Gewährbieteformel – einzuordnen ist. Erst dadurch kann der Grad der Schematisierung bestimmt werden. Dieser wiederum gibt Aufschluss über das Systemübergreifende in den Dokumenten und den Justizbildern. Ebenso kann erst dadurch gezeigt werden, inwiefern das jeweils Individuelle und Persönliche in die Bewertungen einfließt. Zuletzt kann auch an dieser Stelle der Umgang mit dem Nationalsozialismus in der Juristenbiografie ebenso nachvollzogen werden wie der Umgang mit der politischen Loyalität im Nationalsozialismus. Hier stellt sich, ob der hohen personellen Kontinuität in der Untersuchungsgruppe,[281] die Frage danach, wie die beiden Systemwechsel die Bewertung der Beamten in den Beurteilungen vorkommen

277 Siehe dazu auch Kap. 3.2.
278 Zur Struktur- und Feinanalyse siehe Jäger/Jäger, Deutungskämpfe, S. 298 f.
279 Richter/Hamacher, Kleinform, S. 139; siehe dazu auch Treiber, Lebensläufe, S. 22 f.
280 Zur Selbstbeschreibung als Organisationsidentifikation siehe Luhmann, Organisation, S. 417.
281 Siehe dazu Kap. 2.1 u. 4.1.

und wie die Beamten jeweils ins neue System inkorporiert wurden. Insgesamt kann gezeigt werden, ob und wie sich Justizbilder im 20. Jahrhundert veränderten.

Von den Geheimakten zur Eröffnung der Beurteilung

Im Bayern der Nachkriegszeit war klar: Personalakten sind „Geheimakten".[282] Sie waren im Kaiserreich noch als so geheim eingestuft worden, dass sie auch von denjenigen, über die sie geführt wurden, nicht eingesehen werden durften. Ein Rechtsanspruch auf Einsichtnahme in die eigene Personalakte wurde erst in der Weimarer Republik entwickelt.[283] Das Reichsministerium des Inneren nahm ihn bereits am 12. April 1934 zurück – dieser Erlass blieb bis 1945 in Kraft.[284] In der Praxis zeigte sich aber dennoch, dass den Beamten der Inhalt ihrer Personalakten nicht ganz verborgen geblieben war: Die späteren Ministerialbeamten füllten ihre Personalbogen und die zahlreichen NS-spezifischen Formulare selbst aus.[285] Außerdem wurden den Justizbeamten nach wie vor Vorkommnisse, wenn auch nicht alle, eröffnet, die zu den Akten genommen wurden. Dazu gehörten vor allem negative Äußerungen der NSDAP über Beamte – hierzu wurde den Juristen zumindest die Möglichkeit gegeben, Stellung zu beziehen.[286] Dies wurde weiterhin praktiziert und im Bayerischen Beamtengesetz von 1946 in Artikel 72, Absatz 3 niedergeschrieben: „In die Personalnachweise dürfen ungünstige Tatsachen erst eingetragen werden, wenn der Beamte Gelegenheit gehabt hat, sich über sie zu äußern. Die Äußerung des Beamten ist in den Personalnachweis mitaufzunehmen."[287] Dasselbe gilt für die darauffolgenden Versionen des Bayerischen Beamtengesetzes.

Im März 1946, als sich die Nachfragen beim Bayerischen Staatsministerium der Finanzen zum Umgang mit dem Erlass des Reichsinnenministeriums von 1934 häuften, stellte das Ministerium klar: „Dieser Erlass ist durch die Verhältnisse überholt und außer Kraft getreten." Weiter wurde erläutert, dass den Beamten das in der Weimarer Reichsverfassung nach Paragraf 129 Absatz 3 garantierte Recht auf Einsicht wieder zustehe, auch die zugehörige Durchführungsbestim-

---

282 Bayerisches Beamtenrecht, Band I, 1953, S. 151.
283 Wolff, Relativität, S. 325.
284 Gruchmann, Justiz, S. 2011; siehe Mommsen, Beamtentum, S. 74–76.
285 Siehe Kap. 3.2.
286 BayHStA, MJu 26842, PA Hans Walther, Vordruck Verfügung, 08.10.1937. Siehe dazu auch Mommsen, Beamtentum, S. 74–76 u. Gruchmann, Justiz, S. 211.
287 GVBl. Nr. 24, 14.12.1946, Bayerisches Beamtengesetz, S. 357.

mung vom 19. März 1929 sei noch aktuell.[288] Die Notwendigkeit der Klarstellung ergab sich vor allem aus der Entnazifizierung: Diejenigen, die sich vor den Spruchkammern verantworten mussten, brauchten häufig Zugang zu ihren Personalakten. Das bayerische Arbeitsministerium fragte in diesem Kontext nach, wie mit den Anwälten ehemaliger NSDAP-Mitglieder umzugehen sei, die deshalb Einsicht in die Personalakten ihrer Mandanten ersuchten, um den darin liegenden „Inhalt vorliegender Denunziationen oder die Namen von Anzeigeerstattern zu erfahren". Diese Mitteilungen über ehemalige Kollegen waren aber in der Regel vertraulich an das Arbeitsministerium herangetragen und von der Behörde ernst genommen worden, weil die Informationen in der Mehrzahl der Fälle offenbar korrekt waren. Der Minister, Albert Roßhaupter, sah hier nur eine Möglichkeit: Er wollte die Quelle der vertrauliche zu behandelnden Denunziationen nicht versiegen lassen, und meinte, dass zu diesem Zweck die Einsicht in die Personalakten zu versagen sei.[289]

Das Finanzministerium war anderer Meinung und schickte seine grundsätzliche Klärung der Angelegenheit im Oktober 1946 ebenfalls an alle Ministerien: Ähnlich wie beim Ersuchen um Einsichtnahme zur Rechtfertigung vor den Spruchkammern, werde man den betreffenden Personen und ihren Rechtsbeiständen die Einsicht nicht verweigern können. Das Finanzministerium stellte sich vor die Betroffenen und stellte klar, dass Aufklärungs- und Verteidigungsmöglichkeit – die „allseitig erwünschte[...] restlose[...] objektive[...] Klärung der Sachlage" – als oberste Werte in diesen Fällen zu sehen seien. Diese seien nur dann gegeben, wenn die Beamten wüssten, wer sie angezeigt hatte. Im Übrigen, so das Finanzministerium, sei dies auch durch den Verfassungsentwurf in Artikel 95 Absatz 5 gedeckt.[290] Das dort mit dem Inkrafttreten der Bayerischen Verfassung im Dezember 1946 tatsächlich verbriefte Recht garantierte jedem Beamten, „seine sämtlichen Personalnachweise jederzeit einzusehen".[291] Notwendig sei aber, dass glaubhaft versichert werde, dass ohne Einsicht die Verteidigung in der Spruchkammer erschwert oder gar gefährdet sei.[292] Hierzu erging am 9. November 1946 ein entsprechender Erlass des Justizministeriums.[293]

288 BayHStA, StMJ 38/2018, Generalakten Personal, 6/87, Personalakten der Richter und Beamten, Einsichtnahme, StMF an StMJ, 28.03.1946.

289 BayHStA, StMJ 38/2018, Generalakten Personal, 6/87, Personalakten der Richter und Beamten, Einsichtnahme, Arbeitsministerium an StMF, 19.08.1946.

290 BayHStA, StMJ 38/2018, Generalakten Personal, 6/87, Personalakten der Richter und Beamten, Einsichtnahme, StMF u. a. an StMJ, 29.10.1946.

291 GVBl. Nr. 23, 08.12.1946, Verfassung des Freistaats Bayern, S. 340.

292 BayHStA, StMJ 38/2018, Generalakten Personal, 6/87, Personalakten der Richter und Beamten, Einsichtnahme, StMF u. a. an StMJ, 29.10.1946.

293 BayHStA, StMJ 38/2018, Generalakten Personal, 6/87, Personalakten der Richter und Beamten, Einsichtnahme, JME v. 09.11.1946, 1053 – I 11719.

Abgesehen von den betroffenen Beamten oder ihren Rechtsbeiständen wurde aber keine Akteneinsicht gewährt, was eine Streitfrage am Landgericht Nürnberg-Fürth 1947 zeigte. Hier hatte der Landtagsabgeordnete Josef Donsberger eine schriftliche Vollmacht eines Justizinspektors vorgebracht, dessen Personalakte er einsehen wollte. Camille Sachs, der Landgerichtspräsident, hatte dem Politiker die Einsicht versagt, denn es handele sich hierbei um ein „höchst persönliches Recht des Beamten, das nicht übertragbar ist".[294] Dieses Vorgehen wurde vom Präsidenten des Oberlandesgerichts Hans Heinrich gebilligt und die Gerichte in seinem Bezirk wies er an, entsprechend zu verfahren.[295] Daraus entspann sich die Frage danach, ob der Volksvertretung besondere Rechte einzuräumen seien, wenn es um die Beamten ging. Die diplomatische und vom Finanzministerrum gebilligte Lösung des Justizministeriums sah nun vor, dass Landtagsabgeordnete auch mit Vollmacht nicht in die Akten schauen dürften. Wenn es unbedenklich sei, wie im Falle des Nürnberger Justizinspektors, könnte der Personalreferent allerdings Aufschluss aus den Personalakten geben. Damit würde „den besonderen Verhältnissen" Rechnung getragen.[296] Den Personalreferenten und Vorständen der Justizbehörden wurde damit ein Ermessensspielraum in die Hand gegeben, um das Ministerium gegenüber der Volksvertretung in eine mächtige Position zu rücken.

Die Regulierung der Einsicht in die Personalakten markierte und stärkte das darin verborgene Herrschaftswissen und damit auch das Justizministerium als Institution.[297] Insbesondere bei ärztlichen Gutachten sah das Ministerium sich dann auch weiterhin als Herrscher über Information – und zwar noch weit über die 1970er Jahre hinaus.[298] Wenn etwa die Kenntnis eines ärztlichen Gutachtens „dem Beamten schaden könnte", dies wegen der „Fürsorgepflicht des Dienstherren". Das Gutachten komme dann in einen Sammelakt, „wo es der Einsichtnahme durch den Beamten entzogen ist".[299] De facto umgesetzt wurde dies im Justizministerium nur ein einziges Mal bis 1970.[300] Um Wissen unzugänglich zu machen, entzog man es auf paternalistische Weise der Einsichtmöglichkeit durch die Betroffenen, indem

294 BayHStA, StMJ 38/2018, Generalakten Personal, 6/87, Personalakten der Richter und Beamten, Einsichtnahme, PräsLG Nürnberg-Fürth an Donsberger, 27.03.1947.

295 BayHStA, StMJ 38/2018, Generalakten Personal, 6/87, Personalakten der Richter und Beamten, Einsichtnahme, PräsOLG Nürnberg an StMJ, 31.03.1947.

296 BayHStA, StMJ 38/2018, Generalakten Personal, 6/87, Personalakten der Richter und Beamten, Einsichtnahme, StMJ an Donsberger, 31.07.1947.

297 Siehe dazu auch Kap. 3.1.

298 BayHStA, StMJ 38/2018, Generalakten Personal, 6/99, Entfernung von Schriftstücken aus PA.

299 BayHStA, StMJ 38/2018, Generalakten Personal, 6/88, Vernichtung und Säuberung der Personalakten, Personalaktenführung, Beschluss des StMJ, 15.03.1965.

300 Siehe dazu den Inhalt von BayHStA, StMJ 38/2018, Generalakten Personal, 6/99, Entfernung von Schriftstücken aus PA.

man es an einem anderen Ort ablegte.[301] Die Öffnung der Akte für die Einsicht in der Nachkriegszeit ist also relativ zu betrachten: Man verhielt sich grundsätzlich offener als im Nationalsozialismus, die von der Akte betroffene Person selbst rückte wieder deutlicher ins Sichtfeld – aber die Akte war immer noch im Besitz des Staates, der den Inhalt der Personalakte regulieren und damit den Zugriff auf die über die Person gesammelten Informationen beschneiden konnte.

Ein neues Kapitel in der Akteneinsicht durch die Betroffenen wurde 1960 eröffnet: Das neue Bayerische Beamtengesetz sah in Artikel 118 Satz 2 explizit vor: „Dem Beamten ist jede dienstliche Beurteilung zu eröffnen."[302] Dienstliche Beurteilungen sollten von nun an durch die oberste Dienstbehörde – das Justizministerium – überprüft werden und den Beurteilten eröffnet werden. Damit waren die bayerischen Behörden einen Schritt weiter gegangen: Die betroffene Person *durfte* die Beurteilung der eigenen Persönlichkeit nicht nur sehen, sie *musste* sie zur Kenntnis nehmen. Die Überprüfung der obersten Dienstbehörde sollte wohl die Gleichmäßigkeit der Bewertungen überwachen. Die regelmäßige Eröffnung der dienstlichen Beurteilungen unterstrich dabei die Wichtigkeit der Dokumente: Die in der Personalakte des Einzelnen vorhandenen Informationen würden dort „zum Zwecke seiner dienstlichen Beurteilung" gesammelt, so das bayerische Finanzministerium im Jahr 1957. In Bezug auf beamtenrechtliche Entscheidungen, vor allem Ernennungen und Beförderungen, seien „sämtliche über den Beamten geführten Personalakten beizuziehen und sorgfältig zu prüfen".[303] Die Personalakten wurden geführt, um die Juristen dienstlich beurteilen zu können, wie das Finanzministerium schrieb. Diese Beurteilung bezog sich nicht nur auf das konkrete Verfassen des Schriftstücks mit dem Namen „dienstliche Beurteilung", sondern auch auf alle anderen Einschätzungen seiner dienstlichen Tätigkeit, etwa Vorschläge für Positionen oder Auskünfte. Diese wurden als Schreiben oder Vormerkungen oft ebenfalls verschriftlicht. Das Resultat der Beurteilung, in das die ganze Personalakte einzufließen hatte, war den betroffenen Juristen also ab 1960 zu eröffnen. Der Beamte wurde mit dieser neuen Regelung standardmäßig als betroffene Person wahrgenommen und in die Beurteilung seiner Persönlichkeit einbezogen.

Das Justizministerium fragte im Herbst 1960 die Erfahrungen mit der neuen Regelung ab. Während zwar keine der Außenbehörden von großen Schwierigkeiten zu berichten wusste, hielten die Präsidenten mit ihren Meinungen zu dieser

---

301 Siehe dazu auch Kap. 4.3.

302 GVBl. Nr. 15, 5.07.1960, Bayerisches Beamtengesetz, S. 175.

303 BayHStA, StMJ 38/2018, Generalakten Personal, 6/87, Personalakten der Richter und Beamten, Einsichtnahme, Abdruck Entschließung StMF, 19.09.1957.

Neuerung auf Anfrage ihrer obersten Dienstbehörde nicht hinter dem Berg.[304] Ihre Antworten fielen unterschiedlich aus. Während aus vielen Gerichtsbezirken erklärt wurde, dass nach der neuen Regelung noch nicht beurteilt wurde, hatten andere damit schlicht keine nennenswerten Erfahrungen gemacht. Der Präsident des Bayerischen Obersten Landesgerichts hat sogar eine positive Erfahrung zu berichten: „Ein Teil der Beamten hat es als angenehm empfunden, dass die Beurteilungen nunmehr ohne eines besonderen Antrags eröffnet werden."[305] Der Passauer Oberstaatsanwalt hatte laut Schreiben des Generalstaatsanwalts am Oberlandesgericht in München sogar eine karriereförderliche Folgerung zu Bericht gegeben: Gelegentlich der Eröffnung hätte der Oberstaatsanwalt auch die Chance auf ein Gespräch mit einem Gerichtsassessor gehabt, der wiederum sehr dankbar für die Hinweise zur Verbesserung seiner Leistung gewesen sei.[306]

Am Landgericht München II war der Präsident, Gustav Voll, ganz und gar nicht begeistert von der zwingenden Eröffnung der dienstlichen Beurteilungen. Alte, gut funktionierende Vorgänge würden dadurch zerstört und damit auch das Vertrauensverhältnis zwischen der Dienstbehörde und den dort tätigen Juristen. Der Landgerichtspräsident erklärte, dass Beurteilungen plötzlich „bekrittelt" worden seien, was zuvor so gut wie nie vorgekommen sei. Für problematisch hielt er auch den erhöhten Verwaltungsaufwand bei unveränderter Rechtslage – schließlich hatten die Juristen ihre Akten auch zuvor schon einsehen können. Dass dies nicht von allen eingefordert worden sei, lege bei den Richtern sicher nicht daran, dass sie „in besonderem Maße von Schüchternheit angekränkelt" seien. Die Zurückhaltung bei der Einsicht gehe vielmehr darauf zurück, dass die Richter ihrem Vorgesetzten – in diesem Falle dem Landgerichtspräsidenten Voll – vertrauten. Zudem seien die Juristen ausreichend selbstkritisch. Schließlich helfe es auch nicht, wenn ein Richter erst nach drei Jahren – das war der Turnus der Beurteilung – auf Schwachstellen hingewiesen würde.[307] Auch wenn der Landgerichtspräsident sich hier vor allem selbst lobte und darauf hinwies, dass in seiner Behörde die zwangsweise Eröffnung der Beurteilung nicht gebraucht wurde, weil er seine Rolle gewissenhaft ausführte, zeigt sich in dieser Empörung auch ein besonderer Blick auf Juristen – in diesem Falle Richter: Voll zeichnete das Bild eines selbstbe-

304 BayHStA, StMJ 38/2018, Generalakten Personal, 4/49, Dienstliche Beurteilungen der Ri und StA, StMJ an PräsBayObLG und GenStA, PräsOLG und GenStA, 25.10.1960.

305 BayHStA, StMJ 38/2018, Generalakten Personal, 4/49, Dienstliche Beurteilungen der Ri und StA, PräsBayObLG an StMJ, 14.11.1960.

306 BayHStA, StMJ 38/2018, Generalakten Personal, 4/49, Dienstliche Beurteilungen der Ri und StA, GenStA OLG München an StMJ, 17.11.1960.

307 BayHStA, StMJ 38/2018, Generalakten Personal, 4/49, Dienstliche Beurteilungen der Ri und StA, PräsLG München II an PräsOLG München, 14.11.1960.

wussten Richters, der keiner staatlichen Nachhilfe benötigte, um für sich und seine Rechte einzustehen. Dieser war aber gleichermaßen innergerichtlich seinen Vorgesetzten, vor allem dem Gerichtspräsidenten, in vollem Vertrauen verbunden, sodass auch an dieser Stelle keine „Nachhilfe" von Seiten der Verwaltung, kein Eingriff in die gerichtliche Führung, vonnöten war.

Die neue Regelung, so Voll, würde vor allem den Dienstbetrieb aufhalten und damit die Verwaltungsabläufe verkomplizieren: Alle Beteiligten würden bei ihrer Arbeit gestört und mehr Zeit als nötig mit den Beurteilungen verbringen. Richter an „auswärtigen Amtsgerichten" müssten entweder hohe Reisekosten auf sich nehmen, um zu ihren Dienstvorgesetzten zu reisen oder die Dienstvorgesetzten müssten bei aller sonstiger wichtiger Arbeit den Weg zu ihren Richtern auf sich nehmen – schließlich könnte auch nicht irgendjemand anderes die Beurteilung verlesen. Die Besuche der Dienstvorgesetzten müssten aber zeitnah nach der Beurteilung erfolgen, was zusätzlichen Mehraufwand bereite. Voll schloss mit den Worten: „Allen in allem muß bedauert werden, daß eine bewährte Ordnung zugunsten eines überspitzten Prinzips verlassen wurde."[308] Teile dieser Antwort sandte das Justizministerium weiter ans Finanzministerium, ohne den Absender zu nennen, und kontrastierte sie mit der Aussage, dass abgesehen davon noch keine besonderen Erfahrungen mit der Eröffnung der Beurteilungen gemacht worden seien. Volls Schluss zitierte der Referatsleiter im Referat 1 (Höherer Dienst), Josef Bleier, allerdings nicht, er war ihm wohl zu konfrontativ und er sah vermutlich auch die bayerischen Juristen dadurch nicht besonders gut repräsentiert.[309]

Mit der Eröffnung wurde das Bild der Beurteilten verändert. Die dezidierte Aufforderung im Bayerischen Beamtengesetz von 1960 machte das Recht auf Einsicht zum Standard und vereinfachte den Widerspruch gegen die Beurteilung. Die Beurteilten waren nun ihren Vorgesetzten weitaus weniger unterworfen und – in einigen Bereichen der bayerischen Verwaltung – offenbar recht kämpferisch. Große Problem ergaben sich offenbar im Bereich des Arbeitsministeriums, hier klagte man über zahlreiche Widersprüche gegen die Beurteilungen.[310] Was der Präsident des Landgerichts München II in seinem Schreiben mit dem Verweis auf das Vertrauen zwischen dem Juristen und seinem Vorgesetzten schilderte, war auch die Sorge, dass sich das im Beamtenbild fest verankerte Treueverhältnis zwischen Dienstherrn und Untergebenen ohne Not auflösen könnte. Die Ausweitung des verwaltungsrechtlichen Schutzes durch die zwingende Eröffnung der Beurteilung

308 Ebenda.

309 BayHStA, StMJ 38/2018, Generalakten Personal, 4/49, Dienstliche Beurteilungen der Ri und StA, StMJ an StMF, 30.11.1960.

310 BayHStA, StMJ 38/2018, Generalakten Personal, 4/49, Dienstliche Beurteilungen der Ri und StA, StMJ Arbeitsministeriums an StMF, 01.02.1961.

ist in der Tat ein Indiz dafür, dass sich das Verhältnis von Beamten und Dienstherrn in dieser Zeit ein wenig in Richtung privatrechtlicher Arbeitsverhältnisse veränderte: Der Beamte im Justizdienst, egal ob Ministerialbeamter, Staatsanwalt oder Richter wurde vom Objekt zum Subjekt der eigenen bürokratischen Biografie.

Für das Sample lässt sich nur ein Fall eines energischen Widerspruchs gegen eine dienstliche Beurteilung ausmachen. Es bewahrheitete sich, was Landgerichtspräsident Voll wohl insgeheim für seinen Bereich befürchtete, nämlich, dass es um das Vertrauensverhältnis zwischen Vorgesetztem und beurteiltem Juristen nicht immer und überall besonders gut bestellt war. Im Fall des Oberlandesgerichtsrats Egbert Hoefler zeigte sich vielmehr, dass die zuvor berichtete Angst vor Widersprüchen gegen dienstliche Beurteilungen sogar in der Justizelite nicht ganz fehl am Platz war.

Hoefler war von Ministerialdirektor Holzbauer 1958 mit „erheblich über Durchschnitt (obere Grenze)“ beurteilt worden und hatte der bayerischen Justiz im Ministerium jahrelang wertvolle Dienste in der Abwicklung der 131er-Fälle wie der Wiedergutmachungsverfahren geleistet.[311] Ende der 1960er Jahre richtete sich der Zorn des Juristen allerdings plötzlich gegen die Justiz in Person des Nürnberger Oberlandesgerichtspräsidenten Hauth selbst. Hoefler selbst las seine Beurteilungen sehr genau und zitierte auch in Bewerbungen daraus – eine in der Justizelite sonst nicht anzutreffende Praxis. Er verwies bei seiner Bewerbung um eine Senatspräsidentenstelle auf Folgendes:

> „Meine in beiden dienstlichen Beurteilungen herausgestellte Eignung für höchste Stellen im richterlichen Dienst und im Justizverwaltungsdienst wird unterstrichen durch meine amtsbekannte Charakterstärke, die mich bewogen hat, wo auch immer nötig selbst unter Hintanstellung meiner persönlichen Interessen stets für die absolute Korrektheit im öffentlichen Leben, für die Wahrung der Institution des Rechtsstaats und für die absolute Aufrechterhaltung der Rechtssicherheit einzutreten, zum Schutze der rechtssuchenden Bevölkerung und damit aber auch zur Stärkung des Ansehens des Staates.“[312]

Der Grund für das Zitat und die Vehemenz der Äußerungen Hoflers ist wohl mit der Ausnahmesituation, in der sich der Jurist zu befinden meinte, zu erklären: Er war in eine Verwaltungsstreitsache hineingeraten, in der er sich und einige andere Anlieger einer Straße in Fischbach, nahe Nürnberg, von der bayerischen Politik und Verwaltungsjustiz betrogen sah.[313] In diesem Rahmen war Hoefler der Mei-

311 BayHStA, MJu 25291, PA Egbert Hoefler, dienstliche Beurteilung StMJ, 17.01.1958.

312 BayHStA, MJu 25291, PA Egbert Hoefler, Hoefler an PräsOLG Nürnberg, 12.02.1970 u. in der Begründung wortgleich 08.05.1970.

313 BayHStA, MJu 25291, PA Egbert Hoefler, Hoefler an Bundeskanzler, 07.05.1970.

nung, dass „weil [er] es wage, dieser [ihm] obliegenden Pflicht zur Verfassungstreue zu genügen, werde [er] seit Jahren strafrechtlich und dienstlich verfolgt und nun auch bei Beförderungen übergangen".[314]

Während es anhand der Akten durchaus vorstellbar ist, dass die Beschäftigung des Richters mit seinen privaten Rechtsstreitigkeiten gerade ob seiner Profession überhandgenommen und seine Leistungsfähigkeit im Gericht negativ beeinflusst hatte, sah Hoefler sich einem Komplott gegenüber. Vor allem wollte er in diesem Kontext eine dienstliche Beurteilung des Oberlandesgerichtspräsidenten Hauth aus dem Jahr 1969 nicht akzeptieren. Im Vergleich mit einer Beurteilung des Präsidenten Hauth vom November 1964 las es sich in der Tendenz negativer, trotzdem beide auf das ausgesprochen positive Prädikat „gut" lauteten. Der Oberlandesgerichtspräsident selbst war in seiner Beurteilungspraxis allerdings in beiden Beurteilungen durchaus darauf aus, auch Negatives auf die bestmögliche Weise zu kommunizieren. So schrieb er etwa, dass Hoeflers Ausführungen „reife Leistungen dar[stellen], die durch eine manchmal etwas sperrige Sprache nicht an Wert einbüßen". Er könne sich „jung, wie er ist – menschlich noch steigern und an Wert gewinnen".[315] Für unannehmbar hielt Hauth in der Beurteilung von 1969 fünf Textstellen, die sich insgesamt auf die Vermischung von Privatleben und Beruf beziehungsweise den Gesundheits- und Arbeitsstand des Richters betreffen, unter anderem:

> „Wenngleich der Referatsstand mit 52 offenen Sachen, darunter 2 aus dem Jahr 1966 und 6 aus dem Jahre 1967, äußerlich nicht ganz befriedigend ist, kann dem Richter bei der Zielstrebigkeit der Arbeit doch zugetraut werden, daß er jederzeit sein Referat beherrscht, insbesondere dann, wenn Abhaltungen aus dem privaten Leben, die ihm unabdingbar erscheinen, wieder in den Hintergrund treten."[316]

Hauth bemerkte in seiner Stellungnahme zu den Beanstandungen Hoeflers, dass er „die geistige und zeitliche Konzentrierung des Richters auf die Gemeindeangelegenheit seines Heimatortes mindestens im Ausmaß für übertrieben angesehen" habe und dass er den Richter darauf auch schon vor der Verschriftlichung der Beurteilung hingewiesen habe.[317]

Ein weiterer Punkt der Auseinandersetzung um eine gerechte dienstliche Beurteilung war Hauths Hinweis auf Hoeflers „Hartnäckigkeit", die man dem Richter bei seiner sonstigen Ausgeglichenheit, die Hauth aus dem „Lächeln" und der „Sta-

---

314 BayHStA, MJu 25291, PA Egbert Hoefler, Hoefler an MinDgt Hohler im StMJ, 26.04.1973.
315 BayHStA, MJu 25291, PA Egbert Hoefler, dienstliche Beurteilung OLG Nürnberg, 10.11.1964 u. 19.02.1969.
316 BayHStA, MJu 25291, PA Egbert Hoefler, Äußerung PräsOLG Nürnberg a. D. Hauth, 26.03.1970.
317 Ebenda.

tur" Hoeflers herleitete, nicht zutraue. Dazu führte der ehemalige Oberlandesgerichtspräsident aus, dass er diese Hartnäckigkeit im Dienst niemals bemerkt hatte, sie sich aber dafür „im persönlichen Bereich sehr stark manifestiert" hatte. Als Charaktereigenschaft aber sei sie legitimer Teil der Beurteilung. An und für sich, so führte Hauth aus, stehe Hartnäckigkeit „in einem gewissen Gegensatz zu dem äußeren Bild des Richters", dass nun auch als solches in der Beurteilung besprochen werden könnte.[318]

Hoefler wandte sich daraufhin in einem zehnseitigen Schreiben an den nunmehrigen Oberlandesgerichtspräsidenten in Nürnberg, Max Nüchterlein, in dem er ausführte, dass Hauth seine Fürsorgepflichten gegenüber Hoefler „mehrfach verletzt" habe, was schließlich zu dessen längerer Krankheit geführt habe. Auch in allen anderen Punkten stimmte er nicht mit Hauth überein, vielmehr verwies Hoefler mehrfach auf die Verwaltungsstreitsache, die er mit dem ehemaligen Oberlandesgerichtspräsidenten in Verbindung brachte.[319] Nüchterlein entschied schließlich, den Passus über Hoeflers Privatleben und seine Hartnäckigkeit ersatzlos zu streichen. Im Übrigen ließ er sich nicht auf Änderungen ein und ignorierte Hoefles Vorwürfe gegen seinen Vorgänger.[320]

Oberlandesgerichtsrat Hoefler befand sich zweifellos in mehreren Konflikten: Einerseits in einer langwierigen Verwaltungsstreitsache, andererseits in einem dienstlichen Konflikt mit seinem eigenwilligen, bisweilen paternalistischen und selbstbewussten ehemaligen Vorgesetzten Hauth, der für Hoefler pars pro toto für diejenige bayerische Justiz- und Verwaltungselite stand, die ihm auch im Verwaltungsstreit das Leben schwer machte. Hauth und Hoefler argumentierten letztlich kaum verschieden, die Auseinandersetzung zeigt vielmehr die Interpretationsbedürftigkeit von Begriffen wie „Fürsorgepflicht", die für Hoefler in einer deutlicheren Unterstützung durch seinen Vorgesetzten anstatt eines Dienststrafverfahrens verwirklicht worden wäre, während Hauth seine Fürsorge wohl eher in der Ermahnung des Richters, das Engagement in Privatsachen zu reduzieren, gesehen haben mag.

Hoefler wandte sich in diesem Kontext hilfesuchend an alle Behörden, die ihm einfielen und deren Zuständigkeit er durch Gesetze nachweisen konnte, darunter den Ministerpräsidenten, das bayerische Innenministerium und sogar den Bundeskanzler. Er begann, nachdem sein Vorgehen mit immer weniger Erfolg beschieden war, sich systematisch nicht wahr- oder ernstgenommen zu fühlen. Beispielsweise war er der Meinung, dass sowohl die Richter am Bayerischen Verwal-

---

318 Ebenda.

319 BayHStA, MJu 25291, PA Egbert Hoefler, Hoefler an PräsOLG Nürnberg, 11.05.1970.

320 BayHStA, MJu 25291, PA Egbert Hoefler, PräsOLG an Hoefler, 07.07.1970.

tungsgerichtshof als auch am Bundesverwaltungsgericht befangen seien.[321] Dass Hoefler an dieser Stelle den Rechtsstaat und damit die Unabhängigkeit der eigenen Kollegen in Frage stellte und sich als Opfer einer verkrusteten Ordnung sah, das sind Gedanken, die sich Ende der 1960er vermehrt in der Gesellschaft fanden – auch in der sogenannten „Blutrichter"-Kampagne oder den Studentenprotesten. Parallel dazu wurde eine verantwortungsvolle Justiz gefordert. Durch die direkte Betroffenheit Hoeflers durch einen rechten Politiker und die Gemeinde Fischbach, meinte nun auch er, diese gesellschaftlichen Probleme zu erkennen.[322]

Befördert wurde der Oberlandesgerichtsrat übrigens bis zu seinem frühen Tod 1976 trotz zahlreicher Bewerbungen – auch solche ohne Zitate aus seinen dienstlichen Beurteilungen – nicht mehr. Der Umgang mit Hoefler zeigt auch, dass Beförderungen nur dann nach streng formalen Kriterien, also Dienstalter und Prüfungsergebnissen, ausgesprochen wurden, wenn der betreffende Jurist auch insgesamt einen Lebenswandel an den Tag legte, der ein bestimmtes Bild der Justiz nach außen zu spiegeln vermochte. Hoeflers Angriffe auf bayerische Verwaltungsrichter und Politiker passten nicht ins Bild. Umso weniger, je bedrängter Hoefler sich sah. Die spezifische Auseinandersetzung darüber, ob die Hartnäckigkeit im Privatleben Hoeflers als Charaktereigenschaft in eine dienstliche Beurteilung gehörte, zeigte, dass trotz ausreichender Übung, über die Hauth sicher verfügte, nicht immer klar war, wie man eine Persönlichkeit zu beschreiben hatte. Mit seiner Streichung ging Nüchterlein sicher einer Auseinandersetzung aus dem Weg. Andererseits hatte sich Hauth mit seinem Verweis auf Eigenschaften, die Hoefler nur im Privaten gezeigt hatte, auf ein Terrain vorgewagt, das im Gegensatz zur sonstigen Praxis stand. Denn Hauth hatte nicht erklärt, in welchem Verhältnis er die außerdienstliche Hartnäckigkeit des Oberlandesgerichtsrats zu dessen dienstlicher Performanz sah. Hoefler dagegen benutzte die Sprache der Justizverwaltung und unterwarf sich ihr insofern. Durch seine Hartnäckigkeit stieß er allerdings auch die Grenzen des Systems der Justizverwaltung und ihrer bürokratischen Biografie. Denn Subjekt der eigenen bürokratischen Biografie zu sein, bedeutete immer noch, ihr und den bürokratischen Regeln unterworfen zu sein.

Die bürokratische Biografie konnte folglich auch eine kollaborative Biografie sein, allerdings mit klaren Grenzen. In ihr zeigt sich der äußere Einfluss und die Verarbeitung desselben zu Justizbildern. Die Macht, die in Form der Personalverwaltung auf den einzelnen Juristen wirkte, war alltäglich: „Sie unterdrückt und strukturiert, man kann sich an sie gewöhnen und in diesen Gewohnheiten einrichten."[323] Das Besondere an der Personalverwaltung ist ihre Innenwirkung, also ihre

321 BayHStA, MJu 25291, PA Egbert Hoefler, Hoefler an Bundeskanzler, 07.05.1970.
322 Siehe dazu auch Kap. 2.
323 Paris, Macht, S. 7.

Wirkung auf Subjekte, die mit der juristischen Verwaltungssprache wohlvertraut sind und deshalb über das nötige Wissen darüber verfügen, wie die Formulare auszufüllen sind. Anhand von Formularen und Personalakten werden Menschen zu „Fällen" – und diese Fallbearbeitung selbst ist wiederum ein Grundmuster von Arbeitsteilung und Bürokratie. Im speziellen Fall der Angehörigen der Verwaltung hatten diese den Vorteil, bereits geübt zu sein darin, sich selbst „als ‚Fall' zu präsentier[en]".[324] Die Handlungsmacht des Einzelnen wurde sichtbar in Form von Erklärungen und Widersprüchen. Momente des Persönlichen, Ungeplanten, dessen, was noch nicht – schematisch – vorgedruckt war, fanden so Eingang in die Personalakte.

Beurteilungen im Wandel der Zeit

Ein Vergleich der verschiedenen Formblätter und Vorgaben für die Beurteilungen von Juristen – Justizjuristen wie Verwaltungsjuristen, deren oberster Dienstherr das Justizministerium war – zwischen 1919 und 1971 zeigt, dass die Varianz unter ihnen nicht besonders groß war. Die Vorgaben ergaben sich aus verschiedenen Vorschriften. Dazu gehören insbesondere die Verfassung, das Beamtengesetz, die Laufbahnverordnungen sowie Vorgaben des Finanz- und des Justizministeriums.[325] Für die Weimarer Republik waren vor allem zwei Bekanntmachungen des Justizministeriums im Justizministerialblatt von 1919 und 1930 relevant.[326] Während des Nationalsozialismus erging eine Verfügung des Reichsjustizministers hierzu, veröffentlicht in der Deutschen Justiz 1936.[327] In der Besatzungszeit gab es sehr spärliche Informationen in der Verfassung und dem Bayerischen Beamtengesetz von 1946. Ab Gründung der Bundesrepublik folgten dann weitere Ausführungen im Beamtenrecht, vor allem der Laufbahnverordnungen, beginnend mit derjenigen von 1952.[328] Die Finanz- und Justizministerien gaben außerdem auch zahlreiche behördeninterne Bekanntmachungen zur dienstlichen Beurteilung heraus.

324 Ebenda, S. 189–191. Siehe zur Subjektivierung durch Selbstpräsentation als Fall auch Kap. 4.3. Siehe Göderle, Subjekte, S. 17, dazu, dass Medien einen Rahmen vorgeben.

325 Siehe zur dienstlichen Beurteilung auch Baßslperger/Conrad, Beurteilung; Jessolat, Beurteilung; Rosenbusch, Beratung u. Schnellenbach, Beurteilung.

326 JMBl. Nr. 18, 1919, Bekanntmachung über die dienstliche Würdigung der Beamten und Notare, die Bewerbungsgesuche und die Führung der Personalakten betreffend v. 18.09.1919, S. 317–352 u. JMBl. Nr. 5, 1930, Bekanntmachung über die Behandlung der Personalangelegenheiten v. 17.05.1930, S. 59–108.

327 DJ Nr. 39, 1936, Personal- und Befähigungsnachweisung AV d. RJM v. 22.09.1936, S. 1451 f.

328 GVBl. Nr. 19, 1952, LbV v. 23.06.1952, S. 200 f.; JMBl. Nr. 8. 1953, Bekanntmachung über die dienstliche Beurteilung des Justiz- und Strafvollzugsdienstes v. 30.05.1953, S. 164–166.

Benannt waren die Vordrucke mit „dienstliche Beurteilung“ (Bundesrepublik), „Personal- und Befähigungsnachweisung“ (Nationalsozialismus) oder „dienstliche Würdigung“ (Weimarer Republik). Mit den unterschiedlichen Begriffen des Dokuments verbanden sich unterschiedliche Formblätter und auch Anforderungen an das Schriftstück. In der Weimarer Republik und ganz besonders später in der Bundesrepublik wurden kaum Informationen zu den beurteilten Juristen tabellarisch erfasst. In der Vorlage von 1930 wurden lediglich Name, Geburtsdatum, Prüfungsnote, Dienstort, Familienstand und „Besondere Bemerkungen“ abgefragt. Die Beurteilung war frei zu schreiben, allerdings enthielt das Formblatt eine Aufzählung von Kategorien, auf die Bezug genommen werden sollte.[329] Die bayerischen Nachkriegsvorlagen von 1953 und 1971 waren noch stärker reduziert, denn sie verzichteten auf inhaltliche Vorgaben.[330] Einige begleitende Hinweise, wie Zielsetzung, Grundsätze, Inhalte, Besonderheiten sowie die Muster der Beurteilungen, wurden in rechtlichen Regelungen festgehalten. In Bezug auf die Begleitinformationen einer dienstlichen Würdigung im Jahr 1953 erklärte Friedrich Schmitt aus dem Referat 3 in der Personalabteilung, dass die Anschrift notwendig sei. Denn in den Personalakten würde diese nicht immer aktualisiert. Der Prüfungsjahrgang sei für Beförderung grundlegend. Der Familienstand gebe Aufschluss über „die soziale Lage des Beamten“, die für Versetzungen zu beachten sei.[331] 1971 wurden sogar Prüfungsnote und Familienstand nicht mehr erfragt.[332]

Im Nationalsozialismus wurde hingegen – wie der Name „Personal- und Befähigungsnachweisung“ nahelegt – deutlich mehr Begleitinformation zu einer dienstlichen Beurteilung verlangt. Die Vorlagen aus den Jahren 1935 respektive 1936 – vorher hatte man diejenigen von 1930 in gewohnter Übergangspraxis weiterhin verwendet[333] – listeten 16 Kategorien, bevor in Frage Nummer 17 die Äußerungen zur Beurteilung der dienstlichen Leistungen und zur politischen Haltung abgefragt wurden. Das hatte nicht zuletzt damit zu tun, dass wesentlich mehr Faktoren in das Beamtenbild und damit auch in das des Juristen einflossen, vor allem Abstammung und politische Loyalität. Dazu hatte sich der Turnus der Beurteilungen von vier (1919) beziehungsweise fünf (1930) auf zwei Jahre reduziert. Bei der-

329 JMBl. Nr. 5, 1930, Bekanntmachung über die Behandlung der Personalangelegenheiten v. 17.05.1930, S. 108.

330 JMBl. Nr. 8, 1953, Bekanntmachung über die dienstliche Beurteilung des Justiz- und Strafvollzugsdienstes v. 30.05.1953, S. 166 u. JMBl. Nr. 8, 1971, Gemeinsame Bekanntmachung über die Beurteilung der Richter und Staatsanwälte v. 12.08.1971, S. 129.

331 BayHStA, StMJ 38/2018, Generalakten Personal, 4/49, Dienstliche Beurteilungen der Ri und StA, Stellungnahme Ref. 3, 11.03.1953.

332 JMBl. Nr. 8, 1971, Gemeinsame Bekanntmachung über die Beurteilung der Richter und Staatsanwälte v. 12.08.1971, S. 129.

333 Siehe dazu Kap. 3.2.

art viel Schreibarbeit, die von den Amtsvorständen und den Vertretern der höheren Reichsjustizbehörde (meist die Oberlandesgerichtspräsidenten) zu erledigen war, war eine Vorlage, die ausführlichere Informationen enthielt, sicher äußerst hilfreich. Die Vorlagen unterschieden sich kaum von den Personalbogen des RJM. Der Münchner Amtsgerichtspräsident sprach 1943 wohl auch deshalb lediglich von „Personalbogen".[334]

Die Anforderungsprofile an die Beurteilungen veränderten sich zwar durchaus zwischen 1919 und 1971, allerdings gab es einige Kerninformationen, die in jeder Beurteilung, egal in welchem politischen System, enthalten waren, auch wenn die Formulare dies nicht explizierten. Im Nationalsozialismus wurde auf dem Formblatt beispielsweise „Äußerung über Befähigung, dienstliche Leistungen, Gesundheitszustand, Führung, Charakter und politische Haltung" gefordert.[335] In der Weimarer Republik waren hingegen Aussagen über „die dienstliche Tüchtigkeit und zwar insbesondere über" Fähigkeiten, Kenntnisse, Geschäftsgewandtheit, Fleiß, Leistungen, die mündliche und schriftliche Darstellung, die Sitzungsleitung bei Richtern und das Auftreten in der Sitzung bei Staatsanwälten gefordert. Dazu sollten das Verhalten in der Hierarchie und gegenüber der Bevölkerung sowie die außerdienstliche Führung und die Gesundheitsverhältnisse beurteilt werden.[336] Obwohl nicht explizit gefordert, wurden diese Kategorien in den inhaltlich ausformulierten Beurteilungen zur Zeit der NS-Diktatur in der Regel ebenfalls genannt.[337] Im Unterschied zu diesen expliziten Ausformulierungen der zu bedienenden Kategorien enthielten die Formblätter für dienstliche Beurteilungen in der Nachkriegszeit keine solchen Ausführungen. Diese waren in der allgemeinen Laufbahnverordnung bzw. den entsprechenden Veröffentlichungen im Justizministerialblatt niedergelegt, forderten aber inhaltlich fast die gleichen Punkte wie die Vorgaben aus der Weimarer Republik.[338]

Als ein Beschäftigter der Generalstaatsanwaltschaft am Bayerischen Obersten Landesgericht im Rahmen der Neuerung der Beurteilungsrichtlinien 1953 um eine terminologische Unterscheidung bat, bezog er sich indirekt auf eine justizpoliti-

---

334 BayHStA, MJu 26792, PA Michael Guggumos, PräsAG München an GenStA München, 29.05.1943.

335 BayHStA, MJu 26780, PA Siegmund Eckhardt, dienstliche Beurteilung, undatiert [1937].

336 JMBl. Nr. 5, 1930, Bekanntmachung über die Behandlung der Personalangelegenheiten v. 17.05.1930, S. 108.

337 Beispielsweise BayHStA, PA Hans Walther, dienstliche Beurteilung 1932, 26.10.1932 u. dienstliche Beurteilung 1937, undatiert; siehe zu dieser Praxis außerdem die folgenden Unterkapitel.

338 GVBl. Nr. 19, 1952, LbV v. 23.06.1952, S. 200 f.; GVBl. Nr. 18, 1962, LbV v. 17.10.1962, S. 258; JMBl. Nr. 8. 1953, Bekanntmachung über die dienstliche Beurteilung des Justiz- und Strafvollzugsdienstes v. 30.05.1953, S. 164–166 u. JMBl. Nr. 5 1963, Bekanntmachung über die dienstliche Beurteilung der Richter und der Beamten des Justiz- und Strafvollzugsdienstes v. 09.05.1963, S. 51–53.

sche Debatte: Er wollte beide, Richter und Beamte, in der Überschrift aufgeführt haben – anstatt nur „Justizbeamte". Er führte das Grundgesetz an, das ebenfalls in Artikel 132 Absatz 1 von „Beamte[n] und Richter[n]" spreche. Der Staatsanwalt war der Meinung, dass Richter „im Staatsaufbau der Bundesrepublik eine Sonderstellung einnehmen".[339] Historisch waren „richterliche Beamte" aus dem absolutistischen Fürstenstaat hervorgegangen.[340] Ihre Sonderstellung in der neuen Demokratie wurde auch auf dem Juristentag 1952 kontrovers diskutiert – hier ging es vor allem um den schillernden Begriff der „Entbeamtung"[341] der Richter, ihre höhere Besoldung, die Übertragung der Dienstaufsicht auf die Justizjuristen und weniger parteipolitischen Einfluss auf die Richterwahl.[342] Es zeigte sich ein richterliches Selbstbewusstsein, dass die Anbindung an die Verwaltung kritisch hinterfragte und damit auch die Kontrolle der Exekutive, spezifisch des Justizministeriums. Neu war dies nicht, bereits 1949 hatte der Deutsche Richterbund ein Richtergesetz mit ähnlichen Forderungen vorgeschlagen.[343] Bis zum Deutschen (1961) beziehungsweise Bayerischen Richtergesetz (1965) sollte es allerdings noch einige Jahre dauern. Darin waren vor allem die Besetzung der Gerichte durch die Präsidien, Mitwirkung an Beförderungen durch die Präsidialräte und an allgemeinen und sozialen Angelegenheiten der Richter durch die Richterräte samt eines Hauptrichterrats beim Bayerischen Obersten Landesgericht geregelt. Außerdem sollten die Spitzenorganisationen der Berufsverbände an den in Angelegenheiten der Richter und Staatsanwälte tagenden spezifischen Zusammensetzungen des Landespersonalausschusses teilnehmen.[344]

Das bayerische Justizministerium änderte für die Beurteilungsrichtlinien 1953 den Wortlaut nicht: Es handelte sich um die „Bekanntmachung über die dienstliche Beurteilung der Beamten des Justiz- und Strafvollzugsdienstes".[345] In der 1957 veröffentlichten *Bereinigten Sammlung der Bayerischen Justizverwaltungsvorschriften* wurden die Richter allerdings neben den Beamten des Justiz- und Straf-

339 BayHStA, StMJ 38/2018, Generalakten Personal, 4/49, Dienstliche Beurteilungen der Ri und StA, GenStA BayObLG an StMJ, 10.04.1953.

340 Wagner, Richter, S. 83.

341 Siehe dazu Kap. 2.3.

342 Requate, Kampf, S. 33.

343 BayHStA, MInn 90693, Richtergesetz, Verwaltungsgerichtsbarkeit (1949–1954), Richtergesetz, Vorentwurf des Deutschen Richterbundes, 07.12.1949.

344 BGBl. Nr. 73, 1961, Deutsches Richtergesetz v. 08.09.1961, S. 1665–1683 u. GVBl. Nr. 2, 1965, Bayerisches Richtergesetz v. 26.02.1965, S. 13–27. Zur Erläuterung siehe Wittreck, Verwaltung, S. 334–412; siehe dazu auch Kap. 2.2 u. 2.3.

345 JMBl. Nr. 8, 1953, Bekanntmachung über die dienstliche Beurteilung der Beamten des Justiz- und Strafvollzugsdienstes v. 30.05.1953, S. 164.

vollzugsdienstes im Titel derselben Vorschrift genannt.[346] Es ist ein Zeichen der in Bayern üblichen Ämterrotation zwischen der Beschäftigung als Richter, Staatsanwalt und zumindest für das vorliegende Sample auch als Ministerialbeamter, dass sich die Generalstaatsanwaltschaft zu den Belangen von Richtern einschaltete.

Landgerichtspräsident Voll hatte prophezeit, dass die Unruhe wegen der zwingenden Eröffnung der Beurteilungen „dazu führen wird, daß die Beurteilungen zurückhaltender und farbloser werden", um Widersprüche gegen sie von vorneherein zu umgehen.[347] Die Befürchtung, dass die dienstlichen Beurteilungen als wichtigste Instrumente der Karrieresteuerung der Juristen aus irgendwelchen Gründen an inhaltlicher Aussagekraft verlieren könnten, wurde zu einer zentralen Befürchtung der 1960er Jahre. In Vorbereitung einer Dienstbesprechung mit den Vorständen der Außenbehörden im Justizministerium im Jahr 1966 kam die Klage auf, dass „die Beurteilungen zunehmend farbloser" würden, um Beschwerden keinen Anlass zu bieten. Gerade die nachteiligen Feststellungen und Wertungen, die aus der Beurteilung erkennbar sein müssten, würden nicht ausformuliert – stattdessen korrigierten die Beurteilenden lediglich die Gesamtprädikate nach unten. Inhalt und Gesamturteil stünden damit im Widerspruch – für die Vorgesetzten seien sie wertlos.[348]

Als das rheinland-pfälzische Justizministerium Ende Oktober 1961 seinen neuen Beurteilungsbogen zur Kenntnis ans StMJ sandte, erklärten die rheinland-pfälzischen Verantwortlichen im beiliegenden Schreiben, dass diese Überarbeitung der bisher genutzten Personal- und Befähigungsnachweisung eine deutliche Verbesserung darstelle.[349] Der alte Bogen, den man überarbeitet hatte, stammte noch aus dem Nationalsozialismus – es ist allerdings anzunehmen, dass die Juristen in Rheinland-Pfalz, ebenso wie die bayerischen, den ursprünglichen Bogen überholt und einige Kategorien herausgestrichen hatten.[350] Der stark standardisierte neue Beurteilungsbogen, der beispielsweise Kategorien wie körperliche Verfassung, geistige Anlagen und Fähigkeiten, charakterliche Anlagen, Fach- und Allgemeinwissen abfragte, stieß auf geteilte Meinungen in München. Er ließ etwa eine Fünf-

346 BayBSVJu, Band 1 Nr. 6, Bekanntmachung über die dienstliche Beurteilung der Richter und der Beamten des Justiz- und Strafvollzugsdienstes v. 30.05.1953, S. 4.

347 BayHStA, StMJ 38/2018, Generalakten Personal, 4/49, Dienstliche Beurteilungen der Ri und StA, PräsLG München II an PräsOLG München, 14.11.1960.

348 BayHStA, StMJ 38/2018, Generalakten Personal, 4/50, Dienstliche Beurteilungen der Ri und StA, StMJ Vormerkung zur Dienstbesprechung v. 26.01.1966, 24.01.1966.

349 BayHStA, StMJ 38/2018, Generalakten Personal, 4/49, Dienstliche Beurteilungen der Ri und StA, Justizministerium Rheinland-Pfalz an StMJ, 30.10.1961.

350 Siehe Kap. 3.2. zu den Übergangspraktiken.

telseite Platz für die Ausführungen je Kategorie.[351] Der Leiter des Referats 2, zuständig für den gehobenen, mittleren und einfachen Dienst, Engelbert Niebler, sah hierin „begrüßenswerte Vorteile“: Der Zwang der Dienstvorgesetzten zu präzisen Angaben durch die tabellarische Abfrage erschien ihm den Beurteilungen zuträglich.[352] Im Strafvollzug in Bayern werde gar ein ähnlicher Bogen verwendet, wusste der Referatsleiter im Referat 17, zuständig für den Strafvollzug, Hans Leopold, zu berichten. Die Juristen in der rheinland-pfälzischen Behörde hatten dazu bemerkt, dass mit den Kategorien „präzise Angaben“ herbeigeführt würden, anstatt langen „farblos[en] und nichtssagend[en]“ Beurteilungen. Bleier aus dem Referat 1 für die Belange des höheren Dienstes vermerkte direkt auf dieser Stellungnahme allerdings, dass er mit dem Ministerialdirektor – gleichzeitig Leiter der Personalabteilung –, Andreas Holzbauer, gesprochen habe: Von der Einführung eines solchen Bogens sei abzusehen, wegen der „Gefahr der Schematisierung der Beurteilungen“.[353] Auch einige Jahre später bekräftigte die Justizverwaltung diese Haltung noch einmal gegenüber dem Arbeitsministerium, das qua Ressortprinzip für die Arbeitsgerichte zuständig war. Der dortige Hauptrichterrat hatte darum gebeten, anstatt eines Formblatts den „ausführlichen Beurteilungsbericht“, wie auch vom Justizministerium vorgegeben, zu nutzen. Das Arbeitsministerium wandte sich in diesem Kontext ans Justizministerium, woraufhin Letzteres folgende Antwort gab: „Die Einführung besonderer Formblätter, in denen für eine Reihe von Beurteilungsmerkmalen gesonderte Abschnitte vorgesehen sind, wird nach den bisherigen Erfahrungen weder für erforderlich noch für zweckmäßig gehalten.“[354]

„Schematisierung“ war hier nur ein Synonym für die von Voll prophezeite „Farblosigkeit“ der dienstlichen Beurteilungen – ihre allseits gefürchtete geringe Aussagekraft hinsichtlich der Persönlichkeit der Juristen. Diese geringe Aussagekraft konnte man nun also einerseits in langen Ausführungen sehen, wie es die Verantwortlichen in Rheinland-Pfalz taten, oder in einem vorgefertigten Kategorienschema, das gerade zu wenig Platz für lange Ausführungen zur Juristenpersönlichkeit ließ. Bezüglich der verschiedenen Laufbahnen gab es aber offenbar im Ministerium unterschiedliche Auffassungen darüber, was eine gute Beurteilung ausmachte – und wie viele Worte sie benötigte, um dem Vorwurf des Schematismus

351 BayHStA, StMJ 38/2018, Generalakten Personal, 4/49, Dienstliche Beurteilungen der Ri und StA, Justizministerium Rheinland-Pfalz an StMJ, 30.10.1961.

352 BayHStA, StMJ 38/2018, Generalakten Personal, 4/49, Dienstliche Beurteilungen der Ri und StA, StMJ Stellungnahme Ref. 2, 01.12.1961.

353 BayHStA, StMJ 38/2018, Generalakten Personal, 4/49, Dienstliche Beurteilungen der Ri und StA, StMJ Stellungnahme Ref. 17, 05.12.1961

354 BayHStA, StMJ 38/2018, Generalakten Personal, 4/55, Dienstliche Beurteilungen der Ri und StA, JuMiKo 1968, Arbeitsministerium an StMJ, 28.08.1968 u. StMJ an Arbeitsministerium, 10.09.1968.

zu entgehen.[355] Ministerialdirektor Holzbauer tendierte selbst dazu, längere Texte zu verfassen – offenbar schienen ihm diese die Persönlichkeit der beurteilten Juristen besser zu erfassen. Wie die übrigen Beurteilenden pflegte auch Holzbauer seinen eigenen Stil. Im höheren Justizdienst war die offene, textlastige Beurteilung von Juristen nicht einmal während der NS-Diktatur, wo beispielsweise auch die Personalbogen deutlich stärker standardisiert worden waren, abgeschafft worden. Die Texte waren allein der Form nach weniger leicht zu vergleichen als die Raster von Beurteilungsbogen. Dies und die Länge der Texte könnten auch für die wenigen Widersprüche gegen Beurteilungen im höheren Dienst mit verantwortlich gewesen sein.

Ein weiterer Diskussionspunkt hatte sich nach einigen Jahren der standardmäßigen Eröffnung von dienstlichen Beurteilungen und im Rahmen der Veröffentlichung neuer Vorgaben der Beurteilung – dieses Mal „der Richter und der Beamten des Justiz- und Strafvollzugsdienstes“[356] – am 9. Mai 1963 herauskristallisiert: Für die Behörden lag ein großer Teil des gestiegenen Verwaltungsaufwandes in den Fristen für die Eröffnung der dienstlichen Würdigungen. So mussten Fristen eingehalten werden und festgestellt werden, ob die dienstliche Beurteilung bereits vor der Überprüfung durch das Ministerium als vollständig zu gelten hatte und welche Art von Widerspruch hiergegen überhaupt als gültig zu erachten war – diese Frage beschäftigte vor allem die Verwaltungsgerichte.[357] In der Regel wurde den Vorlagen von Seiten des Ministeriums allerdings zugestimmt.[358] Die notwendige Nähe der Beurteilenden zum Beurteilten wurde im Rahmen der Zustimmung beziehungsweise Mitwirkung der obersten Dienstbehörde an den Beurteilungen kritisch diskutiert. So war man sich unsicher, ob alle Dienstvorgesetzten die Beurteilung zu überprüfen oder anderweitig an ihr mitzuwirken hatten. Im Falle eines

---

355 Siehe dazu auch BayHStA, StMJ 38/2018, Generalakten Personal, 4/51, Dienstliche Beurteilungen der Ri und StA, Bek. v. 09.05.1963, PräsOLG Bamberg an StMJ, 15.03.1963. Damit hatte der Ministerialdirektor auch der zwei Jahre später entstandenen neuen Vorlage des Finanzministeriums für dienstliche Beurteilungen gewissermaßen bereits eine Absage erteilt, siehe BayHStA, StMJ 38/2018, Generalakten Personal, 4/51, Dienstliche Beurteilungen der Ri und StA, Bek. v. 09.05.1963, StMF-Vorlage von 1963.

356 JMBl. Nr. 5, 1963, Bekanntmachung über die dienstliche Beurteilung der Richter und der Beamten des Justiz- und Vollzugsdienstes v. 09.05.1963, S. 51.

357 BayHStA, StMJ 38/2018, Generalakten Personal, 4/49, Dienstliche Beurteilungen der Ri und StA, StMJ an Außenbehörden, 29.10.1961 u. BayHStA, StMJ 38/2018, Generalakten Personal, 4/51, Dienstliche Beurteilungen der Ri und StA, Bek. v. 09.05.1963, Stellungnahme Ref. 2, 15.03.1963 u. Bek. v. 09.05.1963, Stellungnahme des Ref. 17, 18.01.1963. Dass die dienstliche Beurteilung kein Verwaltungsakt im eigentlichen Sinne sei, wurde im Übrigen erst 1967 vom Bundesverwaltungsgericht geklärt, siehe BVerwG v. 09.11.1967 – II C 107.64.

358 Die Beurteilung war zu jeder Zeit in ein Kontrollsystem, etwa durch eine weitere Beurteilung oder Bestätigung, wie hier im Falle des Ministeriums, eingebunden.

Amtsgerichtsrats hätte das auf dem Weg vom Amtsgerichtsdirektor oder -präsidenten als direktem Vorgesetzten zum Justizministerium auch die Präsidenten der höheren Gerichte beinhaltet.

Den Behördenleitern war hier besonders wichtig, darauf hinzuweisen, dass die dienstliche Beurteilung „ihrem inneren Wesen nach eine persönlichkeitsbezogene, selbstverantwortliche Entscheidung des Behördenleiters“[359] sei. Generalstaatsanwalt Steffen, vormalig am Justizministerium beschäftigt, pflichtete dem Präsidenten des Bayerischen Obersten Landesgerichts bei, sie entstehe aus der „bis in alle Einzelheiten reichende, nachhaltige Vertrautheit mit der Persönlichkeit und den Leistungen des zu beurteilenden Beamten“, die nur beim direkten Dienstvorgesetzten vorhanden sei. Weiter schrieb er, „[e]s wäre aber auch denkbar unrationell, drei oder gar vier Instanzen am Zustandekommen der dienstlichen Beurteilungen zu beteiligen“.[360] Der Nürnberger Oberlandesgerichtspräsident Theodor Hauth zog gar das Prüfungsrecht des Ministeriums in Zweifel – denn die Entscheidung über die Beurteilung sei „personengebunden“ an den „Erstvorgesetzten“.[361] Entsprechend sah sich der Bamberger Oberlandesgerichtspräsident schon 1942 beispielsweise nicht in der Lage den Amtsgerichtsrat Alfons Goppel zu beurteilen, denn er kannte diesen „persönlich noch nicht und kann über ihn kein eigenes Urteil abgeben“.[362]

Auch das Justizministerium bezog in der Diskussion eine zurückhaltende Stellung. Die Personalabteilung wollte einerseits verhindern, zukünftig weiterhin alle Beurteilungen, insbesondere der niedrigeren Besoldungsgruppen en detail überprüfen zu müssen – ein gewaltiger administrativer Mehraufwand –, andererseits sollte auch die Arbeit der Zwischenbehörden, etwa des Oberlandesgerichts bei einer Beurteilung eines Landgerichtsrats, vermindert werden. Das Finanzministerium und der Landespersonalausschuss stimmten einer solchen Vorgehensweise zu.[363] Die Betroffenen sollten die Beurteilung in der Folge direkt nach der Erstel-

359 BayHStA, StMJ 38/2018, Generalakten Personal, 4/51, Dienstliche Beurteilungen der Ri und StA, Bek. v. 09.05.1963, PräsBayObLG an StMJ, 20.03.1963.

360 BayHStA, StMJ 38/2018, Generalakten Personal, 4/51, Dienstliche Beurteilungen der Ri und StA, Bek. v. 09.05.1963, GenStA BayObLG an StMJ, 20.03.1963.

361 BayHStA, StMJ 38/2018, Generalakten Personal, 4/51, Dienstliche Beurteilungen der Ri und StA, Bek. v. 09.05.1963, PräsOLG Nürnberg an StMJ, 20.03.1963.

362 BayHStA, MJu 26790, PA Alfons Goppel, dienstliche Beurteilung, 17.12.1942.

363 BayHStA, StMJ 38/2018, Generalakten Personal, 4/51, Dienstliche Beurteilungen der Ri und StA, Bek. v. 09.05.1963, Stellungnahme des StMF, 28.03.1962 u. StMJ Vormerkung, 09.05.1963.

lung zur Kenntnis gegeben werden, etwaige Einwände sollten zur Überprüfung ans Justizministerium geleitet werden.[364]

Persönliche Bekanntschaft, Verbürgung und damit auch Zeugenschaft, ein Prinzip zur Feststellung von Glaubwürdigkeit im Rechtssystem, war in der Justizverwaltung intern ebenso wichtig wie im Gerichtssaal. Das hier vorgebrachte Argument ist jenes der persönlichen Zeugenschaft, das bereits an anderer Stelle als gängige Verwaltungspraxis herausgearbeitet wurde.[365] Es bezieht sich nicht nur auf den Beurteiler, sondern auch auf die Qualität und das System der dienstlichen Beurteilung als solcher. Die Glaubwürdigkeit der Beurteilung wird vom Vertrauen in die beurteilenden Dienstvorgesetzten, in diesem Fall alte Bekannte, getragen. Die Behördenleiter und das Ministerium stimmten also in der Lösung überein. Beide hielten die direkten Vorgesetzten von ihrer Kenntnis der Persönlichkeit der Juristen für zuständig. Das Justizministerium hatte zu diesem Zeitpunkt auch beispielweise mit dem Generalstaatsanwalt Ernst Steffen oder dem Oberlandesgerichtspräsident Sigmund Elsäßer ehemalige Ministeriumsmitarbeiter in Leitungspositionen der bayerischen Justiz untergebracht. Auch durch harmonische Vertrauensverhältnisse zwischen dem Ministerium und den Außenbehörden konnte man demnach der Verwaltungsvereinfachung[366] Vorschub leisten.

Die Klage über die drohende „Schematisierung der dienstlichen Beurteilungen" anstatt der Zeichnung eines „möglichst individuelle[n] Persönlichkeitsbild[es]" sollte nicht abreißen. Im März 1968 äußerten die Präsidenten Rösch (BayObLG) und Bäurle (OLG München) – beide vormalige Ministerialbeamte im Justizministerium – die Sorge darüber bei einer Dienstbesprechung. Sie taten das mit dem Hinweis darauf, dass die Vorgaben hinsichtlich der Inhalte der dienstlichen Beurteilungen, die in Paragraf 50 der Laufbahnverordnung niedergelegt waren, auf Richter überhaupt nicht passen würden.[367] Das Justizministerium prüfte in der Tat die Frage, ob es nicht passendere Kriterien für Richter-Beurteilungen gebe.[368] Damit war die Diskussion zur „Entbeamtung" nun auch im Innersten der Personalakte, der dienstlichen Beurteilung, angekommen. Sie zeigte sich in der Auseinandersetzung darüber, wer welche Art von materiellen Beurteilungsrichtlinien für Richter Ende der 1960er Jahre erlassen durfte. Wie üblich zeigten sich solche Veränderun-

---

364 BayHStA, StMJ 38/2018, Generalakten Personal, 4/51, Dienstliche Beurteilungen der Ri und StA, Bek. v. 09.05.1963, StMJ Vordruck Bekanntmachung, 09.09.1965.

365 Siehe dazu Kap. 2.2.

366 Siehe dazu Kap. 2.3.

367 BayHStA, StMJ 38/2018, Generalakten Personal, 4/50, Dienstliche Beurteilungen der Ri und StA, StMJ Vormerkung zur Dienstbesprechung v. 06.03.1968, 08.03.1968. Näheres ist den Quellen in Bezug darauf nicht zu entnehmen.

368 BayHStA, StMJ 38/2018, Generalakten Personal, 4/55, Dienstliche Beurteilungen der Ri und StA, JuMiKo 1968, StMJ an LJV und BMJ, 31.05.1968.

gen immer erst einige Jahre nach der Veränderung durch das Richtergesetz in den Formularen. In Abgrenzung zur übrigen Beamtenschaft ging es um die Zuständigkeit für Regelungen über die Beurteilung von Richtern, die im Übrigen aber auch die Staatsanwälte mit einbezog, auch wenn diese kaum spezifisch thematisiert wurden.[369] Im Gegensatz zu den Richtern waren diese auch weiterhin weisungsgebunden und trugen damit einerseits ein markantes Merkmal der Beamtenschaft. Wegen des häufigen Wechsels zwischen beiden Positionen war es andererseits kaum denkbar, die Staatsanwaltschaft bei derartigen Regelungen unberücksichtigt zu lassen, weil sie damit den Richtern gegenüber potenziell schlechter gestellt wäre und ein Wechsel vom Amt des Staatsanwalts zum Richteramt nicht mehr möglich wäre.

Diese Fragen wurden auch zwischen den Landesjustizverwaltungen diskutiert, beispielsweise 1968 auf Zusammenkünften der Justizminister und einer Besprechung der Personalreferenten der Landesjustizverwaltungen. Zentral waren die Fragen danach, ob Richter überhaupt beurteilt werden dürften und, wenn ja, worauf die Beurteilung sich erstrecken dürfte. Einige Richter seien der Meinung, dass die Beurteilung an sich schon die richterliche Unabhängigkeit in Frage stelle.[370] In der Tat waren auch Richter weiterhin in Bezug auf Versetzungen und Beförderungen, damit ihre dienstliche Laufbahn abhängig von der Justizverwaltung, die Teil der Exekutive war und ist.[371] Der Amtschef im bayerischen Justizministerium, Karl Bengl, erklärte dagegen,

> „daß die dienstliche Beurteilung von Richtern erforderlich und zweckmäßig sei. Der Inhalt einer richterlichen Entscheidung unterliege der Beurteilung nur in engen Grenzen. Sie dürfe jedenfalls Stil und Aufbau im allgemeinen und offensichtliche Fehlgriffe umfassen. Auf einzelne richterliche Entscheidungen sollte sich die Beurteilung nicht beziehen."[372]

---

369 Siehe zur Staatsanwaltschaft etwa Carsten/Rautenberg, Geschichte; Rüping, Staatsanwälte; Kaupen/Rasehorn, Justiz, S. 47; Wagner, Richter, S. 188 u. Kiessling/Safferling, Staatsschutz, S. 282.

370 BayHStA, StMJ 38/2018, Generalakten Personal, 4/55, Dienstliche Beurteilungen der Ri und StA, JuMiKo 1968, Auszug aus der Vormerkung des StMJ v. 19.02.1968 über die Besprechung der Personalreferenten der Landesjustizverwaltungen in Wiesbaden v. 13.02.1968, undatiert [19.02.1968] u. Auszug aus dem Protokoll über die Justizministerbesprechung in Würzburg am 09.05.1968, zu Punkt 2b der Tagesordnung, undatiert.

371 Wagner, Richter, S. 83; Berndt, Richterbilder, S. 247 f., 252, 259 u. 262 u. Simon, Unabhängigkeit, S. 21–31 u. 57, der auch erwähnt, dass die demokratische Legitimation der Justiz durchaus auch Kontrollrechte beinhalten sollte.

372 BayHStA, StMJ 38/2018, Generalakten Personal, 4/55, Dienstliche Beurteilungen der Ri und StA, JuMiKo 1968, Auszug aus dem Protokoll über die Justizministerbesprechung in Würzburg am 09.05.1968, zu Punkt 2b der Tagesordnung, undatiert.

Auch der Bayerische Richterverein erklärte 1967, dass das für Beamten geltende Laufbahnrecht „den dienstlichen Verhältnissen der Richter und – wegen des in Bayern üblichen Wechsels zwischen dem Amt des Richters und des Staatsanwalts – der Staatsanwälte nicht gerecht wird“. Unter anderem warb der Berufsverband dafür, die Gegenstände der Beurteilung klarer zu fassen und zielgerichteter für Richter und Staatsanwälte zu formulieren.[373] Der Landespersonalausschuss in der Besetzung für Angelegenheiten der Richter und Staatsanwälte machte im März 1968 ebenfalls darauf aufmerksam, weshalb sich das Justizministerium an die Außenbehörden wandte und deren Stellungnahme dazu einforderte.[374]

Die Antworten von Richtern und Staatsanwälten auf diese Aufforderung zeigten zwei bekannte Überzeugungen der bayerischen Justizelite der Nachkriegszeit sehr deutlich: Sie gingen *erstens* von derart persönlichkeitsstarken Vorgesetzten aus, dass sie die den Beurteilungen zugrundeliegende Vorschrift für zweitrangig hielten – freilich sprachen sie dabei implizit auch über sich selbst und ihr je eigenes Können. Ein Rat am Bayerischen Obersten Landesgericht bemerkte dazu:

> „Die dienstliche Beurteilung ist eine der schwierigsten und verantwortungsvollsten, zugleich aber auch undankbarsten Aufgaben des dazu Berufenen. Wenn überhaupt Schwierigkeiten aufgetreten sind, lag dies sicherlich am wenigsten an den bestehenden Vorschriften.“[375]

Auch Karlernst Kümpel, ehemaliger StMJ-Mitarbeiter und seit 1967 Direktor am Landgericht München I pflichtete dem bei, eine „regelrecht abgefaßte dienstliche Beurteilung“ sei ein „Kunstwerk“. Wer die Kunst beherrsche, der komme auch mit weniger guten Vorschriften zurecht.[376] Der Münchner Oberlandesgerichtspräsident Bäurle berichtete aus seinem Bezirk dasselbe: Schwierigkeiten hätten sich bisher aus den Laufbahnvorschriften für eine konzise Bewertung nicht ergeben, was allerdings nicht auf die Bestimmungen zur dienstlichen Beurteilung zurückzuführen sei, sondern „allein auf die verständige Interpretation und Anwendung dieser Vorschriften durch die Beurteiler“. Diese sei wiederum auch dann noch vonnöten, wenn die Vorschriften im Sinne der Forderung des Berufsverbandes geändert würden. Zudem sprach er noch eine allzu bekannte Warnung aus: „Ein zu perfektes Bewertungsschema wird die Gefahr, daß sich die Beurteilungen in for-

---

373 BayHStA, StMJ 38/2018, Generalakten Personal, 4/70, Dienstliche Beurteilungen, materielle Beurteilungsrichtlinien, BRV an StMJ, 14.08.1967 zum Entwurf der 2. VO zur Änderung der LbV.

374 BayHStA, StMJ 38/2018, Generalakten Personal, 4/70, Dienstliche Beurteilungen, materielle Beurteilungsrichtlinien, StMJ Vormerkung, 12.03.1968 u. StMJ an Außenbehörden, 05.04.1968.

375 BayHStA, StMJ 38/2018, Generalakten Personal, 4/70, Dienstliche Beurteilungen, materielle Beurteilungsrichtlinien, ObLGR an PräsBayObLG, 17.04.1968.

376 BayHStA, StMJ 38/2018, Generalakten Personal, 4/70, Dienstliche Beurteilungen, materielle Beurteilungsrichtlinien, DirLG München I an PräsLG München I, 24.04.1968.

melhaften Wendungen ergehen, statt ein möglichst lebendiges Bild der Persönlichkeit des Beurteilten zu zeichnen, eher vergrößern als verringern".[377] Ursächlich für diese Umschreibung war die Metapher des Präsidenten des Landgerichts München I zum Thema:

> „Es erscheint an sich schon bedenklich, ein derart starres Bewertungsschema bis ins einzelne vorzuschreiben. Es führt zu gleichförmigen Beurteilungen, die wie ein Kunststoff-Christbaum mit vorgefertigtem Schmuck behängt worden sind, zu Stilübungen, deren negative Aussagen versteckt sind oder durch Weglassungen ausgedrückt werden."[378]

Weiterhin waren also führende Vertreter der bayerischen Justiz der Auffassung, dass eine dienstliche Beurteilung möglichst frei zu schreiben war, um die Persönlichkeit des Porträtierten einzufangen.

Zweitens wurde mehrfach der Vorschlag geäußert, auch beim Verfassen von dienstlichen Beurteilungen zu den Beurteilungsvorschriften von 1930 zurückzukehren.[379] Dies implizierte auch, dass Richter und Staatsanwälte weiterhin gleichranging behandelt würden, um die bayerische Ämterrotation nicht zu gefährden. So behauptete ein angefragter Jurist in diesem Kontext auch, dass der Bayerische Richterverein, der eigentlich nur eine höhere Besoldung für Richter erreichen wolle, das bayerische Gleichgewicht und Wechselverhältnis zwischen der Tätigkeit als Richter und Staatsanwälten zu zerstören drohe.[380] Ein anderer Richter wies darauf hin, dass bei einer Sonderstellung der Staatsanwälte (im Verbund mit den Richtern) wiederum andere verbeamtete Berufsgruppen ebenfalls nach Sonderstellungen fragen würden – die einheitliche Behandlung aller Beamten wäre damit dahin.[381] Der Landgerichtspräsident aus Memmingen fand hingegen, dass gerade ohne eigene Richterbesoldung auch keine eigene Laufbahnverordnung notwendig sei.[382]

Obwohl in der Praxis kaum Notwendigkeit für eigenständige Beurteilungsregelungen für Justizjuristen gesehen wurde, entschloss man sich im Justizministerium – auch auf Druck der Berufsverbände und des Hauptrichterrats – dafür, dies

377 BayHStA, StMJ 38/2018, Generalakten Personal, 4/70, Dienstliche Beurteilungen, materielle Beurteilungsrichtlinien, PräsOLG München an StMJ, 02.05.1968.

378 BayHStA, StMJ 38/2018, Generalakten Personal, 4/70, Dienstliche Beurteilungen, materielle Beurteilungsrichtlinien, PräsLG München I an PräsOLG München, 25.04.1968.

379 Siehe dazu Kap. 3.2.

380 BayHStA, StMJ 38/2018, Generalakten Personal, 4/70, Dienstliche Beurteilungen, materielle Beurteilungsrichtlinien, OStA LG München II an GenStA OLG München, 22.04.1968.

381 BayHStA, StMJ 38/2018, Generalakten Personal, 4/70, Dienstliche Beurteilungen, materielle Beurteilungsrichtlinien, ObLGR an PräsBayObLG, 17.04.1968.

382 BayHStA, StMJ 38/2018, Generalakten Personal, 4/70, Dienstliche Beurteilungen, materielle Beurteilungsrichtlinien, PräsLG Memmingen an PräsOLG München, 24.04.1968.

gegenüber dem bayerischen Finanzministerium einzufordern. Dies geschah als Reaktion darauf, dass das Finanzministerium Ende 1970 um Stellungnahmen zu einem Entwurf einer neuen Bekanntmachung zur Beurteilung von Beamten und Richtern – als Änderung der geltenden Laufbahnverordnung bat.[383] Insbesondere der Hauptrichterrat beim Bayerischen Obersten Landesgericht als Personalvertretung der Richter wiederholte seine Forderung nach eigenständigen Vorgaben für Justizjuristen, auch weil Richter außer in der Überschrift nicht im Text der Regelung auftauchten. Man sah daher die spezifische Rolle des Richters gerade von dem Ministerium, das für Beamte zuständig war, nicht gewürdigt – und verwies darauf, dass man selbst nach wie vor hierzu insbesondere die Regelungen von 1930 für gelungen hielt.[384] Ebenso äußerte sich der Richterverein.[385] Der Ministerialdirektor erklärte deshalb gegenüber dem Finanzministerium, dass man eigene materielle Beurteilungsrichtlinien erlassen wolle.[386] Dieselbe Mitteilung an den Hauptrichterrat hatte erst der Ministerialdirektor unterschreiben sollen – dies wurde allerdings geändert. Der Justizminister selbst schrieb und unterzeichnete von nun an, dies wohl um einerseits auszudrücken, dass es sich um eine „Chefsache" handelte, andererseits ging es sicher auch darum, dem verhältnismäßig neuen Gremium als Ausdruck der richterlichen Unabhängigkeit dadurch noch deutlicher zu zeigen, dass man es verwaltungsseitig respektierte.[387] Das Finanzministerium bekräftigte indes, dass es durchaus die Unabhängigkeit der Richter achte, dass man aber, weil es sich nur um eine Änderung der Laufbahnverordnung von 1962 handele, gezwungen sei, diese weiterhin einzubeziehen. Entsprechende spezifische Regelungen könnten aber trotzdem für die Justiz erlassen werden.[388] Hieran zeigt sich eine gesteigerte Sensibilität in Bezug auf die richterliche Unabhängigkeit – den Vorwurf, dieselbe zu missachten, wollte niemand gegen sich gerichtet sehen. Diesem Kompromiss stimmten dann auch der Hauptrichterrat und der Be-

383 BayHStA, StMJ 38/2018, Generalakten Personal, 4/72, Dienstliche Beurteilungen, 3. VO zur Änderung der LbV, StMF an StMJ, 14.12.1970.

384 BayHStA, StMJ 38/2018, Generalakten Personal, 4/72, Dienstliche Beurteilungen, 3. VO zur Änderung der LbV, Hauptrichterrat an StMJ, 25.01.1971.

385 BayHStA, StMJ 38/2018, Generalakten Personal, 4/72, Dienstliche Beurteilungen, 3. VO zur Änderung der LbV, BRV an StMF, 26.01.1971.

386 BayHStA, StMJ 38/2018, Generalakten Personal, 4/72, Dienstliche Beurteilungen, 3. VO zur Änderung der LbV, StMJ an StMF, 01.02.1971.

387 BayHStA, StMJ 38/2018, Generalakten Personal, 4/72, Dienstliche Beurteilungen, 3. VO zur Änderung der LbV, StMJ an den Hauptrichterrat, 14.02.1971.

388 BayHStA, StMJ 38/2018, Generalakten Personal, 4/72, Dienstliche Beurteilungen, 3. VO zur Änderung der LbV, StMF an StMJ, 09.02.1971.

rufsverband zu.[389] Kein halbes Jahr später wurde der gemeinsame Erlass der Ministerien für Justiz, Inneres, Finanzen, Arbeit und Sozialordnung über die dienstliche Beurteilung der Richter und Staatsanwälte veröffentlicht.[390]

Das Ministerium bewegte sich auch im neuen Machtgefüge aus Standes- und Personalvertretungen souverän. Hier wie in der Auseinandersetzung mit dem Finanzministerium zeigte sich aber auch eine deutliche Konsensorientierung. Machtpolitisch war dies sinnvoll, denn nur so waren die relative Zufriedenheit und die allgemeine Zurückhaltung bayerischer Juristen in Bezug auf Reformen langfristig konservierbar.[391] Inhaltlich hatte sich an den Vorgaben für die dienstliche Beurteilung ebenfalls nichts Signifikantes verändert. Vielmehr hatte die bayerische Justizelite einmal mehr auf Weimarer Vorgaben zurückgegriffen. Die Frage nach eigenständigen Richtlinien war zwar eine Machtprobe zwischen Finanz- und Justizministerium um den Einfluss auf die Beurteilungen. Der subtile Hinweis auf die Unabhängigkeit der Dritten Gewalt genügte aber, um dem Justizministerium eine Handhabe zu geben, das zu tun, was es insbesondere vor dem Erlass der Bayerischen Laufbahnverordnung von 1962 – vor allem während der Weimarer Republik, wie häufig erwähnt – stets getan hatte, nämlich eigenständige Beurteilungsrichtlinien erlassen.

Die neu geschaffene Regelung von 1971 liest sich wie eine moderne Formulierung der Weimarer Vorgaben, abgesehen davon, dass Aussagen über die außerdienstlichen Verhältnisse, die Gesundheit ausgenommen, 1971 nicht gefordert wurden. Ein spezifischer Unterschied zur allgemeinen Laufbahnverordnung der 1960er Jahre war die Forderung, die Urteilsfähigkeit und Entschlusskraft des Richters oder Staatsanwalts zu beurteilen. Alle anderen abzufragenden Kategorien waren in ähnlicher Weise auch in früheren Vorgaben der Nachkriegszeit, insbesondere in ihrer Spezifizierung durch das Justizministerium gefordert worden. Inhaltlich unterschied sich die Regelung zur Beurteilung für Justizjuristen von der zeitgenössischen Vorlage des Finanzministeriums für Beamte vor allem durch den konkreten Bezug auf richterliche und staatsanwaltschaftliche Tätigkeiten. Genutzt wurde die Vorlage allerdings ebenfalls für die im Justizministerium beschäftigten Juristen.

Formal hatte sich das Finanzministerium für ein Kategorienraster, das die einzelnen Unterpunkte – etwa „praktisches Geschick" und „Arbeitstempo" – abfragte,

389 BayHStA, StMJ 38/2018, Generalakten Personal, 4/72, Dienstliche Beurteilungen, 3. VO zur Änderung der LbV, Protokoll der Besprechung und Notiz StMJ, 15.03.1971.

390 BayHStA, StMJ 38/2018, Generalakten Personal, 4/74, Entwurf d. Bekanntmachung der materiellen Beurteilungsrichtlinien, Auszug aus dem Bayerischen Justizministerialblatt Nr. 8 v. 25.08.1971, 02.09.1971.

391 Siehe dazu auch Kap. 2.3.

entschieden und damit ein sehr ausführliches Formblatt entworfen.[392] Die Personalverantwortlichen im Justizministerium hatten auch 1971 wieder für den freien Text optiert und so das Justizbild des „Wiederaufbaus" bis in die 1970er Jahre hinein perpetuiert. Das Justizministerium wies die Außenbehörden darauf hin, dass überzählige alte Formblätter weitergenutzt werden könnten und dass die Beurteilungen „in treffender, von formelhaften Wendungen freier sprachlicher Darstellung" zu präsentieren seien.[393] Wie die Juristen mit diesen Vorgaben umgingen, zeigen die folgenden Ausführungen zu den dienstlichen Leistungen und Kenntnissen, der Beschreibung von Persönlichkeiten und den gesellschaftlichen und politischen Umständen der bürokratischen Biografie.

Dienstliche Leistungen und Kenntnisse

Eine Reihe von Informationen betrifft die konkreten Kenntnisse und Arbeitsleistungen der Beurteilten, die relativ gleichbleibend im Mittelteil der dienstlichen Beurteilung durch alle Systeme hinweg beschrieben wurde.

Kritisiert und allgemein etwas schlechter bewertet wurden in Beurteilungen vor allem die Jüngeren. Die „vereinzelt auftretende[n] übergrosse[n] Längen" in der schriftlichen Darstellung des Gerichtsassessors Hubert Dietl etwa, der insgesamt mit „Durchschnitt obere Hälfte" 1953 bereits recht gut bewertet wurde, würden, so der beurteilende Oberstaatsanwalt „mit zunehmender Praxis in Wegfall kommen, da sie lediglich dem wohlgemeinten Bestreben nach vollständiger Widergabe entspringen".[394] Er sollte Recht behalten, einige Jahre später waren sie „knapp" und „jedem verständlich in klarem, gutem Stil geschrieben".[395] Junge Juristen mussten durch Beurteilungen noch geformt werden, dass sie Fehler machten, wurde akzeptiert.[396] Auch wenn die Beurteilungen den Juristen standardmäßig erst ab den 1960er Jahren eröffnet wurden, kann davon ausgegangen werden, dass die Kritik an ihrer Amtsführung sie bereits früher ebenfalls erreichte.

Wenn auch Kritik meist jüngere Juristen betraf, zeigte sich die disziplinierende Wirkung einer dienstlichen Beurteilung auch im Falle des sich bereits in seinen 50ern befindlichen Landgerichtsrats Ludwig Hagenauer: „Nicht verkennen ließ

392 BayHStA, StMJ 38/2018, Generalakten Personal, 4/72, Dienstliche Beurteilungen, 3. VO zur Änderung der LbV, StMF an Bayerische Staatskanzlei und Staatsministerien, 07.04.1971.
393 BayHStA, StMJ 38/2018, Generalakten Personal, 4/74, Entwurf d. Bekanntmachung der materiellen Beurteilungsrichtlinien, StMJ an Außerbehörden, undatiert [expediert am 16.08.1971].
394 StMJ, 1p D 25, PA Hubert Dietl, dienstliche Beurteilung, 13.05.1953.
395 Ebenda, 25.11.1959.
396 Siehe dazu auch Simon, Unabhängigkeit, S. 26.

sich allerdings, daß er zuweilen – offenbar eine Folge seiner raschen und knappen Arbeitsweise [–] nicht mit der gebotenen Gründlichkeit gearbeitet hat", wie der Landgerichtspräsident am LG München II 1936 befand.[397] Zwei Jahre später sah derselbe Präsident keine Veranlassung mehr zur Kritik an der Gründlichkeit von Hagenauers Arbeitsweise: „Er arbeitet rasch und gründlich. Er vermeidet Flüchtigkeit und Weitschweifigkeit."[398]

In der Regel waren die Beschreibungen allerdings eher positiv. Dies liegt auch daran, dass die Untersuchungsgruppe selbst einen großen Teil der bayerischen Justizelite der Nachkriegszeit darstellte. Die untersuchten dienstlichen Beurteilungen weisen auch ein Altersbias auf. Die Beurteilten waren alle zwischen 1945 und 1970 in Leitungspositionen im bayerischen Justizministerium. In der Weimarer Republik und im Nationalsozialismus war ein Großteil von ihnen noch am Beginn ihrer Karriere oder in Ausbildung. Deshalb ist es nicht möglich, die größere Länge, Ausführlichkeit und manchmal auch größere Freundlichkeit der Beurteilungen nach 1945 eindeutig dem System zuzuordnen – denn längere, erfolgreiche Karrieren wurden auch ausführlicher erzählt.

Die Kommunikationsleistung bezog sich auf verschiede Adressaten: Einerseits ging es um das Verhalten in der Hierarchie, andererseits um die Kommunikation mit der Bevölkerung. Für das Auftreten eines Juristen waren während der Weimarer Republik, des Nationalsozialismus und der Bundesrepublik dieselben Kommunikationsformen wichtig. Die durchweg positiven Beurteilungen des Kommunikationsverhaltens lesen sich daher ebenfalls sehr ähnlich. Die Worte „sachlich", „knapp", „klar", „flüssig" und „geordnet" waren beispielsweise beliebte Adjektive, um sowohl die mündliche als auch die schriftliche Kommunikation zu beschreiben. Während Sigmund Eckhardts Vortrag 1920 für „sachlich, treffend und fließend" befunden wurde,[399] war 1934 Georg Bäurles „schriftliche Darstellung [...] sachlich und geordnet, sein mündlicher Vortrag knapp und klar".[400] Hans Walthers schriftliche Darstellung war einige Jahre später „knapp aber erschöpfend, klar und schlüssig, der mündliche Vortrag ist flüssig, geordnet und leicht verständlich".[401] Engelbert Nieblers mündlicher Vortrag von 1955 wurde als „klar und flüssig" beschrieben, seine schriftliche Darstellung als „knapp, logisch aufgebaut und gut verständlich".[402] Fritz von Daumillers mündlicher Vortrag als Oberstaatsanwalt bei der Staatsanwaltschaft am Obersten Landesgericht war 1962 schließlich

397 BayHStA, MJu 26795, PA Ludwig Hagenauer, dienstliche Beurteilung, 07.05.1936.
398 Ebenda, 18.11.1938.
399 BayHStA, MJu 26780, PA Sigmund Eckhardt, dienstliche Beurteilung, 13.10.1920 u. 21.12.1920.
400 BayHStA, MJu 24684, PA Georg Bäurle, dienstliche Beurteilung, 05.12.1934.
401 BayHStA, MJu 26842, PA Hans Walther, dienstliche Beurteilung, undatiert [1939].
402 StMJ, 1p N 21, PA Engelbert Niebler, dienstliche Beurteilung, 16.07.1955.

„fließend, knapp und präzis“, seine schriftliche Darstellung zeuge von „Übersichtlichkeit, klare[r] Gedankenführung und einwandfreie[m] Ausdruck“.[403]

Ihr Verhalten in der behördlichen Hierarchie, das heißt gegenüber Vorgesetzten, Gleichgestellten sowie in Bezug auf die Bevölkerung, war ebenfalls Teil der bewerteten Kommunikationsleistung. Hier dominierten die Adjektive „taktvoll“, „angemessen“, „höflich“ und „freundlich“. 1919 war Eckhardts Verhalten beispielsweise beschrieben worden als:

> „Vorgesetzten gegenüber weiss er sich taktvoll zu verhalten; zu seinen Dienstgenossen war er immer dienstfreundlich und entgegenkommend. Sein Verhalten gegenüber Untergebenen und der Bevölkerung ist durchaus angemessen.“[404]

Während der NS-Diktatur hatte sich daran nichts verändert, auch Bäurles Kommunikationsleistung als Staatsanwalt wurde ähnlich beurteilt: „Das Verhalten gegen Vorgesetzte, Dienstgenossen, Untergebene und gegen die Bevölkerung ist angemessen. Besonders zu loben ist sein gefälliges, hilfsbereites Benehmen.“[405] Dasselbe gilt für Friedrich Kießlings Nachkriegsbeurteilung: „Gegen Vorgesetzte benimmt er sich höflich und taktvoll. Zu Kollegen ist er kameradschaftlich. Gegenüber Nachgestellten ist er freundlich.“[406]

Zwar könnte eingewendet werden, dass nun einmal die beschriebenen Leistungen, wenn sie positiv attribuiert werden sollen, trotz der Vorgabe der freien Formulierung auf eine gewisse Gleichförmigkeit hinauslaufen, weil nur eine gewisse Anzahl passender Adjektive zur Verfügung steht. Auffällig ist aber eine Ballung an Ordnungsvokabular: Sowohl „geordnet“ als auch „sachlich“, „taktvoll“, „klar“ und „angemessen“ beziehen sich auf eine gedachte Ordnung des Sozialen.[407] Diese Feststellung überbrückte alle Systemwechsel, die Kommunikation konnte sich ebenso auf Rechtsfragen der Weimarer Republik, des Nationalsozialismus oder der Bundesrepublik beziehen. Der einzelne Jurist kommunizierte immer auf dieselbe Art und Weise unterschiedliche Rechtsvorstellungen gleichermaßen korrekt und verständlich. Diese fast technische Fähigkeit, systemunabhängig Recht korrekt zu erläutern ist instrumentell und grundlegend für einen Juristen. Gerade deshalb, weil es sich auch hierbei um eine Fähigkeit handelte, die von den konkreten politischen Gegebenheiten und ihren jeweiligen Rechtsverständnissen absah,

403 BayHStA, MJu 26559, PA Fritz von Daumiller, dienstliche Beurteilung, 11.02.1962.

404 BayHStA, MJu 26780, PA Sigmund Eckhardt, dienstliche Beurteilung, 22.11.1919.

405 BayHStA, MJu 24684, PA Georg Bäurle, dienstliche Beurteilung, 28.01.1936.

406 StMJ, 1p K 31, PA Friedrich Kießling, dienstliche Beurteilung, 04.10.1956.

407 Siehe dazu etwa Linnemann, Sammlung, S. 203; Mergel, Propaganda; Rottleuthner, Bilder, S. 52 u. 17; Steinmetz, Anbetung; Steffen, Dorothea, S. 210 u. Treiber, Lebensläufe, S. 34 f.

unterstrich sie beispielhaft den Eindruck, dass sich im 20. Jahrhundert juristisch nichts Grundlegendes verändert hatte.

Während sich die Angehörigen der Justizverwaltung im 20. Jahrhundert häufig missverstanden fühlten,[408] waren sie dennoch die meiste Zeit davon überzeugt, korrekt zu kommunizieren. Die Vorgabe der Ordnungsvorstellung ging dabei offenbar von der Verwaltung und den Juristen selbst aus. Denn die Öffentlichkeit verstand die Handlungen der Justizverwaltung oder der Dritten Gewalt nicht selten anders. Dabei war es dem Verständnis der Justiz nach auch Sache der Justiz, komplizierte rechtliche Zusammenhänge an die Bürger gut und richtig zu kommunizieren. Hiervon zeugt auch die Erwähnung „schriftstellerischer Befähigung und Betätigung", die explizit in der Weimarer Republik in den Vorgaben für dienstliche Beurteilungen gefordert wurde.[409]

In der Justiz war man davon überzeugt, dass die richtige Art der Kommunikation, zu einem größeren Ansehen der Justiz in der Bevölkerung und der Öffentlichkeit verhelfen würde.[410] Deshalb wurde auch in jedem politischen System auf die Würde des Tuns hingewiesen: Der Jurist leite Sitzungen „würdig",[411] trete im Verkehr mit der Bevölkerung würdig auf[412] oder vertrete die Anklage ebenso.[413] Das Maß für die Angemessenheit der Kommunikation war das eigene, juristische Maß. Für die innerjustizielle Beurteilung der Kommunikationsleistung der Juristen war die „Würde" der Maßstab. Dieser Begriff wurde häufig dort genutzt, wo die Situiertheit der Juristen im gesellschaftlichen System einerseits, andererseits das Recht selbst als Bezugspunkt angesprochen wurde.[414] Eine eigene sprachliche Darstellungsweise, die einer spezifischen Logik folgt, ist auch ein Gruppenmerkmal. Ein verständlich kommunizierender Jurist zu sein, war, auch durch die stete Bestätigung in den dienstlichen Beurteilungen, ein selbststabilisierendes Justizbild.

In der Beurteilung von Juristen ging es nicht nur um Rechtskenntnisse. Daneben fanden die Allgemeinbildung, etwaige technische Fertigkeiten, wie die Beherrschung der Kurzschrift,[415] und das Fortbildungsstreben Eingang in die Beurteilung.

---

408 Siehe dazu auch Kap. 2.2.

409 JMBl. Nr. 5, 1930, Bekanntmachung über die Behandlung der Personalangelegenheiten v. 17.05.1930, S. 78.

410 Siehe dazu auch Kap. 2.2.

411 StMJ, 1p K 31, PA Friedrich Kießling, dienstliche Beurteilung, 24.07.1956 u. BayHStA, MJu 24927, PA Sigmund Elsäßer, dienstliche Beurteilung, 20.12.1938.

412 StMJ, 1p N 21, PA Engelbert Niebler, dienstliche Beurteilung, 16.07.1955.

413 BayHStA, MJu 26795, PA Ludwig Hagenauer, dienstliche Beurteilung, 26.11.1919.

414 Siehe dazu Kap. 1.

415 Gefordert in JMBl. Nr. 18, 1919, Bekanntmachung über die dienstliche Würdigung der Beamten und Notare, die Bewerbungsgesuche und die Führung der Personalakten betreffend v. 18.09.1919, S. 324. BayHStA, MJu 26790, PA Alfons Goppel, dienstliche Beurteilung, 24.08.1934.

Gelegentlich wurde der Abschnitt über die Fachkenntnisse des Juristen mit dessen Prüfungsergebnis eingeleitet, wie im Fall Daumillers: „Wie das Prüfungsergebnis ausweist, verfügte Dr. von Daumiller schon zu Anfang über wohlfundierte Rechtskenntnisse."[416] Wie die Prüfungsnote, für die man gelernt haben musste, gehörte dieses Wissen zu den professionellen Fertigkeiten, die man erlernen, die man sich erarbeiten konnte. Die Fachkenntnisse der Untersuchungsgruppe waren dann auch „sehr gut",[417] „bedeutend"[418] oder „reich".[419] Ebenfalls nicht unüblich war das Porträtieren der Spitzenjuristen als solche: Walther etwa besitze „umfassende" Kenntnisse,[420] Eckhardt „[a]usgezeichnete Kenntnisse auf allen Rechtsgebieten",[421] der spätere Verfassungsrichter Niebler hatte „umfassende[...] Kenntnisse[...] auf allen Rechtsgebieten" vorzuweisen.[422] Spezifische Fachkenntnisse musste ein Richter wie Eckhardt mitbringen, der 1920 „während seiner Tätigkeit als Jugendrichter ein überragendes Maß an Fähigkeiten und Kenntnissen auf juristischem und sozialem Gebiet gezeigt" hatte.[423] Je nach Verwendung waren auch wirtschaftliche oder gar politische Kenntnisse der Juristen von Vorteil. Amtsgerichtsrat Michael Guggumos beherrschte 1943 am Amtsgericht in München „den schwierigen Stoff des Wirtschatfsreferates [...] außerordentlich sicher", weil er „auf sozialem und wirtschaftlichem Gebiete [...] sehr bewandert" war.[424] Die verschiedenen Aufgaben der „Kammer in der Freiwilligen Gerichtsbarkeit" wusste Landgerichtsrat Niebler 1955 auch dank seines „gründlichen Wissen[s] über politische, wirtschaftliche und kulturelle Fragen" zufriedenstellend zu erledigen.[425] Wortgleich nützte dem Oberregierungsrat Niebler dieses Wissen auch im Justizministerium 1958: „Die ihm übertragenen vielfältigen Aufgaben vermochte er dank seiner praktischen Veranlagung und auf Grund seines ausgezeichneten Wissens in politischen, wirtschaftlichen und kulturellen Fragen mit bestem Erfolg zu erledigen".[426]

Für Juristen war ein gewisses Maß an Allgemeinbildung zu jeder Zeit wichtig. In den Beurteilungen, die aus der Weimarer Republik stammen, würdigte beispielsweise der Oberstaatsanwalt am Oberlandesgericht München Walthers „um-

416 BayHStA, MJu 26559, PA Fritz von Daumiller, dienstliche Beurteilung, 13.12.1965.
417 BayHStA, MJu 24684, PA Georg Bäurle, dienstliche Beurteilung, undatiert [1939].
418 BayHStA, MJu 26792, PA Michael Guggumos, dienstliche Beurteilung, undatiert [1943].
419 BayHStA, MJu 24684, PA Georg Bäurle, dienstliche Beurteilung, 05.02.1965.
420 BayHStA, MJu 26842, PA Hans Walther, dienstliche Beurteilung, undatiert [1937].
421 BayHStA, MJu 26780, PA Sigmund Eckhardt, dienstliche Beurteilung, 23.04.1936.
422 StMJ, 1p N 21, PA Engelbert Niebler, dienstliche Beurteilung, 09.12.1958.
423 BayHStA, MJu 26780, PA Sigmund Eckhardt, dienstliche Beurteilung, 13.10.1920 u. 21.12.1920.
424 BayHStA, MJu 26792, PA Michael Guggumos, dienstliche Beurteilung, undatiert [1943].
425 StMJ, 1p N 21, PA Engelbert Niebler, dienstliche Beurteilung, 16.07.1955.
426 Ebenda, 09.12.1958.

fassende[...] Allgemeinbildung".[427] Der Staatsanwalt in Schweinfurt lobte Hagenauers „bedeutendes allgemeines Wissen".[428] Derartige anerkennende Hinweise finden sich auch in den Beurteilungen aus der Zeit des Nationalsozialismus. Explizit gefordert wurde ein Hinweis auf die Allgemeinbildung des Juristen erst in der Bundesrepublik 1953: An zweiter Stelle derjenigen Merkmale, auf die sich die dienstliche Beurteilung zu erstrecken hatte – noch vor den „Berufskenntnisse[n]" –, wurden Ausführung zu Allgemeinbildung gefordert.[429] Schon zuvor, 1948, war Daumillers „umfassende Allgemeinbildung" gelobt worden.[430] In den 1950ern war es zunehmend wichtig, dass Juristen sich zeitgemäßes Spezialwissen, das bestimmten Rechtsfragen zugrunde lag, aneigneten, dazu gehörte auch das Autofahren beim Urteilen über Verkehrsdelikte. Dem Amtsgerichtsrat Dietl wurde 1959 in einer Beurteilung attestiert, er verfüge „über Fahrpraxis im eigenen Wagen".[431]

Um als Spitzenjurist zu gelten, brauchte man Ende 1950er Jahre allerdings noch etwas mehr als bloße Allgemeinbildung und technische Kenntnisse: Landgerichtsrat Kießling wurde unter anderem von Holzbauer beschrieben als „weltoffene Persönlichkeit von Geist und Bildung mit außerordentlich weit gespannten Interessen, modern im besten Sinne des Wortes".[432] Daumillers „gediegene Allgemeinbildung auf humanistischer Grundlage"[433] umfasste gar althistorische Kenntnisse: „Dr. von Daumiller [betreibt außerberuflich] mit Vorliebe geschichtliche Studien. Er pflegt den Umgang mit den alten Sprachen noch."[434] Oberlandesgerichtspräsident Elsäßer beurteilte seinen Nachfolger Bäurle 1965 ebenfalls in Bezug auf dessen Allgemeinbildung äußerst günstig: „Am kulturellen Leben ist er lebhaft interessiert. Er ist eifriger Theater-, Konzert- und Kunstaustellungsbesucher. Er ist belesen. Er beherrscht die englische Sprache. Seine Allgemeinbildung steht weit über dem Durchschnitt."[435] Deutlicher noch bezogen auf den positiven Wert von außerfachlichem Interesse und Allgemeinbildung wurde der „Jurist[...] von überdurchschnittlichem Format", Walter Harbauer, 1960 beschrieben: Trotz seiner überdurchschnittlichen Fähigkeiten sei er „nicht ein einseitiger oder gar

427 BayHStA, MJu 26842, PA Hans Walther, dienstliche Beurteilung, 19.11.1924.

428 BayHStA, MJu 26795, PA Ludwig Hagenauer, dienstliche Beurteilung, 26.11.1919.

429 JMBl. Nr. 8, 1953, Bekanntmachung über die dienstliche Beurteilung des Justiz- und Strafvollzugsdienstes v. 30.05.1953, S. 164.

430 BayHStA, MJu 26559, PA Fritz von Daumiller, dienstliche Beurteilung, 12.08.1948.

431 StMJ, 1p D 25, PA Hubert Dietl, dienstliche Beurteilung, 25.11.1959; siehe dazu auch Kap. 2.3.

432 StMJ, 1p K 31, PA Friedrich Kießling, dienstliche Beurteilung, 24.07.1956.

433 BayHStA, MJu 26559, PA Fritz von Daumiller, dienstliche Beurteilung, 22.02.1960.

434 Ebenda, 11.02.1962.

435 BayHStA, MJu 24684, PA Georg Bäurle, dienstliche Beurteilung, 05.02.1965. Zum Bild des „gebildeten Juristen" als Merkmal gehobener Schichtzugehörigkeit, die hier sicher auch zutreffend ist, aber für die Untersuchung von untergeordneter Bedeutung, siehe Treiber, Lebensläufe, S. 29.

verschrobener Jurist. Dem steht seine Aufgeschlossenheit für andere Wissensgebiete und seine gute Allgemeinbildung [...] entgegen."[436]

Ab Mitte der 1950er Jahre hatte sich das Bild bayerischer Juristen also nicht nur in der öffentlichen Diskussion der komplexen Gegenwart durch Vielseitigkeit angepasst,[437] sondern auch in den dienstlichen Beurteilungen. Zwar wurde bereits früher eine schriftstellerische Tätigkeit erwähnt, jetzt aber drehte sich das Verhältnis um: Der Jurist erklärte nicht den anderen seine Welt, sondern er hörte zu und interessierte sich für deren Welt. Diese Ausführungen der reichen Allgemeinbildung und der außerfachlichen Interessen können außerdem als zaghafte Hinweise dahingehend gelesen werden, dass dadurch auch die Unabhängigkeit und das gesellschaftliche Interesse der Richter – und auch der Juristen allgemein – noch einmal unterstrichen werden sollte.[438] Dies insbesondere als das Justizbild im Zuge der Anschuldigungen gegen die ehemaligen Richter an nationalsozialistischen Sondergerichten und am Volksgerichtshof in den späten 1950er Jahren in die Kritik geriet.[439]

Die gängige Juristenbeschreibung der bürokratischen Biografie hob zentral auf die Arbeitsmoral ab. Das Beispiel Sigmund Eckhardt zeigt eindrücklich die Tradierung einzelner Beschreibungen und Wertungen über die politischen Systemgrenzen hinweg. Bereits zu Beginn seiner Karriere 1919 war die Arbeitsleistung des Staatsanwalts Eckhardt als „stets sicher und zielbewusst" beschrieben worden. Er habe sich „unter den schwierigsten Verhältnissen ausgezeichnet bewährt und in seiner Zuverlässigkeit und ungewöhnlichen Arbeitsfreudigkeit niemals versagt".[440] Ein Jahr später, Eckhardt war nun Amtsrichter in München geworden, attestierte man ihm sehr gute Leistungen „und eine niemals versagende Arbeitsfreude".[441] Auch 1925, immer noch Amtsrichter, besaß Eckhardt „eine nie versagende Arbeitsfreude".[442] Nachdem Eckhardt 1930 zum Landgerichtsrat befördert wurde, erklärten der Landgerichtspräsident und der Landgerichtsdirektor über ihn: „Sein Fleiß ist unermüdlich, seine Arbeitsfreude versagt nie."[443] Nach einer nüchterneren Beurteilung durch den Münchner Oberlandesgerichtspräsidenten Georg Neithardt im Jahr 1936, „Sein Fleiß ist unermüdlich. Seine Geschäftsaufgaben erledigt

---

436 BayHStA, MJu 25177, PA Walter Harbauer, dienstliche Beurteilung, 07.11.1960.

437 Siehe dazu Kap. 2.3. Als zeitgenössischer Kommentar zu einer gewissen Unsicherheit positiver Bezugspunkte für die Justiz in den 1960ern siehe Dahrendorf, Gesellschaft, S. 276 u. 280.

438 In Bezug auf die Unsicherheit, zu erläutern, wie die demokratische Qualität der Justiz zu beschreiben sei, siehe etwa Günther, Denken, S. 209 u. Stolleis, Geschichte, Vierter Band, S. 350.

439 Siehe dazu auch Kap. 2.2 u. 3.3.

440 BayHStA, MJu 26780, PA Sigmund Eckhardt, dienstliche Beurteilung, 22.11.1919.

441 Ebenda, 13.10.1920 u. 21.12.1920.

442 Ebenda, 10.02.1925.

443 Ebenda, 22.05.1931.

er pünktlich in völlig zufriedenstellender Weise",[444] fand der Stellvertreter von Neithardts Nachfolger, Karl Castner, ein Jahr später wieder zurück zur hergebrachten Formulierung: „Mit einer nie versagenden Arbeitsfreude verbindet er besondere Entschlusskraft und geistige Beweglichkeit."[445] 1939 erschien denselben Beurteilenden bemerkenswert, dass dem mittlerweile zum Oberlandesgerichtsrat in München beförderten „besonders gewandten Arbeiter" Eckhardt „auch die größte Arbeitslast nie mißmutig erscheinen läßt, sondern daß er stets in guter Stimmung ist".[446] 1943 wurde die letzte für Eckhardt überlieferte Beurteilung verfasst, sie konstatierte, dass der immer noch als Oberlandesgerichtsrat Beschäftigte nach wie vor „[m]it einer nie versagenden Arbeitsfreude [...] besondere Entschlusskraft und geistige Beweglichkeit" verbinde.[447] Innerhalb von 22 Jahren hatte sich hieran nichts verändert. Während das inhaltlich stimmen mag, ist aber die Formulierung über die nie versagende Arbeitsfreude für das Sample besonders auffällig. Sie ist so in keiner dienstlichen Würdigung eines anderen Juristen aufgetaucht. Sie wurde im Falle Eckhardts über verschiedene politische Systeme hinweg und von verschiedenen Vorgesetzten, trotz unterschiedlicher Vorlagen und Anforderungskataloge, kopiert.

Andere Beschreibungen des Arbeitseifers beriefen sich oft auf die besondere Schwere und Herausforderung der Tätigkeit. Kießlings außergewöhnliche Leistung zeigte sich darin, dass er den Kammervorsitzenden während dessen Krankheit zu Beginn seiner Tätigkeit vertreten hatte, wie unter anderem der damalige Landgerichtspräsident Holzbauer über ihn schrieb, „[o]bwohl er vor seinem Übertritt an das Landgericht noch nie richterliche Funktionen ausgeübt hatte".[448] Eine besondere Auszeichnung war die bereits im Anforderungsprofil 1919 geforderte Aussage darüber, ob der beurteilte Jurist „auch bei einer Behörde mit schwierigen Verhältnissen und großer Geschäftsaufgabe verwendbar ist".[449] Eckhardt etwa eignete sich 1920, 1931 und auch 1936 hierzu.[450] In der Nachkriegszeit forderte die Bekanntmachung zur dienstlichen Beurteilung von 1953 spezifischer „festzustellen,

444 Ebenda, 29.09.1936.
445 Ebenda, undatiert [1937].
446 Ebenda, undatiert [1939].
447 Ebenda, undatiert [1943].
448 StMJ, 1p K 31, PA Friedrich Kießling, dienstliche Beurteilung, 24.07.1956.
449 JMBl. Nr. 18, 1919, Bekanntmachung über die dienstliche Würdigung der Beamten und Notare, die Bewerbungsgesuche und die Führung der Personalakten betreffend v. 18.09.1919, S. 324.
450 BayHStA, MJu 26780, PA Sigmund Eckhardt, dienstliche Beurteilung, 13.10.1920 u. 21.12.1920, dienstliche Beurteilung, 22.05.1931 u. dienstliche Beurteilung, 23.04.1936.

für welche Arbeitsgebiete [...] der Beamte besonders geeignet erscheint".[451] Spezifischer wurde nun etwa im Falle Bäurles, der sich, wie Oberlandesgerichtspräsident Elsäßer ihm 1965 bescheinigte, für alles eignete, auch jede Stelle aufgezählt, nämlich „für die Stelle eines Landesgerichtspräsidenten in München, die Stelle eines Generalstaatsanwalts beim Oberlandesgericht München und die Stelle eines Oberstaatsanwalts beim Bayerischen Obersten Landesgerichts".[452]

Juristen ernteten für solche Dienste auch regelmäßig besonderes Lob in Nekrologen. Als Friedrich Halbig im Sommer 1959 starb, schrieb Justizminister Haas der Witwe tröstende Worte über den „Diensteifer" und das „große Pflicht- und Verantwortungsbewußtsein" des verstorbenen Regierungsrats und unterstrich das Ganze mit Folgendem: „Er hat bis zum letzten Tag an seinem Schreibtisch gearbeitet und sich am vergangenen Freitag noch mit den Worten verabschiedet, daß er alles weggearbeitet habe, nun aber nicht mehr könne."[453] Als langjähriger Beamter, der noch vor seinem 65. Geburtstag – Halbig war 1901 geboren worden – aus dem Leben und damit auch dem Amt schied, erschien es dem Minister wohl als besonders beruhigende Geste für die Witwe, dass der Regierungsrat immerhin „alles weggearbeitet" hatte, also keine aufgetürmten Aktenberge sein Andenken im Justizministerium beeinträchtigen konnten.

Schließlich fanden Nachkriegshindernisse räumlicher Art und besondere Schwere der Aufgabe in der exzellenten Bewertung Bäurles 1965 zusammen:

> „Als Präsident des Amtsgerichts München, das rund 900 Bedienstete zählt, steht er auf einer der schwierigsten Präsidentenstellen der bayerischen Justiz. Neben den nicht wenigen alltäglichen Sorgen stellen ihn die räumliche Unterbringung des Gerichts und der starke Wechsel bei den Amtsangehörigen, vor allem im nichtrichterlichen Dienst, immer wieder vor neue Aufgaben. Er hat sie bisher zu meiner vollsten Zufriedenheit bewältigt und dabei ein hohes Maß an Organisationsgabe bewiesen."[454]

Auch die Rechts- und Justizprobleme der frühen Bundesrepublik wurden als besondere Herausforderungen eines Juristen beschrieben und anerkennend gewürdigt. In der Rückschau berichtete Oberlandesgerichtspräsident Elsäßer, dass Bäurle „zu jenen Kräften [zählt], die schon im November 1945 unter damals schwierigen und harten Bedingungen maßgeblich am Wiederaufbau der bayerischen Justizverwaltung beteiligt waren".[455] Elsäßer hatte freilich gemeinsam mit Bäurle und den Ver-

---

451 JMBl. Nr. 8, 1953, Bekanntmachung über die dienstliche Beurteilung der Beamten des Justiz- und Strafvollzugsdienstes v. 30.05.1953, S. 166.
452 BayHStA, MJu 24684, PA Georg Bäurle, dienstliche Beurteilung, 05.02.1965.
453 BayHStA, MJu 26796, PA Friedrich Halbig, StMJ an Frau Halbig, 18.08.1959.
454 BayHStA, MJu 24684, PA Georg Bäurle, dienstliche Beurteilung, 05.02.1965.
455 Ebenda.

antwortlichen in der Personalabteilung des Justizministeriums, die diese Beurteilung ebenfalls zu kontrollieren hatten, am „Wiederaufbau“ im Justizministerium mitgewirkt. Auch Nieblers Leistungen in der Bereinigung der Rechtsvorschriften in den 1950er Jahren wurde ähnlich als besonderer Zeitumstand gewürdigt, denn „hierbei ergaben sich für ihn [...] oft schwierigere und abgelegenere Probleme, die er mit ausgezeichneter juristischer Begabung zu lösen vermochte“.[456]

Ein kontinuierliches Lob harter Arbeit überrascht nicht im Kontext von dienstlichen Beurteilungen von Spitzenjuristen. Nicht nur ist der Arbeitsbezug ohnehin durch das Format vorgegeben, sondern es geht auch noch um die gruppenbesten Juristen. Diskursiv wurden die Juristen also vor dem Hintergrund besonderer Härte ihres Leistungskontextes in der Gruppe verortet. Sie demonstrierten jeweils große Leistungsfähigkeit vor dem Hintergrund des „Wiederaufbaus“ oder anderer als besonders hart eingestufte Arbeitsumstände: Diese wurden als eine Negativfolie inszeniert, gegen die sich der Jurist bewährt hatte.

Ministerialdirigent Wilhelm Rößner wurde 1954 pensioniert und die von Justizminister Otto Weinkamm gezeichnete Verfügung enthält den Passus:

> „Rößner hat dem Bayerischen Staatsministerium der Justiz seit dessen Wiedererrichtung im Dezember 1945 angehört. Als Vorsitzender des Landesjustizprüfungsamtes hat er sich um den Aufbau desselben hervorragend verdient gemacht. Im Hinblick darauf erscheint es angezeigt, ihm den besonderen Dank der Bayerischen Staatsregierung für seine dem Bayerischen Staat geleitsteten hervorragenden Dienste auszusprechen.“[457]

Hier wird also ausbuchstabiert, dass eine Arbeit am Aufbau der Justiz nach dem Krieg als besondere Leistung anzusehen ist. Dementsprechend dankte auch Justizminister Hans Ehard dem Ministerialdirigenten a. D. Hans Leopold 1963 für dessen „hervorragenden Dienste, die [er] der bayerischen Justiz, insbesondere auch in der Zeit ihres Wiederaufbaus geleistet“ habe.[458] Dasselbe galt für Hermenegild Armbruster noch 1966.[459]

Die tatkräftige Arbeit am „Wiederaufbau“ war nicht nur Merkmal von Beurteilungen und Glückwunschschreiben, sondern auch von Nekrologen. Am 6. Oktober 1955 verstarb der Präsident des Bayerischen Obersten Landesgerichts, Franz Gipser. Er war bis 1935 an verschiedenen Gerichten und Staatsanwaltschaften, in der Reichsanwaltschaft, im bayerischen Justizministerium und 1935 kurz am Bayerischen Obersten Landesgericht tätig. Die NS-Zeit verbrachte er am Oberlandesge-

456 StMJ, 1p N 21, PA Engelbert Niebler, dienstliche Beurteilung, 05.12.1958.
457 BayHStA, MJu 25955, PA Wilhelm Rößner, Verfügung Ruhestandsversetzung, 23.04.1954.
458 BayHStA, MJu 26810, PA Hans Leopold, StMdJ an Leopold, 15.10.1963.
459 BayHStA, MJu 26769, PA Hermenegild Armbruster, Bl. 59/60, Vorlage Urkunde Ruhestand, 17.01.1966.

richt München.[460] Gipsers Nekrolog erzählte die Geschichte ein wenig anders: Nach dem Wechsel ans Oberste Landesgericht 1935, „dem er fortan eng verbunden blieb", erwarb er – direkt im nächsten Satz – beim „Wiederaufbau" von Justiz und Oberstem Landesgericht „nach dem zweiten Weltkrieg" große Verdienste.[461] Es ist nicht die Sache von Nekrologen, die NS-Vergangenheit der Verstorbenen auszubreiten – schon gar nicht 1955.[462] Dieses Deutungsmuster, dass die Zeit des Nationalsozialismus eingebettet in eine Justizkontinuität nicht erwähnt, dafür aber die Arbeit beim „Wiederaufbau", findet sich in zahlreichen Nekrologen.[463]

Sigmund Elsäßer starb 1971. Justizminister Philipp Held erklärte im Nachruf auf den Oberlandesgerichtspräsidenten a. D.: „Seine großen Verdienste auch um den Wiederaufbau nach dem Kriege [...] werden unvergessen bleiben."[464] Auch 1984 noch erinnerte Ministerialdirigent Richard van Ginkel am Grab von Karl Hartmann daran, dass dieser „nach dem Krieg mehr als zwei Jahrzehnte am Wiederaufbau der bayerischen Justiz mitgewirkt" habe. Ginkel hob in diesem Kontext „zahlreiche Bauvorhaben der Justiz" ebenso wie die Vorbereitung einer Reform der Gerichtsorganisation wie der Richterbesoldung hervor. Bemerkenswert ist hierbei nicht nur, dass auch Mitte der 1980er Jahre noch der „Wiederaufbau" als zentraler Erinnerungsort in bürokratischen Juristenbiografien fungierte. Vielmehr deutet der Verweis auf die mehr als 25-jährige Arbeit am „Wiederaufbau" darauf hin, dass dieser in der bayerischen Justiz in der Tat – wenn auch in diesem Beispiel in der Rückschau – als sehr lange andauernd, bis in die frühen 1970er, wahrgenommen wurde. Dies passt andererseits zu den auch bis in die frühen 1970er feststellbaren Bestrebungen, zu Regelungen aus der Weimarer Republik zurückzukehren, wie etwa denjenigen zur dienstlichen Beurteilung von Juristen.

Als Justizbild findet sich der Topos des „Wiederaufbaus" also zahlreich in den biografischen Beschreibungen der Zeit nach 1945. Auch Hermann Rumschöttel schrieb in seiner Abhandlung über das bayerische Justizministerium dazu: „Die Arbeitslast der Frauen und Männer der ‚ersten Stunde' war – bei schwierigen Arbeitsbedingungen – immens".[465] Das Justizbild lenkte den Fokus auf die fortdauernde Arbeit, die auch aus den Reformideen der 1950er und 1960er Jahre in der

---

460 BayHStA, MJu 25076, PA Franz Gipser, Personalbogen StMJ, 09.02.1953.

461 BayHStA, MJu 25076, PA Franz Gipser, Dr. Franz Gipser, in: Bayerische Staatszeitung Nr. 42, 15.10.1955.

462 Treiber, Lebensläufe, S. 37–42. In den frühen 2000er Jahren disqualifizierte die NS-Belastung für einen Nachruf, siehe Conze u. a., Amt, S. 10.

463 Treiber, Lebensläufe, S. 38 u. 42. Siehe zum „Wiederaufbau" Kap. 2 und zum Hervorheben bayerischer Eigenheiten und gleichzeitigem Beschweigen des Nationalsozialismus Kap. 3.2.

464 BayHStA, MJu 24927, PA Sigmund Elsäßer, Nachruf in der Süddeutschen Zeitung, 09.12.1971.

465 BayHStA, MJu 26798, PA Karl Hartmann, Beisetzung des MinDgt. a. D. Dr. Karl Hartmann, 24.10.1984 u. Rumschöttel, Staatsministerium, S. 367.

bayerischen Justiz sprach und blieb gleichzeitig „vorpolitische Identitätsquelle"[466], indem sie sich nicht auf das politische System oder als politisch Wahrgenommenes – etwa die Entnazifizierung oder andere Aspekte der Auseinandersetzung mit dem Nationalsozialismus – bezog, sondern schlicht auf Aufräumarbeiten.[467]

1950 notierte etwa Hannah Arendt in ihren Aufzeichnungen über einen Besuch in Deutschland, wie die Deutschen „geschäftig durch die Ruinen ihrer tausendjährigen Geschichte stolpern" und dass diese „Geschäftigkeit" zur „Hauptwaffe" der Deutschen gegen die Erinnerung an und Auseinandersetzung mit dem Nationalsozialismus geworden seien.[468] Arendt spricht damit eine spezifische Kombination von Arbeit und Schweigen an, die auch den Blick der Autoren der *Akte Rosenburg* über das Bundesjustizministerium in der Nachkriegszeit auf die dortige Arbeit prägt. Die Autoren beschreiben mit der „Flucht in die Arbeit" die vielfach erinnerten langen Arbeitszeiten im Bundesjustizministerium der Nachkriegszeit und deuten sie als Suche nach Entlastung, Ablenkung und Vergebung.[469] Damit beziehen sie sich zentral auf Hermann Lübbes zuerst 1983 vorgetragene Variante der bundesdeutschen Erfolgsgeschichte, nach der das Beschweigen „biographischer Vergangenheitslasten" eine integrative Kraft auf die neuen Bundesbürger in der Nachkriegsdemokratie ausgeübt habe.[470]

In den Beurteilungen und späteren Erinnerungen in den Nekrologen fungiert auch dieser Arbeitsbezug als eine „vorpolitische Identitätsquelle" und hat mit dem vorangegangenen System nichts zu tun, nur mit dessen Beseitigung aus dem Sicht- und Erinnerungsfeld als „Gegenbild der nationalsozialistischen Vergangenheit"[471], deren Hinterlassenschaft die Trümmer waren. Diese sind etwa als Trümmerbeseitigung auch gesamtgesellschaftlich eine zentrale Erinnerungskategorie an die Nachkriegsgesellschaft.[472] Die bürokratische Biografie beinhaltet damit eine spezifische „Vergangenheitsrepräsentation"[473] und normiert und formiert das Gedächtnis.[474] Als eine solche Selbstversicherung funktionierte diese Erinnerung an die

466 Schatz/Woeldike, Freiheit, S. 146. Joan Campbell schrieb dazu: „German work ethic survived the Hitler years and proved its worth in the chaotic postwar world", siehe Campbell, Joy, S. 378; zum Folgenden auch Lelle, Fortleben u. ders., Arbeit, S. 214–217.

467 Zu den Reformen siehe Kap. 2.3.

468 Arendt, Besuch, S. 51.

469 Görtemaker/Safferling, Akte, S. 178 f.

470 Lübbe, Parteigenossen, S. 9; jüngst dazu etwa Frei, Vergangenheit, S. 41.

471 Treber, Mythos, S. 152.

472 Siehe dazu etwa Depkat, Lebenswenden, S. 195 u. 209 u. am Beispiel der „Trümmerfrauen" Treber, Mythos, S. 129 u. 134–152.

473 Erll, Biographie, S. 81.

474 Assmann, Gedächtnis, S. 142. Zur spezifischen Repräsentation der 1950er Jahre in der Erinnerung, die auf Arbeit fokussiert ist und anderes auslässt, siehe Niethammer, „Normalisierung", S. 183.

1950er Jahre auch deshalb so gut, weil sie sich auf etwas vergangenes Positives, nämlich den „Wiederaufbau" bezog – und nicht auf die belastende „deutsche Verantwortung für das Nazi-Regime".[475] Als Justizbild war der Verweis auf die harte Arbeit nach 1945 selbst ein wirkmächtiges Deutungsmuster – eine sich selbst erzählte Erfolgsgeschichte –, das die allgemeine Selbst- und Fremdbeschreibung der Akteure als Juristen beeinflusste und die Erinnerung an die Nachkriegszeit dominierte. Eine bestimmte Art, über die eigene Arbeit zu sprechen, die einiges beschwieg und nur den „Wiederaufbau" hervorhob, konnte als Erinnerungskategorie auch eine integrative Wirkung für die daran teilhabenden Juristen entfalten.

Persönlichkeit als Schema

Die Informationen zur Persönlichkeit stellen eine weitere wichtige Kategorie in den dienstlichen Beurteilungen dar. Sie gehen über die erlernbaren Kenntnisse und die konkrete Arbeitsleistung hinaus beziehungsweise sie gehen ihnen voraus: Erst durch eine bestimmte Persönlichkeit und verbunden mit ihr konnte ein Jurist wirklich „hervorragend" sein.[476] Die Informationen zur Persönlichkeit befinden sich überall verstreut in den dienstlichen Beurteilungen, weshalb sich auch Redundanzen zum Vorhergesagten ergeben. Dennoch ist die Persönlichkeit ein weiterer zentraler Bezugspunkt der Beurteilung eines Juristen.

Während der Weimarer Republik und der Bundesrepublik bildete das „Gesamtbild der Persönlichkeit"[477] oder die „Gesamtpersönlichkeit"[478] des Juristen eine Art überwölbendes Dach der dienstlichen Beurteilung. Im Nationalsozialismus wurde eine Äußerung über „Befähigung" und „Charakter" gefordert.[479] Das „Gesamtbild der Persönlichkeit" sollte in der Weimarer Republik den „Wert der Persönlichkeit", auch Vorzüge und Mängel in Bezug auf die Verwendung des Juris-

475 Niethammer, „Normalisierung", S. 153.

476 „Hervorragend" war sowohl 1919, 1930 („ausgezeichnet/besonders hervorragend") als auch 1971 die bestmögliche Note eines Gesamturteils. Zur Persönlichkeitsforschung siehe beispielsweise Asendorpf, Persönlichkeit; ders./Neyer, Psychologie u. Montag, Persönlichkeit.

477 JMBl. Nr. 18, 1919, Bekanntmachung über die dienstliche Würdigung der Beamten und Notare, die Bewerbungsgesuche und die Führung der Personalakten betreffend v. 18.09.1919, S. 323 u. JMBl. Neue Folge, Band III, 1928–1931, Bekanntmachung über die Behandlung der Personalangelegenheiten v. 17.05.1930, S. 390.

478 JMBl. Nr. 8, 1953, Bekanntmachung über die dienstliche Beurteilung der Beamten des Justiz- und Staatsdienstes v. 30.05.1953, S. 166.

479 DJ Nr. 14, 1935, Stellenbesetzung im Bereich der Reichsjustizverwaltung AV d. RJM v. 01.04.1935, S. 548. Zum charaktergeologischen Denken in der ersten Hälfte des 20. Jahrhunderts siehe Leo, Wille.

ten, wiedergeben. Wesentlich hierfür waren Angaben zum Charakter, dem Verantwortungs- und Pflichtgefühl, der Entschlusskraft und der Selbstständigkeit. Dazu gehörten aber auch die Erfahrung und das Geschick im Umgang mit Menschen, „Treffsicherheit in der Beurteilung der vielgestaltigen Erscheinungen des Lebens“, die Art der Lebensauffassung, sowie Takt und Umgangsformen.[480] Obwohl die Beschreibung der Persönlichkeit 1953 nur als abschließendes Element gefordert wurde, wurde sie nicht nur abschließend erwähnt. Dies lag nicht zuletzt daran, dass dieselbe Vorlage erklärte, dass sich der Inhalt der Würdigung – an erster Stelle der Aufzählung – auf die „Anlagen“ des Einzelnen erstrecken sollte. Begabungen und positive Eigenschaften – mithin Persönlichkeitsmerkmale – des Juristen wurden in den Dokumenten an jeder passenden Stelle hervorgehoben. Neben einem Lob für ganz allgemein gute Fähigkeiten – „Dr. v. Daumiller ist ausgezeichnet veranlagt“[481] – hoben die Vorgesetzten besonders gern „eine rasche und zutreffende Auffassungsgabe“[482] hervor. Zu den oftmals wiederholten Formulierungen gehörte ebenfalls der Hinweis darauf, „geistig beweglich“ zu sein.[483] Ebenso wurde ein scharfer Verstand gelobt.[484] Zu einem Juristen gehörte ebenso wie zu einem Beamten ein hohes Pflichtgefühl. Als motivationale Kategorie wurde sie lediglich in der Vorgabe von 1930 explizit gefordert. Allerdings war sie offenbar so eng mit dem Beamten- und damit für die meiste Zeit auch mit dem Juristendasein verbunden, dass eine gesonderte Erwähnung unnötig war. Hagenauers „größte[...] Pflichttreue“[485] wurde bereits 1919 erwähnt, sein „ausgeprägtes Pflichtgefühl“ auch 1938 und Bäurle wurde 1942 „ein Mann mit großem Pflichtbewusstsein“ genannt.[486] 1965 schließlich war er „[i]m Pflichtbewußtsein und in der Zuverlässigkeit [...] seinen Richtern ein Vorbild“.[487]

Darüber hinaus gingen die Amtsvorstände in den Beurteilungen insbesondere auf die Urteils- und Entschlusskraft und das Auftreten vor Gericht als spezifisch juristische Fähigkeiten ein. Dieselben Fähigkeiten, die mit einer dienstlichen Beurteilung demonstriert wurden, nämlich eine Person angemessen zu beurteilen,

480 JMBl. Nr. 18, 1919, Bekanntmachung über die dienstliche Würdigung der Beamten und Notare, die Bewerbungsgesuche und die Führung der Personalakten betreffend v. 18.09.1919, S. 323 u. JMBl. Neue Folge, Band III, 1928–1931, Bekanntmachung über die Behandlung der Personalangelegenheiten v. 17.05.1930, S. 390.

481 BayHStA, MJu 26559, PA Fritz von Daumiller, dienstliche Beurteilung, 13.12.1965.

482 BayHStA, MJu 24684, PA Georg Bäurle, dienstliche Beurteilung, 05.12.1934.

483 StMJ, 1p N 21, PA Engelbert Niebler, dienstliche Beurteilung, 05.12.1958.

484 BayHStA, MJu 26842, PA Hans Walther, dienstliche Beurteilung, 26.10.1932.

485 BayHStA, MJu 26795, PA Ludwig Hagenauer, dienstliche Beurteilung, 26.11.1919.

486 Ebenda, 18.11.1938 u. BayHStA, MJu 24684, PA Georg Bäurle, dienstliche Beurteilung, 04.12.1942.

487 Ebenda, 05.02.1965.

wurden auch im Schriftstück selbst beurteilt. Bewertungsgrundlage war das Verständnis von Sachverhalten allgemein, der Auftritt in der Sitzung und die Beurteilung Untergebener. Über die Entschlussfähigkeit hinaus brauchten Juristen auch ein „treffsicheres“[488] Urteilsvermögen. Auch im Falle des Urteils wurde eine justizintern als solche verstandene sachliche Angemessenheit propagiert: Neben „treffsicher“ rangierte etwa das „klare[...], sichere[...] Urteil“[489] Guggumos’, Oberstaatsanwalts Daumillers Ausführungen endeten 1962 „schließlich mit sachgerechten Anträgen“.[490] In den ersten beiden Nachkriegsjahrzehnten veränderte sich die Attribuierung der juristischen Urteilskraft, indem weitere Adjektive, die einen neuen Schwerpunkt legten, hinzukamen. Als beispielhaft hierfür kann wieder Daumiller gelten:

> „Seine sehr guten juristischen Kenntnisse, sein anerkanntes Spezialwissen auf dem Sektor des Personalrechtes und seine gewissenhafte Behandlung aller Vorgänge ermöglichten ihm gerechte, verständnisvolle und nach Form und Inhalt anerkannte Entscheidungen.“[491]

1960 mussten richterliche Entscheidungen nicht nur der juristischen Sache nach richtig sein; dazu kam, dass sie mindestens von denjenigen, die sie betrafen, anerkannt werden und gerecht wirken mussten. Zudem sollten sie verständnisvoll sein. Hierin spiegelte sich die 1919 bereits geforderte „Treffsicherheit in der Beurteilung der vielgestaltigen Erscheinungen des Lebens“.[492] Obwohl nicht explizit in den Vorgaben der Nachkriegszeit gefordert, fanden sich Ausführungen zur juristischen Urteilskraft zu allen Zeiten in den Bewertungen.

In allen politischen Systemen wurden die Handlungen von Juristen daran gemessen, ob sie auch den Menschen hinter dem Fall sehen konnten.[493] Lob bekam Eckhardt 1925 als Jugendrichter für sein „[b]esonderes Geschick in der Behandlung von Menschen“.[494] Dasselbe wird in den nachfolgenden vier Beurteilungen bis 1943 wiederholt. Wie Staatsminister Ankermüller 1958 schrieb, zeige Regierungsdirektor Niebler „ein besonderes Einfühlungsvermögen in die Gedanken und Vor-

488 BayHStA, MJu 26842, PA Hans Walther, dienstliche Beurteilung, 26.10.1932. Zum ähnlich gelagerten, aber im bayerischen Kontext nicht verwendeten Begriff der „Judiz“ siehe Berndt, Richterbilder, S. 182–185.

489 BayHStA, MJu 26792, PA Michael Guggumos, dienstliche Beurteilung, undatiert [1943].

490 BayHStA, MJu 26559, PA Fritz von Daumiller, dienstliche Beurteilung, 11.02.1962.

491 Ebenda, 22.02.1960.

492 JMBl. Nr. 18, 1919, Bekanntmachung über die dienstliche Würdigung der Beamten und Notare, die Bewerbungsgesuche und die Führung der Personalakten betreffend v. 18.09.1919, S. 323.

493 Siehe dazu sowohl zeitgenössische als auch spätere Eindrücke in Bezug auf Richter bei Kauffmann, Konstruktion, S. 111–115 u. 283–286 u. Treiber, Lebensläufe, S. 30–32.

494 BayHStA, MJu 26780, PA Sigmund Eckhardt, dienstliche Beurteilung, 10.02.1925.

stellungen seiner Vorgesetzten und bewies eine treffende Menschenkenntnis".[495] Ministerialdirektor Holzbauer fasste es in seiner Beurteilung für Daumiller treffend zusammen:

> „Seine Kenntnisse und Erfahrungen aus seiner Tätigkeit als Staatsanwalt und Mitarbeiter im Gnadenreferat wußte er in geschickter und menschlich einfühlender Weise im Strafvollzug und bei den Entscheidungen über Eingaben und Beschwerden von Gefangenen klug zu verwerten und dabei die Belange des Rechts und der Öffentlichkeit zu wahren."[496]

In der Regel gegen Ende des Schriftstücks sprachen die Vorgesetzten Empfehlungen darüber aus, für welche Posten sich der beurteilte Jurist eignete. Diese Aussagen zur Eignung, zum Teil auch sehr spezifische Beförderungsvorschläge, manchmal auch weil die Beurteilung aufgrund einer Bewerbung erfolgte, setzten sich normalerweise zusammen aus Informationen zur Persönlichkeit, zu spezifischen Fähigkeiten und der fachlichen Leistung sowie beruflicher Erfahrung, wie dieses Beispiel zeigt:

> „Gerichtsassessor Hohler ist jetzt schon eine überaus brauchbare Arbeitskraft im Ministerialdienst. Seine weitere Verwendung im Bayer. Staatsministerium der Justiz begegnet keinen Bedenken. Nach seiner gesamten Persönlichkeit und den im Ministerium und in der Praxis bereits unter Beweis gestellten Kenntnissen und Leistungen wird er sich aber auch als Richter oder Staatsanwalt voll bewähren."[497]

Ein Spitzenjurist war außerdem durch ein entsprechendes Gesamturteil zu kennzeichnen. Diese Praxis bestand in Bayern jeweils während der Weimarer Republik und wieder in der Nachkriegszeit. Ihren Nutzen hatte sie beispielsweise für die Beförderungslisten, die neben Namen, Geburtsdatum und Prüfungsergebnis über die tatsächlich geleistete Arbeit in der Justiz qua Gesamturteil, das sich aus der Persönlichkeit und den Leistungen im Amt ergeben sollte, Auskunft erteilten und dem Justizministerium vorgelegt wurden.[498] Obwohl nicht gefordert, wurden Gesamturteile auch in den NS-Beurteilungen häufig vergeben, mal explizit, mal mit Bleistift, mal implizit. Die Zuständigen für die Bewertung durch die Oberste Reichsbehörde, der Oberlandesgerichtspräsident und gegebenenfalls dessen Personalreferent, hatten freilich wie viele der Amtsvorstände während der Weimarer Republik

495 StMJ, 1p N 21, PA Engelbert Niebler, dienstliche Beurteilung, 09.12.1958.

496 BayHStA, MJu 26559, PA Fritz von Daumiller, dienstliche Beurteilung, 22.02.1960.

497 BayHStA, MJu 26804, PA Richard Hohler, dienstliche Beurteilung, 24.11.1959.

498 Zum Beispiel JMBl. Nr. 18, 1919, Bekanntmachung über die dienstliche Würdigung der Beamten und Notare, die Bewerbungsgesuche und die Führung der Personalakten betreffend v. 18.09.1919, S. 325. Zu den Listen siehe auch BayHStA, StMJ 38/2018, Generalakten Personal, 5/80, Beförderungslisten u. -vorschläge.

gelernt, die Dokumente zu verfassen – sie hatten dieselbe bürokratische Sozialisation genossen. So auch der Münchner Amtsgerichtspräsident, der Walther und Guggumos 1943 beurteilte. Jeweils handschriftlich unter die maschinengeschriebene Beurteilung setzte er bei Walther „(Gesamturteil: Lobenswert)“[499] und bei Guggumos sogar ohne Klammern, allerdings weiterhin handschriftlich „Gesamturteil: Lobenswert mit Annäherung an ausgezeichnet“.[500] Bäurle wurde noch bis 1939 als Staatsanwalt mit „Gesamturteil: Ganz besonders tüchtig“, der drittbesten Bewertung aus den Vorgaben von 1930, bewertet.[501] Andere Vorgesetzte schrieben einfach das auf, was das Gesamturteil ausdrücken sollte, nämlich eine Einordnung des Beamten in Bezug auf eine durchschnittliche Leistung, so etwa 1937: „Hagenauer steht über dem Durchschnitt“.[502] Insgesamt bewegten sich die Bewertungen dann auch allgemein immer in der oberen Hälfte der Skala, in der Regel im Notenbereich von gut, später, etwa bei solchen, die kurz davor waren, zum Oberlandesgerichtspräsidenten befördert zu werden, auch im Notenbereich von sehr gut.

Die Persönlichkeitsbeschreibung des Spitzenjuristen war letztlich genau das, was sie nicht sein sollte, nämlich schematisch. Ihre Varianz auch unter den verschiedenen juristischen Tätigkeiten war sehr gering. Die Persönlichkeitsbeschreibung war häufig einfach die Beschreibung einer Person als Persönlichkeit, die für den Justizdienst besonders geeignet war, was deren Anlagen und Leistungen widerspiegelten. Sobald die Juristen einmal in Führungspositionen waren, zeigte sich zwar eine stellentypisch inhaltlich verschiedene Aufgabenbeschreibung, in der Bewertung der Fähigkeiten und Charaktereigenschaften unterschieden sich aber die Ausführungen kaum. So wurde etwa hohe Entscheidungsfreudigkeit ebenso bei einem Richter, Staatsanwalt oder Referatsleiter gelobt, Gleiches gilt etwa für kommunikative Fähigkeiten. Auch die diskutierten Neuerungen im Richterbild zeigten sich nur sehr zaghaft in den bürokratisch-biografischen Schriften, dies sicher auch, weil sich solche Veränderungen in der Regel erst nachträglich in der Verwaltung vergegenständlichten. Hervorgehoben wurde die Persönlichkeit als solche auch, um sie von zeitgenössischen Negativbildern, etwa dem „Subsump-

---

499 BayHStA, MJu 26842, PA Hans Walther, dienstliche Beurteilung, undatiert [1943].

500 BayHStA, MJu 26792, PA Michael Guggumos, dienstliche Beurteilung, undatiert [1943]. Aus welcher Vorlage der Terminus „lobenswert“ stammte, konnte nicht zurückverfolgt werden. „Ausgezeichnet“ war während der Weimarer Republik die zweitbeste Gesamtbewertung, siehe JMBl. Nr. 18, 1919, Bekanntmachung über die dienstliche Würdigung der Beamten und Notare, die Bewerbungsgesuche und die Führung der Personalakten betreffend v. 18.09.1919, S. 325 u. JMBl. Nr. 5, 1930, Bekanntmachung über die Behandlung der Personalangelegenheiten v. 17.05.1930, S. 80.

501 BayHStA, MJu 24684, PA Georg Bäurle, dienstliche Beurteilung, undatiert [1939].

502 BayHStA, MJu 26795, PA Ludwig Hagenauer, dienstliche Beurteilung, 03.08.1937.

tionsautomaten" oder der politischen Justiz abzugrenzen.[503] Sie unterstrich die Unabhängigkeit des Juristen.[504]

Die Vorgaben sahen vor, dass Juristen so lange beurteilt wurden, bis sie ein bestimmtes Alter, nach den Bestimmungen von 1930 55 Jahre,[505] erreicht hatten oder eine hohe Führungsposition. In der Nachkriegszeit wurde die Wiedereinführung einer Altersgrenze diskutiert. Der Generalstaatsanwalt des Obersten Landesgerichts war etwa 1953 der Meinung, dass 55 die Altersgrenze darstellen sollte, denn wer sich bis dahin im Justizdienst bewährt habe, sei auch weiterhin brauchbar – der Vorschlag des StMJ war das 60. Lebensjahr.[506] Letztlich blieb man bei 55 Jahren.[507] Vorher sollten Juristen alle drei bis vier Jahre beurteilt werden.[508] Im Rahmen dieser Diskussion wurde auch die Charakterfestigkeit als Argument gebraucht. In den 50ern würden Juristen den „Kulminationspunkt der menschlichen Schaffenskraft" erreichen, der Charakter verändere sich danach nicht mehr signifikant – eine erneute Beurteilung berge lediglich das Risiko der Wiederholung bei Verlust der Bedeutung. Dies auch insofern, als dass hohe oder letzte Beförderungsstellen im Allgemeinen in diesem Alter erreicht seien. Personen, die aufgrund ihrer Stellung in der Justizverwaltung nach Leistung und Persönlichkeit hinreichend bekannt seien oder die höchste Beförderungsstelle der Laufbahn erreicht hätten, sollten ohnehin, wie in der Bekanntmachung über die Behandlung der Personalangelegenheiten vom 17. Mai 1930 festgelegt, nicht mehr beurteilt werden.[509]

Während sogar bereits vor dem 55. Lebensjahr die eine oder andere dienstliche Beurteilung Vorgeschriebenes wiederholte, so gilt dies umso mehr für die letzten biografischen Elemente einer Personalakte: Gratulation, Nekrolog und Kondolenz. Wenn der Betreffende nicht schon vorher unerwartet aus dem Leben geschieden war, kam vor dem Tod noch die wohlverdiente Pension. Der Übertritt selbst war eine bürokratische Formalie mit Urkunde – vom Stil her gehalten wie

---

503 Rottleuthner, Bilder, S. 54 u. Treiber, Lebensläufe, S. 26 f.

504 Simon, Unabhängigkeit, S. 26.

505 JMBl. Neue Folge, Band III, 1928–1931, Bekanntmachung über die Behandlung der Personalangelegenheiten v. 17.05.1930, S. 388.

506 BayHStA, StMJ 38/2018, Generalakten Personal, 4/49, Dienstliche Beurteilungen der Ri und StA, GenStA BayObLG an StMJ, 10.04.1953.

507 JMBl. Nr. 8, 1953, Bekanntmachung über die dienstliche Beurteilung des Justiz- und Strafvollzugsdienstes v. 30.05.1953, S. 164 u. JMBl. Nr. 8, 1971, Gemeinsame Bekanntmachung über die Beurteilung der Richter und Staatsanwälte v. 12.08.1971, S. 128.

508 JMBl. Nr. 8, 1953, Bekanntmachung über die dienstliche Beurteilung des Justiz- und Strafvollzugsdienstes v. 30.05.1953, S. 164 u. JMBl. Nr. 8, 1971, Gemeinsame Bekanntmachung über die Beurteilung der Richter und Staatsanwälte v. 12.08.1971, S. 128.

509 BayHStA, StMJ 38/2018, Generalakten Personal, 4/49, Dienstliche Beurteilungen der Ri und StA, PräsOLG Nürnberg an StMJ, 09.04.1953. Siehe dazu auch Wagner, Richter, S. 126.

jede andere Ernennung. Nach der Pensionierung bestand das Verhältnis zum Dienstherrn weiter, insofern es um medizinische Behandlungen, häufig Zahnersatz, oder etwa Geburtstage ging. So schrieb der Ministerialdirigent a. D. Hans Leopold 1964 – offenbar als Antwort auf ein Glückwunschschreiben, vermutlich an den Justizminister:

> „Ich bedanke mich sehr herzlich für Ihre lieben Wünsche, die ich aufrichtig für Ihre Person u. Ihr hohes Amt erwidere. Man kommt nicht so leicht los von den der Justiz gestellten Aufgaben u. fühlt sich immer noch – wenn auch passiv – als Beteiligter. Ihr geschätztes Schreiben und Ihre liebenswürdige Einladung geben mir den Mut, einmal an Ihre Türe anzuklopfen u. durch einen ganz kurzen Besuch meine Treue u. Dankbarkeit zu bekunden."[510]

Auch wenn der Mensch gewürdigt beziehungsweise gefeiert werden sollte, so wurde er dies immer noch als Jurist. Sigmund Elsäßer wurde in seiner Traueranzeige vom Justizministerium im Jahr 1971 als „bedeutende Richterpersönlichkeit" gewürdigt.[511] Die Trauerrede anlässlich der Beisetzung des Ministerialdirigenten a. D. Karl Hartmann, gehalten von Ministerialdirigent Richard van Ginkel im Jahr 1984, liest sich wie eine dienstliche Beurteilung: Beginnend mit der Laufbahn des Verstorbenen wurden dessen Verdienste am „Wiederaufbau" sowie seine Amtsführung und seine kommunikativen Fähigkeiten ausgeführt.[512]

Nach einer kurzen Station am Reichsgericht in Leipzig war Franz Gipser, wie der Nachruf des Ministeriums zu berichten wusste, 1930 „für immer in den bayerischen Justizdienst zurück[gekehrt]". Weiter wechselte Gipser 1935 aus dem Staatsministerium der Justiz nach dessen Auflösung ins Bayerische Oberste Landesgericht. Obwohl das ein sehr prestigeträchtiges Gericht war, stimmt aber mit dieser Information etwas nicht: Das Gericht wurde am selben Tag wie das Staatsministerium der Justiz aufgelöst, am 1. April 1935. Gipser war Anfang Februar ans Oberste gewechselt, noch vor der Schließung des Justizministeriums, wie der Personalbogen festhielt.[513] Die Geschichte, die die Skizze, die in der Bayerischen Staatszeitung nebst einem Porträt abgebildet wurde, erzählt, nutzte diese Darstellung der Information zur Kontinuitätskonstruktion: Denn nach dem Wechsel ans Oberste Landesgericht, „dem er fortan eng verbunden blieb", erwarb er direkt im nächsten

510 BayHStA, MJu 26810, PA Hans Leopold, Leopold an StMJ, 01.12.1964.

511 BayHStA, MJu 24927, PA Sigmund Elsäßer, Nachruf in der Süddeutschen Zeitung, 09.12.1971.

512 BayHStA, MJu 26798, PA Karl Hartmann, Beisetzung des MinDgt. a. D. Dr. Karl Hartmann, 24.10.1984.

513 BayHStA, MJu 25076, PA Franz Gipser, Personalbogen StMJ, 09.02.1953.

Satz beim „Wiederaufbau“ der Justiz und des obersten Gerichts „nach dem zweiten Weltkrieg“ Verdienste.[514]

So, wie sie im Falle Gipsers erzählt wurde, evozierte seine Biografie einige gängige Justizbilder. Nekrologe sind immer wortgewaltige Ehrungen des Verstorbenen und gleichsam Imagepflege des Berufstandes.[515] Gipser wurde als „der höchste Richter in Bayern“ *erstens* zu einem Symbol für die eigenstaatliche Kontinuität im „Wiederaufbau“ auch im Bereich der bayerischen Justiz stilisiert – nicht nur in Bezug auf das Oberste Gericht (an dem er selbstverständlich nicht nach dessen Schließung gearbeitet hatte),[516] sondern auch auf das Justizministerium, in dem er ebenfalls vor 1935 und nach 1945 gearbeitet hatte. Man hatte die Fahnen an den Münchner Justizgebäuden auf Halbmast gesetzt – über die Justizgebäude im übrigen Bayern wusste der Nachruf trotz der ganz Bayern abdeckenden Größe des Amtes nichts zu berichten. Der „höchste Richter“ verweist in diesem Zusammenhang auch auf das traditionelle Justizbild des „Richterkönigs“, der historisch in der Kombination von Herrscher- und Richteramt vor allem in der Antike und im Nationalsozialismus zu verorten ist, allegorisch hingegen auch in Bezug auf das Richten als selbstbewusste und unabhängige Praxis allgemein zu verstehen ist.[517] An dieser Stelle verdeutlicht es die Souveränität und Kontinuität der bayerischen Justiz.

Gipser habe *zweitens* „segensreich“ für die bayerische Justiz gewirkt, seine Art war von edler und reiner Menschlichkeit „durchstrahlt“. Der unverheiratete Jurist habe sein Leben „nahezu ganz der bayerischen Justiz gewidmet“. Mit seinem Tod habe er „für immer den Richterstab aus der Hand gelegt“.[518] Für die Nachkriegszeit konstatiert Ralf Angermund das verbreitete, dem sakralen Bereich entlehnte Bild des „Gesetzespriester[s]“.[519] Lena Foljanty macht ebenfalls auf das Sakrale in der Sprache der Naturrechtsdebatten der frühen Nachkriegszeit aufmerksam, die eine dem Positivismus entgegengesetzte Semantik der Heiligkeit des Rechts und der Künderfunktion des Juristen nutzte.[520] Die Formulierungen bezeugen eine ge-

514 BayHStA, MJu 25076, PA Franz Gipser, Dr. Franz Gipser, in: Bayerische Staatszeitung Nr. 42, 15.10.1955.

515 Treiber, Lebensläufe, S. 22; siehe dazu auch den von Hans Ehard verfassten Nachruf auf Anton Konrad: Ehard, Anton Konrad.

516 Siehe dazu Kap. 2.1 und den Abschnitt „Leistungen“ im vorliegenden Kapitel.

517 Berndt, Richterbilder, S. 174 u. Rottleuthner, Bilder, S. 39.

518 BayHStA, MJu 25076, PA Franz Gipser, Dr. Franz Gipser, in: Bayerische Staatszeitung Nr. 42, 15.10.1955.

519 Angermund, Richterschaft, S. 8 u. Rottleuthner, Bilder, S. 52.

520 Foljanty, Recht, S. 299 f. „Positivismus“ bezieht sich auf die mittlerweile widerlegte Positivismuslegende. Damit ist die Idee gemeint, dass der Rechtspositivismus als herrschende Lehre die deutschen Juristen wehrlos gegenüber den Nationalsozialisten gemacht habe, weil sie durch die

glaubte Überzeitlichkeit von Recht und Richter als Institutionen, die mindestens die politischen Systemwechsel im 20. Jahrhundert überdauerte. Der Bezug zum Richterstab, der vor allem im Mittelalter und vereinzelt bis ins 19. Jahrhundert verwendet wurde,[521] zeigt, dass hier weiter, im Sinne von überzeitlich, gedacht wurde – Justizminister Fritz Koch erklärte Gipser an dessen Grab dann auch folgerichtig als „ein Vorbild für alle".[522]

Politische und persönliche Umstände

Diese Konstruktion des Spitzenjuristen blieb auch dann gleich, wenn die äußeren Umstände seines Daseins sich änderten. Er war eine gelungene Melange aus Kenntnissen, Leistungen und einem entsprechenden Charakter. Eine letzte Gruppe an Informationen beschreibt die jeweiligen Umstände, unter welchen die Arbeitsleistungen erbracht wurden und in welchen die Persönlichkeit sich wiederfand. Im Einzelnen handelt es sich um Kriege, gesundheitliche Probleme oder den jeweiligen Bezug zum politischen System. Im Nationalsozialismus zählte die politische Loyalität zur dienstlichen Beurteilung und beeinflusste Beförderungen. In der Weimarer Republik und in der Bundesrepublik definierte die bayerische Justizverwaltung dieses Merkmal wie etwa auch die Religionszugehörigkeit und die Abstammung explizit aus der dienstlichen Beurteilung heraus.[523] Diese Informationen über systemrelevante Begleitumstände stehen in den Dokumenten nicht im Zentrum, sondern überschneiden sich an den Rändern der Texte mit den anderen Kategorien. Sie rahmen die übrigen Aussagen, so wie ein Bild eingerahmt wird: Das eigentliche Bild wird dadurch nicht verändert, sondern nur auf spezifische Art und Weise durch den sichtbaren Rahmen hervorgehoben oder in den Hintergrund gerückt.

Amtsgerichtsrat Walther, später Ministerialdirektor im Justizministerium, war ein ausgezeichneter Jurist. 1937 liest sich seine dienstliche Beurteilung wie eine Musterbeurteilung. Der Präsident des Landgerichts München I erklärte:

> „Hans Walther ist aussergewöhnlich gut befähigt, er ist scharfsinnig, über-aus [sic] klar in seinen Gedanken und im Ausdruck. Ein rühmenswerter Pflichteifer, grosse Gewissenhaftig-

---

positivistische Ausbildung davon ausgegangen seien, dass dem Gesetzgeber stets absoluter Gehorsam gezollt werden müsse. Siehe dazu die ausführliche Diskursanalyse zum „Feindbild Positivismus" in der Nachkriegszeit bei Foljanty, Recht, S. 19–50.

521 Zur Nutzung des Richterstabs bis ins 19. Jahrhundert siehe Wagner, Richter, S. 3 f.

522 BayHStA, MJu 25076, PA Franz Gipser, Trauer um Bayerns höchsten Richter, in: Süddeutsche Zeitung Nr. 240, 10.10.1955.

523 Siehe dazu Kap. 3.2.

> keit und Gründlichkeit, eine rasche Entschlussfähigkeit und viel Tatkraft zeichnen ihn aus. Er besitzt umfassende und gediegene Kenntnisse. Er arbeitet rasch und gründlich, vermeidet Flüchtigkeit und Weitschweifigkeit. Die schriftliche Darstellung ist wohlgeordnet, klar und bündig. Die Entscheidungen zeichnen sich durch lückenlose Rechtskenntnis und treffsicheres Urteil besonders aus. Der mündliche Vortrag ist flüssig und höchst eindrucksvoll. Walther verbindet mit einem unermüdlichen Fleiss eine hervorragende Geschäftsgewandtheit; er bewältigt seine Geschäftsaufgaben auch bei ausserordentlichen [sic] Anfall glatt. Er leitet mündliche Verhandlungen entschieden und zielklar. Seine dienstlichen Leistungen befriedigen im besonderen Masse.
> Sein Gesundheitszustand ist sehr gut.
> Seine Führung in und ausser dem Dienste ist einwandfrei.
> Walther ist ein Richter von untadelhaftem Charakter und vornehmer Gesinnung, von feinem Benehmen, von ernstem, bescheidenem Wesen und doch sicherem Auftreten, besonders ausgeprägtem Pflicht- und Verantwortungsbewusstsein, von seinen Berufskameraden höchst geschätzt.
> Seine politische Haltung ist vollkommen zuverlässig.“[524]

Die Vertreter der höheren Reichsjustizbehörde in München traten dieser Auffassung bei. Walther würde, so schreiben sie, „alle Voraussetzungen für den Vorschlag zur bevorzugten Beförderung erfüllen“, „wenn er nicht mit einer Jüdin versippt wäre“.[525] Walthers Ehefrau, die im Nationalsozialismus als „Volljüdin“ galt, ein äußerer Umstand insofern, als dass die Ehefrau mit dem juristischen Können und dem Charakter Walthers nichts zu tun hatte, verhinderte dessen eigentlich angemessene Beförderung. In der Tat wurde Walther deshalb sogar noch degradiert. 1937 wurde er vom Landgericht München I gemäß Paragraf 5 des Gesetzes zur Wiederherstellung des Berufsbeamtentums ans Amtsgericht München versetzt. Seiner Bitte, die Amtsbezeichnung eines Landgerichtsrates weiterführen zu dürfen, wurde nicht stattgegeben. Walther hatte darum gebeten, weil er fürchtete, dass darunter das Ansehen der Justiz in seiner Person leiden würde, weil die Öffentlichkeit annehmen müsste, dass seine juristischen Fähigkeiten nicht ausreichten. Das Reichsjustizministerium, das angeordnet hatte, den Richter nur noch sehr beschränkt einzusetzen, sah keine Möglichkeit, der Bitte stattzugeben, für die sich auch der Oberlandesgerichtspräsident Alfred Dürr verwendet hatte.[526] An Walthers Position änderte sich auch bis 1945 nichts, obwohl Dürrs Nachfolger, Walther Stepp, 1944 forderte, „volljüdisch Versippte“ aus Richterstellen zu entfernen.[527] Dies war ohnehin vergleichsweise spät, bereits 1937 hatte das Reichsinnenministe-

524 BayHStA, MJu 26842, PA Hans Walther, dienstliche Beurteilung, undatiert [1937].
525 Ebenda.
526 BayHStA, MJu 26842, PA Hans Walther, PräsOLG München an RMdJ, 30.11.1937 u. RMdJ an PräsOLG München 09.10.1937.
527 Ludyga, Oberlandesgericht, S. 121.

rium angeordnet, „jüdisch versippte" Beamte in den Ruhestand zu versetzen. Wie Lothar Gruchmann zeigt, wurde diese Anordnung in der Justizverwaltung nicht durchgehend umgesetzt.[528]

Was sich ebenfalls nicht änderte, waren die außergewöhnlich guten Beurteilungen für Walther: 1939 war er ein „hervorragend begabter Richter mit überragenden aussergewöhnlichen Fähigkeiten".[529] Ebenso fast wortgleich 1943.[530] Jedoch änderte sich die Einschätzung seiner politischen Haltung, 1943 hieß es einschränkend: „Ausser dieser Ehe ist nichts bekannt geworden, was die politische Unbedenklichkeit Walther's in Frage stellen könnte."[531]

Kein Detail aus den dienstlichen Beurteilungen Beamter im Nationalsozialismus wird in der Literatur so oft zitiert wie die Loyalitätsformel aus Paragraf 4 BBG. Die historischen Formulierungen rangierten zwischen derjenigen in Walthers Beurteilung – „[s]eine politische Haltung ist vollkommen zuverlässig"[532] – und der noch schnörkelloseren Formulierung in einer Würdigung Eckhardts: „Pol. Zuverlässigkeit außer allem Zweifel."[533] Am bekanntesten ist wohl die Gewährbieteformel aus dem Gesetz selbst,[534] wie sie in Bäurles Bewertung wiedergegeben wird: „Er bietet die Gewähr, dass er jederzeit rückhaltlos für den nationalen Staat eintritt."[535] Aus „national" wurde schließlich auch bei Walther 1939 der „nationalsozialistische[...] Staat".[536] In Bäurles Bewertungen, er war weiterhin bei der Staatsanwaltschaft am Landgericht München I beschäftigt und wurde dort vom Oberstaatsanwalt beurteilt, blieb es bis 1943 beim „nationalen Staat", was der Zeitpunkt der letzten dienstlichen Beurteilung im Nationalsozialismus war. Da auch der Rest der Dokumente über Bäurle sehr ähnlich bis gleichlautend verfasst war, kann auch in diesem Fall davon ausgegangen werden, dass sie größtenteils turnusmäßig kopiert wurden.

Die Loyalitätsformel stand in aller Regel am Schluss der Beurteilung und in einem eigenen Satz. In der Vorgabe wurde die Forderung einer Aussage zur „politischen Haltung" auch als allerletzte genannt. In einigen Fällen folgte darauf noch

528 Gruchmann, Justiz, S. 172 f.
529 BayHStA, MJu 26842, PA Hans Walther, dienstliche Beurteilung, undatiert [1939].
530 Ebenda, undatiert [1943].
531 Ebenda, undatiert [1943].
532 Ebenda, undatiert [1937].
533 BayHStA, MJu 26780, PA Sigmund Eckhardt, dienstliche Beurteilung, undatiert [1937].
534 RGBl. Nr. 34, 1933, Gesetz zur Wiederherstellung des Berufsbeamtentums v. 07.04.1933, S. 175.
535 BayHStA, MJu 24684, PA Georg Bäurle, dienstliche Beurteilung, 28.01.1936.
536 BayHStA, MJu 26842, PA Hans Walther, dienstliche Beurteilung, undatiert [1939]. Die Änderung ergibt sich aus dem Deutschen Beamtengesetz von 1937, siehe dazu Gruchmann Justiz, S. 191. Für weitere Beispiele im Kontext des Kammergerichts Berlin siehe Spiller, Personalpolitik, S. 111 f. u. besonders kritisch zu den Formeln Falk, Entnazifizierung, S. 63.

eine Einschätzung zur Eignung des Juristen für bestimmte Stellen, die allerdings auch in der NS-Vorlage gar nicht erwähnt wurde und sich vielmehr aus der noch in der Weimarer Republik gängigen abschließenden Äußerung zur Eignung vor dem Gesamturteil erklärt.

In seltenen Fällen lässt sich eine einfache Verknüpfung mit anderen Aussagen nachweisen, die Aufschluss darüber gibt, in welchem Verhältnis die politische Loyalität zur Juristenpersönlichkeit gesehen wurde.[537] Charakter und Loyalität standen dabei entweder in einer einfachen Konjunktion oder einer Kondition zueinander. So etwa bei Goppel, der „nach seiner Persönlichkeit Gewähr dafür [bietet], dass er jederzeit rückhaltlos für den nationalen Staat eintritt".[538] Bei Walther war die „zuverlässige[...] politische[...] Haltung" Ausdruck seines „anständige[n] Charakter[s]".[539] Bei Eckhardt stand beides nebeneinander: „Er ist ein Mann von ausgezeichneten Charaktereigenschaften und bietet Gewähr dafür, daß er jederzeit rückhaltlos für den nationalsozialistischen Staat eintritt."[540] Die politische Loyalität hatte mit der Juristenperson und mit dem Justizbild in diesen Dokumenten so viel zu tun wie jedes andere zu anderer Zeit als positiv wahrgenommene Attribut. Es konnte Ausdruck eines „anständige[n] Charakter[s]" sein. Es konnte auch einfach am Rande danebenstehen. Damit war die Beschreibung keinesfalls unwichtig – als letzte Information im Text war sie schnell auffindbar und überaus wirkmächtig – und, wie der Fall Walther zeigt, auch zumindest 1943 nicht mehr ohne die Erwähnung seiner Ehefrau, also dem Makel in dessen Loyalität zum NS-Staat, formulierbar.[541]

Wie wenig auch eine „jüdische Abstammung" mit der Einordnung der politischen Loyalität und dem Charakter des Einzelnen zu tun haben konnte, zeigt der Fall Elsäßer. Elsäßers jüdischer Vater war vor dessen Geburt gestorben, erzogen worden war er von seiner „deutschblütigen Mutter", wie Karl Castner, Stellvertreter des Oberlandesgerichtspräsidenten in München, 1938 schrieb. Seine Eigenschaft als Frontkämpfer wurde lobend hervorgehoben, auch seien an Elsäßer „[i]rgendwelche Charakterfehler [...] nicht hervorgetreten", „nach Denkart und Gesinnung" sei Elsäßer untadelhaft: „Seine Persönlichkeit und seine politische Haltung geben zu Zweifel an seiner politischen Zuverlässigkeit keinen Anlaß."[542] Elsä-

537 Zur Forderung nach einer nationalsozialistischen Richterpersönlichkeit, die in dieser Eindeutigkeit nicht in den Akten vorzufinden war, siehe Rottleuthner, Bilder, 62 u. Spiller, Personalpolitik, S. 111.

538 BayHStA, MJu 26790, PA Alfons Goppel, dienstliche Beurteilung, 24.08.1934.

539 BayHStA, MJu 26842, PA Hans Walther, dienstliche Beurteilung, undatiert [1939].

540 BayHStA, MJu 26780, PA Sigmund Eckhardt, dienstliche Beurteilung, 29.09.1936.

541 Für das Kammergericht in Berlin kommt Spiller zu einer ähnlichen Schlussfolgerung, siehe ders., Personalpolitik, S. 113–115.

542 BayHStA, MJu 24927, PA Sigmund Elsäßer, dienstliche Beurteilung, 20.12.1938.

ßer wurde im Nationalsozialismus als „Mischling“ diskriminiert.[543] Man hatte ihn wegen seines Frontdienstes im Ersten Weltkrieg nicht im Rahmen des Gesetzes zur Wiederherstellung des Berufsbeamtentums entlassen.[544] Als darüber beraten wurde, wie mit Elsäßer zu verfahren sei, konnte Elsäßer seinen Halbbruder Fritz Kalhammer vorstellen. Dieser sei Kreisleiter in Sonthofen und ihm sehr zugetan. Elsäßer sei sogar mit anderen lokalen NSDAP-Größen bekannt. So wurde in seiner dienstlichen Beurteilung erläutert:

> „[S]ein Stiefbruder aus der zweiten Ehe seiner Mutter ist Kreisleiter, tritt sehr für seinen Bruder ein. Der Kreisleiter von Erding, der seine Abstammung kennt, macht ihm nicht die geringsten Schwierigkeiten; es hat auch bis jetzt nie irgendwelche Anstände gegeben.“[545]

Sein außergewöhnlich großes juristisches Können, das ebenfalls in denselben Texten wortreich beschreiben wurde, wurde überhaupt nicht zum potenziellen politischen Problem, das er qua Abstammung darstellte, in ein Verhältnis gesetzt.[546] Keine Schwierigkeiten, keine Charakterfehler also im Falle Elsäßers. Freilich muss dessen außergewöhnliche, offenbar protegierte Position bedacht werden.

Einig waren sich auch die Amtsvorstände nicht immer. Guggumos hatte beispielsweise, wie der Amtsgerichtspräsident erklärte, „in einem Fall, in dem die religiöse Kindererziehung eine Rolle spielte, eine dem nationalsozialistischen Gedankengut wenig entsprechende Behandlung“ in die Wege geleitet. Der Nationalsozialistischen Volkswohlfahrt (NSV) sei er auch erst „in jüngster Zeit“ beigetreten. Doch der Amtsgerichtspräsident sah darin keine Problem, er glaubte „doch, daß er dem Nationalsozialismus nicht ablehnend gegenübersteht und als politisch unbedenklich betrachtet werden kann“.[547] Der Oberlandesgerichtspräsident hatte ebenfalls „keine Bedenken“.[548] Der Generalstaatsanwalt war allerdings anderer Meinung, er hielt die Entscheidung Guggumos’ für höchst bedenklich, lenkte dennoch ein und war einverstanden damit, diesen Vorfall in kommenden Beurteilungen nicht mehr zu erwähnen, solange der Amtsgerichtspräsident von der politischen Zuverlässigkeit des Richters überzeugt sei.[549]

Das Beispiel Hagenauers zeigt hingegen eine gewisse Konkurrenz in der politischen Beurteilung zwischen dem Münchner Oberlandesgerichtspräsidenten und

---

543 Siehe auch Lyduga, Oberlandesgericht, S. 121–123.
544 BayHStA, MJu 24927, PA Sigmund Elsäßer, Bl. 18., Verzeichnis Vollzug BBG, 01.07.1933.
545 BayHStA, MJu 24927, PA Sigmund Elsäßer, dienstliche Beurteilung, undatiert [1943].
546 Ebenda, 20.12.1938 u. undatiert [1943].
547 BayHStA, MJu 26792, PA Michael Guggumos, dienstliche Beurteilung, undatiert [1943].
548 Ebenda.
549 BayHStA, MJu 26792, PA Michael Guggumos, GenStA München an PräsAG München, 31.05.1943.

der NSDAP-Gauleitung.[550] Im Mai 1936 schrieb der Münchner Oberlandesgerichtspräsident, dass Hagenauer zwar „Mitglied der Bayerischen Volkspartei“ gewesen sei, „ohne sich aber jemals irgendwie politisch zu betätigen. Der Landgerichtspräsident hält ihn für politisch vollkommen zuverlässig.“ Zusätzlich erwähnte er, dass auch der Gauleiter eine diesbezügliche Anfrage unbeantwortet gelassen hatte.[551] Wenig später, im Juni 1936, erhob die Gauleitung allerdings Bedenken gegen Hagenauer, sodass in der dienstlichen Beurteilung von 1937 eingeräumt werden musste: „Die Gauleitung der NSDAP hat gegen ihn politische Bedenken erhoben, deren Ausräumung noch nicht gelungen ist.“

Noch im selben Jahr schrieb der Oberlandesgerichtspräsident:

> „Er war Mitglied der Bayerischen Volkspartei, ohne sich aber jemals irgendwie politisch zu betätigen. Gleich dem Landgerichtspräsidenten halte ich ihn für politisch vollkommen zuverlässig.
> Hagenauer steht über dem Durchschnitt. Er kann unbedenklich für die Stelle eines Rates am Oberlandesgerichte München oder eines Landgerichtsdirektors als geeignet bezeichnet werden.
> Die von der Gauleitung mit Schreiben vom 25. Juni 1936 gegen Dr. Hagenauer erhobenen politischen Bedenken sind nunmehr ausgeräumt.“[552]

Auch hier, beim Nachfolger Neithardts, Präsident Alfred Dürr, war die Einschätzung der politischen Loyalität zum NS-Staat entkoppelt von derjenigen der Gauleitung.

Dabei ging es sicher nicht darum, den politisch unliebsamen Richter reinzuwaschen, vielmehr zeigt sich eine Konkurrenz in Regelungsbefugnis und Verwaltungshandeln.[553] In der Justiz war das Einholen der „Erklärung auf Dienstpflicht“ des Einzelnen zum Vorfall, der dienstrechtliche oder andere negative Konsequenzen nach sich ziehen könnte, normal.[554] Auch weil eine falsche Erklärung negative Konsequenzen nach sich ziehen würde und dies den Juristen bewusst war, gingen die Vorgesetzten davon aus, dass diese Erklärungen der Wahrheit entsprachen. Diesem System stand die Aussage der außerjustiziellen Einschätzung der lokalen NSDAP-Größen gegenüber, weil hier Zeugnis von anderen über den Einzelnen gegeben wurde. Im Zweifelsfall hielt sich die Justiz an ihre eigenen Praktiken und kam dadurch in einen Kompetenzkonflikt mit Parteistellen. Das soll allerdings nicht bedeuten, dass die Gerichte oder gar die Staatsanwaltschaften Horte des Wi-

550 Siehe dazu auch Angermund, Richterschaft, S. 72–87 u. Spiller, Personalpolitik, S. 120–123.
551 BayHStA, MJu 26795, PA Ludwig Hagenauer, dienstliche Beurteilung, 07.05.1936.
552 Ebenda, 03.08.1937.
553 Stolleis, Geschichte, Dritter Band, S. 353. Zur Praxis in Bayern siehe Gotto, Finanzministerium, dort im Kapitel „Performative Loyalität“.
554 Siehe dazu auch Kap. 4.3.

derstandes gegen den Nationalsozialismus waren, nur weil sie mit anderen Loyalitätszeugnissen zufrieden waren als die Gauleitung.[555]

Auch für dienstliche Beurteilungen wurden nach dem Ende des NS-Regimes dessen Formulare als Übergangsbogen – folglich mit einigen durchgestrichenen Kategorien, wie etwa die Abstammung – weitergenutzt, bis 1953 neue Formblätter ausgegeben wurden.[556] Die „politische Haltung" wurde auch deshalb nach wie vor in der direkten Nachkriegszeit in vielen dienstlichen Beurteilungen erwähnt. So erklärte der Oberstaatsanwalt am Landgericht München I über Daumiller etwa: „Seine Persönlichkeit bietet Gewähr dafür, daß er sich für die Verwirklichung demokratischer Ideale einsetzen wird."[557] Als der Staatsanwalt Karl Gelbert 1949 dienstlich beurteilt wurde, hatte der beurteilende Generalstaatsanwalt in München „[a]n der demokratischen Gesinnung und der politischen Zuverlässigkeit" Gelberts „nicht de[n] geringste[n] Zweifel".[558]

Mehrere Gründe waren hierfür ausschlaggebend: *Erstens* listeten die Übergangsbogen zum Teil weiterhin die „politische Haltung" als Vorgabe – dieser wurde mit dem Hinweis zur „demokratischen Gesinnung" Folge geleistet. Zwar galt auch das Deutsche Beamtengesetz von 1937 weiter, in dem sich die Gewährbieteformel befand, diese wurde aber bereits 1945 aus dem Gesetz gestrichen und schließlich 1953 als Gewähr für das Eintreten für die freiheitliche demokratische Grundordnung wieder ins Bundesbeamtengesetz aufgenommen.[559]

Die Bayerische Verfassung von 1946 und das Bayerische Beamtengesetz desselben Jahres forderten *zweitens* die demokratische Loyalität von Staatsdienern.[560] Das Bayerische Finanzministerium ordnete analog dazu die Einschätzung der „Einstellung zur Staatsverfassung und zur demokratischen Staatsform" mit den beiden möglichen Merkmalsausprägungen: „bedenkenfrei; gibt zu Bedenken Anlass", in den dienstlichen Beurteilungen 1949 an.[561] In diesem Kontext – und auch in den späten 1940er und frühen 1950er Jahren in Bezug auf das westdeutsche Beamtenrecht[562] – wurde einerseits die Frage nach der politischen Haltung und den

555 Siehe dazu etwa Ludyga, Oberlandesgericht, S. 96 u. 104–111 u. Spiller, Personalpolitik, S. 132, 142, 158 f. u. 170.

556 Siehe dazu Kap. 2.2.

557 BayHStA, MJu 26559, PA Fritz von Daumiller, dienstliche Beurteilung, 12.08.1948.

558 BayHStA, MJu 26788, PA Karl Gelbert, dienstliche Beurteilung, 21.01.1949.

559 Rigoll, Staatsschutz, S. 42 f. u. Jaeger, Suche, S. 42.

560 GVBl. Nr. 23, 08.12.1946, Verfassung des Freistaats Bayern, S. 340 u. GVBl. Nr. 24, 14.12.1946, Bayerisches Beamtengesetz, S. 350.

561 BayHStA, StMJ 38/2018, Generalakten Personal, 4/49, Dienstliche Beurteilungen der Ri und StA, StMF an nachgeordnete Finanzbehörden, 31.10.1949. Eine solche Abfrage ist auch vom bayerischen Verfassungsschutz überliefert, siehe Meinl/Schröder, Einstellung, S. 26.

562 Siehe dazu Conze, Treue, S. 241–277; Rigoll, Staatsschutz, S. 36–75; Jaeger, Suche, S. 39–43.

politischen Betätigungsmöglichkeiten von Beamten überhaupt diskutiert.[563] Im Rahmen der Entnazifizierung war andererseits schließlich auch die politische Loyalität der Beamten zum Freistaat vor dem Hintergrund des NS sicherzustellen – insbesondere dann, wenn die Entnazifizierung der betroffenen Juristen ungünstig oder – wie im Falle Gelberts – langwierig gewesen war, weil der Staatsanwalt mit Hoch- und Landesverrat im Nationalsozialismus zu tun gehabt hatte.[564] Diese öffentliche und verwaltungsinterne Präsenz strahlte auch auf dienstliche Beurteilungen aus.

Justizverwaltungsintern war die Frage, inwiefern die Personalakten Hinweise auf die politische Loyalität des Einzelnen geben sollten, lediglich 1950 in Bezug auf die Personalaktenführung für den einfachen, mittleren und gehobenen Dienst, diskutiert worden. Hier verständigten sich die Verantwortlichen darauf, dass davon abzusehen sei.[565] In Bezug auf den höheren Dienst und die dienstlichen Beurteilungen ist keine solche Diskussion überliefert und das Justizministerium äußerte sich *drittens* zur dienstlichen Beurteilung erst danach. Die ersten Anweisungen hierzu vom Justizministerium an die Gerichte, Staatsanwaltschaften und Leiter der selbstständigen Vollzugsbehörden in den Akten der Justizverwaltung sind auf den 7. Juli 1951 datiert. Hierin wies Staatsekretär Koch auf die Wichtigkeit und Verantwortung der Beurteilungsaufgabe hin. Das Ministerium warnte die Gerichte, Staatsanwaltschaften und Vollzugsanstalten davor, aus Wohlwollen, Mitleid oder kollegialer Rücksicht von einer wahrheitsgemäßen – mitunter schlechten – Bewertung abzusehen. Auschlaggebend könnten nur „rein sachliche" Gesichtspunkte sein, die Beurteilung müsse gerecht, unparteiisch und frei von Vorurteilen erstellt werden, dazu gehörte auch der Verzicht auf eine Äußerung zu Politischem.[566] Die Beurteilung sollte, ihrem Namen entsprechend, vor allem rein dienstlich sein und Außerdienstliches in einem kleineren Umfang als vorher geschehen, mitberücksichtigen.

Letztlich wurde damit das Bild einer unpolitischen Justiz evoziert. Das Politische war für die Juristen vor dem Hintergrund des Nationalsozialismus und der Entnazifizierung ohnehin eine problematische Kategorie und sollte nun verschwinden. Die Justiz sollte von der Politik verschieden und damit unpolitisch

---

563 Siehe dazu das vorangegangene Unterkapitel 3.2. In diesem Kontext diskutieren auch Schrader, Rechtsbegriff, S. 342, u. Böckenförde, Extremisten, S. 21, die Gewährbieteformel in der Nachkriegszeit als Nachfolgerin der NS-Formel.

564 StAM, SpkA K 500, Entnazifizierungsverfahren Karl Gelbert.

565 BayHStA, StMJ 38/2018, Generalakten Personal, 6/88, Vernichtung und Säuberung der Personalakten, StMJ an Ref. 2, 3 u. 16, 28.11.1950 u. Erklärung Ref. 18, undatiert [12.1950].

566 BayHStA, StMJ 38/2018, Generalakten Personal, 4/49, Dienstliche Beurteilungen der Ri und StA, StMJ an Außenbehörden, 07.07.1951. Siehe dazu auch Kap. 3.2.

sein.[567] Abgrenzen konnte man sich durch diese Geste auch von der problematischen Vergangenheit, die kein rein positives Justizbild zuließ, wie auch vom bayerischen Finanzministerium, das andere Vorgaben gemacht hatte. In den Bekanntmachungen zur dienstlichen Beurteilung von 1971 schließlich – im Zeichen des Unabhängigkeitsdiskurses der Richter[568] – hielten die Verantwortlichen Hinweise auf die notwendige Konzentration auf Dienstliches offenbar für verzichtbar. Möglicherweise kann dies als zaghafter Hinweis daraufhin gedeutet werden, dass sich die Justiz hin zur Gesellschaft öffnete und gar sozial und politisch gestaltende Juristen und Beamte gefordert wurden, Juristen sich aktiv politisch betätigen konnten und allgemein das etatistische Denken durch pluralistischere Ideen abgelöst wurde.[569] Dies zeigt sich aber in den hier analysierten Personalakten im Untersuchungszeitraum nicht, was auch die Nachträglichkeit innerbehördlicher personalverwaltender Dokumentation noch einmal unterstreicht.[570]

Der Erste und Zweite Weltkrieg und die Kriegsfolgen zählten ebenfalls zu den Rahmenbedingungen der dienstlichen Beurteilung von Juristen. In Bezug auf den Ersten Weltkrieg wurde einerseits die Zeit an der Front vorwiegend unter „Besondere Bemerkungen“ auf der Vorlage von 1919 vermerkt. Im Falle Walthers erklärten der Münchner Generalstaatsanwalt und der Oberstaatsanwalt am Landgericht München I außerdem ihre Anerkennung seiner juristischen Leistung vor dem Hintergrund seiner Teilnahme des Ersten Weltkrieges: „Er hat, obwohl er während des ganzen Krieges im Heeresdienste (zumeist an der Front) stand, im Frühjahr 1919 die Staatsprüfung für den höheren Justizdienst mit gutem Erfolge abgelegt.“[571]

Als Kriegsverletzung kehrte der Krieg regelmäßig in die dienstlichen Beurteilungen zurück. Dies auch, weil Angaben hierzu 1953 explizit gefordert waren, auch dahingehend, ob sich die Einschränkung negativ auf die dienstliche Leistung auswirke.[572] In den Beurteilungen der Untersuchungsgruppe wurde die Information meist mit Aussagen zur sonstigen Physiognomie und Haltung in Verbindung ge-

567 Foljanty, Recht, S. 339; siehe dazu auch Kap. 2.2. u. Beispiele in anderen Bundesländern bei Godau-Schüttke, Ich, S. 77, wenngleich das bayerische Beispiel zeigt, dass es nicht um die politische Einstellung des Beurteilenden gehen muss, sondern dass eine bürokratisch-biografische Tradition samt entsprechenden Vorgaben für eine möglichst unpolitische Beschreibung ursächlich sein können.

568 Siehe dazu Kap. 2.3.

569 Günther/Maeke, Beamter, S. 272; Rottleuthner, Bilder, S. 52 u. 57; Simon, Unabhängigkeit, S. 104 f.; Günther, Denken, S, 13 f. u. Stolleis, Geschichte, Vierter Band, S. 352 u. 355 f.

570 Siehe dazu Kap. 3.2.

571 BayHStA, MJu 26842, PA Hans Walther, dienstliche Beurteilung, 26.10.1932.

572 JMBl. Nr. 8, 1953, Bekanntmachung über die dienstliche Beurteilung des Justiz- und Strafvollzugsdienstes v. 30.05.1953, S. 166. Zur Kriegsverletzung in der Nachkriegszeit siehe auch den Sammelband von Gotto/Seefried, Männer.

bracht – auch, um zu unterstreichen, dass sich die Kriegsverletzung überhaupt irgendwie bemerkbar machte. Die „Beinamputation" Daumillers wusste dieser beispielsweise durch Haltung und Charakterstärke auszugleichen: „Mit starker, willensmäßiger Anstrengung legt er Gewicht auf beste körperliche Haltung, die seinem inneren, vornehmen Wesen und seiner geistigen und hohen moralischen Auffassung entspricht."[573] Niebler, der im Übrigen als „gesund" geführt wurde, verstand, so Ministerialdirektor Holzbauer, seine Armamputation „mit Energie und Gewandtheit auszugleichen".[574] Über Daumiller schrieb Holzbauer 1965, dass „[d]as schwere Opfer, das er im Gefolge des Krieges auf sich nehmen mußte, [...] eine Beförderung in absehbarere Zeit wohl auch besonders nahe[legt]".[575] Der Spitzenjurist, so lässt sich als Bild hieraus folgern, wurde durch die Herausforderungen nur noch besser. Und die menschliche Seite der Justiz zeigte sich außerdem im Verständnis für die besonderen Umstände.

Auch so ist zu erklären, dass die dienstlichen Beurteilungen aus der Diktatur für ebenso valide gehalten wurden, wie die aus den jeweiligen Systemen – das, was man für spezifisch nationalsozialistisch hielt, war lediglich die Beurteilung der politischen Loyalität. Insofern man sie wegließ, hatte man ein ganz normales Personalverwaltungsdokument vor sich. Und der Bezug auf frühere Beurteilungen, war ohnehin eine ganz normale Verwaltungspraxis, wie etwa der Münchner Oberlandesgerichtspräsident am Beispiel Eckhardts 1943 zeigt: „Eckhardt hat auch in allen früheren Stellen, die er in seiner Laufbahn durchschritten hat, sehr gute Beurteilungen gefunden."[576] Damit waren, eingedenk der langen Karriere Eckhardts, auch die im Königreich Bayern und während der Weimarer Republik gemeint.

Die juristische Arbeit, die die Einzelnen im Nationalsozialismus geleistet hatten, wurde normalisiert. Entsprechend der Aufforderung von 1953 und 1963, dass anzugeben sei, wie und wo der Beurteilte seit der letzten Beurteilung verwendet wurde und auf welchen Gebieten er Erfahrungen sammeln konnte, erläuterten die Vorgesetzten bisweilen wortreich die berufliche Vergangenheit der Juristen.[577] Generalstaatsanwalt Steffen bezog sich beispielsweise 1962 darauf, das Daumiller „seine Laufbahn 1935" begann. Er habe damals „im staatsanwaltschaftlichen

---

573 BayHStA, MJu 26559, PA Fritz von Daumiller, dienstliche Beurteilung, 22.02.1960.

574 StMJ, 1p N 21, PA Engelbert Niebler, dienstliche Beurteilung, 05.12.1958.

575 BayHStA, MJu 26559, PA Fritz von Daumiller, dienstliche Beurteilung, 13.12.1965.

576 BayHStA, MJu 26780, PA Sigmund Eckhardt, dienstliche Beurteilung, undatiert [1943].

577 JMBl. Nr. 8, 1953, Bekanntmachung über die dienstliche Beurteilung der Beamten des Justiz- und Strafvollzugsdienstes v. 30.05.1953, S. 165 u. Nr. 5, 1963, Bekanntmachung über die dienstliche Beurteilung der Richter und der Beamten des Justiz- und Strafvollzugsdienstes v. 09.05.1963, S. 52.

Dienst" gestanden und tue dies „jetzt wieder".[578] Ähnlich erklärte Präsident Elsäßer, das Bäurle „seine dienstliche Laufbahn am 1. Oktober 1934 bei der Staatsanwaltschaft München I" begonnen habe, „ab 1935 sogar mit einer Planstelle".[579] Für Josef Hartingers Bewerbung als Bundesanwalt der Bundesanwaltschaft am Bundesgerichtshof wurden aussagekräftige dienstliche Beurteilungen – zwar unterteilt in die Kapitel „bis 1945" und „nach 1945" – nacheinander wiedergegeben, um Hartingers juristische Exzellenz zu belegen.[580] Es ist gut möglich, dass auch das öffentliche Sprechen über die Normalität der NS-Justiz (ausgenommen der Volksgerichtshof)[581] dazu beigetragen hat, dass diese Biografien in den 1960er Jahren freimütiger erzählt wurden. Andererseits wäre freilich die Errichtung der Nachkriegsjustiz ohne diese Menschen nicht auf dieselbe Art und Weise zu bewältigen gewesen, was ebenfalls zur Normalisierung der NS-Biografie beigetragen hatte.

Die Umstände beeinflussten die Juristenpersönlichkeit zwar, dies aber nicht unbedingt negativ: Sie behinderten oder verstärkten vielmehr die Persönlichkeitsentfaltung für die juristische Arbeit. Im Schriftbild und in der Argumentation standen sie am Rand und überschnitten sich teilweise mit den anderen Kategorien. Für die sich als unpolitisch und sachlich wahrnehmenden Juristen gehörte das politische System zu diesen Umständen, die den juristischen Kern jedoch nicht maßgeblich veränderten. Dieser Kern bestand in allen Systemen aus Leistungen und der Persönlichkeit. Die biografische Beschreibung eines bayerischen Spitzenjuristen im 20. Jahrhundert, wie Gipser, konnte auch deshalb den Nationalsozialismus auslassen, weil dieser juristisch und persönlich nicht als wesentlich, sondern nur als ein Umstand verstanden wurde. Die systemunabhängige Validität der Personalakte leitete sich auch aus den ohnehin gleichbleibenden – und vor allem: auch beim vorherigen Systemwechsel gleichgebliebenen – Verwaltungspraktiken ab. Es handelt sich also auch um eine selbstgeschriebene Kontinuität der Verwaltungskultur.

Fazit

Die Praxis der dienstlichen Beurteilung wie die Produktion anderer personalaktenrelevanter Inhalte zwischen 1945 und 1971 offenbart, dass darin grundsätzliche Themen verhandelt wurden: die Eigenständigkeit der Justiz und der Justizverwaltung, die Balance zwischen Verwaltungsvereinfachung und der Gefahr von Sche-

578 BayHStA, MJu 26559, PA Fritz von Daumiller, dienstliche Beurteilung, 11.02.1962.
579 BayHStA, MJu 24684, PA Georg Bäurle, dienstliche Beurteilung, 05.02.1965.
580 BArch Koblenz, PERS 101/39899, PA Josef Hartinger, Vorschlag Ernennung, 05.07.1954.
581 Siehe dazu Kap. 2.2. u. 4.3.

matismus sowie der Stellenwert der (Juristen-)Persönlichkeit. Die Debatten um die Vorgaben und Formulare zur dienstlichen Beurteilung waren Diskussionen um möglichst realitätsgetreue Bilder der Juristen. Hier zeigt sich, dass sich die Verantwortlichen durchaus viele Gedanken zur Frage machten, wie schematisch Formulare sein dürften und ab wann dadurch detailgetreue Einschätzungen nicht mehr geleistet werden könnten.

Die Vorgaben dazu, wie dienstliche Beurteilungen verfasst werden sollten, änderten sich zwar zwischen 1919 und 1971, letztlich hatte dies aber einen untergeordneten Einfluss. Neben den verwaltungsspezifischen Übergangspraktiken lag dies auch daran, dass die Juristen sich bis in die 1970er Jahre dafür einsetzten, bei den bekannten Vorgaben, Beschreibungsarten und damit auch Justizbildern zu bleiben und dadurch die Idee des „Wiederaufbaus" perpetuierten.[582] Nicht das Anforderungsprofil bestimmte, was geschrieben wurde, sondern die (eigene) Tradition. Das bezieht sich auf die bayerische Tradition aus der Weimarer Republik in der Beschreibung einzelner Merkmale, auch wenn sie nicht gefordert wurden. Das Selbstbild der Justiz war also durch die Justizverwaltungspraktiken geprägt, so wie jeder Akteur in seiner Biografie durch seine historische, soziale Rahmenbedingung vorgeprägt wird.

Trotzdem bleibt ein Spannungsverhältnis zwischen der Institution und der institutionell geprägten Persönlichkeit, „zwischen Ordnung und Subjektivität, Normvorstellung und Prozesse[n] der Individuierung".[583] Beides steht in einem Wechselverhältnis – die Verwaltung forderte bestimmte Inhalte, gleichzeitig interpretierten die Beamten und Juristen diese Forderungen. Auf dieses Repertoire bezogen sich dann mitunter auch Juristen selbst, wenn sie sich ungerecht behandelt fühlten.

Einerseits wurden auch solche Berufsbiografien, die etwa während des Nationalsozialismus nicht den gängigen Erwartungen an die politische Loyalität genügten, von den Beurteilenden durch den Beschreibungsmodus angepasst. Andererseits wurde durch diese Möglichkeit einer von den Umständen relativ enthobenen Juristenpersönlichkeit auch auf dem Gebiet der dienstlichen Beurteilung – die Kernangelegenheit der Personalakte – ein spezifisches Justizbild geprägt, das letztlich darauf hinauslief, die Justiz als vom Nationalsozialismus weitgehend unbeeinflusst zu charakterisieren. Gleichermaßen können Inhalte kaum spezifisch auf die Demokratie bezogen werden. Auch in der Nachkriegszeit war etwa die Betonung des Arbeitseifers im Kontext des „Wiederaufbaus" selbst ein populäres Justizbild – und nicht einfach eine Gegenstandsbeschreibung der Nachkriegszeit. Sie war ein

582 Siehe dazu auch Kap. 2.1. u. 2.3.
583 Rehberg, Weltrepräsentanz, S. 17 f.

Deutungsmuster, das andere Themen, wie den Nationalsozialismus, gar nicht erst aufkommen ließ.

Die unpolitische Justiz, auch der unpolitische Beamte, ist als Perspektive in diesem Justizbild zu erkennen.[584] Auch die Professionalität wird angesprochen, allerdings geht es hier nicht nur um die Funktion und spezielle, während der NS-Diktatur gesammelte Kenntnisse,[585] wenngleich auch die Betätigung während der NS-Diktatur zählte. Das Bild geht noch darüber hinaus, bezieht sich auf ganze Karrieren, Wissen und Praktiken aus der Zwischenkriegszeit, idealisierte Justizpersönlichkeiten und fängt Momente des Ansehens, der Autorität, der Justiz wieder ein,[586] letztlich als Elemente einer Unabhängigkeit der Justiz, die hilft, spezifische Bereiche einfach auszublenden. Dabei handelt es sich um eine Praxis der Selbstbeschreibung, die sich für Juristen mit unterschiedlichen NS-Vergangenheiten eignete. Das passt zu dem, was Bourdieu als die Bedingungen des „juridischen Feldes", die zur Ausformung des „juridischen" Habitus führen, erkannte: Die Juristen müssen selbst daran ebenso wie alle anderen glauben, dass das Recht prinzipiell allgemeingültig und losgelöst von spezifischen Interessen ist, um ihre eigene Situation in der Gesellschaft zu legitimieren.[587] Nichts anderes beschreibt Günther mit der Autonomie des Rechts, die „wie andere zentrale Ordnungsideen" geglaubt werden müsse.[588] Diese Bedingung förderte das Justizbild, dass die Diktatur wie die Demokratie zwar gegebenenfalls als Umstände berücksichtigte, sie aber nicht als ernstzunehmende Einflussfaktoren auf die Juristenpersönlichkeit verstand. Zentrales Kennzeichen der durch diese Subjektivierungspraktiken produzierten Justizbilder war, dass die politischen Umbrüche „eher am Rande" auftauchten, wie es auch Rottleuthner bereits für das autobiografische Erzählen bemerkte.[589] Dies liegt gerade an der Art und Weise, Juristenleben in der bürokratischen Biografie zu beschreiben und ihrer verwaltungsmäßigen Tradierung. Gerade durch diese Struktur war die Beschreibung in der Tat wiederum schematisch.

---

584 Günther/Maeke, Beamter, S. 267.

585 Sälter, Professionalität, S. 430; siehe dazu auch Kap. 2.1.

586 Zur Autorität der Justiz in Systemumbrüchen siehe Foljanty, Recht, S. 12 f.; zum Ansehen siehe Kap. 2.

587 Bourdieu, Juristen, S. 31 u. ders., Kraft, S. 41.

588 Günther, Zeitgeschichte, S. 86.

589 Rottleuthner, Karrieren, S. 195.

3.4 Fazit: Die bürokratische Biografie

Die bürokratische Biografie stellte eine Selbstbeschreibungsroutine und ein verwaltungspraktisches Referenzsystem dar, auf das sich die Beteiligten in der Nachkriegsdemokratie einigen konnten – zumindest wurde die Personalakte von allen als „Wahrheit" über das Juristenleben genutzt. Sie zeichnete sich durch dominante Bilder aus – die Normalisierung des Nationalsozialismus durch den „Wiederaufbau" und die Unabhängigkeit der Justiz –, die in verschiedenen Praktiken – Sammeln beziehungsweise Dokumentieren und (Selbst-)Beschreiben, Übergangspraktiken, Prüfen, Bezeugen und Legitimieren – immer wieder ausgedrückt wurden.

Sowohl die schlichte Personalaktenpraxis, die innere Aktenführung als auch das in den Personalakten gezeichnete Justizbild normalisierten die nationalsozialistische Herrschaft systematisch. Dies geschah durch vielfache aktive Rückgriffe auf Regelungen der bayerischen Justizverwaltung aus der Weimarer Republik bis in die 1970er Jahre hinein. Zentrales Kennzeichen der durch die Subjektivierungspraktiken produzierten Justizbilder war es, dass politische Systeme in der Argumentation als Umstände des Juristenlebens, kaum jedoch als Einflussfaktoren auf die Justizpraxis wahrgenommen wurden. Die subjektivierende (Selbst-)Beschreibung blieb zwischen 1919 und 1971 erstaunlich gleichförmig in Inhalt und Argumentation, obwohl sich die äußeren Umstände wie politische Systeme und personalaktenrelevante Vorgaben mehrfach änderten. Auch hier wurde ein wirkmächtiges Justizbild perpetuiert, das sich aus der im juridischen Habitus üblichen unpolitischen Selbstbeschreibung speiste und zur Abgrenzung diente: das des vom Nationalsozialismus unberührten Rechts und der unabhängigen Justiz.

Durch die Rückgriffe auf Weimar wurden die Regelungen aus der Zeit des Nationalsozialismus allerdings – wenn überhaupt – nur sehr rudimentär rückgängig gemacht. Die Wiederanknüpfungen blieben indes in den palimpsestgleichen Personalakten nicht ohne Spuren. Die Suche nach den Personalakten war stark von Zufällen und Kontingenzen geprägt – nicht alle Akten konnten zurückgewonnen oder rekonstruiert werden. Im Gegensatz dazu steht das Idealbild der vollständigen, aussagekräftigen und zum Beweisstück erhobenen Personalakte.

Subtile Auswirkungen von Systemumbrüchen zeigten sich außerdem innerhalb der Akten und auf die Verwaltungstechnik insbesondere in Übergangspraktiken. Durch Durchstreichen und Darüberschreiben dienten sie der deutlichen Abgrenzung durch Ermächtigung des Schriftbildes und der Herrschaftsinsignien und stellten gleichzeitig eine Kontinuität dar. Einerseits handelte es sich hier um die Herrschaft des neuen politischen Systems, andererseits um die bürokratische Ordnung, die aktiv über- und damit weitergeführt wurde und Wiederanknüpfungen vereinfachte sowie der Sparsamkeit diente. Während der NS-Diktatur hatten zudem neue Informationen und Abfragekategorien Eingang in die Verwaltungspraxis gefunden, hinter die man nicht mehr zurückging: Dieses Wissen sollte in den Händen der Verwaltung bleiben. Letztlich dienten die Rückgriffe auf Weimar sowie die Nutzung der NS-Akten der Legitimierung und Souveränisierung der Justizverwaltung.

Für die einzelnen Juristen, die ihre Daten für die Personalakten abgeben mussten, die die Justizbilder kannten und die mitunter in die Personalverwaltung selbst involviert waren, ergab sich auch daraus eine Erfahrungskontinuität. Die bürokratische Biografie veränderte sich als Grundform institutioneller Lebensbeschreibung kaum. Sie wurde in der bayerischen Verwaltungspraxis auch über Systemtransformationen hinweg als legitime Form der Erzählung des Juristenlebens betrachtet und genutzt. Auch wenn die Akteure keine Alternativen gesehen haben mögen, war dieser Schritt nicht alternativlos – institutionelle Kontinuität geschah nicht einfach, sie wurde durch diese Schritte erst aktiv hergestellt, vielfach ohne konkrete personelle Kontinuität bei den Verantwortlichen. Die bürokratische Biografie überbrückte damit die Brüche in den individuellen Lebensläufen und half auf diese Weise, die Erfahrungen von Diktatur und Systemumbruch in eine sinnvolle, akzeptable Form der Selbstwahrnehmung zu überführen.

4 Entnazifizierungspraktiken: Bilder der „sauberen" Justiz

Die Entnazifizierung der bayerischen Juristen kennt mehr als die Spruchkammerverfahren, vielmehr gab es unterschiedliche Entnazifizierungspraktiken zu unterschiedlichen Zeiten.[1] Entnazifizierungspraktiken sind Praktiken der politischen Säuberung der Profession.[2] Sie bestehen aus dem Herstellen und Lösen von Verbindungen zur NS-Diktatur und bedingen so gruppenbezogene Ein- und Ausschlussprozesse, Repräsentationsentscheidungen und Reputationssorgen der Justiz als Profession. Anhand der argumentativen Verbindungen[3] von Justizbildern mit der erzählten NS-Vergangenheit kann festgestellt werden, welchen Stellenwert die bayerische Justizverwaltung der NS-Vergangenheit überhaupt zumaß und wie diese Verbindung jeweils in spezifischen, zeitgenössischen Kontexten situiert war. Die Herausarbeitung dieser Deutungen hilft, die Diskrepanz zwischen justizinterner und -externer Bewertung von nationalsozialistischen Justizverbrechen besser zu verstehen. Ferner können die Deutungen daraufhin untersucht werden, ob sie eine Integrationsfunktion für Juristen in die Nachkriegsdemokratie erfüllten und ob unterschiedliche Erfahrungen während der NS-Diktatur zu unterschiedlichen Deutungen führten.

Eine solche Analyse löst sich von der verengten Sicht auf die Ergebnisse der Spruchkammerverfahren oder die ebenso oft durchgeführte wie kritisierte „Nazizählerei".[4] Vielmehr zeigt ein integrativer Blick auf Entnazifizierungspraktiken längerfristige Diskurs- und Praxisbezüge von gruppenspezifischen Ein- und Ausschlussmechanismen auf, die über die Gültigkeit des Befreiungsgesetzes und Statistiken hinausgehen.[5] Die Verknüpfungen mit der NS-Vergangenheit änderten sich je nach Zeitpunkt, ebenso wie die realen Konsequenzen, die daraus gezogen wurden und die die Karrieren von Juristen beeinflussten. Die Entnazifizierungspraktiken beeinflussten den Zuschnitt der Gruppe, auch in Bezug auf das Fortkom-

---

1 Zur Entnazifizierung allgemein siehe jüngst Leßau, Entnazifizierungsgeschichten, für Bayern spezifisch Niethammer, Mitläuferfabrik.

2 Zur Gesundheitsmetaphorik Rojek, Infektiologie; zur selben „Waschrhetorik" siehe Niethammer, Mitläuferfabrik, S. 13

3 Einen ähnlichen Blick hat jüngst Hanne Leßau in den *Entnazifizierungsgeschichten* auf die „Deutungen der nationalsozialistischen Vergangenheit, die im Rahmen der Entnazifizierung vorgebracht wurden" geworfen – und zwar auf deren „argumentative[...] und narrative[...] Strukturen", Leßau Entnazifizierungsgeschichten, S. 32 f.

4 Weise, „Mehr als Nazizählerei", S. 386.

5 Zuletzt hat Holzhauser dies diskursiv in Bezug auf Deutschland, Frankreich und Österreich untersucht, siehe Holzhauser, Demokratie.

https://doi.org/10.1515/9783111390475-004

men des Einzelnen, etwa durch Beförderung, Rückstufung oder Versetzung in den Ruhestand. Damit wurden einzelne Juristen aus der Gruppe ausgegrenzt und andere inkludiert.[6]

Das gruppenbezogene Sprechen über die NS-Vergangenheit war in drei Phasen besonders laut – in den ersten Jahren ab 1945, während der Spruchkammerverfahren und während der „Blutrichter"-Kampagne. Diese Hochzeiten sind deshalb interessant, weil sie „Reaktions-, Verarbeitungs- und Normalisierungsmuster" besonders sichtbar machen – auch und gerade, wenn diese an Grenzen stießen.[7] In den Zwischenzeiten wurden Elemente der Entnazifizierungspraktiken, wenn auch etwas leiser und weniger öffentlich sichtbar, fortgeführt und gegebenenfalls modifiziert. Zur Rekonstruktion der Entnazifizierungspraktiken in der Justizverwaltung werden im Folgenden Diskussionen und Prüfverfahren untersucht, die angestellt wurden, um die NS-Vergangenheit von Personen zu eruieren.

4.1 Hoegners Männer der ersten Stunde: Persönlich bekannte „Nazigegner"

In der Aufbauphase der bayerischen Justizverwaltung mussten die Verantwortlichen über die jeweilige NS-Vergangenheit potenziell einzustellender Juristen Informationen akquirieren und diese einschätzen. Zu Beginn waren vor allem Hoegner und die Verantwortlichen der amerikanischen Besatzungsmacht damit beschäftigt, geeignete Kandidaten zu finden und deren NS-Vergangenheit zu eruieren. Über die frühen Entnazifizierungspraktiken wird im Folgenden am Beispiel der ersten Auswahl Hoegners erzählt. Die dort beobachteten Praktiken werden bis Anfang der 1950er Jahre verfolgt.

Personalaktenpraxis

Wilhelm Hoegner, der bereits vor dem Befreiungsgesetz mit den Angelegenheiten einer späteren Justizverwaltung beauftragt war, schlug im September 1945 einige Juristen für hohe Posten in der bayerischen Justiz – im Staatsministerium, am Oberlandesgericht und in der Generalstaatsanwaltschaft München – vor.[8] Insge-

6 Zu Gruppen- bzw. Organisationsbezogenheit Einzelner siehe beispielsweise Bourdieu, Juristen, S. 34 u. allgemein Kühl, Ganz normale Organisationen, S. 35.

7 Böick/Schmeer, Winkel, S. 52.

8 IfZA, NL Wilhelm Hoegner, ED 120/119, Bl. 42–44, Hoegner an Militärregierung für das Land Bayern, 24.09.1945. Diese Männer hatte er spätestens ab Anfang September im Blick, wie die vor-

samt handelte es sich hierbei um 22 Personen, von welchen 14 später im Justizministerium tätig sein sollten. Da eine Person nicht identifiziert werden konnte und eine weitere nie im Ministerium tätig war, beziehen sich die folgenden Ausführungen auf zwölf bayerische Juristen, die von Hoegner persönlich vorgeschlagen und im Justizministerium tätig wurden. Auch diese Personen wechselten zwischen hohen Posten in der Justizverwaltung, den Gerichten und den Staatsanwaltschaften hin und her, so wurden Hans Ehard und Ludwig Hagenauer ursprünglich für die Posten des Oberlandesgerichtspräsidenten und des Generalstaatsanwalts vorgeschlagen. Letzterer war nach dieser Tätigkeit 1947 auch einige Monate lang Staatssekretär im Justizministerium.

Die kurzen Texte, die Hoegner verfasst hatte, um die Amerikaner von seiner Auslese zu überzeugen, lesen sich wie Versatzstücke dienstlicher Beurteilungen. Hoegner verbürgte sich für fast jeden mit dem Verweis auf die, zum Teil, langjährige persönliche Bekanntschaft und wies auf die Gegnerschaft der Betroffenen zum Nationalsozialismus hin. Auch in dieser Hinsicht erinnerten sie, wenn sie auch das Gegenteil aussagen sollten, an die politischen Loyalitätsbehauptungen aus der nationalsozialistischen Beurteilungspraxis. Hoegner nutzte für seine Texte personalaktenrelevantes Material, auch für diejenigen, die er persönlich kannte. Insbesondere die dienstlichen Beurteilungen und die Würdigungen der Gauleitung aus den Personalakten dienten ihm als Beweise. Zusätzlich verwies Hoegner auf bereits erfolgte Einstellungen von Betroffenen durch die Militärregierung.[9]

Über Anton Konrad, dem er die Leitung der Personalsachen der höheren Beamten übertragen wollte, schrieb Hoegner: „Er war unter den jüdischen Richtern die Seele des inneren Widerstandes gegen die Naziherrschaft."[10] Konrad hatte dagegen stets angegeben, Katholik zu sein. War er doch jüdisch, so hatte er es derart gut versteckt, dass es niemals irgendwo auftauchte. Es liegt nahe, dass es sich hierbei um einen Schreibfehler Hoegners handelte. Denn in den Entwürfen des Schreibens an die Militärregierung hatte Hoegner noch geschrieben oder schreiben lassen: „Er war unter den *Münchner* Richtern die Seele des inneren Widerstands gegen die Naziherrschaft."[11] Eine Korrektur dieses Fehlers ist nicht ersichtlich. Konrads innerer Widerstand war während des NS-Regimes nicht zu Tage getreten.

---

herigen Entwürfe Hoegners belegen, IfZA, NL Wilhelm Hoegner, ED 120/119, Bl. 42–44, Hoegner an Militärregierung Frankfurt am Main, 06.09.1945 [die Datierung wurde nachträglich handschriftlich auf den 15.09.1945 geändert].

9 IfZA, NL Wilhelm Hoegner, ED 120/119, Bl. 42–44, Hoegner an Militärregierung für das Land Bayern, 24.09.1945.

10 Ebenda.

11 IfZA, NL Wilhelm Hoegner, ED 120/119, Bl. 39, Hoegner an Hauptquartier der amerikanischen Militärregierung, 15.09.1945.

Auf die innere Haltung kam es im Nationalsozialismus aber auch nicht an, sondern aufs äußerlich sichtbare Mitmachen.[12] Äußerlich sichtbar hatte Konrad sich allerdings angepasst, dem Regime aber nicht angedient. Er war Mitglied des NS-Rechtswahrerbundes (NSRB), des Reichluftschutzbundes (RLB), der NSV und des Reichsbundes der Deutschen Beamten. Seit 1935 war er aber von seinem Posten des Landgerichtsdirektors nicht mehr befördert worden.[13] An seiner politischen Zuverlässigkeit bestanden dennoch keine Zweifel, obwohl Konrad während der Weimarer Republik DVP-Mitglied gewesen war, wie aus der Antwort der Gauleitung auf die Anfrage des Münchner Oberlandesgerichtspräsidenten gelegentlich seiner Beförderung zum Landgerichtsdirektor ersichtlich ist.[14]

Ebenfalls sollte Hans Walther den Minister unterstützen. Hoegner hob hervor, dass Walther mit einer Jüdin verheiratet gewesen und deshalb „zum Landgerichtsrat degradiert" worden sei.[15] In der Tat war der spätere Ministerialdirektor 1937 vom Landgerichtsrat zum Amtsgerichtsrat degradiert worden und damit zweifelsfrei wegen seiner Ehe mit einer Jüdin diskriminiert worden.[16]

Wilhelm Rößner, der das Ausbildungswesen im neuen Justizministerium übernehmen sollte, attestierte Hoegner eine antinationalsozialistische Einstellung: „Vor einer Ansteckung durch den Nationalsozialismus war er schon durch seine Schweizer Verwandtschaft geschützt, die in Zürich im Rufe der Nazigegnerschaft steht."[17] Hoegner schrieb auch noch, dass ihm Rößner erst seit Kurzem bekannt sei, was den Verweis auf die Schweizer Verwandtschaft erklärt. Wenngleich die Verquickung von politischer Einstellung und Verwandtschaft weit hergeholt erscheint, so hatte Hoegner über sein Schweizer Exil auch eine persönliche Verbindung zu Rößner vorzuweisen.

Hoegner verschwieg an dieser Stelle aber, was Rößner wohl eigentlich für diese Stelle prädestinierte, nämlich seine ausgewiesene Expertise in der Ausbildung junger Juristen, die er am Oberlandesgericht München während der NS-Diktatur gesammelt hatte.[18] Auf seinem Fragebogen hatte Rößner dies mit dem Verweis ver-

12 Siehe dazu das Kapitel „Performative Loyalität" in Gotto, Finanzministerium.

13 BayHStA, MJu 25469, PA Anton Konrad, Personalbogen RJM, undatiert.

14 BArch Berlin-Lichterfelde, R 9361/II, PK (ehem. BDC), 559709, Anton Konrad, Gauleitung an PräsOLG München, 29.11.1935

15 IfZA, NL Wilhelm Hoegner, ED 120/119, Bl. 42–44, Hoegner an Militärregierung für das Land Bayern, 24.09.1945.

16 BayHStA, MJu 26842, PA Hans Walther, VizePräsOLG München an RMdJ, 27.09.1937. Siehe dazu auch Kap. 3.3.

17 IfZA, NL Wilhelm Hoegner, ED 120/119, Bl. 42–44, Hoegner an Militärregierung für das Land Bayern, 24.09.1945.

18 BayHStA, MJu 25955, PA Wilhelm Rößner, dienstliche Beurteilung, 08.12.1943. Siehe dazu auch Kap. 2.1.

zeichnet, dass er 1944 aus der Ausbildung entfernt worden sei, „weil nicht Parteigenosse".[19] In seinen Personalakten findet sich hierzu ein Schreiben, in dem ein Münchner Landgerichtspräsident in Vertretung des Oberlandesgerichtspräsidenten den Reichsjustizminister bat, Rößner in seiner Stellung als Leiter einer zivilrechtlichen Arbeitsgemeinschaft zu belassen. Man schätze ihn an der Fakultät, er sei politisch sehr zuverlässig und nur deshalb kein Parteimitglied, weil er „nach der Machtübernahme nicht als Wahrnehmer günstiger Konjunktur angesehen werden wollte".[20] Es ist in der Tat vorstellbar, dass 1944, über zehn Jahre nach der „Machtübernahme", ein solches Argument nicht mehr galt. Eine Bestätigung für Rößners Erzählung gibt es nicht, es ist kein Antwortschreiben in der Akte. Selbst wenn er 1944 aus der universitären Ausbildung ausschied, hatte er die längste Zeit der NS-Herrschaft angehende Juristen, auch am Oberlandesgericht, geschult.[21]

Für die Abteilung Straf- und Gefängniswesen schlug Hoegner den Staatsanwalt Walter Roemer vor. Hoegner stellte Roemers „Nazigegnerschaft" und dessen angebliche Sabotageakte sowie Aktionen zur Verhinderung von Hinrichtungen heraus.[22] Die Forscher*innen der Studie *Die Akte Rosenburg* über das Bundesjustizministerium und die NS-Zeit kamen bezüglich Roemer zu einem anderen Ergebnis. Auch Roemer hatte sich nicht „über das in diesem Berufsbild häufig zu beobachtende Maß hinaus in nationalsozialistischen Unter- und Nebenverbänden engagiert." Roemers Tätigkeit als Vollstreckungsanwalt am Landgericht München I und als Leiter der Vollstreckungsabteilung während der NS-Diktatur wird in der Studie allerdings als signifikante Belastung aufgefasst. Insbesondere zählten die Autor*innen die Anordnung von Todesurteilen „politische[r] Widerstandkämpfer" hierzu. Roemer selbst behauptete stets, 134 Vollstreckungen von Todesurteilen in den letzten Kriegsmonaten verhindert und zudem Abschiedsbriefe Hingerichteter widerrechtlich aufbewahrt zu haben. Letzteres wurde auch von Hoegner bestätigt.[23] Konrad bezeugte Roemers NS-Gegnerschaft ebenfalls und wies darauf hin, dass Roemer von Hans Ehard bereits Ende Mai zur Mitarbeit an der Errichtung der Justizverwaltung herangezogen worden war.[24]

Roemers Äußerungen zu seiner Tätigkeit als Vollstreckungsanwalt und zum Verstecken von Abschiedsbriefen hatten Hoegner offenbar stark beeindruckt und

19 BayHStA, MJu 25955, PA Wilhelm Rößner, Mil.-Gov.-FB, 03.09.1945.

20 BayHStA, MJu 25955, PA Wilhelm Rößner, PräsOLG [gez. PräsLG] an RMdJ, 28.07.1944.

21 Zur Juristenausbildung im NS siehe etwa Würfel, Reichsjustizprüfungsamt.

22 IfZA, NL Wilhelm Hoegner, ED 120/119, Bl. 42–44, Hoegner an Militärregierung für das Land Bayern, 24.09.1945.

23 Görtemaker/Safferling, Akte, S. 345–356. In der bayerischen Personalakte Roemers befinden sich kaum Materialien, die des BMJ konnten nicht eingesehen werden.

24 BayHStA, MJu 26822, PA Walter Roemer, Konrad an StMJ, 15.02.1955.

konturierten sein Bild von der Münchner Justiz während der NS-Diktatur. Denn er bemerkte in seiner Autobiografie prinzipiell, dass „[e]in großer Teil" der Münchner Richter „nicht dem Nationalsozialismus verfallen [war]".[25] Wenige Seiten später folgte eine ausführliche Schilderung einer „bedeutsame[n] Denkschrift" eines hohen Justizbeamten, die von Volksgerichtshof-Todesurteilen in München handelte und Roemers Geschichte erzählte.[26] Die Fokussierung des Dokuments auf VGH-Urteile lenkte von Todesurteilen des Münchner Sondergerichts ab. Hoegner wiederholte Roemers Geschichte sogar – dramatisch zugespitzt – 1959 vor dem Rechtsausschuss des Landtags in einer Diskussion um „Blutrichter": ein Jurist habe „unter eigener Lebensgefahr" die Testamente derjenigen, die nach dem Nacht- und Nebelerlass hingerichtet worden waren, „eingemauert" und den Angehörigen nach dem Ende des Krieges zukommen lassen.[27]

Ludwig Hagenauer, der Generalstaatsanwalt in München werden sollte, wurde von Hoegner so beschrieben wie Hagenauer seinerzeit von der NSDAP-Gauleitung: Er habe die Hakenkreuzfahne nicht gehisst und auch nicht ausreichend gespendet. Insgesamt wurde Hagenauer von Hoegner als „Nazigegner" angesehen. Wie Hoegner selbst schrieb, hatte er die Details den „politischen Akten" der NSDAP entnommen.[28] Sie ergibt sich auch aus einer in der Personalakte liegenden Korrespondenz zwischen Hagenauer, dem Oberlandesgerichtspräsidenten und der Gauleitung München-Oberbayern.[29] An deren Ende, im März 1937, war Hagenauer, nach einigen Anpassungsleistungen seinerseits an das Regime, wie erhöhter Spendenbereitschaft, als politisch zuverlässig eingestuft worden.[30] Hoegner zitierte freilich nur das erste Schreiben, das Hagenauer aus der Perspektive der Nachkriegszeit deutlich günstiger darstellte.

Bei den Herren, die Hoegner als Oberlandesgerichtsräte vorschlug, wurden kaum andere Worte gewählt. Hoegner ließ Ehards Tätigkeit am Erbhofgericht und am Ärztegerichtshof aus und rückte ihn anderweitig in ein besonders gutes Licht:[31] Ehard hatte „nach seiner Angabe" die Beförderung ans Reichserbhofgericht zwei-

25 Hoegner, Außenseiter, S. 192.

26 Ebenda, S. 194–198.

27 ABayLT, Ausschuss für Verfassungsfragen und Rechtsfragen, 40. Sitzung, 01.12.1959.

28 IfZA, NL Wilhelm Hoegner, ED 120/119, Bl. 42–44, Hoegner an Militärregierung für das Land Bayern, 24.09.1945.

29 BayHStA, MJu 26795, PA Ludwig Hagenauer, Korrespondenz Juli 1936 bis März 1937.

30 BayHStA, MJu 26795, PA Ludwig Hagenauer, Gauamt München Oberbayern an PräsOLG München, 11.03.1937.

31 BayHStA, NL Hans Ehard 11, PA Hans Ehard, RMJ an Ehard, 20.11.1942 u. StAM, OLG München 639, Verzeichnis Mitglieder Erbhofgericht, undatiert.

mal abgelehnt, um nicht in die NSDAP eintreten zu müssen, außerdem sei er nach 1933 als politisch unzuverlässig eingeschätzt worden.[32]

Sigmund Eckhardt beschrieb Hoegner als „Richter von umfassendem Wissen, bescheiden, aber aufrecht und lauter." Diese Worte stammen zum Teil aus einer dienstlichen Beurteilung aus dem Jahr 1943, die ihrerseits Elemente früherer Würdigungen wiederholte: „Eckhardt ist ein aufrechter deutscher Mann von *lauterem, offenem* Charakter. Seine Überzeugung weiß er *bescheiden*, aber doch mit allem Nachdruck zu vertreten" und „[s]eine Kenntnisse sind umfassend".[33] Eckhardts Personalakte gibt über diese Beschreibungen hinaus auch keinen einzigen Konflikt mit dem NS-Regime her, den Hoegner hätte nennen können.

Für Wilhelm Dieß sprachen in Hoegners Augen deren lange Bekanntschaft, Dieß' Gegnerschaft zum Nationalsozialismus und die Tatsache, dass er „wegen der jüdischen Abstammung seiner Frau verfolgt" worden sei.[34] Dieß sollte in der Personalabteilung für die Rechtsberufe verwendet werden.[35] Er war von der Militärregierung als Rechtsanwalt zugelassen, in der Anwaltschaft von „hohem Ansehen" und gleichzeitig in Hoegners Augen ein „Nazigegner".

Als „Hilfsarbeiter" in den Abteilungen schlug Hoegner Michael Guggumos, Rudolf Herrgen, Ernst Steffen, Rudolf Trabert und Hermann Vogelgsang vor. Für sie genügte die Zusammenfassung der wichtigsten Attribute für eine Wiedereinstellung: Sie waren ihm persönlich als „vertrauenswürdige Männer" bekannt, fachlich hochqualifiziert und er schätzte sie als „Nazigegner" ein.[36] Aus den Personalakten von Steffen, der während des Nationalsozialismus als Erster Staatsanwalt am Landgericht München I mit Straf- und Zivilsachen vertraut war, ergibt sich kein Hinweis auf eine „Nazigegnerschaft", die über seine fehlende NSDAP-Mitgliedschaft hinausging.[37] Auch Vogelgsangs Gegnerschaft zum Regime ist aus seiner Personalakte nicht zu rekonstruieren. Er wurde aber gut bewertet.[38] Ebenso ver-

---

32 IfZA, NL Wilhelm Hoegner, ED 120/119, Bl. 45–47, Hoegner an Hauptquartier der amerikanischen Militärregierung Frankfurt am Main, 24.09.1945.

33 BayHStA, MJu 26780, PA Sigmund Eckhardt, dienstliche Beurteilung OLG München 1943, undatiert. Solche Übernahmen sind auch für andere Institutionen feststellbar, mit Bezug auf den späteren Generalbundesanwalt Max Güde, siehe Kiessling/Safferling, S. 157 f.

34 IfZA, NL Wilhelm Hoegner, ED 120/119, Bl. 45–47, Hoegner an Hauptquartier der amerikanischen Militärregierung Frankfurt am Main, 24.09.1945.

35 IfZA, NL Wilhelm Hoegner, ED 120/119, Bl. 102, Geschäftsverteilungsplan, undatiert [1945].

36 IfZA, NL Wilhelm Hoegner, ED 120/119, Bl. 45–47, Hoegner an Hauptquartier der amerikanischen Militärregierung Frankfurt am Main, 24.09.1945.

37 BayHStA, MJu 26734, PA Ernst Steffen, dienstliche Beurteilung GenStA München, 01.04.1942 u. RJM an GenStA München, 04.08.1943.

38 BayHStA, MJu 26324, PA Hermann Vogelgsang, Dokument Nr. 920 GenStA München, 12.01.1935.

hält es sich mit Herrgen und Guggumos.[39] Für Letzteren verbürgte sich Hoegner nicht persönlich, verwies aber auf dessen Zulassung durch die Militärregierung.[40] Trabert war seit dem 3. August 1945 kommissarischer Leiter der Staatsanwaltschaft München I und seine Beschäftigung damit auch von der Militärregierung selbst, zumindest zeitweise, genehmigt worden.[41] Es ist unklar, ob die Militärregierung Zugriff auf die Personalakte Traberts hatte,[42] denn aus ihr wäre die Sondergerichtstätigkeit des Richters jedenfalls hervorgegangen.[43] Andererseits zeigt die Akte auch, dass ihn die NSDAP für wenig vertrauenswürdig hielt, wie Trabert auch in Richtung Konrads im November 1945 noch einmal in einer sechsseitigen Erklärung unterstrich, die Konrad mit der ihm vorliegenden Personalakte abglich. Darin erläuterte er nicht nur zwei NSDAP-Aufnahmegesuche aus den Jahren 1937 und 1941, die beide nicht positiv bescheiden wurden, sondern erklärte auch, dass er „nur stellvertretendes Mitglied des Sondergerichts" war. Insgesamt erklärte Trabert mit Verweis auf die Kollegen Herrgen, Roemer und Steffen, dass wenige Juristen ihren Unmut über die NSDAP so energisch kundgetan hätten wie er selbst.[44] Ministerialdirektor Konrad schrieb daraufhin an Staatsrat Ehard, dass „keinerlei Bedenken gegen die politische Haltung" Traberts bestünden. Er habe „mehreren politischen Zumutungen energisch widerstanden." Ehard zeichnete das Schreiben Konrads vier Tage später ab, ob und wie Hoegner davon unterrichtet wurde, bleibt unklar.[45]

Zusammenfassend lässt sich feststellen, dass Hoegners Männer der ersten Stunde zum größten Teil keine dezidierten „Nazigegner" waren. Zumindest dann nicht, wenn man den Begriff nicht überstrapazieren will. Die „Nazigegnerschaft", die Hoegner nahezu allen vorgeschlagenen Juristen attestierte, erschöpfte sich darin, im Nationalsozialismus nicht aufgefallen zu sein – vor allem nicht durch

---

39 BayHStA, MJu 26800, PA Rudolf Herrgen, dienstliche Beurteilung Oberstaatsanwalt (OStA) München I 1943, undatiert u. MJu 26792, PA Michael Guggumos, dienstliche Beurteilung PräsOLG München 1943, undatiert.

40 IfZA, NL Wilhelm Hoegner, ED 120/119, Bl. 45–47, Hoegner an Hauptquartier der amerikanischen Militärregierung Frankfurt am Main, 24.09.1945. Zu Guggumos' Beschäftigung während des Nationalsozialismus siehe auch Kap. 2.1.

41 BayHStA, MJu 26746, PA Rudolf Trabert, PräsLG München I Bestätigung, 16.11.1945.

42 Auch Materna bezweifelt dies, siehe Materna, Richter, S. 199. Es ist nicht unwahrscheinlich, dass eine Kopie der RJM-Akte in München lag, weil Trabert bis 1944 bei der Staatsanwaltschaft am LG München I tätig war, siehe dazu auch Kap. 3.1.

43 Siehe dazu auch Kap. 4.3.

44 BayHStA, MJu 26746, PA Rudolf Trabert, Trabert an StMJ, 14.11.1945. Dass Trabert bei seiner zuständigen NSDAP-Ortsgruppe unbeliebt war, unterstreicht auch sein BDC-Akt, siehe BArch Berlin-Lichterfelde, R 9361/II, PK (ehem. BDC), 1141625, Rudolf Trabert.

45 BayHStA, MJu 26746, PA Rudolf Trabert, Konrad an StR, 16.11.1945.

eine Mitgliedschaft in der NSDAP.[46] Bei genauerem Hinsehen verbarg sich dahinter eine Spannbreite an NS-Vergangenheiten. Keiner war Widerständler, auch Roemer nicht. Außer Hoegner selbst hatte keiner unter Verfolgung zu leiden gehabt, diskriminiert worden waren zwei Juristen wegen ihrer jüdischen Ehefrauen. Auch bei Hagenauer lassen sich Disziplinierungsmaßnahmen des Regimes erkennen.

Keiner von ihnen verzichtete auf seine Beschäftigung im Staatsdienst und arbeitete beispielsweise als Rechtsanwalt.[47] Nur Dieß war bereits vor 1933 als Rechtsanwalt beschäftigt. Trabert hatte nach seiner Tätigkeit als Beisitzer am Sondergericht – wie Roemer – als Staatsanwalt Todesurteile von Sondergerichten und dem Volksgerichtshof vollstreckt.[48] Sechs von ihnen waren nachweisbar in die Strafrechtspflege involviert, wobei Eckhardt 1941 erfolgreich darum gebeten hatte, nur noch im Zivilrecht verwendet zu werden.[49] Mit ihm waren drei davon im Straf- wie auch im Zivilrecht beschäftigt und fünf weitere nur im Zivilrecht. Ehard und Herrgen waren beide Mitglieder des Deutschen Ärztegerichtshofs und Ehard außerdem noch Vorsitzender des Erbhofgerichts.[50] Bezüglich der Rechtsgebiete lässt sich also keine deutliche Präferenz Hoegners ausmachen, vielmehr benötigte er Experten aus Rechtsgebieten, auch Strafrechtler.[51]

Dass keine Partei- oder Gliederungsmitglieder darunter sind, liegt auch am Alter der Vorgeschlagenen: Im Jahr 1933 waren die überwiegend aus der Frontgeneration stammenden Juristen bereits geprüft. Selbst die Vertreter der Kriegsjugendgeneration waren mit Geburtsdaten zwischen 1900 und 1904 verhältnismäßig alt und der letzte von ihnen, Trabert, legte 1930 die große Staatsprüfung ab.[52] Offenbar genügten die gängigen Verbandsmitgliedschaften im NSRB, dem RLB und der NSV, die mindestens im Falle des NSRB meist aus ihrer Eingliederung früherer juristischer Berufsverbände in die NS-Juristenorganisation im Rahmen der „Gleichschaltung" 1933 geschah.[53] Die vorgeschlagenen Juristen waren zum Teil in

46 Siehe dazu auch Rigoll, Staatsschutz, S. 47.

47 Siehe dazu auch Tuchel, Einführung, S. 30 f.

48 Materna, Richter, S. 197–199.

49 BayHStA, MJu 26780, PA Sigmund Eckhardt, Vormerkung 29.01.1941.

50 BayHStA, MJu 26800, PA Rudolf Herrgen, Abschrift Reichsärztekammer an RJM, 28.08.1942 u. Gelberg, Hans Ehard, S. 29 f.

51 Siehe dazu Kap. 2.1.

52 BayHStA, MJu 26746, PA Rudolf Trabert, Personalbogen StMJ, 15.01.1953.

53 Sunnus, NS-Rechtswahrerbund, S. 25. Diese Organisationen waren gewissermaßen Standardorganisationen, siehe dazu Manthe, Richter, S. 92 f. Ohne besondere Karriereambitionen scheint diese Mitgliedschaft ausreichend gewesen zu sein, siehe dazu Angermund, Richterschaft, S. 66. Auch die amerikanische Besatzungsmacht hielt den NSRB für wenig problematisch, das Office of the Director of Information Control hatte im Mai 1946 eine Beurteilungsgrundlage zusammenge-

mittleren bis höheren Beförderungsstellen angelangt, beispielsweise Ehard als Senatspräsident am Oberlandesgericht, Konrad als Landgerichtsdirektor oder Eckhardt und Rößner als Oberlandesgerichtsräte. In diesem Stellen mag es aufgefallen sein, wenn Juristen keine Partei- oder Gliederungsmitglieder waren. Gleichwohl schildert Hannes Ludyga in seiner Studie über das Münchner Oberlandesgericht, dass eine NSDAP-Mitgliedschaft eben keine Voraussetzung für eine dortige Tätigkeit gewesen sei,[54] was sich mit den Aussagen über andere Oberlandesgerichte deckt.[55]

Entscheidend ist, dass Hoegner die fehlende NSDAP-Mitgliedschaft als hinreichend dafür ansah, um daraus Distanz zum Nationasozialismus abzuleiten. Aus dieser vermeintlich inneren Haltung gegenüber dem NS-Regime, konstruierte er gleichzeitig die politische Tauglichkeit in der Nachkriegszeit.[56] Diese innere Haltung zu kennen war bei der Behauptung einer langjährigen persönlichen Bekanntschaft freilich gut möglich, allerdings hatte sie nicht in allen Fällen tatsächlich bestanden. Hoegners Empfehlungen hatten wiederum bei der Militärregierung großes Gewicht.

Es wird deutlich, dass sich die Ketten persönlicher Bekanntschaften von Hoegner ausgehend vor allem auf die Münchner Gerichte ausbreiteten:[57] Es gab einen Münchner Rechtsanwalt, zwei Münchner Amtsgerichtsräte, drei Richter am Landgericht München I, einen am Landgericht München II, vier Staatsanwälte der Staatsanwaltschaft München I und drei Richter am Oberlandesgericht München. Es ist anzunehmen, dass sich einige der Juristen untereinander kannten, zumal fast alle in derselben Stadt, in München, studiert hatten. Konrad verwies überdies darauf, dass Roemer und Ehard miteinander bekannt gewesen waren.[58] Trabert hatte ebenfalls auf Roemer sowie Steffen und Herrgen verwiesen. Selbst wenn die persönliche Bekanntschaft Hoegners mit einzelnen Juristen nicht besonders tief gewesen sein mag, wie bei Rößner, so fußte sie doch auf einem Netzwerk auf Bekanntschaften. Dass entsprechende Empfehlungen gefallen sind, ist nicht unwahr-

stellt. Für den Rechtswahrerbund wurde konstatiert: „Meaningsless, unless rank“, siehe BayHStA, OMGB, 10/09-1/016, Black List (also Grey & White) ICD/USFET 100, OMGUS Office of the Director of Information Control an Information Control Intelligence Personnel, 07.05.1946. Diese Einschätzung fand sich auch im wenige Monate zuvor veröffentlichten Befreiungsgesetz wieder.

54 Ludyga, Oberlandesgericht, S. 109.

55 Siehe beispielsweise Manthe, Richter, S. 92 f.

56 Vom Erfolg des Deutungsmusters der inneren Distanz von Bewerbern für Stellen am BMI berichten auch Palm/Stange, Vergangenheiten, S. 180.

57 Vergleichbare Netzwerke wurden auch für andere Justizinstitutionen belegt, siehe Görtemaker/Safferling, Akte, S. 114–118 u. Kiessling/Safferling, Staatsschutz, S. 169 f.

58 BayHStA, MJu 26822, PA Walter Roemer, Konrad an StMJ, 15.02.1955.

scheinlich. Entscheidend ist, dass Hoegner irgendeine Linie der persönlichen Bekanntschaft, wenn auch über Ecken, stets hervorhob.

Sein Hinweis auf die Bestätigung durch die Militärregierung einiger von ihm vorgeschlagener Juristen muss so verstanden werde, dass diese nicht gegen ihre eigene Säuberungs- und Clearingpraxis entscheiden könne. Hoegner verfügte schließlich analog zu seinem geschilderten Vorgehen am 27. Oktober 1945, dass Beamte und Angestellte, die zu irgendeiner Zeit Mitglieder von NSDAP, Sturmabteilung (SA), Schutzstaffel (SS) oder des Sicherheitsdienstes des Reichsführers SS (SD) gewesen waren, in einer anderen NS-Organisation ein Amt innegehabt hatten oder den Nationalsozialismus sonst gefördert hatten, in keinem bayerischen Ministerium mehr tätig sein dürften.[59]

Wie in Empfehlungen üblich, verschwieg Hoegner Negatives oder fragte nicht weiter nach. Zwar kann nicht in jedem Fall nachgewiesen werden, dass Hoegner personalaktenrelevantes Material kannte, aber da alle Vorgeschlagenen an Münchner Gerichten tätig gewesen waren, ist es möglich, dass ihm die untergerichtlichen Akten zur Verfügung gestanden hatten. Hoegners Beschreibungen der Männer, die er für den Aufbau der bayerischen Justizverwaltung und des Oberlandesgerichts München vorsah, war eine Entnazifizierungspraxis: Indem er die Vorgeschlagenen als „Nazigegner“ beschrieb und damit ihre Einstellung begünstigte, wurden diese aus der Gruppe der Juristen herausgenommen, die im NS tätig gewesen waren und potenziell ein Sicherheitsrisiko darstellten. Die Entnazifizierung war zwar 1945 noch eine persönliche Sache, doch es ging auch jetzt schon um das Leumundszeugnis einer in der Gunst der Amerikaner stehenden Person, also eine gängige Verwaltungspraxis. Als Beweis nutzte die (behauptete) persönliche Bekanntschaft, die im Falle Hoegners durch Personalaktenstudium und das Herausheben günstiger Umstände mittelbar aufgefrischt wurde.[60] Hoegners Männer der ersten Stunde im Justizministerium waren zwar mindestens äußerlich ans NS-Regime angepasst, stachen aber andererseits nicht durch Partei- oder Gliederungsmitgliedschaften und nennenswerte Karrieren während der NS-Diktatur heraus. Nach außen hin war eine nützliche Anpassung während des Nationalsozialismus sichtbar und in der Nachkriegszeit das Fehlen formaler Belastungsparameter. Wo nötig, wie etwa im Falle Traberts und Roemers, wurden nicht nur Erklärungen geliefert – diese wurde auch äußerst wohlwollend angenommen. Mit den vorgeschlagenen Männern verband Hoegner die Hoffnung, dass sie gerecht und gleich urteilten und „die Spuren des Nationalsozialismus aus dem geschändeten Rechtsleben tilgen werden“.[61]

---

59 IfZA, NL Wilhelm Hoegner, ED 120/114, Bl. 55, Anordnung, 27.10.1945.

60 Siehe dazu Kap. 2.2, 3.1 u. 3.3.

61 IfZA, NL Wilhelm Hoegner, ED 120/119, Bl. 45–47, Hoegner an Hauptquartier der amerikanischen Militärregierung Frankfurt am Main, 24.09.1945.

Auch wenn die Wiederholung der Beurteilungstopoi vor dem Hintergrund der arbeitssamen direkten Nachkriegszeit nachvollziehbar ist – so bestätigt sie doch Annahmen über die Gültigkeit der bürokratischen Biografie – und damit der Verwaltungstätigkeit allgemein über das Ende der NS-Diktatur hinaus. Gleichzeitig bestätigt die Wiederholung der Beurteilungstopoi auch, dass die Juristenbeschreibung, abgesehen von einigen politischen Spezifikationen, offenbar auch nicht geändert werden musste. Die Versatzstücke aus der Beurteilungspraxis waren mit Begriffen wie „glänzender Jurist", „energisch", „bescheiden", „mit klarem Blick für Menschen und Dinge", „ausgeprägtes Pflichtgefühl" und „unbestechliches Urteil", „Streben nach Gerechtigkeit", „hervorragend begabt", „fachlich hoch qualifizierte Persönlichkeiten", „mehr Wissenschaftler", „gediegener, ruhiger Mann" in beiden politischen Systemen nutz- und annehmbar.[62] Wichtig war, dass diese bekannten Beurteilungstopoi, die die juristische Unabhängigkeit unterstrichen, um das aus der persönlichen Bekanntschaft abgeleitete Wissen um die innere Distanz des betroffenen Juristen zum NS-Regime erweitert wurden.

Insgesamt ist festzuhalten, dass Hoegners Art, die Personalakte zu rezipieren, die prinzipielle Interpretationsoffenheit des Palimpsests der bürokratischen Biografie noch einmal deutlich unterstreicht.[63] Selbst wenn also Akten vorhanden waren, wurden sie oft utilitaristisch nur teilweise rezipiert.[64] Mit der persönlichen Kenntnis und der Aktenlektüre wurde vor allem dann, wenn die Akten ein unklares Bild abgaben, die zum jeweiligen Zeitpunkt richtige – und freilich nützliche – Interpretation unterstrichen. Die Akten wurden also durch die persönliche Kenntnis interpretiert. Ein solcher Umgang ist durchaus verständlich, geht es doch auch um eine jeweils aktuelle Beurteilung auf der Höhe der Zeit, die auch vergangene Fehler verzeiht sowie Lernleistung und Entwicklung belohnt.

Beförderungen

Nach 1938 wurde keiner der von Hoegner Vorgeschlagenen befördert, die während der NS-Diktatur im Staatsdienst standen.[65] Ehard, Guggumos, Hagenauer und Walther waren seit der Weimarer Republik nicht mehr befördert worden. Konrad, Roll und Vogelgsang waren 1935 zuletzt befördert worden. Rößners letzte Beförderung erfolgt im Jahr 1936 und Eckhardt, Herrgen und Steffen wurden 1937 noch

62 IfZA, NL Wilhelm Hoegner, ED 120/119, Bl. 42–44, Hoegner an Militärregierung für das Land Bayern, 24.09.1945. Siehe dazu auch Kap. 3.3.

63 Siehe dazu Kap. 3.2.

64 Siehe dazu beispielsweise jüngst Materna, Richter, S. 271 f.

65 Zu Roemer liegen keine diesbezüglichen Informationen vor.

einmal befördert, Trabert 1938. Damit war die Hälfte der von Hoegner vorgeschlagenen Juristen, die später im Ministerium tätig werden sollten 1945 seit zehn Jahren oder länger nicht befördert worden. Beförderungen, die im Zusammenhang mit besonderem Eifer für das NS-Regime gestanden hätten, sind nicht zu verzeichnen – eher das Gegenteil: Weil der Eifer weitgehend fehlte, wurden vom Oberlandesgerichtspräsidenten angedachte Beförderungen durch die Partei verhindert, etwa bei Trabert.[66] Bei den Vorgeschlagenen handelte es sich um Juristen mit vergleichsweise guten Prüfungsnoten. Neun der zehn ermittelten Noten der zweiten juristischen Staatsprüfung nach der Prüfungsordnung von 1910 hatten die Abschlussnote „gut" (54–70 Punkte) erreicht, zwei hatten „bestanden" (71–90 Punkte).[67] Zudem waren alle in der juristischen Praxis sehr gut bewertet worden.

Ob den Juristen während der NS-Diktatur aber eine Beförderung vorenthalten worden war, ist kaum zufriedenstellend zu beantworten. Einerseits gab es beispielsweise 1938 ein Verhältnis von 3 zu 1 zwischen Juristen und Beförderungsstellen. Dieses änderte sich auch mit Kriegsbeginn nicht, da die Planstellen der eingezogenen Juristen nur stellvertretend besetzt wurden.[68] Dazu kam, dass eine ganze Reihe von Parametern bei Beförderungen herangezogen werden konnte – und in vielen Fällen auch herangezogen wurde –, nämlich das Lebens- und das Dienstalter, die Prüfungsnote und die dienstlichen Beurteilungen. Während die ersten drei harte Fakten waren, ließen sich – wie gezeigt – gerade die Beurteilungen gut interpretieren.

Ohne Rücksicht auf die politischen Umstände der Zeit wären die von Hoegner vorgeschlagenen Juristen wegen ihrer Beurteilungen aber wohl zumindest zur Beförderung vorgeschlagen worden. Dieser Ansicht waren die Einzelnen ebenso wie das Justizministerium. Die amerikanische Besatzungsmacht und die bayerischen Juristen nutzten die nationalsozialistische Vergangenheit – und Beförderungen zur NS-Zeit – als Argument in ihrer Beförderungspraxis in der Nachkriegszeit. Letztere strukturierte den Aufbau der Gruppe, indem sie Hierarchien beeinflusste. Die Beförderungspraxis ist damit auch ein Element der Entnazifizierungspraxis.

Bereits im Juli 1945 schilderte Hagenauer in einem Schreiben, dass er konsequent bei Beförderungen übergangen worden sei und seit 23 Jahren in derselben Besoldungsgruppe sei, die durch die „Verreichlichung" der Justiz auch noch „auf die Anfangsstellung der richterlichen Laufbahn heruntergedrückt wurde". Jedenfalls vertraute Hagenauer darauf, beim „Staatsminister" Verständnis zu finden,

66 BayHStA, MJu 26746, PA Rudolf Trabert, Bl. 81, RMdJ an PräsOLG München, 28.01.1943. Zum Verhältnis von Parteimitgliedschaft und Beförderung während des Nationalsozialismus siehe Spiller, Personalpolitik, S. 132, 142, 158 f. u. 170.

67 Zu den Noten der zweiten juristischen Staatsprüfung siehe Penzholz, Beliebt, S. 402–411.

68 Materna, Richter, S. 126 u. 132.

„wenn ich jetzt als Ausgleich für die jahrelange kränkende Zurücksetzung und die damit verbundene materielle Benachteiligung eine gehobene Stellung und eine Bevorzugung gegenüber denjenigen Richtern anstrebe, die auch während der nationalsozialistischen Herrschaft befördert wurden."[69]

Das sah Hoegner ein, denn Hagenauer wurde noch im Jahr 1945 mindestens einmal befördert – zunächst vom Landgerichtsrat zum Landgerichtspräsidenten und danach wurde er Generalstaatsanwalt.[70] Hagenauer war nicht der einzige, dem eine verhältnismäßig rasche Nachkriegsbeförderung zuteilwurde – und er war auch nicht der einzige, der dabei mit seiner nicht erfolgten Beförderung während der NS-Zeit in diesem Kontext argumentierte. Im Januar 1946 war für Bayern eine gemeinsame Dienstanweisung sämtlicher Staatsministerien „zur Beseitigung nationalsozialistischen Unrechts an Beamten" erlassen worden. Sie bestimmte, dass „Beamte, die während des nationalsozialistischen Regimes wegen ihrer antinationalsozialistischen Einstellung nicht befördert worden sind, [...] zu dem Dienstgrad befördert werden, den sie bei normalem Ablauf der Dinge erreicht hätten".[71] Bei Hagenauers Beförderung ebenso wie derjenigen Konrads vom Landgerichtsdirektor zum Ministerialdirektor oder der Steffens vom Staatsanwalt zum Ministerialrat im zweiten Halbjahr 1945 handelte es sich wohl um einen im Bereich der Justizverwaltung bereits praktizierten Vorgriff dieser offiziellen Linie.[72]

Bei späteren Versuchen, aus der Tatsache, dass man während der NS-Diktatur nicht befördert wurde, eine verbesserte Situation herauszuschlagen, die darüber hinausging, schlugen die Juristen regelmäßig fehl. Staatssekretär Carljörg Lacherbauer sprach sich beispielsweise gegen die von Trabert geforderte Verbesserung seines Besoldungsdienstalters aus. Trabert machte geltend, dass er, wäre er Parteimitglied gewesen, spätestens Ende 1942 zum Ersten Staatsanwalt befördert worden wäre, das sei „den Personalakten zu entnehmen". Der Staatssekretär hat Bedenken gegen einen solchen Schritt, weil seiner Meinung nach Trabert allerhöchstens einen Anspruch auf „Nachholung der Beförderung" habe, der inzwischen abgegolten sei, weil Trabert im Dezember 1945 zum Oberregierungsrat befördert

69 BayHStA, MJu 26795, PA Ludwig Hagenauer, Hagenauer an StMdJ, 17.07.1945.

70 BayHStA, MJu 26795, PA Ludwig Hagenauer, Entwurf Ernennung GenStA, 21.12.1945. Die Akte lässt offen, in welche Besoldungsgruppe Hagenauer als Landgerichtspräsident eingeordnet wurde. Die Ämter des Landgerichtspräsidenten und des Generalstaatsanwalts befinden sich meist in einer ähnlichen oder gar in der gleichen Besoldungsgruppe, weshalb unklar bleibt, ob er ein- oder zweimal im Jahr 1945 befördert wurde. Siehe zu den Besoldungsgruppen im Nationalsozialismus Gruchmann, Justiz, S. 293–295 u. in der Nachkriegszeit beispielweise GVBl. Nr. 13, 1958, Bayerisches Besoldungsgesetz v. 14.06.1958, S. 101–132.

71 BayHStA, MJu 26734, PA Ernst Steffen, StMJ Vermerk, 29.01.1965.

72 BayHStA, MJu 25469, PA Anton Konrad, Personalbogen RJM, undatiert u. MJu 26734, PA Ernst Steffen, Personalbogen RJM, undatiert.

wurde. Lacherbauer sah dann in der Tatsache, „daß ein Beamter nicht zum Termin befördert wurde" noch kein „nationalsozialistisches Unrecht im Sinne der Dienstanweisung".[73] Trabert zog seinen Antrag schließlich zurück, als man ihm eröffnete, dass daraus nichts werde – er unterstrich nichtsdestotrotz weiterhin in Beförderungsgesuchen die Tatsache seiner Nicht-Beförderung im Nationalsozialismus.[74]

Ein Ausgleich für eine nicht eingetretene Beförderung während der NS-Diktatur wurde nur denjenigen zuteil, die bereits wieder eingestellt waren – und auch nur denjenigen, deren NS-Vergangenheit einwandfrei feststand. Für den späteren Ministerialdirektor Andreas Holzbauer stellt sich die Nachkriegssituation problematischer dar: Bei seiner Wiedereinstellung 1947 wurde er aus der Besoldungsgruppe A1b eines Landgerichtsdirektors, die einer A 15 entspricht, in die Gruppe A2c1, entsprechend einer A 13, zurückgestuft.[75] Holzbauers Versuch, in seinem Spruchkammerverfahren eine nicht erfolgte Beförderung als Nachteil geltend zu machen, wurde von der Militärregierung widersprochen:

> „Es sei an dieser Stelle erwähnt, dass KZ, Schutzhaft, Strafkompanie und Strafversetzung natürlich ohne weiteres als erlittene Nachteile anzusehen sind, niemals aber ein Übergangenwerden in der Beförderung, da dies nur ein nicht eingetretener Vorteil ist."[76]

Waren nun bei Juristen, die eingestellt oder befördert werden sollten, Beförderungen während des Nationalsozialismus ergangen, wurden diese normalisiert. Hermann Gichtels zweimalige Beförderung 1934 und 1936 sei beispielsweise „überwiegend, wenn nicht ausschließlich auf seine dienstliche Bewährung zurückzuführen".[77] Auch über solche Behauptungen wurde das Bild der durch den Nationalsozialismus im Grunde nicht weiter beeinflussten Justiz in der Nachkriegszeit gezeichnet.

73 BayHStA, MJu 26746, PA Rudolf Trabert, Bl. 131, StMJ an StMF, undatiert [Januar 1948].

74 BayHStA, MJu 26746, PA Rudolf Trabert, Bl. 132, StMJ Abt. E an MinDir Konrad, 24.01.1948 u. Bl. 139, Trabert an StMJ, 12.04.1949.

75 BayHStA, MJu 26805, PA Andreas Holzbauer, Personalbogen StMJ, 24.06.1953. Zur Überleitung der Besoldungsgruppen siehe GVBl. Nr. 13 1958, Anlage III, S. 122.

76 StAM, SpkA K758, Andreas Holzbauer, Bl. 46, 96/46, Dr. Holzbauer 1033, undatiert.

77 BayHStA, MJu 25070, PA Gichtel, Bl. 28, Vorstand Abt. 2 AG München an PräsAG München, 21.11.1947.

Schlüsselstellenpraxis

Bis zur ersten Hälfte 1946 waren alle für das Justizministerium vorgeschlagenen Kräfte eingestellt – noch vor Beginn der Spruchkammerverfahren.[78] Nur bei sieben von ihnen sind Spruchkammerverfahren oder zumindest die Einsendung des Melde- oder Fragebogens überhaupt nachweisbar und alle wurden als vom Befreiungsgesetz „nicht betroffen" eingestuft. Das ist insofern nicht verwunderlich, als dass die Juristen keine Partei- oder Gliederungsmitgliedschaft aufwiesen. Die amerikanische Besatzungsmacht behielt sich die Auswahl oder mindestens die Bestätigungen geeigneter Juristen vor.[79] Von 1944 bis 1946 stellten sie hierzu auch verschiedene „weiße Listen" zusammen, zum Teil auch spezifisch für Justizpersonal. Auf die erste allgemeine weiße Liste hatte es von den späteren Vertretern der Justizverwaltung nur Ehard geschafft.[80] Im Januar 1946 hatten die amerikanischen Behörden eine „White list" für juristisches Personal zusammengestellt, die „Nazigegner" beinhalten sollte, die als Minister oder in anderen herausgehobenen Positionen eingesetzt werden könnten. Aus dem Sample dieser Studie wurden in der Liste Rößner genannt, allerdings einzig mit dem Verweis darauf, dass er jahrelang Referendarskurse geleitet und ansonsten einen „[l]iberal outlook" habe. Konrad wurde ebenfalls mit wenigen Worten so charakterisiert, wie Hoegner es zuvor beschrieben hatte: „Anti-Nazi judge, liberal and democratic." Die Beschreibungen Ehards und Hoegners sind deutlich ausführlicher, wohl auch weil beide eher für höhere Ämter vorgesehen waren als Rößner und Konrad. Während Ehard andernorts angegeben hatte, freiwillig mit der Übernahme des Ministerpostens durch Hans Frank aus dem Justizministerium ausgeschieden zu sein,[81] erläuterte der Text über ihn, dass er aus seiner dortigen Position entfernt worden sei, was nach dem NS-Regime sicher noch etwas besser klang als seine eigene Aussage. Außerdem sei Ehard ein „unbending anti-Nazi", charakterstark und Demokrat. Die Aussagen über Hoegner, zu diesem Zeitpunkt Ministerpräsident und Justizminister Bayerns, waren ebenfalls sehr positiv.[82] Hoegner hatte bereits seit 1943 Kontakte zum Direktor der Schweizer Niederlassung des Office of Strategic Services, Allan Dulles, und besprach mit den Amerikanern dort Pläne zum nachnationalsozialisti-

78 BayHStA, MJu 25469, PA Anton Konrad, OMGBY an MPräs, 15.12.1945 u. StMJ 38/2018, Statusakten, 2, Höherer Dienst im StMJ, Approval für Diess, Rössner, Römer, Konrad, 15.12.1945.

79 BayHStA, NL Hans Ehard 124, Staatsrat Aktenvormerkung, 01.11.1945.

80 Siehe den Abdruck in Wuermeling, Liste, S. 223.

81 Gelberg, Hans Ehard, S. 27; siehe dazu auch BayHStA, NL Hans Ehard 12, PA Hans Ehard (1919–1944), StMJ Personalverhältnisse, 05.07.1933.

82 IfZA, OMGUS, 17/215-1/7, Legal personnel: „White list", undatiert [01.1946].

schen Deutschland.[83] Diese im Falle Hoegners persönlich und im Falle Ehards offenbar über eine Empfehlung bereits vor Kriegsende bestehende Bekanntschaft mit beziehungsweise bei der künftigen Besatzungsmacht war die Voraussetzung für deren Schlüsselrollen in der bayerischen Nachkriegsjustiz. Davon ausgehend hatten die Amerikaner eine Schlüsselstellenpraxis entwickelt, um den nach der kurzen Anfangsphase unweigerlich zunehmenden Zustrom von ehemaligen NSDAP-Mitgliedern in die Justiz zu regeln: es ging darum, bei der Besetzung von besonders hervorgehobenen Positionen äußerste Vorsicht in Bezug auf die Biografie und damit NS-Belastung der Kandidaten walten zu lassen.[84]

Im April 1947 hatten die Amerikaner der bayerischen Justizverwaltung bereits zugestanden, dass Gerichtsassessoren, die Parteimitglieder gewesen waren, auch am Oberlandesgericht eingestellt werden durften. Juristen, die bereits weiter fortgeschritten in ihrer Karriere waren, sollten bevorzugt dort eingesetzt werden, wo sie keinen Kontakt mit der Öffentlichkeit hatten – etwa an den Grundbuchämtern, wo besonders viel Personal fehlte.[85] Als die deutschen Behörden in der Folge weiterhin über Personalmangel klagten, war aus amerikanischer Sicht klar, dass keine Juristen mehr entlassen werden konnten, die noch auf ihre Spruchkammerverfahren warteten, denn dies „would cripple the German administration of justice which is already greatly handicaped by shortage of personnel". Außerdem führte der Autor Alvin J. Rockwell aus, dass die Entlassung dieses Personals als ein Eingriff in die durch die bayerische Landesverfassung garantierte richterliche Unabhängigkeit gewertet werden könnte und damit die Moral der Juristen senken würde. Zuletzt erklärte er, dass die Entlassung aber insbesondre deshalb ungerecht wäre, weil die von der Militärregierung ausgewählten Juristen „a select group of politically reliable and democratic men" seien, die „are generally held to be more trustworthy than those judges and prosecutores who are now being cleared [...] by the German Denazification Tribunals". Rockwell regte an, deren Entnazifizierung zu forcieren, sie aber im Amt zu behalten.[86] Damit perpetuierte er ein weiteres Mal die Idee von der persönlichen Bekanntschaft und Verbürgung für die demokratische Einstellung eines anderen Juristen.[87]

83 Hoegner, Außenseiter, S. 165 f.

84 Siehe dazu auch Rigoll, Staatsschutz, S. 38–41, der von „Schlüsselpositionen" und „personalpolitische[m] Pragmatismus" spricht; Palm/Stange, Vergangenheiten, S. 178, die von „Schlüsselbereiche[n]" schreiben, und zur selben Praxis in Baden siehe Kißener, Diktatur, S. 297–301 u. 323.

85 BayHStA, OMGB, 17/187-3/001, Conferences with Bavarian Ministry of Justice, Conference with MinDir Dr Konrad on 02.04.1947, undatiert.

86 IfZA, OMGUS, 17/201-3/2, Memorandum, Subject: Military Government Participation in Training of referendare [sic] and law students, 14.05.1947.

87 Siehe dazu Kap. 2.2.

Rockwell erklärte auch, dass die Zahl der ehemaligen NSDAP-Mitglieder im bayerischen Justizdienst stetig wachse. Der Justizminister, zu diesem Zeitpunkt noch Hoegner, würde als Mitläufer entnazifizierte Personen wegen des Personalmangels an den Gerichten und Staatsanwaltschaften einstellen.[88] Hans W. Weigert, der als Zivilist für die Besatzungsmacht arbeitete, erklärte dazu, dass zuvor im Jahr 1945 eine sehr harte Säuberungspolitik bei Juristen zur Personalknappheit beigetragen hatte, die auch von der Säuberungspolitik im übrigen öffentlichen Dienst abweiche: auch diejenigen, die 1937 oder später der NSDAP beigetreten waren und damit eigentlich in die Kategorie „discretionary – no adverse recommendations" fielen –, also mit dem nötigen Ermessensspielraum hätten eingestellt werden können, seien in der Justiz nicht eingesetzt worden – eine Politik, nach der auch Hoegner verfahren war. Dies wiederum habe die Wiederherstellung des deutschen Gerichtssystems verunmöglicht. Deshalb seien „nominal members of the Nazi party" eingestellt worden, wodurch für Justizjuristen dieselben Standards gegolten hätten, wie für den übrigen öffentlichen Dienst. Auch Weigert erklärte, dass diejenigen ehemaligen Parteigenossen, die in diesem Kontext wiedereingestellt worden seien, „men in whom both Military Government officers and the German Minister of Justice had complete confidence" gewesen seien.[89] Auch in diesem Fall wurde also die persönliche Kenntnis als bedeutendstes Argument für oder gegen eine Einstellung gewertet.

Einig war man sich aber, dass Ministerialbeamte, die Erlasse im Namen des Justizministers zeichnen durften, Richter und Staatsanwälte am Oberlandesgericht, Landgerichtspräsidenten und führende Staatsanwälte an Landgerichten sowie Vorstände der Amtsgerichte in großen Städten in keinem Fall je Mitglied der NSDAP, der SS, der SA, des Nationalsozialistischen Kraftfahrkorps (NSKK) oder des Nationalsozialistischen Fliegerkorps (NSFK) gewesen sein durften. Wer dieses Kriterium nicht erfüllte, sollte auch nicht an Prozessen beteiligt werden, die sich mit dem Nationalsozialismus auseinandersetzten.[90]

Besonders interessant ist der Fall des langjährigen Ministerialdirektors Holzbauer. Im März 1946 hatte sich Holzbauer noch an den Staatssekretär Ehard gewandt – beide waren einander seit ihrer gemeinsamen Zeit im Justizministerium während der Weimarer Republik bekannt. Holzbauer bat Ehard darum, ihm bei der Suche nach einer Beschäftigung zu helfen. In Anbetracht der Umstände – Holz-

88 IfZA, OMGUS, 17/201-3/2, Memorandum, Subject: Military Government Participation in Training of referendare [sic] and law students, 14.05.1947.

89 IfZA, OMGUS, 17/201-3/2, Memorandum, Denazification of Judges and Prosecutors in the German Ordinary Courts, 08.06.1947.

90 IfZA, OMGUS, 17/199-3/40, Justice Ministry matters, Subject: Denazification od German Administration of Justice, undatiert [10.–11.1947].

bauer war von der Militärregierung aus seiner Stelle als Landgerichtsdirektor in Bamberg, wo er nach seiner Rückkehr aus der Wehrmacht von Juli bis Dezember 1945 beschäftigt war, entlassen worden – erklärte er gegenüber Ehard, er sei „für die Übertragung jeder Tätigkeit im Bereiche der Justiz dankbar, gleichgültig in welcher Stellung und an welchem Orte". Es ging vor allem darum, „überhaupt wieder in Arbeit und Brot zu kommen".[91] Ehard dämpfte die Hoffnungen Holzbauers und bat um Geduld. Möglicherweise könne eine vorläufige Beschäftigungserlaubnis eingeholt werden, wenn nicht, müsse die Spruchkammerentscheidung abgewartet werden.[92]

1947/48 stieß der Plan des bayerischen Justizministers Hoegner, Holzbauer zu befördern, auf amerikanischen Protest. Nachdem Hoegner Holzbauers Einstellung im Dezember 1945 noch abgelehnt hatte, weil er ihn nicht für „unbelastet" hielt,[93] sah er die Sache 1947 ganz anders. Nach fast zwei Jahren sollte Holzbauer zum Ersten Staatsanwalt in Würzburg eingesetzt und dort außerdem mit den Dienstgeschäften des Oberstaatsanwalts beim Landgericht beauftragt werden. Dessen Posten sollte er „nach Bewährung" erhalten. Hoegner erläuterte auch Holzbauers Mitgliedschaften – NSDAP 1940–1945, förderndes NSFK-Mitglied 1937–1941, NSV, NSRB, RLB –, aber auch die Einreihung in die Gruppe der Entlasteten durch die Spruchkammer in Kronach am 24. März 1947. Vor allem aber habe er mit seiner „hervorragenden Prüfungsnote und bisherigen Laufbahn" gezeigt, dass er für eine Leitungsposition „besonders geeignet" sei. Hoegner erwähnte an dieser Stelle nur das Passendste, nämlich Holzbauers kurze Tätigkeit im bayerischen Justizministerium, nicht aber die ungleich längere Tätigkeit im nationalsozialistische Reichsjustizministerium.[94] Der Leiter der Legal Division, Juan Sedillo, gab dieses Vorhaben weiter an die OMGUS-Legal Division. Haven Parker antwortete, dass Holzbauer in seiner Position als Erster Staatsanwalt verbleiben könne, dass aber eine Beförderung in eine herausgehobene Stellung wie Oberstaatsanwalt der US-amerikanischen Politik entgegenlaufe. Es sei nicht auszuschließen, dass man Holzbauer aus dem Posten wieder entfernen würde.[95] Der folgende Justizminister, Josef Müller, informierte die Militärregierung schließlich im Mai 1948 darüber, dass Holzbauer die Bewährungsprobe sehr gut bestanden habe und dass er gedenke, Holzbauer zum Oberstaatsanwalt zu ernennen. Wenige Tage später tat er dies.[96] Hierauf re-

---

91 BayHStA, NL Hans Ehard 131, Holzbauer an StS, 02.03.1946.
92 BayHStA, NL Hans Ehard 131, StS an Holzbauer, 18.03.1946.
93 IfZA, OMGUS, 217/3/4, StMJ Übersicht Verwendung von Juristen, 05.12.1945.
94 IfZA, OMGUS, 217/3/4, StMdJ an Militärregierung für Bayern, 03.09.1947.
95 IfZA, OMGUS, 217/3/4, OMGUS Legal Division an OMGB Chief Legal Officer, 09.10.1947.
96 IfZA, OMGUS, 217/3/4, StMdJ an OMGB, 12.05.1948 u. III – 7547/48 Subject: Personnel Matters, 25.05.1948.

agierte Sedillo mit Befremden. Er verwies darauf, dass man ohne Erfolg gegen diese Ernennung beim Justizministerium 1947 und 1948 protestiert hatte, wie aus der Personalakte ersichtlich sei.[97] Sedillo zitierte in seinem erneuten Schreiben an die OMGUS-Legal Division ausführlich aus der Personalakte Holzbauers und kritisierte die Einschätzung der Spruchkammer Kronach. Er erhoffte sich eine Anweisung in Bezug darauf, wie künftig die Ernennung von ehemaligen NSDAP-Mitgliedern in „key postitions" bekämpft werden könnte.[98] In einem weiteren Brief, drei Tage später, erklärte Sedillo noch einmal, für wie gefährlich er solche Vorgänge halte und dass Holzbauer kein Einzelfall sei. In seinen Augen würde dadurch eines der basalen Besatzungsziele, „the elimination of Nazi-elements and Nazi-doctrines from the Adminstration of Justice" verfehlt. Er sah das Problem vor allem in der Übergabe der Entnazifizierung an die von deutscher Seite verwalteten Spruchkammern.[99] Auch Weigert stimmte Sedillo zu und warb dafür, dass die Regelung, Schlüsselpositionen mit Personen, die nie NSDAP-Mitglieder gewesen waren, weiterhin eingehalten werde.[100] Wenige Monate später hatte sich diese Einschätzung verändert – und Holzbauer blieb Oberstaatsanwalt bis 1951. Nicht nur in diesem Fall hatten diejenigen Kräfte in der Besatzungsmacht, die für eine striktere, stärker von US-amerikanischer Seite kontrollierte Personalpolitik in der Justizverwaltung warben, das Nachsehen.[101]

Die bayerischen Juristen nutzten dann auch in weiteren Besprechungen mit Vertretern der amerikanischen Besatzungsmacht immer wieder den Topos der persönlichen Bekanntschaft, um ihre Personalauswahl zu rechtfertigen. Der Münchner Oberlandesgerichtspräsident Welsch erklärte 1948: „Ich habe immer noch das Empfinden, dass die Militärregierung fürchtet, dass wir ehemalige Nazis hineinschmuggeln wollen. Das liegt uns aber völlig fern. Wir kennen unsere Leute genau. Sie dürfen überzeugt sein, wenn wir einen Mann vorschlagen, dann ist er geeignet." Darauf entgegnete Paul J. Farr von der Militärregierung: „Nach den Personalakten war der Vorgeschlagene manchmal etwas mehr als nur nominelles Parteimitglied." In der weiteren Diskussion ging es den Vertretern der Besatzungsmacht in dieser verhältnismäßig späten Phase, trotz Farrs Hinweis, um eine besänftigende Lösung. Justizminister Josef Müller erklärte, dass „ob Mitläufer oder

97 In der Tat finden sich entsprechende Schriftstücke in der Personalakte Holzbauers, siehe BayHStA, MJu 26805, PA Andreas Holzbauer, Notiz MinDir Besprechung mit Baker und Eyermann der Militärregierung, 10.10.1947 u. Vormerkung MinDir, 05.02.1948.

98 IfZA, OMGUS, 217/3/4, OMGB Director Legal Division an OMGUS Legal Division, 25.06.1948.

99 Ebenda, 28.06.1948. Siehe zu dieser und weitere Kritik am Befreiungsgesetz und den Folgen auch Niethammer, Mitläuferfabrik, S. 658 f.

100 IfZA, OMGUS, 217/3/4, Weigert Memorandum, 16.07.1948.

101 Zu unterschiedlichen Interessen von Beschäftigten der Besatzungsmacht in Bezug auf die Justiz siehe Kißener, Diktatur, S. 282.

entlastet" sowie das Jahr des Parteieintritts seien 1948 keine entscheidenden Kriterien mehr. Sowohl Farr als auch Weigert zeigten sich zustimmend, Weigert ging dabei noch einen Schritt weiter. Er erklärte, dass die Regel zu den mit Unbelasteten zu besetzenden „Schlüsselstellen", die auch Richterpositionen an den Oberlandesgerichten einbezog, gelockert werden könne – sogenannte Mitläufer könnten nun ans Oberlandesgericht berufen werden. Dies allerdings nur, wenn die bayerische Justizverwaltung „dafür garantier[t], dass die Herren über den Spruchkammerbescheid hinaus Gewähr in politischer Hinsicht bieten". Er erklärte weiter, dass diese Lockerung deshalb möglich sei, weil die Besatzungsmacht der Überzeugung sei, dass sie auf das Urteil der bayerischen Gesprächspartner „vollkommen vertrauen dürfen".[102] Damit war einerseits klar, dass die Entscheidung, aber auch die Verantwortung beim Justizministerium lag. In Anbetracht des Vorbehalts der Militärregierung, etwa solche Fälle, die besondere öffentliche Aufmerksamkeit mit sich brachten, besonders zu prüfen und im Wissen darum, dass die NS-Vergangenheit von Juristen durchaus skandalisierbar war, ging man wohl davon aus, dass damit durchaus eine wirksame Selbstrestriktion durch die bayerische Behörde vollzogen wurde. Andererseits zeigten die Amerikaner ebenfalls, dass sie von den Spruchkammerentscheidungen wenig hielten, wie Weigert, auch auf die Meinungsverschiedenheit zwischen Welsch und Farr eingehend, weiter ausführte: „Entscheidend ist, dass Sie davon überzeugt sind, dass der Ausgewählte wirklich, nicht nur nach dem Spruchkammerbescheid, Mitläufer ist und dass er für die Justizverwaltung tragbar ist." Konrad versuchte dann, die losen Fäden zusammenzuführen und kündigte an, Farr weiterhin die Personalakten von für Schlüsselstellungen vorgesehene Juristen vorzulegen. Den Oberlandesgerichtspräsidenten gab er dabei auf, nicht nur dem Wort der Amtsvorstände bei Vorschlägen zu vertrauen, sondern selbst „genau und nicht nur formularmässig die Persönlichkeit eines jeden einzelnen nachzuprüfen".[103] Damit meinte Konrad wohl ein eingehendes Personalaktenstudium und die Nachfrage bei Unklarheiten sowie gegebenenfalls ein persönliches Gespräch – jedenfalls auch die Kenntnis dessen, was als vergangenheitspolitische Nachteile eines Juristen ausgelegt werden könne. So wurde beispielsweise auch der Münchner Oberlandesgerichtspräsident noch im März 1950 darauf hingewiesen, dass „von der Bestellung der Landgerichtsräte Möhl oder Mattmer zum stellv. Vorsitzenden des Schwurgerichts beim Landgericht München I" abzusehen sei, „weil sie beide nicht unbelastet sind".[104] Gerade in Fällen vor den Schwurgerichten, die über schwere Straftaten zu befinden hatten, war Vorsicht ge-

---

102 BayHStA, OMGB, 17/187-3/001, Conferences with Bavarian Ministry of Justice, Besprechung am 29.11.1948 in Fürth, undatiert.

103 Ebenda.

104 BayHStA, MJu 25648, PA Josef Mattmer, StMJ an PräsOLG München, 07.03.1950.

boten.[105] Dies zum Schutz der Institution. Auch in diesem Fall war eine Mitgliedschaft nicht mehr das Ausschlaggebende, vielmehr ging es um die Kenntnis darüber und eine Beurteilung der Frage, inwiefern man sich vor diesbezüglicher Kritik schützen könnte, wenn man solche Personen trotzdem beschäftigte.

Auch die Schlüsselstellenpraxis stellt eine Prüfpraxis dar. Einerseits wurde sie von der amerikanischen Besatzungsmacht gefordert, andererseits wurde ihr auch von Seiten des Justizministeriums eine positive Außenwirkung attestiert. Die sich daraus ergebende „persönliche Einschätzung" zur NS-Vergangenheit von Vorgesetzten oder sich in Entscheidungspositionen befindlichen Personen mag zwar „schwer zu objektivieren" sein und „informell" wirken,[106] letztlich handelt es sich aber um eine gängige einzelfallbezogene bürokratische Praxis der Zeugenschaft über persönliche Kenntnis und Nähe.[107] Was Sälter für den BND erläutert, kann auch für die bayerische Justiz gelten: Es ging nicht darum, „belastete Personen aus dem Dienst herauszuhalten",[108] vielmehr stand die Idee einer Überprüfung in Bezug auf äußere Maßstäbe, zu denen auch die Tragbarkeit der jeweiligen NS-Vergangenheit zählte, im Mittelpunkt.

Fazit

Die frühen Entnazifizierungspraktiken bezogen sich vor allem auf die bekannten bürokratischen Biografiepraktiken: Datensammeln, Prüfen und Bezeugen. Hoegner argumentierte für seine Auswahl an Juristen, die den Beginn im Justizministerium und am Oberlandesgericht München machen sollte, indem er die persönliche Bekanntschaft mit den Juristen hervorhob und aus ihren Personalakten zitierte. Er konstruierte damit das Bild des ihm persönlich bekannten „Nazigegners", der kein Parteimitglied gewesen war und dem Nationalsozialismus innerlich völlig entfernt gegenübergestanden hatte.

Die anfängliche Nulltoleranzpolitik gegenüber ehemaligen NSDAP-Mitgliedern konnte vor dem Hintergrund fehlenden Personals im Justizbetrieb bald nicht mehr aufrechterhalten werden. Was blieb, war eine modifizierte Prüfpraxis qua persönlicher Verbürgung für eine bestimmte Auslegung der Biografie und NS-Justiz des betroffenen Juristen. Aus den unbedingten „Nazigegnern" wurden schließlich NSDAP-Mitglieder, denen Vorgesetzte eine demokratische Gesinnung attestier-

105 Siehe dazu beispielsweise Eichmüller, Generalamnestie, S. 17–22.

106 Kiessling/Safferling, Staatsschutz, S. 190.

107 Das heben auch Palm/Stange hervor, die von einem „formalisierten Verfahren" mit individueller Einzelfallentscheidung berichten, siehe dies., Vergangenheiten, S. 179.

108 Sälter, NS-Kontinuitäten, S. 770.

ten – solange dies für die Institution tragbar erschien. Schlüsselstellen blieben bis Ende der 1940er als völlig unbelastet geltenden Juristen vorbehalten, doch auch diese personalpolitische Prüfpraxis wurde mit Beginn der 1950er Jahre etwas gelockert.

4.2 Der Spruchkammerdiskurs als Personalaktendiskurs

Auf die frühen Jahre der von Hoegner eingeführten Entnazifizierungspraktiken folgten solche der stärkeren Institutionalisierung über das Befreiungsgesetz und die darin vorgesehenen Spruchkammern. Die damit verbundenen Diskurse und Praktiken werden im Folgenden anhand der Verfahren für Juristen in den Spruchkammern und dem Umgang mit den dort gesammelten Informationen erläutert. Es geht schwerpunktmäßig um die späten 1940er und die 1950er Jahre. Die Spruchkammerverfahren gehören zu den am weitesten rezipierten Prüfpraktiken der Nachkriegszeit. Obwohl es sich dabei nicht um reguläre juristische Verfahren handelte – es oblag etwa dem Einzelnen, die durch die Spruchkammer vorgenommene vorläufige Eingruppierung zu entkräften, was eine Schuldvermutung darstellt[109] –, tragen sie doch auch in dieser Besonderheit zahlreiche Merkmale der juristisch-bürokratischen, also professionsspezifischen Prüfpraxis.

Verfahren

Die Entnazifizierung der bayerischen Justiz nach dem Befreiungsgesetz variierte zwischen 1946 und 1949. In dieser Zeit war auch der Einfluss der Justiz auf die Formen der Entnazifizierung unterschiedlich groß. Das Justizministerium versuchte auf unterschiedlichen Wegen die Entnazifizierung zu beeinflussen. Dies geschah in erster Linie, um die Verfahren zu beschleunigen, hatte aber auch Auswirkungen auf die in den Spruchkammerverfahren verhandelten Inhalte. Dazu zählen einerseits die im Sommer 1946 operierenden Vorprüfungsausschüsse an den Gerichten, andererseits die Sonderkammern für Justizbeamte. Darüber hinaus hatte schon die amerikanische Militärbehörde eine Sonderprüfung für Juristen installiert: Zusätzlich zum Frage- und beziehungsweise oder Meldebogen mussten Juristen zwei weitere spezielle Fragebogen ausfüllen.

---

109 Leßau, Entnazifizierungsgeschichten, S. 274. Artikel 34 des Gesetzes zur Befreiung von Nationalsozialismus und Militarismus sieht in Abs. 2 vor, dass „[w]er behauptet, Mitläufer oder Entlasteter zu sein, [...] dies im Zweifelsfalle zu beweisen [hat]", siehe GVBl. Nr. 10, 01.07.1946, Gesetz zur Befreiung von Nationalsozialismus und Militarismus, S. 155.

Das typische Verfahren eines Juristen nach dem Befreiungsgesetz verlief folgendermaßen:[110] Nachdem er drei bis vier Fragebogen ausgefüllt hatte, wurde sein Verfahren entweder eingestellt, weil er vom Gesetz nicht betroffen war, seine Angaben wurden von einem Vorprüfungsausschuss geprüft, für den er einen weiteren Fragebogen auszufüllen hatte, oder er kam direkt vor eine Spruchkammer. Letzteres dann, wenn er entweder nicht an einem Gericht verwendet war oder es werden sollte oder er nach dem Sommer 1946 entnazifiziert wurde. Nach dem (ersten) Spruchkammverfahren prüften die Juristen in der Regel weitere juristische Schritte, wenn sie mit dem Ergebnis nicht zufrieden waren oder sich falsch verstanden fühlten. Neben der Berufung, die in der Regel erfolgreich war, oder einer Aufhebung des Verfahrens mit einer (Rück-)Verweisung – was auch passieren konnte, insbesondere wenn die Spruchkammer inzwischen aufgelöst und die Sprüche damit für ungültig erklärt worden waren – kamen hier auch Amnestien ins Spiel. Amnestiert wurde aus drei Gründen: Jugend, Weihnachten oder Heimkehr aus der Kriegsgefangenschaft.

Die Spruchkammerunterlagen von Juristen prüften die Mitglieder der an den Gerichten – höchstwahrscheinlich überall in Bayern – gebildeten Vorprüfungsausschüsse.[111] Solche Ausschüsse wurden offenbar auch in anderen bayerischen Verwaltungen genutzt, um die Spruchkammern zu entlasten und die NS-Vergangenheit der Betroffenen zu erörtern. Das Justizministerium entschloss sich im Mai 1946 dazu, Vorprüfungsausschüsse einzurichten. Wie Markus Materna schreibt, hätten die Ausschüsse auch dazu getaugt, die von Seiten der Justiz „bei den Spruchkammern so vermisste Fachkompetenz" sicherzustellen. Letztlich erstellten sie Gutachten aufgrund der Personalakte und den von den Betroffenen beigebrachten Informationen.[112] Materna erklärt, dass ihre Aufgabe „eigentlich" darin bestand, „ermittlungs- und auswertungstechnische Vor- und Unterstützungsarbeiten für die Spruchkammern zu leisten und so diese und die dienstvorgesetzte Stelle zu entlasten".[113]

---

110 Zum typischen Verlauf eines Verfahrens unabhängig von der Profession siehe auch Leßau, Entnazifizierungsgeschichten, S. 272–275.

111 ACSP, NL Josef Müller, R 24, Monthly German Court Report OLG München, 10.1947, undatiert u. BayHStA, NL Fritz Koch 7, PräsLG Aschaffenburg, Koch an Gessner, 05.08.1946 u. MJu 26910 I, StMELF an StMdJ, 05.05.1959 u. StMJ 56/2015, 747, Gesetz zur Befreiung von Nationalsozialismus und Militarismus, Anweisung für die Auswerter, Rang- u. Organisationsliste.

112 Materna, Richter, S. 272 f. Der JME zur Errichtung der Ausschüsse datiert auf den 20.05.1946 (Nr. 2009, 2501), siehe ebenda. Zum Plan, die Überprüfung der NS-Vergangenheit von Juristen selbst zu übernehmen, siehe außerdem BayHStA, NL Hans Ehard 124, Staatsrat Aktenvormerkung, 01.11.1945.

113 Materna, Richter, S. 293.

Der Vorprüfungsausschuss für das Oberlandesgericht München hatte seinen Sitz im Justizpalast im Zimmer 225,[114] derjenige für das Landgericht München I im Zimmer 90.[115] Wie auch die übrigen Ausschüsse – sie waren dezentral auf die jeweiligen (Unter-)Gerichte und Staatsanwaltschaften verteilt – operierten sie maßgeblich im Juni und Juli 1946. Für einige spätere Ministerialbeamte sind die Gutachten der Vorprüfungsausschüsse am Oberlandesgericht München, am Landgericht München I, an der Staatsanwaltschaft München I sowie am Amtsgericht München überliefert. Da die Ausschüsse nur an Gerichten und Staatsanwaltschaften arbeiteten, waren diejenigen, die vor dem Befreiungsgesetz bereits in den Ministerialdienst berufen worden waren, hiervon ausgeschlossen.

Die Vorprüfung begann mit dem Ausfüllen eines speziellen Fragebogens, den jedes Gericht selbst erstellte und der demnach variierte. Abgefragt wurden zwischen 15 und 30 Kategorien, die sich, neben grundsätzlichen Daten zur Person, vor allem um das Befreiungsgesetz und etwaige Milderungs- oder Erschwerungsgründe drehten. So wurde etwa vom Ausschuss des Landgerichts München I der Grund für einen Beitritt zur Partei, Gliederung und Verbänden abgefragt.[116] Diese Information lieferten die Geprüften freilich ohnehin, in diesem Falle bauten die Gerichte ihnen aber offiziell eine Brücke, sich zu ihrer Verteidigung äußern zu können, ohne umständliche Extrablätter und -schreiben aufzusetzen. Auch hier reichte allerdings der Platz oft nicht. Zusätzlich dazu wurden die Personalakte, Leumundszeugnisse, weiterführende Angaben aus ihren eigenen Fragebogen und ausgefüllte Fragebogen der Militärregierung in die Prüfung einbezogen, genauso wie in der Spruchkammer – schließlich handelte es sich um eine Vorprüfung.

Die Ausschüsse erstellten ein Gutachten, dessen Umfang variierte. Das Gutachten, das den betroffenen Juristen nach dem Befreiungsgesetz einteilte und eine Sühneleistung empfahl, versandten die Ausschussmitglieder auf dem Dienstweg an die Spruchkammer. Auf diesem Wege wurden von den höheren Ebenen die Spruch- und Sühneempfehlungen auch noch verändert. Sowohl der Präsident am Landgericht München I als auch der Oberlandesgerichtspräsident in München erlaubten sich, die Sühneempfehlung für Josef Vogl nach oben zu korrigieren. Der Vorprüfungsausschuss hatte 100 Reichsmark empfohlen, der Landgerichtspräsident korrigierte auf 200 und der Oberlandesgerichtspräsident hielt 500 Reichs-

114 StAM, SpkA K500, Karl Gelbert, Bl. 79, Gutachten Vorprüfungsausschuss OLG München, 17.07.1946.

115 StAM, SpkA K758, Andreas Holzbauer, Bl. 46, Holzbauer an Vorprüfungsausschuss LG München I, 16.06.1946.

116 Ebenda.

mark für angemessen.[117] Vogls Verfahren wurde schließlich aufgrund der Weihnachtsamnestie eingestellt, sodass er keine Sühnezahlung leistete.[118]

Obwohl die Vorprüfungsausschüsse in der Tat eine Prüfung der ihnen vorgelegten Unterlagen, die dieselben waren, die auch den Spruchkammern vorgelegt wurden, unternahmen, folgten Letztere Ersteren kaum. In den meisten Fällen urteilten die verschiedenen Spruchkammern anders, als vom Ausschuss vorgeprüft worden war. Die Spruchkammern verschärften die Kategorie und damit das Strafmaß – zum Teil erheblich.[119]

Parallel zu den Vorprüfungsausschüssen hatte die Justizverwaltung die Bildung von Sonderspruchkammern in den drei Oberlandesgerichtsbezirken zwischen Juni und September 1946 initiiert. Auch sie sollten einer beschleunigten Entnazifizierung der Justiz – und damit auch der Kontrolle der Prozesse – dienen. Ebenso wie bei den Vorprüfungsausschüssen handelte es sich hier um Institutionen, die äußerst kurzlebig und an sich wenig erfolgreich waren.

Im Juni 1946 tauchte die Idee einer Spruchkammer ausschließlich für Justizpersonal in einer Besprechung auf, an der Ministerialdirektor Konrad, der frühere Reichsgerichtsrat Full und der Landgerichtsdirektor Schullze, der Leiter der Berufungskammer Münchens, teilnahmen. Letzterer sicherte Konrad zu, dass er die Einrichtung der Sonderkammer in Angriff nehmen würde.[120] Einen Tag später waren die Grundlinien und die Erstbesetzung der Kammern bereits besprochen: es sollte eine Kammer in München und eine in Nürnberg geben.[121] Als Vorsitzende waren Camille Sachs, Emil Widmann und Full ins Auge gefasst worden. Sie sollten für Richter und Staatsanwälte, Assessoren und eventuell für Notare und ab der Stufe der Oberinspektoren aufwärts, nicht aber für Rechtsanwälte, zuständig sein. Ungeklärt waren noch die Bezüge der zukünftigen Spruchkammermitglieder und die Abstimmung mit der Militärregierung zur Einstellung der Betroffenen nach Abschluss der Verfahren.[122] Einen Monat später war klar, dass auch in Bamberg eine Sonderspruchkammer eröffnet werden sollte, die Personalfragen waren aber

---

117 BayHStA, MJu 26841, PA Josef Vogl, Gutachten Vorprüfungsausschuss LG München I, 03.07.1946, PräsLG München I an PräsOLG München, 12.07.1946 u. PräsOLG an StMJ, 26.07.1946.

118 BayHStA, MJu 26841, PA Josef Vogl, Einstellungsbeschluss Spk München III, 01.06.1948.

119 Für die Gruppe der ehemaligen Sonderrichter zeigt Materna im Gegenteil, dass die Gutachten dort fast immer von den Spruchkammern übernommen wurden. Siehe dazu Materna, Richter, S. 292 f.

120 BayHStA, StMJ 56/2015, 734, Befreiungsgesetz: Bildung von Spruch- u. Berufungskammern u. Personalvorschläge, StMJ Notiz, 25.06.1946.

121 Ebenda, 26.06.1946.

122 Ebenda.

noch offen.[123] In München handelte es sich um die Spruchkammer IIa, in Nürnberg und Bamberg sind die Bezeichnungen der Kammern nicht überliefert.[124]

Innerhalb des Sonderministeriums mangelte es an der Akzeptanz dieser neuen Kammern, wie der Nürnberger Oberlandesgerichtspräsident Mitte Juli 1946 mitteilte.[125] Auch die SPD kritisierte die neuen Kammern, woraufhin Sachs die Einrichtung der Sonderkammern seinen Parteigenossen gegenüber verteidigte:[126] Es handele sich um Spruchkammern für das gesamte Justizpersonal, deren Notwendigkeit sich aus dem „völligen Konkurs der Justiz, der vor der Türe steht", erkläre. Zwar stammten in der Tat der Vorsitzende und der Kläger aus der Justiz, die Beisitzer würden aber weiterhin von den Parteien gestellt. Die Sonderkammer sei keine CSU-Erfindung, sondern bereits der KPD-Minister habe die Einsicht in eine notwendige beschleunigte Entnazifizierung der Justiz geteilt. Für Sachs bestätigte seine Ernennung zum Vorsitzenden der Justizkammer – also eines SPD-Mitglieds durch einen CSU-Minister – gerade den überparteilichen und unpolitischen Charakter der Kammern. Auch sah er kein Indiz für mildere Urteile, die offenbar befürchtet wurden. Vielmehr habe er als Landgerichtspräsident oft die zu milden Urteile der regulären Spruchkammern beanstandet.[127]

Ab Mitte August häuften sich dann Probleme mit den neuen Kammern, insbesondere im Oberlandesgerichtsbezirk Nürnberg. Präsident Heinrich beklagte sich darüber, dass das Sonderministerium offenbar bisher weder Information über die Justizkammern an die übrigen Spruchkammern weitergegeben habe noch deren Existenz offiziell durch die Bestellung und Vereidigung der Mitglieder bestätigt habe. Die regulären Spruchkammern weigerten sich demnach vielfach, Akten über Justizangehörige abzugeben. Heinrich bat mehrfach darum, dass das Justizministerium auf den Minister für Sonderaufgaben einwirke, die notwendigen Schritte für eine Anerkennung der Sonderspruchkammern einzuleiten.[128] Zuletzt beklagte er auch noch, dass die Spruchkammern „allenthalben" entscheiden würden, „ohne Gutachten der Vorprüfungsausschüsse abzuwarten". Die Sonder-

123 Ebenda, 25.07.1946.

124 BayHStA, StMJ 56/2015, 745, Personal der Justizverwaltung für die Spruchkammern, StMJ MinDir an MinR Leopold, 26.09.1946.

125 BayHStA, StMJ 56/2015, 734, Befreiungsgesetz: Bildung von Spruch- u. Berufungskammern u. Personalvorschläge, StMJ an DirLG, 12.07.1946

126 BayHStA, StMJ 56/2015, 734, Befreiungsgesetz: Bildung von Spruch- u. Berufungskammern u. Personalvorschläge, PräsLG Nürnberg an MPräs, 13.08.1946.

127 BayHStA, StMJ 56/2015, 734, Befreiungsgesetz: Bildung von Spruch- u. Berufungskammern u. Personalvorschläge, Sachs an SPD Bayern, 13.08.1946.

128 BayHStA, StMJ 56/2015, 734, Befreiungsgesetz: Bildung von Spruch- u. Berufungskammern u. Personalvorschläge, PräsOLG Nürnberg an StMJ, 16.08.1946 u. 19.08.1946.

spruchkammern würden überdies immer noch nicht anerkannt.[129] Heinrichs größtes Problem war indes, dass die regulären Kammern auch „vielfach zur sofortigen Entscheidung über Justizangehörige bereit" waren. Auf die Anerkennung der Sonderkammern zu warten bedeutete, so der Oberlandesgerichtspräsident, eine Verzögerung der Entnazifizierung.[130] Den Sonderkammern fehlte nicht nur die Anerkennung, inzwischen war, zumindest in Nürnberg, auch der Grund für ihre Errichtung weggefallen.

Eine Anordnung der Militärregierung vom 20. September 1946 beendete dann diese Idee: Die Juristenkammern seien aufzulösen und ihre Entscheidungen seien nichtig. Damit keine allzu großen Schwierigkeiten daraus entstünden, sei der Minister für Sonderaufgaben von der Militärregierung ermächtigt worden, zunächst die Weiterbeschäftigung der bereits in der Münchner Sonderkammer IIa Entnazifizierten zu genehmigen.[131] Aus dem Scheitern der Sonderkammern ergab sich letztlich eine Kompromisspraxis zwischen dem neuen, aus der Justizverwaltung stammenden Minister für Sonderaufgaben, Ludwig Hagenauer, und der Justizverwaltung selbst im Sommer 1947. Hagenauer betonte in einer Besprechung, unter anderem mit Ehard, Hoegner und Konrad, dass eine beschleunigte Entnazifizierung des Justizpersonals nicht ohne mehr Personal aus der Justizverwaltung zu machen sei. Ohne ausreichende Unterstützung drohte Hagenauer, dass er und Sachs ihre Ämter niederlegen müssten. Daraufhin willigte die Justizverwaltung ein, mehr Personal zu stellen.[132] Die beschleunigte Behandlung sollte umgekehrt den Justizpersonalmangel, der durch die Abordnung an Sonderministerium entstanden war, baldmöglichst ausgleichen. Hierzu sollten die Oberlandesgerichtspräsidenten und Generalstaatsanwälte Listen mit denjenigen Beamten erstellen, deren Verfahren noch nicht erledigt waren, damit diese bevorzugt abgearbeitet werden könnten.[133]

129 Ebenda, 20.08.1946.

130 Ebenda.

131 BayHStA, StMJ 56/2015, 745, Personal der Justizverwaltung für die Spruchkammern, StMSo an StMJ, 04.10.1946.

132 BayHStA, StMJ 56/2015, 745, Personal der Justizverwaltung für die Spruchkammern, Protokoll Besprechung, undatiert.

133 BayHStA, StMJ 56/2015, 745, Personal der Justizverwaltung für die Spruchkammern, StMJ an PräsOLG und GenStA, undatiert.

Spruchkammerdiskurs

Mit dem Versuch, die Spruchkammerverfahren zu beschleunigen und die Einschätzung der NS-Vergangenheit von Juristen vornehmen zu lassen, wurde die Deutungsmacht der Justiz über die NS-Vergangenheit von Juristen gestärkt. In beiden Institutionen – den Vorprüfungsausschüssen und den Juristenkammern – wurden Exkulpationstopoi geprägt und eine Bezeugungspraxis gepflegt, die in den Entnazifizierungspraktiken innerhalb der juristischen Profession immer wieder auftauchen und ihre Ursprünge in der bürokratischen Biografie haben. Das Ministerium hatte sich zwar nicht durchgesetzt, seine Art, Juristen zu beurteilen, dominierte aber die Diskurse – auch in den regulären Spruchkammerverfahren.

Neben dem normalen Fragebogen hatten Juristen des höheren Dienstes noch zwei weitere professionsspezifische Fragebogen auszufüllen.[134] Der „Spezial [sic] Questionnaire for Judges, Judicial Officials, Public Prosecutors and Amtsanwälte"[135] enthielt einige Kategorien, die auch der reguläre Fragebogen der Militärregierung und der Meldebogen abfragten, etwa Personenangaben, Ausbildung und Karriere. Außerdem wurden fachliche Publikationen und Nebentätigkeiten ab dem 1. Januar 1930 erfragt. Ähnlich wie beim regulären Militärfragebogen warnten die Autoren des Fragebogens vor unvollständigem oder nicht wahrheitsgemäßem Ausfüllen – dies würde bestraft. Auch sonst waren Anweisungen zum korrekten Ausfüllen gegeben.

Der zweite professionsspezifische Bogen unterschied sich in mehrfacher Hinsicht hiervon. Der „Ergänzungs-Fragebogen für Richter, Staatsanwälte, Notare und Rechtsanwälte" der amerikanischen Militärregierung erfragte die Beteiligung der Juristen an spezifischen Rechtsmaterien und Fallkategorien (Abb. 6).[136] Kurz „Er-

134 Zum regulären Fragebogen der Militärregierung siehe Leßau, Entnazifizierungsgeschichten, S. 55–119.

135 Übersetzt als „Besonderer Fragebogen für Richter, Gerichtsbeamte, Staats- und Amtsanwälte", wurde er in der Regel „Spezialfragebogen" genannt. BayHStA, NL Fritz Koch 26, PräsOLG Bamberg an Koch, 31.01.1946.

136 Im Original „Supplementary Questionaire [sic] to Judges, Prosecutors, Notaries and Lawyers". Zu beiden Bogen wurden keine weiteren Quellen im Bestand von OMGUS oder OMGB gefunden. Der einzige andere spezifische Fragekatalog für Juristen, der offiziell erwähnt wurde, ist eine statistische Erhebung des Justizpersonals im Rahmen der Anweisung zur Umsetzung der amerikanischen Vorgaben für die Justizverwaltungen der Länder, die sich wiederum in keiner der Spruchkammerakten findet, auch wenn sich die Fragen der Bogen zum Teil überschneiden, siehe IfZA, OMGUS, AG 45/10/1, Instructions for the Application in Bavaria of the Plan for the Administration of Justice, Inclosure 1, 03.01.1946. Siehe dazu auch die Unterlagen in BayHStA, MJu 26890, von der Militärregierung entlassene Beamte und Angestellte, Census of Personnel of Administration of Justice/Statistische Erhebung des Justizpersonals.

gänzungsfragebogen“ genannt,[137] war der Fragebogen auf Deutsch und Englisch in zwei nebeneinanderherlaufenden Spalten gehalten. Die linke Spalte beinhaltete die deutsche Frage, daneben war in der rechten Spalte eine Frage zum selben Inhalt in englischer Sprache abgedruckt. Die Übersetzungen waren nicht immer wörtlich und Anweisungen zum Ausfüllen fehlten gänzlich. Auszufüllen hatten ihn offenbar alle Juristen, zumindest sind Einschränkungen nicht ersichtlich.[138]

Das, was im Militärfragebogen fehlte, nämlich die NS-Verbrechen,[139] tauchte auf diesem Bogen auf. Es ging etwa um die Mitarbeit am Volksgerichtshof, an Strafgerichten und die Zusammenarbeit oder Bekanntschaft mit der Gestapo. Der Fragebogen fragte nach einer Involvierung in Fälle von Hoch- und Landesverrat und Sabotage. Eine Frage widmete sich auch teilweise zivilrechtlichen Belangen, nämlich der Arisierung. Die Juristen füllten die Bogen sehr gewissenhaft aus, nicht wenige Juristen gaben überkorrekt auch immer eine Involvierung in Strafsachen während der Weimarer Republik und sogar des Königreichs Bayern an.[140]

Zuletzt sollten die Juristen Auskunft darüber geben, wie oft sie „[i]hrer Erinnerung nach Sicherungsverwahrung aussprechen“ mussten. Dieser Frage ist im Englischen noch eine Erläuterung beigegeben, die auch den Deutschen klar gemacht haben dürfte, auf welchen Aspekt der „Sicherungswahrung“ diese Frage abzielte: „meaning that a person after having being [sic] released from imprisonment was taken to a Concentration Camp“. Diese Erläuterung provozierte Widerspruch. Karl Gelbert erklärte, dass das Konzept „schon lange vor 1933 diskutiert“ worden war. Es sei um justizinterne „Anstalten“ gegangen und die regelmäßige gerichtliche Prüfung der Notwendigkeit der Sicherungsverwahrung habe auch zu Freilassungen geführt. Mitte der 1930er habe man noch nicht voraussehen können, dass der Komplex „etwa seit 1941“ der Gestapo „überlassen“ worden war.[141] Gelberts Auslassung nach lag die Verantwortung für die Konzentrationslagerhaft also auf Seiten der Gestapo, die ein eigentlich sinnvolles Instrument, das nichts mit dem Nationalsozialismus zu tun hatte, pervertiert habe.

Interessant ist auch die Übersetzung von „*Did* you ever decide or participate in a ‚Sicherungserwahrung‘“ zu „Wie oft haben Sie Ihrer Erinnerung nach Sicherungsverwahrung aussprechen *müssen*?“ In fünf von elf inhaltlichen Fragen wähl-

---

137 BayHStA, NL Fritz Koch 26, PräsOLG Bamberg an Koch, 31.01.1946.

138 Andererseits werden sie im Gegensatz zu den allgemeinen Fragebogen deutlich seltener erwähnt, aber zumindest bei einigen Autoren, die sich mit der Justiz in der amerikanischen Besatzungszone auseinandersetzen, siehe Benz, Entnazifizierung, S. 121–123; Hoser, Entnazifizierung, S. 163 u. Falk, Entnazifizierung, S. 116.

139 Leßau, Entnazifizierungsgeschichten, S. 76.

140 BayHStA, MJu 26792, PA Michael Guggumos, Ergänzungsfragebogen, undatiert u. MJu 26777, PA Clemens Cammerer, Ergänzungsfragebogen, undatiert.

141 BayHStA, MJu 26788, PA Karl Gelbert, Ergänzungsfragebogen, undatiert.

ten die Autoren des Fragebogens eine Übersetzung von „have" oder „did" ins deutsche „[h]aben Sie [...] müssen". Dies bezog sich insbesondere auf Fragen einer Durchführung von oder Teilnahme an Landes- und Hochverrrats-, Sabotageprozessen, Arisierungsfällen, Fällen von Abhören ausländischer Sender oder eine Überantwortung an die Gestapo mangels strafrechtlicher Schuld. Die im englischen neutrale Frageformulierung bekam bei der Übersetzung ins Deutsche eine Zwangskomponente. Gefragt wurde im Deutschen also, ob die Juristen an politisch problematischen Prozessen teilnehmen oder sie durchführen *mussten* – nicht ob sie dies aktiv *getan hatten*.[142]

Eine aktive Komponente bekam der Fragebogen erst durch eine reflexive Frage, die eine Erklärung für die „Gestapo-Justiz" forderte. Es handelte sich um die 9. Frage, die lautete:

> „Wie können Sie die Tatsache erklären, dass ehrbare Menschen wie Richter und Juristen jeder Art, die geschworen hatten, das Recht und die Gesetze zu verteidigen, das deutsche Recht vor Unrecht und Willkür zu schützen, ohne Protest zu Hitlers und Himmlers ‚Gestapo-Justiz' übergingen?"

Was genau mit „Gestapo-Justiz" gemeint war, ließ das Dokument offen, ob es etwa beispielsweise um die Zusammenarbeit mit der Gestapo ging oder die von der Justiz eigentlich unabhängigen Gestapo-Maßnahmen. Nimmt man die Formulierung sinnbildlich für die staatliche Gegnerverfolgung, dann lautete der implizite Vorwurf, dass sich die Justiz zum Erfüllungsgehilfen des verfolgenden NS-Staats gemacht hätte.[143] Die darauffolgende Frage erkundigte sich danach, ob die Juristen „persönlich irgendwelchen Protestversuch gemacht" hatten, beispielweise ihr Amt niedergelegt oder ihre Praxis eingestellt hatten. Mit diesen beiden Fragen lud der Ergänzungsfragebogen noch deutlicher als der allgemeine Fragebogen zur eigenständigen Definition von Schuld und Unschuld ein. Die Interpretation der „Gestapo-Justiz" war den Juristen überlassen.[144]

Josef Bleier stellte in seiner Antwort klar, dass „Die ‚Gestapo-Justiz' [...] ihre Auswirkungen in der Hauptsache in der Strafrechtspflege" gezeigt hätte. Bleier selbst war am Amtsgericht München im Zivilrecht tätig gewesen.[145] Walther Rösch, ebenfalls Zivilrechtler am selben Gericht und später der Leiter der Strafrechtsab-

---

142 Zur Problematik der Übersetzungen englischer Rechtstexte und Formulare ins Deutsche siehe IfZA, OMGUS, AG 45/10/2, SHAEF G-5 Special Legal Unit an Chief Legal Branch G-5 SHAEF, 11.09.1944.

143 Siehe dazu auch Angermund, Richterschaft, S. 158–200.

144 Ebenfalls, wenn auch nur am Rande, wird dies von Falk kritisiert, siehe Falk, Entnazifizierung, S. 116.

145 BayHStA, MJu 26775, PA Josef Bleier, Ergänzungsfragebogen, undatiert.

teilung im Justizministerium, wies auf Hitlers Angriffe auf die Justiz hin und belegte damit, „daß nur der kleinere Teil der Richter die ‚Gestapo-Justiz' mitgemacht hat". Da er selbst als Zivilrechtler beschäftigt war, hätte es auch keinen Grund zum Protest für ihn persönlich gegeben.[146] Auch Clemens Cammerer vermochte nichts Spezifisches zur „Gestapo-Justiz" zu sagen, weil ihm „seit 25 Jahren jede Beziehung zur Strafjustiz" fehle.[147] Die Ablehnung, im Strafrecht beschäftigt zu werden, galt etwa Holzbauer bereits als adäquate Antwort auf die Frage nach seinem Protest.[148] Das Justizbild gleicht einer vulgären Interpretation von Ernst Fraenkels *Doppelstaat*:[149] Die „Gestapo-Justiz" fiel in den Bereich des „Maßnamenstaats", während der „Normenstaat" davon unabhängig und unbeeinflusst weiter existierte. Dies entspricht freilich nicht der von Fraenkel gemeinten „Ambivalenz und Doppelgesichtigkeit des hoheitlichen Handelns der Behörden und Gerichte beiderlei Provenienz", wodurch der Normenstaat gerade kein dauerhaft festgelegter Bereich war.[150] Und wenn ein Jurist, wie Josef Hartinger, in der Strafrechtspflege tätig gewesen war, ergab sich die Möglichkeit, durch Frage 10 seinen Protest, insbesondere auch gegen die Morde im KZ Dachau, ausgiebig auf der Rückseite des Ergänzungsfragebogens zu schildern.[151] Auch damit konnten sich Juristen also selbst exkulpieren.

Die Kombination von Erklärungen der „Gestapo-Justiz" und dem eigenen Protest waren geläufig. Gemeinsam war den Antworten, dass sie das Verhältnis von Nationalsozialismus und Justiz aus der Perspektive der frühen Nachkriegszeit erläuterten. Dass die Frage 9 etwa „ehrbare Menschen wie Richter und Juristen jeder Art" anführte, gereichte mehreren Beantwortenden zur eigenständigen Definition der Profession: Diejenigen, die mitgemacht hatten – ohnehin die allerwenigsten –, hatten dies aus Motiven getan, die nicht ehrbar waren, nämlich „Opportunismus",[152] „Ehrsucht oder Charakterschwäche",[153] „völlig unzulängliche Bildung und Haltung".[154] Sie waren, wie Holzbauer antwortete, eben das Gegenteil des Juristenideals, das (wie Holzbauer selbst auch) „immer nach meinem Gewissen und den

---

146 BayHStA, MJu 25954, PA Walther Rösch, Ergänzungsfragebogen, undatiert.
147 BayHStA, MJu 26777, PA Clemens Cammerer, Ergänzungsfragebogen, undatiert.
148 BayHStA, MJu 26805, PA Andreas Holzbauer, Ergänzungsfragebogen, undatiert.
149 Fraenkel, Doppelstaat.
150 Dreier, Nachwort, S. 295. Das Nachwort Horst Dreiers befasst sich auch mit weiteren (Miss-) Verständnissen von Fraenkels Werk. Siehe dazu auch Günther/Maeke, Beamter, S. 269 f.; Müller, Juristen, S. 392 f.; Schneider, Diener, S. 149–154; Stolleis, Geschichte, Dritter Band, S. 353 f. u. Weinke, Selbstaufklärung, S. 97.
151 BArch Koblenz, PERS 101/39902, PA Josef Hartinger, Ergänzungsfragebogen, undatiert.
152 BayHStA, MJu 26775, PA Josef Bleier, Ergänzungsfragebogen, undatiert.
153 BayHStA, MJu 25954, PA Walther Rösch, Ergänzungsfragebogen, undatiert.
154 BayHStA, MJu 26792, PA Michael Guggumos, Ergänzungsfragebogen, undatiert.

allgemeinen Grundsätzen von Gerechtigkeit Recht gesprochen" habe – diese Männer waren „keine ‚ehrbaren Männer'".[155] Damit wurden also die Belasteten aus der Gruppe der Juristen verbal ausgeschlossen. Die anderen fügten sich selbst über eine Beschreibungskontinuität wiederum ein. Die Eigengruppe wurde so definiert, dass sie nicht nur dem tradierten Juristenideal entsprach, sondern auch so, dass sie keine problematischen Aspekte der nationalsozialistischen Herrschaft beinhaltete: Um die Distanz zum NS-Regime zu glaubhaft zu machen, reichte es, sich als Mitglied der „Eigengruppe" zu definieren. Dies taten die Juristen wiederum, indem sie das eigene Leben anhand der aus den Personalakten bekannten Topoi einer Juristenbiografie erzählten.

Der Ergänzungsfragebogen half also der Exkulpation. Die reflexiven Fragen Nummer neun und zehn gaben den Juristen Gelegenheit, sich selbst zu entnazifizieren. Der Fragebogen stärkte die Wahrnehmung des durch die politischen Einflüsse der NS-Diktatur weitgehend unbeschädigten deutschen Rechts und des von der NS-Diktatur unabhängigen Juristen. Einerseits ließ der deutliche Zuschnitt auf Justizverbrechen im Strafrecht die zivil- und öffentlich-rechtliche NS-konforme Rechtsetzung und -anwendung mit ihren Folgen in den Hintergrund treten – damit ebenso die Frage, wie die Tätigkeit in der Justiz eventuell als solche schon zur Unterstützung der Diktatur gereicht habe.[156] Zuvor spielte die Frage nach Straf- oder Zivilrecht zumindest in den Selbstbeschreibungen kaum eine Rolle. In den Spruchkammerverfahren nahm sie trotz ihrer Prüfung im Ergänzungsfragebogen nur eine untergeordnete Rolle ein, auch weil die berufliche Tätigkeit, anders als im Ergänzungsfragebogen, nicht das einzige Thema war. Das zentrale Kriterium einer NS-Belastung blieb weiterhin die Mitgliedschaft und innerliche, aktive Teilnahme am Nationalsozialismus. Dennoch wurde mit der Trennung der Sphären und dem Ausschluss belasteter Strafrechtler eine wirkmächtige Exkulpationsstrategie eingeübt. Zu vermuten ist darüber hinaus, dass auch hinter dieser von den Amerikanern selbst angeordneten Abfrage materialer NS-Belastung die Idee stand, dass NS-Zivilrechtler kein Sicherheitsrisiko für den neuen Rechtsstaat darstellten. Dieser Fragebogen ist somit als „Deutungsfolie"[157] einer exkulpierenden Beschreibung von großen Teilen der NS-Justiz anzusehen.

---

155 BayHStA, MJu 26805, PA Andreas Holzbauer, Ergänzungsfragebogen, undatiert.

156 Zu NS-Justizverbrechen siehe Vormbaum, Die „strafrechtliche Aufarbeitung"; dazu, dass „[a]lle Bereiche der Justiz […] politischen Prämissen" im Nationalsozialismus „unterlagen", siehe Schnabel, Staatsanwalt, S. 441 f. Zum Zivilrecht während der NS-Diktatur siehe grundlegend Rüthers, Auslegung.

157 Leßau, Entnazifizierungsgeschichten, S. 119.

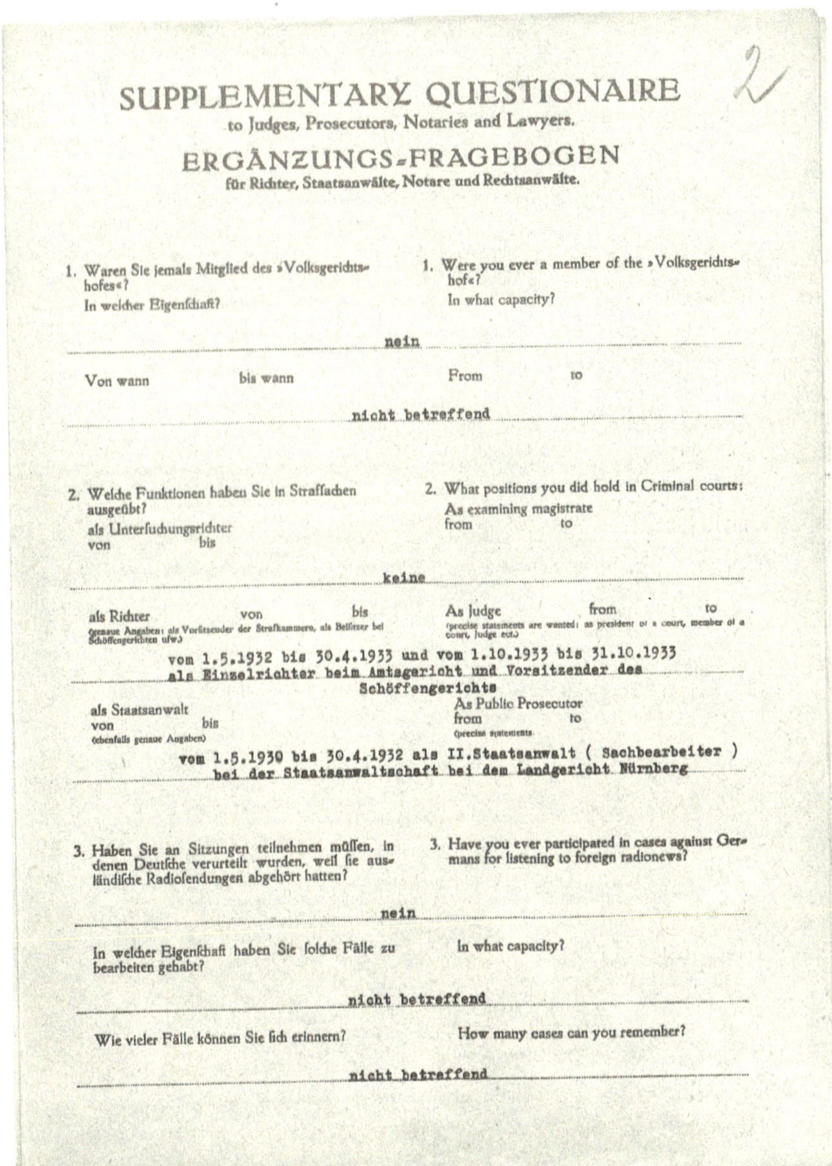

2

SUPPLEMENTARY QUESTIONAIRE
to Judges, Prosecutors, Notaries and Lawyers.

ERGÄNZUNGS-FRAGEBOGEN
für Richter, Staatsanwälte, Notare und Rechtsanwälte.

1. Waren Sie jemals Mitglied des »Volksgerichtshofes«?
In welcher Eigenschaft?

1. Were you ever a member of the »Volksgerichtshof«?
In what capacity?

nein

Von wann bis wann — From to

nicht betreffend

2. Welche Funktionen haben Sie in Straffachen ausgeübt?
als Untersuchungsrichter
von bis

2. What positions you did hold in Criminal courts:
As examining magistrate
from to

keine

als Richter von bis
(genaue Angaben: als Vorsitzender der Strafkammern, als Beisitzer bei Schöffengerichten usw.)

As Judge from to
(precise statements are wanted: as president of a court, member of a court, Judge ect.)

vom 1.5.1932 bis 30.4.1933 und vom 1.10.1933 bis 31.10.1933
als Einzelrichter beim Amtsgericht und Vorsitzender des Schöffengerichts

als Staatsanwalt
von bis
(ebenfalls genaue Angaben)

As Public Prosecutor
from to
(precise statements)

vom 1.5.1930 bis 30.4.1932 als II.Staatsanwalt (Sachbearbeiter)
bei der Staatsanwaltschaft bei dem Landgericht Nürnberg

3. Haben Sie an Sitzungen teilnehmen müssen, in denen Deutsche verurteilt wurden, weil sie ausländische Radiosendungen abgehört hatten?

3. Have you ever participated in cases against Germans for listening to foreign radionews?

nein

In welcher Eigenschaft haben Sie solche Fälle zu bearbeiten gehabt?

In what capacity?

nicht betreffend

Wie vieler Fälle können Sie sich erinnern?

How many cases can you remember?

nicht betreffend

Abb. 6a: Ergänzungs-Fragebogen (Walther Rösch)
Quelle: BayHStA, MJu 25954, PA Walther Rösch, Ergänzungsfragebogen, undatiert

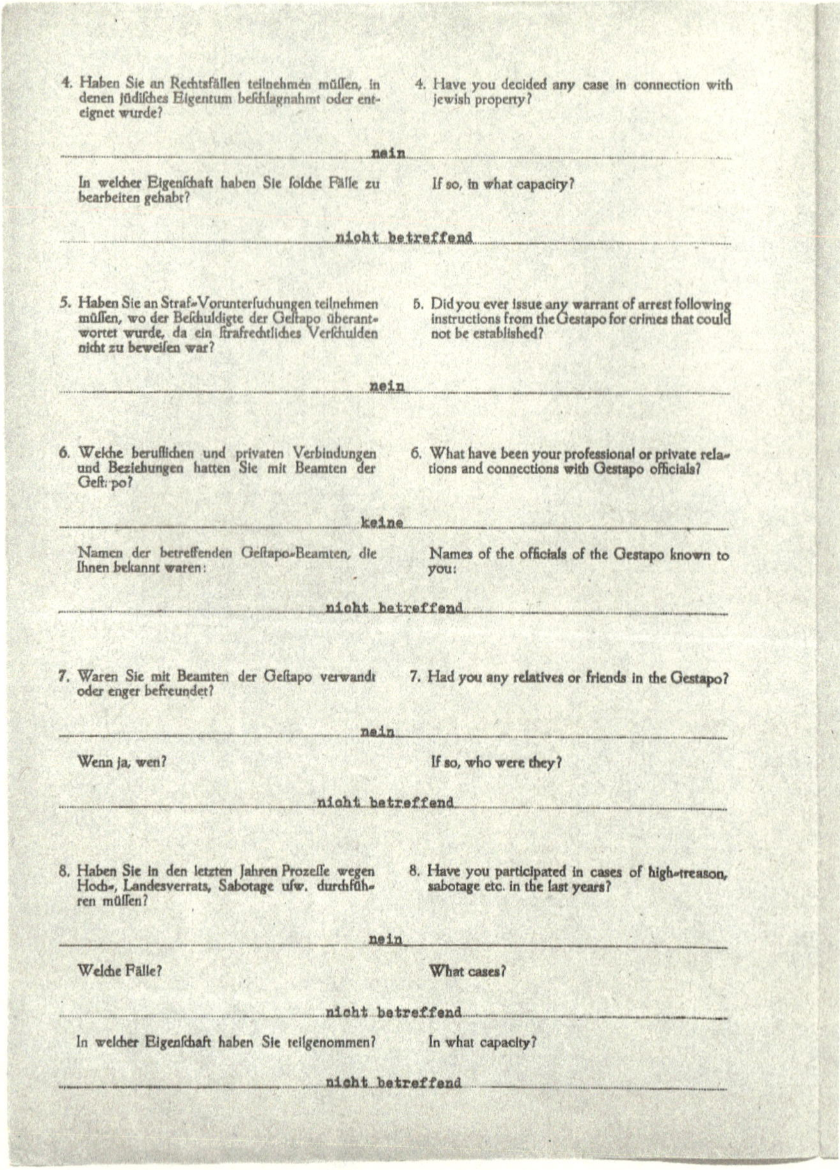

4. Haben Sie an Rechtsfällen teilnehmen müssen, in denen jüdisches Eigentum beschlagnahmt oder enteignet wurde?

4. Have you decided any case in connection with jewish property?

nein

In welcher Eigenschaft haben Sie solche Fälle zu bearbeiten gehabt?

If so, in what capacity?

nicht betreffend

5. Haben Sie an Straf-Voruntersuchungen teilnehmen müssen, wo der Beschuldigte der Gestapo überantwortet wurde, da ein strafrechtliches Verschulden nicht zu beweisen war?

5. Did you ever issue any warrant of arrest following instructions from the Gestapo for crimes that could not be established?

nein

6. Welche beruflichen und privaten Verbindungen und Beziehungen hatten Sie mit Beamten der Gestapo?

6. What have been your professional or private relations and connections with Gestapo officials?

keine

Namen der betreffenden Gestapo-Beamten, die Ihnen bekannt waren:

Names of the officials of the Gestapo known to you:

nicht betreffend

7. Waren Sie mit Beamten der Gestapo verwandt oder enger befreundet?

7. Had you any relatives or friends in the Gestapo?

nein

Wenn ja, wen?

If so, who were they?

nicht betreffend

8. Haben Sie in den letzten Jahren Prozesse wegen Hoch-, Landesverrats, Sabotage usw. durchführen müssen?

8. Have you participated in cases of high-treason, sabotage etc. in the last years?

nein

Welche Fälle?

What cases?

nicht betreffend

In welcher Eigenschaft haben Sie teilgenommen?

In what capacity?

nicht betreffend

Abb. 6b: Fortsetzung, Ergänzungs-Fragebogen (Walther Rösch)
Quelle: BayHStA, MJu 25954, PA Walther Rösch, Ergänzungsfragebogen, undatiert

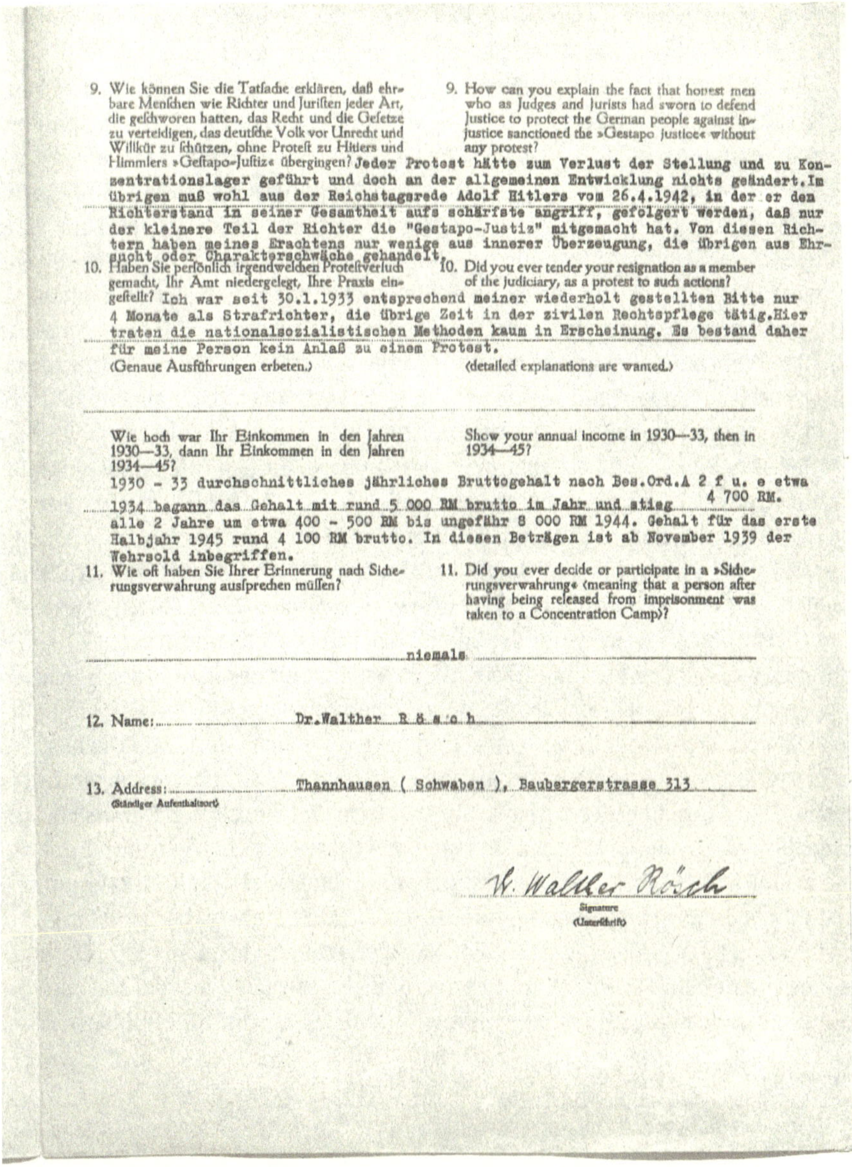

9. Wie können Sie die Tatsache erklären, daß ehrbare Menschen wie Richter und Juristen jeder Art, die geschworen hatten, das Recht und die Gesetze zu verteidigen, das deutsche Volk vor Unrecht und Willkür zu schützen, ohne Protest zu Hitlers und Himmlers »Gestapo-Justiz« übergingen?

9. How can you explain the fact that honest men who as Judges and Jurists had sworn to defend Justice to protect the German people against injustice sanctioned the »Gestapo justice« without any protest?

Jeder Protest hätte zum Verlust der Stellung und zu Konzentrationslager geführt und doch an der allgemeinen Entwicklung nichts geändert. Im übrigen muß wohl aus der Reichstagsrede Adolf Hitlers vom 26.4.1942, in der er den Richterstand in seiner Gesamtheit aufs schärfste angriff, gefolgert werden, daß nur der kleinere Teil der Richter die "Gestapo-Justiz" mitgemacht hat. Von diesen Richtern haben meines Erachtens nur wenige aus innerer Überzeugung, die übrigen aus Ehrsucht oder Charakterschwäche gehandelt.

10. Haben Sie persönlich irgendwelchen Protestversuch gemacht, Ihr Amt niedergelegt, Ihre Praxis eingestellt?

10. Did you ever tender your resignation as a member of the judiciary, as a protest to such actions?

Ich war seit 30.1.1933 entsprechend meiner wiederholt gestellten Bitte nur 4 Monate als Strafrichter, die übrige Zeit in der zivilen Rechtspflege tätig. Hier traten die nationalsozialistischen Methoden kaum in Erscheinung. Es bestand daher für meine Person kein Anlaß zu einem Protest.

(Genaue Ausführungen erbeten.) (detailed explanations are wanted.)

Wie hoch war Ihr Einkommen in den Jahren 1930—33, dann Ihr Einkommen in den Jahren 1934—45?

Show your annual income in 1930—33, then in 1934—45?

1930 - 33 durchschnittliches jährliches Bruttogehalt nach Bes.Ord.A 2 f u. e etwa 4 700 RM.
1934 begann das Gehalt mit rund 5 000 RM brutto im Jahr und stieg alle 2 Jahre um etwa 400 - 500 RM bis ungefähr 8 000 RM 1944. Gehalt für das erste Halbjahr 1945 rund 4 100 RM brutto. In diesen Beträgen ist ab November 1939 der Wehrsold inbegriffen.

11. Wie oft haben Sie Ihrer Erinnerung nach Sicherungsverwahrung aussprechen müssen?

11. Did you ever decide or participate in a »Sicherungsverwahrung« (meaning that a person after having being released from imprisonment was taken to a Concentration Camp)?

niemals

12. Name: Dr.Walther R ö s c h

13. Address: Thannhausen (Schwaben), Baubergerstrasse 313
(Ständiger Aufenthaltsort)

Dr. Walther Rösch
Signature
(Unterschrift)

Abb. 6c: Fortsetzung, Ergänzungs-Fragebogen (Walther Rösch)
Quelle: BayHStA, MJu 25954, PA Walther Rösch, Ergänzungsfragebogen, undatiert

Wie schon in der Frühphase im Jahr 1945, in der Hoegner Juristen für Positionen vorschlug, die er entweder persönlich kannte oder deren Personalakten er wenigstens studiert hatte, war das Urteil persönlich Bekannter auch in der Entnazifizierung eine wichtige Institution. Neben den gängigen Leumundszeugnissen von Bekannten aus dem privaten Umfeld nutzten die Juristen auch ihre beruflichen Kontakte um einander politische Unbedenklichkeit zu bescheinigen.[158] So gaben etwa die Vorprüfungsausschüsse – da sie den Betroffenen meist kannten – ihre eigene Einschätzung zur Glaubwürdigkeit des Juristen ab, wie beispielsweise im Falle Walther Röschs. Dessen Ablehnung des Nationalsozialismus – Rösch hatte angegeben, seinen Parteiaufnahmeantrag im Sommer 1939 wieder zurückgenommen zu haben – sei „auch dem Vorsitzenden des Ausschusses bekannt".[159] Der Vorsitzende war, aller Wahrscheinlichkeit nach, der Amtsgerichtsrat und spätere Ministerialkollege Röschs, Hermenegild Armbruster. Dieser inszenierte sich als ein zusätzlicher und ungefragter Leumundszeuge, der noch dazu qua Amt als Ausschussvorsitzender über alle Zweifel erhaben war. Dass spätere Ministerialbeamte einander Leumundszeugnisse ausstellten, kam ebenfalls oft vor. Sie forderten ein, dass sie aufgrund ihres Berufs die Tätigkeit des Betroffenen gut einschätzen konnten. Mit dieser Berufung auf die persönliche und zugleich berufliche Kenntnis des zu Beurteilenden wurde abermals eine ganz normale juristische Beurteilungspraxis aus der bürokratischen Biografie auf die Entnazifizierungspraxis übertragen.

Neben zahlreichen Leumundszeugnissen bekam Gelbert auch hinsichtlich seiner während des Nationalsozialismus publizierten Aufsätze Hilfe von einem Kollegen.[160] Sowohl der „Spezial [sic] Questionnaire for Judges, Judicial Officials, Public Prosecutors and Amtsanwälte" als auch der reguläre Militärfragebogen fragte fachliche Publikationen der Juristen ab. Dadurch und durch die Durchsicht der Personalakten wurden diese zum Thema in den Spruchkammerverfahren und ihrer Vorbereitung. Gelbert, der, unterstützt von Leumundzeugen, tatkräftigen Widerstand als Staatsanwalt am Oberlandesgericht München für sich reklamierte, der allerdings auch einige Aufsätze über NS-Strafrecht geschrieben hatte, die seine Regimetreue deutlich machten, und Parteimitglied gewesen war, wurde vom Vorprüfungsausschuss zur Entlastung vorgeschlagen.[161] Wegen seiner publizistischen

158 Siehe dazu auch Falk, Entnazifizierung, S. 66 f. u. Leßau S. 121 f.

159 BayHStA, MJu 25954, PA Walther Rösch, Gutachten Vorprüfungsausschuss AG München, 30.07.1946.

160 Siehe zu den zahlreichen Leumundszeugnissen StAM München, SpkA K500, Karl Gelbert, Bestätigung Rudolf Trabert, 18.08.1946, Erklärung Ernst Steffen, 24.06.1946, Erklärung Walter Roemer, 22.06.1946, Bescheinigung Claus Leusser, 24.06.1946, Erklärung Rudolf Herrgen, 04.07.1946, Erklärung Oskar Grießinger, 01.07.1946 u. Bestätigung August Gernet, 23.10.1946.

161 BayHStA, MJu 26788, PA Karl Gelbert, Gutachten Vorprüfungsausschuss OLG München, 17.07.1946.

Tätigkeit, ging die Spruchkammer VI im Dezember 1946 in München davon aus, dass sie einen Minderbelasteten vor sich hatte. Erst – und das ist ebenfalls typisch – die neuerliche Entscheidung aus dem Jahr 1948 der Spruchkammer VII, beschied, dass Gelbert entlastet sei, wie vom Vorprüfungsausschuss vorgeschlagen.[162] Dies gelang deshalb, weil der spätere Ministerialdirektor Claus Leusser – ein Bekannter Gelberts, der ihm vorher bereits ein Leumundszeugnis geschrieben hatte – ein siebenseitiges Gutachten über Gelberts publizistische Erzeugnisse während des Nationalsozialismus verfasste. Leusser beschrieb hier in äußerst komplizierter und voraussetzungsreicher Rhetorik, dass die Schriften Gelberts als Widerstand im Gewand des NS-Jargon zu werten seien.[163] Daraufhin wurde Gelbert entlastet.

In Kontext der Entnazifizierung wurden dieselben Geschichten wie in der bürokratischen Biografie erzählt: Ein klassischer Topos der Juristenerzählung war die Konstruktion des Juristen in bestimmten, meist widrigen, persönlichen und politischen Umständen,[164] auch diese Erzählpraxis wurde in den Spruchkammern fortgeführt – nicht zuletzt durch die juristischen Versuche, die Verfahren zu beeinflussen. Die Situation des Einzelnen, sein Körper, sein Alter, seine Vermögenswerte und der Kriegsdienst waren in den Beschreibungen der NS-Vergangenheit der Juristen mildernde Umstände und Zwangslagen.

In den Fragebogen der Vorprüfungsausschüsse wurde die finanzielle Situation ausführlich erhoben. Dazu gehörten die familiäre Situation, Datum und Höhe der letzten Gehaltszahlung, Vermögen sowie die Höhe des Dienstausfalls seit Kriegsende. Diese Daten dienten mitunter zur Festlegung einer etwaigen Sühneleistung. Im Falle Ernst Horbers etwa wurden seine Vermögenswerte, sein Verdienstausfall und seine Kriegsbeschädigung gegeneinander aufgerechnet, um die Sühneleistung von 1200 Reichsmark festzulegen.[165] Als Sühneleistungen wurden über das Finanzielle hinaus vor allem die Mithilfe in den „Wiederaufbau"-Leistungen körperlicher Natur oder schweren Kriegsbeschädigungen gewertet. Dem Staatsanwalt Fritz von Daumiller war aufgrund einer Verletzung im Zweiten Weltkrieg ein Unterschenkel amputiert worden. Die vorgeschlagene Sühneleistung berücksichtigte,

162 BayHStA, MJu 26788, PA Karl Gelbert, Spruch Spk VII München, 30.06.1948.

163 StAM, SpkA 500, Karl Gelbert, Gutachten v. Leusser, 31.03.1948. Siehe zu Leusser auch Tazelaar, Hüter, S. 164–167.

164 Siehe dazu auch Kap. 3.3.

165 BayHStA, MJu 25320, PA Ernst Horber, Gutachten Vorprüfungsausschuss AG München, 17.07.1946.

„daß v. Daumiller im Krieg ein Bein verloren hat und damit die Folgen nationalsozialistischer Politik am eigenen Leib genügend spürt".[166]

Die Kriegsteilnahme – und mit ihr das potenzielle Opfer des eigenen Lebens – wurde nicht als Opfer für den NS-Staat, sondern als Widerstand gegen ihn interpretiert: An die Front seien von denjenigen, die sich vor den Spruchkammern verantworten mussten, nur solche gegangen, die dem Nationalsozialismus in ihrer eigenen Erzählung feindlich gegenübergestanden hatten. Völlig entkoppelt etwa von einer allgemeinen Wehrpflicht und dem ab Ende 1944 aufgestellten sogenannten Volkssturm, behauptete Gelbert, dass er wegen seiner widerständigen Handlungen „zur Wehrmacht abgeschoben" worden sei.[167] Andere, wie Holzbauer und Hartmann, erklärten, durch ihre Einziehung zur Wehrmacht einer drohenden NSDAP-Mitgliedschaft entgangen zu sein.[168]

Für manche Juristen brachte die Phase der Entnazifizierung einen Bruch ihrer Berufsbiografie mit sich. Auch im Ministerium, das 1946 ohnehin mehr Juristen benötigte als eingesetzt werden konnten, waren sich die Juristen dessen bewusst und bewerteten es als eine besondere Härte.[169] Die betroffenen Juristen wie auch die Vorprüfungsausschüsse verwiesen dann auch auf diesen Umstand. Es war in ihren Augen bereits eine Strafe, dass sie nicht als Juristen arbeiten konnten.[170]

Zu den politischen und persönlichen Umständen gehörte in den Spruchkammerdiskursen auch die nationalsozialistische Übermacht. Offener Widerstand sei, wie Horber in seinem Ergänzungsfragebogen schilderte, deshalb sinnlos gewesen, weil er den Einzelnen „lediglich dessen Existenz gekostet" hätte.[171] Innerhalb dieser Gruppe habe es freilich auch einzelne Protestaktionen gegeben – insofern ehrbare Juristen an den richtigen Stellen gesessen hätten.[172] Diese waren aber zum Scheitern ob der Übermacht der Nationalsozialisten verurteilt – so seien Strafversetzungen an der Tagesordnung gewesen. Die nationalsozialistische Übermacht sei

166 BayHStA, MJu 26559, PA Fritz von Daumiller, Gutachten Vorprüfungsausschuss StA München I, 06.08.1946.

167 StAM, SpkA 500, Karl Gelbert, Gelbert an Vorsitzenden der Berufungskammer München, 03.08.1947.

168 StAM, SpkA K758, Andreas Holzbauer, Einstellungsbeschluss, 23.11.1949 u. SpkA K 630, Karl Hartmann Erläuterung zu 1a des Meldebogens (NSDAP-Mitgliedschaft), 13.06.1949. Beide hatten ihre Aufnahmeanträge unterschrieben.

169 BayHStA, StMJ 56/2015, 734, Befreiungsgesetz: Bildung von Spruch- u. Berufungskammern u. Personalvorschläge, StMJ Notiz, 25.07.1946.

170 Siehe dazu beispielsweise BayHStA, NL Hans Ehard 131, Holzbauer an StS, 02.03.1946. Zum Bruch in der individuellen Biografie siehe auch Leßau, Entnazifizierungsgeschichten S. 121 f. u. 455 f.

171 StAM, SpkA 765, Ernst Horber, Ergänzungsfragebogen, undatiert.

172 BayHStA, NL Fritz Koch 26, Ergänzungsfragebogen, undatiert.

zwar graduell und langsam zustande gekommen, andererseits aber letztlich übermächtig gewesen.[173] Die Ausschaltung der Standesorganisation habe die ehrbaren Juristen vereinzelt, Cammerer meinte gar, dass dadurch „Kollektivaktionen verhindert" worden seien.[174]

Der 1910 geborene Horber war ein Mitglied der NSDAP und der SA sowie zahlreicher Verbände gewesen. Der Eintritt in die SA im Oktober 1933 und in die NSDAP zum 1. Mai 1937 rechtfertigte Horber mit den zeitgenössischen Anforderungen an Beamte und solche, die es werden wollten. Seine „schwierige[…] wirtschaftliche[…] Lage" habe ihn letztlich zum SA-Eintritt gedrängt, weil er auf sein berufliches Fortkommen angewiesen war. Auch sein Parteibeitritt „sei nicht auf Grund eines unabhängigen Willensentschlusses erfolgt." Horber brachte vor, dass ihm die Parteimitgliedschaft nahegelegt worden sei, als er noch nicht als planmäßiger Beamter angestellt gewesen sei. Da er „aus innerer Berufung" Richter werden wollte, habe er den Antrag unterschreiben müssen. Der Vorprüfungsausschuss am Amtsgericht München, bestehend aus dem späteren Ministerialkollegen Armbruster, einem Rechtsanwalt und einem weiteren Amtsgerichtsrat, urteilte, dass die Mitgliedschaften Horbers „eine mehr oder weniger zwangsweise Angelegenheit" gewesen sei. Sie untermauerten Horbers Aussagen mit der Verordnung über die Vorbildung und die Laufbahnen der deutschen Beamten vom 28. Februar 1939, die eine Partei- beziehungsweise Gliederungsmitgliedschaft bei einer Anstellung im Staatsdienst erforderte.[175] Bei Horber, der „noch Referendar und erst 23 Jahre alt" gewesen sei, als er der SA beitrat, wurde außerdem der Topos der „Adoleszentisierung" sichtbar,[176] mit dem zu allen Zeiten juristische Fehler entschuldigt wurden – dies auch und umso mehr nach dem Nationalsozialismus in Bezug auf das damalige Handeln junger Juristen, ob am Gericht oder in der Partei. Die Jugendamnestie entsprach auf gesamtgesellschaftlicher Ebene diesem justizinternen Verständnis, das jungen Juristen in ihren dienstlichen Beurteilungen und in Bezug auf ihre NS-Vergangenheit entgegengebracht wurde.

Freilich waren diese Ausführungen des Vorprüfungsausschusses auch ein Hinweis an die Spruchkammer über den Justizalltag während der NS-Diktatur. Horber selbst äußerte, „[e]r betrachte sich als Mitläufer". Der Ausschuss teilte diese Einschätzung, weshalb Horber 1200 Reichsmark als Geldsühne entrichten solle.

173 BayHStA, MJu 26788, PA Karl Gelbert, Ergänzungsfragebogen, undatiert.

174 BayHStA, MJu 26777, PA Clemens Cammerer, Ergänzungsfragebogen, undatiert.

175 RGBl. Nr. 38, 1939, Verordnung über die Vorbildung und die Laufbahnen der deutschen Beamten v. 28.02.1939, S. 371. Auf diese gängige Exkulpationsstrategie verweisen auch Günther/Maeke, Beamter, S. 270.

176 Schmid, Ikonologie, S. 219; zur selben Exkulpation in Baden siehe Kißener, Diktatur, S. 311 f. u. Treiber, Lebensläufe, S. 41.

Horber und der Ausschuss waren sich weitestgehend einig, insbesondere über die inneren und äußeren Zwänge – seiner wirtschaftlichen Lage und der Berufung –, derentwegen er in den Staatsdienst und damit in die Partei eintreten musste. Darin lag Horbers NS-Belastung, die ihn allerdings nur rein äußerlich erfasst habe.[177] Die Spruchkammer VIII München stellte am 14. November 1946 fest, dass dem nicht so sei: Horber hätte wissen müssen, dass die SA „die Bewegung" 1933 „untermauert" habe, er hätte wegen seiner Bildung erkennen können, „wo der Kurs hingehe", und habe nie die Absicht gezeigt auszutreten. Zu allem Überfluss habe er immer den Hitlergruß gezeigt und sein Parteiabzeichen getragen. Horber sei ein Minderbelasteter, er habe 2000 Reichsmark zu zahlen. Dagegen ging der Jurist in Berufung. Die Berufungskammer München konnte für den Hitlergruß und das Parteiabzeichen keine Belege finden. Vielmehr folgte die mit Juristen besetzte Berufungskammer ausdrücklich dem Votum des Vorprüfungsausschusses, auf den sie sich wörtlich bezog, und reihte Horber in die Gruppe der Mitläufer ein – wenngleich sie es bei den 2000 Reichsmark Sühneleistung beließ.[178]

Auch Andreas Holzbauers „Bemerkungen" auf dem Fragebogen für den Ausschuss am Landgericht München I gehen auf das „Schicksal" des Juristen im Nationalsozialismus ein. Dem habe er nämlich „auch nicht entgehen" können und habe deshalb im Rahmen der Prüfung seines Parteiaufnahmeprüfverfahrens 1940 und 1941 Parteibeiträge eingesammelt. Holzbauer wählte in der Beschreibung ganz allgemein Passivkonstruktionen für belastende und Aktivkonstruktionen für entlastende Momente.[179] Diese übernahm der Ausschuss. Holzbauer sei „dem auf ihn ausgeübten Druck aus menschlich begreiflichen Gründen" unterlegen, nämlich wegen seiner „sonst gefährdete[n] beruflichen Laufbahn". In diesem Dokument befinden sich weitere Informationen zur gängigen Praxis in den Gerichtsbezirken im Nationalsozialismus, die sich als Hinweise für die Spruchkammer verstehen lassen, um den Justizalltag besser einzuordnen. Die Mitglieder des landgerichtlichen Vorprüfungsausschusses verwiesen auf die Spitze der Justiz: Die Oberlandesgerichtspräsidenten und die Gauleitung hätten mögliche Beförderungen ohne die aktive Betätigung in der Partei, ihren Gliederungen oder Verbänden zwischen 1933 und 1945 abgelehnt.[180] Damit erklärten die Ausschussmitglieder den Justizall-

177 BayHStA, MJu 25320, PA Ernst Horber, Gutachten Vorprüfungsausschuss AG München, 17.07.1946.

178 BayHStA, MJu 25320, PA Ernst Horber, Spruch Berufungskammer München, 13.01.1947. Zur unterschiedlichen Besetzung von Spruch- und Berufungskammer siehe Niethammer, Mitläuferfabrik, S. 662 f.

179 StAM, SpkA K758, Andreas Holzbauer, Bl. 46, Holzbauer an Vorprüfungsausschuss LG München I, 16.06.1946.

180 BayHStA, MJu 26805, PA Andreas Holzbauer, Gutachten Vorprüfungsausschuss LG München I, 01.07.1946.

tag in der NS-Diktatur zur alternativlosen, schicksalshaften Periode für Juristen. Moralisch hielten sie das Handeln Holzbauers für unproblematisch, weil es eben zum Justizalltag dazugehörte.

In Fällen, in welchen aufgrund von Mitgliedschaften eine Entlastung nicht mehr möglich war, trat also der Typus des „schicksalhaft Verstrickten" auf, dessen Grundton Hubert Treiber treffend beschreibt als „passives Mit-Sich-Geschehen-Lassen-Müssen".[181] Der „schicksalhaft Verstrickte" war in die Maschinerie des NS-Staatsdienstes hineingeraten, hatte dies aber, so seine Verteidigung, aufgrund widriger Umstände wie Jugendlichkeit oder Geldmangel beziehungsweise menschlicher Schwäche getan. Hierbei handelte es sich also nicht um ein Schuldeingeständnis des Einzelnen oder in Bezug auf ihn, vielmehr waren es die Umstände, denen er passiv ausgeliefert war – insofern er am Staat und dessen Justiz teilhaben wollte. Dass diese Justiz und der Wunsch, diesem Staat als Jurist zu dienen, das Problem sein könnte, darauf kam man nicht.

Die Justizbilder in den Spruchkammerverfahren sowie den damit zusammenhängenden Fragebogen und Gutachten zeigten starke aktiv-passiv-Kontrastierungen und nutzten Deutungsmuster der bürokratischen Biografie. Die Tätigkeit während der NS-Diktatur wurde in den Verteidigungsschriften entweder als widerständig oder als harmlos dargestellt und meist von juristischen Autoritäten qua persönlicher Kenntnis bezeugt. Insbesondere die Aufspaltung in Zivil- und Strafrecht schloss bereits alle Zivilrechtler aus der Gruppe der NS-Juristen aus. Widrige Umstände führten in den Erzählungen nicht selten zu einer „schicksalhaften Verstrickung" des Einzelnen, was aber nicht als seine eigene Schuld angesehen wurde. Ein guter Jurist und der Nationalsozialismus hatten in dieser Deutungstradition nicht mehr miteinander zu tun, als dass sie parallel existiert hatten – daraus ergab sich im Spruchkammerdiskurs allerdings kein Wechselverhältnis, sondern nur eine Abgrenzung.

Schlüsselstellenpraxis und Prüfroutine

Es ist nicht ersichtlich, dass sich die Personalverantwortlichen im Justizministerium um die systematische Erhebung der ehemaligen Mitgliedschaften gekümmert hätten, sodass hierzu keine zuverlässigen zeitgenössischen Statistiken vorliegen. In der frühen Nachkriegszeit fragte die amerikanische Militärregierung regelmäßig Aufstellungen ehemaliger Parteigenossen ab, die wieder im Dienst des Geschäftsbereichs des Justizministeriums standen. In diesem Zusammenhang wurde

181 Treiber, Lebensläufe, S. 37–42.

für April 1949 berechnet, dass von den 1336 im höheren Dienst in den drei Oberlandesgerichtsbezirken beschäftigten Juristen – sei es als Richter und Staatsanwälte, beauftragte, also nicht fest eingestellte oder verbeamtete, Richter und Staatsanwälte sowie Gerichtsassessoren – 798 Personen wiederbeschäftigte ehemalige NSDAP-Mitglieder und 207 Amnestierte waren. Gegenüber dem hohen Anteil an den Gerichten war die Zahl in der Justizverwaltung besonders niedrig: Für das Ministerium selbst wurden in diesem Rahmen nur zwei Juristen, Oskar Grießinger und Karl Gelbert, als ehemalige Parteigenossen genannt.[182]

Zwar liegen weitere Informationen über Mitgliedschaften vor, die Quellenlage ist aber in einigen Fällen vergleichsweise dünn.[183] Bei Walter Harbauer beispielsweise, der durch die Jugendamnestie entlastet wurde, befinden sich die Informationen über seine NSDAP- und die HJ-Mitgliedschaften lediglich auf zwei unterschiedlichen Übersichten aus der Nachkriegszeit und werden an keiner weiteren Stelle bestätigt.[184] Dass sie nicht mehr auftauchen, liegt möglicherweise daran, dass Harbauers Karriere nicht besonders steil verlief – er verließ 1965 als Oberlandesgerichtsrat den Staatsdienst – sowie an seinem Alter. Außerdem ist auch mit Bezug zu den Mitgliedschaften das Verhältnis von Stichprobe und Grundgesamtheit unklar. Wie bereits in der Einleitung bemerkt, fehlen Informationen von 40 Personen.[185] Weil zudem unklar ist, wie sich andere Samples zusammensetzen, erscheinen Vergleiche dieser ohnehin unsicheren Zahlen nicht angebracht.[186]

Karl Gelbert trat 1933 der NSDAP bei, die übrigen Eintritte erfolgten erst ab 1937. Was sich mit Sicherheit sagen lässt, ist, dass die Personalverantwortlichen im Ministerium ehemalige Partei- und Gliederungsmitglieder in Leitungspositionen duldeten. Ein Teil der Juristen, die Leitungspositionen im bayerischen Justizministerium besetzen sollten, hatte also während der NS-Diktatur keine ausreichenden moralischen, politischen oder sonst irgendwelche Widerstände gespürt, in die NSDAP einzutreten – eine staatstragende Partei, die, für die Volksgemeinschaft wie ihre imaginierten und tatsächlichen Feinde sichtbar, antisemitische und rassistische Positionen nicht nur vertrat, sondern sie auch in die Tat umsetzte und massenhaft die elementaren Rechte von Menschen verletzte und mordete.

Für den tatsächlichen Umgang mit den ehemaligen Partei- und Gliederungsmitgliedschaften ist der Wert, der ihnen etwa in der Beförderungspraxis zugewiesen wurde, interessant – was sich auch am Beispiel des einzigen bekannten för-

182 IfZA, OMGUS, 15/118-1/67, Former Nazis in Administration of Justice, StMJ Liste, 01.04.1949.

183 Siehe dazu auch Danker/Lehmann-Himmel, Landespolitik, S. 60–63.

184 BayHStA, MJu 25177, PA Walter Harbauer, Personalbogen RJM, undatiert u. Personal- und Befähigungsnachweisung, undatiert u. Bl. 105 Bemerkung, 29.09.1966.

185 Alle bekannten Mitgliedschaften sind in den Biogrammen vermerkt.

186 Siehe dazu auch Weise, „Mehr als Nazizählerei", S. 399.

dernden SS-Mitglieds, Wilhelm Fischer, zeigen lässt: Es störte in der direkten Nachkriegszeit im bayerischen Justizministerium offenbar nicht weiter, dass Fischer die nun verbotene Organisation unterstützt hatte. Vielmehr wurde die fördernde Mitgliedschaft nicht als vollwertige Mitgliedschaft verstanden. Es ging nicht um die Zielsetzung der Organisation, die der Jurist mindestens finanziell gefördert hatte, sondern um seine sich darin ausdrückende Distanz zur SS – denn er war nur „*FM* SS". Obwohl ein Austritt aus der fördernden Mitgliedschaft etwa wegen Spenden an das Winterhilfswerk oder Ähnliches gängig waren,[187] hatte sich Fischer dazu nicht entschlossen. Die „relative Harmlosigkeit" und „Verstrickung" in das NS-System anhand der fördernden Mitgliedschaft war eine gängige Selbstexkulpation nach 1945. Bastian Hein argumentiert in seiner Geschichte der SS und ihrer Mitglieder gegen eine Gleichsetzung etwa mit Spenden an die NSV, weil die Zielsetzung der SS, die explizit unterstützt wurde, anders gelagert war – Fischer unterstützte „eine dezidierte Kampforganisation, die aus ihrer politischen Gewalttätigkeit keinen Hehl machte".[188] 1946 reichte dies noch, um Fischer die Beförderung zum Oberlandesgerichtrat zu versagen – analog zur Schlüsselstellenpolitik der Amerikaner, unter die zu Beginn auch die Stellen an den Oberlandesgerichten fielen.[189] Ministerialdirektor Konrad hatte auf dem Vermerk allerdings sogar unterstrichen, dass die Beförderung „zur Zeit" nicht vorgenommen werden könne – sie sei aber vorgemerkt.[190] Fischer protestierte heftig. Er habe stets nur eine Reichsmark bezahlt und sei damit anderer Partei- und Gliederungsmitgliedschaft und vor allem -mitarbeit entgangen.[191] Im Februar 1947 wurde Fischer schließlich zum Oberlandesgerichtsrat befördert, ein Jahr später ans Justizministerium abgeordnet, wo er bis zu seiner Pensionierung als Ministerialdirigent 1970 tätig blieb.[192]

Trotz der mitunter akribischen Auflistung von Mitgliedschaften und nicht selten auch der Tätigkeiten während der NS-Diktatur betrachteten weder Politiker noch die Ministerialbürokraten im Justizministerium die Spruchkammerergebnisse als zuverlässige Informationsquelle zur NS-Vergangenheit von Juristen. So waren sich Ende der 1940er die zuständigen bayerischen Politiker im Ministerrat einig, dass die Spruchkammerbescheide und eventuelle Amnestierungen keine verlässlichen Angaben über die NS-Vergangenheit des Einzelnen versprachen. Übereinstimmend äußerten sie, lieber dem herkömmlichen Mittel der Wahl zu

187 Hein, Elite, S. 169.
188 Ebenda, S. 170.
189 Siehe dazu Kap. 4.1.
190 BayHStA, MJu 26787, PA Wilhelm Fischer, Bl. 46, Vermerk StMJ, 12.08.1946.
191 BayHStA, MJu 26787, PA Wilhelm Fischer, Bl. 47 f., Fischer an StMJ, 21.08.1946.
192 BayHStA, MJu 26787, PA Wilhelm Fischer, Personalbogen StMJ, undatiert.

trauen: den Personalakten.[193] Die Indikatoren für eine NS-Belastung stammten dann nicht nur aus der Spruchkammerentscheidung, die etwa in den Personalbogen ab Anfang der 1950er Jahre festgehalten wurde.[194]

Als plakatives Beispiel dafür kann der Fall Holzbauer gelten. Die Verantwortlichen im Finanzministerium erklärten zwar, dass im neuen, Anfang der 1950er Jahre eingeführten Personalbogen „Angaben, die für die Zukunft nicht mehr von Bedeutung sind (politische Belastung usw.) [...] weggelassen [werden]".[195] Dass nicht alle dieser Ansicht waren, zeigt der Personalbogen des späteren Ministerialdirektors: Obwohl in der Tat mit dem neuen Personalbogen standardmäßig nur der Spruchkammerbescheid abgefragt werden sollte, wurde die Zeile mit einer weiteren Information gefüllt: Holzbauers Parteimitgliedschaft hatte ihren Weg in das prominenteste Dokument der Personalakte gefunden, obwohl sie nicht abgefragt worden war. Hinter der Entscheidung der Spruchkammer, die auf „nicht betroffen" lautete, war handschriftlich mit Bleistift vermerkt: „(Pg seit 1940 Nr. 7 791 938, siehe Bl. 55)" (Abb. 7).[196] Selbst als sich das Kategoriensystem in der Abfrage von der NSDAP-Mitgliedschaft hin zur Spruchkammerentscheidung wandelte, blieb die korrespondierende Information über die Mitgliedschaften für die Personalabteilung im Justizministerium wichtig. Auch hier wird die palimpsesthafte Struktur der Personalakte deutlich, in der auch ältere Informationsschichten in die neuen hineinwirken.[197]

Da Holzbauer selbst ab 1957 die Personalabteilung als Ministerialdirektor im bayerischen Justizministerium leitete, erscheint ein früherer Eintrag naheliegend, da diese Information über den Amts- und Abteilungsleiter vermutlich nicht einfach so erfasst worden wäre. Holzbauer hatte, als einer der wenigen, seinen Personalbogen unterschrieben, dies geschah am 24. Juni 1953. Weil er selbst der Meinung war, niemals Parteimitglied gewesen zu sein, hätte er den Bogen mit dem entsprechenden Hinweis wohl nicht signiert. Holzbauer machte stets geltend, dass er zwar 1940 einen Aufnahmeantrag gestellt und Parteibeiträge gesammelt habe – dies auf Druck seines Vorgesetzten im Reichjustizministerium –, aber dass er vor der Entscheidung über seine Mitgliedschaft 1941 in die Wehrmacht eingezogen worden war.[198] Für die Notiz seiner Mitgliedschaft auf dem Personalbogen bleibt

193 Die Protokolle des Bayerischen Ministerrats 1945–1962, Ehard I, Ministerratssitzung Nr. 27, 17.07.1947. Siehe dazu auch Kap. 3.2.

194 Dasselbe gilt für Hessen, siehe Falk, Entnazifizierung, S. 141 f.

195 BayHStA, MF 74229, Dienstliche Beurteilung und Personalnachweise der Beamten, Generalia, 1949–1953, StMF Bemerkung, undatiert.

196 BayHStA, MJu 26805, PA Andreas Holzbauer, Personalbogen StMJ, 24.06.1953.

197 Siehe dazu auch Kap. 3.2.

198 BayHStA, MJu 26805, PA Andreas Holzbauer, Beglaubigte Abschrift Kassationsregister 0 71, 26.10.1949 u. StAM, SpkA K758, Andreas Holzbauer, Holzbauer an Vorprüfungsausschuss,

damit die Zeit zwischen Ende Juni 1953 und Ende Mai 1957 – eine Zeit ohne große äußere Vorkommnisse. Gleichwohl eine Zeit, in der sich Holzbauers Karriere endlich in die Richtung zu entwickeln schien, die er sich gewünscht hatte: 1951 war er endlich in der Besoldungsgruppe angelangt, die auf seine Einstufung 1945 hätte folgen sollen und seine Karriere bewegte sich nach Jahren der Zurückstufung wieder aufwärts. Da der Hinweis zu Holzbauers NSDAP-Mitgliedschaft auf eine Blattnummer verweist und die Paginierung der in der Akte gesammelten Dokumente Ende 1956 angeordnet wurde, erscheint die Zeit in Vorbereitung seiner Ernennung zum Ministerialdirektor im ersten Halbjahr 1957 wahrscheinlich.[199] Das Interesse an Holzbauers NS-Vergangenheit war in dessen Schlüsselstellung als Präsident am Landgericht München I und der bevorstehenden Beförderung begründet. Trotz der Einführung des neuen Personalbogens, der diese Daten nicht mehr abfragte, war die Information über die Mitgliedschaft ohnehin in der Akte vorhanden. Das Herrschaftswissen, welches sich etwa in der Notiz der NSDAP-Mitgliedschaft zeigte, wurde aus Gründen der Vorsicht und der Kontrolle aufbewahrt, auch wenn es eigentlich nicht mehr zählen sollte.[200] Schließlich ließen die neuen Personalbogen nur Platz für das Spruchkammerergebnis und nicht für die Mitgliedschaften. Solche Vorsichtsmaßnahmen bei der Beförderung schützten im Zweifelsfall die ganze Profession, die sich, auch wenn sie die Dinge anders bewertete, in einer fortwährend schwierigen Beziehung zur Öffentlichkeit befand und sich nicht angreifbar zu machen suchte.[201]

Auch Beförderungsvorschläge enthielten diese Zusatzinformation. Formelle NS-Belastungen, Spruchkammerergebnisse und Amnestien wurden im Justizministerium standardmäßig notiert, wenn es um Beförderungen in hohe Positionen ging. Es handelte sich hierbei um eine bürokratische Praxis, die bis zum Ende des Untersuchungszeitraumes nicht abbrach. Dazu gehörten vor allem diejenigen Beförderungsvorschläge, die die Zustimmung des Ministerrats erforderten, also Beförderungen auf die Stelle eines Ministerialrats oder höher. Den Schreiben mit der Bitte um Zustimmung zur Beförderung war stets eine Laufbahnübersicht beigelegt, die auch Bezug auf die NS-Vergangenheit des Vorgeschlagenen nahm. Als Standardkategorie mit leicht variabler Bezeichnung fand sich unter der Dienst-

---

16.06.1946. Holzbauers Mitgliedschaftsnummer wurde offenbar erstmals in einem Dokument des SD genannt, in dem von einer Beförderung Holzbauers im Jahr 1944 abgeraten wird, siehe BayHStA, MJu 26805, PA Andreas Holzbauer, SD-Leitabschnitt München an PräsOLG München, 16.08.1944.

199 BayBSVJu, Band 1, Nr. 12, Bekanntmachung über die Führung der Personalakten bei den Justizbehörden v. 12.11.1956, S. 9.

200 Ähnlich verfuhr die Justizverwaltung in Berlin (West), siehe BayHStA, StMJ 38/2018, Generalakten Personal, 6/92, Verschiedenes, Senator für Justiz Berlin (West) an LJV, 13.09.1952.

201 Zur Beziehung zur Öffentlichkeit siehe Kap. 2.2.

laufbahnübersicht die „Politische Belastung". Im Falle Hans Leopolds war dies „Politische Belastung: Weder Mitglied der NSDAP noch einer Gliederung".[202] Bei diesen Übersichten handelte es sich nicht um Formblätter, weil die Länge der Laufbahnbeschreibung je nach Person variierte, vielmehr wurden sie aller Wahrscheinlichkeit nach für jeden Beförderungsvorschlag neu abgetippt. Aus dieser Perspektive ist es umso interessanter, dass sogar die Fehlanzeige einer politischen Belastung einen Informationswert hatte, wie bei Leopold. Damit signalisierte das Justizministerium verwaltungsgemäß korrekt, dass nicht etwa keine Information über die NS-Vergangenheit vorlag, sondern die Information darüber, dass es keine politische Belastung gab.

Auch bei Friedrich Halbig ergab sich die Kombination aus formaler Belastung und Amnestiebescheid in seinem Ernennungsschreiben zum Regierungsamtmann: „PG.1937, weihnachtsamnestiert".[203] Abhängig von der Konjunktur öffentlichen Interesses und öffentlicher Thematisierung der NS-Vergangenheit von Juristen fiel die Erläuterung zur politischen Belastung länger oder kürzer aus. 1953 attestierte man Wilhelm Fischer, „[w]eder Mitglied der NSDAP noch einer Gliederung" gewesen zu sein, dazu kam ein Hinweis zum auf „nicht betroffen" lautenden Spruchkammerbescheid (Abb. 8).[204] Nach der Sensibilisierung der westdeutschen Gesellschaft für die NS-Vergangenheit der Justiz durch die ostdeutschen Broschüren fiel die Erläuterung ausführlicher aus. Unter dem Spruchkammerentscheid wurde Mitte der 1960er Jahre „Nicht Mitglied der NSDAP" notiert und darunter befand sich eine ausführliche Auflistung weiterer Mitgliedschaften, hier wurde dann auch Fischers fördernde SS-Mitgliedschaft aufgeführt (Abb. 9).[205] In den 1960er Jahren gingen die Verantwortlichen in der Personalabteilung detaillierter auf NS-Organisationsmitgliedschaften ein als vorher.

202 BayHStA, MJu 26810, PA Hans Leopold, Bl. 88, StMJ an StK, 04.08.1954.
203 BayHStA, MJu 26796, PA Friedrich Halbig, Bl. 69, Vordruck Ernennung, 09.02.1949.
204 BayHStA, MJu 26787, PA Wilhelm Fischer, Bl. 70, Laufbahnübersicht, undatiert [1953].
205 BayHStA, MJu 26787, PA Wilhelm Fischer, Bl. 97, Laufbahnübersicht, undatiert [1965].

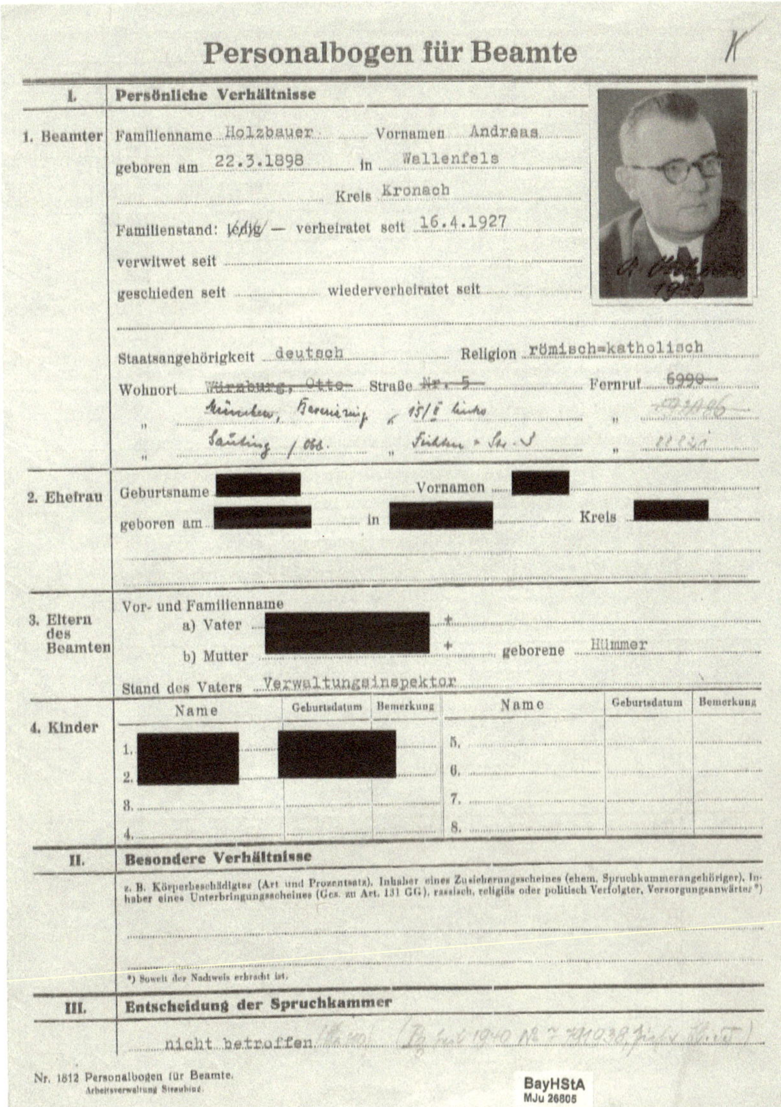

Personalbogen für Beamte

I. Persönliche Verhältnisse

1. Beamter
Familienname Holzbauer Vornamen Andreas
geboren am 22.3.1898 in Wallenfels
Kreis Kronach
Familienstand: ledig — verheiratet seit 16.4.1927
verwitwet seit
geschieden seit wiederverheiratet seit
Staatsangehörigkeit deutsch Religion römisch-katholisch
Wohnort ~~Würzburg, Otto-~~ Straße ~~Nr. 5~~ Fernruf ~~6990~~

2. Ehefrau
Geburtsname [geschwärzt] Vornamen [geschwärzt]
geboren am [geschwärzt] in [geschwärzt] Kreis [geschwärzt]

3. Eltern des Beamten
Vor- und Familienname
a) Vater [geschwärzt] †
b) Mutter † geborene Hümmer
Stand des Vaters Verwaltungsinspektor

4. Kinder

Name	Geburtsdatum	Bemerkung	Name	Geburtsdatum	Bemerkung
1. [geschwärzt]	[geschwärzt]		5.		
2. [geschwärzt]	[geschwärzt]		6.		
3.			7.		
4.			8.		

II. Besondere Verhältnisse
z. B. Körperbeschädigter (Art und Prozentsatz), Inhaber eines Zusicherungsscheines (ehem. Spruchkammerangehöriger), Inhaber eines Unterbringungsscheines (Ges. zu Art. 131 GG), rassisch, religiös oder politisch Verfolgter, Versorgungsanwärter*)

*) Soweit der Nachweis erbracht ist.

III. Entscheidung der Spruchkammer
nicht betroffen (Hr. 110) (Pg seit 1940 № 7 791038, siehe Bl. 55)

Nr. 1812 Personalbogen für Beamte.

BayHStA MJu 26805

Abb. 7: Personalbogen von Andreas Holzbauer

Quelle: BayHStA, MJu 26805, PA Andreas Holzbauer, Personalbogen StMJ, 24.06.1953

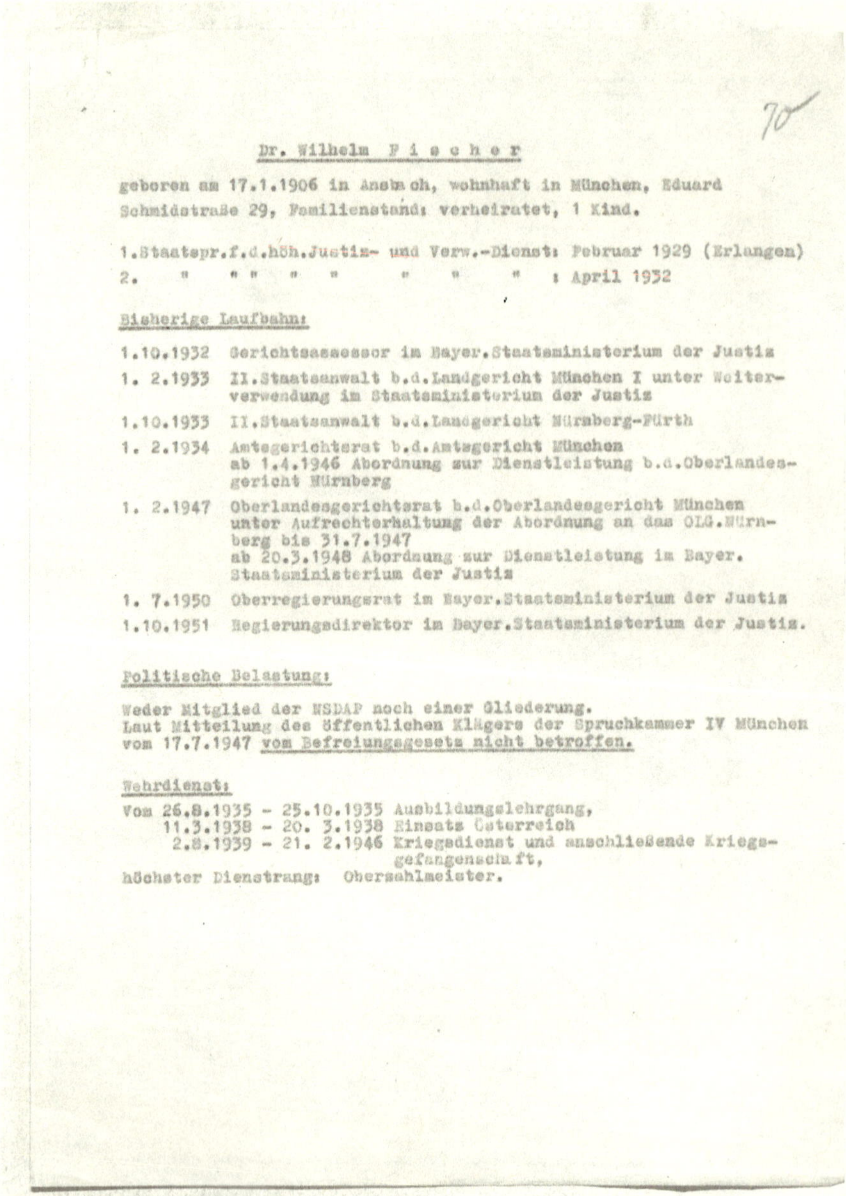

70

Dr. Wilhelm F i s c h e r

geboren am 17.1.1906 in Ansbach, wohnhaft in München, Eduard Schmidstraße 29, Familienstand: verheiratet, 1 Kind.

1.Staatspr.f.d.höh.Justiz- und Verw.-Dienst: Februar 1929 (Erlangen)
2. " " " " " " " " : April 1932

Bisherige Laufbahn:

1.10.1932	Gerichtsassessor im Bayer.Staatsministerium der Justiz
1. 2.1933	II.Staatsanwalt b.d.Landgericht München I unter Weiterverwendung im Staatsministerium der Justiz
1.10.1933	II.Staatsanwalt b.d.Landgericht Nürnberg-Fürth
1. 2.1934	Amtsgerichtsrat b.d.Amtsgericht München ab 1.4.1946 Abordnung zur Dienstleistung b.d.Oberlandesgericht Nürnberg
1. 2.1947	Oberlandesgerichtsrat b.d.Oberlandesgericht München unter Aufrechterhaltung der Abordnung an das OLG.Nürnberg bis 31.7.1947 ab 20.3.1948 Abordnung zur Dienstleistung im Bayer. Staatsministerium der Justiz
1. 7.1950	Oberregierungsrat im Bayer.Staatsministerium der Justiz
1.10.1951	Regierungsdirektor im Bayer.Staatsministerium der Justiz.

Politische Belastung:

Weder Mitglied der NSDAP noch einer Gliederung.
Laut Mitteilung des öffentlichen Klägers der Spruchkammer IV München vom 17.7.1947 vom Befreiungsgesetz nicht betroffen.

Wehrdienst:

Vom 26.8.1935 – 25.10.1935 Ausbildungslehrgang,
11.3.1938 – 20. 3.1938 Einsatz Österreich
2.8.1939 – 21. 2.1946 Kriegsdienst und anschließende Kriegsgefangenschaft,
höchster Dienstrang: Oberzahlmeister.

Abb. 8: Laufbahnübersicht zu Wilhelm Fischer
Quelle: BayHStA, MJu 26787, PA Wilhelm Fischer, Bl. 70, Laufbahnübersicht, undatiert [1953]

97

Dr.Wilhelm F i s c h e r

geboren am 17. Januar 1906 in Ansbach,
wohnhaft in München 9, Eduard-Schmid-Straße 29/II
verheiratet, 1 Kind (Sohn, 28 Jahre)

Erste Staatsprüfung: 19. Februar 1929 in Erlangen "bestanden"
Große Staatsprüfung: 28. April 1932 in Nürnberg "Notensumme 53"

Glaubensbekenntnis: evangelisch

Dienstlaufbahn:

1.10.1932 Gerichtsassessor, Bayer. Staatsministerium der Justiz,
1. 2.1933 II.Staatsanwalt außer dem Stande am Landgericht München I, verwendet im Bayer.Staatsministerium der Justiz,
1.10.1933 II.Staatsanwalt, Staatsanwaltschaft bei dem Landgericht Nürnberg-Fürth,
1. 2.1934 Amtsgerichtsrat, Amtsgericht München,
1. 2.1947 Oberlandesgerichtsrat, Oberlandesgericht München,
- vom 1.2.1947 bis 31.Juli 1947 zur Dienstleistung an das Oberlandesgericht Nürnberg abgeordnet -
- ab 20.3.1948 zur Dienstleistung an das Bayerische Staatsministerium der Justiz abgeordnet -,
1. 7.1950 Versetzung als Oberregierungsrat in das Bayerische Staatsministerium der Justiz,
1.10.1951 Regierungsdirektor, Bayer.Staatsministerium der Justiz,
1. 7.1953 Ministerialrat, Bayer.Staatsministerium der Justiz

Spruchkammerbescheid:

Nicht betroffen
Mitteilung des öffentlichen Klägers der Spruchkammer IV München vom 17.Juli 1947

Nicht Mitglied der NSDAP

NSV seit 13.10.1936,
NSRB " 12.11.1933,
F.M.d.SS 27. 3.1934,
Soldatenbund seit1.3.1936

Wehrdienst:
Vom 26.8. bis 25.10.1935 Ausbildungslehrgang(Pionier),
11.3. bis 20. 3.1938 Einsatz Österreich,
2.8.1939 bis 4.5.1945 Oberzahlmeister d.R.

Abb. 9: Laufbahnübersicht zu Wilhelm Fischer
Quelle: BayHStA, MJu 26787, PA Wilhelm Fischer, Bl. 97, Laufbahnübersicht, undatiert [1965]

Auch andere Informationen wurden abgefragt, wenn sie potenziell problematische Aspekte der NS-Vergangenheit betrafen und das Justizministerium erreichten: der Regierungsoberinspektor Joseph Vogl, der später in den höheren Dienst aufsteigen sollte, musste sich etwa 1954 ausführlich gegenüber dem Ministerialdirektor Walther über eine Teilnahme an einem NS-Rechtspfleger-Wettbewerb im Jahr 1937 rechtfertigen. Dies, obwohl Vogls Beitrag zum Thema „Wesen und Zwecke der Strafe im Wandel der Zeiten" bereits im Spruchkammerverfahren thematisiert wurde, das mit der Weihnachtsamnestierung eingestellt wurde. Der Regierungsamtmann erklärte, dass er seine „Schuld" darin sehe,

> „als junger Mensch in einer privaten Meinungsäusserung über Wesen und Zweck der Strafe bei kriminellen Rechtsbrechern neben überwiegend ganz allgemein gültigen Grundsätzen einige wenige Äusserungen im Sinne des damals herrschenden Regierungssystems gemacht zu haben. Ich nahm an, diese Schuld durch die erheblichen finanziellen Einbussen infolge 3-jähriger Entfernung vom Dienst sowie durch die mehrjährige zwangsweise Zuteilung zu schwerer körperlicher Hilfsarbeitertätigkeit ausreichend gesühnt zu haben."[206]

Während in der Folge zwar kein Bezug auf dieses Schriftstück genommen wurde, wurde Vogl kaum sechs Wochen später zum Regierungsamtmann befördert[207] – die ausführliche Exkulpation Vogls, die auf die üblichen Topoi der Jugendlichkeit und des Ausgleichs durch körperliche Arbeit und Zurückstellung verwies, hatte offenbar genügt.

Folgerichtig war auch eine Diskriminierung durch das NS-Regime nur dann eine Notiz wert, wenn sie sich rechtlich positiv auf Beförderungen oder Verlängerungen der Amtszeit bezog oder fehlende Beförderungen während des Nationalsozialismus erklärten – sie war also, wie die NS-Belastung, an sich keine bemerkenswerte Eigenschaft eines Juristen. Sie war nur eine gegebenenfalls nützliche Information. Mitte der 1950er Jahre wurde in Bezug auf Sigmund Elsäßer anlässlich seines Vorschlags zum Oberlandesgerichtspräsidenten noch erwähnt, dass er als überdurchschnittlicher Jurist während des NS „einzig und allein wegen seiner Abstammung von einem jüdischen Vater" nicht befördert worden sei, hier wird also die Karrierelücke plausibilisiert. Obwohl es sich nicht um ein vorgedrucktes Formular handelte, schloss der Vorschlag mit dem Hinweis, dass Elsäßer politisch „nicht belastet" sei, er habe weder „der NSDAP noch einer Gliederung angehört." Die Diskriminierung Elsäßers und die Beurteilung seiner politischen Belastung werden abermals nicht in ein Verhältnis gesetzt, vielmehr erscheinen sie als unterschiedliche Umstände einer juristischen Tätigkeit. Im Zuge seines Vorschlags zum Präsidenten des Verfassungsgerichtshofs wird nur noch erwähnt, dass Elsä-

206 BayHStA, MJu 26841, PA Joseph Vogl, Vogl an MinDir, 16.08.1954.
207 BayHStA, MJu 26841, PA Joseph Vogl, Personalbogen StMJ, undatiert.

ßer politisch nicht belastet und kein Partei- oder Gliederungsmitglied gewesen sei. Seine Eignung ergab sich offenbar aus seiner Tätigkeit als Oberlandesgerichtspräsident.[208] Nützlich wurde die Erwähnung der Diskriminierung erst wieder, als der Münchner Oberlandesgerichtspräsident Sigmund Elsäßer 1962 darum bat, dass sein Eintritt in den Ruhestand um drei Jahre hinausgeschoben werde.[209] Denn aufgrund von Artikel 218 des Bayerischen Beamtengesetzes von 1960 war dies möglich, sofern „Anspruch auf Wiedergutmachung nach dem Gesetz zur Regelung der Wiedergutmachung nationalsozialistischen Unrechts für Angehörige des öffentlichen Dienstes“ beim betreffenden Juristen bestand.[210] Dem Antrag wurde stattgegeben.[211]

Insgesamt kann für die 1950er Jahre eine deutlich lockerere Einstellungs- und Beförderungspolitik als für die Jahre zuvor und danach festgestellt werden. Nicht nur im Falle Holzbauers wurden großzügig Nachkriegsrückstufungen ausgeglichen und Juristen, die auf die eine oder andere Weise als politisch belastet galten, befördert.[212] Dies vor allem in den Fällen, in welchen die Justizverwaltung sich für ausreichend informiert hielt, um die Risiken von Ernennungen und Beförderungen abzuschätzen und einer entsprechenden Kritik mit dem Verweis auf die bereits stattgefundene Prüfung zu begegnen.

Informationspraxis

Der spezifische Umgang mit Informationen und die Konturierung datenschutzrechtlicher Argumentationen in Bezug auf die NS-Vergangenheit lassen sich beispielsweise in den interjustizministeriellen Unterstützungsersuchen und Diskussionen finden. Hierbei ging es oft um Streitfälle über nicht erfolgte Beförderungen während des NS-Regimes. Die Kläger, zumeist Justizjuristen, waren der Meinung, dass ihnen während der Diktatur die Beförderung versagt geblieben war – in der Regel wurde sinnvollerweise die eigene regimefeindliche Einstellung postuliert – und sie forderten ihre Dienstherren auf, diesen Nachteil auszubessern. Wie bereits gezeigt, verhielt sich die bayerische Justizverwaltung demgegenüber recht restriktiv, abgesehen davon, dass sie einzelne Ministerialbeamte in der direkten Nach-

208 BayHStA, MJu 24927, PA Sigmund Elsäßer, Bl. 87, Ernennungsvorschlag PräsOLG, 04.07.1956 u. Bl. 89/99, Vorschlag PräsBayVGH, 05.06.1959.
209 BayHStA, MJu 24927, PA Sigmund Elsäßer, Bl. 108, Elsäßer an StMJ, 21.12.1962.
210 GVBl. Nr. 15, 1960, Bayerisches Beamtengesetz v. 18.07.1960, S. 189.
211 BayHStA, MJu 24927, PA Sigmund Elsäßer, Bl. 113, StK an StMJ, 03.04.1963.
212 Siehe dazu auch Materna, Richter, S. 401–411.

kriegszeit zum Teil als Ausgleich erheblich befördert hatte.[213] Mehrfach baten Landesjustizverwaltungen oder Gerichte darum, dass die übrigen Länder recht ausführliche Übersichten zu den Beförderungen von Juristen während des Nationalsozialismus anfertigten, damit sie als Vergleichsgrundlage bei der Entscheidungsfindung helfen könnten. Aufgrund der Daten von Richterbeförderungen, die den westdeutschen Landesjustizverwaltungen über die Zeit des Nationalsozialismus vorlagen, wurde eruiert, ob der Kläger tatsächlich, wie er behauptete, diskriminiert worden war.

Die Antworten variierten hier, meist machten die Justizverwaltungen geltend, dass die entsprechenden Akten fehlten, wie etwa in Berlin (West) 1954.[214] Häufig waren sich die Verantwortlichen auch schlicht sicher, dass der Großteil der Juristen wegen ihrer Leistungen befördert worden seien. Woher diese Sicherheit stammte, verriet etwa ein Schreiben des niedersächsischen Justizministeriums nicht.[215] In Bayern machte man sich die Bewertung der Beförderung aus politischen Gründen leichter. Alle Fälle, in denen Paragraf 7 des Gesetzes zum Artikel 131 des Grundgesetzes angewendet worden war, zählten dazu. Paragraf 7 sah vor, dass beamtenrechtswidrige Beförderungen und solche, die wegen „enger Verbindung zum Nationalsozialismus vorgenommen worden sind", unberücksichtigt bleiben würden.[216] Alle anderen Kandidaten waren entweder wegen hervorragender militärischer oder dienstlicher Leistungen befördert worden, so Ministerialdirektor Hans Walther.[217]

Hinsichtlich der nachträglichen Bewertung waren die Antworten zwar relativ sicher, aber offensichtlich die Bewertungsgrundlage weniger eindeutig – und vor allem nicht überall dieselbe. Obwohl die Akten nicht vollständig waren, waren die Justizverwaltungen bereit, zu behaupten, dass es kaum problematische Juristen gab. Eine Möglichkeit, mit der man die Unsicherheit eindämmen konnte, waren Verrechtlichungen. Mit den Ergebnissen von Spruchkammerverfahren oder der Anwendung des Paragraf 7 des Gesetzes zum Artikel 131 Grundgesetz waren Kate-

213 Siehe dazu Kap. 4.1.

214 BayHStA, StMJ 38/2018, Generalakten Personal, 4/44, Beförderungen zu OLGR 1941–1945 u. später, Senator für Justiz Berlin (West) an Justizministerium NRW, 12.08.1954.

215 BayHStA, StMJ 38/2018, Generalakten Personal, 4/44, Beförderungen zu OLGR 1941–1945 u. später, Justizministerium Niedersachsen an Justizministerium Nordrhein-Westfalen, 09.09.1954. Ähnliche Einschätzungen vertraten: BayHStA, StMJ 38/2018, Generalakten Personal, 4/44, Beförderungen zu OLGR 1941–1945 u. später, Justizministerium Hessen an Justizministerium Nordrhein-Westfalen, 03.11.1954.

216 BGBl. Nr. 22, 1951, Gesetz zur Regelung der Rechtsverhältnisse der unter Artikel 131 des Grundgesetzes fallenden Personen v. 11.05.1951, S. 309.

217 BayHStA, StMJ 38/2018, Generalakten Personal, 4/44, Beförderungen zu OLGR 1941–1945 u. später, StMJ an Justizministerium Nordrhein-Westfalen, 23.07.1954.

gorien geschaffen worden, um problematisches Verhalten im Nationalsozialismus rechtlich zu fassen und justiziabel zu machen.

1956 erreichte das Ministerium ein Beweisbeschluss des Landesverwaltungsgerichts Köln. Das Gericht sah sich mit der Klage eines Juristen gegen den Bundesjustizminister auf Wiedergutmachung konfrontiert. Der Kläger war der Meinung, dass er ohne „nationalsozialistische Verfolgungs- und Unterdrückungsmaßnahmen" eine höhere Besoldungsgruppe und damit höhere Versorgungsbezüge erhalten hätte. Um dies zu eruieren, fragte das Verwaltungsgericht alle Landejustizverwaltungen nach Aufstellungen über die Präsidenten der Landesgerichte, Amtsgerichte, die Senats- und Vizepräsidenten der Oberlandesgerichte, die in der Zeit von 1933 bis 1945 und 1945 bis zum April 1951 dort beschäftigt waren. Es ging spezifischer um die Ergebnisse der juristischen Staatsprüfungen, das Lebensalter beim Eintritt in den Dienst und bei nachfolgender Beförderung, die Besoldungsgruppe, charakteristische Gesamtnoten und besondere Persönlichkeitsmerkmale sowie eine etwaige Bindung ans NS-Regime.[218] Der bayerische Ministerialdirektor Walther erhob schwerwiegende Vorbehalte, dem Auftrag nachzukommen: Neben dem erheblichen Verwaltungsaufwand (teilweise Fehlen durch Kriegseinwirkung), hegte er rechtliche Bedenken. Letztere beträfen, so der Amtschef, insbesondere „die Angabe von charakteristischen Gesamtnoten und von besonderen Persönlichkeitsmerkmalen" – dies widerspreche dem Grundsatz der Vertraulichkeit. Über den Bezug der Personen zum Nationalsozialismus meinte Walther, sich kaum äußern zu können. Einzig ob eine Entscheidung nach Paragraf 7 des Gesetzes zu Artikel 131 Grundgesetz ergangen sei, könnte den NS-Bezug beweisen, andererseits sei dies etwa beim Tode der betreffenden Person aus formellen Gründen unterblieben – ein lückenloser Beweis also unmöglich.[219]

Bayern schloss sich in seiner Antwort an das Landesverwaltungsgericht letztlich dem niedersächsischen Justizminister an. Dieser meinte zwar, dass der Bezug zum Nationalsozialismus durchaus durch die Entnazifizierungsunterlagen, die Walther nicht in Erwägung zog, offenzulegen sei, allerdings seien diese Unterlagen in Niedersachsen der Einsicht gesetzlich entzogen. Zum Teil fehlten außerdem immer noch Personalakten und das Vorhaben stoße deutlich an die Grenzen des Grundsatzes ihrer Vertraulichkeit: Es müssten zu viele Daten für einen Einzelfall offengelegt werden und alle Prozessbeteiligten Einsicht in das Material bekommen. Zudem sei die Information über Beförderungsgründe gar nicht in den Personalakten, sondern in den Vorschlagslisten, die nicht zur Verfügung stünden. Au-

218 BayHStA, StMJ 38/2018, Generalakten Personal, 6/87, Personalakten der Richter und Beamten, Einsichtnahme, Beweisbeschluss Landesverwaltungsgericht Köln, 30.11.1956.

219 BayHStA, StMJ 38/2018, Generalakten Personal, 6/87, Personalakten der Richter und Beamten, Einsichtnahme, StMJ an LJV, 09.01.1957.

ßerdem seien dies interne Dokumente, die nicht eingesehen werden könnten.[220] Das dreifach-Nein im Namen von Vertraulichkeit und Datenschutz des niedersächsischen Justizministers klang offenbar so imposant, dass weitere Länder sich ihm anschlossen. In Berlin (West) waren die Verantwortlichen sich sicher, dass es nicht möglich sei, alle Angaben zu anonymisieren, und glaubten, dass die Beweise ohne Einsicht der Prozessparteien wertlos seien. Schlussendlich äußerten sie noch eine beruhigende „Feststellung", die aus der Durchsicht entsprungen sei: die Berliner Richter seien „durchweg politisch unbelastet und zu einem erheblichen Teil wiedergutmachungsberechtigt" gewesen.[221]

Einen anderen Weg ging unter anderem Schleswig-Holstein: Die dortige Justiz erstellte Listen, die ohne Namens- und Ortangaben nur die Jahreszahlen und Gesamteinschätzungen, Eignung für ein Behördenvorstandesamt sowie die Möglichkeit eines NS-Bezugs, wo dieser sich nicht ausschließen ließ, beinhalteten.[222] Dass sich die anderen Landesjustizverwaltungen diesem Vorschlag aus dem Januar 1957 nicht anschlossen, verwundert. Denn schließlich wurden bei diesen Übersichtslisten allen Bedenken Rechnung getragen und die Vertraulichkeit der Personaldokumente wäre gewahrt worden.

Fazit

Auch wenn die Einflussnahme der Justiz auf die Spruchkammerverfahren wenig erfolgreich war, wurde dennoch ihr Einfluss auf die Deutungsmuster der NS-Vergangenheit von Juristen in den Spruchkammerdiskursen sehr deutlich. Die Materialressource für die Beschreibung der NS-Vergangenheit von Juristen war ihre Personalakte und die darin genutzten Justizbilder. Die Spruchkammerdiskurse offenbarten einige justizspezifische Exkulpationen, die in den bekannten argumentativen Bahnen der bürokratischen Biografiepraxis abliefen und auch so Nachteiliges über Juristen – in diesem Fall die NS-Belastung – entschuldigten. Sie bezogen sich einerseits auf die Trennung zwischen Justiz und Nationalsozialsozialismus oder Zivil- und Strafrecht, in der sich die einzelnen nachträglich auf der Seite einer intakten, unabhängigen Justiz positionierten, die mit dem Nationalsozialismus

220 BayHStA, StMJ 38/2018, Generalakten Personal, 6/87, Personalakten der Richter und Beamten, Einsichtnahme, Justizministerium Niedersachsen an Landesverwaltungsgericht Köln, 31.01.1957 u. StMJ an Landesverwaltungsgericht Köln, 18.02.1957

221 BayHStA, StMJ 38/2018, Generalakten Personal, 6/87, Personalakten der Richter und Beamten, Einsichtnahme, Justizsenator Berlin (West) an Landesverwaltungsgericht Köln, 08.03.1957.

222 BayHStA, StMJ 38/2018, Generalakten Personal, 6/87, Personalakten der Richter und Beamten, Einsichtnahme, Justizministerium Schleswig-Holstein an StMJ, 29.01.1957.

nichts weiter zu tun gehabt hatte.[223] Wenn eine NS-Belastung nicht abgestritten werden konnte, nützte der Topos der widrigen Umstände, in denen der einzelne Jurist über keine alternativen Handlungsmöglichkeiten verfügt hatte und der mit den gängigen Beschreibungen in den dienstlichen Beurteilungen korrespondierte. Argumentiert wurde in starken aktiv-passiv-Gegensätzen, die diese Deutungen unterstützten.

Auch mit dem Befreiungsgesetz blieb der Fokus auf formalen und öffentlichkeitswirksamen Belastungen. Verwertbare Hinweise auf die Tätigkeit, die Mitgliedschaft und das Handeln während der NS-Diktatur wurden in den 1950er Jahren intern aber durchaus gesammelt und ausgewertet. Hier wurden über die geforderten Spruchkammerentscheidungen in den Personalbogen und -akten hinaus NS-Mitgliedschaften notiert und kommuniziert. In der Prüfpraxis nutzten die Verantwortlichen in der Personalabteilung dabei weiter die Akkumulation, Dokumentation und Bezeugung bürokratisch-biografischer Informationen. Dazu gehörte auch die Anhörung des Betroffenen.[224] Insbesondere bei Beförderungen ging man vorsichtig anhand der Schlüsselstellenpraxis vor, auch wenn sich insbesondere im Vergleich mit der Anfangsphase unter Hoegner Lockerungen ergaben. Insgesamt war das Interesse der Justizverwaltung an der NS-Vergangenheit ihres Personals selektiv, wurde nach außen nur auf Nachfrage kommuniziert und gab sich mit dem Vermerk „bereits geprüft“ zufrieden.

4.3 Die „Blutrichter“-Kampagne: Exzessive Todesurteile als NS-Belastung

1957 erschien die erste ostdeutsche Broschüre mit Vorwürfen gegenüber westdeutschen Juristen, die in den Ländern und im Bund beschäftigt waren. Auch bayerischen Juristen wurde darin vorgeworfen, während des NS-Regimes am Volksgerichtshof, an Kriegs- und Sondergerichten massenhaft Todesurteile gefällt zu haben.[225] Ähnliche Broschüren wurden später, bis weit in die 1960er Jahre, auch von westdeutschen und tschechoslowakischen Verfassern in die westdeutsche Medienöffentlichkeit gebracht. Die Kritik an der NS-Vergangenheit der Justiz entwickelte sich so zu einer öffentlich diskutierten Sache, die auch die bayerische Justizver-

223 Denselben Befund liefern Kiessling/Safferling für die Bundesanwaltschaft in dies., Staatsschutz, S. 262.
224 Siehe dazu auch Kap. 3.3.
225 Zur strafrechtlichen Auseinandersetzung damit siehe Hoeppel, NS-Justiz u. Vormbaum, Die „strafrechtliche Aufarbeitung“.

waltung massiv unter Druck setzte.[226] Auch wenn es stimmt, dass die deutsche Justiz im Allgemeinen und die bayerische Justiz im Besonderen im Umgang mit den in den Broschüren als „Blutrichter" titulierten Juristen im Wesentlichen versagt hat,[227] so hat sie sich doch auf ihre Art und Weise damit auseinandergesetzt. Im Zuge dieser Auseinandersetzung kristallisierten sich neue Entnazifizierungspraktiken heraus, die sich von den vorherigen Prüfpraktiken unterschieden. Von ihnen handelt das folgende Kapitel und bewegt sich damit in der Zeit ab Ende der 1950er bis in die 1970er Jahre.

„Verhalten gegenüber dem Material"

Das Material über die NS-Belastung westdeutscher Juristen war nur zum Teil neu. Sondergerichts- und Volksgerichtshofurteile sowie Hinweise auf dortige Tätigkeiten befanden sich in westdeutschen Akten. Solches Material hatte es aber auch in der DDR und den ehemals besetzten Gebieten gegeben[228] – und dessen Wert wurde in der DDR ein wenig anders bewertet als in Westdeutschland.

Über die Sondergerichte in den Oberlandesgerichtsbezirken Nürnberg und München wusste das Justizministerium – abgesehen von der je eigenen Erfahrung der Juristen im NS – offiziell ab 1947 Bescheid. Zu dieser Zeit sandten die beiden Oberlandesgerichtspräsidenten Listen des Sondergerichtspersonals an das Justizministerium beziehungsweise die Militärregierung.[229] Wie Sonja Boss schildert, waren die Personalabteilungen der Landesjustizverwaltungen bereits ab Beginn der 1950er Jahre mit der Problematik von ehemals am Volksgerichtshof beschäftigten Juristen an den bundesdeutschen Gerichten und in den Staatsanwaltschaften konfrontiert. Mit dem Gesetz zu Artikel 131 des Grundgesetzes wurden versorgungsrechtliche Ansprüche von ehemaligen VGH-Juristen an die Länderverwaltungen herangetragen. Der niedersächsische Justizminister hatte sich offenbar bereits 1952 mit einer solchen Angelegenheit an die übrigen Landesjustizverwaltungen gewandt. Ähnliche Fälle waren in Berlin und im Bundesinnenministerium

226 Siehe dazu auch Kap. 2.2.

227 Zu den allgemeinen westdeutschen Reaktionen siehe Boss, Ruhestand; Miquel, Ahnden; Weinke, Verfolgung; zu den in der Nachkriegszeit in Bayern noch tätigen ehemaligen Sonderrichtern speziell Materna, Richter u. zum Umgang der bayerischen Justizverwaltung mit der Öffentlichkeit in dieser Sache Kap. 2.2.

228 Siehe dazu Kap. 3.1.

229 BayHStA, MJu 26908 II, Angriffe auf Ri und StA wegen ihrer Tätigkeit beim VGH, Sondergerichten oder Kriegsgerichten, PräsOLG Nürnberg an OMGB, 06.10.1947 u. PräsOLG München an StMJ, 28.10.1947.

1956 aufgetaucht.[230] Letzteres hatte die Landesbehörden im Januar 1957 auf ehemalige Angehörige des Volksgerichtshofs aufmerksam gemacht.[231] Sondergerichtsurteile und weitere Details zu den dort beschäftigten Juristen waren auch in Bayern durchaus noch vorhanden.[232] Im täglichen Geschäft verließen sich die Personalverantwortlichen in der Justizverwaltung aber auf die gängigen Prüfverfahren, beispielsweise die Einforderung einer Erklärung auf Dienstpflicht, oder ein Verweis auf bereits stattgefundene Prüfungen, wenn politisch Belastendes aus der Zeit des Nationalsozialismus laut wurde.[233]

Während also die bayerische Justiz nur bedarfsweise prüfte, waren die DDR-Behörden längst dazu übergegangen, das ihnen vorliegende Material serienmäßig auf sein Skandalisierungspotenzial zu überprüfen – und sie wurden fündig. Gerichts- und Personalakten aus der Zeit des Nationalsozialismus wurden pragmatisch für Propagandakampagnen genutzt.[234] Eine solche Kampagne war die gegen „NS-Blutrichter“, denen vorgeworfen wurde, am Volksgerichtshof, an Sonder- und Militärgerichten Todesurteile gefällt zu haben und nun im westdeutschen Teilstaat zum großen Teil wieder in der Rechtspflege tätig zu sein. Zahlreiche Broschüren und Pressekonferenzen gaben hierüber Auskunft. Sie stammten zunächst aus der DDR und wurden vom 1954 gegründeten „Ausschuss für Deutsche Einheit“, geleitet von Albert Norden, erstellt. Die Informationen für die Propagandaaktionen wurden vom MfS beschafft, fabriziert und gegebenenfalls auch verdeckt verbreitet.[235] Später folgten westdeutsche und tschechoslowakische Aktionen, die ebenfalls weitgehend mit ostdeutschen Quellen arbeiteten.[236]

Am 23. Mai 1957 wurde die erste Broschüre *Gestern Hitlers Blutrichter – heute Bonner Justiz-Elite* vom Ausschuss für Deutsche Einheit veröffentlicht.[237] Am 5. Juli 1957 ist das erste Schriftstück dazu im bayerischen Justizministerium verzeichnet. Oberlandespräsident Elsäßer erklärte dem Ministerium gegenüber, dass die „ostzonale Veröffentlichung“ bei einer Hausdurchsuchung gefunden worden sei. Der Präsident listete die Namen der in der Broschüre vorgefundenen bayerischen Juristen in seinem Schreiben auf.[238] Intern wurde dies einige Zeit später als „1. Bro-

230 Boss, Ruhestand, S. 58 f.
231 BayHStA, MJu 26908 II, Angriffe auf Ri und StA wegen ihrer Tätigkeit beim VGH, Sondergerichten oder Kriegsgerichten, BMI an Länderregierungen, 28.01.1957.
232 Materna, Richter, S. 270.
233 Siehe dazu auch Kap. 4.1 u. 4.2.
234 Leide, NS-Verbrecher, S. 74 u. ders., Vergangenheit, S. 496.
235 Leide, NS-Verbrecher, S. 73–88.
236 Glienke, Ausstellung u. Weinke, Verfolgung.
237 Boss, Ruhestand, S. 33.
238 BayHStA, MJu 26910, Teil I, Angriffe gegen Ri und StA wegen ihrer Tätigkeit am VGH, SG oder Kriegsgerichten, Broschüren und Listen, PräsOLG München an StMJ, 05.07.1957.

schüre" vermerkt. Bleiers Vermerk für das Referat für die Personalangelegenheiten für den Höheren Dienst legt nahe, dass die Personalabteilung diese Nachrichten ernst nahm: Man habe alle aufgeführten Juristen um eine Erklärung gebeten, ebenso um Auskunft, ob sie noch an weiteren Todesurteilen beteiligt gewesen seien.[239] Für die am 14. Oktober 1957 veröffentlichte Broschüre *Hitlers Sonderrichter – Stützen der Adenauer-Regierung*, wurde eine ausführliche Liste mit 52 Namen erstellt. Darin tauchten erstmals die Namen zweier Juristen des StMJ auf: Hermann Gichtel und Rudolf Trabert.[240] Die Liste ist undatiert und trägt den Titel „2. Broschüre = 4. Liste".[241] Es ist unklar, ob die handschriftlich annotierten Einordnungen zum Zeitpunkt der Erstellung der Liste angefertigt wurden oder erst später. Die Listenpraxis verweist auf zweierlei: *Erstens* erforderte die Masse an neuen Informationen eine sinnvolle Art der Datenorganisation, *zweitens* brauchte man ein Verweissystem, um die jeweiligen Anschuldigungen, mit denen man umgehen musste, wiederzufinden. Zu einer Zeit also, zu der man nach außen hin noch wenig kompromissbereit von Ost-Propaganda sprach und weitgehend dementierte, waren sich die Verantwortlichen im Justizministerium der Brisanz und Authentizität der Informationen bereits bewusst.

Um die Informationen zu bewältigen, setzten sie auf altbekannte Prüfungsarten: Der Leiter des Referats für den höheren Dienst, Ministerialrat Bleier, verwies darauf, dass die Juristen bereits hinsichtlich solcher Vorwürfe geprüft worden waren, nämlich während ihrer Spruchkammer- und Wiedereinstellungsverfahren. Sie seien „bereits bei ihrer Wiedereinstellung auf ihre politische Gesinnung und ihre moralische Gesamthaltung – teilweise unter Beiziehung der noch vorhandenen Sondergerichtsurteile und Sondergerichtsakten – mit einem für sie positiven Ergebnis überprüft" worden. Andernfalls hätten die Vorwürfe in den Broschüren keinerlei Anhaltspunkte geboten.[242] Neu geprüft würde nur werden, wenn neue konkrete Vorwürfe vorgebracht würden.[243] Auch dies verlief nach einem altbekannten Schema: Das Justizministerium bat die Betroffenen um eine Erklärung. Die erste Aussprache auf der Justizministerkonferenz zum Thema Ende Oktober 1957 fiel für die bayerische Justizverwaltung zufriedenstellend aus, weil die übri-

---

239 BayHStA, MJu 26910, Teil I, Angriffe gegen Ri und StA wegen ihrer Tätigkeit am VGH, SG oder Kriegsgerichten, Broschüren und Listen, StMJ Vermerk, 12.07.1957

240 BayHStA, MJu 26910, Teil I, Angriffe gegen Ri und StA wegen ihrer Tätigkeit am VGH, SG oder Kriegsgerichten, Broschüren und Listen, 2. Broschüre = 4. Liste, undatiert.

241 Ebenda. Boss führt als zweite Broschüre *Das Terrorgesicht des Bonner Unrechtsstaates* vom 14.06.1957 auf, die vom StMJ offenbar nicht wahrgenommen wurde, siehe dies., Ruhestand, S. 34.

242 BayHStA, MJu 26903, Wiederverwendung von Ri und StA der NS-Zeit in der BRD, Vormerkung StMJ für 27. JuMiKo, 27.09.1958.

243 BayHStA, MJu 26903, Wiederverwendung von Ri und StA der NS-Zeit in der BRD, StMJ Erklärung, 30.08.1958.

gen Bundesländer die bayerischen Handlungsschritte teilten:[244] Die Treuepflicht zum Juristen gebiete es, ihn von seiner Aufführung in einer Broschüre in Kenntnis zu setzen. Über bisher nicht bekannte konkrete Tätigkeiten sei eine dienstliche Äußerung zu machen, bei bloßer Erwähnung als Sondergerichtsmitglied genüge eine Stellungnahme.[245]

Die mit den Fragen betrauten Juristen kannten sich bald derart gut im Inhalt der Broschüren aus, dass ihnen Abschriften auffielen. So wurde etwa angemerkt, dass ein Teil einer Zuschrift der „Vereinigung der Verfolgten des Naziregimes“ (VVN) aus einer DDR-Broschüre abgeschrieben war.[246] Verantwortlich für den Umgang mit den Vorwürfen waren vor allem das Referat 1 für den höheren Dienst in der Personalabteilung, geleitet von Ministerialrat Bleier, und die Strafrechtsreferate 13 (Walther Rösch) und 14b (Friedrich Börtzler und ab 1959 Karl Bengl), die unter anderem für Gesetzgebung sowie nationalsozialistische Gewaltverbrechen zuständig waren.

Am 21. Oktober 1958 veröffentlichte der Ausschuss für Deutsche Einheit eine weitere Broschüre, im StMJ unter „3. Broschüre = 5. Liste“ laufend, nämlich *600 Nazi-Juristen im Dienste Adenauers*. Diese war, anders als die vorherigen, direkt vom ADE an den bayerischen Justizminister und den Münchner Oberlandesgerichtspräsidenten gesendet worden. Der Generalstaatsanwalt in München Hans Hechtel sah in den Informationen der Broschüre keine „[b]esondere[n] Tatsachen, die Anlaß zur Einleitung von Ermittlungen geben könnten“ und leitete keine Ermittlungen gegen die genannten Juristen ein.[247] Auch hier – und nicht zum letzten Mal – kam ein Staatsanwalt auf die Idee, vielmehr Ermittlungen gegen die Verfasser der Broschüre anzustrengen. Diese konnte er allerdings nicht ausfindig machen.[248] Bereits die Benennung der Generalakten 2200 mit „Angriffe gegen Richter und Staatsanwälte“ spiegelte die wahrgenommene Lage der Justiz: Sie war zu Unrecht angegriffen worden und musste sich verteidigen. Auch der in der Broschüre *Gewerkschaftsfeinde in Richterroben* beschuldigte Generalsstaatsanwalt beim Oberlandesgericht München, Oskar Grießinger, lieh sich die Broschüren aus, weil er meinte, „Anhaltspunkte finden zu können, aus denen sich Hinweise auf den

---

244 Zu den einzelnen Besprechungen siehe die Dokumentation von Boss, Ruhestand, S. 61–81.

245 BayHStA, MJu 26910, Teil I, Angriffe gegen Ri und StA wegen ihrer Tätigkeit am VGH, SG oder Kriegsgerichten, Broschüren und Listen, Vormerkung Betreff 26. Justizministerkonferenz, 28.10.1957.

246 BayHStA, MJu 26910, Teil II, Angriffe gegen Ri und StA wegen ihrer Tätigkeit am VGH, SG oder Kriegsgerichten, Broschüren und Listen, VVN an StMJ, 31.07.1958

247 BayHStA, MJu 26910, Teil I, Angriffe gegen Ri und StA wegen ihrer Tätigkeit am VGH, SG oder Kriegsgerichten, Broschüren und Listen, GenStA OLG München an StMJ, 28.11.1958.

248 BayHStA, MJu 26910, Teil I, Angriffe gegen Ri und StA wegen ihrer Tätigkeit am VGH, SG oder Kriegsgerichten, Broschüren und Listen, OStA LG Traunstein an GenStA OLG München, 24.11.1958.

Verfasser der Druckschrift bzw. der Person, von der die Informationen stammen, ergeben könnten“.[249] Er fand letztlich aber keine.[250]

Etwa ab Mitte des Jahres 1959 suchten die Justizverwaltungen sich aus einer passiven in eine deutlich aktivere Rolle zu begeben: Wie in anderen Bundesländern versuchte auch die bayerische Justizverwaltung durch eigene Recherchen weiteren Enthüllungen vorzugreifen, um das Ausmaß der als problematisch angesehenen NS-Vergangenheit der eigenen Justizjuristen selbst zu vermessen.[251] Die bayerische Justizverwaltung bemühte sich nun auch aktiv darum, der Broschüren, die ihr zuvor entweder durch Zufall oder vom ADE selbst zugespielt worden waren, habhaft zu werden, etwa durch konkrete Anfragen beim Bund.[252] Ebenso fragten die Justizministerien nun untereinander an, ob bekannt sei, dass bestimmte Richter oder Staatsanwälte an Todesurteilen mitgewirkt hatten. Die Nachforschungen wandelten sich also zu einer Kollaboration, wie etwa zwischen Bayern und Schleswig-Holstein im Falle des Ministerialdirigenten Peter Erber aus der Staatskanzlei. Erber hatte als Amtsgerichtsrat am Sondergericht Kiel an einigen Todesurteilen mitgewirkt. Nach einem langen Prüfverfahren sah die Staatskanzlei im Fall Erber allerdings keinen Handlungsbedarf.[253]

Mitte 1959 zeigten nur die Landesjustizverwaltungen in Bayern, Berlin (West) und Baden-Württemberg ein Interesse an Maßnahmen, die über die Beschlüsse der Justizministerkonferenz in Bad Harzburg im Oktober 1958 hinausgingen. Gemeint war damit vor allem die Überprüfung sämtlicher vorhandener Sondergerichtsurteile auf disziplinarische und strafrechtliche Gesichtspunkte hin.[254] Die Existenz dieser Akten war auch schon direkt nach dem Krieg bekannt gewesen, es hatte wohl aber an Interesse daran gefehlt.[255] Nun war ihre Durchsicht Teil des Versuchs, dem Ausschuss für Deutsche Einheit zuvorzukommen.[256] Im Mai 1960 hatten die Ministerialbeamten im bayerischen Justizministerium neben den baye-

---

249 BayHStA, MJu 26913, Urteile, Broschüren, Presse (v. a. aus der DDR), StMJ Vormerkung, 13.04.1964.

250 BayHStA, MJu 26913, Urteile, Broschüren, Presse (v. a. aus der DDR), GenStA OLG München an MinDgt Bleier, 16.04.1964.

251 Boss, Ruhestand, S. 69–71.

252 Beispielsweise BayHStA, MJu 26910, Teil II, Angriffe gegen Ri und StA wegen ihrer Tätigkeit am VGH, SG oder Kriegsgerichten, Broschüren und Listen, StMJ an Bundesminister für gesamtdeutsche Fragen, 18.11.1959.

253 BayHStA, MJu 26904, Angriffe auf Ri und StA wegen ihrer Tätigkeit bei VGH, SG und Kriegsgerichten, Erfahrungsaustausch mit den Ländern, StK an StMJ, 19.07.1961. Siehe zum Fall Erber auch Tazelaar, Hüter, S. 261–263.

254 BayHStA, MJu 26904, Angriffe auf Ri und StA wegen ihrer Tätigkeit bei VGH, SG und Kriegsgerichten, Erfahrungsaustausch mit den Ländern, StMJ Aktenvermerk, 05.08.1959.

255 Materna, Richter, S. 269 f.

256 Boss, Ruhestand, S. 71.

rischen Sondergerichtsurteilen auch solche des Volksgerichtshofs überprüft, an denen bayerische Juristen beteiligt gewesen waren. Diese Akten waren aus Berlin nach München gesandt worden.[257]

Was die Aktenlage betraf, ging es auf der Justizministerkonferenz im Oktober 1959 in Hamburg um zweierlei: Wie weit sollten die Landesjustizverwaltungen in ihren Geschäftsbereichen bei der Suche nach Sondergerichtsakten gehen? Das Repertoire reichte hier von dem Harzburger Beschluss, nur konkrete Vorwürfe zu prüfen, bis hin zur aktiven Beschaffung aller möglichen Quellen – es ging also darum, ein „Verhalten gegenüber dem Material“ zu finden. Ein zweiter Punkt war die Frage, ob diese aktiven Beschaffungsversuche die Kontaktaufnahme mit der DDR, vor allem mit dem „Ausschuss für Deutsche Einheit“, beinhalten sollten. Dies wurde vor allem aus Angst, damit die Anerkennung der DDR zu provozieren, zurückgewiesen. Letztlich waren beides rechtspolitische und keine rechtlichen Fragen. Den Teilnehmern der Konferenz war bereits klar, dass durch die BGH-Rechtsprechung eine Verurteilung wegen Rechtsbeugung verunmöglicht worden war, weil die vorsätzliche Rechtsbeugung den Juristen in der Regel nicht nachgewiesen werden konnte.[258]

Amtsermittlungen, also die Durchführung von Ermittlungen von Amts wegen ohne einen Antrag des Betroffenen und damit konkrete Vorwürfe, hielten einige Justizverwaltungen für problematisch. Denn damit würde einerseits nahegelegt werden, dass man die Sondergerichtsrichter per se für verdächtig halte, und andererseits gebe es ein Missverhältnis zwischen Aufwand und praktischer Bedeutung, wenn sämtliche Sondergerichtsurteile, die in der Republik lagerten, systematisch überprüft würden. Zahlenmäßig konnten diese Überprüfungen durch die BGH-Rechtsprechung und die Konzentration auf „unmenschliche“ Urteile in der Tat nur wenig zutage fördern. Für Amtsermittlungen sprachen sich die Vertreter Berlins (West), Hamburgs, Baden-Württembergs und auch Ministerialdirektor Holzbauer aus – in Bayern seien die Urteile ohnehin bereits überprüft worden. Ministerialdirektor Holzbauer erläuterte, dass die Vorwürfe in Bayern zunächst in der Personalabteilung disziplinarrechtlich überprüft würden – dazu habe man Erklärungen der Juristen eingefordert. Bisher sei jedoch nichts weitergehend veranlasst worden. In der Strafanstalt in der Stadelheimer Straße in München waren „mehr als

257 BayHStA, MJu 26904, Angriffe auf Ri und StA wegen ihrer Tätigkeit bei VGH, SG und Kriegsgerichten, Erfahrungsaustausch mit den Ländern, Entwurf Erklärung StMdJ, 06.05.1960.

258 BayHStA, MJu 26904, Angriffe auf Ri und StA wegen ihrer Tätigkeit bei VGH, SG und Kriegsgerichten, Erfahrungsaustausch mit den Ländern, Protokoll Tagesordnungspunkt I/7 JuMiKo Hamburg, 13.–15.10.1959, undatiert. Zur Rechtsprechung des BGH in den späten 1950er und 1960er Jahren zum Thema Rechtsbeugung siehe auch Vormbaum, Die „strafrechtliche Aufarbeitung“, S. 160–163.

1 000 Abschriften von Todesurteilen" aufgetaucht. Die Strafrechtsabteilung des Ministeriums überprüfe „alle erreichbaren Todesurteile von Sondergerichten". Ermittlungsverfahren seien noch nicht anhängig, wie Ministerialdirigent Rösch ergänzte.[259]

In der Überprüfung der Urteile lag außerdem noch die Möglichkeit, das Ansehen der Justiz zu stärken: Man demonstrierte damit ernsthafte Bemühungen, die schwarzen Schafe zu finden. Ministerialdirektor Müller aus Stuttgart meinte dazu, dass selbst wenn auf die systematische Überprüfung keine rechtlichen Maßnahmen folgten, so könne „dann zumindest der Öffentlichkeit bzw. dem Parlament gegenüber mit Recht gesagt werden, dass alles getan worden sei, was nach dem [sic] Umständen billigerweise hätte erwartet werden können." Der bayerische Justizminister Haas erläuterte, dass aus den ca. 1000 durchgesehenen Akten 663 Todesurteile aussortiert worden waren, daraus hätten sich „27 Verurteilungen mit übermässig harter Bestrafung ergeben". Auch wenn wahrscheinlich kaum einem Richter eine vorsätzliche Rechtsbeugung nachzuweisen sei, hielt Haas die Überprüfung für nützlich, „zumindest zur eigenen Rechtfertigung zumal schon im Landtag eine Anfrage gestellt worden sei, was hinsichtlich der NS-Richter geschehen sei".[260]

Diese bayerische Überprüfung muss in der Tat als umfangreich im Ländervergleich gelten, was sich auch in den zahlreichen überlieferten Urteilskopien zeigt. In Berlin suchte man derweil aus den vorhandenen Sondergerichtsurteilen die Todesurteile heraus, um diese zu prüfen. Die Gegner von Amtsermittlungen wiesen darauf hin, dass es sich um Stückwerk handele, wenn nur die Todesurteile und nicht diejenigen auf Freiheitsstrafe berücksichtigt würden. Ein Vertreter Hamburgs verwies darauf, dass die Beschränkung auf Todesurteile wegen Personalmangels festgelegt worden sei. Wenn exzessive Todesurteile festgestellt würden, überprüfe man auch die Urteile auf Freiheitsstrafe der Betreffenden. Andere verwiesen darauf, dass die Todesurteile nun einmal als besonders schwerwiegend in erster Linie zu prüfen seien. Verbunden wurde mit dieser Überprüfung auch der Wunsch auf Exkulpation der „überwiegende[n] Mehrzahl der Richter und Staatsanwälte".[261]

---

259 BayHStA, MJu 26904, Angriffe auf Ri und StA wegen ihrer Tätigkeit bei VGH, SG und Kriegsgerichten, Erfahrungsaustausch mit den Ländern, Protokoll Tagesordnungspunkt I/7 JuMiKo Hamburg, 13.–15.10.1959, undatiert.

260 Ebenda. Zu den diesbezüglichen Sitzungen des Rechtsausschusses siehe Kap. 2.2.

261 BayHStA, MJu 26904, Angriffe auf Ri und StA wegen ihrer Tätigkeit bei VGH, SG und Kriegsgerichten, Erfahrungsaustausch mit den Ländern, Protokoll Tagesordnungspunkt I/7 JuMiKo Hamburg, 13.–15.10.1959, undatiert.

Senatsdirigent Bukow aus Berlin (West) machte auf einen weiteren Bestand im Document Center aufmerksam, der für die Justizverwaltungen von Interesse sein sollte: Dort lagen Listen mit den Namen von Richtern, die an VGH-Urteilen beteiligt gewesen waren. Bukow warnte, dass diese Listen „jederzeit in die Öffentlichkeit gelangen" könnten und mahnte deshalb ihre sorgfältige Überprüfung an. Auch hier wieder war der Hintergedanke der Überprüfung nicht die personellen Zustände innerhalb der Justiz, sondern die „Beruhigung der Situation", wie Ministerialdirektor Müller aus Baden-Württemberg betonte. Es ging hier nicht um eine wie auch immer geartete Transparenz, sondern um das Ansehen der Justiz, die sich in einem defensiven Verhältnis zur Öffentlichkeit befand.[262]

In Hessen war ein Fall vorgekommen, in dem ein Vertreter Hessens nach Ostberlin gereist war, um in den Räumen des Ausschusses für Deutsche Einheit Akten einzusehen. Der Besuch verlief reibungslos, wie der hessische Ministerialrat Puttfarcken bemerkte. Trotz dieses Erfolges und der unterbliebenen propagandistischen Ausschlachtung des Hilfegesuchs der hessischen Justizverwaltung an den ADE hatten die Vertreter der Justizministerien erhebliche Vorbehalte gegen eine Kooperation mit dem Ausschuss. Es ging vor allem darum, zu vermeiden, dort als „Bittsteller" zu erscheinen. Ministerialdirektor Holzbauer teilte zwar die Bedenken, hielt aber das Ausschussmaterial in einigen Fällen für möglicherweise wichtig für die Ermittlungen – „gerade auch im Interesse der Betroffenen". Auch der baden-württembergische Berichterstatter und der Justizminister waren der Meinung, dass man kein öffentliches Verständnis dafür erwarten könne, wenn Verfahren eingestellt würden, weil kein Kontakt mit dem Ausschuss erlaubt sei. Demgegenüber äußerte der rheinland-pfälzische Justizminister Westenberger die Sorge, dass eine systematische Überprüfung und die Veröffentlichung dieser Information in Richterschaft und Öffentlichkeit den Eindruck einer „neuerlichen Entnazifizierung" machten.[263] Für ihn war also im Zugeben des Prüfungsbedarfs schon ein zu großes Zugeständnis gemacht, das Raum für Interpretationen, etwa im Sinne eines Schuldeingeständnisses, ließ.

Die größte Sorge, insbesondere auf Seiten des Bundesjustizministeriums, war die versehentliche Anerkennung des Ausschusses für Deutsche Einheit und damit des ostdeutschen Staatswesens über eine Kommunikation zwischen dem Ausschuss und der höchsten Ebene der Justizverwaltungen. Auch Staatssekretär Strauß war demnach der Meinung, dass auf die Akten des ADE zu verzichten sei. Das unterstrich Strauß noch damit, dass den Justizverwaltungen die Personalakten ja „nahezu vollständig erhalten geblieben seien". In der Bundesjustiz habe man durch einen Blick in die Akten die Vorwürfe aus der DDR entkräften kön-

262 Ebenda.
263 Ebenda.

nen.[264] Das Problem der Justizverwaltungen war im Gegensatz dazu, dass die Personalakten, sofern sie tatsächlich vollständig waren – was nicht zwangsläufig der Fall war – die Anschuldigungen oft zumindest teilweise bestätigten. Zudem waren die Personalakten aus dem Bestand des RJM den Länderjustizministerien erst zugeleitet worden, nachdem die meisten Juristen dort bereits wiedereingestellt waren. Es gibt keine Nachweise darüber, ob die neu eingelaufenen Akten alle noch einmal geprüft worden waren. Außerdem ist unklar, wie viel die vom Zentraljustizamt ausgefüllten Auszüge aus den Akten jeweils enthielten.[265] Die alten Prüfverfahren – ein Blick in die Personalakte, den Spruchkammerbescheid oder die Einforderung einer Erklärung – hatten auch offenbar nicht mehr dieselben öffentlichen Effekte und Anerkennung, wenn die Justizminister schon darauf hinweisen mussten, dass sie von sich aus NS-Urteile durchforsteten. Es handelte sich also um ein doppeltes Legitimitätsproblem: Die Legitimität der Justizverwaltung musste bestätigt, die der DDR aber weiterhin in Abrede gestellt werden. Den Justizverwaltungen fehlte dabei notwendiges Herrschaftswissen. Als Kompromiss schlug Strauß vor, dass Kopien beim Generalstaatsanwalt der DDR angefordert werden könnten. Würden sie geliefert, könne man sie einbeziehen, wenn nicht, dann eben nicht. Die Minister und deren Vertreter einigten sich schließlich darauf, zu empfehlen, dass direkter Kontakt zum Ausschuss vermieden werden sollte.[266]

Beratungen außerhalb der Tagesordnung in Bad Harzburg hatten ergeben, dass man aufgrund der „bloße[n] Tätigkeit bei einem Sondergericht oder selbst beim Volksgerichtshof" keine Verfahren einleiten könne um „zu untersuchen, ob sich [...] irgend etwas Belastendes ergebe", wie der Bundesjustizminister Fritz Schäffer betonte.[267] Die Belastung hatte also nichts mit der Funktion im NS zu tun, sondern war vielmehr, wenn überhaupt, in der konkreten Praxis im einzelnen Prozess zu finden. Die Einschätzung der Tätigkeit am Volksgerichtshof war bis etwa Mitte der 1960er relativ stabil: Auch sie allein reiche nicht für „Maßnahmen gegen Richter aus", wie ein Vertreter Schleswig-Holsteins erklärte. Der schleswig-holsteinische Justizminister meinte dazu, dass „die Tatsache allein, dass ein Richter im Dritten Reich Recht gesprochen habe und im Rahmen der Strafrechtspflege tätig gewesen sei, stehe seiner jetzigen Tätigkeit als Richter nicht zwingend entgegen. Es sei immer eine Frage des Einzelfalles." Der hessische Justizminister Zinn

264 Ebenda.

265 Siehe dazu Kap. 3.1.

266 BayHStA, MJu 26904, Angriffe auf Ri und StA wegen ihrer Tätigkeit bei VGH, SG und Kriegsgerichten, Erfahrungsaustausch mit den Ländern, Protokoll Tagesordnungspunkt I/7 JuMiKo Hamburg, 13.–15.10.1959, undatiert.

267 BayHStA, MJu 26903, Wiederverwendung von Ri und StA der NS-Zeit in der BRD, Niederschrift Beratung außerhalb der Tagesordnung, JuMiKo Bad Harzburg, 11.10.1958.

bezeichnete den Volksgerichtshof demgegenüber als „Unrechtsinstitution. [...] Wer dabei mitgewirkt habe, könne grundsätzliche nicht in der Justiz verwandt werden.“ Darauf entgegnete der schleswig-holsteinische Justizminister, Bernhard Leverenz, dass es auch „aufrechte Richter“ am Volksgerichtshof gegeben habe. Zinn meinte daraufhin, dass es hier eben nicht auf das „individuelle Problem eines einzelnen Richters“ ankomme, vielmehr untergrabe die Vergangenheit am Volksgerichtshof „in der jetzigen Justiz das Vertrauen in diese Justiz“. Selbst Zinns ablehnende Haltung war neben seiner persönlichen Einschätzung der Institution vor allem von der öffentlichen Wahrnehmung abhängig. Ohne sich hier wirklich zu einigen, beschlossen die Konferenzteilnehmer, mit dem Volksgerichtshof wie mit den Sondergerichten zu verfahren – also anhand von Einzelfallprüfungen anstatt automatischer Disqualifizierungen.[268]

1960 hatte sich ein Umgang mit den Broschüren herauskristallisiert, der größtmögliche Kontrolle und den größtmöglichen Überblick versprach: Mit Unterstreichungen der relevanten Fälle und Einmerkungen in der Broschüre sowie Listennummerierungen und Verweisen auf vorherige Broschüren oder bereits getätigte Nachforschungen oder gar Verfahren.[269] Später wurden dann vor allem die Worte „bekannt u. gewürdigt“ annotiert und man verwies auf die vorherigen Broschüren und dortige Seitenzahlen.[270] Die Professionalisierung des Umgangs mit den Broschüren zeigt sich auch in der Aufgliederung der einzelnen Broschüren zu Analysezwecken. *Verbrecher in Richterroben* vom März 1960 aus Prag wurde in ein kompliziertes Verweissystem, das sich an der Broschüre selbst orientierte, aufgeschlüsselt. Das System diente dazu, die in der Broschüre vorgebrachten Vorwürfe zu sammeln, um sie sie gegebenenfalls bestätigen oder verwerfen zu können. Anhand von Abkürzungen wurden die folgenden Daten extrahiert: die Namen der im Verzeichnis vorkommenden Juristen, die Funktion der Betroffenen im NS, Mitgliedschaften, Auftauchen auf einer „Kriegsverbrecherliste“, Tätigkeit am Sondergericht oder Volksgerichtshof, konkrete Vorwürfe, Wiederverwendung in einem

---

268 BayHStA, MJu 26904, Angriffe auf Ri und StA wegen ihrer Tätigkeit bei VGH, SG und Kriegsgerichten, Erfahrungsaustausch mit den Ländern, Protokoll Tagesordnungspunkt I/7 JuMiKo Hamburg, 13.–15.10.1959, undatiert. Zur Einschätzung des Volksgerichtshofs siehe Kiessling/Safferling, Staatsschutz, S. 260.

269 Beispielsweise in BayHStA, MJu 26913, Urteile, Broschüren, Presse (v. a. aus der DDR), Ungesühnte Nazijustiz – Hundert Urteile klagen ihre Richter an, undatiert u. StMJ 220 – III – 495/62', 04.08.1962

270 BayHStA, MJu 26914, Urteile, Broschüren, Presse (v. a. aus der DDR), Justiz im Zwielicht, undatiert.

Land oder dem Bund sowie die Zulassung als Rechtsanwalt.[271] Die verschiedenen Listenformate, die jeweils das Geschehen überblickshaft darstellen und somit handhabbar und kontrollierbar machen sollen, waren oft äußerst kompliziert. Sie sollten alle relevanten Aspekte umfassen und machten dabei deutlich, wie wenig abschließbar das Ganze war. Letztlich wurden zudem 127 Einzelfallhefte in sechs schweren Aktenbänden erstellt, die von den Listen ausgehend noch einmal das Material in Bezug auf jeden einzelnen betroffenen Juristen sammelten.[272] Die Landesjustizverwaltungen wurden dem Geschehen offenbar kaum Herr und brauchten zahlreiche Anläufe, um überhaupt selbst über gut sortiertes Material zu verfügen.

Das Versagen der Justiz

Eine Rede des Generalbundesanwalts Max Güde auf einer Tagung der Evangelischen Akademie in Bad Boll Mitte Oktober 1958 hatte das Interesse der politischen Spitze im bayerischen Justizministerium geweckt. Die dortigen „sorgfältig abgewogenen Gedanken" sollten den bayerischen Juristen bei ihrer Auseinandersetzung mit ihrer jeweiligen NS-Vergangenheit helfen, so Staatssekretär Hartinger – jenen,

> „die wegen ihres menschlichen Versagens in der schweren Zeit des nationalsozialistischen Regimes noch mit sich ringen, jenen aber die sich dieser Verpflichtung noch nicht bewußt sind, werden sie [Güdes Gedanken] Aufruf sein zur Rechenschaftslegung über das Vergangene".[273]

Die Hoffnung lag also darauf, dass die Juristen, die man vormals zwar überprüft, aber mit vielen einfachen Erklärungen in den von der Justiz zumindest teilweise beeinflussten Spruchkammern und anderen Exkulpationsschreiben hatte davonkommen lassen, nun von sich aus ihre NS-Belastung erkennen und offenlegen sowie sich den daraus resultierenden Konsequenzen stellen sollten.

In der Tat hatte der Generalbundesanwalt eine individuelle Befragung über das eigene Handeln während der NS-Diktatur gefordert:

---

271 BayHStA, MJu 26904, Angriffe auf Ri und StA wegen ihrer Tätigkeit bei VGH, SG und Kriegsgerichten, Erfahrungsaustausch mit den Ländern, Gliederung der Vorwürfe in der Broschüre „Verbrecher in Richterroben", undatiert.

272 BayHStA, MJu 26917-MJu 26922, Angriffe gegen Ri und StA (NS-Zeit).

273 BayHStA, MJu 26904, Angriffe auf Ri und StA wegen ihrer Tätigkeit bei VGH, SG und Kriegsgerichten, Erfahrungsaustausch mit den Ländern, StMJ an GenBA, undatiert (darauf Vormerkung, dass das Schreiben nicht versandt wurde, weil Hartinger Güde inzwischen persönlich getroffen und um Erlaubnis zur Vervielfältigung der Broschüre gefragt hatte, was Güde bejahte, StMJ StS, 06.03.1959).

> „Ihr deutschen Richter und Staatsanwälte, wie habt Ihr es gestern mit dem Recht gehalten, als Euch die Macht bedrängte? Habt ihr der Macht gedient oder dem Recht? Und wie denkt Ihr heute über jenes Gestern? Wie würdet Ihr morgen Handeln, wenn die Situation von gestern wiederkäme?"

Es ging ihm dabei darum, das Ansehen der Justiz zu stärken und das Vertrauen der Bevölkerung zurückzugewinnen, wozu er eine modifizierte Deutung der NS-Vergangenheit vorschlug. Einige grundsätzliche Annahmen der ersten Nachkriegsjahrzehnte wurden damit aber auch von Güde bestätigt. Zunächst konstatierte er, dass weite Teile der Rechtsprechung, vor allem im Zivilrecht, vom Nationalsozialismus gar nicht beeinflusst gewesen wären. Damit wurde also abermals ein großer Teil der NS-Justiz zunächst kategorisch exkulpiert. Politische Umstände und der Zeitverlauf, damit auch der Nationalsozialismus, galten dem Spitzenjuristen als „Lebens- und Berufsschicksal". Die Juristen seien „in den Sog des Willens der Machthaber geraten und gerade in der schwersten, verantwortungsvollsten Ausübung richterlicher Macht, der Macht über Leben und Tod, zu einem Werkzeug im Dienste politischer Ziele [...] geworden." Auch hierin zeigt sich ein zeitgenössisches Deutungsmuster des Nationalsozialismus als von außen Hergebrachtes, Überirdisches, Monströses, das den Zeitgenossen keine andere Wahl gelassen habe, als diese Urteile zu fällen. Die schiere Übermacht der politischen Umstände drückt sich in der im Text weiterhin häufig gebrauchten Formulierung des „Instrument[s]" aus, zu dem die Justiz – stets passiv – „gemacht wurde". Als Grund für diese einfache Handhabe der Justiz durch die NS-Machthaber nannte auch Güde den Positivismus und in dessen Kontext „innere Unsicherheit" und „Zweifel am Recht". Wahres Recht habe eine religiöse und naturrechtliche Wurzel, es sei positiviert in der Grundrechtsordnung. Die „innere Schwäche" der Justiz belegte er mit den enorm hohen Zahlen an Todesurteilen in der bürgerlichen Strafjustiz und der Heeresjustiz, jeweils kontrastiert mit den Zahlen aus dem Ersten Weltkrieg, vermutlich um auch den Kriegskontext als einfache Erklärung für die Todesurteile auszuschließen. Güde folgerte aus den hohen Zahlen an Todesurteilen, die wohl zu hunderten oder gar tausenden ungerecht gewesen seien, dass der Berufsstand der Juristen eine „moralische Schuld" auf sich geladen hatte, „von der sich niemand ausnehmen und lossprechen kann". Er forderte selbst die Verantwortung derjenigen ein, die, wie er selbst, in anderen Rechtsbereichen tätig gewesen waren, weil sie das Unrecht wenigstens benennen und ihre Ämter hätten aufgeben müssen.

Eine gesellschaftliche Selbstreinigung hielt der Generalbundesanwalt für unumgänglich, allerdings mahnte er hier mit Platon fürs Maßhalten. Eine solche benötige keine Aburteilung all dessen, was „aus dem Halbdunkel einer verworrenen Zeit aufgedeckt" werden könne. Vielmehr mahnte er „praktische Klugheit" und

„billiges Maß" an, gesühnt werden müsse, was für die Wiederherstellung des Rechts und der Gerechtigkeit unabdingbar sei. Als Maßstab für dasjenige, was dazu gesühnt werden müsse, schlug Güde denjenigen aus der Zeit der Verbrechen vor. Er spezifizierte später, wer noch zu bestrafen sei, nämlich „[d]ie Träger des Terrors und die sadistischen Henker", die anderen seien davon „im großzügigen Schnitt zu trennen". Es sei Aufgabe der Justiz, dies „in Gottes Namen zu ertragen". Güde ließ offen, ob er in den Sadisten und Trägern des Terrors auch jene juristischen „Instrumente des Terrors" sah. Das Eingestehen der eigenen Verwerfungen, auf die Güde mit Papst Hadrian VI. schließlich zurückkam, sei der erste Schritt zu einer „Gesundung". Insgesamt formulierte der Generalsbundesanwalt damit das „Gesamtversagen" der Profession im Nationalsozialismus,[274] dieses wirkmächtige Justizbild, das unzählige Male wiederholt wurde.[275]

Damit modifizierte der Generalbundesanwalt die Deutung der NS-Justiz. Er forderte letztlich eine Selbstreinigung der Justiz ausgehend von jedem einzelnen Juristen, der im Nationalsozialismus tätig gewesen war, um die moralische Schuld zu bewältigen, die er der Profession attestierte. Diese sollten nun auch öffentlichkeitswirksam eingestanden werden. Die Juristen, die während der NS-Diktatur tätig gewesen waren, hätten „das Unrecht" benennen müssen, sie hätten menschlich versagt. Damit war die innere Einstellung des Einzelnen nicht mehr ausschlaggebend für seine Exkulpation, denn zu entschuldigen hatte man sich dafür, dass man nicht protestiert hatte. Es war nicht mehr möglich, sich selbst in gar keine Beziehung zum Nationalsozialismus zu setzen. Nur durch dieses Eingeständnis, dass die Justiz der Nachkriegszeit nicht die Justiz des Nationalsozialismus sei, erschien ihm ein veränderter Blick von außen auf das Ansehen der Justiz möglich. Was aber blieb, war die Trennung zwischen Zivil- und Strafrecht, und die Ansicht, dass die wenigsten Juristen strafrechtlich zu verfolgen seien. Ebenso blieben aktiv-passiv-Konstruktionen und die Idee, dass die Justiz schicksalhaft in diese widrigen Umstände der nationalsozialistischen Diktatur hineingeraten war. Für das Gros der Juristen ging es damit um eine „normative Abgrenzung" von der NS-Justiz bei gleichzeitiger fortlaufender Integration ehemaliger NS-Juristen, ganz ähnlich wie Norbert Frei es für die junge Bundesrepublik allgemein konstatiert hat.[276] Es mag auch diese für den Großteil relativ schmerzfreie Voraussetzung einer nur

---

274 BayHStA, MJu 26904, Angriffe auf Ri und StA wegen ihrer Tätigkeit bei VGH, SG und Kriegsgerichten, Erfahrungsaustausch mit den Ländern, Evangelische Akademie Bad Boll Protokolldienst Nr. 64/1958 Teil 3, undatiert. Siehe dazu auch Weinke, Verfolgung, S. 123.

275 Siehe dazu Kap. 1. Auch Hermann Weinkauff stimmte dieser Interpretation grundsätzlich zu, siehe BayHStA, MJu 26906, Forschungsvorhaben des Instituts für Zeitgeschichte in München „Die deutsche Justiz unter dem Nationalsozialismus", Weinkauff an BMdJ, 21.07.1962.

276 Frei, Vergangenheitspolitik, S. 397.

normativen Abgrenzung gewesen sein, die es besonders leicht machte, dieses kollektive Versagen zuzugeben.[277]

Das bayerische Justizministerium orderte schließlich 625 Exemplare der im Furche-Verlag erschienenen Verschriftlichung des Vortrags von Güde „Justiz im Schatten von gestern“ und verteilte diese so auf die Außenbehörden, dass eine Broschüre auf je drei Juristen entfiel und überzählige Exemplare in den Behördenbibliotheken verwahrt werden konnten.[278] Im Geleitschreiben wurde Justizminister Haas in seiner pädagogischen Offensive sehr deutlich und schrieb: „Kein Richter und kein Staatsanwalt, der seinen Beruf ernst nimmt, sollte an dem Studium dieser Schrift vorbeigehen.“ Mit dem Studium verband er die Hoffnung auf eine „aufrichtige Auseinandersetzung“ der Juristen mit ihrer Vergangenheit – auch derer, „denen es durch ein gütiges Geschick erspart geblieben ist, in der Zeit nach 1933 an exponierter Stelle in der Rechtsprechung tätig sein zu müssen“.[279] Die politische Spitze des bayerischen Justizministeriums mag die Hoffnung gehabt haben, dass die Selbstbeschäftigung für den einen oder anderen Juristen, der in Todesurteile involviert gewesen war, Konsequenzen zeitigte. Die Tatsache, dass Güde Generalbundesanwalt war, mag dem Justizministerium auch die Hoffnung auf eine Wirkung von dessen Autorität gegeben haben – wenn der Generalbundesanwalt eine derart expressive Selbstanklage äußerte, müssten die niedrigeren Ränge ihm doch folgen wollen.

Einzelfälle exzessiver Urteile

Bereits 1959 wurde auf der Hamburger Justizministerkonferenz über eine gesetzliche Regelung diskutiert, um „ein Vorgehen gegen belastete Richter zu ermöglichen“.[280] Der Staatssekretär im BMJ, Strauß, hielt eine gesetzliche Regelung der Sache für politisch nicht erfolgsversprechend. Holzbauer hielt sie für nicht möglich.[281] Zentraler Kritikpunkt einer solchen Regelung war, dass sie einen Eingriff in die richterliche Unabhängigkeit darstellte. Die Ablehnung einer solchen Regelung

---

277 Weinke, Selbstaufklärung, S. 98. Für eine positivere Rezeption der Rede Güdes und zu seiner Biografie siehe Kiessling/Safferling, Staatsschutz, S. 154–162 u. 264 f.

278 BayHStA, MJu 26904, Angriffe auf Ri und StA wegen ihrer Tätigkeit bei VGH, SG und Kriegsgerichten, Erfahrungsaustausch mit den Ländern, StMJ an Furche-Verlag, 31.03.1959.

279 BayHStA, MJu 26904, Angriffe auf Ri und StA wegen ihrer Tätigkeit bei VGH, SG und Kriegsgerichten, Erfahrungsaustausch mit den Ländern, StMJ an Außenbehörden, 04.05.1959.

280 BayHStA, MJu 26904, Angriffe auf Ri und StA wegen ihrer Tätigkeit bei VGH, SG und Kriegsgerichten, Erfahrungsaustausch mit den Ländern, Protokoll Tagesordnungspunkt I/7 JuMiKo Hamburg, 13.–15.10.1959, undatiert.

281 Ebenda.

zum Schutz der Unabhängigkeit der Richter offenbarte, dass dieser Schutz frei von moralischer Wertung und politischen Kontexten hochgehalten wurde. Wenn dies auch als Schutz der Institutionen verstanden werden kann, so haftete dem doch ebenfalls der fehlende Mut an, politische Entscheidungen, die über moralische Verurteilungen hinausgingen, zu treffen. Andererseits hielt der baden-württembergische Ministerialdirektor Müller eine Diskussion der Frage dennoch für interessant, nämlich um „Kollektivvorwürfe" gegen die Justiz abzuwenden. Er plädierte für eine vorzeitige Pensionierung der Betroffenen. Der Vertreter des BMJ, Richter, sprach sich ebenfalls vehement gegen eine gesetzliche Lösung aus, vielmehr könne man dafür Sorge tragen, dass die Betroffenen nicht an exponierten Stellen beschäftigt würden. Während man in Niedersachen zwar gegen eine gesetzliche Lösung war, hatte man auch hier bereits die Erfahrung gemacht, dass „moralischer [...] Druck" in Bezug auf eine frühzeitige Pensionierung nicht ausreiche, wenn der betroffene Jurist uneinsichtig sei. Man habe die Überlegung angestellt, ob der Reiz größer sei, wenn mit der Pensionierung keine finanzielle Einbuße verbunden war.[282] Gegen den Vorschlag der gleichbleibenden Bezüge in der Pension wandte sich schließlich Richter vom BMJ, weil sie gerade die belasteten Juristen privilegiere.[283] Nordrhein-Westfalens Justizminister Flehinghaus erläuterte, dass in seinem Ministerium diejenigen Juristen, die an problematischen Todesurteilen beteiligt gewesen waren, beobachtet würden, insbesondere wenn es um Versetzungen und Beförderungen ging – man würde den Betroffenen raten, „sich im Hintergrund zu halten". Diesbezüglich müsste man, so Hessens Justizminister Zinn, den Gerichtspräsidenten klarmachen, dass sie die Problematik uneinsichtiger Richter bei der Geschäftsverteilung bedenken sollten.[284]

Länder und Bund einigten sich schließlich auf eine Ruhestandlösung im Deutschen Richtergesetz, das den unabhängigen Richter in der Demokratie stärken sollte.[285] In Paragraf 116 sah der Gesetzgeber vor, dass Richter und Staatsanwälte, die zwischen dem 1. September 1939 und dem 9. Mai 1945 in der Strafrechtspflege gewirkt hatten, auf ihren Antrag hin in den Ruhestand versetzt werden könnten. Die Frist für diesen Antrag lief nur vom 14. September 1961 bis zum 30. Juni 1962, man hoffte offenbar auf eine schnelle Erledigung der Pensionierungen.[286]

In der Folge musste diese neue Ruhestandslösung umgesetzt werden. Im bayerischen Justizministerium wurden dazu Ende 1961 und Anfang 1962 einige Dienstbesprechungen abgehalten. An den Diskussionen nahmen einige der höchsten Ju-

282 Ebenda.
283 Ebenda.
284 Ebenda.
285 Boss, Ruhestand, S. 140.
286 BGBl. Nr. 73, 1961, Deutsches Richtergesetz v. 08.09.1961, S. 1682.

risten des Freistaats teil, ausgesucht waren sie nach Personalverantwortung – die Ministeriumsspitze, die Personalabteilung, die Oberlandesgerichtspräsidenten und der Münchner Generalstaatsanwalt – es handelte sich also um eine Chefsache.[287] In diesen ernsthaften Auseinandersetzungen wurde als Experte qua persönlicher Bekanntschaft immer zuerst derjenige Jurist gehört, in dessen Zuständigkeitsbereich der potenziell vom Paragraf 116 Betroffene beschäftigt war. Das Juristengremium besprach die einzelnen Urteile, die von Seiten des Justizministeriums herausgesucht worden waren. Den Präsidenten und dem Generalstaatsanwalt waren zur Vorbereitung Kopien der Urteile und Vormerkungen über die Auswertung der Broschüren zugeschickt worden.[288] Es ging vor allem darum, welche Urteile als „exzessiv“ anzusehen seien und wem demnach ein Ausscheiden aufgrund des Paragrafen nahegelegt werden sollte. Die Ergebnisprotokolle der drei Besprechungen, wobei im Februar 1962 die Besprechung aus dem Januar fortgesetzt wurde, lassen damit einen neuen Belastungsbegriff erkennen, der auch den Beteiligten zunächst nahe gebracht werden musste.

Die Juristen, die an einer ersten Vorbesprechung am 29.12.1961 teilnahmen, Ministerialdirektor Holzbauer, Ministerialdirigent Rösch, Ministerialrat Bleier, Regierungsdirektor Bengl, Oberlandesgerichtsrat Hans Domcke und Oberregierungsrat Reichwein, waren sich bereits über den Zweck des Pensionierungsparagrafen einig: „§ 116 RiG will einen Trennungsstrich zwischen der NS-Vergangenheit und der Gegenwart im Interesse des Ansehens der jetzigen Justiz ziehen.“ Strafrechtliche Relevanz der juristischen Tätigkeit im Nationalsozialismus sei keine Voraussetzung für die Anwendung des Paragrafen, vielmehr reiche eine „schicksalhaft[e]“ Verstrickung in den „Mißbrauch der Justiz durch die nationalsozialistische Gewaltherrschaft“, welche die Kraft des Verstrickten überstieg. Auch das Beratungsgeheimnis wollten die Juristen nicht mehr gelten lassen: Man könne einen Juristen nur aus dem Kreis der vom Paragraf 116 Betroffenen herausnehmen, wenn einwandfrei feststehe, dass er gegen das Todesurteil gestimmt habe, dabei dürfe man dasselbe bei derart schwerwiegenden Vorwürfen lüften.[289]

Daraufhin besprachen die Diskussionsteilnehmer 18 Todesurteile, die an den Sondergerichten in Brünn, Hohensalza, Litzmannstadt, Leslau, Nürnberg, Prag,

287 Boss erklärt (S. 201), dass die Kommissionsmitglieder vom StMJ und dem Richterverein stammten, die Besprechungsprotokolle legen nahe, dass die Besprechungsteilnehmer vielmehr danach ausgewählt wurden, ob sie Dienstvorgesetzte von betroffenen Juristen waren oder ob sie im Ministerium mit dem Vorgang zu tun hatten.

288 BayHStA, MJu 26924, Behandlung und Erledigung der Verfahren gegen Ri/StA, StMJ an PräsOLG und GenStA, 13.12.1961.

289 BayHStA, MJu 26924, Behandlung und Erledigung der Verfahren gegen Ri/StA, StMJ Vorbesprechung v. 29.12.1961, 03.01.1962.

Würzburg sowie am Oberlandesgericht Danzig und am Volksgerichtshof gefällt wurden. Darin waren 16 Juristen involviert gewesen, die 1961 noch in der bayerischen Justiz tätig waren.[290] Von den 18 besprochenen Urteilen hielten die Ministerialbeamten zwei für nicht exzessiv, zwei weitere wurden unentschieden zurückgestellt.

Als Argumente für das Vorliegen eines exzessiven Urteils bei den verbleibenden 14 Todesurteilen nannten die Ministerialbeamten die folgenden Punkte: ein Missverhältnis zwischen Schwere der Tat und Schwere der Strafe, nicht berücksichtigte mildernde Umstände, ferner Verfahrensfehler oder rückwirkende Anwendung von Gesetzen.[291] In der Diskussion wurde ebenfalls deutlich, dass exzessive Todesurteile auch schlicht exzessiv in der Anzahl sein konnten. Die Kommission überlegte dem Landgerichtsrat Rathmayer in Landshut nahezulegen, von Paragraf 116 DRiG deshalb Gebrauch zu machen, „weil er nachweislich an 91 Volksgerichtshofverfahren mitgewirkt hat, von denen 52 Verfahren mit Todesurteilen gegen 87 Personen endeten".[292] Damit aber ging es hier nicht um eine Einzelfallentscheidung, sondern vielmehr um das Ansehen der Justiz, das durch diesen einen Richter gefährdet war – ganz gleich, ob Exzess aus seinen Todesurteilen sprach, denn das eigentlich zu besprechende Urteil am Volksgerichtshof hielten die Juristen nicht für exzessiv. Auf diese erste Festlegung von Seiten des Ministeriums folgte eine abermalige Diskussion der Urteile mit den Oberlandesgerichtspräsidenten und dem Münchner Generalstaatsanwalt. Danach überprüften die Ministerialbeamten die Frage der Exzessivität noch einmal und entschieden.

In der Diskussion mit dem Oberlandesgerichtspräsidenten und dem Münchner Generalstaatsanwalt gab es Unstimmigkeiten. Zentrales Problem der Diskussion der 18 Urteile sollte die Frage werden, ob ein juristischer oder politischer-medialer Maßstab ein exzessives Urteil und damit den Ruhestand nach Paragraf 116 DRiG anzeigen sollte. Ein Beispiel dafür war der Fall des Juden Leo Katzenberger, der am 13. März 1942 vor dem Sondergericht des Oberlandesgerichtsbezirks Nürnberg beim Landgericht Nürnberg-Fürth wegen Rassenschande und eines Verbrechens nach Paragraf 4 der Volksschädlingsverordnung zum Tode verurteilt worden war. Während man sich im Ministerium hinsichtlich des exzessiven Charakters des Urteils einig war, hatte der Münchner Oberlandesgerichtspräsident

290 Es handelte sich um Weeber, Zeynek, Prebeck, Götschl, Mews, Markl, Pfaff, Höhn, Streicher, Freihalter, Rathmayer, Riepenhausen, Dürrwanger, Schwab, Mayer, Paulus, siehe BayHStA, MJu 26924, Behandlung und Erledigung der Verfahren gegen Ri/StA, StMJ an PräsOLG und GenStA, 13.12.1961.

291 BayHStA, MJu 26924, Behandlung und Erledigung der Verfahren gegen Ri/StA, StMJ Vorbesprechung v. 29.12.1961, 03.01.1962.

292 Ebenda.

Elsäßer Mitleid mit seinem Oberlandesgerichtsrat, der im Nationalsozialismus die Anklage vertreten hatte. Schließlich sei der Ruf des Hermann Markl während der NS-Diktatur ohnehin kein guter gewesen, außerdem verwies Elsäßer auf die Parteiprominenz in den Zuschauerreihen des Gerichts bei diesem Prozess. Markl habe aber alles versucht, um „das Schlimmste" abzuwenden, wenn auch vergeblich. Es handele sich mindestens um Putativnotstand, weshalb Paragraf 116 nicht anzuwenden sei. Ministerialdirektor Holzbauer ließ diese Argumentation nicht gelten, das Urteil sei „so exzessiv, daß man niemand, der daran beteiligt gewesen sei, schützen könne."[293]

Am selben Gericht wurde am 26. Oktober 1942 Jan Lopata wegen eines Verbrechens nach Paragraf 4 Volkschädlingsverordnung in Verbindung mit tätlicher Beleidigung nach Nr. II, III u. XIV Polenstrafrechtsverordnung zum Tode verurteilt. Während sich die Juristen innerministeriell einig gewesen waren, dass das Urteil überaus hart und damit exzessiv gewesen sei, weil die „unsittliche Handlung" Lopatas von keiner besonderen Intensität gewesen sei – „[e]r berührte dreimal hintereinander in unsittlicher Weise eine Frau über den Kleidern"[294] – war die darauffolgende Diskussion mit den Justizjuristen nicht so leicht. Zwar verweise der Begriff des „polnische[n] Untermenschentum[s]" im Urteil in der Tat auf Exzessivität – offenbar sei er wegen seines „Polentum[s]", nicht wegen der Straftat zum Tode verurteilt worden. Der Bamberger Oberlandesgerichtspräsident Oskar Lechner nahm allerdings die beiden beteiligten Juristen in Schutz, weil es dazu ein Präjudiz des Reichsgerichts gegeben hatte, an die sich die nachgeordneten Gerichte gebunden gefühlt hatten, man könne ihnen daher keinen Vorwurf machen. An dieser Stelle korrigierte Ministerialrat Josef Bleier den Präsidenten und erläuterte, dass es beim Paragrafen 116 im Richtergesetz nicht um schuldhaftes Handeln ging, sondern darum, ob betroffene Juristen noch tragbar seien oder „im Interesse der Rechtspflege" abtreten sollten. Dies treffe auch zu, wenn jemand, wie der betreffende Landesgerichtsdirektor Paulus, an vielen Todesurteilen beteiligt gewesen war. Hiergegen opponierten Lechner und Elsäßer, der Münchner Oberlandesgerichtspräsident: Zunächst, so Lechner, komme es auf die Exzessivität des Urteils, nicht auf die Anzahl nicht-exzessiver Urteile an. Elsäßer fügte hinzu, dass es um Schuld gehen müsse, eine rein formelle Beteiligung an einem exzessiven Urteil reiche nicht aus – die Frage nach der „Unmenschlichkeit" (wie Lechner die Exzessivi-

293 BayHStA, MJu 26924, Behandlung und Erledigung der Verfahren gegen Ri/StA, StMJ Besprechung v. 18.01.1962, 18.01.1962.

294 BayHStA, MJu 26924, Behandlung und Erledigung der Verfahren gegen Ri/StA, StMJ Vorbesprechung v. 29.12.1961, 03.01.1962.

tät nannte) eines Urteils könne nicht von der Frage nach dem Verschulden des Urteils getrennt werden.[295]

An dieser Stelle schaltete sich Staatsminister Haas in die Diskussion ein und brachte die parlamentarischen Entschließungen zum Deutschen Richtergesetz und dem entsprechenden Paragrafen auf den Tisch: Es gehe nicht um „die persönliche Schuld der beteiligten Richter und Staatsanwälte". Daraufhin entgegnete Lechner, dass er das Urteil ohne den beanstandeten Begriff für nicht exzessiv halte und man diskutierte die Frage, ob ein Urteil auch dann exzessiv sei, wenn nur die Begründung, nicht aber der Spruch dafür gehalten würden. Auch dies wurde von Seiten des Ministeriums bejaht: Ministerialdirektor Holzbauer meinte, dass die Öffentlichkeit es am wenigsten verstünde, wenn ein Richter weiterhin judiziere, der „derartige unmenschliche Sätze in seinem Urteil niedergelegt habe".[296] Der Marker für ein exzessives Urteil war also nicht die persönliche Schuld, sondern die öffentliche Wahrnehmung des Urteils.[297] Man glaubte, dass die gezielte Reaktion auf als besonders ungerecht angesehene Todesurteile das Ansehen der Justiz wiederherstellen würde. Mit dieser Kontroverse zwischen der Verwaltung und den Justizjuristen ging auch unterschiedlich großes Verständnis für die Handlungen und Haltungen der NS-Juristen einher, die nicht selten auch mit der gegenwärtigen Beziehung zum Betroffenen zu tun hatte.

Die Diskussion des Todesurteils gegen Rosa Zich und eine andere Person wegen eines Verbrechens nach Paragraf 1 der Verordnung vom 03.07.1942 zur Abwehr der Unterstützung reichsfeindlicher Handlungen vom 20. September 1944 vor dem Sondergericht Prag offenbarte unterschiedliche Einschätzungen zur durchschnittlichen Erinnerungskraft eines Juristen. Der damalige Anklagevertreter Alois Prebeck hatte in einer Anhörung im Rahmen eines Ermittlungsverfahrens zur Sache behauptet, sich nicht an den Fall erinnern zu können. Eine Anklageschrift lag den Juristen offenbar nicht vor, weshalb das Wort Prebecks diskutiert werden musste. Vor diesem Hintergrund meinte der Präsident Theodor Hauth, dass ohne das sichere Wissen darüber, dass Prebeck den Antrag gestellt habe, der Jurist nicht unter Paragraf 116 falle. Der Justizminister meinte dazu, dass Prebeck nun zumindest „die Schutzbehauptung" aufstellen müsse, dass er das Todesurteil nicht beantragt habe – solange der dies nicht tue, falle er unter die Pensionsrege-

295 BayHStA, MJu 26924, Behandlung und Erledigung der Verfahren gegen Ri/StA, StMJ Besprechung v. 18.01.1962, 18.01.1962.

296 BayHStA, MJu 26924, Behandlung und Erledigung der Verfahren gegen Ri/StA, StMJ Besprechung v. 18.01.1962, 18.01.1962.

297 Siehe dazu etwa die im Bundesinnenministerium gängige Ablehnung von Bewerbungen bei Bedenken wegen der öffentlichen Wirkung einer NS-Vergangenheit, Bösch/Wirsching, Männer, S. 170 u. ähnliche Vorgänge im BND bei Sälter, NS-Kontinuitäten, S. 772.

lung. Ministerialdirektor Holzbauer war der Meinung, dass Prebeck nur den Antrag auf das Todesurteil offensichtlich nicht zugeben wolle – er sei allgemein der Meinung, dass man sich als Jurist an ein beantragtes Todesurteil ebenso erinnere, wie an einen Fall, in dem ein Gericht anstatt des eigenen milden Antrags ein Todesurteil gefällt habe. Währenddessen warnten Staatssekretär Hartinger sowie Präsident Elsäßer davor, dem Staatsanwalt die Beweislast zuzuschieben. Haas hielt zudem die Erinnerungslücke des Juristen für glaubhaft. Daraufhin meinten die Präsidenten, dass kein Jurist an einem exzessiven Todesurteil als beteiligt angesehen werden könne, wenn er behaupte, nicht für die Todesstrafe gestimmt zu haben. Minister Haas entgegnete dem, dass dann der Vollzug des Paragrafen praktisch unmöglich sei, da wohl kaum ein Jurist dies je zugebe. Die Juristen einigten sich auf Lechners Vorschlag hin schließlich darauf, dass man sich überlegen müsse, ob man Prebecks Erinnerungslücke glaube, oder nicht. Wenn nicht, dann müsse man ihm das sagen – und wenn er nicht positiv ausschließen könne, das Urteil beantragt zu haben, dann falle er unter den Paragrafen 116.[298] Da das Ministerium bei seiner Einschätzung blieb, dass das Urteil exzessiv sei und Prebeck deshalb aus dem Amt scheiden sollte, hatte sich offenbar der Zweifel des Ministerialdirektors durchgesetzt.[299]

Friedrich Grasser wurde am 2. Juli 1942 ebenfalls vor dem Nürnberger Sondergericht nach Paragraf 4 der Volkschädlingsverordnung in Verbindung mit Paragraf 2, Absatz 1 des Heimtückegesetzes in Tateinheit mit Paragraf 5, Absatz 1, Nr. 1 der Kriegssonderstrafrechtsverordnung zum Tode verurteilt. Präsident Hauth skizzierte den Versuch des damaligen Anklagevertreters Mayer, die Todesstrafe zu verhindern, was aber an der an ihn ergangenen Weisung, auch unter Einfluss des Landgerichtsdirektors Oswald Rothaug, gescheitert sei. Damit war für den Präsidenten klar, dass eine andere Handlung als der Antrag der Todesstrafe unter den damaligen Umständen unmöglich gewesen sei. Der Ministerialdirektor weigerte sich allerdings weiterhin zu verstehen, „[w]arum es Dr. Mayer dann dennoch nicht abgelehnt hat, die Todesstrafe zu beantragen".[300] Holzbauer fiel in der Diskussion als eine Person auf, die selbst wenig Verständnis für das regimekonforme Handeln von Juristen im Nationalsozialismus hatte. Vor dem Hintergrund seiner eigenen Geschichte mag dies überraschen, hatte er sich doch seiner Erzählung nach selbst

298 BayHStA, MJu 26924, Behandlung und Erledigung der Verfahren gegen Ri/StA, StMJ Fortsetzung der Besprechung v. 18.01.1962 am 01.02.1962, 01.02.1962.

299 BayHStA, MJu 26924, Behandlung und Erledigung der Verfahren gegen Ri/StA, StMJ an PräsOLG München, PräsOLG Nürnberg, PräsOLG Bamberg u. GenStA München, 26.02.1962.

300 BayHStA, MJu 26924, Behandlung und Erledigung der Verfahren gegen Ri/StA, StMJ Besprechung v. 18.01.1962, 18.01.1962.

dem Druck Schlegelbergers in Bezug auf einen Parteieintritt 1940 gebeugt.[301] Freilich kann der für einen Spitzenjuristen hohe Preis – eine zweijährige Zwangspause in der Besatzungszeit – auch dazu geführt haben, dass Holzbauer ähnlich involvierte Juristen ebenfalls bestraft sehen wollte. Viel wichtiger war aber, dass Holzbauer als Ministerialdirektor das Amtsinteresse vertrat, in der Öffentlichkeit nicht als „Nazibeschützer" dazustehen. Seine eigene Erfahrung dürfte für diese Position kein entscheidendes Gewicht gehabt haben.

Auffällig verständnisvoll war demgegenüber der Oberlandesgerichtspräsident Sigmund Elsäßer, der im Nationalsozialismus als „Mischling" wegen seines jüdischen Vaters diskriminiert worden war.[302] Elsäßer hatte in den Diskussionen Verständnis für die meisten der diskutierten Juristen. Hinsichtlich des Todesurteils gegen den Karmeliterpater Franz Heyder wegen „Wehrkraftzersetzung" vor dem Volksgerichtshof im Dezember 1944 meinte Elsäßer, „[e]r hätte den Fall wohl auch als schwer betrachtet, wenn er Richter gewesen wäre" – und bei einem schweren Fall war die Todesstrafe unausweichlich. Die Praktiker, also die Justizjuristen, sahen allgemein deutlich mehr Entschuldungspotenzial als die Verwaltungsjuristen in der Ministerialbürokratie. Selbst bei solchen Urteilen, die die Mehrheit der Besprechungsteilnehmer als exzessiv einschätzte, versuchten sie, mit Hinweisen etwa auf die Persönlichkeit, den Katholizismus, die frühere Mitgliedschaft in demokratischen Parteien oder den Putativnotstand, die betreffenden Juristen aus der Schusslinie und damit dem Anwendungsbereich von Paragraf 116 DRiG zu nehmen.[303]

Der Bamberger Oberlandesgerichtspräsident Lechner ließ in der Diskussion andererseits keine Gelegenheit aus, seine persönliche Antipathie gegenüber dem Landgerichtsrat Theodor Pfaff kundzutun. Dem von Lechner scharf zurückgewiesenen Satz über das „polnische Untermenschentum" im Urteil gegen Jan Lopata habe Pfaff „[s]einem Charakter nach [...] wahrscheinlich zugestimmt", so der Bamberger Oberlandesgericht über den ihm untergeordneten Richter. Deshalb wolle Lechner auch nichts mehr zu Pfaffs Verteidigung vorbringen. In Bezug auf das Urteil gegen Franz Pfaffenberger hielt sich Lechner mit seiner Einschätzung, Pfaff fehle das Rückgrat, ebenfalls nicht zurück. Lechner selbst sei während der NS-Diktatur „ausschließlich Zivilrichter" gewesen und hätte mit Sondergerichtsverfahren nichts zu tun gehabt – als Wertmaßstab für die Exzessivität nehme er denn auch

301 StAM, SpkA K758, Andreas Holzbauer, Bl. 26, ausgefülltes Formblatt Vorprüfungsausschuss, 16.06.1946.

302 Siehe dazu auch Kap. 3.3.

303 BayHStA, MJu 26924, Behandlung und Erledigung der Verfahren gegen Ri/StA, StMJ Besprechung v. 18.01.1962, 18.01.1962.

lediglich sein eigenes Empfinden.[304] Damit reproduzierte der Oberlandesgerichtspräsident selbstverständlich das zeitgenössische und vor allem in den Entnazifizierungspraktiken weit verbreitete Bild der vom Nationalsozialismus unberührten Ziviljustiz.

Am Ende der Diskussion im Februar 1962 hatte das Justizministerium unter Berücksichtigung der vorangegangenen Diskussionen fünf der 18 Urteile als nicht exzessiv deklariert, damit wurde ein Urteil mehr als zuvor angedacht als unproblematisch angesehen. Während ein zuvor unsicheres Urteil nun für exzessiv gehalten wurde, waren die beiden folgenden aus der Liste exzessiver Urteile entfernt worden: In Bezug auf Grasser war man sich im Ministerium zunächst unsicher gewesen, offenbar hatte aber das Plädoyer für den möglichen Putativnotstand des Anklagevertreters Mayer in diesen Fall Eindruck auf die Kommission gemacht und ihm wurden außerdem seine Versuche, das Todesurteil abzuwenden, angerechnet, wenn er auch zuletzt auf Weisung die Todesstrafe beantragt hatte.[305] Im Falle Josef Kotowicz’ ist das Argument wohl eher im Verweis auf das Militär zu sehen, Lechner hatte mit Vehemenz darauf hingewiesen, dass „Angriffe auf Mitglieder der bewaffneten Macht in der ganzen Welt mit den härtesten Strafen belegt würden“. Im Übrigen sei die Frage der Zurechnungsfähigkeit des Angeklagten, die das Ministerium als nicht ausreichend geklärt angesehen hatte, eine Tatfrage, die man im Nachhinein nicht diskutieren müsse, weil „damit ein Teil der richterlichen Unabhängigkeit“ berührt werden, „der selbst im Dritten Reich beachtet worden sei“.[306]

Dass das Justizministerium so sehr auf dem exzessiven Charakter der übrigen Urteile beharrte, lag auch daran, dass die Verwaltungsjuristen selbst die Urteile aus den langen Listen als solche herausgesucht hatten. Die lose Regelung des Paragrafen 116 im Deutschen Richtergesetz stärkte das Ministerium außerdem, weil es die Entscheidung letztlich nach dem eigenen Eindruck in Bezug auf die öffentliche Meinung zum jeweiligen Todesurteil selbst fällen konnte, ohne sich festgelegten Maßstäben unterwerfen zu müssen. Es war im Grunde bei den Ideen der ersten internen Runde im Justizministerium geblieben, dass der Einfluss auf das Ansehen der Justiz der Maßstab für die Exzessivität des Urteils war – eine formelle Beteiligung an einem Urteil war nur durch den Beweis, dagegen gestimmt zu haben, aufzulösen. War dies nicht der Fall, fiel der Jurist unter den Paragrafen 116.

Abschließend setzten sich die Juristen noch einmal darüber auseinander, ob die Aufforderung, den Antrag auf Pensionierung zu stellen, nun vom Ministerium oder den Oberlandesgerichtspräsidenten und dem Generalstaatsanwalt kommen

---

304 Ebenda.
305 Ebenda.
306 Ebenda.

sollte. Der Minister wollte den Justizjuristen die Aufgabe aus Gründen der „größeren räumlichen und persönlichen Nähe" überlassen, diese wiederum meinten, dass nur durch das Ministerium ein gleichmäßiger Vollzug gewährleistet sei. Letztlich war beiden Parteien klar, dass die Aufgabe denkbar unangenehm und potenziell zeitaufwendig war – keiner wollte sie übernehmen. Elsäßer und Lechner machten klar, dass sie nicht gegen ihre Überzeugung handeln würden in den Fällen, in denen sie die Urteile immer noch nicht für exzessiv hielten, Lechner etwa könne sich „mit seinem Ansehen [...] nur in Fällen einsetzen, in denen sich seine Auffassung mit der des Ministeriums decke". Hauth äußerte ähnliche Vorbehalte, Hechtel gar einen „Gewissenkonflikt".[307] Das Ministerium entschied schließlich Ende Februar, den Spitzenjuristen gleichwohl die Aufgabe mitzugeben, den Betroffenen „[u]nter Bezugnahmen auf die Besprechungen vom 18. Januar und 1. Februar 1962 [...] zu eröffnen, daß wegen ihrer Mitwirkung bei den nachstehend aufgeführten Urteilen ihr Eintritt in den Ruhestand gemäß § 116 DRiG angezeigt erscheint".[308]

An diesen Haltungen und Handlungen lässt sich zeigen, dass das Handeln und Erleben der NS-Diktatur keine bestimmten Haltungen und Handlungsmaximen im demokratischen Verfassungsstaat zeitigte. Auch Historiker*innen offenbaren eine solche biografiebezogene Kontinuitätserwartung, wenn sie sich darüber wundern, dass NS-Opfer in der westdeutschen Demokratie mit ehemaligen Nationalsozialisten zusammenarbeiteten oder ihnen halfen.[309] Die Annahme, dass Diskriminierte sich „demokratischer" verhalten hätten oder ehemalige Parteigenossen den Ex-Nationalsozialisten auch in der Demokratie milder gegenübergestanden hätten, lässt sich für den vorliegenden Fall nicht bestätigen. Was sich vielmehr zeigt, ist dass die ganze Profession kein besonders großes Interesse an Aufarbeitung, sondern viel eher auch in den frühen 1960er Jahren, an einem „Schlussstrich" zeigte. Die öffentliche Kritik war einerseits eine Kritik an vermeintlich wenigen problematischen Juristen, andererseits warfen die Irritationen darüber, dass die Justizverwaltungen nicht eher etwas dagegen unternommen hatten, ein schlechtes Licht auf die ganze Profession. Auch deshalb verhielten sich die Juristen der eigenen Gruppe gegenüber loyal – wie die Weigerung der Präsidenten, den einzelnen Juristen ihr Karriereende zu eröffnen, zeigte, vor allem der eigenen Kleingruppe gegenüber.

---

307 BayHStA, MJu 26924, Behandlung und Erledigung der Verfahren gegen Ri/StA, StMJ Fortsetzung der Besprechung v. 18.01.1962 am 01.02.1962, 01.02.1962.
308 BayHStA, MJu 26924, Behandlung und Erledigung der Verfahren gegen Ri/StA, StMJ an PräsOLG München, PräsOLG Nürnberg, PräsOLG Bamberg u. GenStA München, 26.02.1962.
309 Beispielsweise Görtemaker/Safferling, Akte, S. 452 u. Herbert, Justiz, S. 57 f.

In der Diskussion mussten sich die bayerischen Spitzenjuristen aufgrund des öffentlichen Drucks auf eine Kategorie einlassen, die ihnen neu war und die von außerhalb der Justiz stammte. Nicht juristisch eindeutig zurechenbare Schuld – was nicht zuletzt durch die Rechtsprechung des Bundesgerichtshofs zu Rechtbeugung verunmöglicht wurde – sondern die Frage der öffentlichen Reaktion in Bezug auf den Legitimitätsglauben an die Justiz als solche war im Kontext der exzessiven Urteile entscheidend. Die Beharrungskräfte der Oberlandesgerichtspräsidenten und des Generalstaatsanwalts waren dennoch beachtlich und arbeiteten gegen die Linie des StMJ, das mehr an öffentlicher Wirkung interessiert war. Paragraf 116 selbst schaffte wenig Rechtssicherheit und legte eben gerade kein juristisches Verfahren zu seinem Vollzug nahe. Die Juristen waren gerade nicht zwingend durch ihre eigenen Handlungen in ein exzessives Urteil hineingeraten; vielmehr wurde eine „schicksalhafte Verstrickung“ – die alle Beteiligten entlastete und einige trotzdem aus der Eigengruppe herausdefinierte – angenommen.[310]

Gleichzeitig wurde deutlich, dass es sich bei aller Diskussion um eine politische Entscheidung des Ministeriums handelte und keine juristische, weil sie nachträglich ein bestimmtes Verhalten für nicht tragbar erklärte, gegen das es zur Tatzeit kein Gesetz gab.[311] Auf einer ereignisgeschichtlichen Ebene hatte man damit freilich hochproblematisches Verhalten in fünf Fällen exkulpiert. Dazu kamen unzählige andere Fälle der Judikatur in der NS-Zeit, in der zwar keine Todesurteile, dafür aber Freiheitsstrafen juristisch angeordnet wurden. Die Folgen dessen rangierten von der Einweisung in Anstalten, Sterilisationen, bis hin zu Zwangsarbeit und Lagerhaft. Um den Preis einiger weniger, größtenteils älterer Juristen aus der zweiten Reihe hatte man abermals die Profession exkulpiert. Und dieses ausgesprochene Ziel verfolgte das bayerische Justizministerium auch ohne Rücksicht auf Verluste. Die juristische Einschätzung der Todesurteile wurde dann in Ermittlungs- und Dienststrafermittlungsverfahren geführt. Diese Verfahren, die regelmäßig eingestellt wurden, spielten für die Frage nach der Belastung keine große öffentliche Rolle.

Die Diskussionen hatten ergeben, dass elf bayerischen Juristen wegen exzessiver Todesurteile im Nationalsozialismus der vorzeitige Ruhestand nach Paragraf 116 des Deutschen Richtergesetzes nahegelegt werden sollte.[312] Einer von ihnen, Landgerichtsrat Alfons Götschl vom Landgericht München I, hatte diese Option be-

310 BayHStA, MJu 26924, Behandlung und Erledigung der Verfahren gegen Ri/StA, StMJ Vorbesprechung v. 29.12.1961, 03.01.1962 u. BayHStA, MJu 26924, Behandlung und Erledigung der Verfahren gegen Ri/StA, StMJ Fortsetzung der Besprechung v. 18.01.1962 am 01.02.1962, 01.02.1962.

311 Siehe dazu auch Schlink, Vergangenheitsschuld, S. 89–123.

312 Freihalter, Götschl, Markl, Mews, Paulus, Pfaff, Prebeck, Schwab, Streicher, Weeber u. Zeynek, siehe BayHStA, MJu 26924, Behandlung und Erledigung der Verfahren gegen Ri/StA,

reits angenommen und sollte zum 31. März 1962 aus dem aktiven Dienst ausscheiden. Über die Stellungnahme der Richter zur Aufforderung, sich in den vorzeitigen Ruhestand versetzen zu lassen, erbat sich der Justizminister einen Bericht.[313]

Von diesen wenigen Richtern weigerten sich, wie die Berichte erklärten, immer noch einige, sich freiwillig vorzeitig in den Ruhestand zu begeben. Die Behörde übte daraufhin Druck auf die widerspenstigen Juristen aus. Dieser Druck bestand aus genau den Mitteln, die schon vorher den Skandal überhaupt erst produziert hatten: Bliebe der Betreffende im Amt, würde nicht nur er selbst, sondern auch die ganze bayerische Justiz aus diesem dem Ansehen der Justiz enorm schadenden öffentlichen Kreuzfeuer nicht mehr herauskommen. Was sich den Betroffenen in dieser Situation präsentierte, war die harte Wahrheit, dass die Juristengruppe, die Profession, wichtiger war als der Einzelne. Die Auseinandersetzung, die zwischen der Behörde und den betroffenen Juristen geführt wurde, war eine ums Bild der Justiz in der Öffentlichkeit. Es ging darum, ob die Einzelnen noch zur Gruppe gehörten oder nicht. Die Argumentationslinien verliefen an dieser Grenze. Während die Institution den Ausschluss Weniger zur Säuberung der Gruppe vorantrieb, pochten die Einzelnen auf ihre Loyalität zur Gruppe und ihr tadelloses Verhalten auch in der Nachkriegszeit, das sie anhand ihrer Beurteilungen, also in der Sprache der Institution, nachwiesen.

Zu den Eröffnungen, dass man ihnen nahelegte, in den vorzeitigen Ruhestand einzutreten, äußersten sich die betroffenen Juristen zum Teil in sehr ausführlicher Form. Lediglich Oberlandesgerichtsrat Mews und Landgerichtsrat Weeber teilten mit, dass sie sich dem Entschluss des Justizministeriums beugen wollten, allerdings spätmöglichst, um so lange wie möglich die deutlich höheren Bezüge aus dem aktiven Dienst zu erhalten.[314] Alle anderen reagierten mit Ablehnung, Entsetzen, Verärgerung und erbaten sich Bedenkzeit oder ein persönliches Gespräch.[315]

Selbst wenn Politiker öffentlich davon sprachen, dass es sich bei den Überprüfungen keinesfalls um eine zweite Entnazifizierung handelte, so sahen die Überprüften das doch ganz anders.[316] Aus der Sicht der Einzelnen stellte sich die Behörde gegen sie, obwohl ihre Karriereschritte in ihren Personalakten standen und

---

StMJ an PräsOLG München, PräsOLG Nürnberg, PräsOLG Bamberg u. GenStA München, 26.02.1962.

313 Ebenda.

314 BayHStA, MJu 26924, Behandlung und Erledigung der Verfahren gegen Ri/StA, PräsOLG München an StMJ, 02.03.1962 u. PräsOLG Bamberg an StMJ, 23.03.1962.

315 BayHStA, MJu 26924, Behandlung und Erledigung der Verfahren gegen Ri/StA, PräsOLG München an StMJ, 02.03.1962, GenStA München an StMJ, 12.03.1962, PräsOLG Nürnberg an StMJ, 26.03.1962 u. PräsOLG Bamberg an StMJ, 23.03.1962.

316 Zu den zeitgenössischen Versicherungen gegen eine zweite Entnazifizierung siehe Niethammer, Mitläuferfabrik, S. 11.

durchaus in den Spruchkammer- oder Einstellungsverfahren diskutiert worden waren. Ihre NS-Vergangenheit war von derselben Institution überprüft worden und niemand hatte sich je zuvor auf diese Art und Weise für ihre Tätigkeit an den Sondergerichten interessiert. Das Thema wurde als bereits erledigt wahrgenommen, auch wenn es bei der Entnazifizierung keine größere Rolle gespielt hatte. Dieser Eindruck speiste sich auch daraus, dass es eine rechtliche Regelung – das Befreiungsgesetz und das Gesetz zu Artikel 131 Grundgesetz – gegeben hatte. Die Beteiligten und Betroffenen waren dem Eindruck erlegen, dass das Thema abschließend geregelt worden war – das rechtliche Äquivalent zum allgemeinen Wunsch nach einem „Schlussstrich". In der Tat waren die Informationen nur zum Teil neu, insbesondere bei den als exzessiv gewerteten Urteilen war die Tätigkeit während des NS-Regimes vielfach bereits bekannt. Verändert hatte sich nun aber der Belastungsbegriff. Die Rhetorik der Exkulpationsversuche der betroffenen Juristen machte aus dem Vollzug des Paragrafen 116 des Deutschen Richtergesetzes ebenso eine Entnazifizierungspraxis wie der Säuberungsdiskurs, in dem dieser stattfand.

Jakob Streichers und Ulrich Freihalters Tätigkeiten an Sondergerichten waren bei deren Einstellung nach der Internierung 1948 bekannt. Beide hatten bekannte persönliche Fürsprecher: den späteren Bundejustizminister Thomas Dehler und den späteren Präsidenten des Bundesgerichtshofs Hermann Weinkauff. Dehler erklärte über Streicher gegenüber dem Ministerium 1948, dass dessen „Mitwirkung als Beisitzer des Kreisgerichts in Kitzingen und des Sondergerichts in Würzburg und seine Mitarbeit im SD äusserlich belastend auffallen" mochten, er in diesen Funktionen aber stets Unrecht vermieden habe.[317] Entnazifiziert worden war Streicher als Mitläufer.[318] Streicher wies darauf hin, dass er „wie aus meinen Personalakten zu ersehen ist, während meiner fast 30-jährigen Dienstzeit der Justizverwaltung niemals irgendwelche Schwierigkeiten bereitet" hatte – in diesem Sinne wolle er dann auch in den Ruhestand treten, wenn das Justizministerium die Urteile, an denen er am Sondergericht Würzburg mitgewirkt hatte, für exzessiv halte.[319]

Weinkauffs Engagement für Freihalter bewegte sich in ähnlichen Bahnen. In einer Beurteilung zum Zwecke seiner Wiedereinstellung wies er auf Freihalters Tätigkeit an den Sondergerichten Würzburg und Bamberg hin, die aber als „mild[e]" Sondergerichte gelten würden. Weinkauff folgte den Exkulpationsversuchen Freihalters, der harte Urteile angeblich zum Schutz der Angeklagten vor der Gestapo gefällt habe.[320] Freihalter war ebenfalls als Mitläufer entnazifiziert worden, weil

317 BayHStA, MJu 26261, PA Jakob Streicher, PräsOLG Bamberg an StMJ, 17.08.1948.
318 BayHStA, MJu 26261, PA Jakob Streicher, Sühnebescheid Spk Kitzungen, 22.03.1948.
319 BayHStA, MJu 26261, PA Jakob Streicher, Streicher an StMJ, 15.06.1962.
320 BayHStA, MJu 25005, PA Ulrich Freihalter, Beurteilung PräsLG Bamberg, 04.12.1948.

die Aussagen eines früheren Oberlandesgerichtspräsidenten ihn entlastet hätten.[321] Freihalter reagierte dann auch verständnislos auf die Aufforderung, in den Ruhestand zu treten. Seine Exkulpationsstrategie, dass er die Mitangeklagten im beanstandeten Verfahren habe schützen wollen – also durch ein Todesurteil den Tod vieler, und somit Schlimmeres, habe verhüten wollen –, verfing plötzlich nicht mehr. Dass er wegen dieses Urteils „aus politischen oder gar nur optischen Gründen in einem Rechtsstaat verfolgt werden könnte", habe er sich „nicht träumen lassen". Auch Freihalter verwies auf seine jahrelange tadellose Amtsführung auch in schwierigen Zeiten und zeigte sich schwer enttäuscht: „Aber ich beuge mich; doch weiche ich nicht dem besseren Recht; ich weiche der Drohung. Ich beantrage hiermit meine Pensionierung."[322] Freihalters Verweis auf die „optischen Gründe" seiner Versetzung in den Ruhestand und auch die Drohung sind in der Tat stimmig.

Landgerichtsrat Götschl fiel unter die Heimkehrer-Amnestie.[323] Götschls Entschluss, den Antrag auf Versetzung in den Ruhestand zu stellen, begründete der Jurist schließlich damit, dass er ohnehin künftig berufliche Nachteile zu erleiden hätte, weil er nicht befördert werden würde. Sein Handeln am Sondergericht rechtfertigte er allerdings mit seinem Alter – „kein junger Jurist im Justizdienst hätte damals an meiner Stelle anders gehandelt als ich".[324] In den Spruchkammerverfahren und auch allgemein in der Beurteilungspraxis wurde fehlerhaftes juristisches Handeln oder Anpassung an den NS-Staat beim juristischen Nachwuchs normalerweise entschuldigt – auch darauf konnten Juristen sich offenbar nicht mehr verlassen.

Am ausführlichsten äußerte sich der Erste Staatsanwalt Heribert Schwab, der wegen seiner staatsanwaltschaftlichen Tätigkeit am Sondergericht III Litzmannstadt in den Ruhestand treten sollte. Schwabs 13-seitiger Exkulpationsversuch liest sich wie eine Selbstdarstellung im Spruchkammerverfahren. Er nannte Zeugen für die einzelnen biografischen Details, die für ihn im Zusammenhang mit der nun kritisierten Tätigkeit standen und bot Abschriften wichtiger Dokumente dazu an. Schwab erzählte das Leben seines Vaters, seiner restlichen Familie und seiner selbst, um die eigene innere Distanz zum NS-Regime zu plausibilisieren.[325] Er führte dieselben Gründe an, die in den Entnazifizierungsverfahren erfolgreich gewesen waren: Religiosität, Mitgliedschaft in der Bayerischen Volkspartei (BVP), seine

321 BayHStA, MJu 25005, PA Ulrich Freihalter, Spruch Berufungskammer Bamberg, 29.10.1948.
322 BayHStA, MJu 25005, PA Ulrich Freihalter, Freihalter an StMJ, 25.06.1962.
323 BayHStA, MJu 25093, PA Alfons Götschl, Einstellungsbeschluss Hauptkammer München, 06.09.1949.
324 BayHStA, MJu 25093, PA Alfons Götschl, Götschl an StMJ, 31.01.1962.
325 Siehe dazu auch Leßau, Entnazifizierungsgeschichten, S. 480.

Distanz zu den Gliederungen und Verbänden, deren Zwangsmitglied er gewesen sei, der Versuch die NS-Verbrechen abzuschwächen, der Verweis auf die eigene ausweglose Lage, erduldete Diskriminierungen und die familiären Versorgungspflichten.[326] Der Nachkriegsjustiz habe Schwab „freudig [s]eine ganze Arbeitskraft" zur Verfügung gestellt.[327] Schwab hatte bereits in seiner ersten Stellungnahme knapp zwei Wochen zuvor geäußerte, er könne „es nicht fassen" dass er „als untragbar für den Justizdienst angesehen werde".[328] In Schwabs Entschuldigung war das Pflichtbewusstsein die zentrale Kategorie, er habe seine Tätigkeit im NS ausgeführt, obwohl er nicht wollte, trotz seiner abweichenden Meinung habe er dem Staat und der Justiz gedient.[329] Die Erwartungshaltung Schwabs wie auch seiner sich ähnlich äußernden Kollegen gründete auf einer aus der Geschichte der Personalverwaltung wie der Entnazifizierungspraxis resultierenden verständlichen Erfahrung: Wenn sie sich in der von der Behörde bisher verstandenen Sprache äußerten, wenn sie ihr Fehlverhalten in den in der Entnazifizierung eingeübten Kategorien äußerten,[330] dann würden sie verstanden werden – ergo, sie könnten in der Gruppe verweilen, weil sie in der Sprache der Gruppe sprachen. Diese Egozentrik der Exkulpationsversuche war bis dahin erfolgreich gewesen.

Die Erfahrung, die Schwab machte, passte sehr gut in die „Blutrichter"-Affäre. Denn die Erfahrungen, die die Juristen zuvor mit ihrer Institution gemacht hatten, galten nicht mehr: Sie sollten nicht wegen eines juristischen Grundes in den Ruhestand treten. Der Grund war äußerlich und dennoch handelte es sich um eine „Selbstreinigung" der Profession. Ministerialdirektor Holzbauer reagierte stellvertretend für das Ministerium auf Schwabs Ausführungen und schrieb dem Generalstaatsanwalt die passenden Worte zur Geschichte Schwabs: „Diese Möglichkeit [Paragraf 116 DRiG] ist auch gerade den Richtern und Staatsanwälten zu gewähren, die schicksalhaft in Gefahren verwickelt wurden, die ihre Kräfte überstiegen." Holzbauer sah nicht einmal die von Schwab erbetene alternative Verwendung in der Verwaltung als möglich an.[331]

---

326 Siehe hierzu auch Kap. 4.2.

327 BayHStA, MJu 26924, Behandlung und Erledigung der Verfahren gegen Ri/StA, Schwab an StMJ, 26.03.1962.

328 BayHStA, MJu 26924, Behandlung und Erledigung der Verfahren gegen Ri/StA, Niederschrift Traunstein, 08.03.1962.

329 BayHStA, MJu 26924, Behandlung und Erledigung der Verfahren gegen Ri/StA, Schwab an StMJ, 26.03.1962.

330 Zur Wirkungsgeschichte der Entnazifizierung siehe Leßau, Entnazifizierungsgeschichten, S. 455–473.

331 BayHStA, MJu 26924, Behandlung und Erledigung der Verfahren gegen Ri/StA, MinDir an GenStA München, 18.04.1962.

Prüfroutine und Fristende

Mit Ablauf der in Paragraf 116 genannten Frist am 30. Juni 1962 waren nur noch zwei bayerische Juristen im Dienst, Landgerichtsdirektor Paulus und Amtsgerichtsrat Prebeck, alle anderen waren in den Ruhestand getreten.[332] Letzterer hatte noch im April 1962 in einer Stellungnahme darauf hingewiesen, dass er ein reines Gewissen habe. Sein Antrag auf Versetzung in den Ruhestand würde Gegenteiliges nahelegen, weshalb er sich nicht in der Lage sah, auf die 500 DM monatlich zu verzichten, die mit dem Übertritt in den Ruhestand wegfielen. Prebeck verwies darauf, dass er ohne sein Zutun als Staatsanwalt ans Sondergericht Prag gekommen sei. Selbst eine dahingehende Untersuchung der tschechischen Behörden habe ihn 1947 entlastet.[333] Prebecks Ausführung, dass er unverschuldet in die nun, 20 Jahre später, kritisierte Position gekommen war, passte genau in die Argumentation der Justiz: Nicht persönliche Schuld, sondern „schicksalhafte Verstrickung" konnte Voraussetzung für die Anwendung von Paragraf 116 sein. Prebecks Exkulpationsversuch musste erfolglos bleiben. Insbesondere nachdem Ende August bekannt wurde, dass sogar Landgerichtsdirektor Paulus in den Ruhestand treten wollte, weil er infolge gesundheitlicher Einschränkungen und laut eines ärztlichen Attests dienstunfähig sei.[334] Damit war nur noch Prebeck übrig.

Im Justizministerium waren die Verantwortlichen mit ihrer Geduld am Ende – hatte diese Affäre doch bereits viel mehr Zeit und Nerven in Anspruch genommen als anfangs erwartet. Der Oberlandesgerichtspräsident in Nürnberg wurde nun beauftragt, Prebeck „unzweideutig die Situation vor Augen [zu] führen". Als einziger verbleibender Richter müsse er mit andauernden Angriffen rechnen.[335] Das Druckmittel in diesem Fall war das einzige, das auch in der ganzen Affäre gewirkt hatte: drohende Justizkritik. Und im Falle Prebecks war hier auch noch der dem exzessiven Urteil zugrundeliegende Fall hilfreich: Die zum Tode verurteilte Rosa Zich hatte ihren Geliebten unterstützt – einen Juden, der vor seiner Deportation ins Konzentrationslager geflohen war. Diese Information wäre zu dieser Zeit in der deutschen Öffentlichkeit, die sich vor dem Hintergrund der laufenden NSG-Prozesse schockiert gegenüber den antisemitischen Verbrechen zeigte, nicht gut

332 BayHStA, MJu 26924, Behandlung und Erledigung der Verfahren gegen Ri/StA, StMJ an BMdJ, 02.08.1962.

333 BayHStA, MJu 26924, Behandlung und Erledigung der Verfahren gegen Ri/StA, Prebeck an PräsOLG Nürnberg, 04.04.1962.

334 BayHStA, MJu 26924, Behandlung und Erledigung der Verfahren gegen Ri/StA, StMJ Notiz, 31.08.1962.

335 Ebenda.

angekommen.[336] Mit dieser Information und dem Hinweis darauf, dass Prebeck ohnehin längst aus der Profession ausgeschlossen worden sei und nicht auf die schützende Hand der Institution im öffentlichen Diskurs rechnen könne, versuchte der Nürnberger Oberlandesgerichtspräsident den Amtsgerichtsrat einzuschüchtern. Eine Niederschrift eines Gesprächs zwischen Ministerium und dem Präsidenten offenbart, dass der Präsident Prebeck den Ruhestand noch einmal nahelegen wolle, vor allem wegen der „zu erwartenden Angriffe" und vor dem Hintergrund, „daß es nicht ausgeschlossen sei, daß das Urteil in dem Verfahren gegen Rosa Zich einer breiteren Öffentlichkeit bekannt werde." Auch der Hinweis darauf, dass Prebeck der „einzige[...] in Bayern verbliebene[...] belastete[...] Richter" sei, zeigte dessen Ausschluss an: Prebeck stand nun allein da.[337]

Wie der Umgang mit Prebeck zeigt, wurden die vergleichsweise wenigen übriggebliebenen Richter und Staatsanwälte von den Justizverwaltungen regelrecht fallengelassen. Bei ihnen handelte es sich um Störfaktoren und die Justizverwaltungen verdrängten diese Personen aus ihren Zuständigkeitsbereichen. Denn mit dem Weggang der Juristen, so die Hoffnung, würde auch das Problem der NS-Vergangenheit der Justiz als solche verschwinden. Dass keine Entschuldigungsversuche mehr geltend gemacht werden konnten, zeigte die potenzielle Härte des Staates. Auch wenn ein juristisches Durchgreifen nicht möglich war, konnte man die Betroffenen wie Paulus und Prebeck so lange verbal unter Druck setzen, bis sie sich dem Willen der Justizverwaltung fügten. Im September 1962 meldete das bayerische Justizministerium schließlich, dass Paulus und Prebeck beide wegen Dienstunfähigkeit die Versetzung in den Ruhestand beantragt hätten. Dass sie nicht aufgrund von Paragraf 116 DRiG in den Ruhestand traten, sondern wegen Dienstunfähigkeit, zeigt im Übrigen das fehlende Unrechtsbewusstsein der Juristen.[338]

Die Einzelfallhefte über die in den Broschüren aufgetauchten bayerischen Juristen – das Justizministerium listete 127 solcher Einzelfälle – beinhalteten auch die staatsanwaltschaftlichen Einstellungsverfügungen. Bei konkreten Anschuldigungen und dem Verdacht auf eine rechtswidrige Handlung wurden die Staatsanwaltschaften tätig. Überliefert sind in den Einzelfallheften vor allem die Einstellungsverfügungen des Generalstaatsanwalts in München, Hans Hechtel. Das Ermittlungsverfahren gegen Oberlandesgerichtsrat Gerhard Mews „wegen Verbrechen wider das Leben" wurde am 29. Dezember 1961 eingestellt. Mews trat aufgrund des exzessiven Urteils gegen Paul Otto Krause wegen „Wehrkraftzerset-

336 Siegfried, Aufarbeitung, S. 78 f.

337 BayHStA, MJu 26924, Behandlung und Erledigung der Verfahren gegen Ri/StA, StMJ Notiz, 31.08.1962.

338 Boss, Ruhestand, S. 224 f.

zung" am 1. August 1944 mit Ablauf der Frist in den Ruhestand. Die 17-seitige Einstellungsverfügung erachtete die Verhängung der Todesstrafe als rechtswidrig, weil ein minderschwerer Fall hätte angenommen werden müssen. Hechtel hielt es auch für erwiesen, dass Mews „bei der Abstimmung bewußt für eine jedes vernünftige Maß übersteigende, unmenschliche Strafe gestimmt hat." Mews und seine Richterkollegen gaben allerdings an, dass sie vor dem Hintergrund des 20. Juli die Todesstrafe in diesem Fall „für rechtmäßig und notwendig" gehalten hatten. Hechtel erwähnte auch die ähnlich verlaufenden Ermittlungsverfahren gegen die anderen am Urteil beteiligten Juristen und griff immer wieder die Rechtsprechung des BGH und des Nürnberger Juristenprozesses auf, um die Einstellung zu rechtfertigen.[339] Diese noch auf Gustav Radbruch zurückgehende Überzeugung, dass Richter und Staatsanwälte wegen mangelnden Unrechtsbewusstseins nicht strafrechtlich verantwortlich waren, setzte sich in der jungen Bundesrepublik durch. Das Grundsatzurteil zum Thema wurde schließlich am 7. Dezember 1956 vom BGH verfasst: Zur Sicherung der Unabhängigkeit des Richters forderte der Bundesgerichtshof den Nachweis des bestimmten Vorsatzes für eine Rechtsbeugung – und erst dann konnte er nach anderen Gesetzen, etwa wegen Mordes, verurteilt werden.[340] Die Zusammenfassung für die Hausspitze vom damaligen Regierungsdirektor Bengl aus dem Strafrechtsreferat 14b, das sich unter anderem mit NSG befasste, stimmte der Einstellungsverfügung zu und wusste sie nicht zu beanstanden.[341] Diese Einstellungsverfügung ist nur ein Beispiel unter zahlreichen in den 127 Einzelfallheften.[342]

Nach Ablauf der Frist für Paragraf 116 DRiG wurde eine mögliche Grundgesetzänderung diskutiert, um mit den wenigen übriggebliebenen Fällen, die noch nicht zufriedenstellend bearbeitet worden waren, umzugehen. Die Grundgesetzänderung beinhaltete den Vorschlag, einen Artikel 132a einzuführen, der ebenfalls exzessive Todesurteile zur Voraussetzung für einen Zwangspensionierung machte. Die bayerische Justizverwaltung war diesbezüglich zurückhaltend, zum Teil stand sie dem Unterfangen sogar ablehnend gegenüber. Nachdem alle diejenigen bayerischen Juristen, die man exzessiver Urteile überführt hatte, in den Ruhestand getreten waren, war zumindest für eine kurze Zeit die Hoffnung präsent gewesen, dass sich die „Blutrichter"-Affäre damit erledigt hatte. Auch danach war allerdings mit

339 BayHStA, MJu 26919, Angriffe gegen Ri und StA (NS-Zeit), Einzelfälle 16–32, Einstellungsverfügung GenStA München, 29.12.1961.

340 Boss, Ruhestand, S. 29 f.

341 BayHStA, MJu 26919, Angriffe gegen Ri und StA (NS-Zeit), Einzelfälle 16–32, Nr. II – 2689/60, 17.01.1962.

342 Siehe zu solchen Einstellungsverfügungen mit „dem selben [sic] Begründungsschema" im OLGBez. Hamm Niermann, Unbehagen, S. 120 f.

weiteren Broschüren und der Affäre um Elmar Herterich in Würzburg sowie dem Karriereende des Generalbundesanwalts Wolfgang Fränkel weiterhin Kritik an Richtern und Staatsanwälten vorgebracht worden.[343] Herterich, der aufgrund einer Niederlage in einem Rechtsstreit vor dem Verwaltungsgericht über Würzburger Juristen recherchierte, förderte deren erhebliche NS-Belastungen zutage, die er in kleinen Publikationen verbreitete. Unterstützt wurde er bei seiner Recherche aus der DDR. Weil die Juristen zahlreiche Verleumdungsklagen gegen ihn anstrengten, die ihn in äußerte Bedrängnis brachten, setzte er sich nach Schweden ab.[344] Generalbundesanwalt Wolfgang Fränkel wurde im Juli 1962 in den einstweiligen Ruhestand versetzt, weil Details über seine NS-Belastung durch eine ostdeutsche Broschüre bekannt wurden.[345] Zudem waren sechs westdeutsche Juristen aus Baden-Württemberg, Hamburg, Hessen und Rheinland-Pfalz den Empfehlungen – und wahrscheinlich auch dem Druck – ihrer Landesjustizverwaltungen nicht gefolgt.[346] Weil die Anzahl der noch im Dienst verbliebenen Juristen relativ gering war, meldete unter anderem das bayerische Justizministerium Zweifel an der Verhältnismäßigkeit einer solchen Lösung an.[347]

Unsicher waren die Mitarbeiter der Personalabteilung zudem, ob die Aussage eines Richters, dass er gegen das exzessive Urteil gestimmt hatte, nicht doch mehr Gewicht bekommen müsse. Bayern schlug deshalb anstatt einer Grundgesetzänderung eine Wiedereröffnung der Frist des Paragrafen 116 DRiG vor. Als besonders problematisch wurde von Seiten der bayerischen Justiz die Abgrenzung des infrage kommenden Personenkreises, auf den der neue Grundgesetzartikel angewendet werden könnte, gesehen. Denn wenn nur exzessive Todesurteile unter die Regelungen fielen, dann würden beispielweise Juristen, die Beschuldigte nach der Einstellung eines Ermittlungsverfahrens an die Gestapo ausgeliefert hatten, herausfallen, was wiederum der Gerechtigkeit widersprechen würde. Eine von den Referaten 1 und 3 in der Personalabteilung vorgeschlagene Formulierung zielte deshalb neben dem exzessiven Todesurteil auf eine Verfahrensgestaltung „gegen die Grundsätze der Menschlichkeit oder Rechtstaatlichkeit" ab.[348] Freilich ließe sich fragen, inwieweit jene Menschlichkeit und Rechtsstaatlichkeit während des Nationalsozialismus überhaupt gegeben waren, zumal in der Strafjustiz. Damit

---

343 Weinke, Verfolgung, S. 131–133.

344 Miquel, Ahnden, S. 128–131.

345 Kiessling/Safferling, Staatsschutz, S. 243.

346 Boss, Ruhestand, S. 225.

347 BayHStA, MJu 26924, Behandlung und Erledigung der Verfahren gegen Ri/StA, StMJ an StK, 07.05.1963.

348 BayHStA, MJu 26924, Behandlung und Erledigung der Verfahren gegen Ri/StA, StMJ Vormerkung Ref. 1 u. 3, 18.11.1963.

wandten sich Bleier und Reichwein auch gegen die Initiative aus Hamburg und Hessen für eine Grundgesetzänderung, die diese Ergänzung nicht vorsah.[349]

Verhandelt wurde in diesem Kontext auch die Frage, inwieweit die Unabhängigkeit der Justiz im Nationalsozialismus gegeben war. Selbst bei Zweifeln aber, so äußerte sich der Justizminister im Ministerrat, könne mit dieser Information nicht wirklich gearbeitet werden.[350] Denn der mögliche Zeitpunkt einer Aufhebung der richterlichen Unabhängigkeit würde andererseits die gesamte Konstruktion von Artikel 132a ins Wanken bringen und möglicherweise zu einer wesentlich größeren Erschütterung beitragen: Wenn etwa der 26. April 1942,[351] als Anlass einer Rede Hitlers vor dem Reichstag in der er die Justiz deutlich kritisierte, als Stichtag für die generelle Aufhebung der sachlichen Unabhängigkeit der Richter hergenommen würde, fielen einige Todesurteile nicht in diese Zeit. Diese Frage musste letztlich nicht beantwortet werden, weil sie sich auf eine Regelung durch ein einfaches Gesetz anstatt einer Grundgesetzregelung bezog – ihre Diskussion macht aber deutlich, dass die Einschätzung der Justiz im Nationalsozialismus noch Diskussionsgegenstand war – im Gegensatz zu heute.[352]

Die Regelung wurde letztlich fallen gelassen. 1965 berichtete Bundesjustizminister Bucher in der gemeinsamen Sitzung der Rechtsausschüsse von Bundestag und Bundesrat über die seit Mitte 1963 neu aufgetauchten Fälle. Von den vier Juristen seien zwei in den Ruhestand getreten, ein „offensichtlich nicht belehrbare[r] Richter" rechtfertige allerdings keine Grundgesetzänderung.[353] Das zahlenmäßige Abflauen der Angriffe auf ehemalige NS-Juristen und ein nachlassendes öffentliches Interesse führten auch zu einem nachlassenden Interesse an einer weiteren politischen Lösung dieser Frage.

Wenn in den Broschüren Ministerialbeamte auftauchten, was sehr selten der Fall war, dann ging es um Karl Gelbert, Hermann Gichtel, Oskar Grießinger, Fritz

---

349 BayHStA, MJu 26924, Behandlung und Erledigung der Verfahren gegen Ri/StA, StMJ Vormerkung, 17.10.1963.

350 BayHStA, MJu 26924, Behandlung und Erledigung der Verfahren gegen Ri/StA, StMJ an StK, 07.05.1963.

351 Zur Rede Hitlers am 26.04.1942 siehe Angermund, Richterschaft, S. 248.

352 BayHStA, MJu 26924, Behandlung und Erledigung der Verfahren gegen Ri/StA, StMJ an StK, 07.05.1963. Dasselbe zeigen zu dieser Zeit entstehende Forschungsprojekte, etwa das im Institut für Zeitgeschichte angesiedelte Projekt „Die Justiz im Dritten Reich", welches auch anlässlich einer Unterstützungsanfrage Hermann Weinkauffs in der bayerischen Justiz nicht ohne Sorge diskutiert wurde, siehe BayHStA, MJu 26906, Forschungsvorhaben des Instituts für Zeitgeschichte in München „Die deutsche Justiz unter dem Nationalsozialismus".

353 BayHStA, MJu 26925, Listen der betroffenen Ri u. StA, Niederschrift Sitzung Rechtsausschüsse Bundesrat und Bundestag am 11.03.1965, undatiert.

Meiser und Rudolf Trabert, die alle als entlastet galten.[354] Gichtel hatte angegeben, nicht am ihm vorgeworfenen Todesurteil beteiligt gewesen zu sein.[355] Meiser erklärte, dass es sich nicht um ihn handele, womit die Sache erledigt war.[356] Auch der von 1945 bis 1951 im Justizministerium tätige Trabert wurde in einigen Broschüren gelistet.[357] In seiner Erklärung dazu verwies Trabert abermals darauf, dass er niemals ordentliches Sondergerichtsmitglied gewesen sei. Wegen seiner „allerorts bekannte[n] ablehnende[n] Einstellung zum Nationalsozialismus“ sei er ohnehin bald aus der Stellung entfernt worden. An die spezifischen Urteile konnte sich der Oberstaatsanwalt nicht mehr erinnern – wovon sie handelten, wusste er erstaunlicherweise noch sehr genau: „Es handelte sich jedoch ausschließlich um Fälle schwerer Kriminalität, meist gefährlicher Gewohnheitsverbrecher, nie um Strafsachen mit irgendwie politischem Einschlag.“ Daran hätten sich viele Fragen anschließen können – für das Ministerium war die Sache damit aber erledigt, denn in der Tat gab es einerseits schwerere Fälle und andererseits nun eine entsprechende Erklärung Traberts.[358]

Gegen ihn wurde 1960 auch Anzeige erstattet. Trabert war als Oberstaatsanwalt seit 1951 bei der Staatsanwaltschaft beim Bayerischen Obersten Landesgericht beschäftigt. Er war zusammen mit anderen Juristen „auf Grund“ der ADE-Broschüren angezeigt worden, wie Generalstaatsanwalt Hechtel es formulierte. Das ergebe sich daraus, dass Ausschnitte aus den ADE-Broschüren auf die Anzeigen gegen andere Richter aufgeklebt worden seien. Trabert komme auch in der Borschüre vor.[359] Der Anzeigeerstatter hatte in seiner Anzeige gegen den Oberstaatsanwalt allerdings keinen Bezug auf die Broschüre genommen. Er hatte Trabert wegen „Rechtsbeugung“, „Willkürakte[n]“, und „die übl. NS-Greueltaten [sic]“ am Sondergericht München angezeigt. Er erachte es als „[s]eine staatsbürgerliche Pflicht und [s]ein demokratisches Recht“, Trabert anzuzeigen. Er wies noch darauf hin, dass er trotz der Möglichkeit, anonym zu bleiben, mit vollem Namen auftre-

---

354 Nicht in Broschüren genannt, aber in diesem Kontext befragt wurde Hermann Stümpfler wegen möglicher Beteiligung an Todesurteilen im Kontext seiner Zeit in der Wehrmacht. Nachdem er erklärte, an solchen nicht als Richter oder Anklagevertreter beteiligt gewesen zu sein, galt er als entlastet, siehe BayHStA, MJU 26740, PA Hermann Stümpfler, StMJ Vormerkung, 30.10.1963.

355 BayHStA, MJu 26925, Listen der betroffenen Ri u. StA, Auflistung, undatiert.

356 BayHStA, MJu 26913, Urteile, Broschüren, Presse, Neues Deutschland, 19.–22.12.1962 u. MJu 25672, PA Fritz Meiser, dienstliche Äußerung Meiser, 21.03.1963.

357 BayHStA, MJu 26925, Listen der betroffenen Ri u. StA, Auflistung, undatiert.

358 BayHStA, MJu 26746, PA Rudolf Trabert, Bl. 172, Trabert an StMJ, 23.08.1958.

359 BayHStA, MJu 11/556, Anzeigen, München, OStA Dr. Trabert u. a., GenStA OLG München an StMJ, 25.03.1960.

te.[360] Der Anzeigeerstatter tat dies, um zu zeigen, dass er weder Angst vor der Justiz habe, ihr also vertraute, und sich im Recht sah. Hechtel, der hier zuständig war, gab der Anzeige keine Folge, weil „zureichende tatsächliche Anhaltspunkte" fehlten. Der Anzeigende hatte lediglich behauptet, dass Trabert am Sondergericht in München tätig gewesen war, „[d]iese Behauptung begründet für sich alleine noch keinen zureichenden Verdacht für das Vorliegen einer strafbaren Handlung".[361] Ministerialdirigent Rösch, Leiter der Strafrechtsabteilung, fertigte dazu schließlich im Mai 1960 einen Vermerk. Der Anzeigende habe gegen die Entscheidung Hechtels keinen Einwand erhoben. Man habe im Justizministerium trotzdem die Urteile, an denen Trabert beteiligt gewesen war, noch einmal geprüft. Letztlich wurde nichts weiter unternommen, denn – „[d]ie Prüfung hat ergeben, daß hierzu kein Anlaß besteht".[362]

Generalstaatsanwalt Steffen schrieb unter eine besonders gute dienstliche Beurteilung aus dem Jahr 1959 – sie lautete auf „[e]rheblich über Durchschnitt" –, dass Trabert „deutlich resigniert" und sich vermutlich einen größeren Wirkungskreis wünsche, aber keinen Weg dahin sehe. Steffen selbst erklärte, dass er die Aussichten für Trabert nicht beurteilen könne und dass dieser weiterhin „Bestes" leiste und bat um eine wohlwollende Prüfung.[363] Geschehen war dies offenbar nicht, denn Mitte der 1960er erkundigte sich Trabert nach einer Beförderung, schließlich war er bereits seit 1951 auf dem Posten als Oberstaatsanwalt am Bayerischen Obersten Landesgericht. Bleier aus der Personalabteilung erklärte Trabert, dass es für die für ihn in Frage kommenden Stellen einerseits schon Interessenten gäbe und andererseits „bei Beförderungen die frühere Tätigkeit bei einem Sondergericht besonders geprüft werden muß".[364] Daraufhin fragte dieser mehrere Monate später um Einsicht in seine Personalakte und in das Heft Nr. 28, in dem das Material zum Einzelfall Trabert im Rahmen der „Blutrichter"-Kampagne gelagert war. Von Seiten des Referats 1 für den höheren Dienst wurde ihm Letzteres verwehrt: „Soweit sie [die Vorgänge im Heft Nr. 28] für ihn erheblich seien, seien die entsprechenden Vorgänge auch in den Personalakten enthalten; im übrigen handele es sich um Urteile aus der Zeit vor 1945, die er deshalb kenne, weil er an den Verfahren mitgewirkt habe." Diese gängige Informationspraxis auch dem eigenen Personal gegenüber, Material auszulagern, um es nicht zugänglich machen zu

360 BayHStA, MJu 11/556, Anzeigen, München, OStA Dr. Trabert u. a., Schreiben an GenStA München, 16.03.1960.

361 BayHStA, MJu 11/556, Anzeigen, München, OStA Dr. Trabert u. a., GenStA OLG München an StMJ, 25.03.1960.

362 BayHStA, MJu 11/556, Anzeigen, München, OStA Dr. Trabert u. a., StMJ Vermerk, 06.05.1960.

363 BayHStA, MJu 26746, PA Rudolf Trabert, dienstliche Beurteilung, 21.12.1959.

364 BayHStA, MJu 26746, PA Rudolf Trabert, Vormerkung Bleier, 16.01.1964.

müssen,[365] irritierte offenbar auch Trabert, der erklärte, „[e]s sei nicht gerechtfertigt, ihn lediglich wegen seiner Beteiligung an einigen Todesurteilen von weiteren Beförderungen auszuschließen“.[366] Wenige Tage später wandte er sich in einem ausführlichen, achtseitigen Schreiben noch einmal an seinen obersten Dienstherren. Darin schilderte er, dass er sich beim Ministerialdirigent Bleier nach einer Beförderung erkundigt habe. Beier habe ihm eröffnet, dass er wegen seiner Tätigkeit am Sondergericht damit nicht mehr rechnen könne, obwohl keines der Urteile, an denen er teilgenommen habe, als exzessiv anzusehen sei.[367] Dies war eine Weiterführung der bereits in der frühen Nachkriegszeit und auch in den 1950er Jahren durchgeführten Schlüsselstellenpraxis: Herausgehobene Stellen in der bayerischen Justiz – und nach dem Oberstaatsanwalt kamen nur noch solche für Trabert in Frage – sollten aus Gründen der Vorsicht vor öffentlicher Kritik und zum Schutz der betroffenen Personen, nicht mit Juristen besetzt werden, deren NS-Vergangenheit Anlass zur Kritik bieten könnte.[368]

Während Trabert in seinem Schreiben meinte, die Vorsicht verstehen zu können, erläuterte er in einem Fall seine energische Weigerung, dem Todesurteil zuzustimmen und sein daraufhin erfolgreiches Engagement für eine Begnadigung, die auch tatsächlich erfolgt sei.[369] Insgesamt enthielt das Schreiben alle gängigen Aspekte einer Selbstexkulpation, wie sie massenhaft von Juristen nach dem Nationalsozialismus in den verschiedenen Prüfungsverfahren geschrieben wurde. Allerdings modifizierte er das Schicksalsnarrativ, weil sich dieses mit der „Blutrichter“-Kampagne nachteilig für die betroffenen Juristen auswirken konnte. Während man durch ein Spruchkammerverfahren mit dem Verweis auf die NS-Übermacht relativ unbescholten herausgekommen war, konnte dies ab Anfang der 1960er Jahre gravierende Folgen für den Einzelnen haben. Es war gerade das Argument der „schicksalhaften Verstrickung“ in das NS-Regime, welches zwar den einzelnen Juristen von rechtlich zurechenbarer Schuld exkulpierte, ihn aber gleichzeitig für die Justizverwaltung nicht mehr oder nur noch eingeschränkt verwendungsfähig machte. Trabert war sich dessen bewusst und erklärte, dass er es, gerade weil er sich gegen ein Todesurteil explizit ausgesprochen hatte – was in seinen Augen seinen Kampf gegen das NS-Regime unterstrich – „nur als Hohn empfinden“ könne, „wenn ihm nunmehr gesagt wird, das sei eben Schicksalsgemein-

---

365 Siehe dazu auch Kap. 3.3.

366 BayHStA, MJu 26746, PA Rudolf Trabert, Vormerkung Niebler, 30.09.1964.

367 BayHStA, MJu 26746, PA Rudolf Trabert, Trabert an StMJ, 12.10.1964.

368 Siehe dazu den entsprechenden Vermerk aus dem Jahr 1959 in BayHStA, MJu 26908 I, Angriffe auf Ri und StA wegen ihrer Tätigkeit beim VGH, Sondergerichten oder Kriegsgerichten, StMJ Vormerkung, 10.12.1959.

369 BayHStA, MJu 26746, PA Rudolf Trabert, Trabert an StMJ, 12.10.1964.

schaft“. In der Folge erläutere er unter Angabe von Zeugen und entsprechenden Anlagen seine stets ehrenhafte Haltung während der NS-Diktatur noch einmal ausführlich.[370]

Seine Vehemenz wurde zumindest ideell mit einer für beide Seiten annehmbaren Lösung belohnt: Am 15. September 1966 wurde Oberstaatsanwalt Trabert zum „ständigen Vertreter des Generalstaatsanwalts bei dem Bayer. Obersten Landesgericht bestellt“. In der Bemerkung auf dem Vordruck der Ernennung heißt es, dass in Rücksprache mit dem Ministerialdirigenten Bengl, der zu diesem Zeitpunkt schon die Geschäfte des Ministerialdirektors kommissarisch übernommen hatte, die Entscheidung zu diesem Schritt gefallen war. Die Stelle wurde neu für Trabert geschaffen, sie sei zwar nicht standardmäßig vorgesehen, aber ihr stünden auch keine Vorgaben entgegen. Trabert sei dienstältester Staatsanwalt und vertrete den Generalstaatsanwalt bereits seit 15 Jahren. Seine Tätigkeit bei einem Sondergericht stehe der Ernennung nicht entgegen. Dies wohl auch, weil mit der Ernennung keine Erhöhung der Besoldung einherging, denn die Stelle existierte schließlich nicht im Haushaltsplan, war damit keine Planstelle und auch mit keiner höheren Bezahlung verbunden, wie bei anderen Vertretungsstellen möglich.[371] Mit diesem Arrangement, einer Art symbolischer Beförderung, waren offenbar alle einigermaßen zufrieden. Trabert, hatte drei Jahre vor dem Eintritt in den Ruhestand zumindest erreicht, dass er sich gegenüber den anderen Oberstaatsanwälten in einer – auch vom obersten Dienstherrn wahrgenommen und bestätigten – herausgehobenen Position befand. Bei kritischen Nachfragen konnte dieser Dienstherr – das bayerische Justizministerium – sich darauf zurückziehen, dass Trabert, der nun einmal eine Sondergerichtsvergangenheit hatte, keinesfalls befördert worden war, vielmehr nur in einer Stelle bestätigt, die er zuvor schon ausgefüllt hatte. Dass so etwas durch den dienstältesten Juristen geschah, war andererseits ebenfalls eine gängige Lösung.

Für die anderen beiden Ministerialbeamten, Gelbert und Grießinger, wurde in ihren entsprechenden Einzelfallheften derselbe Vermerk aus dem Jahr 1963 hinterlegt, der besagt, dass die Urteile nicht als exzessiv gelten konnten, an welchen sie laut der Broschüre *Gewerkschaftsfeinde in Richterroben*, Ende 1962 vom Freien Deutschen Gewerkschaftsbund herausgegeben, beteiligt gewesen waren.[372] Offenbar führten die Ministerialbeamten diese Prüfpraxis auch dann noch weiter, als ihr Grund bereits nicht mehr anwendbar war, weil die Frist nach Paragraf 116

370 Ebenda.

371 BayHStA, MJu 26746, PA Rudolf Trabert, Vordruck Ernennung, 15.09.1966.

372 BayHStA, MJu 26922, Angriffe gegen Ri und StA (NS-Zeit), Einzelfälle 90–127, Einzelfallheft Karl Gelbert u. Einzelfallheft Oskar Grißinger, StMJ Vormerkung, 02.09.1963 u. BayHStA, MJu 26913, Urteile, Broschüren, Presse (v. a. aus der DDR), StMJ Vormerkung, 02.09.1963.

DRiG bereits beendet war. Die Frage nach dem Exzess des Juristen, also danach, ob ein Jurist durch seine Unfähigkeit, Mitte und Maß zu halten, dem Stand schadete, hatte sich als neue Prüfpraxis durchgesetzt. Sie war schließlich vor dem Hintergrund von Verjährung und der Unmöglichkeit, auf Rechtsbeugung anzuerkennen, auch die einzige Prüfung, die noch Sinn zu ergeben schien. Den Ministerialbeamten war nämlich bewusst, dass nicht zu prüfen keine mögliche Handlungsoption war nach den krisenhaften vorangegangenen Jahren. Die Prüfung auf Exzessivität hatte sich zu einem Schema entwickelt, das auch ohne Paragraf 116 als Grund weiterlaufen konnte, um das Ansehen der Justiz zu schützen.

Es gab noch einen anderen Weg, über den die bayerische Justizverwaltung die Besetzung von Schlüsselstellen zu kontrollieren suchte: Neben den ausführlichen Namenlisten und Einzelfallheften, die zur Bewältigung des Problems bereits Ende der 1950er angelegt worden waren, finden sich auch ab den frühen 1960ern Erklärungen auf Dienstpflicht zur juristischen Tätigkeit während der NS-Diktatur in den Personalakten. Sie lauteten meist so oder so ähnlich: „Ich habe weder in richterlicher noch in staatsanwaltschaftlicher Funktion bei einem Sondergericht, Kriegsgericht oder Standesgericht an einem Todesurteil mitgewirkt und ein solches auch nicht beantragt."[373] Diese wurden vor allem bei Beförderungsvorschlägen und Bewerbungen auf höhere Stellen, etwa an den BGH oder hohe Stellen in der bayerischen Justiz, vorgelegt. Sie reihen sich einerseits in die NS-vergangenheitsbezogenen Informationen zu den Spruchkammerergebnissen und der Aufzählung von Mitgliedschaften ein. Andererseits fallen sie in die Kategorie der assertorischen Loyalitätsbekundung,[374] weil die Juristen damit bekräftigten, dass sie keine problematische NS-Vergangenheit hatten und die Justizverwaltung nicht in Misskredit bringen würden, dass sie also loyal waren im Sinne des Schutzes des Ansehens der Institution.

Diese Erklärungen brachten die Justizverwaltung auf die sicherere Seite. Falls das Erklärte nicht stimmte, ließ sich das disziplinarrechtlich überprüfen und sanktionieren, weil es sich dann dabei um eine unrichtige Angabe gehandelt hätte. Auch dabei handelte es sich um einen Versuch, weiteren Enthüllungen vorzugreifen und die Situation endlich in den Griff zu bekommen und tatsächlich wieder das Personal selbst – über die Aktenlage – zu kontrollieren. Dabei ging es der Justizverwaltung nicht unbedingt darum, die Richtigkeit der Erklärung selbst nachzuprüfen. Vielmehr sollte Kontrolle des Personals anhand von Herrschaftswissen, das vor ungünstigen Beförderungen schützte und nötigenfalls mindestens disziplinarrechtliche Konsequenzen zeitigte, wieder möglich sein. Freilich war auch dies

373 BayHStA, MJu 26814, Mayer, Bl. 86, Erklärung, 05.05.1964. Von solchen Erklärungen berichten auch Kiessling/Safferling für die Bundesanwaltschaft in dies., Staatsschutz, S. 262 f.

374 Siehe dazu Kap. 3.2.

nur eine defensive Maßnahme, die mit abschwächendem öffentlichem Interesse rechnete und keine aktive, vielmehr eine passive Prüfung beinhaltete.

Ab Mitte der 1960er hatten sich die bayerischen Juristen an die neue Belastungskategorie gewöhnt, die nicht mehr auf Mitgliedschaften, sondern auf das öffentlich kritisierbare exzessive Todesurteil abzielte. Im Kontext der 13. Broschüre *Bonn sanktioniert Kriegsverbrechen*, vermutlich aus dem Jahr 1964, wurden einige Juristen um dienstliche Äußerungen gebeten. Das Antwortrepertoire reichte hier von der neuen Erklärung auf Dienstpflicht zur Tätigkeit an NS-Gerichten bis hin zum Kommentar des damaligen Tatbestandes –

> „Unterstellt man die Richtigkeit des dargestellten Sachverhalts, so ist die ausgesprochene Strafe zwar aus heutiger Sicht überaus hart, doch wird man einem Polen, der sich in Zeiten der größten Not seines Volkes als Schieber betätigte, auch heute kaum besondere Sympathien entgegenbringen können" – [375]

oder des Belastungsmaßstabes, der selbstbewusst nicht mehr in den Mitgliedschaften gesehen wurde:

> „Nachdem ich auch 1948 als Mitläufer eingestuft worden bin, empfinde ich es daher als sachlich nicht berechtigt, in meiner SS-Zugehörigkeit eine stärkere und bedenklichere politische Belastung zu erblicken, als sie dem Durchschnitt meiner Generation anhängt."[376]

Im Grunde zeigte sich auch in dieser Aussage, dass die „Durchschnittsbelastung" beziehungsweise das „Gesamtversagen", etwas war, das zugegeben werden konnte, ohne dass dies negative Folgen haben musste. Dementis und fehlende Erinnerung sollten dann auch in den folgenden Jahren als Äußerung zu den wenigen neuen Vorwürfen genügen.[377] Hieran zeigt sich, dass Juristen nicht mehr so gefährdet waren, wie in den Jahren zuvor. Dass Mitte der 1960er andererseits keinesfalls schon die NS-Vergangenheit aller bayerischen Juristen geklärt war, wie Staatssekretär Hartinger glauben machen wollte,[378] verdeutlichen späte Fälle, wie derjenige von Friedrich Börtzler. Als Staatanwalt und Vertreter der Justizpressestelle im Nationalsozialismus tätig gewesen, hatte Börtzler in der Nachkriegszeit im bayerischen Justizministerium gearbeitet und war 1959 an den Bundesgerichtshof gewechselt. In den 1970er Jahren waren Vorwürfe gegen ihn aufgetaucht, die man

---

375 BayHStA, MJu 26914, Urteile, Broschüren, Presse (v. a. aus der DDR), Äußerung eines betroffenen Richters OStA Möhl, dienstliche Äußerung, 19.03.1965.

376 BayHStA, MJu 26914, Urteile, Broschüren, Presse (v. a. aus der DDR), OLGR, 11.06.1965.

377 Siehe dazu die weiteren Unterlagen in BayHStA, MJu 26914, Urteile, Broschüren, Presse (v. a. aus der DDR), Die Haltung der deutschen Staaten zu den Nazi- und Kriegsverbrechen u. Braunbuch Kriegs- und Nazi-Verbrecher in der Bundesrepublik.

378 Siehe dazu Kap. 1.

im bayerischen Justizministerium mit dem Verweis auf die vormalige Prüfung und die Versicherung, dass alles in Ordnung sei, beantwortete.[379] Behaupten zu können, dass eine Person bereits überprüft worden sei,[380] bedeutet also, dass sie nach den normalen bürokratisch-biografischen Praktiken als Mitglied der Organisation behandelt wurde – diese Verwaltungspraxis funktionierte also nach einer Modifikation der Prüfmaßstäbe wieder wie noch vor der „Blutrichter"-Kampagne.

Fazit

Zu Beginn der Kampagne gegen westdeutsche „Blutrichter" versuchten die Verantwortlichen im bayerischen Justizministerium den Vorwürfen mit den üblichen Prüfungsverfahren zu begegnen. Bald wurde deutlich, dass eine Fülle von bisher noch nicht systematisch geprüftem Material vorhanden war. Zusammen mit einem nicht abreißenden öffentlichen Interesse zeigte sich auch, dass die üblichen Verfahren nicht ausreichten, um dem Problem ehemaliger NS-Richter, die in Todesurteile involviert gewesen waren, Herr zu werden. Um überhaupt Aussagen zu treffen, musste neues Herrschaftswissen – in Form von Urteilen und Erklärungen – akquiriert und geprüft werden.

Parallel dazu stellte sich die Frage nach dem Umgang mit den öffentlich stark kritisierten Juristen, die während der NS-Herrschaft am Volksgerichtshof, an Sonder- oder Kriegsgerichten Dienst getan hatten. Es kristallisierte sich eine Ruhestandslösung heraus, die auch dann griff, wenn juristisch keine Schuld festgestellt werden konnte. Neuer Maßstab für eine NS-Belastung wurde der von Seiten der Justizverwaltung angenommene Einfluss auf das Ansehen der Justiz. Als ein exzessives Urteil sollte ein solches gelten, für das öffentlich kein Verständnis erwartet wurde. Die elf betroffenen Juristen, die deswegen in den vorzeitigen Ruhestand treten sollten, wehrten sich oft dagegen und schrieben Erklärungen, in welchen sie ihre Justizkarriere anhand der bisher für sie gültigen biografisch-bürokratischen Justizbilder schilderten und damit auch gängige Exkulpationsstrategien nutzten. Die Justizverwaltung ließ sich in den wenigen Fällen nicht mehr darauf ein – auch, weil ihre Legitimität in der Demokratie längst von ihrer öffentlich dargestellten Haltung dem Nationalsozialismus gegenüber und der Einsicht in das

379 BayHStA, MJu 26905, Eingaben aus der Bevölkerung, StMJ an BMdJ, 28.04.1977. In den im Bundesarchiv in Koblenz sich befindenden Personalakten Börtzlers aus dem StMJ und dem BGH finden sich hierzu keine Dokumente, lediglich wenige Unterlagen zum Spruchkammerverfahren liegen vor, siehe BArch Koblenz, PERS 101/48780, PA Friedrich Börtzler, Bl. 87, AG München an PräsAG München, 10.07.1947.

380 Sälter erwähnt dies mit Bezug zu Gehlen, siehe ders., NS-Kontinuitäten, S. 771.

Versagen der Justiz abhing. Unterschiedliche Positionen der vorgesetzten Juristen dazu, was als exzessives Urteil zu gelten habe, sind eher auf ihre unterschiedlichen Posten in der Nachkriegsjustiz denn auf unterschiedliche NS-Vergangenheiten zurückzuführen.

Durch die Personalisierung und Zuspitzung auf wenige exzessiv urteilende „Blutrichter" wurde in Anbetracht nachlassender Kritik offenbar eine Exkulpation des verbleibenden Teils der Justiz und der Justizverbrechen erreicht – auch weil der Justizminister die Botschaft verbreitete, dass die Justiz im Nationalsozialismus als Profession versagt hatte, wie es der Generalbundesanwalt Güde formuliert hatte. Die übrigen Juristen erhielten damit eine modifizierte und an die gesellschaftliche Kritik angepasste Version des Narratives der „schicksalhaften Verstrickung" – nämlich das des juristischen „Gesamtversagens" – und damit das Angebot, sich in die bundesrepublikanische Gesellschaft der 1960er Jahre zu integrieren.[381] Mit dem Abflauen des öffentlichen Interesses nutzten die Personalverantwortlichen in der bayerischen Justizverwaltung wieder gängige Entnazifizierungspraktiken – das Einfordern von Erklärungen, Prüfung und vorsichtige Schlüsselstellenbesetzung.

4.4 Fazit: Entnazifizierungspraktiken

Das, was in der bayerischen Justiz unter NS-Belastung verstanden wurde, veränderte sich im Beobachtungszeitraum dieser Studie:[382] Waren es zu Beginn noch Mitgliedschaften und aktives Handeln für das NS-Regime, ging es in den 1960ern um sehr wenige, als „exzessiv" angesehene Todesurteile an Sondergerichten oder dem Volksgerichtshof. Die Zahl derjenigen, die auf diese Weise „NS-belastet" waren, war in den 1960er Jahren deutlich kleiner als noch in den späten 1940ern. Damit korrespondierte jeweils, was unter einer akzeptablen NS-Vergangenheit verstanden wurde: Unter Hoegner wurden im Zuge der Personalakquise 1945 zuerst persönlich bekannte „Nazigegner" gesucht, ab Ende der 1940er Jahre genügte es, als NSDAP-Mitglied von einem Vorgesetzten eine demokratische Gesinnung attestiert zu bekommen und später ging es vor allem darum, nichts getan zu haben, das öffentlich skandalisierbar war – dazu zählte in erster Linie die Beteiligung an „exzessiven Todesurteilen". Die öffentliche Kritik während der „Blutrichter"-Kam-

---

381 Als die gesamte Gesellschaft betreffende „Vergangenheitspolitik" konstatiert Frei Ähnliches, siehe ders., Vergangenheitspolitik, S. 397.

382 Eine Veränderung des Belastungsbegriffs konstatieren auch Kiessling/Safferling, Staatsschutz, S. 203 u. im Hinblick auf andere Maßstäbe für Personal in den Sicherheitsbehörden Goschler/Wala, Gestapo, S. 344 f.

pagne führte zur Konturierung dieses Maßstabs: Eine nationalsozialistische Belastung maß sich daran, wie der Sachverhalt öffentlich darstellbar war, ob er öffentlich diskutiert wurde und ob Verständnis vonseiten der Öffentlichkeit dafür zu erhalten war – wurde ein Fall öffentlich skandalisiert, dann galt ein Jurist als nicht mehr tragbar.

Professionsspezifische Exkulpationen nutzten über den Zeitverlauf der Untersuchung bekannte Bilder aus den dienstlichen Beurteilungen und den Fragebogen, um Nachteiliges über Juristen – in diesem Fall die NS-Belastung – zu entschuldigen. Über unterschiedliche entlastende Deutungen der juristischen Tätigkeit während des Nationalsozialismus – der „Nazigegner", der im unabhängigen „Normenstaat" Tätige, der „schicksalhaft Verstrickte" – wurde die Zeit des Nationalsozialismus in den Justizbildern den Umständen zugerechnet, die sich nur erschwerend auf die Juristenbiografie auswirkten, sie aber nicht substanziell veränderten. Über diese exkulpierenden Subjektivierungen konnten sich die ehemaligen NS-Juristen in die Nachkriegsdemokratie integrieren. Die Koinzidenz von Justiz und Unabhängigkeit blieb in der Wahrnehmung bestehen und wurde verteidigt. Als unabhängig wurden Juristen dann gesehen, wenn man sie verteidigen wollte, war dies vor dem Hintergrund von NS-Belastungen nicht mehr möglich, wurden sie als abhängig und „verstrickt", damit gleichsam als nicht-juristisch porträtiert. Die bis Anfang der 1960er Jahre gültigen Exkulpationen galten allerdings dann nicht mehr, wenn die Furcht vor öffentlicher Kritik zu groß war. Damit wurde das Vertrauen in ein vorher problemlos zur eigenen Entlastung nutzbares Justizbild, das die Juristen als schicksalhaft in das NS-Regime verstrickt porträtierte, zumindest für manche Juristen gestört. Denn aufgrund der schicksalhaften Verstrickung – juristische Schuld ließ sich ihnen nicht nachweisen – wurden sie aus dem aktiven Dienst entfernt oder nicht weiter befördert. Zu dieser Zeit vertrat Generalbundesanwalt Max Güde die Versagensthese öffentlich und der bayerische Justizminister Haas verbreitete sie intern. Was blieb, war das öffentliche Eingestehen eines diffusen Versagens der Justiz während des Nationalsozialismus als neues Bild, allerdings ohne ernsthafte Konsequenzen.

Es ist angesichts dieses Ergebnisses fraglich, ob die Verfolgung von Justizverbrechen effektiver gewesen wäre, wenn mehr ehemalige Diskriminierte und Verfolgte in der Justizverwaltung beschäftigt gewesen wären.[383] Auch diese Juristen brachten nämlich mit großer Wahrscheinlichkeit zweierlei Prägungen mit: Eine Justizvergangenheit mitsamt bürokratischer Sozialisation und eine NS-Vergangenheit. Auch wenn Letztere aus Diskriminierung und Verfolgung bestanden hatte, kann aus ihr kein bestimmtes Handeln in der Demokratie gefolgert werden. Das,

383 Mit je unterschiedlichen Schwerpunkten dazu siehe Daubach, Zeit, S. 291; Begalke/Fröhlich/Glienke, Editorial, S. 12 f.; Rigoll, Staatsschutz, S. 14 f. u. Rottleuthner, Karrieren, S. 97 f.

was die Juristen mit unterschiedlicher politischer Couleur und unterschiedlichem Status in Bezug auf die nationalsozialistische Vergangenheit verband, war ihre Gruppenidentität, ihr Selbstbild, ihre Selbstbeschreibung, die systemübergreifend bestand, nicht zwischen ihnen unterschied und eine professionsspezifische Integrationsmöglichkeit ins neue politische System zeitigte.[384] Das Bild des guten Juristen war unabhängig von dessen Umständen. Die Deutungsgemeinschaft der Juristen hatte mehr Gewicht als entgegengesetzte Erfahrungen im ehemaligen politischen System. Sie bezog sich nicht nur auf tradierte Bilder des Juristen, sondern auch auf das Ansehen der Justiz als gesellschaftliche Autorität.

Die NS-Belastung war, egal ob als Parteimitgliedschaft oder als Unterschrift unter einem Todesurteil, ein öffentliches und kein internes Problem der Justizverwaltung. Intern vertraute die bayerische Justizelite ihrer eigenen Personalkenntnis, welche die NS-Vergangenheit nur in Einzelfällen als relevant für die Einschätzung der Juristen ansah und NS-Belastungen nicht zwingend suchte, sondern vielmehr überprüfte, wo man sie vorfand. Die dann angewandten Prüfpraktiken wiesen gemeinsame Ursprünge in der bürokratischen Biografie und der Personalpolitik der amerikanischen Besatzungsmacht auf und wurden jeweils zeitgemäß erneuert. Aus amerikanischen Vorgaben entwickelte sich zudem in der Nachkriegszeit eine Sensibilität gegenüber der Besetzung von „Schlüsselstellen". Dieses Prinzip, das auch schon bei der Auswahl von Männern wie Hoegner oder Ehard durch die Amerikaner angewendet wurde, wurde von der bayerischen Justiz weitergenutzt. Die bürokratische Biografie war in praktischer und diskursiver Hinsicht vielfach Ressource für Beschreibungs- und Prüfungskontinuitäten. Teil dieser Prüfpraxis waren das Personalaktenstudium, das Einfordern einer Erklärung der Betroffenen sowie das Einholen weiterer Informationen oder von Leumundszeugnissen. Der Blick in die Personalakte war dabei in der Regel selektiv und von utilitaristischen Gesichtspunkten abhängig.

Damit war die belegbare Wiederverwendung von belastetem Personal zumindest in Bezug auf die Aspekte tradierter Personalverwaltung eine Konsequenz aus dem System der bürokratischen Biografie. Verwaltungsverfahren können eben auch unmoralische Entscheidungen als „angemessen" präsentieren, „wenn dies mit den eingeübten Verhaltensroutinen in Einklang steht".[385] Die Prüfungen waren aber auch Verfahren, die der Justizverwaltung Legitimität spenden sollten.[386] Unter öffentlichem Druck wurden die Prüfverfahren im Umgang mit der „Blutrich-

384 Der Wunsch nach Karriere und finanziellem Erfolg sei beim Juristen ebenso vorhanden, „wie in seinen Zeitgenossen", so Simon, Unabhängigkeit, S. 31.

385 Seibel, Verwaltung, S. 38.

386 Siehe dazu auch Al-Baghdadi u. a., Legitimieren, S. 182 f.; Bachem/Hackler, Überlegungen u. Luhmann, Legitimation.

ter"-Kampagne deshalb angepasst. Auch wenn die gängigen Legitimationsstrategien einen kleinen Riss bekommen hatten, erwies sich die Institution doch als ausreichend stabil. Mit abnehmendem öffentlichem Interesse wurde auch der neue Maßstab des „exzessiven Urteils" in die verwaltungspraktischen Prüfsysteme und Beförderungspraktiken integriert.

Was blieb, war das öffentliche Eingestehen eines professionellen Versagens der Justiz während des Nationalsozialismus als neues Justizbild, allerdings ohne ernsthafte und vor allem ohne verwaltungspraktische Konsequenzen. Die Analyse der Entnazifizierungspraktiken hat diesbezüglich gezeigt, dass die NS-Vergangenheit nicht beschwiegen, sondern verwaltet wurde. Das schier unendliche Produzieren von Akten, Einzelfallheften und Prüfungen tradierte durch die immer gleichen Abläufe und Handlungsrepertoires, die im Übergang zur Demokratie bewusst perpetuiert wurden, die kaum veränderten Justizbilder. Im Sammeln, Prüfen und Unter-Verschluss-Halten des Materials zeigen sich also die verwaltungspraktischen Bedingungen des Versagens der bayerischen Justiz, sich angemessen mit ihrer NS-Vergangenheit auseinanderzusetzen.

5 Fazit: Justizbilder und Verwaltungspraxis

Justizbilder sind sinnstiftende, handlungsleitende Konstruktionen der Justiz. Sie entstehen aus ihrem wiederkehrenden Auftauchen in Praktiken und Diskursen. Es handelt sich sowohl um innere Bilder, also Vorstellungen, Konzepte oder Deutungen der Justiz, als auch um äußerlich wahrnehmbare Bilder der Justiz, etwa Gebäude oder verschriftlichte Ordnungen. Die beiden wirkmächtigsten Justizbilder in der bayerischen Nachkriegsjustiz waren der „Wiederaufbau" und die Unabhängigkeit der Justiz. Sie berührten und stabilisierten einander und wirkten auf verschiedenen Ebenen der personalbezogenen Arbeit der bayerischen Justizverwaltung in der Nachkriegszeit, sowohl in Bezug auf das Ansehen der Justiz als auch auf die bürokratische Biografie und die Entnazifizierungspraktiken. Beide Justizbilder reichten bis in die 1970er Jahre hinein und überstanden Legitimationskrisen der Justiz. Während der „Blutrichter"-Affäre, der größten Legitimationskrise im Untersuchungszeitraum, wurden lediglich die Sprach- und Prüfpraxis zu NS-Belastungen leicht verändert, die Deutungsfolien des „Wiederaufbaus" und der Unabhängigkeit der Justiz aber blieben. In diesem Kontext wurde das Motiv des Versagens der Justiz im Nationalsozialismus auch in Bayern verankert.

Als Deutungsmuster und Selbstverständnisse sind diese Justizbilder keineswegs neu. Neu ist das in dieser Studie geleistete Offenlegen der Art und Weise ihrer Tradierung und damit praktischen Tradition. Die hier erzählte Geschichte ist auch nicht die einzig mögliche mit diesem Material zu erzählende Geschichte. Sie ist geprägt von den genutzten Ansätzen und Methoden sowie der Konzentration auf Personalakten und personalaktenrelevantes Material. Etwas anderes würde möglicherweise die „gesprochene", jenseits von Akten stattgefundene, Geschichte des bayerischen Justizministeriums erzählen. Diese ist aber einerseits nicht aufbewahrt und andererseits geht es in der Verwaltung immer darum, dass die Akten stimmen – und, dass damit ein stimmiges Bild vermittelt wird. In jedem Fall bilden die Ergebnisse der vorliegenden Studie nur einen Aspekt der bayerischen Justizverwaltungsgeschichte ab. Genauso handelt es sich nur um einen Aspekt der Erklärung, warum die Justiz in der Auseinandersetzung mit der NS-Vergangenheit versagte – allerdings ein Aspekt, der bisher Vernachlässigtes erzählt.

Der „Wiederaufbau" war ein erklärtes ideologisches Programm, dessen aktive, praktische Umsetzung beobachtbar war und das gleichzeitig Protagonisten und Historiker*innen als Brille diente und dadurch ihren Blick auf die Nachkriegszeit der bayerischen Justiz prägte. Als Justizbild blieb der „Wiederaufbau" im bayerischen Fall bis zum Ende des Untersuchungszeitraums ein äußerst stabiler Bezugspunkt der Justizverwaltungspraxis. 1945 war jedoch kaum etwas so klar, wie es im Nachhinein erzählt wurde: Es war noch offen, ob sich die amerikanische Besat-

https://doi.org/10.1515/9783111390475-005

zungsmacht für ein Landesjustizministerium entscheiden würde. Die Verwaltung des Personals gestaltete sich denkbar schwierig, weil nur wenige personalaktenrelevante Unterlagen vorhanden waren und geprüft werden musste, was Juristen während der NS-Diktatur getan hatten. Um diese Kontingenzen zu bewältigen, orientierten sich die bayerischen Juristen am Topos des „Wiederaufbaus". Dieses Justizbild bezog sich auf das Vorbild des Justizministeriums während der Weimarer Republik und war überaus wirkmächtig. Es fand seinen Ausdruck nicht allein in der Wiedererrichtung von Gebäuden, etwa dem Münchner Justizpalast und dessen Wiederbezug durch das Justizministerium. Vielmehr erstreckte sich das Verständnis auch auf die Institution und ihre Interna – Bezeichnungen, Aktenführung und Personal. Über diese Aspekte – allen voran den Besitz von Personalakten und die dadurch erhaltene Kontrolle des Personals durch Herrschaftswissen – stellte das Justizministerium seine eigene souveräne Stellung gegenüber anderen bayerischen Institutionen, den Ländern und dem Bund dar und her.

Die Berufsbiografien der untersuchten Juristen umfassten die Jahre während der Weimarer Republik, des NS-Regimes und der Bundesrepublik. Räumlich spielten sie sich weitgehend in Bayern ab, vielfach sogar allein in München. Das Selbstbild des Bayerischen perpetuierte die Erzählung, es habe sich tatsächlich um die Wiederherstellung des im und vom Nationalsozialismus zerstörten „Originals" gehandelt. Stattdessen war die „wiederaufgebaute" bayerische Nachkriegsjustiz eine Reproduktion mit vielen, auch von der Besatzungsmacht beeinflussten Modifikationen und Übergangspraktiken, die in ihrem Inneren deutliche NS-Bezüge und Kontinuitäten aufwies. Dies war die Kehrseite des Rückgriffs auf das Bild der Weimarer Justiz, schließlich konnte er die Zeit der nationalsozialistischen Herrschaft nicht ungeschehen machen. Für die Personalaktenführung bedeutete dies, Routinen der NS-Verwaltungspraxis zu inkorporieren und somit zu normalisieren.

An den Personalakten lässt sich ablesen, dass die Art, wie die Verwaltung Berufsbiografien beschrieb – die bürokratische Biografie –, sich zwischen 1919 und 1971 nicht grundlegend veränderte. Die zentralen Praktiken im Kontext der bürokratischen Biografie waren auch integraler Bestandteil der Entnazifizierungspraktiken, also der politischen Säuberung der Profession. Verwaltungspraktisch beinhaltete die bürokratische Biografie das Dokumentieren von Informationen und das Sammeln dieser Daten mit einer bestimmten Ordnung und Arkantradition – dies generierte Herrschaftswissen und Souveränität. Papier und Formblätter wurden dabei mittels Übergangspraktiken sparsam verwendet, was Veränderungen verzögerte und Systemumbrüche als bloße Änderungen von Formularen erscheinen ließ. Zur Verifizierung von biografischen Details wurden die immergleichen Prüfpraktiken genutzt, die stark auf Zeugenschaft rekurrierten und dem Einzelnen stets ein Mitspracherecht einräumten.

Die bürokratische Biografie formte nicht nur die Selbstbilder derjenigen, über die sie Auskunft gab, sondern auch derjenigen, die sie verfassten. Sie stellte eine Selbstbeschreibungsroutine und ein verwaltungspraktisches Referenzsystem dar, auf das sich die Beteiligten in der Nachkriegsdemokratie einigen konnten – zumindest wurde es von allen als „Wahrheit" über das Juristenleben genutzt. Dieser grundsätzliche Glaube an die Beweiskraft der Personalakte stabilisierte die Legitimität der Ordnung und die Souveränität des Justizministeriums. Deshalb wurden die Personalakten stets als vollständige, aussagekräftige Beweisstücke behandelt, obwohl ihr Gehalt und sogar ihr tatsächliches Vorhandensein in der frühen Nachkriegszeit stark von Zufällen und Kontingenzen geprägt war.

Inhaltlich erzählten die Personalakten Juristenleben im 20. Jahrhundert enthoben von ihren Umständen. Diese Beschreibungspraxis war kein Produkt des Zufalls und folgte keiner individuellen Absicht, sondern war ein Strukturelement der Personalaktenführung. Die jeweiligen politischen und persönlichen Umstände juristischen Arbeitens wurden als Rahmungen der Juristentätigkeit formuliert und platziert. Damit stellte das Justizbild der Unabhängigkeit eine systemübergreifend konstante Selbstbeschreibung dar. Dieses Deutungsmuster veränderte als weitere zentrale Legitimitätsressource zwar seine inhaltlichen Bezugspunkte im Untersuchungszeitraum, blieb aber gerade deshalb äußerst stabil.

Während bayerische Juristen sich intern im Großen und Ganzen selbst als grundsätzlich politisch unabhängig betrachteten, mussten sie in ihren Augen externe Gefahren für die Unabhängigkeit der Justiz abwehren. Damit waren vor allem politische und publizistische Darstellungen der Justiz oder politische Regelungen gemeint, die aus der Perspektive der bayerischen Justiz ihr Ansehen negativ beeinflussten und ihre besondere Stellung als Dritte Gewalt und Garantin der Demokratie im Staat gefährdeten. Als Verteidigungsressource wurde das Justizbild der Unabhängigkeit dann gebraucht, wenn es um kritische Bemerkungen zur Rolle der Justiz im Nationalsozialismus wie in der Demokratie ging; wenn es nützte, stellte man die NS-Justiz allerdings auch als abhängig und politisiert dar. Die Auseinandersetzung mit der NS-Belastung von Juristen in der Demokratie führte im Untersuchungszeitraum zu einem zwiespältigen Anpassungs- und vor allem Integrationserfolg: Der Umgang mit der Öffentlichkeit wurde deutlich professionalisiert und Beförderungsstellen mit größerer Vorsicht vergeben. Die Legitimitätsbehauptung der Justiz nahm trotz der DDR-Kampagne gegen westdeutsche ehemalige NS-Richter keinen größeren Schaden.

Auch in den Entnazifizierungspraktiken wurde das Beschreibungsmuster der persönlichen oder politischen Umstände einer grundsätzlich unabhängigen Justiz neben anderen professionsspezifischen Exkulpationen häufig genutzt. Das Verständnis von der NS-Belastung veränderte sich im Beobachtungszeitraum dieser Studie: Zu Beginn wurden im Justizministerium Mitgliedschaften und aktives Handeln für das NS-Regime als belastend angesehen, in den 1960ern nur noch wenige, als „exzessiv“ angesehene Todesurteile an Sondergerichten oder am Volksgerichtshof. Die Zahl derjenigen, die auf diese Weise „NS-belastet“ waren, war in den 1960er Jahren deutlich kleiner als noch in den späten 1940ern. Damit korrespondierte jeweils, was unter einer akzeptablen NS-Vergangenheit verstanden wurde: Unter Hoegner wurden im Zuge der Personalakquise 1945 zuerst persönlich bekannte „Nazigegner“ gesucht, ab Ende der 1940er Jahre genügte es, wenn einem NSDAP-Mitglied durch Vorgesetzte eine demokratische Gesinnung attestiert werden konnte. Ab den späten 1950er Jahren ging es noch stärker als vorher darum, nichts getan zu haben, das öffentlich skandalisierbar war, dazu zählte in erster Linie die Beteiligung an „exzessiven Todesurteilen“. Durch die während der „Blutrichter“-Krise ausgehandelte vergangenheitspolitische Lösung konnte das gängige Bild von der Justiz im Nationalsozialismus modifiziert werden. Nur sehr wenige bayerische Juristen gehörten zu den exzessiven Tätern und mussten ihre Posten verlassen. Indes verbreitete der Justizminister intern eine auf Max Güde zurückgehende Versagensthese, die die NS-Juristen in die Gesellschaft der Bundesrepublik der 1960er Jahre integrierte und die noch im unspezifischen Bild des Versagens nachlebt.

Die Erinnerungskultur der bayerischen Justiz war lange einseitig, Ambivalenzen wurden vermieden. Einer selektiven Personalaktenrezeptionspraxis folgend, wurden Personen meist als nur positiv oder negativ beschrieben. Erst jüngst hat Ingo Müller mit seiner Charakterisierung von Staatssekretär Josef Hartinger dieses Muster durchbrochen. Für das Sample und den untersuchten Bereich konnte gezeigt werden, dass das Handeln und Erleben der NS-Diktatur im Bereich bayerischer Spitzenjuristen keine bestimmten Haltungen und Handlungsmaximen im demokratischen Verfassungsstaat zeitigte. Die Verbindung beider, sei es in der Annahme, dass Diskriminierte sich „demokratischer“ verhalten hätten oder ehemalige Nationalsozialisten einander milder gegenübergestanden hätten, lässt sich zumindest nicht bestätigen. Dies ist nicht weiter verwunderlich, wenn man bedenkt, dass beispielsweise die während des Nationalsozialismus Diskriminierten als Teil der Justizelite endlich an den hohen Stellen in Bayern angekommen waren, die ihnen während der Diktatur versagt waren. Ihr professionelles Handeln in der Demokratie hatte womöglich mit dem Nationalsozialismus sonst nichts zu tun. Die Justiz als Profession und damit als Gruppe wurde auch darüber formiert, wie sie über sich in den Akten und der Öffentlichkeit sprach und wie über sie gesprochen wurde. Bestimmend waren die geteilte bürokratische Sozialisation und die geteilte Vergangenheit innerhalb des Justizapparats. Diese gingen über einzelne Aspekte wie dieselbe Ausbildung, Generation oder politisches Umfeld hinaus und verbanden damit die Mitglieder des Samples der vorliegenden Studie jenseits ihrer spezifischen NS-Vergangenheiten.

Fasst man die Art und Weise, wie sich die Justiz mit der nationalsozialistischen Diktatur auseinandersetzte, als Versagen auf, dann wurde ein konkreter Ort aus der Perspektive dieser Studie deutlich: Das Versagen ist in der Verwaltungspraxis zu verorten, es hatte verwaltungspraktische Bedingungen. Die bemerkenswerte Stabilität der bürokratischen Biografie stellte die maßgebliche verwaltungspraktische Bedingung für dieses Versagen dar. Beschwiegen wurde die Vergangenheit der bayerischen Juristen nämlich nicht – sie wurde aber routinemäßig verwaltet und dadurch in Bahnen gelenkt, in denen die Juristen mit ihr umgehen konnten, ohne sich selbst weiter zu befragen, als es die gängigen Justizbilder und Verwaltungspraktiken erforderten. Zudem geschah diese Verwaltung der NS-Vergangenheit vor allem durch äußere Anreize und zum Schutz der eigenen Institution nach außen und immer exkulpierend. Der Fokus auf diese Aspekte geht über das Konstatieren des unbestrittenen Versagens hinaus.

Öffentlich diskutierte neue Justizbilder fanden sich in der Nachkriegszeit nur sehr zaghaft in veränderter Verwaltungspraxis wieder, noch dazu nicht an Stellen, die das Gesamtgefüge der bürokratischen Biografie signifikant verändert hätten. Während Formulare ohnehin stets erst nachträglich an neue Systeme angepasst wurden und bis dahin Übergangspraktiken genutzt wurden, blieben die Kernpraktiken der Personalverwaltung über drei politische Systeme hinweg grundsätzlich dieselben. Dies bescherte den bayerischen Juristen eine Erfahrungskontinuität, die Brüche in den individuellen Lebensläufen überbrückte und die Erfahrungen von Diktatur und Systemumbruch in eine sinnvolle, akzeptable Form der Selbstwahrnehmung überführte. Die vergangenheitspolitische Fehlleistung der Justizverwaltung lag in dieser Perspektive also nicht in individueller Begünstigung oder Biografiepolitik in eigener Sache, in Netzwerkrücksichten oder moralischer Indifferenz begründet, sondern in der Struktur administrativer Selbstrepräsentation, die von den handelnden Akteuren reproduziert wurde. Die dabei als Orientierung dienenden Justizbilder blieben generationsübergreifend stabil.

Die vielbesprochene Beharrungskraft der Verwaltung erklärt sich erst aus den konkret beobachtbaren einzelnen Verwaltungspraktiken. Denn die Kontinuität lag im praktischen Verwalten – der Verwaltungspraxis – selbst,[1] von der aus die Institution der Justizverwaltung sich erst entwickelte. Auch für eine Institution ohne direkten Vorläufer muss damit – gerade durch den Rückgriff auf die Weimarer Institutionalisierung und das Weiterführen der NS-Verwaltungspraxis – die Idee einer „Stunde Null" verneint werden. Die bayerische Landesjustizverwaltung war selbst Produkt von vorheriger Verwaltungspraxis, weil formalisierte Hand-

---

1 Ähnliche Ergebnisse hat jüngst Jan Ruhkopf bezogen auf das Bundesvertriebenenministerium herausgearbeitet, siehe ders., Unschärfe. Mit Bezug auf Gerichtsakten der ordentlichen Gerichte kommt Benjamin Lahusen zu einem ähnlichen Ergebnis, siehe ders., Dienstbetrieb.

lungen, einmal eingeführt, nur dann verändert wurden, wenn Neuregelungen dies explizit forderten. Aspekte der Verwaltungspraxis aus verschiedenen politischen Systemen wurden dadurch ebenso konserviert wie bestimmte Justizbilder. Insofern bestand auch die Institution der bayerischen Landesjustiz in der Nachkriegszeit „aus ihrer eigenen petrifizierten Vergangenheit“[2], die über intendierte Rückgriffe auf die Weimarer Republik hinausging.

2 Stolleis, Geschichte, Vierter Band, S. 25.

Biogramme

Die folgenden Biogramme beziehen sich auf die in der Einleitung genannten 69 Personen, die von 1945 bis 1970 im Justizministerium in Leitungspositionen tätig waren und zu welchen ausreichende Informationen vorlagen.

Ankermüller, Willi (1901–1986). 1925 Promotion, 1927 2. jur. Staatsprüfung, RA, 1939–1945 Wehrdienst, 1945 Landrat Hofheim/Ufr., 1947 StS StMI, 1947–1950 StMdI, 1957–1958 StMdJ, RA. BVP, CSU.[1]

Armbruster, Hermenegild (1901–1980). 1932 2. jur. Staatsprüfung, 1932 GerAss StA München II, 1933–1948 AGR AG München, 1944–1945 Wehrdienst, 1948 OLGR München abg. StMJ, 1949 RegDir, 1951 MinR, 1962 MinDgt, 1966 Ruhestand. Vom BefrG nicht betroffen.[2]

Bauer, Josef (1912–1978). 1940 2. jur. Staatsprüfung, 1940 GerAss AG Kehlheim, 1940–1945 Wehrdienst, 1942 AGR Kelheim, 1945 Kriegsgefangenschaft, 1951 AGR Abensberg, 1958 Landrat Kelheim, 1966 StS. CSU. NSDAP, Mitläufer.[3]

Bäurle, Georg (1908–1980). 1932 Promotion, 1934 2. jur. Staatsprüfung, 1934 GerAss StA München I, 1935 StA Nürnberg, 1942–1945 Wehrdienst, 1945 StA München I, 1946 ORegR, 1951 RegDir, 1956 MinR, 1960 PräsAG München, 1966 PräsOLG München, 1966 PräsBayVerfGH, 1973 Ruhestand. SA, Weihnachtsamnestie.[4]

Bengl, Karl (1918–2009). 1937–1945 Wehrdienst, 1949 Promotion, 1951 2. jur. Staatsprüfung, 1951 GerAss abg. StMJ, 1956 LGR München I, 1957 LGR München II, 1959 ORegR, 1960 DirLG München I abg. StMJ, 1962 RegDir, 1963 MinR, 1966 MinDgt, 1966 MinDir, 1983 Ruhestand. HJ, vom BefrG nicht betroffen.[5]

Bleier, Josef (1905–1982). 1929 Promotion, 1931 2. jur. Staatsprüfung, 1933 GerAss StA Eichstätt, 1933 StA LG Nürnberg-Fürth, 1934 AGR München, 1940 u. 1944–1945 Wehrdienst, 1946 OLGR München abg. OLG Bamberg u. StMJ, 1947 ORegR, 1951 RegDir, 1953 MinR, 1964 MinDgt, 1969 MinDgt, 1970 Ruhestand. Vom BefrG nicht betroffen.[6]

Börtzler, Friedrich (1909–1993). 1935 2. jur. Staatsprüfung, 1936 GerAss OLGBez. München, 1938 StA LG München I, 1939–1941 Wehrdienst, 1942 AGR München abg. StA München I u. OLG München, 1947 AGR München abg. AG Ebersberg u. OLG München, 1953 ORegR, 1954 DirLG München II abg. StMJ, 1957 RegDir, 1959 Ri BGH. NSDAP, SA, Weihnachtsamnestie.[7]

Bosch, Rudolf (1919–2008). 1945–1946 Kriegsgefangenschaft, 1953 2. jur. Staatsprüfung, 1954 Promotion, 1954 GerAss OLG München abg. StMJ, 1956 LGR München I, 1965 OLGR München, 1969 ObLGR, 1973 VRi OLG München, 1985 Ruhestand. Vom BefrG nicht betroffen.[8]

---

1 Bayerischer Landtag, Abgeordnetenprofil Willi Ankermüller.

2 BayHStA, MJu 26769, PA Hermenegild Armbruster, Personalbogen StMJ, undatiert.

3 BayHStA, MJu 26770, PA Josef Bauer, Personalbogen StMJ, undatiert u. dienstliche Beurteilung, 19.12.1942.

4 BayHStA, MJu 24684, PA Georg Bäurle, Personalbogen StMJ, undatiert u. Spruch Spk VII München, 19.01.1948.

5 StMJ, 1p B 48, PA Karl Bengl, Personalbogen StMJ, undatiert u. Laufbahnübersicht, undatiert [1966].

6 BayHStA, MJu 26775, PA Josef Bleier, Personalbogen StMJ, undatiert.

7 BayHStA, MJu 24767, Restakt Friedrich Börtzler, Laufbahnübersicht, undatiert.

8 BayHStA, MJu 24774, PA Rudolf Bosch, Personalbogen StMJ, undatiert.

https://doi.org/10.1515/9783111390475-006

Cammerer, Clemens (1883–1962). 1912 2. jur. Staatsprüfung, 1913 Hilfsarbeiter StMJ, 1915 3. StA StMJ, 1919 2. StA abg. StMJ, 1921 LGR abg. StMJ, 1923 OARi München, 1927 DirAG München, 1927 ORegR, 1928 u. 1930 MinR, 1934 SenPräs OLG München, 1935–1941 Ruhestand, 1941 SenPräs OLG München, 1945 interniert, 1949 MinDgt, 1951 Ruhestand. Vom BefrG nicht betroffen.[9]

Daumiller, Fritz von (1908–1991). 1932 Promotion, 1934 2. jur. Staatsprüfung, 1935 GerAss StA München II, 1936 StA München I, 1942–1945 Wehrdienst, 1945 Kriegsgefangenschaft, 1947 StA München I abg. StMJ, 1948 AGR München, 1950 StA StMJ, 1951 ORegR, 1954 RegDir, 1959 OStA BayObLG, 1969 OStA StMJ, 1970 Ruhestand. NSDAP, SA, Weihnachtsamnestie.[10]

Dietl, Hubert (1925–1996). 1943–1945 Wehrdienst, 1945 Kriegsgefangenschaft, 1952 Promotion, 1952 GerAss StA Regensburg, 1957 AGR Schwandorf, 1960 StA Kempten, 1964 OStA München, 1969 MinR, 1983 MinDgt, 1990 Ruhestand. HJ, NSDAP, Jugendamnestie.[11]

Domcke, Hans (1923–2010). 1941–1945 Wehrdienst, 1949 2. jur. Staatsprüfung, 1949 GerAss LG München II u. AG Weilheim u. AG Starnberg, 1951 LGR München II abg. LG München I, 1954 AGR Grafenau abg. Hochschule f. polit. Wissensch. u. StMJ, 1958 ORegR, 1961 OLGR Bamberg abg. StMJ, 1963 RegDir, 1965 MinR, 1970 SenPräs BayObLG, 1980 PräsOLG München, 1985 Ruhestand. HJ, Jugendamnestie.[12]

Eckhardt, Sigmund (1884–1962). 1911 2. jur. Staatsprüfung, 1915 Hilfsarbeiter StA Augsburg u. München, 1915 StA München I, 1920 AGR München, 1924 StA München I, 1930 LGR München I, 1937 OLGR München, 1946 MinR, 1953 Ruhestand.[13]

Ehard, Hans (1887–1980). 1912 2. jur. Staatsprüfung, 1919 StA LG München I abg. StMJ, 1921 Amtsrichter München abg. StMJ, 1922 StA LG München I abg. StMJ, 1922 StA StMJ, 1923 StA LG München I, 1925 LGR München I, 1926 LGR StMJ, 1928 ORegR, 1931 MinR, 1933 SenPräs OLG München, 1945 Wehrdienst, 1945 StR, 1945 StS, 1946 u. 1960 MPräs, 1962 StMdJ. BVP, CSU.[14]

Eilles, Kurt Eugen (1913–1960). 1939 2. jur. Staatsprüfung, 1941 Wehrdienst, 1941, 1943–1945 RegR/ Oberstabsintendant Luftwaffe, 1949 RA, 1954–1957 StS. BP. NSDAP.[15]

Elsäßer, Sigmund (1898–1971). 1916–1918 Wehrdienst, 1928 2. jur. Staatsprüfung, 1930 Promotion, 1929 StA LG Nürnberg u. LG München I, 1932 AGR Erding, 1946 ORegR, 1947 MinR, 1951 MinDgt, 1956 PräsOLG München, 1956 Ri BayVerfGH, 1966 Ruhestand.[16]

Fischer, Wilhelm (1906–1980). 1930 Promotion, 1932 2. jur. Staatsprüfung, 1932 GerAss StMJ, 1933 StA Nürnberg, 1934 AGR München, 1939–1946 Kriegsverwaltungsinspektor, 1945–1946 Kriegsgefan-

9 BayHStA, MJu 26777, PA Clemens Cammerer, Personalbogen RJM, undatiert.

10 BayHStA, MJu 26559, PA Fritz von Daumiller, Personalbogen StMJ, undatiert u. dienstliche Beurteilung, 12.08.1948.

11 StMJ, 1p D 25, PA Hubert Dietl, Personalbogen StMJ, undatiert Laufbahnübersicht, undatiert [1969] u. Vormerkung StMJ, 11.01.1952.

12 StMJ, 1p D 28, PA Hans Domcke, Personalbogen StMJ, undatiert u. Laufbahnübersicht, undatiert.

13 BayHStA, MJu 26780, PA Sigmund Eckhardt, Personalbogen RJM, undatiert.

14 BayHStA, NL Hans Ehard 12, Personalbogen RJM, undatiert u. Bayerischer Landtag, Abgeordnetenprofil Hans Ehard.

15 BayHStA, MF 77008, PA Kurt Eugen Eilles, Personalnachweisung, 22.12.1954 u. BArch Freiburg, PERS 6/142719, PA Kurt Eugen Eilles, Beurteilung, 27.08.1941.

16 BayHStA, MJu 24927, PA Sigmund Elsäßer, Personalbogen RJM, undatiert u. StMJ an StK, 05.06.1959.

genschaft, 1947 OLGR München abg. StMJ, 1950 ORegR, 1951 RegDir, 1953 MinR, 1965 MinDgt, 1971 Ruhestand. FM SS, vom BefrG nicht betroffen.[17]

Gelbert, Karl (1903–?). 1929 2. jur. Staatsprüfung, 1929 GerAss GenStA BayObLG, 1930 StA LG München I abg. GenStA BayObLG, 1930 StA LG Frankenthal, 1931 StA LG München I, 1932 AGR München I abg. Reichsstatthalter Bayern, 1934 Promotion, 1936 StA LG München I, 1938 StA OLG München, 1944–1945 Wehrdienst, 1948 StA OLG München, 1949 ORegR, 1951 RegDir, 1953 MinR, 1964 MinDgt. NSDAP, entlastet.[18]

Gernet, August (1904–1961). 1932 2. jur. Staatsprüfung, 1933 GerAss StA München I, 1933 StA München I, 1934 AGR München, 1945 Oberrechtsrat Stadt München, 1946 ORegR abg. 1947–1951 StMSo, 1951 ORegR, 1952 RegDir, 1954 MinR. Vom BefrG nicht betroffen.[19]

Gichtel, Hermann (1907–1970), 1933 2. jur. Staatsprüfung, 1933 GerAss JVA u. Amtsanwalt Landsberg am Lech, 1934 StA LG München I, 1936 AGR München, 1939–1945 Wehrdienst, 1945 Verwaltungshilfskraft Institut f. Lebensmitteltechnologie, 1947 Verwaltungsangestellter Wohnungs- und Grundbesitz-Gesellschaft München, 1948 AGR München abg. Bevollmächtigter Bayerns beim Bund, 1952 ORegR abg. Bevollmächtigter Bayerns beim Bund, 1954 DirLG München I abg. Bevollmächtigter Bayerns beim Bund u. StMJ, 1957 RegDir, 1957 ObLGR. NSDAP, Mitläufer.[20]

Ginkel, Richard van (1923–2002). 1941–1945 Wehrdienst, 1945–1949 Kriegsgefangenschaft, 1956 2. jur. Staatsprüfung, 1956 GerAss OLG München, 1960 StA Deggendorf u. München I, 1963 LGR München I, 1966 StA München II, 1967 OStA OLG München, 1970 RegDir, 1970 MinR, 1971 OStA München II, 1973 GenStA OLG München, 1983 MinDgt. Jugendamnestie.[21]

Gipser, Franz (1890–1955). 1914–1919 Wehrdienst, 1921 Promotion, 1921 2. jur. Staatsprüfung, 1921 GerAss StA München II, 1922 StA LG Passau, 1925 StA LG München I, 1926 Amtsrichter AG München u. Reichsanwaltschaft Leipzig, 1928 StA Reichsanwaltschaft, 1930 LGR StMJ, 1931 OLGR München, 1933 ORegR, 1934 MinR, 1935 ObLGR StMJ, 1935 ObLGR OLG München, 1946 SenPräs OLG München abg. StMJ, 1948 SenPräs BayObLG, 1954 PräsBayObLG. Vom BefrG nicht betroffen.[22]

Goppel, Alfons (1905–1991). 1932 2. jur. Staatsprüfung, 1934 GerAss OLGBez. München, 1934 StA Kaiserslautern, 1938 AGR Aschaffenburg, 1939 Wehrdienst, 1957 StS, 1958 StMdI, 1962 MPräs. BVP, CSU. NSDAP, SA.[23]

Grießinger, Oskar (1905–1988). 1930 2. jur. Staatsprüfung, 1930 RegAss bei Regierung von Oberbayern, 1931 GerAss StMJ, 1931 StA München I abg. StMJ, 1932 StA StMJ, 1932 AGR StMJ, 1934 StA München I, 1937 StA OLG München, 1946 StA OLG München, 1948 ORegR, 1949 RegDir, 1951

17 BayHStA, MJu 26787, PA Wilhelm Fischer, Personalbogen StMJ, undatiert u. Bl. 97, Laufbahnübersicht, undatiert.

18 BayHStA, MJu 26788, PA Karl Gelbert, Personalbogen StMJ, undatiert u. Spruch Spk VII München, 30.06.1948.

19 BayHStA, MJu 26789, PA August Gernet, Personalbogen StMJ, undatiert.

20 BayHStA, MJu 25070, PA Hermann Gichtel, Personalbogen StMJ, undatiert u. Spruch Spk München II, 19.02.1947.

21 StMJ, 1p G 37, PA Richard van Ginkel, Personalbogen StMJ, undatiert.

22 BayHStA, MJu 25076, PA Franz Gipser, StMJ an StK, 11.02.1954 u. Nekrolog Franz Gipser, undatiert [1955].

23 BayHStA, MJu 26790, PA Alfons Goppel, Personalbogen StMJ, undatiert u. Bayerischer Landtag, Abgeordnetenprofil Alfons Goppel.

MinR, 1959 VizePräsOLG München, 1962 GenStA OLG München, 1966 GenStA BayObLG, 1970 Ruhestand. NSDAP, entlastet.[24]

Guggumos, Michael (1891–?). 1919 eingereiht 1917 2. jur. Staatsprüfung, 1920 Hilfsarbeiter StA München I, 1923 StA München I, 1926 AGR München, 1946 ORegR, 1947 MinR, 1956 Ruhestand.[25]

Haas, Albrecht (1906–1970). 1931 Promotion, 1933 2. jur. Staatsprüfung, RA, 1939–1945 Wehrdienst, 1945 OARi Schwabach, 1954 StS StK, 1957 StS StMF, 1958–1962 StMdJ. FDP.[26]

Hagenauer, Ludwig (1883–1949). 1911 2. jur. Staatsprüfung, 1914–1918 Wehrdienst, 1919 AGR München, 1922 StA München I, 1929 LGR München II, 1945 komm. VizePräs Polizei München, 1945 PräsLG München II, 1945 GenStA München, 1947 StS, 1947 StMdSo. BVP, CSU.[27]

Halbig, Friedrich (1901–1959). 1934–1945 Wehrdienst, 1955 Aufstieg in den höheren Dienst als RegR. NSDAP, Weihnachtsamnestie.[28]

Harbauer, Walter (1923–?). 1941–1945 Wehrdienst, 1945 Kriegsgefangenschaft, 1952 2. jur. Staatsprüfung, 1953 Promotion, 1953 GerAss LG Würzburg abg. StMJ, 1954 AGR München, 1955 RegR, 1946 LGR StMJ, 1958 LGR München I abg. OLG München, 1964 OLGR München, 1965 Entlassung aus dem Richterverhältnis u. Übertritt in die Privatwirtschaft. NSDAP, HJ, Jugendamnestie.[29]

Hartinger, Josef (1893–1984). 1914–1919 Wehrdienst, 1924 2. jur. Staatsprüfung, 1925 GerAss StA Amberg u. Gefangenenanstalt Amberg, 1925 StA Passau, 1927 Amtsrichter München, 1931 StA München II, 1934 LGR München I, 1936 DirLG Amberg, 1941 DirLG u. stv. PräsLG Nürnberg, 1939–1945 Wehrdienst u. a. Kriegsgerichtsrat, 1945 Kriegsgefangenschaft, 1946 DirLG Amberg, 1954 Bundesanwalt, 1958 StS, 1966 Ruhestand. NSDAP, entlastet.[30]

Hartmann, Karl (1907–1984). 1931 Promotion, 1933 2. jur. Staatsprüfung, 1933 GerAss StMJ, 1933 StA München I abg. StMJ, 1934 StA München I, 1934 AGR München abg. 1935 OLG München, 1939–1945 Wehrdienst, 1945–1949 Kriegsgefangenschaft, AGR München abg. StMJ, 1952 ORegR, 1953 RegDir, 1956 MinR, 1965 MinR, 1966 MinDgt, 1972 Ruhestand. NSDAP, Heimkehreramnestie.[31]

Held, Philipp (1911–1993). 1937 Promotion, 1940 2. jur. Staatsprüfung, 1940 GerAss OLGBez. München, 1944 AGR Freising, 1948 Landrat Freising, 1966 StMdJ, 1974 Ruhestand. CSU. NSDAP.[32]

Herrgen, Rudolf (1902–1967). 1928 2. jur. Staatsprüfung, 1928 GerAss StA München II u. München I (A2f bzw. e), 1931 AGR Nürnberg abg. AG Ansbach, 1934 StA München I, 1945 MinR.[33]

---

24 BayHStA, MJu 26589, PA Oskar Grießinger, Personalbogen StMJ, undatiert u. Spruch Spk X München, 02.07.1948.

25 BayHStA, MJu 26792, PA Michael Guggumos, Personalbogen RJM, undatiert.

26 BayHStA, MInn 26793, PA Albrecht Haas, Nekrolog Albrecht Haas, 21.01.1970 u. Bayerischer Landtag, Abgeordnetenprofil Albrecht Haas.

27 BayHStA, MJu 26795, PA Ludwig Hagenauer, Entwurf Ernennung GenStA, 21.12.1945 u. Haus der Bayerischen Geschichte, Personen im Detail, Ludwig Hagenauer.

28 BayHStA, MJu 26796, PA Friedrich Halbig, Personalbogen StMJ, undatiert.

29 BayHStA, MJu 25177, PA Walter Harbauer, Personalbogen RJM, undatiert u. Personal- und Befähigungsnachweisung, undatiert u. Bl. 105, Bemerkung, 29.09.1966.

30 BayHStA, MJu 26797, PA Josef Hartinger, Spruch Spk Amberg-Stadt, 05.04.1948 u. Personalbogen RJM, undatiert u. Kiessling/Safferling, Staatsschutz, S. 206 f.

31 BayHStA, MJu 26798, PA Karl Hartmann, Personalbogen StMJ, undatiert u. Personal- u. Befähigungsnachweisung, 07.08.1951.

32 BayHStA, MJu 26799, PA Philipp Held, Laufbahnübersicht, undatiert u. handschriftlicher Lebenslauf, 18.12.1939.

33 BayHStA, MJu 26800, PA Rudolf Herrgen, Personalbogen RJM, undatiert.

Hoefler, Egbert (1920–1976). 1940–1945 Wehrdienst, 1947 Promotion, 1950 2. jur. Staatsprüfung, 1951 GerAss OLGBez. München, 1951 StA BayObLG abg. StMJ, 1954 ORegR, 1958 OLGR Bamberg abg. StMJ. NSDAP, Jugendamnestie.[34]

Hoegner, Wilhelm (1887–1980). 1912 Promotion, 1917 2. jur. Staatsprüfung, 1933 aus dem Staatsdienst entlassen, 1945–1946 MPräs u. StMdJ, 1947 StMdJ u. stv. MPräs, 1950–1954 StMdI u. stv. MPräs, 1954–1957 MPräs.[35]

Hohler, Richard (1922–1996). 1940–1945 Wehrdienst, 1945 Kriegsgefangenschaft, 1958 2. jur. Staatsprüfung, 1958 GerAss StA München I, 1960 StA München I abg. StMJ, 1963 LGR München I, 1964 ORegR, 1965 RegDir, 1967 MinR. Vom BefrG nicht betroffen.[36]

Holzbauer, Andreas (1898–1975). 1916–1918 Wehrdienst, 1925 2. jur. Staatsprüfung, 1925 GerAss StMJ, 1926 StA StMJ, 1928 AGR StMJ, 1932 StA StMJ, 1933 LGR StMJ, 1934 ORegR StMJ u. RJM, 1938 DirLG u. stv. PräsLG München I, 1941–1945 Wehrdienst, 1945–1945 DirLG Bamberg, 1947 StA Würzburg, 1948 OStA Würzburg, 1951 DirLG Würzburg, 1951 PräsLG Würzburg, 1954 PräsLG München I, 1957 MinDir, 1963 Ruhestand. NSDAP, vom BefrG nicht betroffen.[37]

Horber, Ernst (1910–2001). 1934 Promotion, 1935 2. jur. Staatsprüfung, 1937 GerAss OLGBez. München, 1939 AGR München, 1939–1945 Wehrdienst, 1945 Kriegsgefangenschaft, 1947 AGR München abg. StMJ, 1952 OLGR abg. StMJ, 1953 ORegR, 1954 DirLG München II abg. StMJ, 1957 RegDir, 1960 MinR, 1966 SenPräs BayObLG, 1968 VizePräsBayObLG, 1975 Ruhestand. NSDAP, SA, Mitläufer.[38]

Kießling, Friedrich (1922–2011). 1940–1945 Wehrdienst, 1945 Kriegsgefangenschaft, 1947 Promotion, 1950 2. jur. Staatsprüfung, 1951 GerAss OLGBez. München abg. StMJ, 1951 StA München I abg. StMJ, 1956 LGR München I, 1958 ORegR, 1961 DirLG München I abg. StMJ, 1963 RegDir, 1965 MinR, 1975 Ri BayObLG, 1976 VRi BayObLG, 1987 Ruhestand. HJ, Jugendamnestie.[39]

Koch, Fritz (1896–1967). 1914–1918 Wehrdienst, 1923 Promotion, 1924 2. jur. Staatsprüfung, 1924–1945 RA, 1939–1945 Wehrdienst, 1945 komm. DirAG Aschaffenburg, 1945 RA, 1946 PräsLG Aschaffenburg, 1950 StS, 1954 StMdJ. SPD.[40]

Konrad, Anton (1883–1955). 1911 2. jur. Staatsprüfung, 1914–1919 Wehrdienst, 1919 AGR München, 1931 LGR München I, 1935 DirLG München I, 1945 MinDir StMJ, 1949 StS, 1950 PräsBayObLG, 1954 Ruhestand. Vom BefrG nicht betroffen.[41]

Kümpel, Karlernst (1925–1995). 1943–1945 Wehrdienst, 1945 Kriegsgefangenschaft, 1953 2. jur. Staatsprüfung, 1953 GerAss StMJ, 1954 StA StMJ, 1956 AGR München, 1959 ORegR, 1964 RegDir, 1967 DirLG München I, 1975 OStA BayObLG, 1987 Ruhestand. HJ, Jugendamnestie.[42]

---

34 BayHStA, MJu 25291, PA Egbert Hoefler, Personalbogen StMJ, undatiert.

35 Bayerischer Landtag, Abgeordnetenprofil Wilhelm Hoegner.

36 BayHStA, MJu 26804, PA Richard Hohler, Laufbahnübersicht, undatiert.

37 BayHStA, MJu 26805, PA Andreas Holzbauer, Personalbogen StMJ, 24.06.1953.

38 BayHStA, MJu 25320, PA Ernst Horber, Personalbogen StMJ, 20.05.1953 u. Spruch Berufungskammer München, 13.01.1947.

39 StMJ, 1p K 31, PA Friedrich Kießling, Personalbogen StMJ, undatiert u. Mitteilung Spk Staffelstein, 18.02.1947.

40 BayHStA, NL Fritz Koch 2, Mil.-Gov.-FB, 10.01.1946 u. Lebenslauf, undatiert.

41 BayHStA, MJu 25469, PA Anton Konrad, Personalbogen RJM, undatiert.

42 StMJ, 1p K 73, PA Karlernst Kümpel, Personalbogen StMJ, undatiert u. Mitteilung Spk Mallersdorf, 18.02.1947.

Leopold, Hans (1898–1995). 1916–1918 Wehrdienst, 1918–1919 Kriegsgefangenschaft, 1925 2. jur. Staatsprüfung, 1926 GerAss AG Bad Tölz, 1927 StA LG Passau, 1930 Amtsrichter AG Passau, 1933 StA LG Passau, 1935 OARi Aichach, 1939 Wehrdienst, 1941 DirAG Kempten, 1946 MinR, 1954 MinDgt, 1963 Ruhestand. Vom BefrG nicht betroffen.[43]

Leusser, Claus (1909–1966). 1934 2. jur. Staatsprüfung, 1934 GerAss StA München I, 1935 StA München I, 1945 ORegR StK, 1946 MinR StK, 1951 Ri BVerfG, MinDir Bevollmächtigter Bayerns beim Bund, 1963 MinDir. SA.[44]

Linhardt, Georg Heinrich (1889–1962). 1916–1918 u. 1945 Wehrdienst, 1949 Aufstieg in den höheren Dienst als RegR, 1951 OregR, 1956 Ruhestand. SPD. Vom BefrG nicht betroffen.[45]

Mattmer, Josef (1909–1997). 1939 2. jur. Staatsprüfung, 1942–1945 Wehrdienst, 1942 LGR München I, 1947 LGR München I, 1955 OLGR München abg. StMJ, 1958 DirLG München I abg. StMJ, 1961 OStA BayObLG, 1964 ObLGR, 1969 SenPräs OLG München, 1971 SenPräs BayObLG, 1974 Ruhestand. NSDAP, SA, Mitläufer.[46]

Maußer, Erich (1915–2008). 1939–1944 Wehrdienst, 1942 Promotion, 1945 Kriegsgefangenschaft, 1947 2. jur. Staatsprüfung, 1950 GerAss OLGBez. Nürnberg, 1951 LGR Nürnberg, 1951 HilfsRi OLG Nürnberg, 1958 ORegR, 1959 DirLG StMJ, 1961 RegDir abg. 1963 StK. NSDAP, SA, Weihnachtsamnestie.[47]

Mayer, Franz (1909–1983). 1939 2. jur. Staatsprüfung, 1940 Wehrdienst, 1943 AGR München, 1946 AGR München abg. StMJ, 1949 StA StMJ, 1951 ORegR, 1954 RegDir, 1957 DirLG München I, 1974 Ruhestand. Vom BefrG nicht betroffen.[48]

Mayer, Ludwig (1919–2000). 1940–1945 Wehrdienst, 1945 Kriegsgefangenschaft, 1945 Vorstand Strafanstalten München, 1952 2. jur. Staatsprüfung, 1952 GerAss OLGBez. München abg. StMJ, 1954 RegR Strafanstalt Bernau abg. BMJ u. Strafanstalt Landsberg/Lech, 1957 RegR, 1960 ORegR Strafanstalt Landsberg/Lech, 1963 ORegR, 1964 RegDir, 1967 MinR, 1971 MinDgt, 1983 Ruhestand. HJ, vom BefrG nicht betroffen.[49]

Meiser, Fritz (1914–?). 1935–1945 Berufssoldat, 1945 Kriegsgefangenschaft, 1950 2. jur. Staatsprüfung, 1951 GerAss LG München I, 1953 LGR München I abg. StMJ, 1956 LGR StMJ, 1957 ORegR, 1962 DirLG München I abg. StMJ, 1963 RegDir, 1965 SenPräs, 1978 Ruhestand. Weihnachtsamnestie.[50]

---

43 BayHStA, MJu 26810, PA Hans Leopold, Personalbogen RJM, undatiert.

44 BayHStA, MJu 26811, PA Claus Leusser, Laufbahnübersicht, undatiert u. Personalbogen RJM, undatiert.

45 BayHStA, MJu 26812, PA Georg Linhardt, Personalbogen RJM, undatiert.

46 BayHStA, MJu 25648, PA Josef Mattmer, Personalbogen StMJ, undatiert u. Personal- und Befähigungsnachweisung, 02.01.1950.

47 BayHStA, StK 30883, PA Erich Maußer, Hauptakt I, Personalbogen StMJ, undatiert u. MJu 26813, PA Erich Maußer, Vordruck Versetzung, 08.03.1963

48 BayHStA, MJu 25654, PA Franz Mayer, Personalbogen StMJ, undatiert.

49 BayHStA, MJu 26814, PA Ludwig Mayer, Personalbogen StMJ, undatiert u. Bl. 110, Laufbahnübersicht, undatiert.

50 BayHStA, MJu 25672, PA Fritz Meiser, Personalbogen StMJ, undatiert u. PräsOLG an StMJ, 19.09.1951.

Mösl, Albert (1917–?). 1940–1945 Wehrdienst, 1945–1949 Kriegsgefangenschaft, 1952 2. jur. Staatsprüfung, 1952 AGR StMJ, 1953 LGR StMJ, 1955 ORegR, 1957 DirLG München II abg. StMJ, 1958 DirLG München I abg. StMJ, 1960 RegDir, 1961 ObLGR, 1963 Ri BGH. HJ, NSDAP, Heimkehreramnestie.[51]

Müller, Josef (1898–1979). 1916–1917 Wehrdienst, 1927 RA, 1947–1950 stv. MPräs, 1947–1952 StMdJ. BVP, CSU.[52]

Niebler, Engelbert (1921–2006). 1939–1944 Wehrdienst, 1948 Promotion, 1950 2. jur. Staatsprüfung, 1950 GerAss StMJ, 1951 StA StMJ, 1954 LGR München I abg. StMJ, 1957 ORegR, 1958 RegDir, 1962 MinR, 1969 MinDgt, 1975 Ri BVerfG, 1987 Ruhestand. HJ, vom BefrG nicht betroffen.[53]

Parsch, Leo (1927–2000). 1943–1945 Wehrdienst, 1945–1948 Kriegsgefangenschaft, 1956 Promotion, 1956 2. jur. Staatsprüfung, 1956 GerAss OLGBez. München, 1959 StA München II abg. StMJ, 1963 ORegR, 1966 RegDir, 1968 OStA OLG München, 1970 MinR, 1974 MinDgt, 1985 PräsBayObLG, 1992 Ruhestand. HJ, vom BefrG nicht betroffen.[54]

Rechenmacher, Ludwig (1883–1977). 1910 2. jur. Staatsprüfung, 1911 RA, 1913 StA LG Frankenthal, 1914–1917 Wehrdienst, 1920 Amtsrichter München u. StA LG Hof, 1921 StA Schweinfurt u. München I, 1927 LGR München II, 1933 OStA OLG München, 1937 OLGR München, 1946 MinR, 1952 Ruhestand.[55]

Roemer, Walter (1902–1985). StA LG München I, 1945 MinR, 1950 MinDir BMJ, 1968 Ruhestand.[56]

Rößner, Wilhelm (1889–1954). 1916 2. jur. Staatsprüfung, 1920 Amtsrichter München, 1929 StA München I, 1932 LGR München I, 1936 OLGR München, 1945 MinR, 1951 MinDgt. Vom BefrG nicht betroffen.[57]

Rösch, Walther (1903–1977). 1927 Promotion, 1929 2. jur. Staatsprüfung, 1929 GerAss, 1930 StA Nürnberg, 1932 AGR Schwabach u. Bad Tölz u. München, 1939–1944 Wehrdienst, 1944–1946 Kriegsgefangenschaft, 1946 ORegR, 1949 OStA BayObLG, 1950 MinR, 1956 MinDgt, 1962 PräsBayObLG, 1968 Ruhestand. Vom BefrG nicht betroffen.[58]

Schier, Wolfgang (1918–2005). 1939–1944 Wehrdienst, 1944–1946 Kriegsgefangenschaft, 1950 Promotion, 1951 2. jur. Staatsprüfung, 1951 GerAss StMJ, 1952 RegR, 1954 LGR München II, 1956 ORegR, 1957 LGDir München I u. II abg. StMJ, 1960 RegDir, 1961 ObLGR, 1962 MinR, 1969 MinDgt, 1977 PräsBayObLG, 1983 Ruhestand. HJ, Weihnachtsamnestie.[59]

Schmitt, Friedrich (1886–1963). 1914–1919 Wehrdienst, 1947 Aufstieg in den höheren Dienst als RegR. SPD. Vom BefrG nicht betroffen.[60]

---

51 BayHStA, MJu 25705, PA Albert Mösl, StMJ an PräsBayObLG, 09.05.1963 u. Personal- und Befähigungsnachweisung, 20.12.1962.

52 Bayerischer Landtag, Abgeordnetenprofil Josef Müller.

53 StMJ, 1p N 21, PA Engelbert Niebler, Bl. 92, Laufbahnübersicht, undatiert.

54 StMJ, 1p P 7, PA Leo Parsch, Personalbogen StMJ, undatiert.

55 BayHStA, MJu 25901, PA Ludwig Rechenmacher, Personalbogen RJM, undatiert.

56 Görtemaker/Safferling, Akte, S. 345–347.

57 BayHStA, MJu 25955, PA Wilhelm Rößner, Personalbogen StMJ, undatiert.

58 BayHStA, MJu 25954, PA Walther Rösch, Personalbogen StMJ, undatiert.

59 StMJ, 1p Sch 31, PA Wolfgang Schier, Laufbahnübersicht undatiert u. Personalbogen StMJ, undatiert.

60 BayHStA, MJu 26831, PA Friedrich Schmitt, Personalbogen RJM, undatiert.

Steffen, Ernst (1900–1986). 1926 2. jur. Staatsprüfung, 1927 GerAss Sonnenfeld u. Augsburg, 1928 StA Fürth, 1930 AGR München, 1933 StA München I, 1937 StA München I, 1945 Wehrdienst, 1945 MinR, 1947 GenStA OLG Bamberg, 1955 GenStA BayObLG, 1966 Ruhestand.[61]

Stümpfler, Hermann (1917–1995). 1937–1944 Wehrdienst, 1944–1947 Kriegsgefangenschaft, 1952 Promotion, 1952 2. jur. Staatsprüfung, 1952 GerAss OLGBez. Nürnberg u. München, 1954 LGR München I abg. StMJ, 1958 ORegR, 1960 DirLG München I, 1964 RegDir, 1964 MinR, 1971 SenPräs BayObLG, 1974 GenStA BayOBLG, 1982 Ruhestand. HJ, vom BefrG nicht betroffen.[62]

Trabert, Rudolf (1904–1995). 1926 Promotion, 1929 u. 1930 2. jur. Staatsprüfung, 1930 GerAss StA München I u. Traunstein, 1931 StA Hof, 1933 AGR Nürnberg u. München, 1938 LGR München I, 1943 LGR StA München I, 1944–1945 Wehrdienst, 1945 ORegR, 1949 RegDir, 1951 OStA BayObLG, 1966 stv. GenStA, 1969 Ruhestand. Vom BefrG nicht betroffen.[63]

Ultsch, Oskar (1921–1975). 1943–1945 Wehrdienst, 1948 2. jur. Staatsprüfung, 1948 GerAss StMJ, 1949 StA StMJ u. GenStA München, 1952 Promotion, 1958 LGR München II, 1960 StA München I u. GenStA München abg. StMJ, 1962 DirLG München I, 1963 RegDir, 1965 MinR, 1970 ObLGR, 1971 SenPräs OLG München. HJ, NSDAP, Jugendamnestie.[64]

Vogelgsang, Hermann (1898–1977). 1916–1919 Wehrdienst, 1923 Promotion, 1925 2. jur. Staatsprüfung, 1926 GerAss LG München, 1927 StA LG Nürnberg, 1929 Amtsrichter München, 1933 StA LG München I, 1935 LGR München I, 1939–1945 Wehrdienst, 1946 ORegR, 1947 MinR, 1960 MinDgt, 1963 Ruhestand. Vom BefrG nicht betroffen.[65]

Vogl, Joseph (1912–1995). 1939–1945 Wehrdienst, 1945 Kriegsgefangenschaft, 1959 Aufstieg in den höheren Dienst als RegR, 1962 ORegR, 1969 RegDir, 1977 Ruhestand. SA, NSDAP, Weihnachtsamnestie.[66]

Walther, Hans (1888–1985). 1914–1919 Wehrdienst, 1919 2. jur. Staatsprüfung, 1920 StA LG Landshut, 1925 AGR München, 1929 StA LG München I, 1933 LGR München I, 1937 AGR München, 1946 MinR, 1946 MinDgt, 1949 SenPräs BayObLG, 1950 MinDir, 1957 Ruhestand. Vom BefrG nicht betroffen.[67]

Weinkamm, Otto (1902–1968). 1929–1945 RA, 1945 Stadtrechtsrat der Stadt Augsburg, 1952–1954 StMdJ. CSU.[68]

Zitzmann, Johann (1920–2006). 1940–1945 Wehrdienst, 1945–1946 Kriegsgefangenschaft, 1952 2. jur. Staatsprüfung, 1952 GerAss StMJ, 1953 AGR München abg. StMJ, 1955 AGR München, 1957 AGR StMJ, 1958 ORegR, 1963 DirLG München I, 1968 ObLGR, 1970 SenPräs OLG München, 1974 VRi BayObLG, 1981 VizePräsBayObLG, 1985 Ruhestand. Jugendamnestie.[69]

---

61 BayHStA, MJu 26734, PA Ernst Steffen, Personalbogen RJM, undatiert.

62 BayHStA, MJu 26740, PA Hermann Stümpfler, Personalbogen StMJ, undatiert.

63 BayHStA, MJu 26746, PA Rudolf Trabert, Personalbogen StMJ, 15.01.1953.

64 BayHStA, MJu 26313, PA Oskar Ultsch, Personalbogen StMJ, 23.03.1953 u. Bl. 60, Laufbahnübersicht, undatiert.

65 BayHStA, MJu 26324, PA Hermann Vogelgsang, Personalbogen StMJ, undatiert.

66 BayHStA, MJu 26841, PA Joseph Vogl, Personalbogen StMJ, undatiert u. Bl. 61, Mitteilung Spk München III, 28.05.1948.

67 BayHStA, MJu 26842, PA Hans Walther, Personalbogen RJM, undatiert.

68 BayHStA, MF 77890, PA Otto Weinkamm, Personalnachweisung, 20.06.1952 u. Beilage 2849, Beschluß an die Staatsregierung, 05.06.1952 u. Bayerischer Landtag, Abgeordnetenprofil Otto Weinkamm.

69 BayHStA, MJu 26512, PA Johann Zitzmann, Personalbogen StMJ, undatiert.

Abkürzungen

ABayLT	Archiv des Bayerischen Landtags
abg.	abgeordnet
Abs.	Absatz
Abt.	Abteilung
ACSP	Archiv für Christlich-Soziale Politik
a. D.	außer Dienst
ADE	Ausschuss für Deutsche Einheit
AG	Amtsgericht
AGR	Amtsgerichtsrat
Art.	Artikel
AV	Allgemeine Verfügung
BArch	Bundesarchiv
BayBSVJu	Bereinigte Sammlung der bayerischen Justizverwaltungsvorschriften
bayer.	bayerisch
BayHStA	Bayerisches Hauptstaatsarchiv
BayObLG	Bayerisches Oberstes Landesgericht
BayVerfGH	Bayerischer Verfassungsgerichtshof
BayVGH	Bayerischer Verwaltungsgerichtshof
BBG	Gesetz zur Wiederherstellung des Berufsbeamtentums
BDC	Berlin Document Center
BefrG	Gesetz zur Befreiung von Nationalsozialismus und Militarismus
Bek.	Bekanntmachung
BGBl.	Bundesgesetzblatt
BGH	Bundesgerichtshof
Bl.	Blatt
BMdJ	Bundesminister der Justiz
BMJ	Bundesministerium der Justiz (und für Verbraucherschutz)
BMI	Bundesministerium des Inneren
BND	Bundesnachrichtendienst
BP	Bayernpartei
BRD	Bundesrepublik Deutschland
BRV	Bayerischer Richterverein
BVerfG	Bundesverfassungsgericht
BVerwG	Bundesverwaltungsgericht
BVP	Bayerische Volkspartei
CDU	Christlich-Demokratische Union
CSU	Christlich-Soziale Union

https://doi.org/10.1515/9783111390475-007

ČSSR	Československá Socialistická Republika (Tschechoslowakei)
DDR	Deutsche Demokratische Republik
DG	Deutsche Gemeinschaft
Dir	Direktor
DJ	Deutsche Justiz
DM	Deutsche Mark
DRB	Deutscher Richterbund
DRiG	Deutsches Richtergesetz
FDP	Freie Demokratische Partei
FM SS	Förderndes Mitglied der SS
GenBA	Generalbundesanwalt
GenStA	Generalstaatsanwalt
GerAss	Gerichtsassessor
GG	Grundgesetz
GVBl.	Bayerisches Gesetz- und Verordnungsblatt
HJ	Hitler-Jugend
Hrsg.	Herausgeber
IfZA	Archiv des Instituts für Zeitgeschichte
JMBl.	Justizministerialblatt
JME	Justizministerialerlass
JuMiKo	Justizministerkonferenz
jur.	juristisch
KLG	Königliches Landgericht
komm.	kommissarisch
KPD	Kommunistische Partei Deutschlands
KStMJ	Königliches Bayerisches Staatsministerium der Justiz
KZ	Konzentrationslager
LbV	Laufbahnverordnung
LG	Landgericht
LGR	Landgerichtsrat
LJPA	Landesjustizprüfungsamt
LJV	Landesjustizverwaltung(en)
MdL	Mitglied des Bayerischen Landtags
MF	Finanzministerium
MfS	Ministerium für Staatssicherheit der DDR
Mil.-Gov.-FB	Military Government of Germany Fragebogen
MinDgt	Ministerialdirigent
MinDir	Ministerialdirektor
MInn	Innenministerium
MinR	Ministerialrat
MJu	Justizministerium

MPräs	Ministerpräsident
NL	Nachlass
NRW	Nordrhein-Westfalen
NS	Nationalsozialismus/nationalsozialistisch
NSDAP	Nationalsozialistische Deutsche Arbeiterpartei
NSFK	Nationalsozialistisches Fliegerkorps
NSG	nationalsozialistische Gewaltverbrechen
NSKK	Nationalsozialistisches Kraftfahrkorps
NSRB	Nationalsozialistischer Rechtswahrerbund
NSV	Nationalsozialistische Volkswohlfahrt
OARi	Oberamtsrichter
ObLGR	Rat am Bayerischen Obersten Landesgericht
OLG	Oberlandesgericht
OLGBez.	Oberlandesgerichtsbezirk
OLGR	Oberlandesgerichtsrat
OMGB(Y)	Office of Military Government for Bavaria
OMGUS	Office of Military Government for Germany (U. S.)
ORegR	Oberregierungsrat
OStA	Oberstaatsanwalt
PA	Personalakte
Pg	Parteigenosse
PINAR-Dienst	Politischer Informations- und Archiv-Dienst
Präs	Präsident
RA	Rechtsanwalt/-anwälte
Ref.	Referat
RegAss	Regierungsassessor
RegDir	Regierungsdirektor
RegR	Regierungsrat
RGBl.	Reichsgesetzblatt
Ri	Richter
RJM	Reichsjustizministerium
RLB	Reichsluftschutzbund
RM	Reichsmark
RMdJ	Reichsjustizminister
SA	Sturmabteilung
SBZ	Sowjetische Besatzungszone
SD	Sicherheitsdienst des Reichsführers SS
SED	Sozialistische Einheitspartei Deutschlands
SenPräs	Senatspräsident
SG	Sondergericht
SHAEF	Supreme Headquarters, Allied Expeditionary Force

SPD	Sozialdemokratische Partei Deutschlands
Spk	Spruchkammer
SpkA	Spruchkammerakte
SS	Schutzstaffel
StA/STAe	Staatsanwalt, Staatsanwaltschaft
StAM	Staatsarchiv München
StK	Bayerische Staatskanzlei
StMBund	Bayerischer Staatsminister für Bundesangelegenheiten
StMdJ	Bayerischer Staatsminister der Justiz
StMELF	Bayerisches Staatsministerium für Ernährung, Landwirtschaft und Forsten
StMF	Bayerisches Staatsministerium der Finanzen
StMI	Bayerisches Staatsministerium des Inneren
StMJ	Bayerisches Staatsministerium der Justiz
StMSo	Bayerisches Staatsministerium für Sonderaufgaben
StMUK	Bayerisches Staatsministerium für Unterricht und Kultus
StR	Staatsrat
StrGef.	Strafgefangene
StS	Staatssekretär
stv.	Stellvertreter/stellvertretender/ständiger Vertreter
USFET	United States Forces, European Theater
VGH	Volksgerichtshof
VizePräs	Vizepräsident
VO	Verordnung
VRi	Vorsitzender Richter
VVN	Vereinigung der Verfolgten des Naziregimes
ZJA	Zentral-Justizamt für die Britische Zone

Abbildungen

Abb. 1: Personalbogenvorlage aus dem Jahr 1919; Quelle: JMBl. Nr. 18, 1919, Bekanntmachung über die dienstliche Würdigung der Beamten und Notare, die Bewerbungsgesuche und die Führung der Personalakten betreffend v. 18.09.1919, S. 349–351 — **142**

Abb. 2: Personalbogenvorlage aus dem Jahr 1930; Quelle: JMBl. Nr. 5, 1930, Bekanntmachung über die Behandlung der Personalangelegenheiten v. 17.05.1930, S. 103–105 — **143**

Abb. 3 (a–d): Personalbogenvorlage aus dem Jahr 1936 (Josef Hartinger); Quelle: BayHStA, MJu 26797, PA Josef Hartinger, Personalbogen RJM, undatiert — **144**

Abb. 4 (a–c): Personalbogenvorlage aus dem Jahr 1945 (Wilhelm Rößner); Quelle: BayHStA, MJu 25955, PA Wilhelm Rößner, Personalbogen StMJ, undatiert — **148**

Abb. 5 (a–d): Personalbogenvorlage aus dem Jahr 1952 (Josef Bleier); Quelle: BayHStA, MJu 26775, PA Josef Bleier, Personalbogen StMJ, undatiert — **151**

Abb. 6 (a–c): Ergänzungs-Fragebogen (Walther Rösch); Quelle: BayHStA, MJu 25954, PA Walther Rösch, Ergänzungsfragebogen, undatiert — **271**

Abb. 7: Personalbogen von Andreas Holzbauer; Quelle: BayHStA, MJu 26805, PA Andreas Holzbauer, Personalbogen StMJ, 24.06.1953 — **285**

Abb. 8: Laufbahnübersicht zu Wilhelm Fischer; Quelle: BayHStA, MJu 26787, PA Wilhelm Fischer, Bl. 70, Laufbahnübersicht, undatiert [1953] — **286**

Abb. 9: Laufbahnübersicht zu Wilhelm Fischer; Quelle: BayHStA, MJu 26787, PA Wilhelm Fischer, Bl. 97, Laufbahnübersicht, undatiert [1965] — **287**

https://doi.org/10.1515/9783111390475-008

Quellen und Literatur

Archive

Archiv des Bayerischen Landtags (ABayLT)

Plenarprotokolle
Sitzungsprotokolle des Rechtsausschusses

Archiv des Instituts für Zeitgeschichte (IfZA)

Nachlass Wilhelm Hoegner
OMGUS: Office of Military Government for Germany

Archiv für Christlich-Soziale Politik (ACSP)

Nachlass Richard Jaeger
Nachlass Josef Müller
Nachlass Otto Weinkamm
LTF: Akten der CSU-Fraktion im Bayerischen Landtag

Bayerisches Hauptstaatsarchiv (BayHStA)

LJPA: Landesjustizprüfungsamt
MF: Finanzministerium
MInn: Innenministerium
MJu: Justizministerium
Nachlass Hans Ehard
Nachlass Fritz Koch
OMGB: Office of Military Government for Bavaria
StMJ: Justizministerium (unverzeichnete Bestände)

Bayerisches Staatsministerium der Justiz (StMJ)

1200: Geschäftsverteilungspläne
I p: Personalakten

Bundesarchiv Berlin (BArch Berlin-Lichterfelde)

R 3001: Reichsjustizministerium
R 9361/II: ehemals BDC, Parteikorrespondenz (PK)

Bundesarchiv Freiburg (BArch Freiburg)

PERS 6: Personalunterlagen von Angehörigen der Reichswehr und der Wehrmacht

Bundesarchiv Koblenz (BArch Koblenz)

PERS 101: Personalakten von Beschäftigten des öffentlichen Dienstes

Staatsarchiv München (StAM)

OLG München: Oberlandesgericht München
Spk: Spruchkammerakten

https://doi.org/10.1515/9783111390475-009

Gedruckte Quellen

Bayerisches Beamtenrecht, Band I, Bayerisches Beamtengesetz, München ^{2}1953.
Bayerisches Gesetz- und Verordnungsblatt (GVBl.)
Bayerische Landeszentrale für politische Bildungsarbeit, Quellen zur politischen Geschichte Bayerns in der Nachkriegszeit, Band 1 (1944–1957), München 2002.
Bayerischer Landtag, Abgeordnetenprofile, https://www.bayern.landtag.de/abgeordnete/abgeordnete-von-a-z/, zuletzt zugegriffen: 12.01.2022
Bereinigte Sammlung der bayerischen Justizverwaltungsvorschriften (BayBSVJu)
Bundesgesetzblatt (BGBl.)
Deutsche freiwillige Gerichtsbarkeit. Ergänzungsblatt zur Deutschen Justiz für das Gebiet der nichtfreiwilligen Rechtspflege
Deutsche Justiz (DJ)
Justizministerialblatt (JMBl.)
Protokolle des bayerischen Ministerrats 1945–1962: https://www.bayerischer-ministerrat.de/index.php, zuletzt zugegriffen: 12.01.2022.
- Das Kabinett Schäffer
- Das Kabinett Hoegner I
- Das Kabinett Ehard I
- Das Kabinett Ehard III

Reichsgesetzblatt (RGBl.)
Wuermeling, Henric L., Die weiße Liste und die Stunde Null in Deutschland 1945, München 2015.

Periodika

Bayerisches Jahrbuch
Bayerische Staatszeitung
Passauer Neue Presse
Süddeutsche Zeitung

Literatur

Adorno, Theodor W., Erziehung zur Mündigkeit, Frankfurt am Main ^{24}2013.
Al-Baghdadi, Saniye u. a., Legitimieren, in: Boer, Jan-Hendryk de (Hrsg.), Praxisformen. Zur kulturellen Logik von Zukunftshandeln, Frankfurt am Main 2019, S. 179–185.
Alber, Ina, Sinn und Ordnung, in: BIOS 29 (2016), S. 14–26.
Angermund, Ralph, Deutsche Richterschaft 1919–1945, Frankfurt am Main 1996.
Anter, Andreas, Die Macht der Ordnung. Aspekte einer Grundkategorie des Politischen, Tübingen 2007.
Apostolow, Markus, Der „immerwährende Staatssekretär". Walter Strauß und die Personalpolitik im Bundesministerium der Justiz 1949–1963, Göttingen 2019.
Arendt, Hannah, Besuch in Deutschland (1950), in: Knott, Marie Luise (Hrsg.), Hannah Arendt. Zur Zeit. Politische Essays, Berlin 1986, S. 43–70.

Arndt, Adolf, Demokratie als Bauherr, Berlin 1961.
Asendorpf, Jens B./Neyer, Franz J., Psychologie der Persönlichkeit, Berlin/Heidelberg [5]2012.
Asendorpf, Jens B., Persönlichkeit. Was uns ausmacht und warum, Berlin 2018.
Assmann, Aleida, Zur Metaphorik der Erinnerung, in: dies./Harth, Dietrich (Hrsg.), Mnemosyne. Formen und Funktionen der kulturellen Erinnerung, Frankfurt am Main 1991, S. 13–35.
Assmann, Aleida, Einführung in die Kulturwissenschaft. Grundbegriffe, Themen, Fragestellungen, Berlin [3]2011.
Assmann, Jan, Das kulturelle Gedächtnis. Schrift, Erinnerung und politische Identität in frühen Hochkulturen, München 1992.
Bachem, Malte/Hackler, Ruben, Überlegungen zu einer historischen Anthropologie des Verfahrens, 2012, https://www.hsozkult.de/debate/id/diskussionen-1801, zuletzt zugegriffen: 10.01.2022.
Bachmann, Christoph/Sepp, Florian, Justiz (19./20. Jahrhundert), in: Historisches Lexikon Bayerns, 2008, https://www.historisches-lexikon-bayerns.de/Lexikon/Justiz_(19./20._Jahrhundert), zuletzt zugegriffen: 07.01.2022.
Bajohr, Frank/Hürter, Johannes, Auftragsforschung „NS-Belastung“. Bemerkungen zu einer Konjunktur, in: Bajohr, Frank u. a. (Hrsg.), Mehr als eine Erzählung. Zeitgeschichtliche Perspektiven auf die Bundesrepublik, Göttingen 2016, S. 221–233.
Bajohr, Frank, Der *Cultural Turn* und die Gesellschaftsgeschichte des Nationalsozialismus, in: Vierteljahrshefte für Zeitgeschichte (65), 2017, S. 223–232.
Baßslperger, Maximilian/Conrad, Michael, Die Beurteilung für bayerische Beamte, München/Berlin 2000.
Bayerisches Staatsministerium der Justiz, Die kgl.-bayer. Staatsminister der Justiz in der Zeit von 1818 bis 1918. Ihre Herkunft, ihr Werdegang und ihr Wirken. Mit einem Anhang: die Staatsräte und die Referenten dieser Zeit, Band 1: 1818–1854, München 1931.
Bayerisches Staatsministerium der Justiz, Die kgl.-bayer. Staatsminister der Justiz in der Zeit von 1818 bis 1918. Ihre Herkunft, ihr Werdegang und ihr Wirken. Mit einem Anhang: die Staatsräte und die Referenten dieser Zeit, Band 2: 1854–1918, München 1931.
Bayerisches Staatsministerium der Justiz, Bayerische Rechts- und Justizpolitik 1966–1974, München 1974.
Bayerisches Staatsministerium der Justiz, 100 Jahre Justizpalast München. 1897–1997, München 2004, https://www.justiz.bayern.de/media/justizpalast_nov2004.pdf, zuletzt zugegriffen: 10.01.2022.
Bebnowski, David, Generation und Geltung. Von den „45ern“ zur „Generation Praktikum“ – übersehene und etablierte Generationen im Vergleich, Bielefeld 2012.
Becker, Maximilian, Mitstreiter im Volkstumskampf. Deutsche Justiz in den eingegliederten Ostgebieten 1939–1945, München 2014.
Becker, Peter/Clark, William, Introduction, in: dies. (Hrsg.), Little Tools of Knowledge. Historical Essays on Academic and Bureaucratic Practices, Ann Arbor 2001, S. 1–34.
Becker, Peter, Überlegungen zu einer Kulturgeschichte der Verwaltung, in: Randeraad, Nico (Hrsg.), Formation und Transfer städtischen Verwaltungswissens. Formation et transfer du savoir administratif municipal = Formation and Transfer of Municipal Administrative Knowledge, Baden-Baden 2003, S. 311–336.
Beer, Mathias/Güttler, Melanie/Ruhkopf, Jan, Behördenforschung und NS-Belastung. Vermessung eines Forschungsfeldes, in: Zeitschrift für Geschichtswissenschaft 68 (2020), S. 632–651.
Begalke, Sonja/Fröhlich, Claudia/Glienke, Stephan Alexander (Hrsg.), Der halbierte Rechtsstaat. Demokratie und Recht in der frühen Bundesrepublik und die Integration von NS-Funktionseliten, Baden-Baden 2015.

Begalke, Sonja/Fröhlich, Claudia/Glienke, Stephan Alexander, Editorial, in: dies. (Hrsg.), Der halbierte Rechtsstaat. Demokratie und Recht in der frühen Bundesrepublik und die Integration von NS-Funktionseliten, Baden-Baden 2015, S. 9–18.

Benz, Wolfgang, Die Entnazifizierung der Richter, in: Diestelkamp, Bernhard/Stolleis, Michael, Justizalltag im Dritten Reich, Frankfurt am Main 1988, S. 112–130.

Berger, Claudia u. a., Einleitung, in: Boer, Jan-Hendryk de (Hrsg.), Praxisformen. Zur kulturellen Logik von Zukunftshandeln, Frankfurt am Main 2019, S. 15–20.

Berndt, Thorsten, Richterbilder. Dimensionen richterlicher Selbsttypisierungen, Wiesbaden 2010.

Bichat, Thomas, Die Staatsanwaltschaft als rechts- und kriminalpolitische Steuerungsinstanz im NS-Regime. Dargestellt am Beispiel des Kölner Sondergerichts von 1933–1945, Baden-Baden 2016.

Biess, Frank, Republik der Angst, Bonn 2019.

Binder, Julia, Stadt als Palimpsest: Zur Wechselwirkung von Materialität und Gedächtnis, Berlin 2015.

Bittel, Carla/Leong, Elaine/Oertzen, Christine von, Introduction. Paper, Gender, and the History of Knowledge, in: dies., Working with Paper. Gendered Practices in the History of Knowledge, Pittsburgh 2019, S. 1–14.

Böckenförde, Ernst-Wolfgang, Rechtsstaatliche politische Selbstverteidigung als Problem, in: ders./Tomuschat, Christian/Umbach, Dieter C., Extremisten und öffentlicher Dienst. Rechtslage und Praxis des Zugangs zum und der Entlassung aus dem öffentlichen Dienst in Westeuropa, USA, Jugoslawien und der EG, Baden-Baden 1981, S. 9–33.

Boer, Jan-Hendryk de, Praktiken, Praxen und Praxisformen, oder: Von Serienkillern, verrückten Wänden und der ungewissen Zukunft, in: ders. (Hrsg.), Praxisformen. Zur kulturellen Logik von Zukunftshandeln, Frankfurt am Main 2019, S. 21–43.

Boer, Jan-Hendryk de u. a., Dokumentieren. Einleitung, in: ders. (Hrsg.), Praxisformen. Zur kulturellen Logik von Praxisformen, S. 133–139.

Boer, Jan-Hendryk de/Tillmanns, Aljoscha, Legitimieren. Einleitung, in: Boer, Jan-Hendryk de (Hrsg.), Praxisformen. Zur kulturellen Logik von Praxisformen, S. 180–185.

Böick, Marcus/Schmeer, Marcel, Aus dem toten Winkel ins „Kreuzfeuer der Kritik"? Organisationen in der zeithistorischen Theorie und Praxis, in: dies. (Hrsg.), Im Kreuzfeuer der Kritik. Umstrittene Organisationen im 20. Jahrhundert, Frankfurt am Main 2020, S. 9–65.

Bösch, Frank, Medienumbrüche und politischen Zäsuren im 20. Jahrhundert, in: Sabrow, Martin/Weiß, Peter Ulrich (Hrsg.), Das 20. Jahrhundert vermessen. Signaturen eines vergangenen Zeitalters, Bonn 2017, S. 179–198.

Bösch, Frank/Wirsching, Andreas, Erfahrene Männer. Das Personal der Innenministerien in Bonn und Ost-Berlin, in: Creuzberger, Stefan/Geppert, Dominik (Hrsg.), Die Ämter und ihre Vergangenheit. Ministerien und Behörden im geteilten Deutschland 1949–1972, Bonn 2018, S. 163–181.

Bösch, Frank/Wirsching, Andreas (Hrsg.), Hüter der Ordnung. Die Innenministerien in Bonn und Ost-Berlin nach dem Nationalsozialismus, Göttingen 2018.

Bosetzky, Horst/Heinrich, Peter/Schulz zur Wiesch, Jochen, Mensch und Organisation. Aspekte bürokratischer Sozialisation. Eine praxisnahe Einführung in die Soziologie und die Sozialpsychologie der Verwaltung, Stuttgart 2002.

Boss, Sonja, Unverdienter Ruhestand. Die personalpolitische Bereinigung belasteter NS-Juristen in der westdeutschen Justiz, Berlin 2009.

Böttcher, Reinhard, Geheimrat Dr. Lorenz Krapp, in: Meisenberg, Michael (Hrsg.), 200 Jahre Appellationsgericht/Oberlandesgericht Bamberg, München 2009, S. 171–184.

Bourdieu, Pierre, Die biografische Illusion, in: Jurt, Joseph (Hrsg.), Absolute Pierre Bourdieu, Freiburg im Breisgau 2003, S. 36–43.

Bourdieu, Pierre, Die Juristen. Türhüter der kollektiven Heuchelei, in: Kretschmann, Andrea, (Hrsg.), Das Rechtsdenken Pierre Bourdieus, Weilerswist 2019, S. 29–34.

Bourdieu, Pierre, Die Kraft des Rechts. Elemente einer Soziologie des juridischen Feldes, in: Kretschmann, Andrea, (Hrsg.), Das Rechtsdenken Pierre Bourdieus, Weilerswist 2019, S. 35–75.

Bozyakali, Can, Das Sondergericht am Hanseatischen Oberlandesgericht, Frankfurt am Main u. a. 2004.

Bracher, Karl Dietrich/Jäger, Wolfgang/Link, Werner, Republik im Wandel. 1969–1974. Die Ära Brandt, Mannheim 1986.

Bröckling, Ulrich/Krassmann, Susanne, Ni méthode, ni approche. Zur Forschungsperspektive der Gouvernementalitätsstudien – mit einem Seitenblick auf Konvergenzen und Divergenzen der Diskursforschung, in: Angermüller, Johannes/Van Dyke, Silke (Hrsg.), Diskursanalyse meets Gouvernementalitätsforschung. Perspektiven auf das Verhältnis von Subjekt, Sprache, Macht und Wissen, Frankfurt am Main 2010, S. 23–42.

Bude, Heinz, Kultur als Problem, in: Merkur 49 (1995), S. 775–782.

Burke, Peter, Geschichte als soziales Gedächtnis, in: Assmann, Aleida/Harth, Dietrich (Hrsg.), Mnemosyne. Formen und Funktionen der kulturellen Erinnerung, Frankfurt am Main 1991, S. 289–304.

Buschmann, Nikolaus/Murr, Karl Borromäus (Hrsg.), Treue. Politische Loyalität und militärische Gefolgschaft in der Moderne, Göttingen 2008.

Campbell, Joan, Joy in Work, German Work. The National Debate, 1800–1945, Princeton 1989.

Cartsen, Ernst S./Rautenberg, Erardo C., Die Geschichte der Staatsanwaltschaft in Deutschland bis zur Gegenwart, Baden-Baden [3]2015.

Chapoutot, Gehorsam macht frei. Ein kurze Geschichte des Managements – von Hitler bis heute, Bonn 2022.

Collin, Peter/Garot, Robert/Groot, Timon de, Bureaucracy and Emotions – Perspectives across Disciplines, in: Administory 3 (2018), S. 5–19.

Collings, Justin u. a., Wie Sisyphos mit zwei Steinen. Zur Lage der Juristischen Zeitgeschichte zwischen Rechtsgeschichte und Geschichtswissenschaft. Positionen und Perspektiven, in: Zeithistorische Forschungen 16 (2019), H. 2, https://zeithistorische-forschungen.de/2-2019/5732, zuletzt zugegriffen: 07.10.2021.

Connell, Robert W., Der gemachte Mann. Konstruktion und Krise von Männlichkeiten, Opladen 1999.

Conze, Eckart u. a., Das Amt und die Vergangenheit. Deutsche Diplomaten im Dritten Reich und in der Bundesrepublik, München [2]2010.

Conze, Eckart/Weinke, Annette, Krisenhaftes Lernen? Formen der Demokratisierung in deutschen Behörden und Ministerien, in: Schanetzky, Tim u. a. (Hrsg.), Demokratisierung der Deutschen: Errungenschaften und Anfechtungen eines Projekts, Göttingen 2020, S. 87–101.

Conze, Vanessa, „Ich schwöre Treue …“ Der Politische Eid in Deutschland zwischen Kaiserreich und Bundesrepublik, Göttingen 2020.

Creuzberger, Stefan/Geppert, Dominik, Das Erbe des NS-Staats als deutsch-deutsches Problem. Eine Einführung, in: dies. (Hrsg.), Die Ämter und ihre Vergangenheit. Ministerien und Behörden im geteilten Deutschland 1949–1972, Bonn 2018, S. 7–15.

Dahrendorf, Ralf, Zur Soziologie der juristischen Berufe in Deutschland, in: Anwaltsblatt 14 (1964), S. 216–234.

Dahrendorf, Ralf, Gesellschaft und Demokratie in Deutschland, München [2]1966.

Daniel, Ute, Kompendium Kulturgeschichte. Theorien, Praxis, Schlüsselwörter, Frankfurt am Main [8]2020.

Danker, Uwe/Lehmann-Himmel, Sebastian (Hrsg.), Landespolitik mit Vergangenheit. Geschichtswissenschaftliche Aufarbeitung der personellen und strukturellen Kontinuität in der schleswig-holsteinischen Legislative und Exekutive nach 1945, Husum 2017.

Daubach, Helia-Verena, Keine Zeit zu trauern ...? Die Justiz nach 1945: Was war der Preis für ihr nahtloses Weiterfunktionieren?, in: Kritische Justiz 46 (2013), S. 290–297.

De Quincey, Thomas, Suspiria de Profundis, in: Lindop, Grevel (Hrsg.), Thomas De Quincey: Confessions of an English Opium Eater and Other Writings, Oxford [3]1998, S. 87–181.

Denzler, Alexander, Über den Schriftalltag im 18. Jahrhundert. Die Visitation des Reichskammergerichts von 1767 bis 1776, Köln 2016.

Depkat, Volker, Lebenswenden und Zeitenwenden. Deutsche Politiker und die Erfahrungen des 20. Jahrhunderts, München 2007.

Deter, Gerhard, Rechtsgeschichte in regionaler Perspektive, Prolegomenon zu einem Raumdiskurs in der Rechtsgeschichtswissenschaft, in: Zeitschrift für Neuere Rechtsgeschichte 40 (2018), S. 73–99.

Diekmann, Andreas, Empirische Sozialforschung, Grundlagen, Methoden, Anwendungen, Reinbek bei Hamburg [20]2009.

Dietl, Hubert, Strafvollzug in Bayern nach 1945. Rückschau und Ausblick, in: Lang, August R. (Hrsg.), Festschrift für Karl Bengl, München 1984, S. 171–201.

Dillon, Sarah, The Palimpsest: Literature, Criticism, Theory, London 2007.

Dreier, Horst, Nachwort: Was ist doppelt am Doppelstaat? Zu Rezeption und Bedeutung der klassischen Studie von Ernst Fraenkel, in: Brünneck, Alexander von (Hrsg.), Ernst Fraenkel. Der Doppelstaat, Hamburg [4]2019, S. 274–300.

Dreyer, Martin, Die zivilgerichtliche Rechtsprechung des Oberlandesgerichts Düsseldorf in der nationalsozialistischen Zeit, Göttingen 2004.

Dumschat, Sabine, Archiv oder „Mülleimer"? Das „NS-Archiv" des Ministeriums für Staatssicherheit der DDR und seine Aufarbeitung im Bundesarchiv, in: Archivalische Zeitschrift 89 (2007), S. 119–146.

Duve, Thomas, German Legal History. National Traditions and Transnational Perspectives, in: Rechtsgeschichte 22 (2014), S. 16–48.

Duve, Thomas, Was ist „Multinormativität"? – Einführende Bemerkungen, in: Rechtsgeschichte 25 (2017), S. 88–101.

Eckert, Astrid M., Kampf um die Akten. Die Westalliierten und die Rückgabe von deutschem Archivgut nach dem Zweiten Weltkrieg, Stuttgart, 2004.

Eden, Sören/Marx, Henry/Schulz, Ulrike, Ganz normale Verwaltungen? Methodische Überlegungen am Beispiel des Reichsarbeitsministeriums 1919 bis 1945, in: Vierteljahrshefte für Zeitgeschichte (66) 2018, S. 487–520.

Eder, Franz X., Historische Diskursanalysen. Genealogie, Theorie, Anwendungen, Wiesbaden 2006.

Ehard, Hans, Anton Konrad, in: JuristenZeitung 11 (1956), H. 2, S. 69.

Eichenberg, Julia u. a., Eine Maschine, die träumt. Das Recht in der Zeitgeschichte und die Zeitgeschichte des Rechts, in: Zeithistorische Forschungen 16 (2019), H. 2, https://zeithistorische-forschungen.de/2-2019/5719, zuletzt zugegriffen: 07.10.2021.

Eichmüller, Andreas, Keine Generalamnestie. Die strafrechtliche Verfolgung von NS-Verbrechen in der frühen Bundesrepublik, München 2012.

Eisenmann, Peter (Hrsg.), Otto Weinkamm – Politiker der ersten Stunde. Aufbau und Konsolidierung eines demokratischen Europas. Berichte eines Zeitzeugen, Frankfurt am Main 1993.

Ellwein, Thomas, Der Staat als Zufall und als Notwendigkeit. Die jüngere Verwaltungsentwicklung in Deutschland am Beispiel Ostwestfalen-Lippe, Band 2: Die öffentliche Verwaltung im gesellschaftlichen und politischen Wandel 1919–1990, Wiesbaden 1993.

Ellwein, Thomas, Der Staat als Zufall und als Notwendigkeit. Die jüngere Verwaltungsentwicklung in Deutschland am Beispiel Ostwestfalen-Lippe, Band 1: Die öffentliche Verwaltung in der Monarchie 1815–1918, Opladen 1997.

Engehausen, Frank, Das badische Justizministerium 1933/34, in: ders./Paletschek, Sylvia/Pyta, Wolfram (Hrsg.), Die badischen und württembergischen Landesministerien in der Zeit des Nationalsozialismus. Teilband I, Stuttgart 2019, S. 539–561.

Engler, Steffani, „In Einsamkeit und Freiheit"? Zur Konstruktion der wissenschaftlichen Persönlichkeit auf dem Weg zur Professur, Konstanz 2001.

Enzmann, Birgit, Der Demokratische Verfassungsstaat. Entstehung, Elemente, Herausforderungen, Wiesbaden 2012.

Erll, Astrid, Biographie und Gedächtnis, in: Klein, Christian (Hrsg.), Handbuch Biographie. Methoden, Traditionen, Theorien, Stuttgart 2009, S. 79–86.

Eschenburg, Theodor, Der bürokratische Rückhalt, in: Löwenthal, Richard/Schwarz, Hans-Peter (Hrsg.), Die zweite Republik. 25 Jahre Bundesrepublik Deutschland – eine Bilanz, Stuttgart [2]1974, S. 64–94.

Etzemüller, Thomas (Hrsg.), Die Ordnung der Moderne. Social Engineering im 20. Jahrhundert, Bielefeld 2009.

Etzemüller, Thomas, Biographien. Lesen – erforschen – erzählen, Frankfurt am Main/New York 2012.

Falk, Georg D., Entnazifizierung und Kontinuität. Der Wiederaufbau der hessischen Justiz am Beispiel des Oberlandesgerichts Frankfurt am Main, Marburg 2017.

Feindt, Gregor, Das Leben hinter der Akte: Wie schreibt man mit Personalakten Biographie(n)?, Vortrag gehalten auf der Online-Tagung „An Personalakten arbeiten: Beiträge und Herausforderungen, methodische und ethische Grenzen", Universität Fribourg, 20.11.2020.

Fisch, Stefan, Verwaltungskulturen als „geronnene Geschichte". Sozialwissenschaftliche und geschichtswissenschaftliche Zugänge, in: Burgi, Martin (Hrsg.), Zur Lage der Verwaltungsrechtswissenschaft, Berlin 2017, S. 149–163.

Fischer, Fritz, Hitler war kein Betriebsunfall. Aufsätze, München [4]1998.

Foljanty, Lena, Recht oder Gesetz? Juristische Identität und Autorität in den Naturrechtsdebatten der Nachkriegszeit, Tübingen 2013.

Foljanty, Lena/Wilke, Christiane, Einführung in den Schwerpunkt, in: Kritische Justiz 46 (2013), S. 236–244.

Foucault, Michel, The Subject and Power, in: Critical Inquiry 8 (1984), H. 4, S. 777–795.

Foucault, Michel, Von den Martern zu den Zellen, in: ders., Schriften in vier Bänden. Dits et Ecrits, Band II. 1970–1975, Frankfurt am Main 2002, S. 882–888.

Foucault, Michel, Archäologie des Wissens, Frankfurt am Main [19]2020.

Fraenkel, Ernst, Der Doppelstaat, in: Brünneck, Alexander von (Hrsg.), Ernst Fraenkel. Der Doppelstaat, Hamburg [4]2019, S. 39–273. Hamburg [4]2019.

Frei, Norbert, Vergangenheitspolitik. Die Anfänge der Bundesrepublik und die NS-Vergangenheit, München 2012.

Frei, Norbert, Deutsche Vergangenheit und postkoloniale Katechese, in: Friedländer, Saul u. a., Ein Verbrechen ohne Namen. Anmerkungen zum neuen Streit über den Holocaust, München 2022.

Frevert, Ute/Haupt, Heinz-Gerhard, Der Mensch des 20. Jahrhunderts, Frankfurt am Main 1999.

Friemberger, Claudia, Alfons Goppel. Vom Kommunalpolitiker zum Bayerischen Ministerpräsidenten, München 2001.

Gaab, Jeffrey S., Justice Delayed. The Restoration of Justice in Bavaria under American Occupation, 1945–1949, New York 1999.

Galanova, Olga, Das Leben unter Verdacht. Unterlagen des Ministeriums für Staatssicherheit als Quelle „devianter Biographien“, in: BIOS 29 (2016), S. 117–130.

Garstenauer, Therese, Jenseits einer „bloßen Formulariensammlung“. Das Disziplinarverfahren nach der Dienstpragmatik 1914 und seine Umsetzung, in: Plener, Peter/Werber, Niels/Wolf, Burkhardt (Hrsg.), Das Formular, Berlin 2021, S. 89–102.

Geimer, Alexander/Amling, Steffen/Bosančić, Saša, Einleitung: Anliegen und Konturen der Subjektivitätsforschung, in: dies. (Hrsg.), Subjekt und Subjektivierung. Empirische und theoretische Perspektiven auf Subjektivierungsprozesse, Wiesbaden 2019, S. 1–15.

Gelberg, Karl-Ulrich, Hans Ehard. Die föderalistische Politik des bayerischen Ministerpräsidenten 1946–1954, Düsseldorf 1992.

Gelberg, Karl-Ulrich, Josef Müller (1898–1979), in: Zeitgeschichte in Lebensbildern 8 (1997), S. 155–172.

Gelberg, Karl-Ulrich, Alfons Goppel (1905–1991), in: Zeitgeschichte in Lebensbildern 10 (2001), S. 260–279.

Gelberg, Karl-Ulrich, Selbstbewusstsein und Föderalismus in Bayern nach 1945, in Politische Studien 392 (2003), S. 64–78.

Giordano, Ralph, Die zweite Schuld oder von der Last Deutscher zu sein, Berlin 1990.

Gitelman, Lisa, Paper Knowledge. Towards a Media History of Documents, Durham/London 2014.

Glaser, Kurt, Verwaltungstechnik, Frankfurt am Main 1950.

Glienke, Stephan Alexander, Die Ausstellung „Ungesühnte Nazijustiz“ (1959–1962). Zur Geschichte der Aufarbeitung nationalsozialistischer Justizverbrechen, Baden-Baden 2008.

Godau-Schüttke, Klaus-Detlev, Ich habe nur dem Recht gedient. Die „Renazifizierung“ der Schleswig-Holsteinischen Justiz nach 1945, Baden-Baden 1993.

Godau-Schüttke, Klaus-Detlev, Justizpersonalpolitik in Schleswig-Holstein nach 1945. Eine Skizze, in: Danker, Uwe/Lehmann-Himmel, Sebastian (Hrsg.), Landespolitik mit Vergangenheit. Geschichtswissenschaftliche Aufarbeitung der personellen und strukturellen Kontinuität in der schleswig-holsteinischen Legislative und Exekutive nach 1945, Husum 2017, S. 468–496.

Göderle, Wolfgang, (Staats)bürgerliche Subjekte im späteren 19. Jahrhundert. Ego-Dokumente im Zensus der Habsburger Monarchie, in: Hämmerling, Christine/Zetti, Daniela (Hrsg.), Das dokumentierte Ich. Wissen in Verhandlung, Zürich 2018, S. 17–34.

Görtemaker, Manfred, Kleine Geschichte der Bundesrepublik, Deutschland, München 2002.

Görtemaker, Manfred, Die aktuelle geschichtspolitische Debatte und die Kommission des Bundesministeriums der Justiz, in: Brechtken, Magnus (Hrsg.), Aufarbeitung des Nationalsozialismus. Ein Kompendium, Göttingen 2021, S. 435–455.

Görtemaker, Manfred/Safferling, Christoph (Hrsg.), Die Rosenburg. Das Bundesministerium der Justiz und die NS-Vergangenheit – eine Bestandsaufnahme, Göttingen 2013.

Görtemaker, Manfred/Safferling, Christoph, Die Akte Rosenburg. Das Bundesministerium der Justiz und die NS-Zeit, München ^{2}2016.

Goschler, Constantin/Wala, Michael, „Keine neue Gestapo“. Das Bundesamt für Verfassungsschutz und die NS-Vergangenheit, Hamburg 2015.

Goschler, Constantin, Auftragsforscher im Herzen der Finsternis? Das Geschichtsprojekt zum Bundesamt für Verfassungsschutz im Kontext der jüngeren Aufarbeitungsforschung, in: Brechtken, Magnus (Hrsg.), Aufarbeitung des Nationalsozialismus. Ein Kompendium, Göttingen 2021, S. 405–416.

Gotto, Bernhard, Demokratische Kultur und NS-Vergangenheit in Bayern. Ein neues Forschungsprojekt des Instituts für Zeitgeschichte, in: Vierteljahrshefte für Zeitgeschichte 65 (2017), S. 273–284.

Gotto, Bernhard/Seefried, Elke, Männer mit „Makel“. Männlichkeiten und gesellschaftlicher Wandel in der frühen Bundesrepublik, Berlin/Boston 2017.

Gotto, Bernhard, Das bayerische Finanzministerium 1919–1979, unveröffentlichtes Manuskript, München 2023.

Grimm, Dieter, Die Bedeutung des Rechts in der Gesellschaftsgeschichte. Eine Anfrage, in: Nolte, Paul u. a. (Hrsg.), Perspektiven der Gesellschaftsgeschichte, München 2000, S. 47–57.

Gritschneder, Otto, Im Juni 1933: Anklageschrift gegen Dachauer KZ-Kommandanten. Es gab auch solche Staatsanwälte, in: Freiburger Rundbrief XXXV./XXXVI. (1983/84), S. 28–32.

Grosse, Siegfried/Mentrup, Wolfgang (Hrsg.), Bürger – Formulare – Behörde. Wissenschaftliche Arbeitstagung zum Kommunikationsmittel „Formular“, Tübingen 1980.

Gruchmann, Dietmar, Die Öffentlichkeitsarbeit der Justiz im Wandel der politischen Systeme. Eine Studie am Beispiel des Freistaats Bayern, Garching 1994.

Gruchmann, Lothar, Justiz im Dritten Reich 1933–1940. Anpassung und Unterwerfung in der Ära Gürtner, München ^{3}2001.

Gruenewaldt, Arthur von, Die Richterschaft des Oberlandesgerichts Frankfurt am Main in der Zeit des Nationalsozialismus. Die Personalpolitik und Personalentwicklung, Tübingen 2015.

Günther, Frieder, Denken vom Staat her. Die bundesdeutsche Staatsrechtslehre zwischen Dezision und Integration 1949–1970, München 2004.

Günther, Frieder, Zeitgeschichte und Recht, in: Rehberg, Markus (Hrsg.), Der Erkenntniswert von Rechtswissenschaft für andere Disziplinen, Wiesbaden 2018, S. 83–106.

Günther, Frieder, Verfassung vergeht, Verwaltung besteht? Die vier deutschen Innenministerien 1919 bis 1970, in: Vierteljahrshefte für Zeitgeschichte 68 (2020), S. 217–246.

Günther, Frieder/Maeke, Lutz, Unpolitischer Beamter versus „Berufsrevolutionär“. Traditionen, Ideen, Selbstverständnis, in: Bösch, Frank/Wirsching, Andreas, Hüter der Ordnung. Die Innenministerien in Bonn und Ost-Berlin nach dem Nationalsozialismus, Göttingen 2018, S. 267–285.

Haas, Stefan/Hengerer, Mark, Zur Einführung: Kultur und Kommunikation in politisch-administrativen Systemen der Frühen Neuzeit und der Moderne, in: dies. (Hrsg.), Im Schatten der Macht. Kommunikationskulturen in Politik und Verwaltung 1600–1950, S. 9–22.

Haasis, Lucas/Rieske, Constantin, Historische Praxeologie. Zur Einführung, in: dies. (Hrsg.), Historische Praxeologie. Dimensionen vergangenen Handelns, Paderborn 2015, S. 7–54.

Hackler, Ruben, Soziologie der Klassenjustiz revisited. Der Richterhabitus in der Weimarer Republik, in: Kretschmann, Andrea, (Hrsg.), Das Rechtsdenken Pierre Bourdieus, Weilerswist 2019, S. 203–221.

Haensle, Walter, Amtseid à la Obama – Verfassungsrechtliche Grundfragen und Probleme des Amtseids nach dem Grundgesetz, in: JURA – Juristische Ausbildung 9 (2009), S. 670–676.

Hahn, Alois, Identität und Selbstthematisierung, in: ders./Krapp, Volker, Selbstthematisierung und Selbstzeugnis: Bekenntnis und Geständnis, Frankfurt am Main 1987, S. 9–24.

Hattenhauer, Hans, Wandlungen des Richterleitbildes im 19. und 20. Jahrhundert, in: Dreier, Ralf/ Sellert, Wolfgang, Recht und Justiz im „Dritten Reich“, Frankfurt am Main 1989, S. 9–33.

Haus der Bayerischen Geschichte, Personen im Detail, Ludwig Hagenauer, https://www.bavariathek.bayern/medien-themen/portale/geschichte-des-bayerischen-parlaments/person/138082375, zuletzt zugegriffen: 12.01.20222.

Heck, Justus/Itschert, Adrian/Tratschin, Luca (Hrsg.), Legitimation durch Verfahren, in: Soziale Systeme 22 (2017), H. 1–2, S. 1–20.

Hein, Bastian, Elite für Volk und Führer? Die Allgemeine SS und ihre Mitglieder 1925–1945, München 2012.

Heindl, Waltraud, Gehorsame Rebellen: Bürokratie und Beamte in Österreich 1780 bis 1848, Wien 1990.

Helbig, Max, Der Aufbau und die Gestaltung der Vordrucke, in: Grosse, Siegfried/Mentrup, Wolfgang (Hrsg.), Bürger – Formulare – Behörde. Wissenschaftliche Arbeitstagung zum Kommunikationsmittel „Formular", Tübingen 1980, S. 44–75.

Herbers, Matthias, Organisationen im Krieg. Die Gerichtsverwaltung im Oberlandesgerichtsbezirk Köln 1939–1945, Tübingen 2012.

Herbert, Ulrich, Liberalisierung als Lernprozeß. Die Bundesrepublik in der deutschen Geschichte – eine Skizze, in: ders., Wandlungsprozesse in Westdeutschland. Belastung, Integration, Liberalisierung 1945–1980, Göttingen 2002, S. 7–49.

Herbert, Ulrich, Justiz und NS-Vergangenheit in der Bundesrepublik 1945–1970, in: Görtemaker, Manfred/Safferling, Christoph (Hrsg.), Die Rosenburg. Das Bundesministerium der Justiz und die NS-Vergangenheit – eine Bestandsaufnahme, Göttingen 2013, S. 43–59.

Herbert, Ulrich, Geschichte Deutschlands im 20. Jahrhundert, Bonn 2014.

Hermann, Hans-Georg, Treue- und Loyalitätskonzepte im deutschen Staatsrecht zwischen Kaiserreich und Wiedervereinigung. (Dis-)Kontinuitätsperspektiven auf ein Rechtsprinzip in sechs Kapiteln, in: Buschmann, Nikolaus/Murr, Karl Borromäus (Hrsg.), Treue. Politische Loyalität und militärische Gefolgschaft in der Moderne, Göttingen 2008, S. 153–189.

Hettler, Friedrich Hermann, Josef Müller („Ochsensepp"). Mann des Widerstandes und erster CSU-Vorsitzender, München 1991.

Heydenreuter, Reinhard, Recht und Verfassung in Bayern 1505–1946. Ausstellung des Bayerischen Hauptstaatsarchivs, Neustadt an der Aisch 1981.

Heydenreuter, Reinhard, Gerichtsbarkeit, in: Volkert, Wilhelm (Hrsg.), Handbuch der bayerischen Ämter, Gemeinden und Gerichte 1799–1980, München 1983, S. 111–134.

Heydenreuter, Reinhard, Vom Dingplatz zum Justizpalast. Kleine bayerische Rechtsgeschichte, Augsburg 1993.

Heydenreuter, Reinhard, Office of Military Government for Bavaria, in: Weisz, Christoph (Hrsg.), OMGUS-Handbuch. Die amerikanische Militärregierung in Deutschland 1945–1949, München 1994, S. 143–315.

Heyen Erk, Volkmar (Hrsg.), Bilder der Verwaltung. Memoiren, Karikaturen, Romane, Architektur, Baden-Baden 1994.

Hodenberg, Christina von, Konsens und Krise. Eine Geschichte der westdeutschen Medienöffentlichkeit 1945–1973, Göttingen 2006.

Hoegner, Wilhelm, Der schwierige Außenseiter. Erinnerungen eines bayerischen Sozialdemokraten, Hof ^{2}1975.

Hoeppel, Alexander, NS-Justiz und Rechtsbeugung. Die strafrechtliche Ahndung deutscher Justizverbrechen nach 1945, Tübingen 2019.

Holzhauser, Thorsten, Demokratie, Nation, Belastung. Kollaboration und NS-Belastung als Nachkriegsdiskurs in Frankreich, Österreich und Westdeutschland, Berlin/Boston 2022.

Horstmann, Thomas/Peltzer, Jörg, Die Wissensbasierung des Staates in historischer Perspektive, in: Schuppert, Gunnar Folke/Voßkuhle, Andreas (Hrsg.), Governance von und durch Wissen, Baden-Baden 2008, S. 34–48.

Hoser, Paul, Die Entnazifizierung von Richtern und Staatsanwälten in Bayerisch-Schwaben, in: Weber, Wolfgang (Hrsg.), Regionalgeschichten – Nationalgeschichten. Festschrift für Gerhard Wanner zum 65. Geburtsatag, Feldkirch 2004, S. 159–199.

Hull, Matthew S./Nellen, Stefan/Rohringer, Thomas, Towards a History of Files, in: Administory 4 (2019), S. 3–9.

Ingold, Tim, The Perception of the Environment. Essays on Livelihood, Dwelling and Skill, London/New York 2003.

Jaeger, Alexandra, Auf der Suche nach „Verfassungsfeinden". Der Radiakalenbeschluss in Hamburg 1971–1987, Göttingen 2019.

Jäger, Margarete/Jäger, Siegfried, Deutungskämpfe. Theorie und Praxis Kritischer Diskursanalyse, Wiesbaden 2007.

Jessolat, Karsten, Die dienstliche Beurteilung im Beamtenrecht, in: Mittag, Reinold (Hrsg.), Die Sicherung von Arbeitnehmerrechten. 10 Jahre DGB Rechtsschutz GmbH, Baden-Baden 2008, S. 231–244.

Jureit, Ulrike, Generationenforschung, Göttingen 2006.

Kauffmann, Peter, Zur Konstruktion des Richterberufs durch Richterleitbilder. Eine empirische Untersuchung, Frankfurt am Main 2003.

Kaufmann, Claudia/Leimgruber, Walter, Einleitung. Akten: Die gesellschaftliche Kraft eines Verwaltungsinstruments, in: dies. (Hrsg.), Was Akten bewirken können. Integrations- und Ausschlussprozesse eines Verwaltungsvorgangs, Zürich 2008, S. 7–17.

Kaupen, Wolfgang/Rasehorn, Theo, Die Justiz zwischen Obrigkeitsstaats und Demokratie. Ein empirischer Beitrag zur Soziologie der deutschen Justizjuristen, Neuwied am Rhein/Berlin 1971.

Kellerhals, Andreas, Akte/n im Archiv: (Ab-)Bilder einer Realität?, in: Kaufmann, Claudia/Leimgruber, Walter (Hrsg.), Was Akten bewirken können. Integrations- und Ausschlussprozesse eines Verwaltungsvorgangs, Zürich 2008, S. 29–38.

Kiani, Shia, Wiedererfindung der Nation nach dem Nationalsozialismus? Konfliktlinien und Positionen in der westdeutschen Nachkriegspolitik, Wiesbaden 2013.

Kieserling, André, Selbstbeschreibung und Fremdbeschreibung. Beiträge zur Soziologie soziologischen Wissens, Frankfurt am Main 2004.

Kiessling, Friedrich/Safferling, Christoph, Staatsschutz im Kalten Krieg. Die Bundesanwaltschaft zwischen NS-Vergangenheit, *Spiegel*-Affäre und RAF, München 2021.

Kißener, Michael, Zwischen Diktatur und Demokratie. Badische Richter 1919–1952, Konstanz 2003.

Klee, Ernst, Das Personenlexikon zum Dritten Reich. Wer war was vor und nach 1945, Frankfurt am Main 2003.

Klein, Christian/Martínez, Matías, „Discours": Das „Wie" der Erzählung, in: Klein, Christian (Hrsg.), Handbuch Biographie. Methoden, Traditionen, Theorien, Stuttgart 2009, S. 213–219.

Klemmer, Klemens/Wassermann, Rudolf/Wessel, Thomas Michael, Deutsche Gerichtsgebäude. Von der Dorflinde über den Justizpalast zum Haus des Rechts, München 1993.

Knabe, Hubertus, Der diskrete Charme der DDR. Stasi und Westmedien, Berlin/München 2001.

Knoll, Martin, Nil sub sole novum oder neue Bodenhaftung? Der material turn und die Geschichtswissenschaft, in: Neue Politische Literatur 59 (1014), S. 191–207.

Koch Arnd/Veh, Herbert (Hrsg.), Vor 70 Jahren – Stunde Null für die Justiz? Die Augsburger Justiz und das NS-Unrecht, Baden-Baden 2017.

Kock, Peter Jakob, Bayerns Weg in die Bundesrepublik, Stuttgart 1983.

Köckritz, Moritz von, Die deutschen Oberlandesgerichtspräsidenten im Nationalsozialismus (1933–1945), Frankfurt am Main u. a. 2011.

Kollmorgen, Raj, Diskursanalyse, in: ders. u. a. (Hrsg.), Handbuch Transformationsforschung, Wiesbaden 2015, S. 265–277.

Kozina, Irma, Das Nachahmen der Historie oder ein postmodernes Palimpsest. Die Historismusdebatte als Diskurs, in: kritische berichte 2 (2007), S. 87–93.

Kracauer, Siegfried, Das Ornament der Masse. Essays, Frankfurt am Main 1977.

Krajewski, Markus, Schaubilder als Formulare der Organisation. Fritz Nordsieck und die graphische Analyse von Betriebsabläufen, in: Plener, Peter/Werber, Niels/Wolf, Burkhardt (Hrsg.), Das Formular, Berlin 2021, S. 275–291.

Krämer, Sybille/Bredekamp, Horst, Kultur, Technik, Kulturtechnik. Wider die Diskursivierung der Kultur, in: dies. (Hrsg.), Bild, Schrift, Zahl, München 2003, S. 11–22.

Krämer, Sybille, „Schriftbildlichkeit" oder: Über eine (fast) vergessene Dimension der Schrift, in: dies./ Bredekamp, Horst, Bild, Schrift, Zahl, München 2003, S. 157–176.

Krämer, Sybille, Operationsraum Schrift. Über einen Perspektivenwechsel bei der Betrachtung der Schrift, in: Grube, Gernot/Kogge, Werner/Krämer, Sybille (Hrsg.), Schrift. Kulturtechnik zwischen Auge, Hand und Maschine, München 2005, S. 23–57.

Krämer, Sybille, Vertrauen schenken. Über Ambivalenzen der Zeugenschaft, Schmidt, Sibylle/Krämer, Sybille/Voges, Ramon (Hrsg.), Politik der Zeugenschaft. Zur Kritik einer Wissenspraxis, Bielefeld 2011, S. 117–139.

Kretschmann, Andrea, Pierre Bourdieus Beitrag zur Analyse des Rechts, in: dies. (Hrsg.), Das Rechtsdenken Pierre Bourdieus, Weilerswist 2019, S. 10–26.

Kretschmann, Andrea, Pierre Bourdieus „Praxistheorie des Rechts", in: dies. (Hrsg.), Das Rechtsdenken Pierre Bourdieus, Weilerswist 2019, S. 112–127.

Kretschmann, Carsten, Biographie und Wissen, in: Klein, Christian (Hrsg.), Handbuch Biographie. Methoden, Traditionen, Theorien, Stuttgart 2009, S. 71–78.

Kritzer, Peter, Wilhelm Hoegner. Politische Biographie eines bayerischen Sozialdemokraten, München 1979.

Krüger, Klaus, Zur Eigensinnlichkeit der Bilder. Acht Beiträge, Paderborn 2017.

Ksoll-Marcon, Margit, Erfahrungen mit dem neuen Archivierungsmodel in Bayern, in: Tiemann, Katharina, Archivischer Umgang mit Personalakten, Münster 2004, S. 50 f.

Kühl, Stefan, Organisationen. Eine sehr kurze Einführung, Wiesbaden 2011.

Kühl, Stefan, Ganz normale Organisationen. Zur Soziologie des Holocaust, Berlin 2014.

Kuhn, Robert, Deutsche Justizminister 1877–1977, Köln 1977.

Laak, Dirk van, Widerstand gegen die Geschichtsgewalt. Zur Kritik an der „Vergangenheitsbewältigung", in: Frei, Norbert/Laak, Dirk van/Stolleis, Michael, Geschichte vor Gericht. Historiker, Richter und die Suche nach Gerechtigkeit, München 2000, S. 11–28.

Lahusen, Benjamin, Furchtlose Juristen. Zur jüngeren Vergangenheitspolitik des Bundesjustizministeriums, in: myops 32 (2018), H. 1, S. 41–50.

Lahusen, Benjamin, „Der Dienstbetrieb ist nicht gestört". Die Deutschen und ihre Justiz 1943–1948, Bonn 2023.

Lampert, Stephen, Der Beamte und seine Personalakte, in: Verwaltungsrundschau 46 (2000), S. 410–414.

Landwehr, Achim, Zur Naturalisierung von Wissen und Staat. Wissensgeschichte in kritischer Absicht, in: Collin, Peter/Horstmann, Thomas (Hrsg.), Das Wissen des Staates. Geschichte, Theorie und Praxis, Baden-Baden 2004, S. 66–71.

Landwehr, Achim, Historische Diskursanalyse, Frankfurt am Main, [2]2018.

Landwehr, Achim, Wissensgeschichte, in: Schützeichel, Rainer (Hrsg.), Handbuch Wissenssoziologie und Wissensforschung, Köln 2018, S. 801–813.

Lang, August R. (Hrsg.), Festschrift für Karl Bengl, München 1984.

Latour, Bruno, Die Rechtsfabrik. Eine Ethnographie des Conseil d'État, Konstanz 2016.

Leide, Henry, Die verschlossene Vergangenheit. Sammlung und selektive Nutzung von NS-Materialien durch die Staatssicherheit zu justitiellen, operativen und propagandistischen Zwecken, in:

Engelmann, Roger/Vollnhals, Clemens, Justiz im Dienste der Parteiherrschaft. Rechtspraxis und Staatssicherheit in der DDR, Berlin 1999, S. 495–530.

Leide, Henry, NS-Verbrecher und Staatssicherheit. Die geheime Vergangenheitspolitik der DDR, Göttingen 2005.

Lelle, Nikolas, Was bedeutet Fortleben der Vergangenheit? „Deutsche Arbeit“ in der frühen Nachkriegszeit, in: Aster, Felix/Lelle, Nikolas (Hrsg.), „Deutsche Arbeit“. Kritische Perspektiven auf ein ideologisches Selbstbild, Göttingen 2018, S. 54–75.

Lelle, Nikolas, Arbeit, Dienst und Führung. Der Nationalsozialismus und sein Erbe, Berlin 2022.

Lentfort, Hermann, „Preußische“ Aktenheftung – die Weiterentwicklung zu einer konservatorischen Bindungsform, in: Arbeitskreis Nordrhein-Westfälischer Papierrestauratoren in Zusammenarbeit mit dem Rheinischen Archiv- und Museumsamt (Hrsg.), 16. Fachgespräch der NRW-Papierrestauratoren am 31. März/1. April 2003, in Detmold und Stapelage, Pulheim/Münster 2004, S. 39–44.

Leo, Per, Der Wille zum Wesen. Weltanschauungskultur, charakterologisches Denken und Judenfeindschaft in Deutschland 1890–1940, Berlin 2013.

Leonhard, Jörn, Politisches Sprechen im Zeitalter der Extreme: Überlegungen zu einer Erfahrungsgeschichte der Moderne, in: ZeitRäume 6 (2010), S. 106–126.

Leßau, Hanne, Entnazifizierungsgeschichten. Die Auseinandersetzung mit der eigenen NS-Vergangenheit in der frühen Nachkriegszeit, Göttingen 2020.

Lilla, Joachim: Sotier, Adolf, in: ders., Staatsminister, leitende Verwaltungsbeamte und (NS-)Funktionsträger in Bayern 1918 bis 1945, https://verwaltungshandbuch.bavarikon.de/VWH/Sotier,_Adolf, zuletzt zugegriffen: 10.01.2022.

Linnemann, Kai Arne, Die Sammlung der Mitte und die Wandlung des Bürgers, in: Hettling, Manfred/Ulrich, Bernd (Hrsg.), Bürgertum nach 1945, Hamburg 2005, S. 185–220.

Löffler, Bernhard, Moderne Institutionengeschichte in kulturhistorischer Erweiterung, in: Hans-Christof Kraus/Thomas Nicklas (Hrsg.), Geschichte der Politik. Alte und Neue Wege, München 2007, S. 155–180.

Löffler, Bernhard, Personelle und institutionelle Strukturen des Bundeswirtschaftsministeriums 1945/49 bis 1990, in: Abelshauser, Werner, Das Bundeswirtschaftsministerium in der Ära der Sozialen Marktwirtschafft. Der deutsche Weg der Wirtschaftspolitik, Berlin 2016, S. 95–192.

Lojowsky, Michael, Richter und Staatsanwälte der politischen Strafsenate der Oberlandesgerichte Darmstadt und Kassel zur Zeit des Nationalsozialismus, in: Form, Wolfgang/Schiller, Theo (Hrsg.), Politische NS-Justiz in Hessen. Die Verfahren des Volksgerichtshofs, der politischen Senate der Oberlandesgerichte Darmstadt und Kassel 1933–1945 sowie Sondergerichtsprozesse in Darmstadt und Frankfurt/M. (1933/34), Zweiter Band, Marburg 2005, S. 1043–1103.

Lübbe, Hermann, Vom Parteigenossen zum Bundesbürger. Über beschwiegene und historisierte Vergangenheiten, München 2007.

Lüdtke, Alf, Geschichte und Eigensinn, in: Berliner Geschichtswerkstatt (Hrsg.), Alltagskultur Subjektivität und Geschichte, Münster 1994, S. 139–153.

Ludyga, Hannes, Das Oberlandesgericht München zwischen 1933 und 1945, Berlin 2012.

Lührig, Nicolas, Die Diskussion über die Reform der Juristenausbildung von 1945 bis 1995, Frankfurt am Main 1997.

Luhmann, Niklas, Legitimation durch Verfahren, Frankfurt am Main 1983.

Luhmann, Niklas, Grundrechte als Institution. Ein Beitrag zur politischen Soziologie, Berlin ^{3}1986.

Luhmann, Niklas, Organisation und Entscheidung, Opladen/Wiesbaden 2000.

Lüthi, Barbara, Kommunikationsraum Ellis Island, in: Becker, Peter (Hrsg.), Sprachvollzug im Amt. Kommunikation und Verwaltung im Europa des 19. und 20. Jahrhunderts, Bielefeld 2011, S. 185–208.

Maas, Heiko (Hrsg.), Furchtlose Juristen. Richter und Staatsanwälte gegen das NS-Unrecht, München 2017.

Maas, Heiko, Zum Geleit. Die positive Seite der Erinnerung, in: ders. (Hrsg.), Furchtlose Juristen. Richter und Staatsanwälte gegen das NS-Unrecht, München 2017, S. 7–13.

Mages, Emma, Justizverwaltung, in: Volkert, Wilhelm (Hrsg.), Handbuch der bayerischen Ämter, Gemeinden und Gerichte 1799–1980, München 1983, S. 136–141.

Manthe, Barbara, Richter in der nationalsozialistischen Kriegsgesellschaft. Beruflicher und privater Alltag von Richtern des Oberlandesgerichtsbezirks Köln, 1939–1945, Tübingen 2013.

Markovits, Inga, Gerechtigkeit in Lüritz. Eine ostdeutsche Rechtsgeschichte, München 2006.

März, Stefan, Alfons Goppel. Landesvater zwischen Tradition und Moderne, Regensburg 2016.

Materna, Markus, Richter der eigenen Sache. Die „Selbstexkulpation" der Justiz nach 1945, dargestellt am Beispiel der Todesurteile bayerischer Sondergerichte, Baden-Baden 2021.

Mayer, Otto, Deutsches Verwaltungsrecht, Erster Band, München/Leipzig ^{3}1924.

Mecking, Sabine, „Chefin oder Mauerblümchen?" Frauen in der öffentlichen Verwaltung der Bundesrepublik, in: Geschichte und Gesellschaft 31 (2005), S. 465–497.

Meinl, Susanne/Schröder, Joachim, „Einstellung zum demokratischen Staat: Bedenkenfrei". Zur Frühgeschichte des Bayerischen Landesamtes für Verfassungsschutz (1949–1965), München 2013.

Mentel, Christian, Der kritische Blick auf sich selbst. Zur Verantwortung der historiografischen Zunft in der Behördenforschung, in: Böick, Marcus/Schmeer, Marcel, Im Kreuzfeuer der Kritik. Umstrittene Organisationen im 20. Jahrhundert, Frankfurt am Main 2020, S. 139–161.

Mergel, Thomas, Parlamentarische Kultur in der Weimarer Republik. Politische Kommunikation, symbolische Politik und Öffentlichkeit im Reichstag, Düsseldorf 2002.

Mergel, Thomas, Staatlichkeit und Landesbewusstsein. Politische Symbole und Staatsrepräsentation in Bayern und Nordrhein-Westfalen 1945 bis 1975, in: Schlemmer/Thomas/Woller, Hans, Politik und Kultur im föderativen Staat 1949 bis 1973, München 2004.

Mergel, Thomas, Propaganda nach Hitler. Eine Kulturgeschichte des Wahlkampfs in der Bundesrepublik 1949–1990, Göttingen 2010.

Mergel, Thomas, Kulturgeschichte der Politik, in: Bösch, Frank/Danyel, Jürgen, Zeitgeschichte. Konzepte und Methoden, Göttingen 2012, S. 187–203.

Metzler, Gabriele, Konzeptionen politischen Handelns von Adenauer bis Brandt. Politische Planung in der pluralistischen Gesellschaft, Paderborn 2005.

Michl, Fabian, Wiltraut Rupp-von Brünneck (1912–1977). Juristin, Spitzenbeamtin, Verfasssungsrichterin, Frankfurt am Main/New York 2022.

Miquel, Marc von, Ahnden oder amnestieren? Westdeutsche Justiz und Vergangenheitspolitik in den sechziger Jahren, Wallstein 2004.

Möhring, Andreas, Richter im Nationalsozialismus. Personalentwicklung und Personalpolitik am OLG Naumburg 1933–1945, Halle an der Saale 2012.

Möllers, Christoph, Staat als Argument. München 2000.

Mommsen, Hans, Beamtentum im Dritten Reich. Mit ausgewählten Quellen zur nationalsozialistischen Beamtenpolitik, Stuttgart 1966.

Montag, Christian, Persönlichkeit. Auf der Suche nach unserer Individualität, Berlin/Heidelberg 2016.

Morsey, Rudolf, Hans Ehard (1887–1980), in: Fränkische Lebensbilder 12 (1986), S. 270–292.

Moses, Dirk, Die 45er. Eine Generation zwischen Faschismus und Demokratie, in: Neue Sammlung 40 (2000), S. 233–263.

Moss, Michael/Thomas, David, How the File was Invented, in: Administory 4 (2019), S. 28–52.
Muckel, Petra, Der Alltag mit Akten – psychologische Rekonstruktionen bürokratischer Phänomene. Eine empirische Untersuchung in verschiedenen Institutionen auf der Grundlage der Grounded Theory, Aachen 1997.
Müller, Ingo, Furchtbare Juristen. Die unbewältigte Vergangenheit der deutschen Justiz, Berlin 2014.
Müller, Ingo, Karl Wintersberger (1880–1970) Oberstaatsanwalt in München und Josef Hartinger (1893–1984). Erster Staatsanwalt in München, in: Maas, Heiko (Hrsg.), Furchtlose Juristen. Richter und Staatsanwälte gegen das NS-Unrecht, München 2017, S. 245–264.
Münkel, Daniela, Kampagnen, Spione, geheime Kanäle. Die Stasi und Willy Brandt, Berlin ^{2}2015.
Naumann, Myriam, Das aktenkundige Selbst. Vom Wandel der Akten der DDR-Staatssicherheit zu Biographemen, in: Hämmerling, Christine/Zetti, Daniela (Hrsg.), Das dokumentierte Ich. Wissen in Verhandlung, Zürich 2018, S. 35–50.
Nerdinger, Winfried/Florschütz, Inez (Hrsg.), Architektur der Wunderkinder. Aufbruch und Verdrängung in Bayern 1945–1960, München 2005, S. 222–227.
Nerdinger, Winfried (Hrsg.), Ort und Erinnerung. Nationalsozialismus in München, München ^{3}2006.
Nerdinger, Winfried, Wiederaufbau in Westdeutschland zwischen Rekonstruktion und Tabula rasa, in: Helmut Gebhard/Willibald Sauerländer (Hrsg.), Feindbild Geschichte. Positionen der Kunst und Architektur im 20. Jahrhundert, Göttingen 2007, S. 165–195.
Nerdinger, Winfried, Die Dauer der Steine und das Gedächtnis der Architekten, in: Oechslin, Werner (Hrsg.), Winfried Nerdinger. Geschichte Macht Architektur, München u. a. 2012, S. 159–175.
Niermann, Hans-Eckhard, Zwischen Unbehagen und Verdrängung. Die Reaktionen von Richterschaft und Justizverwaltung des Oberlandesgerichtsbezirks Hamm auf die „Braunbuch-Kampagne" der DDR 1957 bis 1968, in: Requate, Jörg (Hrsg.), Recht und Justiz im gesellschaftlichen Aufbruch (1960–1975). Bundesrepublik Deutschland, Italien und Frankreich im Vergleich, Baden-Baden 2003, S. 103–129.
Niethammer, Lutz, Die Mitläuferfabrik. Die Entnazifizierung am Beispiel Bayerns, Berlin/Bonn 1982.
Niethammer, Lutz, „Normalisierung" im Westen. Erinnerungsspuren in die1950er Jahre, in: Diner, Dan (Hrsg.), Ist der Nationalsozialismus Geschichte? Zu Historisierung und Historikerstreit, Frankfurt am Main 1987, S. 153–184.
Niethammer, Lutz, Kollektive Identität. Heimliche Quellen einer unheimlichen Konjunktur, Hamburg 2000.
Nolte, Paul, Die Ordnung der deutschen Gesellschaft. Selbstentwurf und Selbstbeschreibung im 20. Jahrhundert, München 2000.
Nolte, Paul, Was ist Demokratie? Geschichte und Gegenwart, München 2012.
Oerter, Rolf, Einleitung. Menschenbilder als sinnstiftende Konstruktion und als geheime Agenten, in: ders. (Hrsg.), Menschenbilder in der modernen Gesellschaft: Konzeptionen des Menschen in Wissenschaft, Bildung, Kunst, Wirtschaft und Politik, Stuttgart 1999, S. 1 f.
Palm, Stefanie/Stange, Irina, Vergangenheiten und Prägungen des Personals des Bundesinnenministeriums, in: Bösch, Frank/Wirsching, Andreas, Hüter der Ordnung. Die Innenministerien in Bonn und Ost-Berlin nach dem Nationalsozialismus, Göttingen 2018, S. 122–181.
Paris, Rainer, Normale Macht. Soziologische Essays, Konstanz 2005.
Parsch, Leo, Die Justiz als Bauherr, in: Lang, August R. (Hrsg.), Festschrift für Karl Bengl, München 1984, S. 277–328.
Patzelt, Werner J., Einführung in die Politikwissenschaft. Grundriß des Fachs und studiumbegleitende Orientierung, Passau ^{6}2007.
Pendas, Devin O., Retroactive Law and Proactive Justice: Debating Crimes against Humanity in Germany, 1945–1950, in: Central European History 43 (2010), S. 428–462.

Penzholz, German, Beliebt und gefürchtet. Die bayerischen Landräte im Dritten Reich, Baden-Baden 2016.

Perels, Joachim, Das juristische Erbe des „Dritten Reiches“. Beschädigungen der demokratischen Rechtsordnung, Frankfurt am Main/New York 1999.

Peukert, Detlev J. K., Die Weimarer Republik. Krisenjahre der Klassischen Moderne, Frankfurt am Main 1987.

Pfahl, Lisa/Traue, Boris, Die Erfahrung des Diskurses. Zur Methode der Subjektivierungsanalyse in der Untersuchung von Bildungsprozessen, in: Keller, Reiner/Truschkat, Inga (Hrsg.), Methodologie und Praxis der wissenssoziologischen Diskursanalyse, Band 1, Wiesbaden 2013, S. 425–450.

Pitkin, Hanna Fenichel, The Concept of Representation, Berkeley/Los Angeles/London 1967.

Pyta, Wolfram, Zur Kulturgeschichte demokratischer Institutionen, in: Lehnert, Detlef (Hrsg.), Demokratiekultur in Europa. Politische Repräsentation im 19. und 20. Jahrhundert, Köln/Weimar/Wien 2000, S. 27–45.

Pyta, Wolfram u. a., Vorstudie und Projektexposé. Geschichte der Landesministerien in Baden und Württemberg in der Zeit des Nationalsozialismus, 2013, https://ns-ministerien-bw.de/wp-content/uploads/2014/09/Expose_Forschungsprojekt_NS-Vergangenheit_der_Landesministerien.pdf, zuletzt zugegriffen: 10.01.2022.

Radenbach, Niklas/Rosenthal, Gabriele, Das Vergangene ist auch Gegenwart, das Gesellschaftliche ist auch individuell. Zur Notwendigkeit der Analyse biographischer und historischer „Rahmendaten“, in: Sozialer Sinn 13 (2012), S. 3–37.

Rahden, Till van, Demokratie. Eine gefährdete Lebensform, Frankfurt am Main/New York 2019.

Raim, Edith, Justiz zwischen Diktatur und Demokratie. Wiederaufbau und Ahndung von NS-Verbrechen in Westdeutschland 1945–1949, München 2013.

Rakebrand, Johanna, Der Rechtsmensch Ludwig Frege (1884–1964). Eine Biografie wissenschaftlich erzählt, Bielefeld 2019.

Ramsbrock, Annelie, Geschlossene Gesellschaft. Das Gefängnis als Sozialversuch – eine bundesdeutsche Geschichte, Frankfurt am Main 2020.

Raphael, Lutz, Geschichtswissenschaft im Zeitalter der Extreme. Theorien, Methoden, Tendenzen von 1900 bis zur Gegenwart, München 2003.

Rehberg, Karl-Siegbert, Weltrepräsentanz und Verkörperung. Institutionelle Analyse und Symboltheorien – Eine Einführung in systematischer Absicht, in: Melville, Gert, Institutionalität und Symbolisierung. Verstetigungen kultureller Ordnungsmuster in Vergangenheit und Gegenwart, Böhlau u. a. 2001, S. 3–49.

Rehberg, Karl-Siegbert, Der doppelte Ausstieg aus der Geschichte. Thesen zu den „Eigengeschichten“ der beiden deutschen Nachkriegsstaaten, in: Melville, Gert/Vorländer, Hans (Hrsg.), Geltungsgeschichten. Über die Stabilisierung und Legitimierung institutioneller Ordnungen, Köln/Weimar/Wien 2002, S. 319–347.

Rehberg, Karl Siegbert, Zur Konstruktion kollektiver „Lebensläufe“. Eigengeschichte als institutioneller Mechanismus, in: Melville, Gert/Rehberg Karl Siegbert (Hrsg.), Gründungsmythen Genealogien Memorialzeichen. Beiträge zur institutionellen Konstruktion von Kontinuität, Köln/Weimar/Wien 2004, S. 3–18.

Reichsjustizministerium Abteilung Bayern, Das Bayerische Staatsministerium der Justiz. Eine Rückschau, München 1935.

Reinicke, Wolfgang, Landtag und Regierung im Widerstreit. Der parlamentarische Neubeginn in Bayern 1946–1962, München 2014.

Reitter, Ekkehard, Franz Gürtner. Politische Biographie eines deutschen Juristen 1881–1941, Berlin, 1976.

Requate, Jörg, Politische Gestaltung durch die Justiz? Zur Auseinandersetzung um die gesellschaftliche Funktion des Richters in den „68er Jahren", in: ders (Hrsg.), Recht und Justiz im gesellschaftlichen Aufbruch (1960–1975). Bundesrepublik Deutschland, Italien und Frankreich im Vergleich, Baden-Baden 2003, S. 165–181.

Requate, Jörg, Standespolitik als Gesellschaftspolitik. Zur Debatte um den Reformbedarf der Justiz in den 60er Jahren, in: Schildt, Axel/Siegfried, Detlef/Lammers, Karl Christian (Hrsg.), Dynamische Zeiten. Die 60er Jahre in den beiden deutschen Gesellschaften, Hamburg ^{2}2003, S. 424–443.

Requate, Jörg, Der Kampf um die Demokratisierung der Justiz. Richter, Politik und Öffentlichkeit in der Bundesrepublik, Frankfurt am Main/New York 2008.

Richter, Myriam/Hamacher, Bernd, Biographische Kleinform, in: Klein, Christian (Hrsg.), Handbuch Biographie. Methoden, Traditionen, Theorien, Stuttgart 2009, S. 137–142.

Rigoll, Dominik, Staatsschutz in Westdeutschland. Von der Entnazifizierung zur Extremistenabwehr, Göttingen 2013.

Rigoll, Dominik, „Ein Sieg der Ehemaligen": Beamtenrechtliche Weichenstellungen für „45er" und „131er", in: Bösch, Frank/Wirsching, Andreas, Hüter der Ordnung. Die Innenministerien in Bonn und Ost-Berlin nach dem Nationalsozialismus, Göttingen 2018, S. 413–441.

Rittenauer, Daniel, Staatswappen im revolutionären und nachrevolutionären Bayern, in: Zeitschrift für bayerische Landesgeschichte 73 (2010), H. 3, S. 831–850.

Ritter, Gerhard A., Wilhelm Hoegner (1887–1980), in: Seibt, Ferdinand (Hrsg.), Gesellschaftsgeschichte. Festschrift für Karls Bosl zum 80. Geburtstag, München 1988, S. 337–360

Rojek, Sebastian, Politische Infektiologie – Metaphorologische Einsichten in die Ziele der Entnazifizierung als Quarantänemaßnahme, 2020, https://ns-kontinuitaeten-bw.de/2020/06/21/politische-infektiologie-metaphorologische-einsichten-in-die-ziele-der-entnazifzierung-als-quarantaene-massnahme/, zuletzt zugegriffen: 11.01.2022.

Rosenbusch, Heinz S., Beratung und Beurteilung. Eine organisationspädagogische Perspektive von Macht, in: Göhlich, Michael/König, Eckard/Schwarzer, Christine (Hrsg.), Beratung, Macht und organisationales Lernen, Wiesbaden 2007, S. 133–145.

Rottleuthner, Hubert, Karrieren und Kontinuitäten deutscher Justizjuristen vor und nach 1945. Mit allen Grund- und Karrieredaten auf beiliegender CD-ROM, Berlin 2010.

Rottleuthner, Hubert, Bilder von Richtern – Richterbilder, in: Schumann, Eva (Hrsg.), Gesetz und richterliche Macht. 18. Symposion der Kommission „Die Funktion des Gesetzes", Berlin/Boston 2020, S. 33–79.

Ruck, Michael, Korpsgeist und Staatsbewußtsein. Beamte im deutschen Südwesten 1928 bis 1972, München 1996.

Ruck, Michael, Kontinuität und Wandel – Westdeutsche Verwaltungseliten unter dem NS-Regime und in der Bundesrepublik, in: Loth, Wilfried/Rusinek, Bernd-A. (Hrsg.), Verwandlungspolitik. NS-Eliten in der westdeutschen Nachkriegsgesellschaft, Frankfurt am Main/New York 1998, S. 117–142.

Ruhkopf, Jan, Institutionalisierte Unschärfe. Ordnungskonzepte und Politisches Verwalten im Bundesvertriebenenministerium 1949–1961, Göttingen 2023.

Rumschöttel, Hermann, Das Bayerische Staatsministerium der Justiz 1799–1966, in: Lang, August R. (Hrsg.), Festschrift für Karl Bengl, München 1984, S. 329–381.

Rüping, Hinrich, Staatsanwälte und Parteigenossen. Haltungen der Justiz zur nationalsozialistischen Vergangenheit zwischen 1945 und 1949 im Bezirk Celle, Baden-Baden 1994.

Rüthers, Bernd, Geschönte Geschichten – Geschonte Biographien. Sozialisationskohorten in Wendeliteraturen, Tübingen 2001.

Rüthers, Bernd, Die Umgestaltung von Rechtsordnungen in Systemwechseln – Motive, Instrumente und Mentalitäten von Wendeliteraturen, in: Arntz, Joachim/Haferkamp, Hans-Joachim/Szöllösi-

Janze, Margit (Hrsg.), Justiz im Nationalsozialismus. Positionen und Perspektiven, Hamburg 2006, S. 31–56.

Rüthers, Bernd, Die unbegrenzte Auslegung. Zum Wandel der Privatrechtsordnung im Nationalsozialismus, Tübingen [7]2012.

Sabrow, Martin, Zeitgeschichte als Aufarbeitung, in: Totalitarismus und Demokratie 16 (2019), S. 11–25.

Sälter, Gerhard, Professionalität, NS-Belastung und die Integration de Staatsbediensteten: Über die Argumentationsfigur des Experten, in: Brechtken, Magnus (Hrsg.), Aufarbeitung des Nationalsozialismus. Ein Kompendium, Göttingen 2021, S. 417–434.

Sälter, Gerhard, NS-Kontinuitäten im BND. Rekrutierungen, Diskurse, Vernetzungen, Berlin 2022.

Schädler, Sarah, „Justizkrise" und „Justizreform" im Nationalsozialismus. Das Reichsjustizministerium unter Reichsjustizminister Thierack (1942–1945), Tübingen 2009.

Schaffer, Wolfgang, Zwei Jahrzehnte Personalpolitik in der bayerischen Justiz, in: Lang, August R. (Hrsg.), Festschrift für Karl Bengl, München 1984, S. 383–403.

Schatz, Holger/Woeldike, Andrea, Freiheit und Wahn deutscher Arbeit, Hamburg/Münster 2001.

Schatzki, Theodore R., The Site of the Social. A Philosophical Account of the Constitution of Social Life and Change, University Park, PA 2002.

Scheler, Max, Die Wissensformen und die Gesellschaft. Probleme einer Soziologie des Wissens. Erkenntnis und Arbeit. Eine Studie über Wert und Grenzen des pragmatischen Princips in der Erkenntnis der Welt, Leipzig 1926.

Schildt, Axel, Fünf Möglichkeiten, die Geschichte der Bundesrepublik zu erzählen, in: Blätter für deutsche und internationale Politik 10 (1999), S. 1234–1244.

Schildt, Axel/Siegfried, Detlef/Lammers, Karl Christian, Einleitung, in: dies. (Hrsg.), Dynamische Zeiten. Die 60er Jahre in den beiden deutschen Gesellschaften, Hamburg [2]2003, S. 11–20.

Schiller, Christof, Das Oberlandesgericht Karlsruhe im Dritten Reich, Berlin 1997.

Schilling, Elisabeth/Biele Mefebue, Astrid, Das verwaltete Leben, in: BIOS 29 (2016), S. 3–13.

Schlemmer, Thomas, Die zweite Karriere eines vergessenen Ministerpräsidenten. Hans Ehard 1954 bis 1966, in: Bauer, Theresia u. a. (Hrsg.), Gesichter der Zeitgeschichte. Deutsche Lebensläufe im 20. Jahrhundert, München 2009, S. 243–259.

Schlink, Bernhard, Vergangenheitsschuld und gegenwärtiges Recht, Frankfurt am Main 2002.

Schmerbach, Folker, Das „Gemeinschaftslager Hanns Kerrl" für Referendare in Jüterbog 1933–1939, Tübingen 2008.

Schmid, Antonia, Ikonologie der „Volksgemeinschaft". ‚Deutsche' und das ‚Jüdische' im Film der Berliner Republik, Göttingen 2019.

Schmidt, Sibylle/Voges, Ramon, Einleitung, in: Schmidt, Sibylle/Krämer, Sybille/Voges, Ramon (Hrsg.), Politik der Zeugenschaft. Zur Kritik einer Wissenspraxis, Bielefeld 2011, S. 7–20.

Schnabel, Thomas, Ein Staatsanwalt erinnert sich, in: Haus der Geschichte Baden-Württemberg, in Zusammenarbeit mit Walter J. Elser (Hrsg.), Otto Kleinknecht, „Im Sturm der Zeiten". Aus den Erinnerungen eines württembergischen Staatsanwalts 1929–1949, Ubstadt-Weiher 2016, S. 412–454.

Schneider, Christoph, Diener des Rechts und der Vernichtung. Das Verfahren gegen die Teilnehmer der Konferenz von 1941 oder: Justiz gegen Fritz Bauer, Frankfurt am Main/New York 2017.

Schnellenbach, Helmut, Die dienstliche Beurteilung der Beamten und der Richter, Heidelberg [2]1995.

Schochow, Maximilian/Steger, Florian, Die Patientenakten der geschlossenen Venerologischen Einrichtungen Leipzig-Thonberg (1946–1990), in: Medizinhistorisches Journal 53 (2018), H. 2, S. 98–124.

Scholz, Olver R., Das Zeugnis anderer. Sozialer Akt und Erkenntnisquelle, in: Schmidt, Sibylle/Krämer, Sybille/Voges, Ramon (Hrsg.), Politik der Zeugenschaft. Zur Kritik einer Wissenspraxis, Bielefeld 2011, S. 23–45.

Schrader, Hans-Hermann, Rechtsbegriff und Rechtsentwicklung der Verfassungstreue im öffentlichen Dienst, Berlin 1985.

Schulz, Sarah, Die freiheitliche demokratische Grundordnung. Ergebnis und Folgen eines historisch-politischen Prozesses, Weilerwist 2019.

Schuppert, Gunnar Folke, Wissen, Governance, Recht. Von der kognitiven Dimension des Rechts zur rechtlichen Dimension des Wissens, Baden-Baden 2019.

Schütz, Johann, Justitia kehrt zurück. Der Aufbau einer rechtsstaatlichen Justiz nach dem Zusammenbruch, Bamberg 1987.

Schütz, Johann, Josef Hartinger: ein mutiger Staatsanwalt im Kampf gegen den KZ-Terror, München 1990.

Schweiger, Hannes, Das Leben als U-Bahn-Fahrt. Zu Pierre Bourdieu: „Die biografische Illusion", in: Fetz, Bernhard/Hemecker, Wilhelm (Hrsg.), Theorie der Biographie. Grundlagentexte und Kommentar, Berlin/New York 2011, S. 311–316.

Seibel, Wolfgang, Verwaltung verstehen. Eine theoriegeschichtliche Einführung, Frankfurt am Main ^{2}2017.

Seliger, Hubert, Politische Anwälte? Die Verteidiger der Nürnberger Prozesse, Baden-Baden 2016.

Sep Ruf Gesellschaft e. V., Ausstellungsprospekt, 2019, https://seprufgesellschaft.org/wp-content/uploads/2019/09/Ausstellung-SepRuf-Abreissbogen.pdf, zuletzt zugegriffen: 12.01.2022.

Siegert, Bernhard, Passage des Digitalen. Zeichenpraktiken der neuzeitlichen Wissenschaften 1500–1900, Berlin, 2003.

Siegert, Bernhard, Kulturtechnik, in: Maye, Harun/Scholz, Leander (Hrsg.), Einführung in die Kulturwissenschaft, München, 2011, S. 95–118.

Siegfried, Detlef, Zwischen Aufarbeitung und Schlußstrich. Der Umgang mit der NS-Vergangenheit in den beiden deutschen Staaten 1958 bis 1969, in: Schildt, Axel/Siegfried, Detlef/Lammers, Karl Christian, Dynamische Zeiten. Die 60er Jahre in den beiden deutschen Gesellschaften, Hamburg ^{2}2003, S. 77–113.

Simon, Dieter, Die Unabhängigkeit des Richters, Darmstadt 1975.

Sowade, Tobias/Speit, Sina, Das württembergische Justizministerium 1933/34 und die „Verreichlichung" der südwestdeutschen Justizverwaltungen, in: Engehausen, Frank/Paletschek, Sylvia/Pyta, Wolfram (Hrsg.), Die badischen und württembergischen Landesministerien in der Zeit des Nationalsozialismus. Teilband II, Stuttgart 2019, S. 919–973.

Spiller, Philipp, Personalpolitik beim Kammergericht von 1933 bis 1945, Berlin 2016.

Spindler, Max (Hrsg.), Handbuch der bayerischen Geschichte, Band IV, 1: Das Neue Bayern. Von 1800 bis zur Gegenwart. Erster Teilband: Staat und Politik, München ^{2}2003.

Stahleder, Erich, „Gerechtigkeit erhöht ein Volk". Recht und Rechtspflege in Bayern im Wandel der Geschichte. Ausstellung des Bayerischen Hauptsstaatsarchivs mit Unterstützung des Bayer. Staatsministeriums der Justiz und der Landesnotarkammer Bayern, München 1990.

Stange, Irina, Das Bundesministerium des Innern und seine leitenden Beamten, in: Bösch, Frank/Wirsching, Andreas, Hüter der Ordnung. Die Innenministerien in Bonn und Ost-Berlin nach dem Nationalsozialismus, Göttingen 2018, S. 55–121.

Steber, Martina, Hüter der Begriffe. Politische Sprache des Konservativen in Großbritannien und der Bundesrepublik Deutschland, 1945–1980, Berlin/Boston 2017.

Steffen, Dorothea, Tradierte Institutionen, moderne Gebäude. Verwaltung und Verwaltungsbauten der Bundesrepublik in den frühen 1950er Jahren, Bielefeld 2019.

Steinmetz, Willibald, Anbetung und Dämonisierung des „Sachzwangs“. Zur Archäologie einer deutschen Redefigur, in: Jeismann, Michael (Hrsg.), Obsessionen. Beherrschende Gedanken im wissenschaftlichen Zeitalter, Frankfurt am Main 1995, S. 293–333.

Stollberg-Rilinger, Barbara, Verfassungsgeschichte als Kulturgeschichte, in: Zeitschrift der Savigny-Stiftung für Rechtsgeschichte, Germanische Abt. 2010, S. 1–32.

Stolleis, Michael, Geschichte des öffentlichen Rechts in Deutschland, Dritter Band 1914–1945, München 1999.

Stolleis, Michael, Furchtbare Juristen, in: François, Etienne/Schulze, Hagen, Deutsche Erinnerungsorte II, München 2001, S. 535–548.

Stolleis, Michael, Reluctance to Glance in the Mirror. The Changing Face of German Jurisprudence after 1933 and post-1945, in: Joerges, Christian/Ghaleigh, Navraj (Hrsg.), Darker Legacies of Law in Europe. The Shadow of National Socialism and Fascism over Europe and its Legal Traditions, Oxford 2003, S. 1–18.

Stolleis, Michael, Staatsbild und Staatswirklichkeit in Westdeutschland (1945–1960), in: Zeitschrift der Savigny-Stiftung für Rechtsgeschichte: Germanistische Abteilung 124 (2007), S. 223–245.

Stolleis, Michael, Geschichte des öffentlichen Rechts in Deutschland, Vierter Band 1945–1990, München 2012.

Strauß, Walter. Die Personalpolitik in den Bundesministerien zu Beginn der Bundesrepublik Deutschland, in: Blumenwitz, Dieter u. a. (Hrsg.), Konrad Adenauer und seine Zeit. Politik und Persönlichkeit des ersten Bundeskanzlers. Beiträge von Weg- und Zeitgenossen, Stuttgart 1976, S. 275–282.

Strunz, Stephan, Analytik des Dienstes. Die Formularisierung des Lebens in Personaltabellen (ca. 1780), in: Plener, Peter/Werber, Niels/Wolf, Burkhardt (Hrsg.), Das Formular, Berlin 2021, S. 75–88.

Studer, Brigitte, Biografische Erfassungslogiken. Personenakten im Verwaltungsstaat und in der Geschichtsschreibung, in: Kaufmann, Claudia/Leimgruber, Walter (Hrsg.), Was Akten bewirken können. Integrations- und Ausschlussprozesse eines Verwaltungsvorgangs, Zürich 2008, S. 139–149.

Tanner, Jakob, Akteure, Akten und Archive, in: Kaufmann, Claudia/Leimgruber, Walter (Hrsg.), Was Akten bewirken können, Integrations- und Ausschlussprozesse eines Verwaltungsvorgangs, Zürich 2008, S. 150–160.

Tazelaar, Rick, Hüter des Freistaats. Das Führungspersonal der Bayerischen Staatskanzlei zwischen Nationalsozialismus und Nachkriegsdemokratie, Berlin/Boston 2023.

Teitel, Ruti G., Transitional Justice, Oxford 2000.

Thomas, Raphael, „Privatisierte“ Regierungsakten: Praxis und Kritik, in: Deiseroth, Dieter/Weinke, Annette (Hrsg.), Zwischen Aufarbeitung und Geheimhaltung. Justiz- und Behördenakten in der Zeitgeschichtsforschung, Berlin 2021, S. 169–175.

Tiemann, Katharina, Archivischer Umgang mit Personalakten, Münster 2004.

Trantas, Georgios, Akteneinsicht und Geheimhaltung im Verwaltungsrecht. Eine vergleichende Untersuchung zum deutschen und französischen Verwaltungsverfahrensrecht, Berlin 1998.

Treber, Leonie, Mythos Trümmerfrauen. Von der Trümmerbeseitigung in der Kriegs- und Nachkriegszeit und der Entstehung eines deutschen Erinnerungsortes, Bonn 2015.

Treiber, Hubert, Juristische Lebensläufe. „Vergangenheit nach Mass [sic] und von der Stange“. Image und Imagepflege von Juristen in Laudationes und Nekrologen, in: Kritische Justiz 12 (1979), S. 22–44.

Treml, Manfred, Geschichte des modernen Bayern. Königreich und Freistaat, München ^{3}2006.

Tuchel, Johannes, Zur Einführung. Von Möglichkeiten und Grenzen des Widerstandes von Richtern und Staatsanwälten, in: Maas, Heiko (Hrsg.), Furchtlose Juristen. Richter und Staatsanwälte gegen das NS-Unrecht, München 2017, S. 15–40.

Unruh, Georg-Christoph von, Die Lage der deutschen Verwaltung zwischen 1945 und 1949, in: Jeserich, Kurt G. A./Pohl, Hans/Unruh, Georg-Christoph von, Deutsche Verwaltungsgeschichte, Band 6: Die Bundesrepublik Deutschland, Stuttgart 1987, S. 70–86.

Van der Meer, Frits/Dijkstra, Gerrit S. A., An Unbound Prometheus? Bureaucracy, Technology, Technocracy, and Administrative Innovation, in: Administory 6 (2021), S. 208–218.

Vismann, Cornelia, Akten. Medientechnik und Recht, Frankfurt am Main ^{3}2011.

Volkert, Wilhelm, Gerichtsbarkeit und Justizverwaltung. Staatsministerium der Justiz, in: ders. (Hrsg.), Handbuch der bayerischen Ämter, Gemeinden und Gerichte 1799–1980, München 1983, S. 109–111, hier S. 110.

Volkert, Wilhelm (Hrsg.), Handbuch der bayerischen Ämter, Gemeinden und Gerichte 1799–1980, München 1983.

Volkert, Wilhelm, Die Staats- und Kommunalverwaltung, in: Spindler, Max (Hrsg.), Handbuch der bayerischen Geschichte Band IV, 2: Das Neue Bayern. Von 1800 bis zur Gegenwart. Zweiter Teilband: Innere Entwicklung und kulturelles Leben, München ^{2}2007, S. 73–153.

Vormbaum, Thomas, Die „strafrechtliche Aufarbeitung" nationalsozialistischer Justizverbrechen in der Nachkriegszeit, in: Görtemaker, Manfred/Safferling, Christoph (Hrsg.), Die Rosenburg. Das Bundesministerium der Justiz und die NS-Vergangenheit – eine Bestandsaufnahme, Göttingen 2013, S. 142–168.

Wagner, Albrecht, Der Richter. Geschichte, Aktuelle Fragen, Reformprobleme, Karlsruhe 1959.

Weber, Max, Wirtschaft und Gesellschaft. Grundriss einer verstehenden Soziologie, Tübingen ^{5}1972.

Wegener, Bernhard W., Der geheime Staat. Arkantradition und Informationsfreiheitsrecht, Göttingen 2006.

Weinke, Annette, Die Verfolgung von NS-Tätern im geteilten Deutschland. Vergangenheitsbewältigungen 1949–1969 oder: Eine deutsch-deutsche Beziehungsgeschichte im Kalten Krieg, Paderborn u. a. 2002.

Weinke, Annette, Eine Gesellschaft ermittelt gegen sich selbst. Die Geschichte der Zentralen Stelle Ludwigsburg 1958–2008, Darmstadt ^{2}2009.

Weinke, Annette, Gewalt, Geschichte, Gerechtigkeit. Transnationale Debatten über deutsche Staatsverbrechen im 20. Jahrhundert, Göttingen 2016.

Weinke, Annette, Erfolgreiche Selbstaufklärung? Zur Erforschung der NS-Justizvergangenheit durch die juristische Zeitgeschichte, in: Deiseroth, Dieter/Weinke, Annette (Hrsg.), Zwischen Aufarbeitung und Geheimhaltung. Justiz- und Behördenakten in der Zeitgeschichtsforschung, Berlin 2021, S. 87–99.

Weinrich, Harald, Wie zivilisiert ist der Teufel? Kurze Besuche bei Gut und Böse, München 2007.

Weise, Niels, „Mehr als Nazizählerei". Die Konjunktur der behördlichen Aufarbeitungsforschung seit 2005, in: Brechtken, Magnus (Hrsg.), Aufarbeitung des Nationalsozialismus. Ein Kompendium, Göttingen 2021, S. 386–404.

Wesel, Uwe, Rechtsgeschichte der Bundesrepublik Deutschland. Von der Besatzungszeit bis zur Gegenwart, München 2019.

Wiebke Wiede, Subjekt und Subjektivierung, in: Docupedia-Zeitgeschichte, 2020, http://docupedia.de/zg/Wiede_subjekt_und_subjektivierung_v3_de_2020, zuletzt zugegriffen: 11.01.2022.

Wildt, Michael, Generation des Unbedingten. Das Führungskorps des Reichssicherheitshauptamtes, Hamburg 2002.

Wilke, Christiane, Gespenstisches Erbe. Die Gegenwart von NS-Rechtsbeugungsfällen in den BGH-Urteilen zur Rechtsbeugung von DDR-Richtern, in: Kritische Justiz 46 (2013), S. 278–289.

Winkler, Heinrich, August, Wie wir wurden, was wir sind. Eine kurze Geschichte der Deutschen, München ^{2}2020.

Wirsching, Andreas, Deutsche Geschichte im 20. Jahrhundert, München ^{4}2018.

Wittreck, Fabian, Die Verwaltung der Dritten Gewalt, Tübingen 2006.

Wöhrle, Patrick/Rehberg, Karl-Siegbert, Die „Leipziger Schule“: Hans Freyer (1887–1969), Arnold Gehlen (1904–1976), Helmut Schelsky (1912–1984), in: Jahraus, Oliver u. a. (Hrsg.), Luhmann-Handbuch. Leben Werk – Werk – Wirkung, Stuttgart/Weimar 2012, S. 321–326.

Wolff, Heinrich Amadeus, Die Relativität des Personalaktenbegriffs, in: Zeitschrift für Beamtenrecht 67 (2019), S. 325–330.

Wolfrum, Edgar, Geschichtspolitik in der Bundesrepublik Deutschland 1949–1989. Phasen und Kontroversen, in: Bock, Petra/Wolfrum, Edgar, Umkämpfte Vergangenheit. Geschichtsbilder, Erinnerung und Vergangenheitspolitik im internationalen Vergleich, Göttingen 1999, S. 55–81.

Wolfrum, Edgar, Die geglückte Demokratie. Geschichte der Bundesrepublik von ihren Anfängen bis zur Gegenwart, Bonn 2007.

Würfel, Martin, Das Reichsjustizprüfungsamt, Tübingen 2019.

Zorn, Wolfgang, Bayerns Geschichte im 20. Jahrhundert. Von der Monarchie zum Bundesland, München 1986.

Personenregister

Amelunxen, Rudolf 165 f.
Ankermüller, Willi 37, 44, 67 f., 90, 99, 101, 217, 297, 344
Armbruster, Hermenegild 212, 274, 277, 344
Auerbach, Philipp 60 f., 65 f.
Bauer, Josef 45 f., 83, 94, 96, 99, 105, 344
Bäurle, Georg 164, 170, 197, 199, 204 f., 208, 211, 216, 219, 225, 233, 344
Becher, Walter 139
Bengl, Karl 5, 36 f., 198, 201, 279, 309, 324, 330, 344
Berghofer-Weichner, Mathilde 2
Bleier, Josef 151–154, 170, 184, 194, 268, 296 f., 309, 311, 326, 328 f., 344
Börtzler, Friedrich 37, 166, 297, 332 f., 344
Bosch, Rudolf 344
Brandt, Willy 187
Bucher, Ewald 326
Bukow, Heinz 301
Bungartz, Everhard 66
Cammerer, Clemens 31 f., 161, 269, 277, 345
Castner, Karl 31, 210, 226
Daumiller, Fritz von 204, 207 f., 216–218, 229, 232, 275 f., 345
Dehler, Thomas 56, 319
Demeter, Hans 72
Dieß, Wilhelm 33, 50, 244, 246
Dietl, Hubert 203, 208, 345
Döbig, Friedrich 31
Domcke, Hans 309, 345
Donsberger, Josef 139, 181
Dürig, Ernst 31 f., 196
Dürr, Alfred 31, 224, 227 f., 232
Dürrwanger 310
Eckhardt, Sigmund 204 f., 207, 209 f., 217, 225 f., 232, 244, 246 f., 249, 345
Ehard, Hans 7, 31–33, 37, 44 f., 48 f., 51 f., 55, 68, 75, 79–82, 88, 91, 93–95, 101, 115, 126–128, 164, 212, 222, 240, 242 f., 245–247, 249, 253–256, 264 f., 326, 336, 345
Eilles, Kurt Eugen 89, 93, 96, 100, 345
Elsäßer, Sigmund 197, 208, 211, 213, 221, 226 f., 233, 288 f., 295, 297, 309–311, 313–317, 345
Erber, Peter 298
Essl, Erwin 72
Farr, Paul J. 257 f.
Fischer, Karl 56, 139 f.
Fischer, Wilhelm 281, 284, 286 f., 345
Flehinghaus, Otto 308
Frank, Hans 28–31, 253
Frederik, Hans 2
Freihalter, Ulrich 319 f.
Full 263
Geislhöringer, August 57, 60 f., 71
Gelbert, Karl 42, 229 f., 267, 274–276, 280, 326, 330, 346
Gernet, August 346
Gichtel, Hermann 252, 296, 326 f., 346
Ginkel, Richard van 213, 221, 346
Gipser, Franz 31, 41, 212 f., 221–223, 233, 346
Goppel, Alfons 55, 96, 187, 196, 206, 226, 346
Götschl, Alfons 310, 317, 320
Grasser, Friedrich 313, 315
Grießinger, Oskar 31, 280, 297, 326, 330, 346
Güde, Max 74, 244, 304–307, 334 f., 341
Guggumos, Michael 34, 207, 217, 219, 227, 244 f., 249, 347
Gürtner, Franz 28–31, 39
Haas, Albrecht 37, 44 f., 49, 56, 62, 69–77, 80, 82, 86 f., 90, 97, 99, 101, 201, 300, 307, 312 f., 316, 318, 334 f., 341, 347
Haase, Horst 45
Hagenauer, Ludwig 48, 125, 203 f., 208, 216, 219, 227 f., 240, 243, 246, 249–251, 265, 347
Halbig, Friedrich 211, 284, 347
Hamilton, Paul A. 112
Hanauer, Rudolf 72
Harbauer, Walter 208, 280, 347
Hartinger, Josef 1–4, 7, 26, 37 f., 45, 119, 144–147, 233, 269, 304, 313, 332, 341, 347
Hartmann, Karl 31, 213, 221, 276, 347
Haußleiter, August 63, 86
Haußmann, Wolfgang 301
Hauth, Theodor 185–188, 196, 309, 312 f., 315–317, 322 f.
Hechtel, Hans 183, 297, 309 f., 315–317, 321, 323 f., 327 f.
Heinrich, Hans 43, 112, 115 f., 181, 264 f., 294

https://doi.org/10.1515/9783111390475-010

Held, Philipp 18, 37, 45, 82 f., 94, 96, 99, 102, 104 f., 201, 213, 347
Herrgen, Rudolf 244–247, 249, 347
Heyder, Franz 314
Hirsch, Martin 72, 74, 76
Hoefler, Egbert 185–188, 348
Hoegner, Wilhelm 28, 32–35, 37, 40, 42, 47–51, 54 f., 63, 73, 75, 113, 128, 164, 239–251, 253–256, 259 f., 265, 274, 293, 334, 336, 341, 348
Hohler, Richard 218, 348
Höhn, Rudolf 310
Holzbauer, Andreas 31, 37, 114, 185, 194 f., 208, 210, 218, 232, 252, 255–257, 269, 276, 278 f., 282 f., 285, 289, 299, 301, 307, 309, 311–314, 321, 348
Horber, Ernst 275–278, 348
Jahn, Gerhard 102, 104
Jüngling, Max 72
Katzenberger, Leo 310
Kielinger, Valentin 165
Kießling, Friedrich 205, 208, 210, 348
Knoeringen, Waldemar von 140, 167
Koch, Fritz 37, 59, 88 f., 92 f., 95, 98–100, 128, 223, 230, 348
Konrad, Anton 33, 37, 43 f., 50–52, 55, 60, 65, 113–115, 117, 119–122, 124, 135, 222, 240–242, 245, 247, 249, 251, 253, 258, 263, 265, 281, 348
Kopf, Hinrich Wilhelm 291 f.
Kotowicz, Josef 315
Kramer, Hans 140
Krapp, Lorenz 7, 48, 113 f., 116, 124
Krause, Paul Otto 323
Kümpel, Karlernst 199, 348
Lacherbauer, Carljörg 51 f., 251 f.
Lechner, Oskar 309–317
Leopold, Hans 194, 212, 221, 284, 349
Leusser, Claus 37, 127, 164, 275, 349
Leverenz, Bernhard 302 f.
Linhardt, Georg Heinrich 349
Lippert, Franz 61, 93
Lopata, Jan 311, 314
Loritz, Alfred 50 f.
Maas, Heiko 3
Markl, Hermann 310 f., 317
Mattmer, Josef 65–67, 258, 349
Maußer, Erich 349
Mayer, Erich 310, 313, 315
Mayer, Franz 349
Mayer, Ludwig 349
Meiser, Fritz 327, 349
Merk, Bruno 75
Mews, Gerhard 310, 317 f., 323 f.
Meyer, Karl 35
Möhl, Wolfgang 258
Mösl, Albert 37, 350
Müller 300 f., 308
Müller, Josef 37, 50–52, 59–63, 86, 91, 99, 128, 256 f., 350
Müller-Meinigen jr., Ernst 87
Mulzer, Josef 66
Neithardt, Georg 109 f., 209 f., 228, 241, 243
Niebler, Engelbert 37, 102–105, 194, 204, 207, 212, 217, 232, 350
Norden, Albert 69, 295
Nüchterlein, Maximilian 187 f.
Parker, Haven 256
Parsch, Leo 41, 350
Paulus, Adolf 310 f., 317, 322 f.
Pfaff, Theodor 310, 314, 317
Pfaffenberger, Franz 314
Pfeiffer, Anton 264 f.
Prebeck, Alois 310, 312 f., 317, 322 f.
Puttfarcken, Hans 301
Rathmayer, Otto 310
Rechenmacher, Ludwig 350
Reiland, Willi 45, 79
Resch, Alfred 66
Riepenhausen 310
Rittel, Andreas 65 f.
Ritter von Lex, Hans 44
Rockwell, Alvin J. 254 f.
Roemer, Walter 31, 34, 37, 50, 242 f., 245–249, 350
Roll, Albert 33, 229, 249
Rösch, Walther 197, 268, 271–274, 297, 300, 309, 328, 350
Roßhaupter, Albert 180
Rößner, Wilhelm 34, 50, 148–150, 212, 241 f., 247, 249, 253, 350
Rothaug, Oswald 313
Sachs, Camille 181, 263–265
Schäffer, Fritz 47 f., 112, 302
Schaffer, Wolfgang 35 f.

Schefback, Otto 86
Schier, Herbert 72
Schier, Wolfgang 350
Schlegelberger, Franz 31, 314
Schmitt, Friedrich 33, 50, 137, 190, 350
Schmucker, Hans 109, 171 f., 175
Schullze 263
Schwab, Heribert 310, 317, 320 f.
Sedillo, Juan 256 f.
Siebert, Ludwig 29
Simmel, Erich 86
Sommerrock, Hans 170
Sotier, Adolf 31
Spangenberger, Heinrich 28 f., 134
Steffen, Ernst 196 f., 232, 244 f., 247, 249, 251, 328, 351
Stepp, Walther 224
Strauß, Walter 125, 301 f., 307
Stümpfler, Hermann 327, 351
Trabert, Rudolf 135, 244–248, 250–252, 296, 327–330, 351
Ullrich, Ernst 139
Ultsch, Oskar 135, 351
Vogelgsang, Hermann 244, 249, 351
Vogl, Joseph 89, 262 f., 288, 351
Voll, Gustav 183–185, 193 f.
Walther, Hans 37, 51 f., 60, 114, 155 f., 158, 161, 204, 207, 219, 223–226, 231, 241, 249, 288, 290 f., 351
Weeber 310, 317 f.
Weigert, Hans W. 255, 257 f.
Weinkamm, Otto 37, 61–63, 87 f., 91 f., 98 f., 128, 212, 351
Weinkauff, Hermann 164, 306, 319, 326
Welsch, Friedrich 42, 257 f., 262, 294
Westenberger, Wilhelm 301
Weston, Charles 42
Widmann, Emil 263
Wüllner, Paul 139
Zdralek, Franz 62, 72, 86, 100
Zeynek 310, 317
Zich, Rosa 312, 322 f.
Zimmer, Alois 165, 167
Zinn, Georg-August 77, 302 f., 308
Zitzmann, Johann 351

Die Autorin

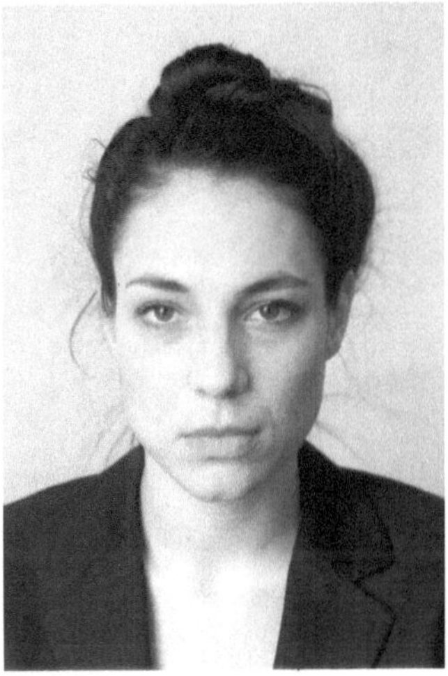

Foto: © Lisa Hinder

Ana Lena Werner ist in der Berliner Senatsverwaltung beschäftigt.

https://doi.org/10.1515/9783111390475-011

www.ingramcontent.com/pod-product-compliance
Lightning Source LLC
LaVergne TN
LVHW091041021026
849161LV00002BA/271

* 9 7 8 3 1 1 1 3 9 0 4 2 0 *